퇴계집 / 율곡집 / 목민심서
退溪集 / 栗谷集 / 牧民心書

[이황 / 이이 / 정약용]

책임편집 이가원 ■ 해설·역 정종복 남만성

明文堂

차 례

퇴계집 退溪集

퇴계집 차례

퇴계집 해설

『 퇴계의 출생

퇴계의 선조는 본래 경상북도 청송군(靑松郡) 진보(眞寶) 사람이었다. 진보는 일명 진성(眞城)이라고도 부르며 세간에서는 진성이씨(眞城李氏)라고도 한다. 출신은 향반(鄕班) 가문이었다.

퇴계의 5대조인 송안군(松安君) 이자수(李子修) 이전의 선조 가운데는 그다지 유명한 인물은 없었다.

퇴계의 조부 이계양(李繼陽)은 낙동강 상류이며 태백산맥의 말단인 일월산(日月山), 청량산(淸凉山)을 이룬 분지(盆地)로서 낙동강 수운(水運)의 종점이 되는 옛 안동군(安東郡) 동북부의 천석승경(泉石勝景)을 바라보는 도산(陶山)의 온계리(溫溪里)를 오래 살곳으로 정하였다.

온계리에 정주(定住)하기 이전의 5대조 이자수는 동해(東海)의 해적 때문에 청송(靑松)을 중심으로 하여 이사를 여기저기로 하였으나 3대조 조부 이계양 때부터는 정주지가 되었다.

정주 후 3대인 이식(李埴) 진사의 막내아들로 퇴계 이황(李滉)이 태어났다. 퇴계의 부친 이식은 전처(前妻) 김씨(金氏)와의 사이에 2남 1녀를 두었으나, 부인이 세상을 떠나고 후처 박씨(朴氏)를 맞이하여 아들만 5형제를 낳아서 7남 1녀의 가장이 되었으나, 40세란 젊은 나이로 세상을 떠났다.

청상과부가 된 박씨 부인의 슬하에는 7남 1녀 중에서 장남이 결혼한 이외에는 모두 유아(乳兒)와 소년으로서 어린 자식들뿐이어서, 장래의 생계마저 막연한 곤경에 빠지게 되었다.

8남매 중 막내인 퇴계는 1501년 11월 25일, 지금의 경상북도 안동군 도산면 토계리(土溪里) 옛 온계리(溫溪里)에서 정암(靜庵) 조광조(趙光祖)보다는 19년 후배요, 화담(花潭) 서경덕(徐敬德)보다는 2년 후배이며, 율곡(栗谷) 이이(李珥)보다는 25년 먼저 출생하였다.

퇴계는 휘(諱)는 황(滉), 자는 계호(季浩)라 하였으나 나중에 경호(景浩)라 고쳤다. 호는 도수(陶叟)·도옹(陶翁)이라 하였고, 퇴계는 자호(自號)이다.

위대한 인물의 배후에는 반드시 현모(賢母)의 일상 교훈과 말할 수 없는 각고(刻苦)가 있음은 동서고금의 통례라고 할 수 있으니 퇴계의 모친 박씨도 또한 그 예외가 아니었다.

일상생활의 교훈으로 항상 가문의 유지에 통념(痛念)하여 어린 자녀들의 후사(後事)를 위해서, 수예(手藝)와 잠업(蠶業)에 노력하여 가계에 충당하였으며, 이와 동시에 자녀 교육에도 힘을 기울였다.

어머니 박씨는 일상의 훈계로서 문예도 중요하지만 더욱 중요한 것은 '지신근행(持身勤行)'이라고 가르쳤다. 그래서 시간이 있을 때마다 8남매를 한자리에 모아놓고 말하였다. "세상에서는 아비 없는 아이들을 얕보고 과부의 자식이라든가, 또는 예의를 모르는 자식이라든가, 혹은 교육이 없다느니 등 욕하는 사람들이 많으므로 너희들은 항상 주의를 게을리하지 말 것이며, 그 누구보다도 한층 더 노력하지 않으면 세상 사람들의 멸시와 비난, 욕을 면치 못할 것이다." 이렇듯 교훈 겸 격려의 말을 아끼지 않았다.

어머니의 교육에 감화되어 자녀들은 학업에 노력한 결과, 일찍 죽은 두 아들을 제외하면 모두가 성공하였다.

남은 5형제 모두 이씨 가문의 명예를 세상에 빛나게 하였으며, 특히 막내인 퇴계는 우리나라의 유림(儒林)에 있어서 태산북두(泰山北斗)와 같이 추앙받는 명현이 되었다. 그의 학덕(學德)은 영원한 사표로서 후세에 크게 영향을 미쳤으며, 지금도 우리에게 영향을 주고 있다.

『 소년 퇴계의 효성

퇴계는 나이 6세 때 이웃의 촌로에게 천자문(千字文)을 배웠다. 아침에는 일찍 일어나 의복과 태도를 단정히 하고 어머니께 학습에 다녀오겠다고 하고는 집을 나와서 스승의 집에 도착해서는 그 문전에서 전날 배운 부분을 두 번이고 세 번이고 암송한 다음에야 문을 열고 들어가서 새로운 문자를 배웠다고 한다. 더욱이 그의 학습 태도는 너무도 근엄하고 진지하여 옆에서 보는 사람으로 하여금 감탄을 금치 못하게 하였다고 전해진다.

퇴계의 나이 8세 때 일이다. 어느 날, 그의 둘째 형이 둘째손가락에서 피가 나는 것을 보고는 급히 뛰어가서 안고 울었다. 이를 본 어머니가 퇴계에게, "손가락을 다친 형은 울지 않는데 너는 왜 우느냐?"라고 물으니 대답하기를, "비록 형이 울지는 않지만 저렇게 피가 나는데 어떻게 아프지 않겠습니까."라고 하였다. 이는 퇴계의 부모나 형제간의 효성과 공경이 선천적으로 뛰어났음을 말해 준다.

또한 퇴계의 연장자에 대한 태도는 온공근실(溫恭勤實)하여 조금도 불손하고 거친 기색이 없었으며, 자다가도 어머니의 부름을 받을 때는 곧 대답하고는 사정을 물었다. 형이나 마을의 연장자에게도 한결같이 경건하게 절하며 조금이라도 마음을 놓고 방탕한 행동이 없었다.

이 같은 소년 퇴계의 언행에 대하여 어머니는 세상의 심정이 퇴계의 순수한 심덕(心德)을 어떻게 받아 줄지 걱정이 되었다. 어릴 때부터 어머니 슬하에서 세상의 사사로운 일을 모르고 자란 퇴계를 세상은 어떻게 받아주며, 또 어떻게 적응할 것인가에 마음 쓰지 않을 수 없었다. 퇴계는 어머니가 어떠한 여건에서 불러도 어머니의 감정 여하를 잘 헤아려 정중히 대답하고 순종하여 조금도 어머니의 마음을 상하게 하는 일이 없었다.

하루는 어머니가 퇴계에게 말하였다. "관직은 너의 성격으로 보아 주현(州縣)의 장으로는 적당하나 고관현직(高官顯職)은 하지 않는 것이 좋겠다."

이 같은 말을 생각해보면 고결한 퇴계의 천성으로 미루어 권모술책(權謀術策)의 와중에 있는 고관 직위에는 적합하지 못할 것이라고 심려한 어머니의 심정을 충분히 이해할 수 있다.

『천재 소년 퇴계

홀어머니 밑에서 자란 퇴계는 12세가 되면서 ≪논어(論語)≫를 학습하였다. ≪논어≫를 가르친 노스승은 바로 퇴계의 숙부인 송재(松齋) 이우(李堣)였다. 송재공은 당시 향리의 이름난 유학자로서 특히 한문은 그를 따라갈 학자가 없을 정도였다.

어느 날, 퇴계가 ≪논어≫를 학습하면서 주석(註釋)에 나오는 '이학(理學)'에 대하여 깊은 감명을 받고 갑자기 '이(理)'자의 의의를 송재공에게 질문하였으나, 송재공은 곧 대답하며 가르치지 않았다. 그래서 퇴계는 잠시 심사숙고한 후에 말하기를, "사물의 올바른 것이 '이(理)'자입니까?(凡事之是者, 是理乎)"라고 하였다고 전해지나, 퇴계의 연보에는 "凡事物之當然者, 謂之理乎."라고 하였다고 기록되어 있다. 아마 이것이 정확한 것으로 생각된다.

퇴계가 다시 물으니 송재공은 크게 기뻐하며 얼굴에 희색이 만연하며 감탄하며 말하였다. "너는 벌써 문의(文義)를 이해하는구나!" 이후부터는 특별히 퇴계를 사랑하여 장래에 위인이 되리라고 예언하였다고 전해진다.

퇴계의 ≪언행통록(言行通錄)≫ 원문에는 "汝自此有悟於學矣"라고 쓰여 있다. 그러나 일반적으로 "汝已解文義"로도 쓰고 있다.

숙부인 송재공에게 배운 사람은 퇴계만이 아니고, 중형인 해(瀣)도 있었다. 해는 나중에 충청도 감사(監司)가 되어 그의 학문과 덕망이 유망했으나, 사화(士禍)의 희생이 되고 말았다.

퇴계의 사상을 통해 본 관계(官界)에 대한 태도가 매우 소극적이었다는 후세 사람의 비평을 받은 중요한 원인이 바로 중형의 생이 비극으로 끝난 데 크게 영향을 받은 까닭이라고 할 것이다. 그러므로 당시에 퇴계의 학문과 덕행이 조정과 민간에 널리 알려져서 왕으로부터의 부름이 수차 있었으나, 퇴계는 응하지 않고 향리에서 제자 교육에만 전념하였다.

만약 퇴계의 형제 중에 이 같은 비극이 없었다면, 퇴계는 조광조(趙光祖)와 같이 유교 군자 정치의 실행을 위해 적극적으로 관계에 진출했을지도 모른다. 그리고, 또 하나의 소극적인 태도의 원인으로는 조광조 등의 유신(儒臣) 정치가의 사화에 의한 처참한 최후를 목격한 것으로 생각된다.

다시 말하면 가까운 원인은 중형이 사화로 인한 비극적 최후를 본 것이요, 먼 원인은 조광조 등의 선배 유생(儒生) 정치가의 비극을 들 수 있다.

그렇지만 퇴계의 교육을 받은 제자로 재상 서애(西厓) 유성룡(柳成龍), 학봉(鶴峯) 김성일(金誠一) 등의 거유(巨儒) 정치가를 배출한 것을 생각하면 자신이 직접 정치를 하지는 않았지만, 제자

를 통한 간접적인 방법으로 자신의 정치이념을 구현한 것이라고
도 할 수 있다.

송재공은 항상 해(瀣)와 황(滉) 두 형제의 총명한 머리와 훗날을
바라보는 안목에서 죽은 형이 이 같은 수재를 두었다는 것은 마
치 형이 살아 있는 것과 다름없다고 말하여 일찍 죽은 형을 위로
하기도 하였다. 특별히 송재공은 소년 퇴계를 보고 자주 말하였
다. "진보이씨(眞寶李氏)를 유지할 인재는 반드시 황(滉)일 것이
며, 위인이 되어 가문을 빛나게 할 것이다."

이같이 송재공은 퇴계 형제를 친자식과 같이 사랑하였는데, 특히
어린 퇴계에 대해서는 희망을 품고 키웠다. 퇴계의 이마가 남달
리 넓고 크다 하여 송재공은 자주 광상(廣顙)이란 별명을 지어
부르고, 본명인 황은 거의 사용하지 않았다고 기록되어 있다. 이
기록을 보더라도 얼마만큼 퇴계의 장래에 기대를 걸고 있었는지
알 수 있다.

퇴계는 14세 때, 독서에 취미를 가진 여러 사람이 모여 앉은 자
리에서도 반드시 벽을 향하여 시를 암송하며 조용히 즐겼다고 한
다. 특히 도연명(陶淵明)의 시를 애송하여 도연명의 인격을 사모
하기를 그치지 않았다. 그래서 그런지 몰라도 퇴계의 문학에도
역시 도연명 풍의 우아, 온후, 정수(精粹)한 풍조가 깃들어 있다.
18세 되던 해 어느 날, 퇴계는 우연한 기회에 고향 부근에 있는
연곡리(燕谷里)로 나들이 가게 되었는데, 그 계곡의 청정한 작은
못을 보고 〈야지(野池)〉 시를 지었다.

> 요요한 풀은 이슬을 머금고 물가에 줄지어,
> 소당의 물은 정정하여 깨끗함이 이를 데 없네.
> 구름 위를 날아 지나가는 새 서로 조화를 이루고 있고,
> 무심한 제비가 이 깨끗한 못의 물 위를 치고 날까 염려로다.
> 露草夭夭繞水涯(노초요요요수애)

小塘淸活淨無沙(소당청활정무사)
雲飛鳥過元相管(운비조과원상관)
只怕時時燕蹴波(지파시시연축파)

18세의 나이에 이 같은 한시를 지어 읊을 수 있다면 분명 천재라고 할 수밖에 없을 것이다. 풍부한 한자를 구사하여 깊은 사색적 의미를 표현한 것은 고금에 드문 재동(才童)임을 알 수 있다. 이 시는 천리(天理)의 자연 그대로의 깨끗한 상태를 세속적 인욕이 어지럽게 할까 걱정하는 뜻을 나타낸 것이며, 청아하고 담담한 경지를 읊은 시라고 할 수 있다.

이 시에서도 일상 퇴계가 자주 애송하던 도연명의 시풍이 깃들어 있다. 동시에 이 시정(詩情) 속에 주자(朱子)의 철학과 그 뜻을 상통시키는 것이 있다고들 말하고 있다.

19세에 지은 〈영회시(詠懷詩)〉라는 유명한 시가 있다.

홀로 임려의 초당에 1만 권의 책을 사랑하면서,
일반적 사색 생활을 10여 년.
그 근본의 이치를 깨달아,
내 마음 이제 그 태허를 본다.
獨愛林廬萬卷書(독애림려만권서)
一般心事十年餘(일반심사십년여)
邇來似與源頭會(이래사여원두회)
都把吾心看太虛(도파오심간태허)

이같이 19세의 나이로 철학적·사색적인 한문 시를 남긴 것은 수재임을 잘 나타내는 일이라 할 수 있다. 또 같은 해에 《성리대전(性理大全)》의 수미(首尾) 2권을 침식(寢食)을 잊으면서 정독했다고 한다.

20세에 《주역(周易)》을 독파했으나, 너무 열심히 그 의의를 연구한 나머지 마침내는 건강을 해치게 되어 이것이 일생을 두고 괴롭힌 지병(持病)이 되었다. 잠자고 먹는 일을 잊은 정독 연구에서 얻은 이 위병은 여생을 통하여 소화불량으로 고생하고, 육식(肉食)하면 체하여 항상 담담한 채식(菜食)으로 만족하게 되었다.

이런 소년 시절의 과도한 연구 결과 생긴 위병은 후일, 제자인 조목(趙穆)에게 보낸 편지에 자세히 나타나 있다. 즉 젊은 시절에는 연구 방법을 몰라서 무리하게 각고하여 위병을 얻게 되었다고 하면서, 건강에 대한 경고의 서한을 보냈다.

『 결혼과 교우관계

퇴계는 21세에 허씨(許氏)를 부인으로 맞이하였다. 부인 허씨의 가정은 당시 사회에서 손꼽을 정도로 부유한 집안으로, 퇴계의 집안과는 비교조차도 할 수 없을 정도였다. 부인이 왕래할 때는 많은 노비와 비단에 묻힌 호화로운 행차였으나, 퇴계 자신은 언제나 조랑말로 왕래하였다고 전한다. 나면서부터 곤궁하게 자란 퇴계와 부유한 집안에서 어려움을 모르고 자란 부인 사이에는 여러 가지 좋지 않은 일들이 있었으나, 퇴계의 깊은 학식과 인격에 부인이 감화를 받아 마침내는 소박한 생활을 하게 되었다.

부부 사이에도 공경하는 마음으로 대하였고, 또한 세상 사람의 눈앞에서는 서로 말하는 법이 없어, 이와 같은 근엄한 생활 때문에 세상에서는 금슬이 좋지 않았다고까지 잘못 전해지는 일도 있었다.

부인 허씨는 퇴계가 27세 되던 해 10월, 차남인 채(寀)를 낳고 11월에 세상을 떠났다. 퇴계는 3년을 홀로 보내고 30세 때 권씨(權氏)를 부인으로 맞았다.

장인 권질(權礩)이 서울 서소문에 있는 집을 퇴계에게 주었으나, 사양하고 받지 않았다. 퇴계는 서울에 볼일이 있어서 상경해도 처가에 들리는 일 없이 남의 집에 기거하면서 볼일을 보며 처가에나, 장인에게 부탁한 적이 없었다고 한다.

다음에는 퇴계의 교유 관계를 살펴보기로 한다.

퇴계는 23세에 서울의 태학(太學)에서 연구생활을 하였다. 이때는 4년 전 기묘사화(己卯士禍)가 일어난 후여서 유생들의 태도가 매우 들뜨고 절도 없는 생활 풍조가 휩쓸고 있었다. 그러나 퇴계의 일거수(一擧手) 일투족(一投足)이 학자적이고 법도에 맞았으므로 거꾸로 유생들의 조소를 받을 정도였다.

퇴계는 유생들의 퇴폐적 모습을 보고 마음 아프게 생각하며, 다만 하서(河西) 김인후(金麟厚)와 교우를 맺었다. 김인후는 지조가 굳은 주자학자로서 퇴계와 같이 일생을 이단(異端)에 대한 변박(辨駁)과 사학(斯學) 발전에 힘쓴 친밀한 친구 중 한 사람이었다.

퇴계 나이 42세 때, 향리의 선배인 이용암(李龍巖)이 관직을 버리고 고향으로 돌아왔으나, 1년 후 공부하던 동료이며 태학 시절부터 의기투합하여 교제하던 김인후의 귀향을 마음속으로 전별하면서 지은 시 일부를 소개하면 다음과 같다.

> 지나간 옛날에 자네와 나는 반궁(지금의 성균관)에서 교제할 때,
> 한마디 말로 이야기하면 서로 마음이 통하여 즐겼지.
> 자네는 뜻 없는 생활을 빈 배를 탄 것과 같이 생각하였지,
> 나도 흩어진 속물 아무것도 아니라고 믿고 있다네.
>
> 부귀도 나에게는 뜬구름 같은 것,
> 우연히 얻었을 뿐 나의 구하는 바는 아니네.
> 바람과 구름을 만난 감격도 한때의 우연이요,

옥당과 금마문에 발을 붙이는 것 시류를 따름이네.
我昔與子遊泮宮(아석여자유반궁)
一言道合欣相得(일언도합흔상득)
君知處世如虛舟(군지처세여허주)
我信散材同樗櫟(아신산재동저력)

富貴於我等浮雲(부귀어아등부운)
偶然得之非吾求(우연득지비오구)
風雲感激偶一時(풍운감격우일시)
玉堂金馬接跡追時流(옥당금마접적추시류)

이 시를 보면 흡사 누군가가 허심탄회하게 선경(仙境)에 있으면서 슬프고 아픈 인생의 숨은 뜻을 말해주는 것 같다.

퇴계는 34세 되던 해 3월, 과거에 급제하여 관계에 진출하였으나 재직한 지 10년째 되던 해 10월에 성묘를 구실 삼아 고향으로 돌아왔다.

관직에서 물러난 후 남명(南冥) 조식(曺植) 등에게 보낸 편지에서 퇴계는 자기의 뜻을 분명히 밝힌 것이 있다. 퇴계는 본래 과거나 관록으로 생계를 도모하려고는 하지 않았으나, 집안의 가난함, 친로(親老)·친지(親知) 등의 권유에 못 이겨 일시적이나마 관계에 나간 것을 크게 후회하였다. 고향에 돌아온 후에도 여러 번 조정으로부터 부름을 받은 일이 있었고, 어쩔 수 없어서 출사(出仕)하기는 했어도 불과 몇 개월을 벼슬자리에 있다가 그만두곤 하였다.

이같이 퇴계의 관계 진출 태도가 소극적인 것은 33세 때 지은 〈길재(吉再) 선생의 정려각을 지나며(過吉先生閭)〉라는 시 마지막 부분에서, '아아 그대 세상 사람들이여, 부디 높은 벼슬을 사랑하지 말라.(嗟爾世上人, 愼勿愛高官)'라고 한 것을 보아도 충분히 그의 마음을 알 수 있다.

이 시의 대의는 길재의 절의와 변함없는 충의를 찬양하면서 높은 벼슬을 좋아하지 말라는 것이다. 이 같은 시 내용에서도 잘 나타나 있듯이 독서와 구도(求道)가 그의 유일한 지표였음을 알 수 있다.

은퇴한 퇴계는 수풀이 우거진 조용한 숲에 사색하기에 적합한 집 한 채를 짓고, 그 이름을 '양진암(養眞庵)'이라 하였다. 이 양진암 앞에 흐르는 토계(兎溪)라는 이름을 고쳐서 퇴계(退溪)라 부르며 자신의 아호로 하였다.

그 후 50세 되던 정월에 퇴계 서쪽에 '한서암(寒棲庵)'이라고 이름 붙인 곳에서 독서와 사색으로 날을 보내며 그때의 심경을 다음과 같은 시로 나타내었다.

> 하야(下野)한 오늘날에는 심신이 편안하기는 하나,
> 배움의 길은 뜻대로 되지 않고 늙어가는 것이 걱정이다.
> 계상에 거처를 정하고,
> 시냇물 흐름을 보며 나날이 자신을 돌이켜 본다.
> 身退安愚分(신퇴안우분)
> 學退憂暮境(학퇴우모경)
> 溪上始定居(계상시정거)
> 臨流日有省(임류일유성)

시에 흐르는 일관된 사상은 초연한 기상과 순박한 기품이 숨어 있다. 이 같은 사상은 〈인일(人日)〉이란 제목을 붙인 시에도 잘 나타나 있으니, 아마 이것이 퇴계의 본의를 그대로 나타낸 것인지도 모른다.

> 인일(人日 : 정월 초7일)이어서 그 누구도 찾아오는 사람이 없기에,
> 혼자서 문 닫고 고서를 읽고 있노라.
> 이 젊은 나이에 아이들의 상대도 되어 주지 못하고,

도량이 넓지 못한 내 성질은 조용하게 사는 것이 그 무엇보다도
좋구나.

숲속에서는 참새 떼가 막막하게 조용하고,

소는 울타리 밑에서 졸며 햇빛은 한가하다.

지업을 논하는 것이 나의 분수는 아니나,

홀로 오랫동안 떨어져 있으니 유혹을 물리치지 못할까 근심하노
라.

人日無人叩我廬(인일무인고아려)

閉門且讀古人書(폐문차독고인서)

羸形豈合嬰塵累(영형기합영진루)

褊性從來愛靜居(편성종래애정거)

雀噪林間燃漠漠(작조림간연막막)

牛眠籬下日舒舒(우면리하일서서)

敢論志業非愚分(감론지업비우분)

離索長憂惑未袪(이색장우혹미거)

이같이 퇴계는 항상 그의 생활면에서는 소극적인 은둔주의자였으
며, 본래의 성격도 유유(悠悠)한 면은 적은 듯이 보인다. 퇴계의
정미(精微)하고 철저한 사색 생활과 더불어 깊이 체험한 바의 내
적 생명에서 나오는 자신 있는 신념은 태연자약한 부동의 마음과
일종의 강력한 기개에서 나온 것이라 할 수 있다.

퇴계는 도학(道學)에 달통한 몇 명의 친구 이외에는 만년에 이르
기까지 산수에 뜻을 두고 허심탄회한 태도로 자연과 진리를 벗
삼고 진실한 생활을 하였다. 이 같은 퇴계의 생활이 세상에 널리
알려져서 퇴계의 인격을 사모하여 흡사 불가사의한 성현으로 세
상 사람들의 추앙을 받았다. 실로 그의 학식과 인덕에 비교할 만
한 인물이 국내에는 아마도 없지 않나 생각된다.

『 퇴계의 만년과 일화

퇴계는 태어나면서부터 그 자질이 도(道)에 가까워 눈의 정기가
온후 순수하였고, 독후(篤厚)하고 진순眞純)한 그의 마음과 행동
은 모두 도의에서 나왔으며, 결코 혈기로 행하지 않았다. 평소 생
활할 때 검소한 것을 항상 좋아했으며, 심지어 세면기 등도 도기
(陶器)를 사용했으며, 부들 줄기나 잎으로 엮어 만든 자리와 포
의(布衣)로 자족하였다. 외출하거나 출입할 때도 등(藤)으로 만
든 짚신과 죽장(竹杖)으로 내왕했으며, 담백한 자세는 성현다운
풍모가 상상될 정도였다.

퇴계의 거처는 언제나 안정된 분위기로, 잘 정돈된 도서 등이 벽
을 향해 가득했으나, 한 권의 책도 흩어져 있는 법이 없었다.

날이 새기 전에 일어나서 분향하고, 밤이 깊을 때까지 조용히 앉
아서 독서에 열중했으며 조금도 용의나 자세를 허술하게 가진 적
이 없었다. 그래서 심신이 피로하면 조용히 앉아서 눈을 감고 정
좌(靜坐)할 뿐이었다.

퇴계는 겸허로써 덕을 삼고 추호도 태만한 마음을 가지지 않았
다. 측면에서는 볼 수 없었으나 도를 밝히는 데 전념하였고, 높은
덕망에도 불구하고 세상을 마칠 때까지 끊임없는 향상을 위해 노
력하였다.

많은 제자가 가깝고 먼 곳을 가리지 않고 모여들어 강학을 청하
였을 때, 그 누구에게나 하나같이 친구와 같이 대하며 나이가 적
더라도 너〔汝〕라고는 부르지 않고 반드시 경어를 사용하였다.

처음으로 교제하는 인사에는 반드시 상대방 부형의 안부를 먼저
물었다. 제자들로부터 질문을 받았을 때는 그 질문 내용이 비근
한 설화라 하더라도 그 자리에서 답하는 일 없이 숙고한 연후에

대답하였다.

또한 어떤 사람과 변론할 때도 상대방의 변론이 찬성할 수 없는 것이어도 일방적인 주장은 하지 않으며, '그 의리는 이 같은 것이 아닌가.'라든지, 혹은 '잘 모르겠다.'고 할 뿐이었다. 이 같은 태도는 실로 학자로서의 인격을 잘 말해주는 것이라 할 수 있다.

사물의 진리는 누구라도 단독적인 생각으로 주장하는 일은 있을 수 없는 일이라고 일찍부터 자각했다. 이것이 바로 철인 같은 태도라고 할 수 있을 것이다.

퇴계는 또한 그의 문하생을 매우 사랑하였다. 꿈에라도 제자들의 신상에 불길한 일이 있으면, 그 뜻을 써서 제자들의 집으로 서신을 보내 알릴 정도로 걱정하고 근심하였다.

퇴계는 언제나 강론하기를 게을리하지 않았다. 병중이어서 심신이 괴로워도 강론을 쉬는 법이 없었으며, 세상을 떠날 때까지도 강론을 계속했으므로 제자들은 선생의 병환이 위중한 줄도 모르고 계속하여 강론을 받았다.

1570년, 퇴계 나이 70세 되던 해 12월 2일에는 병세가 매우 위독하였고, 3일에는 더욱 악화하여 하혈이 있었다. 그는 피로한 몸을 일으켜 옆에 있던 매화 화분을 다른 곳으로 옮기도록 하고는 매화가 더러워지지 않도록 당부하였다. 또 다른 사람에게서 빌려온 책 등을 돌려주도록 하고 잊어버리지 않게 주의를 시켰으며, 교정(校正) 판목(板木) 등에 대한 조치를 제자들에게 지시하기도 하였다.

4일에는 사후에 장례 의식을 간단히 치를 것을 유언하기도 하였다. 4일 오후에 제자 일동이 모여서 한 번 뵙고자 하였으나 병세의 위독을 들어 만류하려 하였다. 퇴계는 피로한 병든 몸을 일으키게 하며 말하기를, "생사의 때에 이르러 보지 않으면 안 된다."라고 하며 윗옷을 바르게 하고 제자 일동을 인견(引見)하였다.

8일 아침에는 매화 화분에 물을 주었다. 쾌청한 날씨였으나 5시 경에는 검은 구름이 퇴계가 머무는 거실 옥상에 모이면서 흰 눈이 한 척 정도 내려 쌓였다. 그때쯤 퇴계는 앉은 자리를 정돈하고는 조용히 앉은 그대로 세상을 떠났다.

퇴계가 세상을 떠났다는 소식이 전국에 알려지자, 조야(朝野)는 물론이요, 어리석은 백성과 천한 종에 이르기까지 비통한 표정을 가릴 수 없었으며, 한동안 육식을 피하며 애도의 정을 표하였다. 죄를 범한 흉악한 사람들도 관헌보다는 퇴계를 더욱 두려워하였다고 하니, 그의 감화력이 당시에 얼마나 컸는지 가히 짐작할 수 있을 것이다.

이같이 퇴계의 학문이나 인격은 오늘날까지 길이 빛나고 있으며, 일세의 사표로서 큰 영향을 만세에 미치고 있음은 물론이요, 해외에서도 신명(神明)과 같이 추앙을 받고 있다.

다음에 퇴계의 일화 몇 가지를 들어 본다.

퇴계가 젊었을 때 과거를 보기 위해 서울로 가는 도중에 날이 저물어 노숙하게 되었다. 데리고 갔던 노복(奴僕)들이 남의 밭에서 푸른 콩을 따다가 반찬을 만들어 올렸는데, 퇴계는 이것을 먹지 않았다.

또 다른 일화는 퇴계가 서울에 와서 살고 있을 때 일이다. 이웃집 밤나무 가지가 담을 넘어 퇴계의 집안에 늘어져 있었다. 이에 마음이 쓰인 퇴계는 밤알을 주워서 밤나무 주인에게 주었다. 이것은 만약에 철없는 아이들이 놀다가 주워 먹지나 않을까 걱정했기 때문이었다.

퇴계는 고향에 자기 소유의 밭이 있었는데, 이 밭 가운데로 작은 길이 하나 있었다. 이 밭의 좁은 길을 가는 사람들이 밭의 곡식을 밟아서 흩어지게 한다고 밭을 관리 경작하는 농부가 이 좁은 길을 막고는 10여 걸음을 돌아서 가게 하였다. 이것을 본 퇴계는 자기의 이익을 위해서 남의 불편을 끼치게 하는 것은 정당한 일이 아니라며 이 길을 예전대로 통행하도록 하였다.

하루는 퇴계가 여러 제자와 같이 도산(陶山)을 유람하고 돌아오는 길이었다. 제자들이 지름길로 가기 위해서 남의 밭 한가운데 있는 좁은 길로 질러갔으나, 퇴계는 돌아서 대도(大道)로 걸어갔다고 한다.

퇴계가 충청북도 단양군수(丹陽郡守)를 사임하고 상경하던 중 죽령(竹嶺)에 도착했을 때 일이다. 부하인 관리 하나가 마속(麻束)을 가져와서 이것은 전례에 의해 행수(行需)로 드리는 것이라고 하며 올렸다. 이것을 본 퇴계는 크게 노하여, "내가 명하지도 않았거늘 어찌하여 이것을 가져왔느냐?"라고 말하고, 자기 소유의 괴석(怪石)과 서적만을 가져갔다. 퇴계의 이 같은 마음가짐은 장남에게 쓴 가서(家書)에도 잘 나타나 있다. 즉 '빈궁은 선비에게 늘 있는 일인데 너의 아비(퇴계 자신)는 평생을 이같이 하였다. 응당 굳세게 참고 순리대로 처리하여 스스로 수양하고 하늘의 뜻을 기다리는 것이 좋다.'고 말했다.

퇴계의 나이 32세가 된 어느 날, 과거에 응시하고 돌아오는 길에 길가의 시골집에서 묵게 되었다. 밤중에 도둑이 들어 일행은 매우 놀랐으나 퇴계는 의연한 자세로 움직이지 않았다고 한다.

68세 되는 만년의 7월 어느 날에는 서울 동쪽에 있는 광나루〔廣津〕를 건너가게 되었다. 이때 비바람이 몹시 몰아쳐서 강물에 뜬 배는 언제 전복될지 모를 정도로 심하게 요동쳤다. 배에 탄 다른 사람들은 모두 놀란 얼굴이었으나, 퇴계는 태연자약하며 조금도 당황하는 빛이 없었다고 한다.

이상의 여러 일화에서도 볼 수 있듯이 퇴계는 선천적인 군자의 풍모가 있어서 학덕(學德)이 온몸을 덮고 있음을 알 수 있다.

『주자(朱子)의 잘못된 점을 교정(矯正)한 퇴계

퇴계의 인격은 주자보다는 안자(顏子)에 가까우며 언제나 의식적으로 안자를 배웠으므로, 교학에서는 실로 원만(圓滿) 은건(隱健)하였다. 이러한 결과 주자학자면 대개가 빠지기 쉬운 폐단에 처하여 만족하기 쉬운 성정(性情)을 가지게 되었다. 주자에게는 성질이 강건(剛健)에 지나친 면이 있었으므로, 주자의 언행에도 왕왕 그 성격을 반영한 것을 볼 수 있다.

주자를 독실히 믿고 배우면서도 주자의 잘못된 점을 인식하면서 스스로 두려워하며 수정(修正)하여 교정하기도 하고, 또는 그의 문하생에게도 수양해야 할 것을 가르치기도 하였다.

만약 후학들이 그의 학문을 신봉하는 데 있어서 수양 한 가지 일에는 철저하지 못하고, 다만 정명경륜(正名經綸)의 공을 앞세우고 여기에만 오로지 전념한다면 왕왕 당쟁(黨爭)에 이끌릴 염려가 없지 않았다.

잘 아는 바와 같이 송명(宋明)의 붕당(朋黨) 싸움이라든가, 조선 중엽의 당쟁은 처음부터 여러 가지 복잡한 가족관계에 원인이 있었으나, 그보다 더욱 중요한 원인은 주자 자신의 언설(言說)에도 그 원인이 없었다고는 말하지 않을 수 없을 것이다. 여기에서 퇴계는 그 성격이 온후 겸양하였고, 특히 자성(自省)의 생각이 강했으며, 거경(居敬)과 궁리(窮理)를 생활목표로 삼은 것을 알 수 있다.

더욱이 퇴계의 교학은 거의 모두가 수양의 일면에 무게를 두었으므로 퇴계의 천성으로 보더라도 주자학자들이 빠지기 쉬운 폐단에 기울어질 수 있는 성격의 소유자였다고 생각된다. 퇴계의 올바른 학문과 인격을 말한다면, 그의 후중(厚重) 박식함은 주자에

비하여도 조금도 부족함이 없었다고 생각된다.

퇴계가 주자의 성격이나 학설에 많은 영향을 받은 것은 사실이지만 그의 인격이나 성격 또는 학설에서는 오히려 주자보다는 일보 앞선 것이 아닌가 생각된다. 즉 주자의 학문이 이원적(二元的)이면, 퇴계의 학문은 일원적 이원론이라고 할 수 있기 때문이다.

『 퇴계의 문하생

퇴계의 문하생을 하나같이 말할 수는 없으나 광의(廣義)로 말한다면 수천 명에 이를 것으로 생각된다. 좁은 의미로 말할 때 속칭 3백여 명이라고 하나, 그중에서 영의정(領議政), 판서(判書), 대사(大使) 혹은 학자가 된 제자가 10여 명이다.

한때는 국내의 인재이며 재사들이 거의 모두 퇴계 문하에서 배출되었다. 관계에는 서애 유성룡(柳成龍)을 비롯하여 이산해(李山海), 정탁(鄭琢) 등이 재상에 올랐으며, 한강(寒岡) 정구(鄭逑), 월천(月川) 조목(趙穆), 간재(艮齋) 이덕홍(李德弘) 등은 도학에서 일세(一世)의 명사가 되었다. 퇴계 문하 팔현(八賢)으로 고봉(高峯) 기대승(奇大升), 학봉(鶴峯) 김성일(金誠一), 설월당(雪月堂) 김부륜(金富倫), 일휴당(日休堂) 금응협(琴應夾) 등과 유성룡, 정구, 조목, 이덕홍 등을 들 수 있다. 그 이외에도 유명 인사로는 정유일(鄭惟一), 구봉령(具鳳齡), 조호익(曺好益), 황준량(黃俊良), 이강이(李剛而) 등이 있다.

수백 명에 이르는 문하생 중에서도 유성룡, 정구, 김성일 등은 퇴계 문하 삼걸(三傑)이라고 불리며, 그들의 후손은 명현의 후예로서 향리에서 군림하였다. 주로 경북 안동을 중심으로 영양(英陽), 봉화(奉化), 영주(榮州), 예천(醴泉) 등지에서 세력을 떨쳤으며, 흡사 제후와도 같이 실권과 권세를 지니고 있다. 이 중에서도 계급에 의하여 국반(國班), 도반(道班), 향반(鄕班)으로 분류되며 문벌을 이루었다. 선조의 명성과 명예를 선양하고 사설(師說)을 받들어 사문(師門) 종가의 번병(藩屛)이 되고 있다.

이것은 유교의 대중심지인 서울의 성균관에 대해서도 큰 발언권을 가지며, 도산서원 일대는 유학의 성지와도 같이 일반에게 깊이 인식된 지방이 되었다. 이같이 퇴계의 문하생들이 세상을 울렸지만 진실로 퇴계의 본뜻을 세상에 전한 제자는 없었다.

율곡(栗谷)은 일찍부터 퇴계의 영향을 받았으나 학문상으로는 큰 영향이 없었고, 다만 기대승의 학설을 지지하여 별다른 하나의 종파(宗派)를 일으키는 데 불과하였으며, 49세로 일찍 세상을 떠났으므로 깊은 문의(問議)를 할 기회가 없었다.

특기할 만한 것은 조목의 ≪퇴계유문수집(退溪遺文蒐集)≫이다. 그는 덕행과 도학에 뛰어났으며, 사후에는 도산서원에 배향되었다. 수많은 문인의 진실한 사설(師說)을 계승한 제자는 없었고, 각자가 그들의 재능에 따라 사설을 이루었다. 그러나 영조(英祖) 때 대산(大山) 이상정(李象靖)이 일시나마 소퇴계(小退溪)라 불리기도 하였다. 너무나도 위대한 퇴계에게 문하생으로서 퇴계를 따를만한 위대한 인물이 나오지 않은 것은 애석한 일이라 하지 않을 수 없다.

『 도의(道義) 철학자인 퇴계

퇴계가 태어난 시대는 국내에서는 의리와 덕행이 말할 수 없이 타락한 시대였다. 또한 기묘사화(己卯士禍)를 비롯하여 참담한 사화가 발발한 시대였으므로 이 같은 사회에 의분을 느껴서 이것을 근본적으로 없애려고 노력한 것을 알 수 있다. 즉 박순(朴淳), 정유일(鄭惟一) 등이 기록한 것을 보면 퇴계는 '항상 군덕(君德)을 보양하고 사화를 진정하는 것을 무엇보다도 선무(先務)로 하였다.'라든가, '근본을 배양하며 사림(士林)을 부식(扶植)하는 것을 지금의 급무로 한다.'라고 말하고 있다. '사림의 진정'이라든가, '근본의 배양이 그 급선무'라든가 하는 말은 당시에 퇴계가 사화를 얼마만큼 싫어하였는가를 알 수 있는 말이다.

문하생인 기대승에게 보낸 서한 중에서 '당화(黨禍)의 근본 원인은 당시의 인사들이 그들의 성벽(性癖) 수양의 문제로 돌아가는 것이다.'라고 말하였다. 이것은 비단 특별히 기대승만을 위해 경계의 말을 한 것은 아니고 일반에 대하여 경계하라는 말이 아닌가 생각된다.

즉 퇴계는 당시의 인사들이 조용히 수양하고 반성하는 데 노력하지 않고 스스로 처세하는 데도 지나치게 고귀한 체하며, 경세제민(經世濟民)에 있어서는 양보도 없이 일어나서 자신의 주장이 너무나 지나쳐서 사화가 일어나는 것이라고 말하고, 국내 사림의 쌓여 온 폐단을 없애기 위해서 스스로 반성하고 수양의 학문을 창도(唱導)한 것이라고 생각된다.

적어도 퇴계의 학문은 이들의 폐풍을 제거하는 데 적당하도록 한 성격을 가지고 있는 것은 무엇보다도 주의해서 보지 않으면 안 된다고 생각된다.

기대승에게 답하는 서한 중에서, '인덕이 아직 남들로부터 추앙받지 못하면서 일찍이 경륜에 임하는 것은 자신을 모르는 것이며, 성(誠)이 미숙하면서 활동하려는 것은 자신을 욕먹게 하는 길이라고 하여, 전인(前人)의 예를 보아서 솔선하여 수양에 전념하는 것이 지름길이다.'라는 말을 하고 있다.

퇴계는 실로 사화의 원인이 성(誠)과 덕(德)이 부족한 데 그 근본 원인이 있다고 보고, 먼저 사인(士人)은 성의 덕을 부식하는 것이 급선무라고 하며, 스스로 반성하고 몸을 닦는 학문을 전공하여 이 학문의 대도를 밝히려는 데 있었다고 생각된다.

퇴계는 여러 번의 부름에도 사양하고는 깊은 산림에 있으면서 출사(出仕)하지 않았다. 이것은 처음부터 그의 성격이 무리와 함께 하기를 좋아하지 않았으며 학구적이었음을 말하는 하나의 이유이기도 하지만, 그것보다도 중요한 것은 자성(自省)의 생각이 강하여 겸허하였기 때문에 도저히 그 임무를 감당할 수 없음을 자각하고 있었기 때문이었다. 그러나 가장 통속적인 정론(定論)은 사화를 두려워하였기 때문이었다고 한다.

퇴계의 형도 사화로 인하여 희생되어 그 비극은 직접 간접으로 퇴계에게 크나큰 영향을 미쳤다고 할 것이다. 그 외에도 조광조(趙光祖) 일파의 청류(淸流)가 참사당한 기묘사화도 퇴계 자신이 직접 보고 듣고 한 바가 있다. 그래서 퇴계는 시골의 전야(田野)에 묻혀 살기로 결심하지 않았나 생각한다.

그렇지만 퇴계는 그저 명철보신(明哲保身)의 생각으로 홀로 그 자신만을 조용히, 그리고 깨끗이 처세하려고 세상을 등진 것은 결코 아니다.

사화의 근원을 제거하여 도의의 세계를 건설하는 데는 먼저 스스로 도를 밝히며, 도학을 사람에 부식하는 이외는 어떤 다른 적절한 방법이 없었기에 이를 통감하고, 오로지 스스로 물러나 도학에 전념하여 통달하게 되었다는 사실을 잊어서는 안 될 것이다. 즉 사화를 근심하는 마음과 도학에 임하는 신념이 서로 인과관계가 되어 결과적으로는 유유히 퇴거를 결심하게 된 것이라고 생각된다.

종래의 우리나라 학자들은 퇴계의 소극적인 면만을 지적하고 있는 병폐가 있었던 것은 부인할 수 없다. 이 같은 태도는 퇴계에 대해서 하나는 알고, 열은 모르는 사람들의 피상적인 세평(世評)에 불과하다.

퇴계가 스스로 자처하던 도학이란 군신(君臣) 부자(父子)의 오륜(五倫)의 길이며, 수기(修己) 지인(知人)의 도리이다. 따라서 그 도리라는 것은 수기(修己) 수양(修養)하는 데만 치우친 것도 아니며, 단지 치인(治人) 경륜(經綸)의 태도를 도외시한 것도 아니다. 그러므로 퇴계의 문인 정유일은 퇴계가 어느 정도의 애국심을 가졌는지에 대해서 그의 〈언행록(言行錄)〉에 다음과 같이 기록하고 있다.

　雖退間年久, 愛國之心, 老而盜篤,
　往往與學者, 言及國事, 轍嘘唏感憶.

또 문인 김성일이 애국심의 진퇴에 대하여 말하기를, '사이도 없이 한 정령(政令)의 선(善)을 들으면 기뻐서 잠을 이루지 못하며, 혹은 거조(擧措) 치의(置宜)를 잊으면 근심의 빛을 띠며, 항상 군자는 군덕(君德)을 보양하며 사림을 도와서 보호하는 것을 선무로 한다.'라고 한 것을 보아도 국가를 도외시한 은퇴자가 아니라는 것을 무엇보다도 명료하게 알 수 있다. 다만 시대를 관망하며 사림의 폐를 통찰하며 스스로 자성(自省) 수양을 주로 하는 교학을 연구한 것이라고 생각된다.

이 같은 퇴계의 태도에 의하여 유림의 인사(人事)에 깊은 교훈과 감화를 주었다고 생각되며, 자신을 자각하는 유림, 자성 수양하는 인사나 도의를 재창(再唱)하는 인사 등이 배출된 것은 오로지 퇴계의 영향이라고 할 수 있다.

『 역사상에 있어서의 퇴계의 위치

우리나라에서 성리학의 발달은 퇴계에 의하여 최고봉에 이르렀으며 퇴계의 학문과 덕행 또는 문장은 실로 희귀하게 보며, 위대한 경지에 달하고 있다.

퇴계의 덕행은 우리나라만이 아니고 중국이나 일본에도 크게 영향을 끼쳐, 특히 일본에서는 학계에 크게 영향을 받아 학자들이 많이 배출되어 그 이름을 떨치고 있다.

국내에서는 위로는 왕으로부터 아래로는 천민에 이르기까지 일대를 풍미한 데 그치지 않고 세상을 덮고도 유유히 그 광채를 비추며, 특히 오늘날 외래사상이 들어와 동족상쟁(同族相爭)하고 있는 세태에서 그 어느 시대보다 퇴계의 구국사상이 절실히 요구되는 때라고 할 수 있다. 그는 실로 우리나라 역사상에 최초이며 최대의 도의철학의 건설자이며 도학을 앞장서 주창하고 실천한 학자였다.

김성일의 〈실기(實記)〉에 보면, '근세 사대부들은 글을 읽고 공부하면 오직 과거를 보는 데만 이익이 있음을 알고 성현의 학문이 있음은 모르며, 관에 있으면 오직 총록(寵祿)의 영광은 알아도 오퇴(悟退)의 절의(節義)가 있음을 모르며, 민민(泯泯)하고 풍풍(風風)한 부끄러움은 없고, 의리도 더욱 없다. 선생이 일어나서부터 사대부라는 사람은 처음으로 사람다운 소이의 대도는 거기에 있지 않고 여기에 있음을 알며, 간간이 바람을 타고 일어났다. 때를 기다리지 않고 배우나 과거 시험은 보지 않으며, 공화에 이른 사람은 이미 없으니, 군유(群儒)에 집대성하고 위로는 절서(絶緖)를 계승하고, 아래로는 내학(來學)을 열며 공맹(孔孟) 정주(程朱)의 대도를 밝혀 찬연히 이 세상에 다시 밝히며, 이를 동방에서 구한다면 기자(箕子) 이래로 한 사람뿐이다.'라고 하였다. 이것은 과거와 이록(利祿) 영달만을 추구하는 교학계, 관계의 풍조 등에 항의하여 처음으로 사람들의 소이의 길을 밝혀 도의를 숭상하고 염치(廉恥)를 중히 여기는 풍조를 일으킨 것은 이것이 처음이므로 도의 철학을 조직한 것과 같이 퇴계의 높은 공로는 영원히 허물어지지 않을 것이다.

퇴계의 문하생인 정유일은 〈언행통술(言行通述)〉에, '선생은 동국학(東國學)이 끊어진 후에 태어나서 스승의 가르침에 의하지 않고 초연히 홀로 깨달아 얻으며, 그의 순수한 자질이며 정밀한 견해 홍의(弘毅)의 지킴, 고명한 학문도 몸에 넘쳐흐르듯, 말은 백대에 바르고 공은 선성(先聖)을 빛냈고, 그 은혜는 후학에 길이 전해졌으니, 이는 즉 동방에서 구하려면 퇴계 한 사람뿐이다.'라고 쓰고 있다.

퇴계의 학문, 덕행 및 그 유풍은 그 크기와 규모, 영향력에 있어서 한국 역사상에서 제1인자였으며 유림계의 태산이요, 북두와 같은 존재로서 수많은 유림의 사표이며 그 가운데서 빛나고 있다. 주자학의 사상에서 본다면 동양에 있어서 주자 이후로 제1인자이다. 주자 사후, 여러 높은 제자들이 학문을 이룬 사람이 많으나 그 수로는 점차로 주륙절충(朱陸折衷)의 풍조가 일어나 순수하게 주자의 대도를 이룬 학자와 주자학을 밝힌 도학자는 매우 적은 상태였다.

이런 가운데 퇴계의 출현은 왕양명(王陽明) 이후에 최초의 순수한 주자학자로서 더욱이 주자에게 물어본 일이라든지, 또는 무리를 만들지도 않고 주자학설에 정선하여 도덕의 대본을 수립하고 스스로 도의의 짐을 진다는 그 자세는 학덕을 겸비한 전형적인 도학자였다.

도학이란 점에서 본다면 그는 확실히 주자학 이후의 제1인자이며, 근세의 역사에 보기 드문 동양 제일의 학자로 특기할 만한 위대한 대학자였다.

『 주자와 퇴계의 우주관 비교

퇴계의 우주관보다도 주자의 우주관을 먼저 약술하기로 한다.
주자는 우주의 본체를 태극(太極)으로 보고, 태극은 이기이원(理氣二元)을 종합한 것으로 보았다. 이(理)는 천명(天命) 혹은 천리(天理)로 하며 만사의 당연법칙으로서 원형이정(元亨利貞)의 4덕(德)을 설명하였다. 기(氣)는 음양과 금목수화토(金木水火土)의 오행(五行)에 온갖 만물의 물체 현상이 활동하는 바의 근원이라는 것을 말하고 있다. 우주의 본태(本態)는 즉 태극이며, 그 작용으로 보아서 이기이원으로 본 것이다.

이 같은 견해로 주자는 결국에 가서는 태극은, 즉 이(理)의 일원(一元)에 귀착하려는 데 대하여, 퇴계는 우주의 삼라만상이 모두가 이기이원으로 된 것이며, 이와 기는 상의상존(相依相存)하여 작용하는 것으로서 기가 있는 곳에 반드시 이가 있으며, 이가 있는 곳에 반드시 기가 있다고 보았다. 그래서 이기는 별개의 것이며, 하나가 아니라는 것을 설명하고 있다.

이 이기이물(理氣二物)의 근본 관념에 대하여 자세히 관찰해보면 이는 우주의 천리, 즉 조리(條理)로써 무형무질(無形無質)한 정신적 형이상의 존재이며, 기는 유형유질(有形有質)의 물질적 형이하의 존재라고 주장하고 있다.

즉 이는 기를 재료로 하고 구상화할 때에 처음으로 만물의 만유(萬有)로서 나타나는 것이며, 따라서 완전히 기가 이의 재료가 되어서 이가 구상화할 때 기가 존재한다는 것을 주장하고 있다. 결론은 퇴계가 우주의 현상계를 이기이원으로 설명하려는 것은 주자의 학설과 같으나 주자가 태극은 하나의 이(理)이며, 이것은 시간과 공간을 초연한 것으로 보고 주리적(主理的) 혹은 이일원

(理一元)에 귀착시키려는 노력에 대하여, 퇴계는 이와 기는 별개의 것이며, 둘 중 하나도 없어서는 안 된다고 주장하는 것이다. 이기(理氣)는 상호상존(相互相存)하는 것이며, 이기 상호의존을 잊어서는 안 된다고 주장하며, 별개의 물건이면서도 또한 호발(互發)하는, 항상 구상화되는 것이라고 설파하고 있다.

즉 퇴계는 이와 기를 동시에 동등 또는 동격화한 사상으로 이기호발(理氣互發)하여 비로소 물상화(物象化)하는 것이며, 결코 이가 중요하다든가 또는 기가 중요하다고 말하는 주리론(主理論)이나 주기론(主氣論)을 배제하고 이기는 동시에 호발하지 않으면 안 된다고 주장한 것이다. 이 점이 주자와 다른 주장이기는 하나 퇴계가 주자보다 일보 전진한 주장과 더불어 학문적인 근거 또는 논거도 있었지만, 그는 이를 주장하는 것이 스승에 대한 태도가 아니라고 믿고 거경(居敬)을 생활의 목표로 한 그에게 있어서 당시의 그 같은 생각은 할 수도 없는 것이라고 생각했을 것이다.

이 같은 퇴계의 이기설에 대하여 율곡 이이나 고봉 기대승 등은 주기설(主氣說)을 주장하여 반론을 제기하며 다음과 같이 주장하였다. '이는 기를 떠나서는 아무런 의미도 없고, 다만 기가 나타나야만 합리적으로 발하기 때문에 그 당연의 법칙으로써 이를 인정하는 것이다.'

이 같은 관념상의 차이는 상당한 거리가 있으며 거의 주자의 주리론과는 상반된 논조이나 퇴계의 이와 기를 동격으로 인정하여 이기호발하는 학설은 실로 진리라고 생각된다.

주자와 퇴계의 우주본체관을 계통적으로 나타내면 다음과 같다.

주자설 → 태극〔理〕 ─ 이(理) ─ 본연의 이 ╲ 구상화
　　　　　　　　　 ─ 기(氣) ─ 본연의 기질의 기 ╱

즉 주리론적(主理論的) 이원론(二元論)

이퇴계설 → 태극〔理〕 ─ 이(理) ─ 천명 천리 ─→ 만물 구상화 조건
　　　　　　　　　　 ─ 기(氣) ─ 음양오행

상대적 이기동격적(理氣同格的) 이원론(二元論)

이같이 주자는 이원론자이면서도 이(理) 쪽에 기울어져 '이'는 시공(時空)을 넘은 것으로 인정하려고 노력한 것을 알 수 있다. 이에 비하여 퇴계는 이기 양방에 동격의 현상을 인식하여 '이기호발설'을 세운 것이다.

이 호발이란 상대적이며 선후의 차례도 없이 동시에 발(發)하는 이기를 말하는 것이다. 그러므로 어느 한쪽을 중시 또는 경시할 수 없으며 이와 기는 별개의 것이기는 하나, 하나의 물(物)로써 구상화하는 데는 이기가 같이 선후가 없고 호발한 현상에 불과하다고 주장하여 결코 시간적인 선후가 없다고 말하는 것이다.

『 주자와 퇴계의 심리설(心理說) 비교

심리설에 있어서도 주자와 퇴계는 출발점은 같으나 이것을 각각 발전시킨 결과는 조금씩 다른 점을 발견할 수 있다.

즉 주자는 인성(人性)을 본연의 성(性 : 천지의 성)과 기질의 성으로 구분하여 본연의 성은 이(理)에서 살며, 기질의 성은 기(氣)로부터 생긴다고 하였다. 이는 우주의 근본이므로 이로부터 나온 본연의 성은 순일무잡(純一無雜)하여 적연부동(寂然不動)하며, 절대의 선이며 인의예지신(仁義禮智信)의 모든 덕은 그 가운데

있으며, 기질의 성은 이기(理氣)가 교운(交運)하여 생기고, 기가 오행의 배합에 따라서 청(淸)과 탁(濁)이 되는 것으로 믿었다. 모든 사람의 인품이 같지 않은 것은 이 기의 혼명(昏明) 후박(厚薄)의 차이에 의하여 생기는 것이라고 말하며, 이의 차이에 의하여 인품이 선하고, 선하지 않고, 또는 현명하고 불초(不肖)로 되고, 본연의 성과 기질의 성은 어떤 사람에게나 있으나 기질의 성에 관계 없이 본연의 성을 발휘하면 성자(聖者)가 되며, 그렇지 않으면 어리석고 평범한 사람이 된다고 말하고 있다.

이같이 주자는 심리설에 있어서 심(心)은 이기이원(理氣二元)에 의한 것이라고 말하였다. 이것은 이기이원을 믿는 주자에게는 당연한 결과이며 결론이라고 생각된다.

이상에서 말한 주자의 심리설에 대한 퇴계의 주장은 인성을 본연의 성과 기질의 성으로 나누는 것은 주자와 같으나, 성정의 관념을 이기이원의 호발이라고 믿은 것이다. 이는 본연의 성이므로 조리, 즉 만사에 당연히 있을 수 있는 법칙이기에 순일무잡하며 절대선(絶對善)이며 본질적으로 악의 관념은 용납되지 않는 것이다.

따라서 이(理), 즉 본연의 성으로부터 발하는 일체의 생각과 행동은 선이 되며, 맹자의 인의예지신 등이 모두 덕의 이이며, 이같은 덕은 본연의 성으로부터 나오는 것이라고 말하였다.

기는 기질의 성이므로 원기(元氣)의 관념과 대체로 가까우며, 이기는 이체(理體)가 형질을 빌려 구현한 것이므로 기질의 안에 본연의 성이 있으므로 기질은 이기를 겸한 것이 된다. 그래서 각 개인의 기질의 성은 각각 다르므로 사람들 마음의 활용 여하에 따라 선(善) 또는 불선(不善), 현(賢) 또는 불현(不賢)이 되나, 악은 모두가 기질의 성에만 발하며 본연의 성으로부터는 발할 수 없는 것이라고 하였다.

그는 이같이 선의 근본을 이(理)에, 악의 근본을 기(氣)에 두고 성을 본연과 기질의 둘로 나누어서 관찰한 것을 알 수 있다.

그러면 성이 외물에 감응되어 발하는 정은 본연과 기질의 양성 중에서 어느 쪽에 나타나는 것인가에 대하여 그는 성이란 '체(體)'이며 정은 '용(用)'이 되는 것이나, 정에는 오로지 순선(純善)이라고 하는 사단(四端 : 측은지심惻隱之心·사양지심辭讓之心·시비지심是非之心·수오지심羞惡之心)과 선도 되고 악도 될 수 있는 칠정(七情 : 희로애락애오욕喜怒哀樂愛惡慾)이 있다고 하였다.

사단은 반드시 이로부터 출발하며, 칠정은 선도 되고 악도 되므로 순연(純然)한 이로부터는 발할 수 없으며 반드시 기로부터 발하지 않으면 안 되게 되어 있다.

이와 같은 논리는 마침내 사단은 이(理)의 발이며 칠정은 기(氣)의 발이라고 말하는, 이른바 '이기호발설(理氣互發說)'에 귀납되는 것이다.

이 '이기호발설'의 심리설은 당시의 학계에 일대 파문을 일으켜서 퇴계의 문하생인 고봉 기대승 등이 이기공발설(理氣共發說)을 주장한 이래로 많은 학자에 의하여 주장되어 퇴계의 이기호발설과 더불어 수백 년간 시비(是非)의 논쟁이 일어났다.

그렇다면 '심(心)'은 이기(理氣)의 어느 쪽에 속하는가가 문제이다. 주자는 '심'을 기에 속한다고도 하였고, 혹은 이기이원의 묘용(妙用)에 의하여 이루어지는 것이라고 생각한 것 같으나, 퇴계는 주자의 설이 명료하지 않다는 것을 규명하고, 그는 '심'을 이기양원(理氣兩元)의 묘용에 의한 것이라고 말하였다. 그러나 마음이 이기의 묘용에 의한 것이라면 마음에는 선악이 없어서는 안 되는 것이다. 그러므로 이로부터 나온 마음을 '도심(道心)'이라 하고, 기로부터 나온 마음을 '인심(人心)'이라고 읽었다.

이 '도심'은 물론 순수지선(純粹至善)을 말하는 것이며, '인심'은 반드시 '악'이라는 것은 아니나 좋지 않은 것은 '악'이라고 하였다. 그래서 이 이기가 합한 것의 '마음'은 일신을 주재하는 것으로 보고, 이(理)는 즉 성(性)이며, 그 '성'으로부터 출발하는 것을 '정(情)'이라고 하며, 마음으로서 성정을 통일하는 것이라고 본 것이다.

다음 도표에서 주자와 퇴계의 인생관을 나타내는 계통을 비교해 본다.

퇴계는 '심(心)'과 '정(情)', '성(性)'을 논술하여 성은 심의 구비하는 바의 이(理)이며, 정은 성의 물(物)에 감(感)하여 비로소 움직이는 것이라 하고, 심은 성이며 정의 주(主)이고, 성은 심의 체(體)이다. 정은 심의 용(用)이므로 심은 성과 정을 통수하며 그 본질은 하나라고 주장하였다.

이런 주장에 대해서 주자는 심을 인심과 도심으로 구분하고, 도심은 이의 기반 위에서 본연의 성을 갖는 것이며, 인심은 기로부터 나온 것으로서 질(質)에 있어서 기질의 성을 갖는 것이라고 하였다.

이상과 같은 주자의 주장에 대해서 퇴계는 이보다 일보 전진하여 성범(聖凡)이 다 같이 도심과 인심을 가지고 있으나 정욕(情欲)에 의하지 않고 중정(中正)을 지키며 도심을 발휘하는 것이 성인(聖人)이며, 그렇지 않은 것이 범인이라고 하였다.

퇴계의 사상 계통을 나타내면 다음과 같다.

태극   理 心 性 道心 — 至純至善 — 聖賢
　　　氣   情   人心   中正으로 천리에 理合하는 것〔善〕
　　　　　　　　　　中正이 아닌 것〔惡〕 - 愚凡

위 표와 같이 그는 심(心)도 이기호발에 의한 것이라고 믿고 있다.

주자는 심(心)을 혹은 이발(理發) 혹은 기발(氣發)이라 말하고 있으나, 퇴계는 이기호발에서부터 출발하는 심이 성(性) → 도심(道心)이 되면 성인이 되고, 정(情) → 인심(人心)이 되면 중정(中正)이 될 때 선(善)이 되며, 중정이 아닐 때는 악(惡) → 우범(愚凡)이 된다는 것을 나타내고 있다.

이 같은 사상이, 그리고 학설이 그 기반을 이루고 있으나 이를 한층 조직적으로 발전시킨 사실을 여실히 엿볼 수 있다.

『 퇴계의 수양론

퇴계의 수양법은 주자의 '거경궁리(居敬窮理)'를 수양의 요체(要諦)로 하였다.

거경은 마음을 전일무방(專一無放)의 경지에 두며 자기의 덕성을 함양하는 것으로, 중용(中庸)에 있어서의 소위 존덕성(尊德性)을 뜻하는 것이며, 맹자가 말하는 존심양성(存心養性)을 뜻한다.

조용할 때는 담연부동(湛然不動)하여 이(理)와 똑같이 본연의 상태를 지속하여 이것을 존양(存養)하며, 움직일 때는 항상 주의 성찰하고 불편불의(不偏不倚)하여 어떤 일이든지 장소를 가리지 않고 지공무사(至公無私)하게 본성 그것을 나타내게 하며, 마음의 최선(最善) 작용을 발휘하여 완전히 이(理)의 생활을 지속하여 성(性)을 다스리며, 천명을 다하여 천인합일(天人合一)의 경지에 있는 극치(極致) 생활을 말하는 것이다.

즉 안으로는 마음을 가지며〔存心〕게을리하지 말며, 밖으로는 기거동작(起居動作)을 삼가는 것이다.

퇴계는 거경을 도학의 제1의로 삼고, 요순(堯舜)이나 성현의 천언만어(千言萬語)가 모두 이 '경(敬)'한 자에 있다고 생각하였다. 그래서 그는 자신이 일세의 석유(碩儒)로서 자타가 공인할 정도였으나 누구와 의논할 때는 반드시, "우의(愚意)는 이렇다고 생각합니다만 귀하의 의견은 어떠하신지요?"라는 식으로 말하며, 항상 자기의 주장을 강조하지 않고 기화사양(氣和辭讓)하여 무명의 유생들의 의견도 존중하였으므로 학덕이 고매한 그의 명성은 당시 사회의 귀감이었다고 전해진다.

궁리(窮理)는 널리 사물의 이치를 궁삭(窮索)하여 지식을 넓히는 것을 말하며, ≪중용≫의 '도문학(道問學)'이라든가 또는 ≪대학≫의 '치지(致知) 격물(格物)'을 말한다. 성현의 책이나 자기의 마음 혹은 눈앞의 사물에 대하여 깊이 사색하여 의리를 밝히며 나아가서 이것을 체험하는 것을 말하는 것이다.

그 방법으로 매일 사물에 잘 친숙해져서 밝게 사리에 관통하는 것으로서, 눈앞의 사물을 주의 깊게 보며 경서를 잘 읽으며 그 뜻을 사색하는 것도 한 가지이다.

앞에서 말한 바와 같이 거경과 궁리는 병행하지 않으면 안 되는 것으로서 차(車)의 바퀴나, 새〔鳥〕의 양 날개와도 같이 그중에서 하나라도 없으면 수양의 목적을 달성할 수 없게 된다고 말하고 있다.

퇴계의 수양법을 표시하면 다음과 같다.

　외적 수양법 → 거경〔기거동작을 신중히〕
　　　　　　　　　　　　　　　　　 → 仁의 體現
　내적 수양법 → 궁리〔치지격물, 박문약례〕

또한 선지후행설(先知後行說)에도 주지적 사상으로부터 사물의
시비·선악을 알며, 그다음에 행하는 것이며, 만약에 모르고 행하
는 것은 망행(妄行)이며 지(知)와 행(行)은 보는 눈과 걷는 다리
와 같다고 하였다.
다음에는 주자와 퇴계의 학자적 입장과 시대적 경우를 논하겠다.
주자는 주로 그의 학문을 경전(經傳)에서 구하고 있으나, 퇴계는
나이 19세 되던 해에 ≪성리대전(性理大全)≫과 ≪심경(心經)≫
에서 그의 학문의 연원(淵源)을 이루고 있다.
주자는 남송의 휘주(徽州) 무원(婺源)에서 출생하여, 공자(孔子)
이후 증자(曾子), 자사(子思), 맹자(孟子), 주자(周子 : 주돈이周敦
頤), 장자(張子 : 장재張載), 정자(程子 : 정명도程明道와 정이천程伊川) 등
의 정통 사상을 이어받아서 제가의 학설을 집대성하였다. 퇴계는
경북 안동에서 출생하여 안향(安珦 : 문성공文成公) 이후에 대대로
전수되어 내려온 한국의 성리학을 조선 중기에 한국의 제가의 학
설을 집대성한 것은 주자와 같은 양상이라고 생각된다.
주자가 선유(先儒)의 성경(聖經)을 세심히 연구한 것과 같이 퇴
계도 주자서와 경서를 연구 대상으로 한 것은 같다.
주자는 ≪대학장구(大學章句)≫ 서문에서 말하였다.

　　大學, 孔氏之遺書, 而初學入德之門也. 於今可見, 古人爲學次第
　　者, 獨賴此篇之存, 而論孟次之. 學者必由是而學焉, 則庶乎其不
　　差矣.

또는 치지(致知)며, 궁리(窮理)에 대하여 전목(錢穆)의 ≪중국사

상사≫에도,

> 致知在格物者, 言欲致吾之知, 在卽物而窮理其也, 蓋人心之靈, 莫
> 不有知, 而天下之物, 莫不有理, 惟於理有未窮, 故其知有不盡也,
> 是以大學始教, 必使學者卽天下物…(146항 이하 – 159항)

이라고 하여, ≪서경(書經)≫으로부터 그의 학문이 출발한 것과
같이 퇴계도 ≪성리대전≫이라든가 ≪심경≫으로부터 학문을 시
작했다고 말하고 있다.(〈퇴계언행록〉)
또한 주자는 천만어(千萬語)에도 박학(博學)으로서 선유의 학설
을 경솔히 반박하려 하지 않았으며, 모든 중인에게 박학과 독서
를 장려하고 있다.
전목의 ≪중국사상사≫에,

> 皆古昔聖賢垂教無窮, 無謂先得我心之同然者, 凡我心之所得必以
> 考之聖賢之書, 脫有一字不同, 更精思明辨以益求至當之歸.

라고 기록되어 있다.
퇴계는 자득구명(自得究明)하여 학문과 덕행이 주자에 비교하여
손색이 없으며, 겸손한 태도로 학문에 대하여 자기 견해를 주장
하기 이전에 선현의 말을 이해하는 데 충실하며, 사설(私說)을 매
우 사양하여 발표하기를 주저하였다.(≪농암집聾巖集≫ 32권 참조)

『 퇴계의 학문 태도

퇴계의 학문은 철학적인 방법에 있어서 먼저 그의 사색이 정예하
고 심오한 데 감탄할 따름이다.
일언반구(一言半句)라도 신중하고 심사숙고한 결과만을 말하므
로, 결코 자기 생각을 그대로 말하여 천재인 것 같은 태도와는 거

리가 멀었다.

이런 점으로 보아 지금까지의 수많은 한국 학자 중에서 가장 진지하게 철학적 사색을 한 학자임에 틀림없다고 생각된다.

물론 주자학을 그 근본으로 연구한 것은 사실이지만 다만 지엽말단적 장구(章句) 해석이나 묵수(墨守) 송기(誦記)하며 학자 같은 태도를 지니는 속된 유학자들과는 근본적으로 차이가 멀다.

퇴계는 궁리, 즉 철학적 사색은 어려운 것이 많았으므로 그 어느 하나에만 구애되어서는 안 된다고 하였다. 그러나 중용에 있어서 학문의 방법은 박학(博學), 심문(審問), 신사(愼思), 명변(明辯) 가운데서 가장 중요한 것은 신사라고 말하였다. 생각하면 얻을 수가 있으나 생각하지 않으면 얻는 것이 없다고 말하였다.

생각이란 어떠한 사물에 대해서도 깊은 의심을 가지며 그 해결을 마음으로부터 구하면 반드시 얻을 수 있다고 하였다. 이 같은 사고방식은 문구나 자구를 해석하는 것이 아니고 심신으로부터 탐색하여 체험으로 인정하는 것을 뜻한다.

즉 커다란 의심으로부터 크게 깨달음이 있으며, 생각도 행동도 없는 사람에게는 의심과 의문이 있을 리가 없으며, 그뿐 아니라 큰 깨달음도 있을 수가 없다고 하였다.

하나의 구두선(口頭禪 : 실행이 따르지 않는 실속 없는 말)이나 입버릇으로 만족하지 않고 조용한 밤중에 마음으로부터 생각하며 경문을 읽고, 그래서 천리를 체험으로 인식하면서 힘차게 장시간에 걸쳐서 용공(用功)에 노력하여 처음으로 엄연한 진리의 경지에 들어갈 수가 있다고 하였다.

퇴계의 인품이 청순(淸純) 온수(溫粹)할 뿐만 아니라 그 누가 질문을 해도, 또는 비근한 설화에 있어서도 신중히 생각한 연후에야 답하며 결코 경솔히 말한 적이 없었다.

문장을 한 편 쓰더라도 자신이 만족할 때까지는 타인에게 보이거

나 세상에 발표하는 일은 절대로 없으며 망의(妄意), 감상(感想)
이나 자기의 주장을 나타내는 일은 없었다.

같은 가운데에서도 다른 것이 있으며, 다른 가운데에서도 같은
것이 있음을 알며, 하나의 진리를 주장하기 위해 다른 것을 배척
해서는 안 된다고 하였다. 이 같은 태도로 그는 70세의 노대가
(老大家)가 되어서도 세상을 떠날 때까지 자기 학설에 오류가 있
을 때는 곧 고치기를 게을리하지 않았다.

한 예로 제자인 기대승(奇大升 : 호는 고봉高峯)에게 보내는 경오년
(庚午年 : 1570년) 11월의 서신에서 다음과 같은 내용이 있다. 경
오년은 퇴계가 70세 되던 해로, 퇴계는 이해 12월에 세상을 떠
났다.

> 今賴高明提諭之勤, 得去妄見而得新意, 長新格課, 以爲幸.

이것은 퇴계의 치물격(致物格)과 물리지극처(物理之極處) 무부도
지설(無不到之說)에 대한 잘못된 설을 고집한 것을 스스로 인정
하고, 기대승의 고명한 제유(諸諭)의 도움을 받고 망견(妄見)을 버
리고 새로이 깊은 진리를 깨닫게 된 것을 다행으로 생각하였다고
말한 것이다. 이것을 보아도 퇴계의 학문에 대한 태도가 얼마만
큼이나 겸양하였던가를 알 수 있다.

또한 그의 회신 가운데 무극이태극(無極而太極) 해석에 있어서도
좌우 붕우(朋友)의 경발(警發)의 가르침으로서의 여러 선유의 학
설을 역검(歷檢)한 결과 자기의 의견에 착오가 있었음을 말하였
다.

이같이 그 뜻을 분명히 한 연후에야 그 같은 제자가 있음을 진정
으로 흐뭇한 기쁨을 감추지 못하였으며, 자기의 독서에 소홀한
착오가 있었음에 스스로 놀라며 또 두려워하였다.

퇴계가 1570년 12월 8일에 이 세상을 하직한 때로부터 약 1개

월 전에 제자인 기대승에게 보낸 최후의 서신에서 '무극이태극설에 대해서 자기의 의견은 모두 오류이며, 그래서 이미 자기의 학설을 스스로 고쳤다.(無極而太極鄙見, 皆誤, 亦已改說)'라고 쓰고 있다.

동서를 막론하고 많은 현철(賢哲)이 나왔으나 퇴계처럼 학문을 대하는 태도에 겸손하고 순수한 태도를 보인 사람은 그리 많지 않았다고 생각된다. 퇴계의 이 같은 학문적 태도는 학설 논쟁에 있어서나, 유명한 사단(四端) 칠정(七情)에 대한 논쟁에도 잘 나타나 있다.

『 퇴계의 이기호발설(理氣互發說)

■ 천명도설(天命圖說)의 개정과 사단칠정론(四端七情論)

퇴계의 이기호발설의 발단은 조선 중종 때 일이다. 퇴계는 서울 서쪽 성문(城門) 안에 우거한 지 20여 년이 넘도록 이웃에 누가 살고 있는지조차 몰랐을 정도로 깊은 사색과 궁리에 열중하였다. 1553년, 퇴계 나이 53세 되던 해에 그는 우연히 〈천명도설〉을 보고 그 내용에 의심스러운 점이 있음을 발견하고, 그 〈천명도설〉을 쓴 저자가 바로 이웃에 사는 정추만(鄭秋巒)이란 학자임을 알았다.

정추만의 이름은 지운(之雲)이요, 자는 정이(靜而)로 그의 아호가 추만이다. 정추만은 아우 정지상(鄭之霜)을 가르치기 위해 ≪성리대전≫ 중에서 주자가 천인(天人)의 도를 말한 것을 알기 쉽게 그림으로 표시하여 이를 '천명도설'이라 명명하였다. 정추만은 모재(慕齋) 김안국(金安國)의 문인이다. 그는 〈천명도설〉을 저술하여 조화의 이치를 강명(講明)한 유명한 학자였다.

퇴계와 정추만은 그 후부터 교유하게 되었으며, 마침내 정추만은 퇴계에게 〈천명도설〉을 제출하여 정정(訂正)할 것을 부탁하였다. 이에 퇴계는 원문의 '사단발어리(四端發於理), 칠정발어기(七情發於氣)'라고 쓰여 있는 것을 고쳐서 '사단이지발(四端理之發), 칠정기지발(七情氣之發)'이라고 수정하여 거기에다가 후서를 붙여 돌려보냈다. 이것을 그다음 해에 정추만은 〈천명도설〉에 퇴계의 서문을 붙여서 세상에 공포하게 되었다.

이 〈천명도설〉은 천명에 의해 이기가 묘응(妙凝)하여 인물이 발생하며 각자의 성정을 붙여서 선이다, 악이다 라는 것을 나타내는 것이라고 말한 주자(周子), 이정자(二程子), 주자(朱子) 등의 우주관과 도덕설〔인설仁說〕을 도시한 것이다.

특히 논쟁 대상이 되었던 것은 도설하는 가운데 원래 문구를 정정한 데 있었다.

이것이 동기가 되어 퇴계의 문인인 기대승〔명언明彦〕에 의하여 '사단이지발(四端理之發), 칠정기지발(七情氣之發)'이라 한 것은 지나친 이원론적이라고 생각되어 먼저 퇴계에게 질의의 서한을 보낸 것이 사단칠정에 관한 논쟁으로 벌어진 소위 사칠론(四七論)이다. 이 논쟁은 퇴계가 죽기 4년 전까지도 계속되어, 퇴계가 53세 되던 해에 시작되어 66세 되던 해까지 시비의 변론 서신이 왕래되었다. 후세에 학자들이 이 두 사람의 왕래 서신을 모아서 '사단칠정(四端七情), 이기왕복서(理氣往復書)'라고 이름 붙였다.

이들 사제 간에 왕래한 서신 가운데는 서신의 자체가 훌륭한 철학 논문인 것이 적지 않으며, 퇴계와 그 문인 등이 그 문하에 왕래한 서신 중에서 고귀한 내용이 있는 서신을 발췌한 것을 모아서 만든 ≪자성록(自省錄)≫이라고 이름 붙인 책을 애송한 학자들에는 일본의 유학자도 많았던 것은 널리 알려진 사실이다.

사단은 맹자의 인(仁)의 단서인 '측은(惻隱)'과 의(義)의 단서인 '수오(羞惡)'와 예(禮)의 단서인 '사양(辭讓)'과 지(智)의 단서인

'시비(是非)'의 네 개를 말함이고, 칠정은 ≪예기(禮記)≫에 있는 '희로애구애오욕(喜怒哀懼愛惡欲)'의 일곱 가지를 말하는데, 문제는 이들의 관계이다.

이(理)를 현대의 철학적 술어로 이성(理性)이라고 한다면, 기(氣)는 감성(感性)이라고 해도 잘못은 아닐 것이다. 먼저 기대승은 이와 기가 서로 단독으로 발동하여 정(情)이 된다는 것을 주장한 데 반대하여 사단이나 칠정도 모두 정이며, 칠정 외에 사단이 있는 것이 아니고, 사단도 결국은 칠정 가운데 그 선을 척출(剔出)한 데 불과한 것이다. 그러므로 사단과 칠정은 같은 것으로서 이기는 공발(共發)하는 것이라고 하여 스승의 설(說)을 부정하였다. 퇴계에게 보낸 기고봉의 제1신의 편지는 다음과 같다.

> 근래에 학자들이 맹자의 선일변(善一邊)에 대해서 척출(剔出) 지시(指示)한 의미를 돌아보지 않고 아무렇게나 사단칠정을 가지고 별론(別論)하는 운 - ≪퇴계집≫ 권16 〈부기명언비사단칠정합이기변附奇明彦非四端七情合理氣辯〉

퇴계에게 반박하는 서신을 보낸 것에 답하여 퇴계는 기대승에게 보낸 제1신 편지는 다음과 같다.

> 성정지변(性情之辨)은 선유가 발명한 바로서 또는 자세히, 그리고 세밀히 발명되어 있으므로 다만 사단칠정이라는 것은 정(情)일 뿐으로 이와 기가 별개로 분설(分說)하는 것은 볼 수가 없다. - ≪퇴계집≫ 권16 참조

다음에 기대승의 제1 서신 내용을 자세히 설명하면 다음과 같다.

> 대체로 인심이 발하지 않은 것을 성(性)이라 하나 이미 발한 경우는 정(情)이라 하므로 성은 선(善)이 아닌 것이 없다고 말할 수 있으나 정에는 선 전체를 가리키고 있으며, 맹자(孟子)는 부

분적으로 발하는 것을 가리키고 있으므로 사단과 칠정의 구별이 있을 따름으로 칠정 외에 다시 사단이 따로 있는 것이 아니라고 하였다.

만약 사단이 이로부터 출발한다 하여 선이 아닌 것이 없고 칠정이 기로부터 출발한다고 하여 선악이 있다고 말한다면 이것은 이와 기가 판이하여 두 개의 물(物)이 되므로 이것은 칠정이 성으로부터 나오는 것이 아니고, 또한 사단이 기를 타지[乘] 않는다는 것은 오류인 것이다.

지금 만약 사단의 발이 순리(純理)이므로 선이 아닌 것이 없고, 칠정의 발이 기를 겸하고 있으므로 선악이 있다고 하여 고친다면 앞에서 말한 것보다는 나은 점이 있으나 이것도 또한 타당하지는 않은 것이다. 그 이유는 선이 발할 때 기는 용사(用事)가 아니고 본연의 선이라고 한다면, 이는 맹자의 소위 사단이지만 이 사단이 물론 천리의 소발이기는 하나 칠정의 외에서 나오는 것은 아니라고 하였다.

그러므로 사단과 칠정을 다 같이 대거호언(對擧互言)하여 순리라든가 겸기(兼氣)라든가 나누어 말하는 것은 불가하다는 까닭이다.

대체로 이는 기의 주재(主宰)이며, 기는 이의 재료로서 이물(二物)이 물론 구별은 있으나 그 사물이 있을 때는 혼륜(混淪)하여 나눌 수가 없는 것이다.

항상 이약기강(理弱氣强)하여 이는 자리가 없으나 기는 자리가 있기 때문에 그 유행이 발견될 때에 과불급(過不及)의 차이는 있으나 이것은 칠정의 발(發)이 혹은 선으로 혹은 악으로 성의 본체가 전능하지 않은 까닭이다. 만약 그 선이란 것은, 즉 천명의 본연이며 악이란, 즉 기의 과불급한 것으로 소위 사단칠정은 근본적으로 두 개의 뜻이 있는 것은 아니다.

이와 같은 기대승의 주장에 대하여 퇴계는 이와 기에 각발(各發)

이 있는 것은 소주(所主)와 소중(所重)에 따라서 지언(指言)하는 바가 같지 않기 때문이라고 하여 다음과 같이 대답하였다.

> 夫四端情也, 七情亦情也, 均是情也, 何以有四七之異名耶. 來喩 所謂所就以言之者不同, 是也. 蓋理之與氣, 本相須以爲體, 相待 以爲用, 固未有無理之氣, 亦未有無氣之理. 然而所就而言之不同, 則亦不容無別. - ≪퇴계집≫ 권16 참조

또는 성 한 자를 가지고 말하는 데 있어서 자사(子思)의 소위 천명지성(天命之性)과 맹자의 소위 성선지성(性善之性)은 모두가 이의 원두본연처(源頭本然處)를 가리킨 것이며, 그 가리킴이 이에 있으며 기에는 없다. 그러므로 순선무악(純善無惡)라고 말할 수 있는 것이다.

만약에 이기가 같이 떨어지지 않는다고 하여 겸기(兼氣)로 설명하려면 성(性)의 본연이 아니며, 또한 성의 본래선(本來善)을 설명할 수가 없는 것이다.

그래서 후세에 정자(程子)와 장자(張子) 제자(諸子)가 나타난 후에야 기질의 성을 말한 것이 있으나 이것은 가리키는 바가 품생(稟生) 뒤에 있으며 이것은 본연의 성과 더불어 혼칭(混稱)할 수가 없다고 하였다.

그러므로 퇴계는 정(情)에 사단칠정의 구별이 있음은 성에 본연과 기품(氣稟)의 구분이 있는 것과 같은 것으로 생각한 것이다.

그러므로 성(性)을 이와 기로 나누어서 말하므로 정(情)에서도 이, 기로 분해하는 것이 불가능한 것이 아니라고 다음과 같이 말하고 있다.

> 故愚嘗妄以爲情之有四端七情之分, 猶性之有本性氣稟之異也. 然 則其於性也, 旣可以理氣分言之, 至於情獨不可以理氣分言之乎. 惻 隱・羞惡・辭讓・是非, 何從而發乎. 發於仁義禮智之性焉. 爾喜

怒哀懼愛惡欲, 何從而發乎, 外物觸其形而動於中, 緣境而出焉爾.

그래서 사단의 발을 맹자의 심(心)이라고 말하고 있으므로 심은 본래부터 이기의 합(合)인 것이다.

그러나 그 가리키는 바가 이를 주로 하는 까닭은 무엇일까? 이것은 대개 인의예지의 성이 순연(純然)하게도 심중에 있으며 사자(四者)는 그의 단서가 되기 때문이다. 그래서 칠정의 발을 주자의 당연 법칙이 있다고 말하고 있으므로 개중에는 이가 있을 수가 없겠으나 그 가르치는 바가 기에 있음은 무슨 까닭일까?

이것은 외물이 와서 감(感)하여 움직이는 것은 형기(形氣) 이상의 것은 없고 칠정은 그 실마리이기 때문이다.

마음속에 있으므로 순리(純理)가 되며, 마음속을 떠났으므로 잡기(雜氣)가 되며, 외감(外感)하는 것은 형기(形氣)이며, 그 발은 다시 이의 본태가 되는 것이라고 하여 다음과 같이 설명하였다.

> 惻隱·羞惡·辭讓·是非, 何從而發乎. 發於仁義禮智之性焉. 爾喜怒哀懼愛惡欲, 何從而發乎, 外物觸其形而動於中, 緣境而出焉爾. 四端之發, 孟子旣爲之心, 則心固理氣之合也. 然而所指而言者, 則主於理, 何也. 仁義禮智之性, 粹然在中, 而四者其端緒也. 七情之發, 程子謂之動於中, 朱子謂之各有攸當, 則固亦兼理氣也 (程子謂以下舊作朱子謂本有當然之則, 則非無理, 今改). 然而所指而言者, 則在乎氣, 何也. 外物之來, 易感而先動者, 莫如形氣, 而七者其苗脉也. 安有在中爲純理, 而才發爲雜氣, 外感則形氣, 而其發, 顧爲理, 不爲氣耶. (顧爲理以下, 舊作爲理之本體, 今改).
> –≪퇴계집≫ 권16

사단은 모두가 선(善)이므로 사자(四者)의 마음이 없으면 사람이 아니라고 하였다. 그러나 칠정은 선악이 미정(未定)이므로 사단 칠정의 두 가지는 모두가 이기이지만 그 소주(所主)와 소중(所

重)에 의해 지언(指言)하는 바가 다르다고 하여 다음과 같이 설명하고 있다.

> 四端皆善也, 故曰, 無四者之心, 非人也. 而曰, 乃若其情, 則可以爲善矣. 七情本善而易流於惡, 故其發而中節者, 乃謂之和, 一有之而不能察, 則心已不得其正矣(本善而以下, 舊作善惡未定也, 故一有之而不能察, 則心不得其正, 而必發而中節, 然後乃謂之和, 今改). 由是觀之, 二者雖曰, 皆不外乎理氣, 而因其所從來, 各指其所主(此間舊有與所重三字, 今去之), 而言之, 則謂之某爲理, 某爲氣, 何不可之有乎. - ≪퇴계집≫ 권16

그리고 기대승의 이기공발(理氣共發) 주장을 다음과 같이 지적하고 있다.

> 竊詳來喩之意, 深有見於理氣之相循不離, 而主張其說甚力, 故以爲未有無理之氣, 亦未有無氣之理, 而謂四端七情非有異義. 此雖近是, 而揆以聖賢之旨, 恐有所未合也.

이상에서 말한 것처럼 기대승의 학설은 언뜻 보면 근시(近是)인 듯하지만 깊이 관찰하거나 성현의 뜻을 비쳐 보면 이기를 동등하게 하는 것은 미합(未合)한 곳이 있다 하여 퇴계의 치밀 심오한 사색의 태도를 이해할 수가 있을 것으로 생각된다.

다음에 퇴계는 도학(道學)에 대하여 설명하고 있다.
즉 도학이란 반드시 허심탄회하고 공평한 태도를 취하며 결코 선입관이나 선입감(先入感)을 버려야 하며, 학리를 깊이 연구할 때는 정밀한 고찰과 같은 것 중에서 다른 것을 알며, 다른 것 중에서 같은 것을 아는 것이라든지 나누어서 두 개의 물건이 되는 것을 알아도 그 불리성(不離性)을 제쳐서는 안 되는 것과, 합해서 하나가 되어도 그 부잡성(不雜性)을 보전하여 충분히 주실무편

(周悉無偏)하지 않으면 안 된다고 역설하며 다음과 같이 설명하고 있다.

> 昔者, 孔子有繼善成性之論, 周子有無極太極之說, 此皆就理氣相
> 循之中, 剔撥而獨言理也. 孔子言相近相遠之性, 孟子言耳目口鼻
> 之性, 此皆就理氣相成之中, 兼指而主言(兼指以下, 舊作, 偏指而
> 獨言, 今改) 氣也. 斯四者, 豈非就同中, 而知其有異乎.
> 子思之論中和, 言喜怒哀樂而不及於四端. 程子之論好學, 言喜怒
> 哀懼愛惡欲, 而亦不言四端, 是則就理氣相須之中, 而渾淪言之也.
> 斯二者, 豈非就異中, 而見其有同乎. - ≪퇴계집≫

기대승의 질문서에 대한 대답으로, '지금 귀하의 변론은 이와는 달리 같은 것을 좋아하며 분리를 싫어하여. 혼전(渾全)을 즐기며 부석(剖析)을 싫어하여. 사단칠정의 소종래(所從來)를 규명하지 않고 양자가 다 같이 이기를 겸하여 선악이 있다 하여 깊이 분별하여 설명하는 것을 불가하다고 하며, 그중에는 이약기강(理弱氣强)이라든가 혹은 이무짐(理無朕), 기유적(氣有迹)이라는 등의 설명이 있으나 그 종말에 가서는 기의 자연발견으로 이의 본체를 그렇다고 말하고 있으나 이것은 이기가 일물이라고 하여 구별할 수가 없다고 말하는 것이다. 근세에 와서 나정암(羅整庵 : 중국 명明나라 때 유학자)이 이기는 이물(二物)이 아니라고 주장하였으나 기대승의 설은 또한 이것과 같다.'고 하였다.

퇴계의 대답을 받고 기대승은 장문의 서신을 보냈으나 그 내용은 자기의 설을 기술한 데 불과하였다. 이에 대하여 퇴계는,

> 夫四端非無氣, 七情非無理, 非徒公言之, 滉亦言之, 非徒吾二人
> 言之, 先儒已言之, 非先儒强而言之, 乃天所賦人所受之源流脈絡
> 固然也.

라고 하여 은연중에 다소 양보의 뜻을 나타내고 있다. 그러나 사

단칠정을 이기로 분속(分屬)하는 근본적인 태도에 있어서는 변경이라든가 혹은 양보의 언어는 보이지 않는다.

≪고봉문집(高峯文集)≫ 〈사칠왕복서(四七往復書)〉에 의하면 사칠이기론에 대해서 고봉은 마침내 처음 설(說)의 잘못을 깨닫고, 여기에 대해서 사칠론의 후설(後說)과 총론(總論)을 써서 퇴계에게 보내고 퇴계의 학설에 찬동하는 뜻을 나타냈다. 그중에서 전일의 자기 생각이 고지미상(考之未詳)하고 찰지미진(察之未盡)한 곳이 있었다고 쓰고, 사단은 이의 발이며 칠정은 기의 발이라는 설을 긍정하여,

> 孟子論四端以爲凡有四端於我者, 知皆擴而充之夫有是四端而欲其擴而充之, 則四端是理之發者, 是固然矣, 程子論七情, 以爲情旣熾而益蕩, 而欲其約之, 以合於中, 則七情是氣之發者, 不亦然乎.

라고 설명하고 있다.

또는 총론(總論)에 있어서는 '사단은 이로부터 발하여 선이 아닌 것이 없다.'라고 가르치므로 이의 발이라는 것이 명확하며 칠정은 이기를 겸하고 있으나, 이약기강(理弱氣强)하여 악에 흐르기 쉬우므로 기의 발이라고 말하지 않으면 안 된다고 말하여 더한층 퇴계에게 접근하는 태도를 취하였다.

> 喜怒哀樂發皆中節者, 卽所謂理也, 善也, 而其發不中節者則, 乃由於氣稟之偏而有不善者矣. 若孟子之所謂四端者, 則就情之兼理氣有善惡上剔出, 其發於理而無不善者言之也, 蓋孟子發明性善之理, 而以四端爲言, 則其發於理而無不善者之可知也. 朱子又曰四端是理之發, 七情是氣之發, 夫四端發於理而無不善, 謂是理之發者, 固無可疑矣. 七情兼理氣有善惡, 則其所發雖不專是氣, 而亦不無氣質之雜, 故謂是氣之發, 此正如氣質之性之說也. 蓋性雖本善而墮於氣質, 則不無偏勝, 故謂之氣質之性, 七情雖兼理氣而理弱

氣强, 管攝他不得而易流於惡, 故謂之氣之發也.

이에 대하여 퇴계는 기대승의 태도를 칭찬하여 다음과 같이 썼다.

> 四七理氣之辨, 明彦舊亦疑其說之誤, 力加排擯, 近在湖南, 寄書來, 自言仔, 細參考, 始知其非誤, 因著總說後說二篇來, 其言粹然一出於正, 乃知其人眼目旣高, 不以先入爲主, 而能超然獨得於昭曠之原如此. 又曰, 其四七之辨, 授引簫笛, 舖張羅絡浩汗汪洋, 躬辯馳辭, 如縣河瀉海, 不可測度, 眞奇才也. 眞益反也.

이상에서 설명한 퇴계의 〈사칠론왕복서〉에는 일관적인 사상의 흐름이 이른바 퇴계의 이기호발(理氣互發) 사상이다.

이 '이기호발설'은 퇴계의 우주관과 인심관(人心觀)의 본체를 이기이원으로 보았으나, 이는 기와 같이 동작하며 그의 이기는 공간상으로 보아서 이합(離合)이 있는 것으로서 시간적으로는 서로가 호발(互發)하는 것이라고 말하고 있다.

퇴계가 이 학설을 처음으로 주장할 때는 전인미도(前人未到)한 바를 딱 잘라 말한 것이라고 자신한 것이다.〔일본 학자 고교형씨高橋亨氏 논문 참고〕그러므로 그가 기대승에게 회답한 서신에서,

> 性情之辨, 先儒發明詳矣, 惟四端七情之云, 但俱謂之情, 而未見有以理氣分說者焉.

이라고 하였다.

이 외에도 정임은(程林隱 : 정심복程心復)의 ≪심통성정도설(心統性情圖說)≫에,

> 理發爲四端, 氣發爲七情, 惻隱, 羞惡, 辭讓, 是非, 四者正情, 無有不善, 喜怒哀懼愛惡欲七者, 中節則公而善, 不中則私而惡.

이라고 한 것이 있으며, 조선 초기의 유학자인 권근(權近 : 양촌陽村)의 ≪입학도설(入學圖說 : 권근의 입학도설은 삼봉三峯 정도전鄭道傳의 입학도설의 복사판임)≫ 천인심성합일도(天人心性合一圖)에서 영향을 받은 것이라고 전해지고 있으나, 퇴계 자신은 이 학설에 대해서 다음과 같이 쓰고 있다.

> 陽村學術淵博, 爲此圖說, 極有證據, 後學安敢, 妄議其得失, 但
> 以先賢說揆之, 恐不免啓學者穿鑿附合之病耳, 雖然此亦未易言也.

이를 보면, 따로 권근의 설을 생각하지 않았다는 것을 알 수 있다. 이와 같은 증거는 사칠이기 호발설이 완전히 퇴계의 독창설이라는 것을 알 수 있으며, 세상에서 말하는 주자의 이원론(二元論)의 그대로가 아니라는 것을 증명하고 있다.

그의 설명에서 이가 없는 곳에 기가 없으며, 기가 없는 곳에 이가 없다고 설파한 것은 실로 퇴계의 주자학보다 한발 앞선 학설이며, 퇴계 이전에는 이기이원론이나 주리(主理) 주기(主氣) 등 학설은 많이 있었으나 이기호발설은 퇴계의 독창적인 학설임에는 틀림없는 것이다.

퇴계의 학설 발명 시대에서 본다면 그의 이기호발설은 이른 것은 아니나 결코 전설(前說)이나 주자설을 답습 묘사한 것이 아니고, 거경(居敬)과 궁리(窮理)의 겸손한 생활로 일관한 그의 생애를 볼 때 자기의 학설을 세상에 공포하는 것을 매우 신중히 한 원인이라 할 수 있다.

퇴계는 기대승에게 보낸 제2 답신에서 다음과 같이 말하고 있다.

> 近因朱子語類, 論孟四端處未一條, 正論此事, 其說云, 四端是理
> 之發, 七情是氣之發古人不云乎, 不敢自信而信其師, 朱子吾所師
> 也, 亦天下古今之所宗師也, 得是說然後, 方信愚見, 不至於大謬.
> ‒〈답기명언答奇明彦〉

천하 고금의 종사(宗師)로 추앙받는 주장에 대하여, 또는 퇴계 스스로 스승으로 섬기는 처지에서 이 학설을 얻어 깨달은 후에 퇴계의 견해가 큰 오류를 범하지 않았음을 믿었다고 말하고 있다. 앞에서도 말한 바와 같이 퇴계의 이기호발설은 결코 ≪주자어류(朱子語類)≫ 중에서 발견한 것은 그 후에 있었던 것이란 것을 알 수 있다. 또한 퇴계는 사단에 기가 없는 것이 아니고, 칠정에도 이가 없는 것이 아니라고 말하고 있다.

이 같은 주장은 주자의 이원론에서부터 발전적인 설명이기도 하며, '사단이지발(四端理之發) 칠정기지발(七情氣之發)'이란 것을 가지고 마음의 작용 비중에 따라서 이기의 발동을 따로 말하는 것은 무리가 아니며, 사단은 순연한 선심의 작용으로, 즉 인(仁)은 측은지심(惻隱之心), 선(善)은 수오지심(羞惡之心), 예(禮)는 사양지심(辭讓之心), 지(智)는 시비지심(是非之心)의 단서로서 이발기수(理發氣隨)의 이발을 말하며, 칠정은 마음의 선악의 작용, 즉 희로애구애오욕(喜怒哀懼愛惡欲)은 주로 형이하적인 기가 주동이 되어 성(性)의 본연의 성〔純善理〕과 기질의 성〔善惡氣〕이 있는 것과 같다는 것으로서 사단에는 이(理)가 주며 기(氣)도 있으며, 칠정에는 기(氣)가 주며 이(理)도 있어서 두 가지는 각각의 비중에 따라서 소중소경(所重所輕)에 따라 나누어 말한 데 지나지 않는다고 말하고 있다.

이같이 퇴계는 기대승과의 왕복 서신을 통해 이기(理氣)는 동시에 호발한다는 학설을 창립한 것이나, 기대승의 반대를 받고 처음으로 평소의 학설을 주장한 것을 생각해보면 퇴계의 학자적 신중성과 언행은 만천하의 종사(宗師)라고 할 수 있다.

퇴계의 이기호발설은 그의 독창적 사상이었으며, 자각하여 해탈한 것이며, 논리정연하게 만물의 생성을 논하고 있다.

또한 정임은(程林隱)의 학설에 대해서는, '정임은의 〈심통성정도〉

는 근간에 와서야 보았음(近又見程林隱心統性情圖-≪퇴계집≫ 17)'을 알 수 있으며 우연히 접근한 학설을 본 것에 불과한 것을 알 수 있다.

우암(尤庵) 송시열(宋時烈)의 〈김하서행장(金河西行狀)〉에,

> 至於退溪李先生有四端七情理氣互發論, 高峯奇先生深疑之, 質問 於先生(河西金麟厚蔚山人)
>
> 沛然無所凝滯, 遂以論辨於李先生, 殆數萬言, 世所傳退高往復書 者也.(高橋亨氏論文記載)

라는 문장을 보아도 퇴계의 독창적인 학설이라는 것은 물론이나, 동방의 주자로 그치는 것이 아니라 주자학에서 일보 전진한 사상으로서 그의 세밀하고도 치밀한 분석과 궁리에서부터 나온 학설이라는 것을 알 수 있다.

퇴계의 이기호발설은 이기호발의 사상에서부터 우주 본체를 설명하며, 인간의 윤리설에까지도 적용하고 있다. 즉 '지(知)'와 '행(行)'은 호발이 아니면 안 된다고 하였다. 이것은 왕양명(王陽明)의 '지행합일(知行合一) 사상'에서도 큰 영향을 받았는지도 모르겠다.

물론 왕양명은 주자학을 매우 공격한 학자이므로 퇴계 같은 성리학자들은 왕양명의 학설을 좋게 생각하지 않았다고 하더라도, 그의 실용 실천적인 주장에는 한 번 주시해 볼 만한 점이 있다고 생각한다.

오늘날의 유물론(唯物論)이나 유심론(唯心論)이 극단적인 사상전을 겪고 있는 우리에게 있어서 이 이기호발 사상은 양쪽의 극단적인 사상을 중화(中和)한 평등의 조화에 의한 세상을 보는 눈으로 보인다.

이(理)를 심(心)으로 본다면 기(氣)는 물(物)이며, 이기(理氣)는

심과 물에 해당한다. 분해에 분해를 거듭하여 발달한 사회과학은 물질문화의 향상을 얻었으나 다른 한편으로는 분해의 결과 그 진미(眞味)를 잃은 물건이 되어 그와의 조화를 잃고 물건으로서의 본래 가치를 분해 당하여 마침내 물건의 본분을 이룰 수 없을 정도로 분해되는 경지에 도달하여 그 결과로서 물질문명에 의한 위기를 조성하고 있는 오늘의 세계사상계의 고민의 한 조각을 관견(管見)할 수 있을 것 같다.

이와 같은 인류 최후의 과학전을 눈앞에서 예견할 수 있는 오늘날, 퇴계의 이기호발 학설, 즉 물심(物心) 호발 사상으로 구제할 수 있을 것이 아니겠는가?

조선 중기 이후 3백여 년을 통해 성리를 논하는 사람치고 반드시 사칠론(四七論)을 논하여 세칭 주리파(主理派 : 영남학파 = 경상남북도)라 하여 퇴계를 지지하는 학자 혹은 그의 문하생이 사설을 계승하고 있으며, 퇴계가 죽은 후 강원도 강릉(江陵)에서 율곡 이이 등이 기대승의 학설을 지지하게 되어 주로 경기도, 전라도 일대의 여러 유학자가 동조하여 주기파(主氣派 : 기호학파)를 이루어 마침내 성리학에 의한 일대 분파(分派)를 이루었다.

이와 같은 성리학의 분열은 사상이나 정치면에도 크게 영향을 끼치고, 학파의 경쟁과 당파(黨派) 싸움에도 관계가 깊었음은 부인할 수 없는 증거이다.

기대승이나 이이도 퇴계에게 사사한 것을 생각해보면 학설의 시비는 후세 학자들의 숙제이기도 할 것이다.

『 퇴계의 성학십도설(聖學十圖說)

퇴계의 근본 사상을 연구하는 데는 만년에 지은 《성학십도》설을 들지 않을 수 없다.

만년에 선조(宣祖)의 지우(知遇)에 크게 감격하여 일생의 풍부한 박식을 총동원하여 성학에 관한 십도(十圖)를 저술하여 선조에게 바치면서, "나의 보국함이 이것으로써 마칠 뿐이다."라고 말한 것을 보아도 얼마만큼이나 노력하고 박학하였는가를 알 수 있다. 그러므로 이 대저서는 퇴계의 일생에 있어서 사상과 포부를 구현한 명저이다.

≪성학십도≫ 내용은 주로 위학(爲學)의 요소는 '학(學)'과 '사(思)' 두 자에 있으며, '사'자는 그의 마음과 성현의 책에 대하여 깊이 사색하며, 그 이치를 체험하는 것이며, '학'자는 마음이 가지고 있는 바와 성현의 언어를 체득하여 그 도리를 실행하는 것이며, 사와 학 두 개로 표시하고 있으나 실제로는 이것이 상호 발(發)하여 상익(相益)하는 것이라고 하였다. '사'와 '학'은 언제나 상대성을 가지고 관계하고 있음을 말하여 같이 발하여 같이 상익하는 것이라고 갈파한 것이다.

퇴계의 ≪성학십도≫를 그 순서에 의하여 약술(略述)하면 다음과 같다.

■ 제1 태극도(太極圖)

퇴계 사상의 제1이라고도 할 수 있는 이 태극도설은 주염계(周濂溪)의 태극도를 가지고 그림에 설명을 붙인 것이며, 그 중요한 점은 '음양(陰陽)'과 이것의 '동정(動靜)'의 이치를 밝히고 궁리하여 진성(盡性)의 요소를 나타내는 데 있다.

이것은 퇴계의 우주본체론이기도 하며 형이상학의 궁극의 학설을 나타내어 이것에 의하여 천하의 인민은 천리를 주시하며, 천하 무상(無常)의 묘리에 상합(相合)하여 음양 동정의 도를 명확히 알며, 만사를 다스리는 것을 나타낸 훌륭한 철학 이론이다.

■ 제2 서명도(西銘圖)

서명도의 대요를 설명하면 장횡거(張橫渠)의 서명(西銘)이다. '천인합일(天人合一)' '아물일체(我物一體)' 사상은 정임은(程林隱) 이 한 것이며, 이 일리(一理)가 나누어지는 바의 원리를 설명하 여 나타낸 것이며, 그 요점은 성학(聖學)과 구인(求仁)의 방법을 나타내고 있다.

즉 내외를 합하여 물아(物我)를 하나로 하는 데는 인심(人心) 고 유의 관념이 아니면 안 된다고 말하고 있다. 그러나 사람은 주관적 으로 물(物)을 보기 때문에 주관에 구속되어 물아의 생각이 있지 만, 그러나 높은 곳에서 천지(天地)란 관념에 기반을 두고 이것을 보게 된다면 물아의 구별이 없을 것이다.

그러므로 학문은 모름지기 이의 내외를 합하여 물아를 하나로 하는 데 이르지 않으면 안 된다고 말하고 있다. 그렇지만 사람은 본체의 발현으로 사람이나 하늘은 동등한 것이 된다.

유아(唯我)라는 관념이 있으므로 스스로 소(小)가 되는 것이며, 그 러므로 우리는 그 마음을 대(大)로 한다면 마음 밖에 물(物)이 있 을 수 없고 천(天)과 일체(一體)가 된다는 것이며, 그래서 이 천인 합일의 영역에 이르는 소이는 성(誠)이라고 해서 성(性)과 천도(天 道)와 합일하는 것은 성(誠)에 있다고 중용(中庸)설을 설명하고 있다.

■ 제3 소학도(小學圖)

이것은 퇴계 스스로가 ≪소학≫ 목록에 의한 도화(圖化)로서 ≪소 학≫에 제해를 붙인 것으로서 그 내용은 '입교(立敎)' '명륜(明倫)' '경신(敬神)' 등을 설명하여 그것을 강령으로 하며 학문하는 순서 를 설명하고 있다. 특히 이 소학도에서 '입교' 자세는 중요한 것으 로 이에 주의를 경주하며, 다음에 명륜의 도(道), 그리고 경신의 순서로 제해를 붙이고 있다.

■ 제4 대학도(大學圖)

대학도는 삼봉(三峯) 정도전(鄭道傳)에게서 학설을 받은 양촌(陽村) 권근(權近)이 대학도설에 대학의 경문(經文) 수장(首章)을 붙인 것이다. 명덕(明德 : 수기修己하는 것)이라든가 또는 신민(新民 : 친민親民 치인治人하는 것), 지선(至善 : 관철시종貫徹始終)의 순서에 의해 학문하는 근본의 목적과 목표를 도시하여 그를 작용별로 나타낸 것이다.

■ 제5 백록동규도(白鹿洞規圖)

백록동규도는 주자의 백록동규를 도화한 것으로, 동규의 후서를 붙이고 있다. 그 내용은 오교(五敎)의 조목을 천명하여 심리작용의 법칙을 설명하고 있다.

■ 제6 심통성정도(心統性情圖)

심통성정도는 상·중·하 삼도(三圖)가 있으며 그 위의 상일도(上一圖)는 정임은의 저작이며, 중과 하 이도(二圖)는 퇴계가 도화한 것이다. 정임은의 심통성정도를 여기에 붙인 것으로서 그 내용은 심성정(心性情)의 구별을 설명하고 있으며 심리작용의 법칙을 나타내고 있다.

■ 제7 인설도(仁說圖)

인설도는 주자가 만든 그림에 그의 인설을 붙인 것으로, 내용은 '생(生)', 즉 '성(性)'이라고 하는 것과 '애(愛)'의 이치를 천명하여 학자들의 인도(人道)에 의한 묘변(妙辯)을 도시하여 설명하고 있다.

■ 제8 심학도(心學圖)

심학도는 정임은이 만든 그림에다가 퇴계 자신의 심학도설을 붙인 것으로 내용은 '인심(人心)'과 '도심(道心)'과의 구별을 천명해서 성현(聖賢), 양심(養心)의 심법(心法)을 설명하고 있다.

■ 제9 경재잠도(敬齋箴圖)

경재잠도는 노재(魯齋) 왕백(王柏)의 주자잠(朱子箴)을 도시한 곳에 경재잠을 붙인 것으로, 내용은 지경(持敬) 양심(養心)의 방법을 명확히 표현하고 있다.

■ 제10 숙흥야매잠도(夙興夜寐箴圖)

숙흥야매잠도는 남당(南塘) 진백(陳柏)의 잠(箴)을 들어 그린 것으로 그의 본잠(本箴)을 붙였다.

마지막에는 그 전체의 내용으로서 성학도 또한 일용의 행사에서부터 시작한다는 것을 잘 나타내고 있다.
퇴계는 이 성학십도를 전후 2단계로 나누어서 앞 5도(圖)는 천도에 근본하여 공(功)은 인륜을 밝게 하며 덕업(德業)에 노력할 것을 강조하고 있으며, 뒤 5도(圖)는 심리에 근본하여 요는 일용에 노력해서 경장(敬長)을 숭배하는 데 있다고 강조하고 있다.
또한 퇴계는 상술한 《성학십도》의 기본은 '학(學)'과 '사(思)'의 연구를 일관하는 데 있다고 말하며 그 방법은 오로지 '경(敬)'에 있다고 하였다.
'경(敬)'은 마음을 정일집중(精一執中)하는 것으로서 도학 전통의 심법(心法)임을 말하고 있다.
이 같은 사상에 기초하여 《성학십도》 가운데 있어서도 오직 경(敬)을 말하고 있는 경재잠과 숙흥야매잠 두 개의 도(圖)를 후장(後章)에 두고 그 전체의 의의를 조합 총괄하려 함을 알 수 있다.

이와 같은 퇴계의 사상은 실로 학자이면서 또한 교육가일 뿐만 아니라 종래의 성현의 뜻을 이어받아서 장래의 학문을 개설하며, 인류과 도의를 밝히며, 많은 선비와 유학자를 길러내었다. 그의 크나큰 공은 실로 주자 이래의 대유학자임에 틀림없다고 생각한다.

『주자학과 그 밖의 업적

세상에서는 퇴계의 사상을 주자학의 묵수(墨守)라든가, 또는 준수(遵守) 준봉(遵奉)의 결과이며, 창의성이 희박하다는 평을 하기도 한다. 그러나 퇴계는 독자적인 사상에 의하여 이지발(理之發), 기지발(氣之發)이라고 주장한 이후에, 다시 ≪주자어류(朱子語類)≫에 자기의 주장이나 견해와 동일한 표현이 없음을 발견하고, 퇴계 자신의 학설이나 주장이 큰 오류를 범하지 않았음을 알고 자신을 얻게 되었다.

퇴계는 ≪주자서절요(朱子書節要)≫를 저술하여 주자학의 진수를 연구 천명하고 있으며, 또 송계원명(宋季元明) 시대의 훌륭한 철학사이기도 한 ≪송계원명이학통록(宋季元明理學通錄)≫ 11권과 그의 외집(外集)은 방대한 저술이며, 특히 주자학파 제자들의 주장하는 바를 하나하나씩 들어서 세밀하게 소개하고 있는 책으로서는 중국에 있어서도 그리 흔치 않은 진서(珍書)라고 생각된다.

퇴계의 주자(朱子)가 지은 ≪역학계몽(易學啓蒙)≫에 관한 저서인 ≪계몽전의(啓蒙傳疑)≫는 퇴계가 만년에 역학과 특히 수리(數理) 연구에 몰두한 증거이며, ≪사서석의(四書釋義)≫와 ≪심경석의(心經釋義)≫는 그의 후배 제자를 위해서 잘못 읽기 쉬운 문구 등을 골라서 읽는 방법과 그 의의를 설명하고 있다.

특히 ≪심경(心經)≫은 퇴계에게 철학적 사색의 참뜻을 각성시킨 책으로, 평소 이른 아침에 정좌하여 ≪심경≫을 송독하였다. 그리고 그다음 퇴계가 66세 때 《심경후론(心經後論)》을 써서 후배와 제자들에게 사색을 도와주는 것이라 하여 정독을 권장하였다.

그의 〈심무체용변(心無體用辨)〉 논문은 주기론자(主氣論者) 서경덕의 문하생이었던 이연방(李蓮坊)의 〈심무체용설(心無體用說)〉을 소자(邵子)의 〈본무체지설(本無體之說)〉과 같은 것이라고 비난한 논문이며, 〈전습록논변(傳習錄論辨)〉 논문은 양명학파의 난점을 여러 단으로 나누어 비평한 논문이다.

퇴계 학문의 최우수작인 〈무진육조소(戊辰六條疏)〉는 1568년(무진년戊辰年) 8월에, 〈성학십도〉는 12월에 각각 저술하여 여기에 대한 회답과 더불어 조정에 보내어 왕에게 바친 것이다. 노신(老臣)으로서 오로지 나라의 은혜에 보답하려는 일념에서 '제왕지학(帝王之學)'의 진수를 논한 것은 새로 즉위한 젊은 선조를 충심으로 보좌하려고 한 것임을 알 수 있다.

퇴계의 학문과 그 진의는 많은 논설이나 저술에만 있는 것이 아니고 가장 중요한 것은 도리가 평이한 일상생활 속에 있음을 알 수 있다. 가장 가까운 일상생활 속에서 참다운 도리를 체험할 수 있다는 것이 무엇보다도 중요한 그의 신념이었다.

보통 사람은 도리가 가까운 일상생활 속에 있음을 알지 못하고 있다. 더욱이 도리는 일용 사물 이외에 따로 있는 것이 아니고 도리를 연구하는 사람들이 잊어버리기 쉬운 병폐는 도리를 평소의 비근한 생활 안에서 찾으려 하지 않는 점에 있다고 말하여, 품은(稟隱)하거나 행원(行遠)하는 점에 있다고 생각하는 폐단이 있음을 지적하고 있다.

제왕의 학이라도 비근한 쉬운 일상생활 속에서 출발하여 언제 어느 때나 동려(動勵)하며, 자강불식(自彊不息)하면 점차로 쉽게 되어 깊은 곳의 도리도 얻을 수가 있다고 말하고 있다.

《대학》이나 《맹자》에서는 선지후행(先知後行)을 설명하고 있으며, ≪중용≫에서는 선행후지(先行後知)를 설명하고 있으나 알고서 행하는 것이나, 행하고 아는 것도 도리는 아니며, '지(知)'도 '행(行)'도 다 같이 상자호진(相資互進)하는 데 있으며, 이 모양은 사람이 길을 걸어갈 때 두 다리가 서로 나아가는 것과 같은 것으로 '지행(知行)'의 함께 나아감을 주장한 것이다.

이 같은 사상은 그의 호발설에 그 사상의 기본을 두고 있음을 알 수 있다. 그래서 그 지와 행을 겸하여 정과 동을 관철해서 하나의 기본이 되는 것이 진실무망(眞實無妄)한 성(誠)이라고 가르치고 있다.

성(誠) 자체가 하늘의 대도(大道)이며, 성이 되려는 노력은 사람의 대도이며, 스스로 노력하여 성이 되는 데는 따로 방법이 없으며 오로지 '경(敬)'에 힘을 쓰는 방법 이외는 다른 방법이 없다고 하였다.〔欲自强而進於誠, 豈有他哉, 亦惟用力於敬而已. - 문집 권10 답노이재별지答盧伊齋別紙〕

치지(致知)는 경(敬)이 주가 되며, 역행(力行)도 경이 주가 되는 것으로서, 철두철미 진실한 지경(持敬)의 방법을 안다면 이치가 밖에 나타나서 마음이 안정되어 물리(物理)를 분석하게 되면, 거울에 자기 얼굴이 나타나듯이 물리 그 자체가 나타나서 사물을 처리해도 사물이 마음의 누가 될 수 없다고 가르치고 있다.

진리 탐구는 억지로는 되지 않으며 또한 급박한 억압과 억제를 해도 안 된다고 하였다.

급히 지나가는 곳에는 반드시 해가 생기는 법이다. 그러므로 마음을 넓게, 그리고 유유불급한 태도를 가지며 일용(日用)으로 대하는 가운데에 있어도 안 되며, 그렇다고 하여 무리한 주장을 해서도 안 된다.

다 같이 경(敬)을 본령(本領)으로 하는 것이 심법(心法)의 요점이라고 가르치고 있다. 그러므로 입지(立志)의 뜻을 강조하는 한편,

발분망식(發憤忘食)하며 주야로 연구를 계속하다가 몸의 병의 고통을 체험한 퇴계는 항상 말하기를, "연구하는 데 있어서 자기의 기력 등을 생각해서 관성(觀省) 체험하면서 마음으로부터의 방종이 없도록 하는 것이 특히 중요하다."고 하였다.

퇴계문집 권28 〈답김돈서(答金惇敍)〉에서 다음과 같이 심법의 오묘(奧妙) 극치(極致)를 일상생활과 관련하여 매우 담담히 투시할 수 있을 정도의 느낌을 준다.

> 心之於事物, 未來而不迎, 方來而畢照旣應而不留, 本體湛然, 如明鏡止水, 雖日接萬事, 而心中, 未嘗有一物, 尙安有爲心害哉.

이 외에도 사단칠정의 이기를 논하기는 하였으나 민생(民生)에 대해서도 훌륭한 논문을 남기고 있다. 즉 〈교황해도관찰사서(敎黃海道觀察使書)〉가 바로 그것이다. 그 가운데서 그는 왕도(王道)의 가장 큰 것이 바로 농상(農桑)을 근본으로 하는 것이며, 예의염치(禮義廉恥)의 사유(四維)가 널리 질서를 가질 수 있는 것은 의식(衣食)에 의해서만 된다고 하였다.

대중은 의식 문제 해결이 있은 다음에야 비로소 인륜의 가르침에 따르며, 예의를 존숭하게 되고, 민중을 다스릴 수 있는 길이 성취되는 것이라는 의미의 논문을 쓰고 있다. 그러나 퇴계의 학문이나 인생관의 궁극의 근거는 '경(敬)'이며, 이 '경'을 일생을 통하여 실천 궁행한 사람이 퇴계이다. 실로 영원의 사표이며 성현 도학의 실천가였다.

이상으로 퇴계의 도학 사상 일반에 관하여 기술하였다. 다음에 그의 시를 통하여 사상을 본다면 시문의 장중(莊重) 간담(簡淡)한 것은 일가를 이루고 있으며, 시문의 웅혼(雄渾) 전아(典雅)한 것은 모두가 정(正)에서 나온 것임을 나타내고 있다.

서법(書法)은 경건(勁健) 방엄(方嚴)을 위주로 하였는데, 세상에서는 그의 필적을 천금과 같이 소중히 여기고 있다. 궁궐 전각(殿閣)의 여러 현판에 퇴계의 수필(手筆)이 많이 남아 있는 것은 시문의 미나 서법의 묘가 세상의 달필(達筆)이었음을 나타내고 있다.

그 이외에도 퇴계의 〈도산십이곡(陶山十二曲)〉 등은 국문학 사상으로 볼 때 하나의 특별한 위치를 점하고 있다. 당시 세상에는 음란한 가곡이 유행하여 금호(衿豪) 방탕(放蕩)하고 무례하고 방자하여, 군자에게는 적합하지 않은 것이 있었다. 한시(漢詩)는 있었으나 중국 시인과 같이 읊을 수가 없었다.

이와 같은 사정을 알고 있었던 퇴계는 알기 쉬운 어구와 단가(短歌) 형식에 의해 누구나가 빨리 읊을 수 있는 〈도산십이곡〉을 작시하여 널리 유행시켜 온유 돈후(敦厚)한 실(實)을 얻고자 노력한 것이다.

그 이외에도 전국 각지를 여행하여 강독하며 국민의 교양 향상을 위해 온갖 노력을 하였으므로, 그 공로와 공적을 기념하여 지금도 각지의 지명이 '퇴계원(退溪院)'이라든지 '퇴계리(退溪里)', '퇴계로(退溪路)' 등으로 부르는 곳이 많다.

퇴계의 고향인 지금의 경상북도 안동군 도산면 향리에 있을 때는 항상 완락재(玩樂齋)에서 기거하였다. 퇴계의 제자들은 완락재 서쪽에 역락재(亦樂齋)라 부르는 숙사를 짓고 퇴계의 학문을 배웠다. 물론 이 역락재의 신축은 학부형에 의하여 건축되었으며 그 이름은 ≪논어(論語)≫의 '유붕자원방래, 불역락호(有朋自遠方來, 不亦樂乎)'에서 따 온 것이다. 그 후 문인 정사성(鄭士誠)의 부친이 정사성의 수학을 위해 다시 숙사를 증축하고 동몽재(童蒙齋)라고 하였다.

이와 같은 사실을 보아도 당시 퇴계의 학덕이 어느 정도로 앙모(仰慕)되었는가를 알 수 있다. 명종(明宗)이 즉위하고 얼마 안 있다가 퇴계를 앙신(仰信)하고 현관(顯官)으로 징소(徵召)를 내렸으나 사양하고 상경하지 않았으며, 평범한 생활을 하며 제자 교육에만 전력을 경주하였다.

그래서 명종은 유신들에게 〈초현부지탄(招賢不至嘆)〉이란 제목으로 영시(詠詩)를 명하는 한편, 화공을 은밀히 보내 도산의 뛰어난 경치를 그리게 하여 그 그림에 퇴계의 〈도산기(陶山記)〉와 〈도산잡영(陶山雜詠)〉을 써서 병풍을 만들어 와실(臥室)에 걸어 두고 언제나 사모하는 정을 못 잊어하였다고 전한다. 영조(英祖)와 정조(正祖) 즉위 때는 왕명으로 〈도산도(陶山圖)〉를 헌납하게 한 일이 있다.

퇴계의 문하생에는 월천(月川) 조목(趙穆)을 비롯하여 한강(寒岡) 정구(鄭逑), 학봉(鶴峯) 김성일(金誠一), 서애(西厓) 유성룡(柳成龍), 고봉(高峯) 기대승(奇大升) 등 많은 이름난 학자가 배출되었다. 정구의 문하에 여헌(旅軒) 장현광(張顯光), 미수(眉叟) 허목(許穆) 등이 있고, 실학파의 중진이었던 성호(星湖) 이익(李瀷) 등은 허목의 영향을 받으면서 퇴계를 사숙하였다.

이익이 도산을 역방(歷訪)한 것은 그의 문집 《알도산서원기(謁陶山書院記)》에 자세히 기록되어 있다. 이익의 중요한 업적 중의 하나는 퇴계 연구의 백미(白眉)라 할 수 있는 〈이자수어(李子粹語)〉 저술이다.

김성일의 문하생인 경당(敬堂) 장흥효(張興孝)는 정구나 유성룡에게도 문학하고 있으나, 또한 장흥효의 문인이었던 대산(大山) 이상정(李象靖)은 《퇴도서절요(退陶書節要)》 10권을 저술하여 퇴계의 학문을 계승하였으므로 '소퇴계(小退溪)'라는 존칭을 받았다.

《주자서절요(朱子書節要)》를 저술한 퇴계에 대하여 그의 후계자가 다시 《퇴도서절요》를 쓴 것은 바로 그 제목에서부터 퇴계의 정신을 잘 나타내었다고 할 수 있다.

이같이 그의 학통은 면면히 뒤를 이어 조선 말에 한주(寒洲) 이 진상(李震相)과 면우(俛宇) 곽종석(郭鍾錫) 등의 대 유학자를 배출하였다.

다음에는 퇴계의 학문이 일본에 전해진 과정에 대해서 고찰해 본다.

퇴계의 문하생인 김성일이 사신으로 일본에 건너갔을 때 등원성와(藤原惺窩)와 교우하였으며, 인조의 통신사절로 일본에 갔던 임통(任統) 등은 등원성와의 제자인 임나산(林羅山) 등과 교류하며 사단칠정에 관한 것으로 문답을 교환한 일이 있었다.

그때 임나산은 기대승의 학설보다는 퇴계의 설변(說辨)이 바른 것이라고 말하고 있으며, 또한 임나산은 퇴계의 개정된 〈천명도설(天命圖說)〉을 그의 장서 중에 두고 이것을 중심으로 일본 유학자들의 서신 왕래가 많이 있어서 책을 빌렸다. 이 시대는 일본의 덕천(德川 : 도쿠가와) 막부(幕府) 초기였다.

그 후에 《주자서절요(朱子書節要)》 등 퇴계의 저서가 일본에 전해져서 산기암재(山崎闇齋)를 비롯한 석학이 퇴계의 학문을 숭배하여 제자들에게 강학하였으며, 산기암재의 제자인 좌등직방(佐藤直方)은 퇴계의 학식이 깊고 넓어서 원명(元明)의 여러 유학자의 유가 아니라고 찬탄하였으며, 좌등직방의 학통에 속하는 옥수촌사(玉水村士)는 《이퇴계서초(李退溪書抄)》 10권을 저술하였다. 도쿠가와 막부의 최고학부였던 창평횡(昌平黌 : 쇼헤이코)의 교수 고하정리(古賀精里)는 《이퇴계서초》를 판각하여 그 서문에서, '퇴계의 학문은 읽을수록 순수하여 용공(用功) 친절한 점에 감복한다.'라고 하였으며, '겸충(謙沖) 정수(精粹)의 기상이 지묵(紙墨)에 흐르는 것 같다.'라고 썼으며, 이 책의 발문(跋文)에 '퇴계 전집에 관하여 학자의 일용에 요절한 것을 뽑아내어 10권을 만들어 ≪퇴계서초≫라고 하였으며, 이것은 퇴계의 ≪주자서절요≫를 저술한 것과 같다.'라고 기록하고 있다. 이 ≪퇴계서초≫는 일본의 학자로서는 최초의 퇴계 연구서라고 할 수 있다.

≪퇴계서초≫의 서문을 쓴 고하정리는 당시에 대마도(對馬島)에 사신으로 갔던 김이교(金履喬)에게 이 책을 증정하였다.

홍직필(洪直弼)이 퇴계의 먼 자손인 당시의 경상남도 양산군수(梁山郡守) 이태순(李泰淳)에게 보낸 시가 있다.

> 일본의 옥수라고 하는 노학자가,
> 존친(尊親)인 퇴계집 정밀히 연구하여
> 다시 그 전부를 뽑아서 이것을 저술하여,
> 선편으로 보내어 온 책이 바구니에 가득 찼다.
> 海外人傳玉水翁,　尊親退集細研窮.
> 更將全部仮刪述,　付與星槎滿一籠. - ≪매산집梅山集≫

일본의 대석학 대총퇴야(大塚退野)는 퇴계의 ≪주자서절요≫ 20권 전부를 손수 써서 복사한 학자인데, 〈송극제도변수재서문(送克齊渡邊秀才序文)〉에서,

> 餘壯歲, 本於李退溪先生之言, 熟讀朱子書節要, 竊窺得朱子之, 所爲如是者, 而記之終藏胸臆, 信而從事於斯, 幾四七年, 雖知未有所得不復他求, 將終此生.

이라고 한 것을 보아도 어느 정도로 퇴계의 학문에 깊이 감화되었는지를 알 수 있다.

또한 〈증중뢰가정서(贈中賴柯亭書)〉에서도 퇴계의 ≪자성록(自省錄)≫을 읽으면 읽을수록 퇴계는 '지불가측(至不可測)'이라고 감탄하고 있다. 명치(明治 : 메이지) 시대 천황의 시강(侍講)이었던 원전동야(元田東野)는 일본 천황의 '교육칙어(敎育勅語)'를 기초하였던 유명한 학자로서 대총퇴야의 학통을 받은 그는 대총퇴야

의 학문을 천황에게 진강(進講)하였다고 자칭하는 학자란 것을 생각해보면 일본의 '교육칙어' 기초에 영향을 준 바가 컸음을 알 수 있다. 이것은 퇴계의 〈성학십도〉에도 나타난 '학(學)'의 기본 정신이 대총퇴야의 진강에 채택되었으리라고 생각된다.

퇴계의 ≪계몽전의(啓蒙傳疑)≫에 관해서도 일본의 유학자 실구소(室鳩巢)의 제자 청지예간(靑地禮幹)은 조선 통신사였던 이동곽(李東郭)에게 말하기를, "계몽전의는 일본의 여러 학자에게 크나큰 영향을 미쳤으나 이와 다른 계몽의견(啓蒙意見)이나 계몽보요(啓蒙補要) 등은 비교가 안 되는 것이다."라고 칭찬과 감탄을 아끼지 않았다.

일본의 사학자(史學者) 덕부소봉(德富蘇峰)의 아버지인 덕부기수(德富淇水)는 죽기 수일 전까지도 일기에 퇴계의 어록 언어를 사용하고 있으며, 덕부기수의 선생이었던 횡정소남(橫井小楠)은 덕부기수의 기향을 기념하여 쓴 책에서,

> 李退溪曰, 第一須先將世間窮通, 得失榮辱利害, 一切置之度外, 不以累於靈臺. -〈답남시보서答南時甫書〉 문구 인용

라고 한 것은 실로 학자 본연의 말이다.

일본의 유학자 소유사기태(小柳司氣太)는 일본백과대사전에서, '정주(程朱)의 신수(神髓)를 얻은 것은 이황(李滉)을 들어 제1로 한다. 그러나 황(滉)은 하나의 정주설을 답습한 것은 아니다. 그 이기(理氣)를 논하는 데 있어서 이것을 이원론으로 해석하지 않고 일물을 두 개의 성분으로 인정하는 데 있는 것이다. 우주의 삼라만상에 있어서 이것을 보면 이와 기는 서로 도우며, 체용(體用)이 되며, 기가 없는 이도 없으며, 이 없는 기도 없는 것이다. 그러나 이와 기는 둘이며 하나는 아니다. 이것을 총괄하는 것이 마음이다.'라고 말하고 있다.

요는 소론(所論)의 맞고 맞지 않음이 문제가 아니고, 퇴계 연구에 있어서 신중 정밀한 태도의 좋은 표현이기도 하다.

산기암재(山崎闇齋)의 제자 삼택상재(三宅尙齋)의 학통을 이은 남본석수(楠本碩水)의 원고에 다음과 같은 시가 있다.

平生最慕退溪風, 學術純然自不同.
珍重一編言行錄, 使人仰鑽威無窮.

이상에서 퇴계의 학문이나 인격의 덕망이 어느 정도인가를 알 수 있으며, 그의 유덕의 영향이 우리나라와 일본 등 극동 나라에 많은 영향을 준 것을 알 수 있다. 이들 학문이나 사상에 있어서 서로 유익하였으며, 학문을 통한 문화 교류는 후세에 길이 그 업적이 남을 것이다.

특기할 만한 것은 퇴계의 사상이나 학문이 일본의 근대 교육 사상사와 '메이지유신(明治維新)'의 교육 기본 정신에 깊은 영향을 끼친 것이 아닌가 생각되며, 새로운 사료(史料)가 발견됨에 따라서 더욱 명확하게 될 것으로 생각된다.

『 결론

퇴계는 나서부터 죽을 때까지 단 한 번이라도 인격적으로 잘못한 일이 없으며, 70세의 일생에서 이러한 인격의 소유자는 실로 천하에 드문 일이다. 하늘이 아는 위인이며 성현의 뒤를 이어받은 성품이기도 하다. 우리나라에 퇴계와 같은 인물이 있었다는 것은 무엇보다도 기쁜 일이며 그의 인격, 학문, 덕행 등이 동아시아 천하에 울려 퍼져 명성을 떨친 것만으로도 만족할 만하다. 만약 퇴계 같은 위인이 일본이나 중국에서 태어났다면 세계적인 유명한 학자로 각광 받았을 것이다.

우리나라 역사에서 주로 유명한 인물은 불교를 통한 원효대사(元曉大師), 의상대사(義湘大師), 서산대사(西山大師) 등의 이름난 대사가 있으나, 유문(儒門)으로 보면 고려 말의 삼은(三隱 : 목은牧隱 이색李穡 · 포은圃隱 정몽주鄭夢周 · 야은冶隱 길재吉再)과 삼봉(三峯) 정도전(鄭道傳), 양촌(陽村) 권근(權近) 그리고 그 후에 김정국(金正國) · 김안국(金安國) 형제와 화담(花潭) 서경덕(徐敬德) 등 소수에 지나지 않는다. 이들의 총결산으로 퇴계의 출현을 들 수 있다. 퇴계는 실로 역사적인 인물이었고 천명을 받은 인사였으니 그의 위상은 태산과 같은 것이었으며, 전국 5백만 유림의 머릿속에 깊은 감명을 주고 있는 추앙 받은 학자였다. 퇴계의 교학으로 폐단이 쌓였던 유림이 많은 반성을 하였으며, 당쟁의 근본을 제거하고 사림 간의 여러 폐가 되는 풍습을 제거하여 도학에 정진하는 기풍을 일으켰다.

그러나 가장 불행한 것은 조광조(趙光祖) 등 유교 정치가에 의해 정치에 유교의 교리를 반영하려 하였으나 기묘사화(己卯士禍)로 참환을 당한 일이다. 이를 본 퇴계는 전야(田野)에서 제자들을 육성하여 제자들에 의한 유교 정치의 실천을 생각하였다. 이로써 선조 때 문인 유성룡과 대사 김성일 같은 유명한 도학(道學) 정치가도 출현하기에 이르렀거니와, 만약 퇴계가 유가 정치를 하였다면 한 군의 요순(堯舜)시대를 이룩하였을지도 모를 일이다.

그 외에도 일본의 유림에 준 영향은 알고 있는 사실이나 특히 일본의 에도 시대부터 메이지 시대에 이르기까지 일본 정신사(精神史), 일본 교육사상 또는 황도(皇道) 사상 등은 퇴계의 공맹정주(孔孟程朱)를 이어받은 사상에 깊은 관계가 있다고 생각하며, 이 사실이 나타내는 것과 같이 퇴계의 사상과 인격은 동양의 유학 사상에 찬연히 빛남을 확신한다.

퇴계의 학설 중심사상은 호발(互發), 호진(互進), 호상(互相), 호보(互步)와 같이 이기론에 있어서는 이기호발사상으로 이기일물관(理氣一物觀)으로부터 이와 기의 분관(分觀)이며, 그의 존비(尊卑)나 상하를 구분하지 않는 하나같은 이론이다.

우리나라의 중부지방, 즉 기호지방의 주기적(主氣的)인 학파에 대한 상대적 세평은 퇴계를 중심으로 하는 영남학파를 주리학파(主理學派)라고 부르나 이는 퇴계의 진리론을 모르는 말이다. 이호발 사상은 그의 언행에도 나타났는데, 즉 거경(居敬)과 궁리(窮理)이다. 거경은 하면서 궁리하지 않으면 무의미하며, 궁리해도 거경이 아니면 그 궁리는 무용한 것이다. 행동에서 언어, 이론에서 실행, 그리고 같이 호발 호진하는 적극적인 학설이며, 그 목표는 도학이 성인학에 있었다. 더욱이 퇴계의 마음 중심은 주자의 학문에 있었다는 것은 부인할 수 없다.

그는 독자적인 사색에 의하여 이지발(理之發), 기지발(氣之發)에서 시작하여 마침내 호발설을 성립시켜 주장하게 된 것이다. 그의 제자 기대승과의 사칠론에서 표면에 나타난 이 학설은 시간적으로는 그 논쟁 후에 우연히 ≪주자어류(朱子語類)≫에서도 같은 표현이 있음을 발견하게 되어 자신을 가지고 더욱 구체적으로 이론의 발전을 모색한 것이다. 다시 말하면 ≪주자어류≫에서 암시를 받고 이것에 실제의 이론을 전개하며 하나의 학설을 창립한 것이다.

원래 퇴계는 이설(異說)을 주장하는 것을 목적으로 한 것이 아니고, 선현이 아직 개발하지 않은 부분을 깊이 연구하여 새로운 학설을 천명하려 한 것이 그의 태도였다. 즉 그는 모든 논거를 선현의 어류에서 인용하여 설명하고 있다.

이 같은 학문적 태도는 그의 유집 외에도 ≪주자서절요(朱子書節要)≫ 등을 보아도 정주학이 그의 일생의 연구대상이었음은 의심할 수 없으나, 일본의 여러 유학자 등도 퇴계의 ≪주자서절요≫

를 평하여 주자학의 진수라든가 혹은 중국의 원명(元明) 간에도 다수의 학자가 있었으나, 그 학식의 깊이에 있어서 퇴계와 비교할 만한 학자가 없다고 평하고 있다.

퇴계의 영향을 받은 일본의 유학자들 가운데는 대총퇴야(大塚退野) - 수고산(藪孤山) - 고본자명(高本紫溟) - 신도염정(辛島塩井) - 원전동야(元田東野) 등을 들 수 있으나 앞에서 말한 여러 유학자에 의하여 당시 일본 조정과 민간에서는 큰 영향을 받아 학계의 학풍이나 학자들의 처세 태도와 일반적 교육 정신에도 깊은 관계가 있음은 모두 아는 사실이라 하겠다.

퇴계의 관계(官界) 진퇴 태도에 대해서 소극적이라는 평은 사실이다. 그 원인은 퇴계 자신이 '을사사화(乙巳士禍)'를 목격하였기 때문이다. 그래서 선조의 예소(禮召)가 여러 차례 있었으나 사양하고 나아가지 않고 안동 예안의 도산에 은거하며 도학에 전념하였다. 퇴계는 실로 대 교육가이며 학자였다.

그의 중심사상이었던 '호진', '호발', '병진', '상대' 등의 사상은 오늘날 서양철학의 정점을 이루고 있는 상대성 원리와 같은 원리이다. 소위 양대 진영으로 나누어진 오늘날 우리는 서로가 상대방을 비난하고 있는 '유물(唯物)'도 '유심(唯心)'도 아닌 '심'과 '물'의 '호진', '호합'의 원리가 진리임을 알지 않으면 안 된다.

진성학십도차병도(進聖學十圖箚并圖)

진성학십도차병도(進聖學十圖箚幷圖)

유교의 경학을 알기 쉽게 설명을 붙이고 그 내용을 그림을 그려서 해도(解圖)한 책이다. 조선 선조 때 유학자 이황(李滉)이 지었다.

이황은 선조의 경연(經筵)에 있을 때 성학(聖學)의 요점을 대체적으로 알기 쉽게 도시(圖示)하면서 심법(心法)을 밝히기 위하여 중국의 주돈이(周敦頤) 이래의 여러 정주학자의 도설(圖說) 가운데 자신의 생각으로 가장 옳고 정확한 것만을 추려서 거기에다가 자신의 의견을 첨부하여 성학십도를 저술하였다. 성합십도는 왕에게 바친 이황의 저서 중에서 가장 심혈을 기울인 역작이라 할 수 있다.

내용은 태극도(太極圖), 서명도(西銘圖), 소학도(小學圖), 대학도(大學圖), 백록동규도(白鹿洞規圖), 심통성정도(心統性情圖), 인설도(仁說圖), 심학도(心學圖), 경재잠도(敬齋箴圖), 숙흥야매잠도(夙興夜寐箴圖)이며 모두 1권으로 되어 있다.

1. 판중추부사(判中樞府事) 신 이황은 삼가 재배하고 아뢰옵니다. 도(道)는 형상이 없고, 하늘은 말이 없습니다. '하도낙서(河圖洛書)'[1]가 나오면서 성인이 이것을 근거로 하여 괘효(卦爻)를 만들

---

1) 하도낙서(河圖洛書) : 고대 중국의 복희씨(伏羲氏) 때 하수(河水 : 황하黃河)에서 용마(龍馬)가 등에 그림을 지고 나와, 복희씨가 그것을 보고 팔괘(八卦)를 만들었다 한다. 하(夏)나라 우왕(禹王) 때 낙수(洛水)에서 거북이 등에 글과 괘(卦)를 그려 지고 나오자 우왕이 그것을 보고 괘와 '구주(九疇)'를 지었다. 기자(箕子)가 주무왕(周武王)에게 진술한 홍범(洪範)은 바로 이 '구주'를 해설한 것이라고 전해 온다.

었으니 이때부터 비로소 도가 천하에 나타났습니다.

그러나 도(道)는 넓고도 커서 어디서부터 착수하여 들어가며, 옛 교훈이 천만 가지이니 어디서부터 따라 들어갈 수가 있겠습니까. 성학(聖學)에는 강령(綱領)이 있고, 심법(心法)에는 매우 요긴한 것이 있습니다. 이것을 드러내어 도(圖)를 만들고, 이것을 지목하여 해설을 만들어 사람들에게 도에 들어가는 문과 덕을 쌓는 기초를 보여주니, 이것은 역시 후현(後賢)이 부득이하여 만들게 된 것입니다.

하물며 임금 된 이의 한마음이 만 가지 징조가 일어나는 곳이요, 백 가지 책임이 모이는 곳인데, 뭇 욕심이 서로 침해하면 뭇 간사함이 서로 꿰뚫으니, 만약에 조금이라도 태만하고 소홀하여 방종이 따르게 되면, 마치 산이 무너지고 바다가 들끓는 것과 같을 것이니, 이것을 누가 막겠습니까.

옛날의 성군(聖君)과 현명한 왕이 이런 점을 근심하였습니다. 그러므로 항상 조심하고 공경하며 두려워하고 하루하루를 삼가며, 그래도 오히려 미흡하다고 여겨서 스승을 정해 놓고 굳게 간(諫)하는 직책을 만들어서, 앞에는 의(疑)가 있고, 뒤에는 승(丞)이 있으며, 왼쪽에는 보(輔)가 있고, 오른쪽에는 필(弼)을 있으며, 수레를 탈 때도 여분(旅賁)2)의 경계함이 있고, 위저(位宁)3)에는 관사(官師)의 법이 있으며, 책상에 기대고 있을 때는 훈송(訓誦)4)의 간(諫)이 있고, 거침(居寢)에는 근시(近侍)의 잠언(箴言)이 있으며, 무슨 일에 당면해서는 고사(瞽史)5)의 인도가 있으며, 사사로이 살 때는 공사(工師)의 송(誦)이 있으며, 소반과 밥그릇,

---

2) 여분(旅賁) : 관직의 일종으로 임금이 출입할 때 창[戈]을 잡고 앞에서 길을 인도하는 직책.
3) 위저(位宁) : 문(門)과 병풍 사이의 조회를 보는 곳.
4) 훈송(訓誦) : 옛 성현의 교훈을 외워서 임금에게 들려주는 직책.
5) 고사(瞽史) : 장님이 점을 치고 글을 외워서 들려주는 직책.

책상, 지팡이, 칼, 들창문에 이르기까지 무릇 눈이 가는 곳과 몸이 처하는 곳은 어디에나 훈계를 새겨 놓지 않은 곳이 없습니다. 마음을 유지하고, 몸을 만인의 모범이 되게 지키는 일이 이같이 지극합니다. 그러므로 덕(德)이 날로 새롭고, 공들인 대업이 날로 넓어져서 작은 허물도 없게 되고 큰 이름이 나게 되었습니다. 그런데 후세의 군주가 천명을 받고 왕위에 앉아 있으면서 그 책임이 지극히 중하고 지극히 컸어도 스스로 몸과 마음을 다스림은 모두 이같이 엄격한 것이었습니다.

오만하게 스스로 성자인 체하고 왕공(王公)과 수많은 백성에게 떠받들어져서 스스로 방자(放恣)하게 되니, 이러다가는 결국 흩어져서 멸망하게 되면 어찌 괴이(怪異)한 일이라 하지 않겠습니까. 그러므로 이러한 때 신하가 되어서 임금을 인도하여 도에 합당하도록 하려는 이는 온갖 정성을 다합니다. 장구령(張九齡)6)이 〈금감록(金鑑錄)〉을 지어 올린 것이나, 송경(宋璟)7)이 〈무일도(無逸圖)〉8)를 지어 바친 것이나, 이덕유(李德裕)9)가 〈단의육잠(丹扆六箴)〉10)을 지어 바친 것과, 진덕수(眞德秀)11)가 〈빈풍칠월도

---

6) 장구령(張九齡) : 당(唐)나라 현종(玄宗) 때 정승. 673~740년. 당시 황제의 생일에 신하들이 거울을 바쳐 축하하는 관례가 있었는데, 장구령만은 〈천추금감록(千秋金鑑錄)〉이란 책을 지어 올렸다. 〈천추금감록〉은 역대의 잘못된 정치와 잘된 정치를 들어서 편찬한 것으로 정치의 거울로 삼은 것이다.

7) 송경(宋璟) : 당(唐)나라 때 명상. 663~737년. 요송(姚宋)이라 하여 명상(名相)의 대명사로 불린다. 측천무후 때 총신(寵臣) 장씨 형제의 주벌을 주청하여 강직한 인품이 널리 알려졌다.

8) 무일도(無逸圖) : 〈무일(無逸)〉은 ≪서경(書經)≫의 편명(篇名)으로 주공(周公)이 지어 성왕(成王)에게 바친 것이다. 내용은 부지런하고 안일(安逸)하지 말라는 글로, 송경(宋璟)이 그림으로 만들어 임금께 바쳤다.

9) 이덕유(李德裕) : 당(唐)나라 때 재상. 787~849년. 문필에 뛰어나 한림학사와 중서사인 등을 지냈다. 중앙집권의 강화를 위해 힘썼다.

10) 단의육잠(丹扆六箴) : 이덕유(李德裕)가 〈단의육잠〉을 지어서 경종(敬宗)에게 바쳤다. 단의(丹扆)는 천자(天子)가 제후를 대할 때 뒤에 세우는 붉은 병풍

(豳風七月圖)〉12)를 지어 올린 것 같은 것은 모두가 임금을 아끼고 나라를 근심하는 깊은 충의(衷意)와 선(善)에서 나온 간절한 뜻이니, 이 어찌 임금이 깊이 생각하여 경복(敬服)할 일이 아니겠습니까.

2. 신은 매우 어리석고 매우 비루한 몸으로, 그간 여러 조(朝)에 입은 은혜를 저버리고 농촌에 들어앉아 초목과 함께 썩을 것을 기약하였는데, 뜻밖에 헛되이 이름이 잘못 알려져서, 임금의 부르심을 받고 강연(講筵)의 막중한 자리에 앉게 되니, 떨리고 황공할 뿐, 사양하여 피할 길이 없습니다. 이미 면하지 못하고 이 자리를 더럽힌 이상, 이에 성학(聖學)을 권도(勸導)하여 임금님의 학덕을 보양(輔養)하여 요순(堯舜)시대 같은 덕치를 이룩하기를 기약할 것을, 신의 힘으로는 감히 못할 것이라 하며 사양한들 되겠습니까.

돌이켜 보건대, 신의 학문이 거칠고 성기며, 글이나 말주변이 서툴고 무딘 데다가 잇달아 나쁜 병에 시달려, 시강(侍講)도 자주 하지 못했으며, 특히 겨울 이후로는 모두 그만두었으니, 신의 죄는 만 번 죽어 마땅할 줄 아오며 근심되고 두려운 마음 둘 곳이 없사옵니다.

신이 가만히 엎드려 생각해보건대, 당초에 글을 올리고 학문을 논한 신의 말이 임금님의 뜻을 움직이고 분발하게 해드리지 못하

이며, 육잠(六箴)은 소의잠(宵衣箴), 정복잠(正服箴), 파헌잠(罷獻箴), 납회잠(納誨箴), 변사잠(辨邪箴), 방미잠(防微箴)을 말한다.

11) 진덕수(眞德秀) : 송(宋)나라의 학자. 1178~1235년. 호는 서산(西山), 자는 경원(景元)으로 많은 저서가 있다.

12) 빈풍칠월도(豳風七月圖) : 빈풍(豳風)은 ≪시경(詩經)≫의 편명(篇名)으로 7월장(七月章)은 그 첫머리이다. 빈(豳)은 주(周)의 선대(先代)가 도읍했던 지방으로 빈풍은 농사짓는 일을 읊은 시이다. 농사의 고락(苦樂)을 서술하였다. 진덕수(眞德秀)가 도시(圖示)하여 임금에게 올렸다.

였고, 후에 임금님을 대하여 여러 번 아뢴 신의 의견이 역시 임금님에게 보탬이나 도움이 되지 못하였으므로, 미력한 신의 정성만으로는 무엇을 말해야 할지 모르겠습니다.

다만 옛 현인(賢人)이나 군자(君子)들이 성학(聖學)을 밝히고, 심법(心法)을 얻어서 도(圖)를 만들고 설(說)을 만들어 사람들에게 도(道)에 들어가는 문과 덕(德)을 쌓는 바탕을 알려준 것이, 이 세상을 해와 달같이 밝게 비춰 주고 있습니다. 이에 감히 이것을 가지고 나아가서 옛날의 제왕들이 악공(樂工)에게 시(詩)를 외우게 한 것이나, 또는 기물(器物)에 명문(銘文)을 새기게 한 뜻에 대신하고자 합니다. 삼가 옛날의 가르침을 빌어 앞으로 유익하게 하시옵기를 바라옵니다.

이에, 삼가 종전에 있었던 것 중에서 가장 좋은 것 7개를 골랐습니다. 그중 〈심통성정도(心統性情圖)〉는 정임은(程林隱)[13]의 그림에 신이 만든 두 개의 도표를 덧붙인 것입니다. 다른 세 개의 그림은 비록 신이 만든 것이기는 하지만, 그 글과 뜻, 조목(條目)이나 규획(規劃)은 한결같이 옛 현인의 것을 서술한 것이고 신의 창작이 아닙니다. 이들을 합하여 〈성학십도(聖學十圖)〉라 했고, 각 도표 아래에 또한 외람되게 신의 의견을 덧붙여서, 삼가 써서 받들어 올리는 바입니다.

3. 오직 신은 추위에 떨며 병으로 꼼짝하지 못하므로 스스로 써 올리고자 하니, 눈이 어둡고 손이 떨려 글을 단정하게 쓰지 못했으며 줄이나 글자가 모두 격식에 맞지 못하였습니다. 만약 다행히 버리지 않으신다면, 이것을 경연관(經筵官)에게 내리시어 상세하게 논의해서 바로잡고, 사리에 어긋난 점을 수정하여, 다시 글씨 잘 쓰는 사람에게 정성껏 바르게 쓰게 하여, 해당 관서에 보

---

13) 정임은(程林隱) : 정복심(程復心). 1255~1340년. 원대(元代)의 유학자. ≪사서장도(四書章圖)≫를 지었다.

내어 병풍 한 벌을 만들어서 평소 조용히 거처하시는 곳에 펴두시고, 또 별도로 조그마하게 수첩을 만들게 하시어 항상 책상 위에 놓아두시고, 수시로 보시고 살피시어 경계로 삼아 주신다면 신의 간절한 충성심에 그보다 더 고마울 바가 없겠습니다. 그 뜻에 있어서 미진한 점은 신이 지금 거듭 아뢰어 올릴까 하옵니다.

일찍이 듣건대 맹자(孟子)의 말에, '마음의 기능은 생각하는 것이니, 생각하면 터득하게 되고, 생각하지 않으면 터득하지 못한다.〔心之官則思, 思則得之, 不思則不得也〕'라 했고, 또 기자(箕子)가 무왕(武王)을 위해 홍범(洪範)을 진술할 때 '생각하면 밝아지고, 밝아지면 성인이 된다.〔思曰睿, 睿作聖〕'라고 했습니다. 무릇 마음은 가슴속 사방 한 치밖에 안 되는 곳에 갖추어져 있지만 매우 허령(虛靈)한 것입니다.

한편 이치는 도설(圖說)에 나타나 있으며 지극히 현명하고 진실한 것입니다. 지극히 허령한 마음을 가지고 지극히 현명하고 진실한 이치를 구하면 마땅히 얻지 못할 바가 없습니다. 즉 생각하면 터득하고, 밝아지면 성인이 된다고 하겠습니다. 그러므로 어찌 오늘이라고 하여 성인이 될 징험(徵驗)이 부족하다 하겠습니까.

그러나 마음이 허령한 것이라 해도 만약 주재(主宰)하는 바가 없으면, 막상 일에 당면했을 때 생각할 수가 없으며, 이치가 현명하고 진실된 것이라 해도 만약 밝게 다스리는 바가 없으면, 막상 눈앞에 있다 해도 볼 수가 없습니다. 그러므로 도표를 보시며 깊이 생각하시는 일을 소홀히 해서는 안 될 것이옵니다.

신은 또 듣건대 공자(孔子)가, '배우고 생각하지 않으면 어두워지고, 생각만 하고 배우지 않으면 위태롭게 된다.〔學而不思則罔, 思而不學則殆〕'라고 하였으니 학(學)이란 일을 습득하여 참되게 실천하는 것을 이르는 것입니다. 대저 성문(聖門)의 학(學)은 마음에서 구하지 않으면 어두워져서 얻지 못하게 됩니다. 따라서 반드시 생각하여 그 미묘한 경지에 통달하여야 합니다. 또한 그 일을 습득하지 않으면 위태롭고 불안하게 됩니다. 따라서 반드시 배워서 사실로써 실천해야 합니다. 이렇듯 생각과 배움은 서로가 계발(啓發)시켜 주고 서로가 유익하게 해주는 것입니다.

4. 엎드려 원하건대 성명(聖明)하신 임금님께서 깊이 이 이치를 통촉(洞燭)하시고 먼저 뜻을 세우시어 '순(舜)은 어떤 사람이고 나는 어떤 사람인가, 오직 노력하면 그렇게 될 수 있다'고 믿으시고 분연(奮然)히 생각과 배움 두 가지 공업(功業)에 힘쓰십시오. 그리고 '경을 지킨다는 것〔持敬〕'은 생각하고 배우는 것을 겸하고, 동(動)·정(靜)을 일관(一貫)하고, 마음과 행동을 합일하고, 드러난 곳과 은미한 곳을 한결같이 하는 도(道)입니다.

경(敬)을 지키는 방법은 반드시 마음을 맑고 엄숙하고 조용하고 한결같이 간직하고 또한 학문과 사변(思辨) 속에서 이치를 궁구(窮究)해야 합니다. 남이 보거나 듣지 않는 곳에서도 더욱 엄숙하고 더욱 경건하게 계구(戒懼)하는 바 있어야 하며, 또한 은미(隱微)하게 깊이 혼자 있는 경우에도 더욱 정밀하게 성찰(省察)하는 바 있어야 합니다. 하나의 도설(圖說)을 가지고 생각하실 때는 오직 그 도설에만 전일(專一)하시고, 마치 다른 도설이 있음을 알지 못하는 듯하십시오. 또한 한 가지 일을 익히실 때는 오직 그 일에만 전일하고 마치 다른 일이 있음을 모르는 듯하십시오.

이렇게 하시기를 아침저녁이 한결같고, 매일매일 계속하시고, 혹은 새벽에 정신이 맑을 때 되풀이하여 음미(吟味)하시고, 혹은 일상 때 사람과 응대하면서 몸소 체험하시고 더욱 높이십시오. 처음에는 부자연스럽고 모순되는 듯한 불편을 면하지 못할 것이며 또한 때로는 몹시 고생스럽고 고통스러운 아픔을 느끼실 때도 있으실 것입니다. 그러나 그것이 바로 옛사람들이 말한 장차 크게 진보하려는 징조이며, 또한 좋은 소식의 시초이니, 절대로 불편하다고 스스로 멈추지 마시고, 더욱 자신을 가지고 더욱 힘쓰십시오.

이렇게 하여 참된 노력을 오래 쌓으면 자연히 마음과 이(理)가 서로 물이 배듯 하여 이해되고 통달함이 알지 못하는 사이에 관통(貫通)하며, 또한 자기의 습성과 밖에 있는 사물이 서로 익숙하게 어울리고 저절로 평탄하고 태연히 실천하게 될 것입니다. 처음에는 하나하나에만 오로지하던 것이 나중에는 모든 것이 잘 어울려 하나로 융합될 것입니다.

이것이 바로 맹자(孟子)가 말한, '깊이 공부하여 스스로 얻는 경지에 이르면, 그때는 스스로 멈출 수 없는 체험을 하게 된다.〔深造自得之境生, 則烏可已之驗〕'라는 것입니다. 따라서 다시 밀고 나가 부지런히 노력하여 나의 재능을 다 발휘하게 되면, 바로 안자(顏子)가 석 달간이나 인(仁)을 어기지 않고, 나아가서 나라를 다스릴 수업을 한 것과 같은 경지에 들 것이며, 또한 증자(曾子)가 충(忠)과 서(恕)를 일관(一貫)한 경지에서, 도(道)를 전하는 책임을 자기 몸에 지고, 일상생활에서 두려워하고 공경하는 태도를 조금도 잊지 않게 될 것입니다. 그렇게 하여 중화(中和)로써 위육(位育)하는 공덕(功德)을 이룩할 것이며, 모든 덕행이 천지의 윤리에서 벗어나지 않을 것이며, 또한 천인합일(天人合一)의 오묘한 도리를 터득하게 될 것입니다.

이제 여기에 도표와 해설을 오직 열 폭의 종이 위에 진술했습니다. 이것을 보고 깊이 생각하시고 깊이 익히시고, 평소에 조용히 혼자 계실 때에 더욱 공부하십시오. 여기에 도(道)를 굳히시고, 성인이 되실 요결과 근본을 바르게 하고, 나라를 잘 다스리는 바

탕이 모두 갖추어져 있습니다. 오직 임금님께서는 정신을 가다듬
으시고 뜻을 더하셔서 처음부터 끝까지 여러 번 반복하시고, 절
대로 하찮은 것이라고 소홀히 하지 마시고 또한 싫증이 나거나
번거롭다고 버려두지 않으신다면 국가나 백성은 매우 다행한 일
이라 하겠습니다.

신은 야인(野人)으로 오직 보잘것없는 미나리를 진미라고 여기고
또는 햇볕을 따뜻하다고 올리는 정성[근폭지성芹曝之誠]14)에 넘쳐
외람되게 이것을 올리며, 황공하고 송구스러워 숨도 못 쉴 지경
입니다.

---

14) 근폭지성(芹曝之誠) : 임금에 대한 충성심. ≪열자(列子)≫ 양주(楊朱)에 나
온다.

1. 태극도설(太極圖說)

제1 태극도(太極圖)

○此所謂無極而太極也. 卽陰陽而指其本體.

　不雜乎陰陽而爲言耳.

◉此○之動而陽, 靜而陰也. 中○者其本體也.

)者《之根也《者)之根也

 此陽變陰合, 而生水火木金土也.

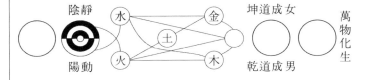

陰靜　　　　　　　　　　　　坤道成女　　萬物化生

陽動　　　　　　　　　　　　乾道成男

�此無極二五, 所以妙合而無間也.

○乾男坤女, 以氣化者, 言也. 各一其性, 而男女一太極也.

○萬物化生, 以形化者, 言也. 各一其性, 而萬物一太極也.

무극(無極)이면서 태극(太極)이다.

태극이 동(動)하여 양(陽)을 낳고, 동이 극(極)하면 정(靜)하게 되고, 정하여 음(陰)을 낳고, 정이 극하여 다시 동한다.

한 번 동하고 한 번 정하는 것이 서로 그 근본이 되고, 음과 양이 나누어져서 양의(兩儀)가 성립된다.

양이 변하고 음이 합하여 수(水)·화(火)·목(木)·금(金)·토(土)를 낳고, 오기(五氣)가 순차적으로 펼쳐지며, 사계절이 운행된다. 오행(五行)은 바로 하나의 음양(陰陽)이고, 음양은 바로 하나의 태극(太極)이며, 태극은 본래 무극(無極)이다. 오행이 생(生)함에 있어 저마다 하나의 성(性)을 갖춘다.

무극의 진리와 음양의 이기(二氣)와 오행(五行)의 정기(精氣)가 미묘하게 합하여 응결(凝結)되어, 건도(乾道)는 남성을 이루고, 곤도(坤道)는 여성을 이루며, 이 두 개의 기가 서로 감응(感應)하여, 만물을 화생(化生)하며, 만물이 생(生)하고 또 생하여 변화가 무궁하게 된다.

오직 사람만이 만물 중에서 가장 뛰어나고 영(靈)함을 얻었으며, 형체를 갖추고 나오자 이어 정신이 지각(知覺)을 발하고, 오성(五性)이 감동(感動)하여 선악을 분별하게 되고, 따라서 만사가 벌어지게 된다.

이에 성인이 중정(中正)과 인의(仁義)로써 안정시키고 정(靜)을 주(主)로 하여 인극(人極)을 세웠다. 따라서 성인은 천지와 그 덕을 합일시키고 일월(日月)과 그 밝음을 합일시키고, 사계절과 그 질서를 합일시키고, 귀신과 그 길흉을 합일시킨다. 군자는 이를 닦으므로 길(吉)하고, 소인(小人)은 이를 어기므로 흉(凶)하다.

그러므로 하늘의 도를 세워 음과 양이라 하고, 땅의 도를 세워 유

(柔)와 강(剛)이라 하고, 사람의 도를 세워 인(仁)과 의(義)라 하며, 또한 으뜸에 근원하고 끝에 돌아간다〔原始反終〕라고 하였다. 참으로 역(易)은 위대하며, 지극하도다.

주자(朱子)가 말했습니다. '도설은 첫머리에서 음양 변화의 근원을 풀었고, 뒤에서는 사람이 타고난 품성(禀性)과 받은 총명의 근거를 밝혔다. 오직 사람만이 만물 중에서 가장 뛰어나고 영(靈)함을 얻었다고 한 것은 바로 순수하고 지선(至善)한 성(性)을 말하는 것으로 이는 이른바 태극이다.
형체를 갖추고 나오자 정신이 지각을 발했다는 것은 즉, 양(陽)이 동(動)하고 음(陰)이 정(靜)한 작용이다. 오성(五性)이 감동했다는 것은 즉 양이 변하고 음이 합하여 수(水)·화(火)·목(木)·금(金)·토(土)의 성(性)이 나왔다는 것이 된다.
선악을 분별하게 되었다는 것은 바로 남자와 여자를 이룩한다는 상(象)이다.
만사가 나타났다는 것은 바로 만물이 화생(化生)한다는 상이다.
성인이 중정(中正)과 인의(仁義)로써 안정시키고 정(靜)을 주(主)로 하여 인극(人極)을 세웠다고 하는 것은 즉 또한 태극의 전체를 얻고 천지와 혼합되어 간격이 없다는 것이다.
그러므로 다음에서 다시 천지(天地)·일월(日月)·사시(四時)·귀신(鬼神) 네 가지와 합일(合一)하지 않는 바가 없다고 했다.'
또 그는 말했습니다. '성인은 애를 써서 수양하지 않아도 저절로 되게 마련이다. 이러한 성인의 경지에 미처 이르지 못하고 애써서 수양하는 사람이 군자(君子)이며, 따라서 길(吉)하게 되는 것이다. 이러한 것을 모르고 도리어 어긋난 짓을 하는 자가 소인(小人)이며, 따라서 흉하게 되는 것이다. 수양을 하느냐, 어긋난 짓을 하느냐 하는 것은 경건하게 하느냐, 방자(放肆)하게 구느냐 하는 차이일 뿐이다. 경건하면 욕심이 적어져서 도리를 밝게 깨닫게 된다. 욕심을 적게 하고 또 적게 하면 결국 무(無)에 이를 것이며, 그렇게 되면 정(靜)할 때는 허

(虛)하고 동(動)할 때는 곧게 되므로 성인의 경지를 배울 수가 있다.'
이것은 주염계(周濂溪)15)가 손수 만든 도표이며 설명입니다. 평암
섭씨(平巖葉氏)16)는 말했습니다. '이 도설은 ≪주역(周易)≫ 계사(繫
辭)를 따른 것이다. 역(易)에 "태극(太極)이 있고, 태극에서 양의(兩
儀)가 생(生)하고, 양의에서 사상(四象)이 나온다"는 뜻을 유추(類
推)하여 밝힌 것이다. 그러나 역(易)에서는 괘효(卦爻)를 가지고 말
했으며, 이 그림에서는 조화를 가지고 말하였다.'
주자(朱子)는 말했습니다. '이 도설은 도리의 가장 큰 두뇌이며 또한
백세(百世)에 걸쳐 모든 도술(道術)의 연원(淵源)이 될 것이다.'

이제 여기에 이 〈태극도(太極圖)〉를 제일 첫머리에 싣는 것은, 역시
≪근사록(近思錄)≫17)에서 이 '태극도설'을 첫머리로 내세운 뜻과 같
습니다. 무릇 성인(聖人)이 되고자 배우는 사람이 이 도설에서부터
단서를 찾아서 점차로 ≪소학(小學)≫·≪대학(大學)≫ 같은 것에 노
력을 기울여, 그 효과를 거두는 날에 다시 하나의 근원으로 거슬러 올
라가면, 바로 그것이 이른바 '이를 궁구하고 성을 다하여〔窮理盡性〕
명(命)에 이르는 것'이니 이른바 '신(神)을 궁구히 하고 조화를 아는
것〔窮神知化〕이 덕을 높이는 것'이 됩니다.

---

15) 주염계(周濂溪) : 주돈이(周敦頤). 1017~1073년. 북송(北宋)의 유학자로 자는
   무숙(茂叔), 호는 염계. 성리학의 기초를 닦았다.
16) 평암 섭씨(平巖葉氏) : 섭채(葉采). ?~?. 남송(南宋)의 학자. 자는 중규(仲
   圭), 호는 평암.
17) 근사록(近思錄) : 주자가 친구인 여동래(呂東萊)와 함께 주염계(周濂溪)·정
   명도(程明道)·정이천(程伊川)·장횡거(張橫渠)의 여러 학설 중에서 중요한 것
   을 골라 뽑아 편찬한 책.

2. 서명(西銘)

제 2 서명도(西銘圖)

上圖(此分上一截, 專以明理一分殊之辨)

下圖(此分下一截, 論盡事親之誠, 因以明事天之道)

하늘[乾]은 부(父)라 일컫고, 땅[坤]은 모(母)라 일컫는다.18) 나는 홀로 외롭게 혼연(混然)히 그 가운데에 처하고 있다. 그러므로 천지의 기(氣)가 가득 찬 것이 바로 나의 몸이고, 천지의 뜻이 기를 주장[帥]한 것이 바로 나의 성(性)이다.

백성은 나의 동포(同胞)이고, 만물은 나와 더불어 공존하는 것들이다. 대군(大君)은 나의 부모인 천지의 종자(宗子)이고, 나라의 대신(大臣)들은 그 종자를 돕는 가상(家相)이다.

나이 많은 사람을 높이는 것은 어른을 어른으로 모시는 까닭이고, 외롭고 약한 자를 자애(慈愛)하는 것은 어린이를 어린이로 사랑하는 까닭이다.

성인(聖人)은 천지와 덕을 합일(合一)하는 사람이고, 현인(賢人)은 여러 사람 중에서 뛰어난 사람이다.

무릇 천하에 있는 노쇠(老衰)하고 잔약한 사람이나 아비를 잃거나 자식이 없어 외로운 자들이나, 홀아비나 과부들은 모두가 다 나의 형제이면서 심한 고생 속에 빠져 말조차 하지 못하고 고난을 겪고 있다.

이에 그들을 보양(保養)함은 바로 천자(天子)로서 하늘을 보익(輔翼)하는 것이다. 도(道)를 즐기어 근심하지 않음은 바로 효(孝)를 순수하게 지킴이다.

이와 반대되는 것은 패덕이라 하고, 인(仁)을 해치는 것을 적(賊)이라 일컫는다. 악을 돕는 자를 부재(不才)라 하고, 천지로부터 받은 모습대로 실천하는 사람만이 부모를 닮은 사람이다.

조화(造化)의 기미를 알아야 바로 하늘의 할 바를 잘 풀 것이며,

---

18) 하늘[乾]은 부(父)라 일컫고, 땅[坤]은 모(母)라 일컫는다 : '건(乾)'을 천(天)·양(陽)·건(健)·남(男)·부도(父道)라 치고, '곤(坤)'을 지(地)·음(陰)·순(順)·여(女)·모도(母道)라 친다.(譯註)

신(神)을 궁구(窮究)해야 바로 하늘의 뜻을 잘 이을 것이다.

남이 보지 않는 곳에 혼자 있어도 부끄럽지 않게 행동해야 욕됨이 없고, 마음을 보존하고 본성을 기르는 것은 해이(解弛)하지 않음이다.

맛좋은 술을 싫어함은 숭백(崇伯 : 우禹의 아버지 곤鯀)의 아들 우(禹)가 천하의 보양을 돌본 때문이고, 영재(英才)를 기르는 것은 영봉인(穎封人 : 영고숙穎考叔)이 착한 벗들을 육영하기 위함이었다.

노고를 게을리하지 않고 부모를 마침내 기쁘게 한 것은 순(舜)의 공이며, 도망가지 않고 죽기를 기다린 것은 신생(申生 : 진헌공晉獻公의 태자)의 공손함이다.

부모로부터 받은 몸을 온전하게 되돌리고 죽은 자는 증삼(曾參 : 공자의 제자)이었고, 과감히 나서서 명령에 순종한 자는 백기(伯奇 : 주周나라 윤길보尹吉甫의 아들)였다.

부귀와 복택(福澤)은 장차 나의 삶을 풍성하게 하자는 것이고, 빈천과 근심 걱정은 너를 시련하여 옥(玉)으로 이루게 하는 것이다.

살아서는 순하게 섬기는 것이요, 죽는 것은 (부모에게) 되돌아가서 안부를 묻는 것이다.

주자(朱子)가 말했습니다. '정자(程子)는 서명(西銘)이 이(理)는 하나이지만 나눔〔分〕이 다름을 밝힌 것이라고 했다. 대저, 하늘〔乾〕을 부(父)로 삼고, 땅〔坤〕을 모(母)로 삼는 것은 모든 생물에 있어 그렇지 않음이 없으므로 이른바 이(理)가 하나이다. 그러나 모든 존재물 중에서 혈맥(血脈) 동물들만이 자기 어버이를 어버이로 삼고, 자기 자식을 자식으로 삼으니, 그 나눔이 어찌 다르지 않겠는가.

이렇듯 하나로 통일되었으면서 만 가지로 다르므로 비록 천하가 한 집이고 온 중국이 한 사람 같으면서도 묵자(墨子)가 주장하는 무차별의 사랑, 즉 겸애(兼愛)19)에 흐를 수가 없는 것이다. 한편 만 가지가 다르면서도 한 가지 이(理)로 일관되어 있으므로 비록 친근(親近)과 소원(疏遠)에 따라 정(情)이 다르고, 귀천(貴賤)의 등급이 다르다고 하더라도 자기만을 사사로이 위하는 이기(利己)에 흐려지지 않게 된다. 이것이 서명(西銘)의 대지(大旨)이다. 어버이를 섬기는 두터운 정을 미루어서 무아(無我)의 공(公)을 넓히고, 어버이를 섬기는 정성으로 하늘을 섬기는 도(道)를 밝힌 것을 알 수가 있다. 서명은 대저 어디에 맞춰도 이른바 분수(分)가 서 있으면서도, 이(理)가 하나임을 유추(類推)하지 않음이 없는 것이다.'

또 주자는 말했습니다. '서명의 앞 일단(一段)은 바둑판과 같고, 뒤 일단은 사람이 바둑을 두는 것과 같다.'

귀산 양씨(龜山楊氏)[20]가 말했습니다. '서명에서 말한 바 이(理)가 하나이고 분수가 다르다고 한 것으로 다음 것을 알 수 있다. 즉 이가 하나이므로 인(仁)이 있게 되고 모든 분수가 다르므로 의(義)가 있게 됨을 알 수가 있다. 이것은 맹자(孟子)가 "어버이를 친애한 후에 백성들에게 인애(仁愛)하고, 백성들을 인애한 후에 만물을 사랑한다"고 한 것과 같은 것이다. 즉 분수가 같지 않으므로 베푸는 데도 차등이 없을 수가 없는 것이다.'

쌍봉 요씨(雙峯饒氏)[21]가 말했습니다. '서명의 앞 1절은 사람이 천지의 아들 됨을 밝혔고, 뒤 1절은 사람이 천지를 섬김에 있어 마치 아들이 부모를 섬기듯 해야 함을 말한 것이다.'

---

19) 겸애(兼愛) : 묵자(墨子)의 사상으로, 자기 몸과 자기 집, 그리고 자기 나라만을 사랑하지 말고 다른 사람, 다른 집, 다른 나라도 겸하여 사랑한다는 뜻. 길 가는 사람을 보고 내 부모처럼 보라고 하였다. 유교(儒敎)에서는 이에 반박하여 모든 사람을 차별 없이 사랑한다면 끝에 가서는 부모를 길 가는 사람처럼 보게 된다고 반박하고 있다.

20) 귀산 양씨(龜山楊氏) : 북송(北宋)의 학자 양시(楊時). 1053~1135년. 자는 중립(中立), 호는 귀산. 이천(伊川) 정이(程頤)의 제자로 사양좌(謝良佐)·유초(游酢)·여대림(呂大臨)과 함께 '정문사선생(程門四先生)'으로 일컬어진다.

21) 쌍봉 요씨(雙峯饒氏) : 남송(南宋)의 학자 요로(饒魯). ?~?. 자는 백여(伯興) 또는 중원(仲元)이며, 호는 쌍봉.

앞에 있는 서명은 장횡거(張橫渠)22)가 지은 것으로 처음에는 정완(訂頑)이라고 이름 지었습니다. 그것을 정자(程子)가 서명이라고 고쳤으며, 임은 정씨(林隱程氏 : 정복심程復心)가 이 도표를 만들었습니다. 무릇 성학(聖學)은 인(仁)을 구하는 데 있습니다. 모름지기 이 뜻을 깊이 체득(體得)하여야, 바야흐로 천지 만물과 더불어 일체(一體)가 되는 것이 참으로 여기서 말한 경지와 같다는 것을 알 수 있을 것입니다. 인을 이룩하는 공부가 이렇듯 절실하고 참다워야 비로소 허황되고 맹목적인 폐단에서 벗어날 수 있을 것이며, 또한 만물을 바로 자기와 동일시하는 무차별의 결점도 없게 될 것이며, 그때 비로소 마음과 덕이 온전하게 될 수 있는 것입니다.

그러므로 정자(程子)는 말했습니다. '서명은 뜻이 지극히 완비하니, 곧 인의 체(體)이다.' 또 말했습니다. '이러한 서명의 뜻을 충분히 터득해야 비로소 성인이 된다.'

---

22) 장횡거(張橫渠) : 북송(北宋)의 학자 장재(張載). 1020~1077년. 자는 자후(子厚). 장자(張子), 횡거 선생으로 불린다. 기일원(氣一元)의 철학 사상을 전개하였다.

3. 소학제사(小學題辭)

제 3 소학도(小學圖)

원(元)·형(亨)·이(利)·정(貞)은 천도(天道)의 상리(常理)이고, 인(仁)·의(義)·예(禮)·지(智)는 인성(人性)의 강령(綱領)이다. 무릇 사람의 천성은 애초부터 착하지 않음이 없고, 인·의·예·지의 바탕인 사단(四端)이 애연(藹然)하게 외계(外界)에 감응하여 나타나게 마련이다. 따라서 어버이를 친애하는 효(孝)나, 형제를 경애하는 제(悌)나, 임금에게 충성을 바치는 충(忠)이나, 연장자를 공손하게 모시는 경(敬) 등의 덕행은 모두가 사람이 본래부터 지니고 있는 상륜(常倫)이라 누구나 억지로 하지 않고도 순순히 따르게 마련이다.

그러나 오직 타고날 때부터 성인의 성품을 지닌 사람만이 하늘과 같이 호호(浩浩)하고 허정(虛靜)하여 새삼 인위적인 공부나 노력을 가하지 않아도 본래의 착한 천성으로 해서 모든 선덕(善德)이 갖추어지게 마련이다. 한편, 보통 사람들은 타고난 성품이 옹졸하여 쉽사리 물욕(物欲)에 엉키고 흐려져서 기본 강령인 윤리를 잊고 타락하고, 자포자기한 상태에 만족하고 있게 마련이다.

이에 성인(聖人)들이 배움의 바탕을 세우고 스승을 두어 사람들의 천성(天性)의 뿌리를 배양하고, 덕행(德行)이라고 하는 모든 가지를 이루게 한 것이다.

≪소학(小學)≫의 법은 물 뿌려 쓸고 응대하는 쉬운 일부터 익히고, 집에서는 부모에게 효도하고 밖에 나가서는 윗사람을 공경하며 모든 행동이나 처신에 있어 거스름이 없게 하고, 이러한 실천을 하고도 재능에 여유가 있을 때 비로소 '시(詩)'나 '서(書)' 같은 경서를 읽고 외게 하고, 다시 나아가 영가(詠歌)·무도(舞蹈)와 같은 예악(禮樂)을 배우게 하여 마침내 그들의 사념(思念)에 지나침이 없이 중화(中和)를 지키게 하는 것이다.

이러한 ≪소학≫의 경지를 지나서 도리를 궁구(窮究)하고, 몸을 수양하는 것이 바로 《대학(大學)》의 경지다. 거기에서는 명(命 : 하늘이 명성을 말한 인仁의 근본)을 밝혀서 혁연(赫然)하고, 안팎이 없고, 덕성이 높고 공업(功業)이 넓어 마침내는 으뜸인 하늘의 성(性)에 복귀하는 것이다.

이러한 성인(聖人)들의 가르침이 옛날에 부족함이 없었다고 해서, 오늘에 남음이 있는 것은 아니다. 오히려 오늘은 옛날의 이상적인 시대로부터 멀어졌고 또한 성인들도 없어졌고, 경전(經典)도 쇠잔(衰殘)해졌고 교화(敎化)도 해이해져서 어릴 때부터의 교양이 바르지 못하고, 커서는 사치한 기풍에 젖어서 마을에 착한 풍속이 없어졌고, 세상에 좋은 인재가 없어서, 오직 이욕(利欲)만이 어지럽게 엉키고, 이단의 말들만이 시끄럽게 울리고 있다. 그러나 다행히도 사람이 타고난 상륜(常倫)의 성품이 있어, 하늘이 다하도록 없어지지 않을 것이다. 이에 내가 일찍이 배운바 가르침을 모아서 후진들을 깨우쳐 주고자 한다. 아아! 아이들은 이 책을 공경해 배워라. 이것은 내가 노망의 말을 하는 것이 아니다. 오직 성인의 가르침이니라.

어떤 이가 물었습니다. '선생께서는 사람에게 《대학》의 도(道)를 말하고자 하시면서 《소학》의 글을 참고하고자 하는 것은 어떤 이유입니까?' 이에 주자(朱子)가 말했습니다. '《대학》과 《소학》은 그 학문의 대소(大小)가 물론 같지 않다. 그러나 도(道)를 이룩하는 데는 같은 것이다. 그러므로 어려서 《소학》의 가르침을 익히지 못하면 방심(放心)을 거두고 덕성(德性)을 배양하고, 나아가서 《대학》의 기본을 실천할 수가 없게 된다. 한편 성장한 다음에 《대학》에 진학하지 않으면 의리를 살피어 모든 일을 잘 처리할 수가 없게 되고, 또한 《소학》에서 얻은바 성과를 거둘 수가 없게 된다.

이제 어린 학도로 하여금, 반드시 먼저 물 뿌리고 쓸고 응대하고 진퇴하는 데 스스로 진력하는 가운데 예(禮)·악(樂)·사(射)·서(書)·

어(御)·수(數)의 육예(六藝)를 익히게 하고, 다시 그들이 성장한 뒤에는 덕을 밝히고 백성을 친애하여 새롭게 향상시키고 나아가서는 지선(至善)에 머물게 하는 ≪대학≫에 진학하게 하는 것은 학문하는 순서의 당연함이니 ≪소학≫을 참고하는 것이 옳은 일이다.'

어떤 이가 또 물었습니다. '만약 이미 나이가 들었는데도 ≪소학≫의 경지를 터득하지 못했으면 어떻게 합니까?' 이에 주자는 말했습니다. '이미 지나간 세월은 다시 더듬어 찾을 수는 없다. 그러나 공부하는 단계나 수양의 항목은 뒤좇아 보충하지 못할 것이 없느니라. 내가 들으니, 경(敬)이라고 하는 한 글자야말로 성학(聖學)을 완성하는 처음이자 끝이 되는 자이다. ≪소학≫을 터득하고자 하는 자가 만약 이 경(敬) 자를 지키지 않으면 학문의 본원(本源)을 함양하지 못할 뿐만 아니라, 또한 물 뿌려 쓸고, 응대하고 진퇴하는 절차나 육예(六藝)의 가르침에 근실하지 못하게 될 것이다.

한편 ≪대학≫을 터득하고자 하는 자가 이 경(敬) 자를 지키지 않으면, 천성으로 타고난 총명(聰明)을 계발하지 못하고, 덕성을 높이고 공업(功業)을 닦을 수가 없게 될 것이며, 또한 덕을 밝히고 백성을 친애하여 새롭게 향상하는 공을 이룩하지 못하게 될 것이다. 불행하게 학습의 때를 지나친 후학자라 할지라도 진실로 이 경(敬)에 힘을 쓰고, 큰 공부에 나아가되, 작은 것을 겸하고 보충하는 데 지장이 없게 한다면, 그가 진학함에 있어, 기본이 없어 스스로 성취하지 못할 것을 걱정하지 않게 될 것이다.'

앞의 ≪소학≫은 전에는 도표(圖表)가 없었습니다. 신이 삼가 본서(本書)의 목록에 의하여 이 도표를 작성하여 ≪대학≫의 도표에 대비시켰습니다. 또한 주자의 ≪대학혹문(大學或問)≫에서 ≪대학≫과 ≪소학≫을 통론(通論)한 말을 인용하여 양자(兩者)에 공부의 개요를 보이고자 했습니다. 무릇 ≪소학≫과 ≪대학≫은 서로 보충 관계에 있는 학문이라 하나이면서 둘이라 하겠고, 둘이면서 하나라 하겠습니다. 따라서 주자의 ≪대학혹문≫에서는 ≪대학≫과 ≪소학≫을 통론했으며, 이들 두 개 도표에서는 서로 보충하고 구비하게 했습니다.

4. 대학경(大學經)

제4 대학도(大學圖)

≪대학≫의 도(道)는 본래 하늘로부터 받은 바 밝은 덕성(德性)을 밝게 빛나게 하고, 다시 나아가서는 백성을 친애하고 교화시켜 그들이 날로 새롭게 발전하게 하고, 또다시 나아가서 그들 모든 백성을 지선(至善)의 경지에 머물게 하는 데 있다.

하늘이 내세운 지선(至善)에 멈출 줄 알아야 비로소 일정한 주견을 갖게 되고, 일정한 주견을 가져야 비로소 심리적으로 안정할 수 있고, 심리적으로 안정해야 비로소 편안할 수가 있고, 편안해야 비로소 주도(周到)하게 생각할 수가 있고, 주도하게 생각해야 비로소 ≪대학≫의 도를 터득할 수가 있다.

모든 사물에는 근본과 말단 또는 처음과 나중이 있는 법이다. 먼저 할 바와 뒤에 할 바를 알면 바로 ≪대학≫의 도에 가까워질 수 있다.

옛날의 명덕(明德)을 천하에 밝히고자 한 자는 우선 그 나라를 잘 다스렸고, 그 나라를 잘 다스리고자 한 자는 우선 그 집안을 고르게 했고, 그 집안을 고르게 하고자 한 자는 우선 그 몸을 닦았고, 그 몸을 닦고자 한 자는 우선 그 마음을 바르게 했고, 그 마음을 바르게 하고자 한 자는 우선 그 뜻을 성실하게 했고, 그 뜻을 성실하게 하고자 한 자는 우선 그 지각(知覺)을 총명하게 했으며, 총명한 지각은 바로 사물의 이치를 연구하는 데서 얻어지는 것이다.

사물의 이치를 연구한 후에야 비로소 총명한 지각을 지닐 수 있고, 총명한 지각을 지녀야 비로소 뜻이 성실해지고, 뜻이 성실해야 비로소 마음이 바르게 되고, 마음이 바르게 되어야 비로소 몸을 닦게 되고, 몸을 닦아야 비로소 집이 고르게 되고, 집이 고르게 되어야 비로소 나라가 다스려지고, 나라가 다스려져야 비로소 천하가 편안하게 된다.

천자(天子)로부터 서민에 이르기까지 모두가 한결같이 수신(修身)을 근본으로 삼아야 한다. 천하의 모든 일에 있어 근본이 흐트러졌는데 말단이 다스려지는 법이 없으며, 후(厚)하게 해야 할 바를 박(薄)하게 하고, 박하게 해야 할 바를 후하게 하는 일도 없을 것이다.

어떤 이가 물었습니다. '경(敬)을 실천하기 위해서는 어떻게 노력하면 됩니까?' 이에 주자가 말했습니다. '정자(程子)는 일찍이 "일(一)을 주(主)로 하고 마음을 다른 곳에 가지 않게 한다는 뜻의 주일무적(主一無適)"으로 설명하기도 했고, 또 어떤 때는 "몸가짐을 다스려 가지런하고 정숙하게 하는 것이다"라고 말하기도 했다. 문인 사상채(謝上蔡)[23]는 "항상 밝게 깨닫는 법[常惺惺]"이라고 하였고, 윤화정(尹和靖)[24]은 "그 마음을 단속하여 어떤 물건도 (그 속에) 용납되지 않는다.[其心收斂, 不容一物]"라고 설명하기도 하였으니, 경(敬)은 통일된 마음의 주재(主宰)이고 모든 일의 근본이다.
(이렇듯 통일된 마음의 주재이자 만사의 근본인) 경(敬)을 누구나 노력하여 터득하고 실천해야 한다는 까닭을 알면, 바로 ≪소학≫의 경지도 이 경(敬)에 의하지 않고서는 배우기 시작할 수 없음을 알게 될 것이며, 또한 ≪소학≫도 이 경(敬)에 의해 배우기 시작한다는 것을 알고 보면, 즉 ≪대학≫의 경지도 역시 이 경(敬)에 의하지 않고서는 끝마칠 수가 없음을 알게 될 것으로 결국 ≪소학≫이나 ≪대학≫ 모두 이 경(敬)으로써 일관(一貫)될 수 있으며 이는 의심할 여지가 없는 것이다.
무릇 경(敬)의 마음이 서 있으면, 그로 말미암아 모든 물리를 연구하

---

23) 사상채(謝上蔡) : 북송의 유학자 사양좌(謝良佐). 1050~1103년. 자는 현도(顯道), 호는 상채. 이정(二程)의 문하에서 배웠다. 유초(游酢)·여대림(呂大臨)·양시(楊時)와 함께 '정문사선생(程門四先生)'으로 일컬어졌다.
24) 윤화정(尹和靖) : 북송의 유학자 윤돈(尹焞). 1071~1142년. 자는 언명(彦明) 또는 덕충(德充), 호는 화정. 젊었을 때 정이(程頤)를 사사(師事)했다.

고 총명한 지각을 이룩하여 모든 사물의 도리를 다할 것이니, 바로 그것이 이른바 덕성(德性)을 높이고 학문을 배운다는 것이며, 또한 그로 말미암아 뜻을 성실하게 하고 마음을 바르게 하여 그 몸을 닦을 것이니, 바로 그것이 이른바 우선 큰 것을 세워도 작은 것을 놓치지 않는 것이며, 또한 그로 말미암아 집안을 고르게 하고 나라를 다스려서 천하에까지 미치니, 바로 그것이 이른바 자기 몸을 닦아서 백성을 편안하게 하고, 공경을 독실하게 하여 천하를 평안하게 함이니라. 결국 이들 모두가 단 하루라도 경(敬)을 떠나서는 이루어질 수 없는 것이다. 그러니 경(敬)이라고 하는 한 글자는 어찌 성학(聖學)의 처음이자 마침이 되는 요결이 아니겠는가.'

앞에 있는 ≪대학≫의 경문은 ≪예기(禮記)≫에 있는 공자(孔子)의 유문(遺文)의 첫머리이며, 이 글을 가지고 조선(朝鮮) 초의 권근(權近)이 도표를 만든 것입니다. (실은 삼봉三峯 정도전鄭道傳의 작품이다) 장(章) 아래에 인용한 ≪대학혹문(大學或問)≫에서 ≪대학≫·≪소학≫의 뜻을 통론(通論)한 설명은 소학도(小學圖) 아래에 있습니다. 그러나 비단 이 두 설명만을 훑어볼 것이 아니라, 앞뒤에 있는 다른 여덟 개의 도표와 같이 아울러서 이들 두 개의 도표를 훑어보아야 합니다.

무릇 앞에 있는 두 도표[태극도·서명도]는 근본을 구하고, 이것을 확충하고 천리를 체득하고, 인도를 다하는 극치의 경지이며 ≪소학≫이나 ≪대학≫의 표준이자 본원이 되는 바이며, 다음에 있는 나머지 여섯 개의 도표[백록동규도, 심통성정도, 인설도, 심학도, 경재잠도, 숙흥야매잠도]는 선(善)을 깨닫고 몸을 성실히 하며, 덕을 높이고 덕업(德業)을 넓히는 데 힘쓸 것이니 ≪소학≫과 ≪대학≫의 실천적 완성의 바탕이 되는 것입니다.

그리고 경(敬)은 앞에서부터 끝까지 밝게 지켜 노력하여 효과를 거두고, 누구나 다시 항상 이를 좇아 실천하고, 이를 잃지 말아야 합니다. 그러므로 주자(朱子)도 앞과 같이 말했습니다. 지금의 이 열 개의 도표는 모두 경을 가지고 중심으로 삼은 것입니다. 〈태극도설(太極圖

說)〉에서는 정(靜)을 말하고 경을 말하지 않았으나, 주자가 주(註)에서 경을 말하여 보충했습니다.

5. 동규후서(洞規後敍)

제5 백록동규도(白鹿洞規圖)

右五教之目　堯舜使契爲司徒, 敬敷五教, 卽此是也. 學者學此而
已其所以學之之序, 亦有五焉, 並列如左, 左今當作下

희(熹 : 주자朱子의 이름)가 가만히 살펴 본 바, 옛 성현(聖賢)이 사람을 가르치고 글을 배우게 한 정신은 어디까지나 대의(大義)와 도리를 강명(講明)하여, 그 몸을 수양하고 닦은 다음에 자기의 학덕(學德)을 남에게까지 미치지 않은 것이 없었다. 그들은 절대로 공연히 글이나 외고 문장이나 써서 명성을 구하고 이록(利祿)이나 취하고 말지는 않았다.

그러나 오늘의 학자들은 이미 그들과는 반대되고 있다. 성현이 사람을 가르치는 법이 모두 경전에 갖추어져 있으나, 뜻있는 선비는 마땅히 숙독(熟讀)하고 깊이 생각하고 의문 나는 곳은 묻고 뜻을 잘 분별해야 한다. 일단 도리의 당연함을 알고서 반드시 그 도리를 자기 몸으로 실천하기만 한다면, 즉 어찌 남의 손으로 여러 가지 규칙이나 금지조항 같은 것을 만들어 내기를 기다리고, 또한 그것들을 지킬 필요가 있겠는가. 남이 그러기 전에 자기가 자진해서 지킬 것은 지키고 금할 것은 피할 것이다.

근세에는 모든 학교에 규칙이 있게 마련이다. 그러나 학문은 자기완성을 위한다는 원래의 학문 정신에 비추어 보면, 그들 규칙은 천박하고 또한 법으로 보더라도 옛사람들의 뜻에 맞지도 않는 것들이라 하겠다. 따라서 이제 우리 서원(書院)에서는 다시 그런 규칙을 제정하지 않고, 오직 특별히 성현이 사람을 가르치고 학문하던 대강(大綱)의 조례(條例)를 취하여 위와 같이 처마에 게시하겠다.

여러분은 서로 강명(講明)하고 준수하여 이를 몸소 실천한다면, 즉 스스로 생각하고 말하고 행동하는 여러 경우에 있어 자기 자신이 삼가고 조심하고 겁내고 두려워하는 바가 반드시 규정보다 더 엄숙하게 될 것이다. 그러나 만약 그렇지 못하고 혹 자기의 행실이 금지 조항을 어기고 밖으로 벗어나게 된다면, 그때는 즉시 이른바 규칙을 굳게 좇아 지켜야 하고, 절대로 규칙을 소홀히 해서는 안 될 것이다. 여러분은 잘들 생각하라.

앞의 규정은 주자가 만들어서 백록동서원(白鹿洞書院)의 학생들에게 게시한 것입니다. 백록동은 남강군(南康軍) 북쪽 광려산(匡廬山) 남쪽에 있습니다. 당(唐)나라 이발(李渤)이 여기로 은거하여 흰 사슴을 키웠으므로 백록동이라고 하게 되었습니다. 남당(南唐) 때 서원을 세웠고, 이름을 국상(國庠)이라고 했으며, 학생 수가 항상 수백 명이나 되었습니다. 송(宋)나라 태종(太宗)이 서적을 나누어주고, 동주(洞主)에게 관직을 주어 권장하기도 했으나 한동안 황폐했습니다. 주자가 남강군을 다스리게 되자, 조정에 청원하여 다시 서당을 건립하고 학생들을 모집하고 학규(學規)를 정하고 도학(道學)을 앞장서서 밝히니 드디어 서원의 교화가 천하에 떨치게 되었습니다.

신이 이제 삼가 학규의 글과 본 조목에 의하여 이 도표를 작성하여, 보시고 살피시기에 편하도록 하였습니다. 무릇 당우(唐虞) 시대의 교육에 5품(五品)이 있었고, 3대(代)의 학문은 인륜(人倫)을 밝히는 것이었습니다. 따라서 학규에서 궁리(窮理)·역행(力行)하고자 한 것도 모두 오륜(五倫)에 기본을 둔 것입니다. 또한 제왕(帝王)의 학문은 그 규정이나 금지조항이 비록 일반 학자들의 그것과 똑같지 않을 것입니다. 그러나 기본적으로 인륜을 지키고 궁리·역행하여 심법(心法)의 핵심을 터득하는 요결에 있어서는 같지 않음이 없다 하겠습니다. 그러므로 이 도표도 아울러 헌상하여, 아침저녁으로 시종하는 이의 잠언(箴言)에 바치고자 합니다.

이상의 다섯 도표는 천도(天道)에 기본을 두었으며, 공부는 인륜을 밝히고 덕업(德業)에 힘쓰도록 하는 데 효능이 있다 하겠습니다.

6. 심통성정도설(心統性情圖說)

제 6 심통성정도(心統性情圖)

정임은(程林隱 : 이름은 복심復心)이 말했다. '이른바 마음이 성(性)과 정(情)을 통솔한다고 하는 것은 사람이 오행(五行)의 빼어남을 받고 태어났으며, 그 빼어남에서 오성(五性)이 갖추어졌고, 오성이 동(動)하는 데서 칠정(七情)이 나타나게 되었으며, 모든 성과 정을 통합해서 통솔하는 것이 바로 마음이라는 뜻이다. 그러므로 마음이 적연(寂然)히 움직이지 않고 있는 그대로가 성이며, 이런 상태가 바로 마음의 본체이다. 한편 마음이 다른 것에 감동하여 통해 나간 것이 정이며, 이것은 마음의 활용이다.

장자(張子 : 장횡거張橫渠)가 말했다. '마음이 성(性)과 정(情)을 통솔한다 함은 마땅한 말이다. 마음이 성·정을 통솔하므로, 인(仁)·의(義)·예(禮)·지(智)가 성(性)이 되고, 또한 인의지심(仁義之心)이라고도 한다. 한편 마음이 정을 통솔하므로 측은(惻隱)·수오(羞惡)·사양(辭讓)·시비(是非)가 정이고, 또한 측은한 마음〔惻隱之心〕이니, 부끄럽고 미워하는 마음〔羞惡之心〕이니, 사양하는 마음〔辭讓之心〕이니, 또는 옳고 그른 것을 가리는 마음〔是非之心〕이라고도 한다. 마음이 성을 통솔하지 않는다면 미발지중(未發之中 : 속에 있으며 밖으로 발현되지 않은 상태)을 이루지 못하여 성이 부숴지기 쉬울 것이다. 한편 마음이 정을 통솔하지 않는다면 중절지화(中節之和 : 잘 조화되어 발현된 상태)를 이루지 못하여 정이 흔들거리기 쉬울 것이다. 배우는 사람은 이 점을 잘 인식하고 반드시 우선 마음을 바르게 하고, 나아가서 성(性)을 기르고 아울러 정(情)을 절제해야 한다. 그러면 배움의 방법을 터득할 수 있을 것이다.'

신(臣)이 삼가 생각하건대, 정자(程子)의 호학론(好學論)에는 정을 절제한다는 것〔約其情〕이 마음을 바르게 하고 성을 기른다는 것〔正心養性〕 앞에 있는데, 여기서는 도리어 뒤에 와 있습니다. 이것은 마음이 성(性)·정(情)을 통솔한다고 말했기 때문입니다. 그러나 그 이치를 따져서 말한다면 마땅히 정자의 주장이 순리(順理)라 하겠습니다. 이 도표에서는 온당하지 못한 점을 약간 수정했습니다.

앞에 있는 세 개의 도표 중 상도(上圖)는 정임은(程林隱)이 만들고 그가 직접 설명한 것입니다. 다른 두 개의 도표는 신(臣)이 망발되게도 성현들의 말씀과 교훈[立言垂敎]의 뜻을 미루어 사사로이 만든 것입니다.

중도(中圖)는 기품(氣稟) 속에 있으면서도 본연의 성이 기품과 섞이지 않고 있음을 말한 것입니다. 자사(子思)의 이른바 천명지성(天命之性), 맹자의 이른바 성선지성(性善之性), 정자(程子)의 이른바 즉리지성(卽理之性), 장자(張子)의 이른바 천지지성(天地之性)이라 한 것들이 바로 이것입니다. 이미 이렇듯이 성(性)을 말했으므로 그 성이 발현하여 정(情)이 되어도 역시 모두가 선한 것을 지적해서 말했습니다.

즉 자사가 말한 바 중절지정(中節之情)이며, 맹자가 말한 바 사단지정(四端之情)이며, 정자가 이른바 '어찌 착하지 않다고 이름 지을 수 있겠느냐고 한 정[何得以不善名之之情]'이며, 또한 주자가 이른바 성(性)에서 나온 것이란 본래 착하지 않은 것이 없다고 한 정(情)들이 다 이와 같은 것입니다.

하도(下圖)는 이(理)와 기(氣)가 합한 것을 설명한 것입니다. 공자(孔子)가 이른바 상근지성(相近之性)이며, 정자가 이른바 '성이 곧 기(氣)이고, 기가 곧 이(理)라고 한 성[性卽氣, 氣卽理之性]'이며, 장자(張子)가 이른바 기질지성(氣質之性)이며, 주자가 이른바 '기 가운데 있으나, 기는 기고 성은 성이며, 서로가 섞이지 않는 성[雖在氣中, 氣自氣, 性自性, 不相夾雜之性]'등이 바로 이것입니다. 이미 이렇듯이 성(性)을 말했으므로, 그것이 발현하여 정(情)이 되어도 역시 이(理)와 기(氣)가 서로 돕기도 하며 또 혹은 서로 해치기도 함을 지적해 설명했습니다. 즉 사단의 정은 이가 발하여 기가 따르므로 자연히 순수하고 착하며 악이 없습니다.

그러나 이가 발하여도 제대로 뻗지 못하고 기에 가려지면 도리어 불선(不善)에 흘러들고 맙니다. 또한 칠정(七情)은 기가 발하고 이가 이에 올라타면 역시 나쁜 것이 없습니다. 만약에 기가 발하여 중화를 이루지 못하고 이를 멸한다면, 그때에는 방자하고 악하게 됩니다. 무릇 이와 같으므로 정자(程子)가 말했습니다. '성을 논하면서 기를 논하지 않으면 충분하지 못하고, 기를 논하면서 성을 논하지 않으면 밝지 않으므로, 이와 기를 분리하여 논하는 것은 잘못이다.'

그러나 맹자나 자사가 다만 이(理)만을 가리켜 말했지만, 그것은 불비한 것이 아니고, 기(氣)를 겸해서 말하면 도리어 성(性)의 본래의 착함을 잘 나타낼 수가 없으므로 이(理)만을 말한 것입니다. 이것이 중도(中圖)의 뜻입니다. 요약하면 이와 기를 겸하고 성(性)과 정(情)을 통합하여 거느리는 것이 마음입니다. 그리고 성이 발하여 정이 될 때가 바로 하나인 마음의 기미(機微)한 작용이나 천변만화의 요긴한 것이니 선악이 나누어지게 마련입니다.

배우는 사람이 참으로 한결같이 경(敬)을 지니는데, 또한 이와 욕(欲)을 가리는 데 어둡지 않고 특히 마음가짐을 성실하고 미발지중(未發之中)에서 존양(存養)하는 공부를 깊이 하고, 한편 이발(已發)에도 중절지화(中節之和)에 대하여 살피고 반성하는 수양을 익히고 오래 두고 끝없이 노력하여 힘을 쌓으면, 즉 이른바 정밀하고 오로지 하는〔精一執中〕성학(聖學)이나 존체응용(存體應用)하는 심법(心法)도 남의 힘을 기다리지 않고 스스로 얻을 수 있을 것입니다.

7. 인설(仁說)

제7 인설도(仁說圖)

1. 주자(朱子)가 말했다. '인(仁)은 천지가 만물을 낳고 살게 하는 어진 마음이며, 이를 사람이 받아 사람의 마음으로 삼고 있는 것이다. (이렇듯 하늘로부터 어진 마음을 물려받은 까닭으로 사람의 마음은) 밖으로 발현되지 않아도 이미 사덕(四德 : 인의예지 仁義禮智)이 갖추어져 있으며, 그중에서도 오직 인(仁)만이 사덕을 다 포괄하고 있으므로, 모든 것을 함육(涵育)하고 온전하게 해주며 또한 통솔하지 않음이 없으니, 이른바 생(生)의 성(性)이며 애(愛)의 이(理)라 하며, 이것이 바로 인의 본체[仁之體]이다. 한편 이미 발현되었을 때에는 사단이 나타나며, 그중에서도 오직 측은(惻隱)만이 사단을 관철하고 있으므로 모든 것에 두루 퍼지고 흘러들어 통하지 않음이 없으니, 이른바 성(性)의 정(情)이며, 애(愛)의 발(發)이라 하며, 이것이 바로 인의 작용[仁之用]이다. 전체적으로 말하면 미발(未發)이 체(體)이고, 이발(已發)은 용(用)이라 하겠고, 부분적으로 말하면 인이 체이고 측은은 용이라 하겠다.

공(公)이라고 하는 것도 인(仁)을 본체로 하므로, 마치 "사사로운 자기를 극복하고 예(禮)에 돌아가는 것을 인이라 한다.[克己復禮 爲仁]"라고 한 뜻과 같다고 하겠다. 무릇 무사공평(無私公平)하면 어질고, 어질면 사랑하게 된다. 효제(孝悌)는 이것들을 용(用)함이고, 서(恕)는 이들을 남에게 베푸는 것이며, 지각(知覺)한다는 것은 바로 이것들을 아는 것이다.'

주자가 또 말했다. '만물을 낳고 살게 하는 천지의 마음에 네 가지 덕이 있다. 즉 원(元)·형(亨)·이(利)·정(貞)이며, 그중에서 원(元)이 전부에 통하고 있다. 이들 원·형·이·정의 사덕이 운행함에 따라 춘하추동 사계절의 순서가 정해지며, 그중에서도 봄이 만물을 낳고 살게 하는 기는 모든 계절에 통하지 않음이 없다. 그런 고로 사람이 천지의 마음으로 삼음에 있어 그 덕도 역시 넷이다. 즉 인(仁)·의(義)·예(禮)·지(智)의 넷이며, 그중에도 인은 모든 것을 포괄하고 있다. 인이 발현하여 활용되면 즉 애(愛)·공(恭)·의(宜)·별(別)의 정(情)이 되며, 이때 측은(惻隱)한 마음이 어디에나 관통하고 있다.

대저 인(仁)이 기준하고 있는 바 도(道)는 바로 만물을 낳고 살게 하는 천지의 마음이 모든 물건에 붙어 있는 것과 같다. 따라서 정(情)이 발현되기 전에 이미 그 본체가 갖추어져 있고, 한편 정이 이미 발현되어도 그 활용에 끝남이 없는 것이다. 참으로 이를 체득하여 존양하면, 모든 선(善)의 근원과 백행(百行)의 근본이 바로 있게 될 것이다.'

그러므로 공자(孔子) 문중(門中)에서 교육할 때 배우는 자들에게 인(仁)을 구하는 데 쉬지 않고 노력하게 했다. 그 말에 '자기를 극복하고 예에 돌아감이 인이다.〔克己復禮爲仁〕'라고 하였으니, 이 말은 자기의 사심(私心)을 극복하여 버리고 천리(天理)에 복귀할 수 있다면, 인이라고 하는 마음의 본체가 어디에나 있게 될 것이고, 인이라고 하는 마음의 활용이 언제나 행해질 것을 말한 것이다.

2. 또 말한 바 있다. '거처함에 공경하고, 일을 집행함에 경건하고, 사람에게 충성스럽게 대하면, 역시 인의 마음이 있게 된다.' 또 말한 바 있다. '부모를 효로써 섬기고 형을 제(悌)로써 섬기고, 남에게 서(恕)를 베풀면, 역시 인의 마음을 행하는 바라 할 수 있다.' 이상에서 말한 그 인의 마음이란 어떠한 마음인가? 즉 그것은 천지에 있어서는 두루 모든 만물을 낳고 살게 하는 마음이며, 사람에게 있어서는 따뜻하게 남을 사랑하고 모든 것을 이롭게 하는 마음이며, 또한 사덕(四德)을 포괄하고 사단을 관철하고 있는 인이자 측은한 마음이다.

어떤 사람이 물었다. '만약 그대의 말과 같다면 정자(程子)가 말한바 애(愛)는 정(情)이고, 인(仁)은 성(性)이니 애를 인이라고 할 수 없다고 한 견해를 틀렸다고 할 것입니까?' 이에 주자가 말했다. '그렇지 않다. 정자는 이른바 애가 발현한 것을 인이라 불렀으나, 나는 이른바 애의 이(理)를 인이라고 한 것이다. 이른바 정이다. 성이다 하는 것은 각 그 분계(分界)는 같지 않으면서도 맥락에 있어 통한다. 그렇다고 저마다 원래 소속되고 있던 본질에서 완전히 떨어져 나와서 관계가 없어진 것은 아니다. 나는 이제 배우는 사람이 정자의 말만을 외고 그 뜻을 구하지 않고 마침내 애와 인을 판연히 갈라놓게 될까 두려워 이렇듯 특별히 논하여 정자의 뜻을 밝히는 바이다. 그대가 정자의 설과 같지 않다고 생각하는 것도 역시 잘못이니라.'

어떤 사람이 물었다. '정자의 문도(門徒) 중에 어떤 이는 만물과 내가 하나가 되는 것을 인의 본체라고 하기도 하고, 또 어떤 이는 마음에 지각을 갖는 것을 인의 명〔仁之名〕이라 해석하기도 하는데 그렇지 않습니까?' 이에 주자가 말했다. '만물과 내가 하나가 된다고 한 것은 바로 인이란-본래 사랑하지 않는 것이 없다는 뜻을 밝히고는 있다. 그러나 그것이 바로 인의 본체의 참모습은 아니다. 한편 마음에 지각을 갖는다고 한 것은 바로 인이 지(知)를 포괄한다는 뜻을 밝히고는 있다. 그러나 그것이 바로 인이라고 부르는 실질은 아니다. 자공(子貢)이 '널리 백성들에게 베풀어 대중을 구제하는 법〔博施濟衆〕'에 관하여 물었을 때 공자(孔子)가 대답한 것이나, 또 정자가 말한 바 각(覺)을 인이라 풀 수 없다고 한 말들을 보면, 인의 뜻을 잘 알 수가 있을 것이다. 그대는 왜 이러한 질문으로 인을 논하고자 하는가?'

앞의 인설(仁說)은 주자가 서술한 것이며, 아울러 도표도 그가 자작(自作)하여 인도(仁道)를 밝힌 것으로, 이 이상 더 익힐 것이 없을 것입니다. ≪대학(大學)≫〈전(傳)〉에 '인군이 되어 인에 그치라.〔爲人君止於仁〕'고 하였습니다. 이제 옛 제왕들이 백성에게 마음을 통하고 인을 체득한 묘리(妙理)를 구하시고자 한다면, 어찌 여기에 적힌 뜻을 충분히 익히고 따르지 않을 수 있겠습니까.

8. 심학도설(心學圖說)

제8 심학도(心學圖)

정임은(程林隱 : 이름은 복심復心)이 말했다. '적자(赤子)의 마음은 한 번도 인욕(人欲)에 흐려지지 않은 양심이지만, 보통 사람의 마음〔人心〕은 욕심에 눈뜬 것이다. 대인(大人)의 마음은 의리를 고루 갖춘 본심이며, 도심(道心)은 바로 의리에 눈뜬 것이다. 그러나 본래 두 가지의 마음이 있는 것은 아니다. 사실에 있어 형기(形氣)를 가지고 태어났으므로 누구나 인심이 없을 수 없으며, 한편 하늘에서 받은 성명(性命)에 근원을 두고 있으므로 누구라도 도심으로 될 수가 있는 것이다.

이 도표에 적힌 바 유정(惟精)·유일(惟一)·택선(擇善)·고집(固執) 이하는 모두가 다 인욕(人欲)을 막고 천리(天理)를 존양(存

養)하는 공부가 아닌 것이 없다. 신독(愼獨) 이하는 인욕을 막는 경우에 할 공부이며, 반드시 마음을 움직이지 않는[不動心] 경지에 이르러야 하며, 그렇게 되면 부귀에도 마음을 더럽히지 않고 빈천에도 마음을 옮기지 않고, 위세에도 마음을 굽히지 않을 것이니, 도가 밝아지고 덕이 성취됨을 알 수 있을 것이다. 계구(戒懼) 이하는 즉 천리를 존양하는 경우의 공부이며, 반드시 종심소욕불유구(從心所欲不踰矩)하는 경지에 이르러야 하며, 그렇게 되면 마음이 곧 체(體)요, 욕(欲)이 곧 용(用)이며, 체가 곧 도이고, 용이 곧 의(義)가 될 것이니 그의 소리는 음률에 맞고, 그의 몸가짐이 법도가 되어 생각하지 않아도 터득하고, 애쓰지 않아도 절도에 맞음을 알 수 있을 것이다.

요컨대 공부하는 요결은 오직 하나 경(敬)에서 벗어나지 않는 것이다. 무릇 마음은 한 몸을 주재하는 바이지만, 경은 바로 한 마음을 주재하는 것이다. 배우는 사람들은 경의 뜻인 주일무적(主一無適)이나, 정제엄숙(整齊嚴肅)이라고 하는 설명과 또는 마음을 수렴(收斂)하고 언제나 밝게 깨달아야 한다[常惺惺]는 설명을 깊이 익혀야 한다. 그래야 비로소 공부가 완전하고 훌륭하게 될 것이며 나아가서는 성인의 경지에 드는 것도 그리 어렵지 않게 될 것이다.

앞의 도설은 정임은이 성현이 심학(心學)을 논한 명언들을 골라 추려서 도표로 만든 것입니다. 분류와 대치가 많이 만들어졌으나 싫증 나지 않으며, 이것으로 성학(聖學)의 심법(心法)이 근본의 하나가 아니므로 모두 공력을 쓰지 않을 수 없음을 보인 것입니다. 위나 아래의 배치는 오직 얕고 깊은 것, 또는 생소하거나 익숙한 것을 가지고 대략 나눈 것으로 공부나 수양의 절차를 따른 것은 아닙니다. 즉 ≪대학≫에 있는 치지(致知)·성의(誠意)·정심(正心)·수신(修身)과 같이 반드시 전후를 가려야 하는 것과 같지 않습니다.

어떤 사람이 '대략(大略)을 풀었다고 하면서 방심(放心)을 삼가는 항목〔求放心〕은 마땅히 심재(心在) 뒤에 놓을 것이 아니라 공부하는 초두(初頭)에 놓아야 할 것이 아니오?'하고 의심했습니다. 이에 대하여 신(臣)이 조용히 생각하건대, 구방심(求放心)을 얕은 뜻으로 풀이한다면 마땅히 무엇보다도 먼저 공부하는 것입니다. 그러나 깊은 뜻으로 말한다면 순간적으로 잠깐 생각이 어긋나도 방(放)이라 할 수가 있습니다. 안자(顏子) 같은 사람도 역시 인(仁)을 지키다가 석 달이 넘은 다음에는 어기지 않을 수가 없었습니다.

이렇듯 잠시라도 어기지 않을 수 없는 것이 바로 방(放)에 걸친 거라 하겠습니다. 그러나 오직 안자는 잠깐 실수를 해도 금세 알고, 알자 금세 잘못을 다시 거듭하지 않았습니다. 이런 것이 바로 방심을 막고 구제하는 거라 하겠습니다. 따라서 정임은의 도설에 그렇게 했던 것이라 여깁니다.

정씨(程氏)는 자가 자견(子見)이고 신안(新安) 사람입니다. 그는 은거(隱居)하고 벼슬하지 않았으며, 그의 행동은 의(義)에 맞고 빠짐이 없었습니다. 또한 그는 머리가 희게 되어서도 경학(經學)을 깊이 연구하여 터득한 바가 있으며, ≪사서장도(四書章圖)≫ 3권을 저술했습니다. 원(元)나라 인종(仁宗) 때 천거하여 그를 기용하고자 했으나, 그가 마다하여 향군박사(鄉郡博士)로 벼슬을 사퇴하고 돌아갔습니다. 사람됨이 이와 같으니 어찌 그가 소견이 없고 망령되게 이 도설을 만들었겠습니까.

9. 경재잠(敬齋箴)

제 9 경재잠도(敬齋箴圖)

正其衣冠
尊其瞻視
潛心以居
對越上帝
足容必重
手容必恭
擇地而蹈
折施蟻封

不東以西
不南以北
當事而存
靡他其適

弗違

須臾有間
私欲萬端
不火而熱
不氷而寒

有間

無適

從事於斯, 是曰持敬

於乎小子, 念哉敬哉
墨卿司戒, 敢告靈臺

出門如賓
承事如祭
戰戰兢兢
罔敢或易
守口如瓶
防意如城
洞洞屬屬
罔敢或輕

弗貳以二
弗參以三
惟心惟一
萬變是監

主一

交正

有差

毫釐有差
天壤易處
三綱旣淪
九法亦斁

의관(衣冠)을 바르게 하고 그 보는 눈매를 존엄하게 하라. 마음을 침잠(沈潛)하게 지니고 있으며, 저쪽에 상제(上帝)를 대하고 있듯이 하라. 발은 반드시 무거운 품으로 딛고, 손은 반드시 공손한 품으로 써라. 땅을 밟을 때는 반드시 가려 밟고 개미집도 피하여 돌아가라.

문을 나서면 큰 손님 뵙는 듯이 공손히 남에게 대하고, 일을 받들 때는 제사를 지내듯 하라. 항상 전전긍긍(戰戰兢兢) 두려워하고 조심하고, 감히 경솔하거나 안이한 짓을 하지 말라. 입을 마치 병(瓶)같이 다물고, 성(城)을 지키듯 자기의 뜻을 간직해라. 성실히 하고 혹시라도 경거망동하지 말라.

서쪽으로 간다 하고 동쪽으로 가지 말고, 북쪽으로 간다 하고 남쪽으로 가지 말라. 일을 당하면 그 일에만 정신을 기울이고, 다른 데에 정신을 따르지 말라.

마음을 두 갈래로 내지도 말고 또한 세 갈래로 내지 말라. 오직 마음을 하나로 하면 만 가지 변화를 살펴볼 수 있느니라.

이에 따르는 것을 지경(持敬)이라고 한다. 지경하면 동(動)과 정(靜)에 어김이 없고, 표리(表裏)가 서로 바르게 될 것이다.

잠시라도 틈이 생기면, 사욕(私欲)이 만 갈래로 나타나고, 불이 없어도 뜨겁고, 얼음이 없어도 찰 것이다.

털끝만큼이라도 어긋남이 있으면 천지(天地)의 자리가 뒤바뀌어, 삼강(三綱)이 멸해지고, 구법(九法 : 홍범구주洪範九疇)이 또한 패할 것이다.

아아! 아이들이여! 깊이 생각하여 공경하라. 이제 붓을 쥐고 글을 쓰는 사람〔묵경墨卿〕25)의 경계하는 임무를 맡아 감히 영대(靈臺)26)에 고하노라.

---

25) 묵경(墨卿) : 먹을 말하는데, 여기서는 이 경재잠을 먹으로 쓴다는 말이다.

분장(分場)은 임천 오씨(臨川吳氏) 설과는 무관하다.

주자(朱子)가 말했다. '주선(周旋)이 규(規)에 맞는다는 것은 그 회전하는 곳이 둥글게 되고자 하여 규에 맞는 것 같음이며, 절선(折旋)이 구(矩)에 맞는다는 것은 그 횡전(橫轉)하는 곳이 모나게 되고자 하여 구에 맞는 것 같음이다. 의봉(蟻封)은 의질(蟻垤 : 개밋둑)이다. 옛말에 "말을 타고 의봉 사이로 굽어서 돌아갔다"고 했으니, 이는 의봉 사이의 골목길이 구부러져 돌아가면서도 말의 속도를 잃지 않았다는 것으로 어려운 일이라는 뜻이다. 입을 다물기를 병(瓶)같이 하라는 것은 말을 함부로 내지 말라는 뜻이다. 뜻을 성(城)같이 방비하라고 한 것은 사악(邪惡)한 생각이 마음속에 들어오는 것을 막는다는 뜻이다. 또 경(敬)은 반드시 하나를 주장하여야 함을 말한다. 처음에 한 개의 일이 있는데 다시 한 개의 일을 더하면 즉 다른 한 개가 덧붙어서 두 개가 되고, 본시 한 개가 있는 데다 다시 두 개를 더하면 그 한 개가 다른 두 개와 같이 세 개가 된다. 잠깐 사이는 시간을 두고 한 말이고, 조금의 차〔호리지차毫釐之差〕라고 한 것은 이를 두고 한 말이다.'

임천 오씨(臨川吳氏)27)가 말했다. '〈경재잠〉은 대략 10장(章)이다. 장마다 4구(句)씩이다. 1장은 정(靜)에 어김없음을 말했고, 2장은 동(動)에 어김이 없음을 말했고, 3장은 밖에서 바르게 할 것을 말했고, 4장은 안에서 바르게 할 것을 말했고, 5장은 마음을 바르게 하여 일에 통달할 것을 말했고, 6장은 한 가지 일에 주일(主一)해도 마음에 근본을 둘 것을 말했고, 7장은 앞에 있는 6장을 총괄해서 말했고, 8장은 무적(無適)하지 못하는 병폐를 말했고, 9장은 일에 주일하지 못하는 경우의 병폐를 말했고, 10장에서는 전편을 총결해 말했다.'

---

26) 영대(靈臺) : 마음을 말한다. 즉 마음이 딸려 가는 데가 없다는 것을 비유한 말이다.

27) 임천 오씨(臨川吳氏) : 오징(吳澄). 1249~1333년. 원(元)나라의 유학자로 자는 유청(幼淸) 또는 백청(伯淸)이고, 학자들은 초려선생(草廬先生)이라 불렀다. 주희의 사전제자(四傳弟子)로, 이학(理學)을 위주로 하면서 심학(心學)도 아울러 취하였다. ≪도통도(道統圖)≫를 지었다.

서산 진씨(西山眞氏)28)는 말했다. '경(敬)의 뜻은 여기에서 다시 그이상 설명할 것이 없으며, 성학(聖學)에 뜻을 둔 사람은 마땅히 되풀이해서 익혀야 할 것이다.'

앞에 있는 잠(箴)의 제목 아래에 주자(朱子) 자신이 설명한 바가 있습니다. '장경부(張敬夫)29)의 〈주일잠(主一箴)〉을 읽고 그 남긴 뜻을 주워 모아 〈경재잠〉을 만들어 서재의 벽에 써 붙이고 자신을 경계하였다.' 또 '이 잠은 경(敬)의 조목이니 잠설(箴說)은 여러 경우에 해당한다'고도 했습니다.

신(臣)이 혼자서 모든 말이 공부하는 데 좋은 근거가 될 것으로 생각해 왔습니다. 그러나 금화(金華)의 왕노재(王魯齋 : 이름은 백柏)가 각 위치를 배열하여 이 도표를 만들었는데, 이렇듯이 명백하고 잘 정돈되어 제 자리에 꼭꼭 맞으니, 항상 일상에 보고 생각하며, 몸소 음미하고 깨닫고 살피면 얻음이 있을 것입니다. 어찌 경(敬)이 성학(聖學)의 처음이자 마지막이라고 하는 말을 믿지 않을 수 있겠습니까.

---

28) 서산 진씨(西山眞氏) : 진덕수(眞德秀). 1178~1235년. 송(宋)나라 학자로 자는 경원(景元) 또는 희원(希元), 호는 서산. 주자의 재전제자(再傳弟子)이다.

29) 장경부(張敬夫) : 장식(張栻). 1133~1180년. 자는 경부, 호는 남헌(南軒). 송나라 도학(성리학)의 대가로 손꼽히는 철학자. 스승 호굉(胡宏 : 오봉五峯)으로부터 학문을 익혔으며 호상학파(湖湘學派)를 이끄는 영수가 되었다. 경(敬) 문제에 관해서 주자와 자주 논쟁을 벌여 그 학문에 영향을 많이 주었다.

10. 숙흥야매잠(夙興夜寐箴)

제 10 숙흥야매잠도(夙興夜寐箴圖)

乃啓方冊
對越聖賢
夫子在坐
顏曾後先
聖師所言
親切敬聽
弟子問辨
反覆參訂

動靜循環
惟心是監
靜存動察
勿貳勿參
讀書之餘
間以游泳
發舒精神
休養情性

鷄鳴而寤
思慮漸馳
盍於其間
澹以整之
或省舊愆
或紬新得
次第條理
瞭然默識

夙寤　讀書　日乾

養以夜氣
貞則復元

念玆在玆
日夕乾乾

兼夙夜

本旣立矣
昧爽乃興
盥櫛衣冠
端坐斂形
提掇此心
曒如出日
嚴肅整齊
虛明靜一

晨興　應事　夕惕

事至斯應
則驗于爲
明命赫然
常目在之
事應旣已
我則如故
方寸湛然
凝神息慮

日暮人倦
昏氣易乘
齋莊整齊
振拔精明
夜久斯寢
齊手斂足
不作思惟
心神歸宿

닭이 울어 잠에서 깨면 생각이 점차로 퍼지게 되니, 어찌 그사이에 차분히 마음을 정돈하지 않겠는가. 때로는 지난 허물을 반성하고, 때로는 새로 터득한 바를 생각하고, 차례나 조리를 요연(瞭然)하게 알아두어라.

이렇듯 바탕이 선 다음에는 새벽 일찍 일어나서 세수하고 빗질하고 의관을 갖추고 단정히 앉아 몸을 가다듬고, 마음 가지기를 마치 솟아오르는 해와 같이 밝게 하고, 엄숙하고 정제하고 허명(虛明)하고 정일(靜一)하게 하여라.

그리고 비로소 책을 펴서 성현을 대하면 공자(孔子)도 앉아 계실 것이며, 안자(顔子)·증자(曾子)도 앞뒤에 있을 것이다. 성현이 가르친 말을 절실하게 삼가 듣고, 제자들이 문변(問辨)한 것을 반복하여 참고하고 바로잡아라.

일이 생기면 이에 응하고 바로 가르침을 시험해 보라. 밝은 천명(天命)이 혁연(赫然)할 것이니, 언제나 눈을 거기에 두어야 한다. 일을 잘 처리하고 나면 다시 전으로 돌아가 정신을 가다듬고 고요한 마음으로 잡된 생각을 버려라.

동(動)과 정(靜)이 순환하여도 오직 마음만은 밝게 보고 있으니, 정할 때는 보존하고, 동할 때는 살펴서, 마음을 둘이나 셋으로 나누지 말라. 독서의 여가를 틈타서 간간이 거닐어 정신을 풀고 가다듬고 성정(性情)을 휴양해라.

날이 저물어 사람이 권태롭게 되면 밤의 혼탁한 기가 쉽게 들어올 것이니, 재계(齋戒)하고 정제(整齊)하여 정신을 새롭게 북돋아라. 밤이 깊어 잠을 잘 때는 손발을 가지런히 바른 자세로 누워 자며, 쓸데없는 생각을 하지 말아야 심신이 푹 쉴 수가 있다.

야기(夜氣)로 몸과 마음을 길러 나아가는 것은 마치 정(貞)에 이르면 다시 원(元)에 돌아옴과 같으니라.

생각을 오직 여기에만 두고 밤낮으로 꾸준히 지켜 나아가라.

앞의 잠(箴)은 남당(南塘) 진무경(陳茂卿 : 이름은 백栢)이 지어서 자신을 경계하고자 한 것입니다. 금화(金華) 왕노재(王魯齋)가 일찍이 태주(台州)의 상채서원(上蔡書院)에서 교육을 주관할 때에, 오로지 이 잠을 가르치고 학생들에게 외고 익혀서 실천하게 했습니다.

신이 지금 삼가 왕노재의 〈경재잠도(敬齋箴圖)〉를 본따 이 도표를 만들어 대비시켰습니다. 대저 〈경재잠도〉에는 공부해야 할 항목이 많이 들어 있으므로, 그들 항목을 따라 배열하여 도표를 만들었습니다. 그러나 이 잠은 공부해야 할 때를 가리키고 있으므로, 그 때를 따라서 배열하여 도표를 만들었습니다.

무릇 도(道)는 일상생활 하는 사이에 그 어디에나 퍼져 있는 것이므로 어느 한구석인들 이치가 없을 수 없습니다. 따라서 어디에서나 공부를 그만둘 수가 없으며, 또한 잠깐 사이일지라도 머무르는 법이 없습니다. 따라서 순식간이라도 이치가 없는 때가 없으니 언제든지 공부하지 않을 수 없습니다.

고로 자사(子思)가 '도는 잠깐이라도 떠날 수 없는 것이다. 만약 떠나 있을 수 있다면 도가 아니다. 그러므로 군자는 남이 보지 않는 곳에서도 경계하고 삼가며, 남이 듣지 않는 곳에서도 두려워하고 조심한다'라고 했으며, 또 '은밀한 곳보다 잘 드러나는 곳이 없고, 세미한 곳보다 잘 나타나는 곳도 없다. 그러므로 군자는 홀로 있을 때를 삼간다'고도 했습니다.

이렇듯 한 번 정(靜)하고 한 번 동(動)하거나, 또는 어디에서나 어느 때거나 언제나 마음을 존양(存養)하고 몸을 성찰(省察)하는 것이 바로 공을 이룩하는 방도입니다. 과연 이렇게 할 수만 있다면, 어느 곳이든지 털끝만큼도 차질없이 할 것이고 또한 어느 때든지 잠깐 사이라도 놓치지 않고 아울러 정진할 것이며, 따라서 성인(聖人)이 될 수 있는 요결을 터득할 수도 있을 것입니다.

이상 다섯 개의 도표는 심성(心性)에 근본을 두어 힘쓰며, 일상생활에 경외(敬畏)를 높이는 데 있습니다.

퇴고사칠총론(退高四七總論)

여기명언(與奇明彦) 대승 기미(大升 己未)

- 기명언(奇明彦)1)에게

1. 헤어진 후로 줄곧 소식을 듣지 못하는 사이 어느덧 해가 바뀌었습니다. 어제 박화숙(朴和叔)을 만나, 다행히 부쳐 온 편지를 보고 궁금함을 풀었습니다. 그리고 과거를 보고 영광되게 돌아와 날로 귀중하고 더욱 번성하시리라 믿고 있습니다.

밖으로 변경(變更)이 있을수록 안으로 더욱 반성하고 수양하여, 모든 것을 덕(德)을 미루어 나가고 인(仁)을 익히는 바탕으로 삼으니, 그 즐거움은 어찌 끝이 있겠습니까.

황(滉)은 한 번 길을 잘못 들어서, 일이 닥칠 때마다 그르치게 되고, 병이 더욱 깊어 고질이 되어가거늘, 나라의 은명(恩命)은 더욱 거듭하여 내리고, 벼슬을 그만두고 물러나기를 정성껏 빌었으나, 모두가 허사로 돌아가 도움이 되지 못했습니다.

공조(工曹)의 직이 비록 사무가 없다고 하나, 어찌 나의 양병방(養病坊)이 되겠습니까. 사퇴하고자 해도 못하고 이렇듯 어쩔 줄을 모르고 있는데, 시론(時論)은 아직도 물러나고 돌아가는 것을 옳게 여기지 않는 듯하여, 처세하기가 이렇게나 어려운 지경에 이르렀으니 어찌하겠습니까.

---

1) 기명언(奇明彦) : 기대승(奇大升). 1527~1572년. 자는 명언, 호는 고봉(高峯), 시호는 문헌(文憲). 명종 13년 문과에 급제하고 대사간(大司諫)을 지냈다. 성리학의 대가로 퇴계와의 사단칠정(四端七情)에 대한 논쟁은 유명하다.

2. 지난번에 비록 만나고자 하던 소원을 이루기는 했으나, 꿈같이 홀연하여 의심나는 것을 깊이 질문할 겨를이 없었습니다. 그러나 견해가 서로 맞아서 기쁘게 생각했으며, 또한 사우(士友)를 통해 사단칠정(四端七情)을 논한 설을 전해 들었습니다. 하기는 그 점에 있어서 나 자신도 문구(文句)가 온당하지 못하여 걱정했던 바입니다.

교정하고 논박해 주시니 더욱 소류(疎繆)하였음을 깨닫고, 바로 고치기를 '사단의 발(發)은 순리(純理)이므로 선하지 않음이 없고, 칠정의 발은 기(氣)를 겸하였으므로 선악이 있다'라고 하였습니다. 이렇게 말하면 병폐가 없을지 모르겠습니다.

또 주자(朱子)가 왕구령(王龜齡)[2]에게 주는 편지에서 '고(古)자와 인(人)자가 잘못 합쳐져서 극(克)자가 되었다'라는 말을 듣고, 전부터 품어오던 의문을 풀었습니다.

고루(孤陋)한 사람이 박흡(博洽)한 사람에게 배운 바가 잠깐 만나는 사이에도 많았거늘, 하물며 서로 만날 기회를 얻게 된다면, 그 깨우침이 얼마나 될지 형용할 수 있겠습니까.

예측하기 어려운 것은, 제비와 기러기가 하나는 남쪽으로 가고 하나는 북쪽으로 가듯, 서로 오락가락하여 만나지 못할까 하는 것입니다.

역서(曆書) 한 부를 아울러 보내니, 혹 이웃 사람들의 필요에 충당해 쓰십시오. 할 말은 많으나, 이만 줄입니다. 더욱 스스로 애중(愛重)하기를 바랍니다.

황(滉) 돈수(頓首)[3]

---

2) 왕구령(王龜齡) : 왕십붕(王十朋). 1112~1171년. 남송(南宋)의 관리이자 시인. 자는 구령. 호는 매계(梅溪). 주자의 추숭을 받았다.

3) 돈수(頓首) : 편지의 첫머리나 끝에 상대방에 대한 경의를 표하기 위하여 쓰는 말.

답기명언(答奇明彦)

- 기명언에게 답함

1. 이른 봄에 편지 드리고 곧 동으로 돌아와서 방안에 들어앉아 있기만 하여, 서울 소식도 제때 들을 수가 없는데 더구나 호남(湖南) 땅은 더 먼 천리 밖이니 말할 나위가 있겠습니까. 그동안 공(公)이 서울에 올라왔음을 물어 알았고, 한 번 편지를 보내 나의 뜻을 말하려다가 다시 생각해보니 공은 바야흐로 하나의 신자(新字)4)에 곤욕을 받고 있을 것이고, 나 역시 묵은 병에 지쳐 인사(人事) 닦을 겨를도 없었습니다.

다만, 매양 자중(子中)5)이 자주 찾아왔으므로 공의 동정(動靜)을 들었는데, 그 뒤 자중도 자주 오지 않아 소식을 알 길이 없었다가, 지난달 초열흘 경에야 자중의 하인이 와서 8월 보름경에 보낸 두 글과 추후로 보낸 3월 초닷샛날의 답서와 아울러 저설(著說)하신 한 편을 받게 되어, 궁금증도 풀고 깨우침이 있었음은 이루 말할 수 없었고, 따라서 세 편지의 뜻을 반복(反復)하여 보니, 공의 의견이 나에게 쏠리고 있음을 볼 수 있었으며, 또 나로 하여금 개탄(慨嘆)함을 마지못하게 합니다.

---

4) 신자(新字): 옛 관습으로 과거에 처음 합격하여 벼슬하게 되면 선배들이 갖은 곤욕과 놀려 준 뒤에 일 보기를 허락하였는데 이것을 면신(免新)이라 한다.

5) 자중(子中): 정유일(鄭惟一)의 자. 1533~1576년. 호는 문봉(文峯)으로, 퇴계의 문하에서 수학하였다. 시부(詩賦)에 뛰어나 명망이 높았으며, 성리학에 있어서도 사문(師門)의 정통성을 이어받았다.

2. '대체로 출처거취(出處去就)는 마땅히 스스로의 마음에서 결단할 것이요, 다른 사람과 꾀할 만한 것이 못되며, 또한 다른 사람이 참여할 수도 없는 것이다'라고 한 호강후(胡康侯)6)의 소견은 탁월하여 본받을 만한 것이라 하겠습니다.

다만 걱정되는 것은, 평시에 이치에 정미하지 못하고 뜻이 강(剛)하지 못하면, 그 스스로의 결단이 혹은 시의(時義)7)에 어둡고 원모(願慕)8)에 뜻을 빼앗기게 되어 그 마땅함을 잃어버리게 되는 것입니다.

이제 보낸 글의 뜻을 보건대, 학문이 성취되지 못하고 섣불리 나왔다가 벼슬에 뜻을 빼앗길까 두려워하여 돌아가서 대업(大業)을 궁구하고자 한다고 말씀하시니, 이는 바로 고인에게서도 얻기 어려운 것이며, 요즘 세상에서 볼 수 없는 것입니다. 이 점이 내가 공에게 특히 옷깃을 여미고 깊은 경의를 표하는 까닭이며, 또한 공을 위하여 근심하고 두려워하지 않을 수 없는 점입니다.

잠깐 나 자신이 지나온 경험을 말하겠습니다. 황이 일찍이 젊어서 학문에 뜻을 두었으되, 사우(師友)의 지도가 없어서 아직도 얻음이 없는데, 신병은 벌써 깊었습니다.

이때를 당하여, 바로 산림에 들어가 일생을 마칠 계획을 결정하여 초막을 짓고 고요한 곳에서 글을 읽고 뜻을 기름으로써 이르지 못한 것을 더욱더 구하여 2, 30년 동안 공부를 더 하였더라면 반드시 병이 나지 않았을 것이고, 학문의 성취도 반드시 없지도 않았을 것이니, 천하 만물인들 나의 즐거움을 어찌하겠습니까.

---

6) 호강후(胡康侯) : 호안국(胡安國). 1074~1138년. 송(宋)나라 학자로 자는 강후. 일생 ≪춘추(春秋)≫ 연구에 독실하였다. 사양좌(謝良佐)와 양시(楊時) 등에게 학문을 배워 이른바 이정(二程 : 정명도·정이천) 문하의 학문을 전수하였다.

7) 시의(時義) : 때에 따라서 적당히 행하는 도리.

8) 원모(願慕) : 밖의 부귀영화를 원하고 사모하는 것을 말함.

그런데 이런 방법으로 나아가지 않고 '과거에 응하고 벼슬을 찾아서 잠깐 내 재능을 시험해 보고, 만일 안 되면 내가 원하여 물러가면 되겠지, 누가 다시 나를 붙들어 매겠는가'하고 생각했었습니다. 그러나 당초에 오늘과 옛날이 크게 다르고, 우리나라와 중국이 같지 않음을 알지 못하였던 것입니다.

선비는 거취(去就)의 의(義)를 망각했고, 치사(致仕)하는 예법도 폐지되어, 나의 허명(虛名)이 끼친 누(累)는 오래 갈수록 더 심해지고, 물러갈 길을 구하는 것은 갈수록 더 어려워졌습니다.

오늘에 이르러서는 진퇴양난이 되고, 헐뜯는 소리가 태산같이 높고 극도로 위태롭고 조심스럽습니다.

3. 일찍이 스스로 생각하기를, 본래 산야(山野)를 좋아하는 성품이라, 작록(爵祿)을 부러워하지는 않았지만, 학문이 이(理)에 밝지 못하고, 시의(時義)에 어두워서 처음에 한 번 그르치게 되어, 뒤에 비록 깨달았다 하더라도 지금처럼 수습이 어렵게 되고 말았습니다. 그러나 아직도 옛 성현의 의리(義理)에 맞추어 변명할 여지가 있다고 하면, 그것은 나의 신병이 심한 것을 세상 사람이 다 같이 보아서 알고, 또 천지 귀신도 다 같이 굽어보는 것이므로, 오직 핑계만이 아니라는 점입니다. 공(公)의 몸으로는 처신하기 어려움이 나보다 더 심한 것이 있을 것인데, 이미 나에게 계책을 물으시니, 부득불 낮은 소견을 대략이나마 진술하지 않을 수 없습니다.

공은 영발(英拔)한 기상과 동량(棟樑)의 재질을 갖추었으며, 미처 세상에 나타나기도 전에 이름이 먼저 원근에 퍼졌고, 벼슬길에 나가자마자 온 나라가 모두 공에게 관심을 집중하였습니다. 비로소 먼 길을 뛰어 달릴 첫 출발을 한 것이며, 또한 나같이 몸에 병도 없는데, 벼슬에서 백 리나 물러나서 숨고자 하니, 세상에서 공을 버려둘 리가 있겠습니까. 세상이 버리려 하지 않는데, 자기 자신이 세상을 버리려 한다면, 내가 애를 쓰면 쓸수록 세상은 더욱 놓아주지를 않으며, 비록 나같이 신병으로 누차 사퇴하기를 빌어도 역시 물러나기가 어렵습니다. 그러니 세상 사람들이 책망함이 병들고 어리석은 나를 탓하는 것보다 훨씬 심할 것입니다. 이것이 내가 공을 위하여 근심하고 두려워하는 점입니다. 따라서 공을 위한 계책으로, 마땅히 세상에 나타나기 전에 일찍부터 결심을 하였더라면, 학문에도 전념할 수 있었고, 도(道)도 터득할 수 있었을 것입니다. 뿐만 아니라 나아가서는 한 세대에 뚜렷하게 학문의 위치를 높이 세우고, 동방의 끊어졌던 학문을 주창할 수도 있지 않았겠습니까.

그러나 지금 공(公)은 그렇지 못하고, 과거에 응하여 벼슬을 찾았고, 또한 이미 머리를 굽혀 욕됨을 참으며, 면신(免新)을 행한 지라. 이제 남에게 계책을 물어서 물러가 자기 본래의 소원을 다하려 하지만, 너무 늦게 깨달은 것입니다. 이른바 세속을 떠나서 처음 마음먹었던 바의 공부를 하고자 하는 뜻을 얻으리라 기약할 수 있을까 두렵습니다.

4. 보낸 편지에서 공(公)이 말한바 '처세의 어려움에 있어도, 역시 나의 학문이 지극하지 못한 것을 걱정할 따름이다. 만약 나의 학문이 지극하였다면, 처세에서도 어려움이 없을 것이다'라고 한 것은 참으로 간결하고 지극히 절실한 말입니다.

그리고 공이 말한바 사단칠정설(四端七情說)은 조예(造詣)가 역시 깊다고 할 수는 있으나 어리석은 내 생각으로 볼 때, 공의 고명한 학문이 정대(正大)하고 광박(廣博)한 경지를 내다보기는 했으나, 아직도 세밀하고 정미(精微)한 온축(蘊蓄)에 있어 충분히 무르익고 관통되지 못한 듯합니다. 그리고 처심제행(處心制行)에 있어 소달(疏達)하고 광탄(曠坦)한 뜻에서는 터득한 바가 많으나, 아직도 마음을 수렴(收斂)하고 굳게 안정시키는 공부에서는 모자라는 것 같습니다. 그러므로 밖으로 발론한 것이, 비록 초월적인 경지에 이른 것 같으면서도 아직도 출입(出入 : 득실得失)의 모순을 면하지 못하고 있는 것 같습니다.

자신을 위한 모계(謀計)가 비록 보통 사람이 미칠 바 아니라 하겠으나, 아직도 이랬다저랬다 망설이고 있으니, 큰일을 담당하고, 큰 이름을 지니고서, 바람 불고 물결이 격동하는 때를 당하면 어찌 어려움이 없다고 할 수가 있겠습니까.

5. 대개 선비가 이 세상에 태어나서 벼슬하거나 야(野)에 처해 있거나, 혹은 때를 만나거나 만나지 못하거나, 결국은 자기의 몸가짐을 깨끗이 하고, 지킬 바 의(義)를 실천할 뿐 화(禍)나 복(福)은 따질 바가 안 됩니다.

그러나 일찍부터 괴이하게 여기는바, 우리 동방의 선비로 약간이라도 뜻이 있고 도의(道義)를 사모하는 사람은 현실적인 환난을 당하는 수가 많습니다. 이는 비록 땅이 좁고 인심이 박한 까닭이라 할지라도, 역시 그 스스로 미진한 데가 있어서 그렇게 되는 것입니다.

그 미진하다는 것은 다름이 아니라 학문을 제대로 이루지 못하고서 너무 높이 자처하며, 때를 헤아리지 못하고 세상을 경륜하겠다고 무모하게 날뛰기 때문입니다. 이것이 바로 실패의 길을 취하는 것이며, 큰 명성을 지니고 큰일을 담당한 사람들이 절실히 경계할 점입니다.

그러므로 공(公)이 오늘에 처할 도리를 말하자면, 자신을 지나치게 높여 처신하지 말고, 너무 급히 세상을 경륜하려고 서두르지 말 것이며, 모든 일에 처하여서는 자기의 주장을 너무 내세우지 말아야 할 것입니다. 이미 세상에 나타나 몸을 나라에 바쳤으면, 어찌 물러갈 뜻을 줄곧 가질 수 있을 것이며, 뜻을 도의(道義)로써 준칙(準則) 삼았으면 어찌 나아가 벼슬을 하겠다고만 하고 물러나지 않을 수가 있겠습니까. 곧 공자의, '배워서 훌륭하게 되면 벼슬하고, 벼슬하여 훌륭하게 되어도 더욱 배운다.〔學而優則仕, 仕而優則學〕'라는 가르침을 처신하는 절도로 삼아서, 의리의 적당한 바를 자세히 살펴야 할 것입니다.

그러므로 출세하여 벼슬할 때는, 오로지 맡은 일을 생각하는 근심 이외에는 항상 모름지기 한 걸음 물러서고, 한 번 머리를 숙여 학문에 뜻을 두고 '나의 학문이 아직 이르지 못하였는데, 어찌 당장에 경국제세(經國濟世)의 책임을 맡을 것인가'라고 생각할 것입니다.

한편으로 시대가 나의 뜻에 맞지 않을 때는 조금이라도 밖에 관계하지 말고, 반드시 휴가를 청하거나 물러감을 도모하여, 오직 학문에 뜻하고 '나의 학문이 아직 이르지 못하였으니, 더욱 조용히 수양하고 더욱 정진해야 할 때가 바로 지금이다'라고 생각해야 합니다.

이렇게 원대한 학문의 정신을 굳게 가지고 벼슬에 나가거나 물러나거나 오직 학문만을 위주로 삼고, 깊이 의리(義理)의 무궁(無窮)함을 알고, 또한 항상 자기 자신이 부족하다는 것을 알고, 남으로부터 자기의 잘못을 지적받는 것을 기뻐하고, 남의 선(善)을 따서 참되게 자기 수양을 오래 쌓을 것 같으면, 바로 도(道)가 이루어지고 덕(德)이 서게 될 것이며, 공(功)이 저절로 높아지고 업(業)이 저절로 넓어지게 될 것입니다. 이러한 경지에 이르러야, 비로소 앞에서 말한바 세상을 경륜하고 도를 실천하는 책임을 맡을 수가 있는 것입니다.

6. 편지의 뜻을 조용히 살펴보니, 공(公)의 뜻이 물러나고자 하는데, 나의 말은 출처(出處) 양설(兩說)을 주장하였으니, 이것이

그대에게 속세의 상정(常情)이라고 배척당함이 정생(鄭生)9)이 공을 위하여 도모한 것과 같지 않습니까.

정생의 견해는 진실로 미진한 것이 있고, 말의 뜻을 잘 알 수 없습니다만, 나의 소견으로는 공(公)이 고상하게 물러가서 다시는 속세에 나오지 말고 오직 옛사람들의 은거구지(隱居求志)한 뜻에 응하기를 권한 것임을 어찌 모르겠으며, 또한 그것이 표면적인 상정을 넘어서 매우 즐거울 것도 알고는 있습니다.

나는 일찍이 들은 바가 있습니다. 주자(朱子)가 문인(門人)과 함께 정자(程子)가 봉급을 청하지 않은 일을 논하여 대략 '지금 세상 사람으로 만약에 과거를 통하여 벼슬길에 나갔다면 보통대로 처신하지 않을 수 없다'라고 한 듯합니다.

이제 공은 처음부터 깊이 숨지 못하였고, 또 나중에도 병폐를 저지르지 않았으며, 그 후에 과거를 통하여 벼슬하게 되었으니, 진정으로 공을 위해서 충고할진대, 어찌 출세하는 일만을 권할 수가 있겠습니까. 혹 정생(鄭生)의 생각도 역시 이런 데서 나오지 않았는가 여겨집니다.

그러나 나의 이 말이 한 번 어긋나면 보통의 전례만을 답습하고, 세속을 따라 올려봤다가 굽어봤다가 하는 옹졸한 지경에 빠지게 될 것입니다. 반드시 어떠한 경우도 빼앗지 못할 굳은 의지와 굽히지 않는 기개와 어둡게 흐려지지 않는 식견을 항상 가지고 더욱이 학문의 힘으로 오래도록 단련해야 비로소 굳게 설 수도 있고 또한 세속의 명리(名利)나 위세에 흔들리거나 넘어가지 않게 될 것입니다.

그렇지 않으면 흥미도 없어지고, 들어갈수록 더욱 굳고[鑽彌堅]10),

---

9) 정생(鄭生) : 정지운(鄭之雲). 1509~1561년. 자는 정이(靜而), 호는 추만(秋巒). 퇴계에게 배웠다. 사칠논변(四七論辯)의 발단이 되는 〈천명도설(天命圖說)〉을 지었다.

10) 들어갈수록 더욱 굳고[鑽彌堅] : 안자(顏子)의 말에 공자(孔子)의 도는 '우러

조금만 틈이 생겨도 마음이 게을러지고 의지가 약해져서 생각이 흔들리게 되고, 세속의 이해와 화복의 설에 눌려 본심이 차차 사라지고 없어지게 될 것입니다. 따라서 처음의 뜻이 변하게 되고, 세속에 영합하여 도리를 배반하고 이익을 따름으로써 득책으로 삼지 않을 자가 적을 것이니 이것이 두려운 가운데서도 더욱 두려운 것입니다. 공의 뜻은 어떠십니까.

7. 본원(本原 : 마음을 닦는 근본)에서 공부해야 한다는 점에 대해서는 나도 연구하고 있으며, 아직도 어떠한지 자세히 알 수가 없습니다. 그러나 이제 공의 질문에 감히 내 생각을 말하고 교정을 받고자 합니다.

나는 이렇게 알고 있습니다. 마음은 만사의 근본이고, 성(性)은 모든 선(善)의 근원이므로, 선유(先儒)가 학문을 논함에 있어 반드시 방심(放心)을 거두고 덕성 기르는 것을 가장 처음의 단계로 삼았습니다. 그리고 이것이 바로 본원인 마음과 성을 성취시키는 바탕이며, 또한 도를 굳히고 업(業)을 넓히는 기틀이자 공부하는 요결이기도 합니다. 그러니 어찌 다른 데 가서 구할 필요가 있겠습니까.

말하자면 주일무적(主一無適)이라 하겠고, 계신공구(戒愼恐懼)라 하겠습니다. 주일(主一) 공부는 동정(動靜)에 통하고, 계구(戒懼)의 경지는 미발(未發)에만 오로지 존재하는 것으로 양자 중에 어느 하나도 뺄 수가 없는 것이며, 밖에서 제어(制御)하여 그 중(中)을 기르는 것이 더욱 긴요하고 절실한 까닭에 삼성(三省)11) · 삼귀

러볼수록 더욱 높고, 들어갈수록 더욱 굳다.[仰之彌高, 鑽之彌堅]'라는 데서 나온 말.

11) 삼성(三省) : 증자(曾子)가 말하기를, "내가 하루에 세 번씩 살피기를[三省] 남을 위해서 일하는 데 충실하지 않은가, 벗과 사귀는 데 믿음이 있는가, 스승이 전해 준 것을 익히지 않았는가 하는 것이다."라고 하였다.

(三貴)12)·사물(四勿)13) 같은 것은 모두 사물(事物)을 접촉하는 곳에 나아가서 말한 것이니, 이것도 역시 본원의 뜻을 함양하는 것이라 하겠습니다. 참으로 이렇게 하지 않고 한결같이 심지(心地)의 공부를 위주로 삼는다면 불가(佛家)의 생각으로 빠져들게 될 것이 아니겠습니까.

사단 칠정에 대해서는 이미 그대의 가르침을 받았으므로 삼우지반(三隅之反)14)이 없을 수 없어 어리석은 내 생각을 별지(別紙)에 적었으니, 참람하고 경솔하고 부끄럽지만 보시고 절충해 주시면 다행이겠습니다.

또한 마음의 허령(虛靈)을 이기(理氣)에 나누어 붙인 것과 '이(理)는 허(虛)하여 상대가 없다'는 말에 대해서는 다만 타당하지 않다고 했을 뿐, 그 타당하지 않다는 이유를 자세히 제시하지 않았으니, 어떻게 회답해야 좋을지를 몰라서 조목을 들어 대답하지 못하오나, 아울러 가르쳐 주어 제가 모르는 것을 개발해 주시기 바랍니다.

자중(子中 : 정유일鄭惟一)이 호송(護送)의 명을 받고 생각지 않게 서울로 돌아가게 되어 미처 편지를 전하지 못하고 추후로 이 글을 써서 마침 가는 편이 있기에, 자중에게 보내어 다시 공(公)에게 전해 주기를 바라고 있습니다. 그러나 공이 이미 호남으로 내

---

12) 삼귀(三貴) : 증자가 말하기를, "군자가 도를 귀하게 여기는 것이 세 가지이니, 행동하는 데는 포악하고 거만함을 멀리할 것이고, 안색을 바로하는 것은 믿음에 가까울 것이며, 말할 때는 더럽고 패려함을 멀리할 것이다."라고 하였다.

13) 사물(四勿) : 《논어(論語)》에 나오는 말로, '예(禮)가 아니면 보지 말며[非禮勿視], 예가 아니면 듣지 말며[非禮勿聽], 예가 아니면 말하지 말며[非禮勿言], 예가 아니면 움직이지 말라[非禮勿動]'는 네 가지 가르침.

14) 삼우지반(三隅之反) : 공자가 말하기를, "한 귀퉁이를 들었는데 세 귀퉁이로써 그것을 되풀이해서 알려고 하지 않거든, 다시 가르치지 말라.(擧一隅不以三隅反, 則不復也)"라고 하였다.

려갔는지 또는 아직 서울에 머무르고 있는지를 알지 못하겠으니,
이 글이 잘 전달될는지 알지 못하겠습니다.
종이를 펴 놓으니 마음이 경경(耿耿)하여 다 쓸 수가 없습니다.

부기명언비사단칠정분리기변(附奇明彦非四端七情分理氣辯)
– 기명언에게 보내는 사단 칠정이 다르지 않다는 변론

1. 자사(子思)는 말했습니다. '희로애락(喜怒哀樂)이 미처 발(發)하지 않은 것을 중(中)이라 하고, 발하여 절도에 맞는 것을 화(和)라 한다.'

맹자(孟子)는 말했습니다. '측은(惻隱)하게 여기는 마음이 인(仁)의 발단이고, 수오(羞惡)하는 마음이 의(義)의 발단이고, 사양(辭讓)하는 마음이 예(禮)의 발단이고, 시비(是非) 가리는 마음이 지(智)의 발단이다.'

이상의 것이 성(性)·정(情)에 대한 설이고, 선유(先儒)가 충분히 밝혀 설명한 바 있습니다. 그러나 내가 조용히 상고해 볼 때 자사의 말은 도는 그 전부이고, 이에 대해서 맹자의 논은 뽑아서 말한 것입니다.

대개 사람의 마음이 미처 발하지 않은 것을 성(性)이라 하고, 이미 발한 것을 정(情)이라 합니다. 따라서 성에는 착하지 않음이 없고, 정에는 선(善)과 악(惡)이 있는 것입니다. 이것은 당연한 이치입니다. 다만 자사와 맹자가 저마다 주장하는 근거를 다르게 하고서 말했으므로, 사단과 칠정의 구별이 있게 된 것일 뿐 절대로 칠정 밖에 따로 사단이 있는 것은 아닙니다.

이제 만일 사단은 이(理)에서 발하므로 선하지 않음이 없고, 칠정은 기(氣)에서 발하므로 선과 악이 있다고 말한다면, 즉 이와 기가 나뉘어 두 가지가 되는 것입니다. 이것은 칠정은 성(性)에서 나오지 않고, 또한 사단은 기를 타지〔乘〕 않게 되는 것이며, 이런 것은 어의(語義)에 있어서 병통이 없을 수 없고, 후학(後學)들이 의심하지 않을 수 없는 것입니다.

만약에 '사단의 발(發)은 순수한 이(理)이므로 선(善)하지 않음이 없고, 칠정의 발은 기를 겸한 것이므로 선과 악이 있다'고 고친다면 비록 앞에서 말한 설보다는 조금 나은 듯하지만, 내 생각으로는 역시 온당치 못하다고 여겨집니다.

대개 성(性)이 처음 발할 때는 기가 작용하지 않으므로 본연의 선이 바로 나타나서 이를 수가 있으며, 이것이 바로 맹자가 말하는 사단입니다.

이는 본시 순수한 천리(天理)에서 발한 것이므로 칠정 밖에서 나오는 것이 아니고, 바로 칠정 중에서 발하여 절도에 맞는 실마리입니다. 그렇거늘 사단과 칠정을 서로 대립시켜서 '순수한 이〔純理〕다, 또는 기를 겸한〔兼氣〕 것이다'라고 말할 수가 있겠습니까. 인심(人心)과 도심(道心)15)을 논하게 되면 혹 이렇게도 말할 수 있겠지만, 만약 사단과 칠정을 논한다면 그렇게는 말할 수가 없을 것입니다.

대개 칠정은 오로지 인심으로만 볼 수는 없습니다. 무릇 이(理)는 기(氣)의 주재자이며, 기는 이의 재료입니다. 이들 두 가지는 본래 분별되어 있기는 하지만 그것이 사물에 대해서는 혼돈일체(混沌一體)가 되어서 이와 기, 주재와 재료로 나눌 수가 없습니다.

2. 다만 이는 약하고 기가 강하며, 또 이는 조짐이 없으나 기는 자취가 있으므로 그것이 떠돌아다니고, 또 발동해 보일 때 과(過)

---

15) 인심(人心)과 도심(道心) : ≪서경(書經)≫에, "인심은 위태롭고, 도심은 미묘하다.[人心惟危, 道心惟微]"라는 말이 있는데, 이를 송(宋)나라 유학자들이, '인심은 기(氣)요, 도심은 이(理)이다.'라고 해석한 데서 나왔다.

나 불급(不及)의 차이가 없을 수 없습니다. 그리고 이것이 바로 칠정이 나타남에 있어 선하기도 하고 혹은 악하게도 되는 까닭이고, 또한 그러므로 해서 성의 본체가 혹은 온전하게 되지 못하는 이유이기도 합니다.

그러나 선한 것이 바로 천명(天命)의 본연(本然)이며, 악한 것은 바로 기품(氣稟)에 있어 과(過)하냐 부족하냐입니다. 따라서 이른바 사단과 칠정은 처음부터 다른 것이 아닙니다.

근래의 학자들은 맹자가 선(善)의 한 면만 뽑아내어 보여준 뜻을 살피지 못하고 사단과 칠정을 분류해서 논하고 있으나, 내 생각으로는 그것은 잘못이라 여겨집니다.

주자는 말했습니다. '희로애락은 정(情)이지만 그것들이 미처 발하지 못하면 바로 성(性)이다.' 그리고 주자가 성정(性情)을 논할 때 언제나 사덕(四德)과 사단을 들어서 말한 이유는 아마도 사람들이 잘 깨닫지 못하고 기(氣)를 가지고 성을 말할까 염려해서였을 것입니다.

그러나 학자들은 모름지기 이(理)가 기(氣) 밖에 있는 것이 아니고, 기가 발할 때 지나치거나 부족하지도 않고 자연스럽게 발하는 것이 곧 이의 본체라는 것을 알아야 합니다. 그리고 이에서 노력하면 대개 잘못이 없을 것입니다.

답기명언(答奇明彦)

– 사단 칠정을 논하는 두 번째

1. 지난번 두 번째 글의 가르치심을 받고, 나의 먼젓번 편지의 말이 잘못되고 온당치 못함을 알았습니다.

삼가 수정하여 이제 그 개본(改本)을 앞에 적어 보내어 그대에게 가부(可否)를 묻고자 하며, 또한 이어서 뒤에는 두 번째 글을 부쳐 그대의 밝은 가르침의 회답 있기를 바랍니다.

개본(改本)

성정(性情)에 대한 풀이는 선유(先儒)가 깨달아 상세히 밝혀냈습니다. 그러나 사단과 칠정을 논하면서 다 같이 정(情)이라고 말하였을 뿐, 이(理)와 기(氣)로 나누어서 말한 것이 아직 없었습니다.

지난해에 정생(鄭生 : 정지운鄭之雲)이 〈천명도(天命圖)〉를 만들면서, 사단은 이에서 발(發)하고, 칠정은 기에서 발한다는 설을 냈습니다. 이에 대하여 나는 그의 구분이 지나치게 깊이 들어갔고 따라서 논쟁의 실마리가 될 것을 염려해 순선(純善), 또는 겸기(兼氣)라는 말로 고쳤습니다. 나의 의도는 대립하는 말로서 서로의 뜻을 밝게 나타내고자 했을 뿐 그 말 자체에 흠이 없다고 생각한 것은 아니었습니다.

이제 그대의 변설을 보니 잘못을 지적하고 논증하여 깨우쳐 주고 교시해 준 바가 매우 컸습니다. 그러나 아직도 나로서는 미혹되는 바가 없지 않으므로 이 점을 말씀드려 바로잡아 주시기를 청하는 바입니다.

대개 사단도 정(情)이고, 칠정도 정입니다. 이것은 모두 같은 정인데 어찌하여 사단이니 칠정이니 하고 이름을 달리했겠습니까. 그대가 편지에서 자사(子思)와 맹자(孟子)가 각각 논술의 근거를 달리하고 있다고 지적한 바가 바로 그것입니다.

무릇 이(理)와 기(氣)는 본래 서로가 상대적인 바탕에서 체(體)도 되고 용(用)도 됩니다. 진실로 이가 없는 기도 없고, 기가 없는 이도 없습니다. 그러나 논술의 근거가 같지 않으면 자연히 분별이 생기지 않을 수도 없습니다.

예로부터 성현들이 이 두 가지를 논술하면서 어찌하여 반드시 혼합해서 하나라고 말하고, 분별해서 말하지 않았겠습니까.

그런데 성(性) 한 글자를 풀이함에 있어서 자사(子思)는 이른바 천명지성(天命之性)을 말하고 있고, 맹자는 성선지성(性善之性)을 말하고 있습니다. 이들 두 분이 가리키는 성(性)은 어디에 근거를 두고 있겠습니까. 이기(理氣)가 부여한 가운데 바로 이(理)의 본원(本源)의 실상을 가리켜 말한 것이 아니겠습니까. 그 가리키는 바가 이에 있고 기에 있지 않으므로 감히 순선(純善)하고 악하지 않다고 말할 수 있는 것입니다. 만약 이와 기가 서로 떨어질 수 없다고 하여 성(性)이 기를 겸한 것이라고 설명한다면 이는 성의 본연이 아닙니다.

2. 대저 자사나 맹자가 이렇게 말한 것은 그들이 도(道)의 전체를 환히 들여다보았기 때문이지 그들이 하나만 알고 둘을 몰라서 그런 것도 아니며, 또한 어디까지나 기를 섞어서 성(性)을 풀이할 것 같으면 성의 본선(本善)을 잘 나타내지 못할까 해서 그렇

게 했던 것입니다.

후세에 정자(程子)나 장횡거(張橫渠) 같은 학자가 나와서 부득이 기질의 성〔性質之性〕을 논했습니다만 그들 역시 일부러 다단(多端)을 구하고 이설(異說)을 세우고자 한 것은 아닙니다. 오직 가르쳐 말한 바가 생(生)을 받은 다음에 있으므로 역시 순수한 본연의 성〔本然之性〕이라고 말할 수가 없는 것입니다.

순수한 본연의 성〔純以本然之性〕은 전에는 본연의 성〔本然之性〕이라고 했으나, 여기에서는 혼동될 것이므로 고쳤습니다.

그러므로 나는 일찍이 망령되게 정(情)에 사단과 칠정의 분별이 있는 것은 마치 성(性)의 본연과 기품(氣稟)의 다름이 있는 것과 같다고 생각하였던 것입니다.

그런즉 성(性)에 있어서 이(理)·기(氣)로 나누어 말할 수 있다면 오직 정(情)을 이와 기로 나누어 말할 수 있겠습니까.

측은(惻隱)·수오(羞惡)·사양(辭讓)·시비(是非)는 어디서 발하는 것이겠습니까. 그것은 인(仁)·의(義)·예(禮)·지(智)의 성(性)에서 발하는 것입니다. 희(喜)·노(怒)·애(哀)·구(懼)·애(愛)·오(惡)·욕(欲)은 어디서 발하는 것이겠습니까. 그것은 외물(外物)이 형기(形氣)에 접촉되어 사람의 마음 가운데서 움직여, 환경에 따라 나타나는 것입니다.

3. 사단의 발(發)을 맹자는 일찍이 마음이라 했습니다. 그러므로 마음은 확실히 이(理)와 기(氣)가 합한 것입니다. 그런데 이를 주로 했다고 한 이유는 무엇이겠습니까. 그것은 인의예지(仁義禮智)의 성이 순수하게 마음 가운데에 있고, 사단 즉 측은·수오·사양·시비는 그 단서가 되는 것입니다.

그리고 칠정의 나타남을 정자는 '마음 가운데서 동한다'라고 말했으며, 주자는 '각각 마땅한 바의 이(理)가 있다'라고 했습니다. 그러니 확실히 칠정도 이와 기를 겸한 것입니다.

정자가 말하기를 이하의 글을 전에는 주자가 본래부터 당연히 법칙이 있다고 했으니, 이가 없는 것이 아니라고 썼습니다만 여기서는 고쳤습니다.

그러나 가리켜 말하는 바가 즉 기(氣)에 있다고 한 것은 무슨 까닭이겠습니까. 그것은 외물(外物)이 올 때 쉽게 감지하고 가장 먼저 움직이는 것은 형기(形氣)보다 더한 것이 없으며, 또한 칠정(七情)이 그 실마리이기 때문입니다.

어찌 속에 있을 때는 순리(純理)라 했다가, 발하면 기(氣)와 혼합될 수가 있겠습니까. 또한 밖에서 느낀 것을 형기(形氣)라 하고, 발하면 도리어 이(理)라 하고 기라고 하지 않을 수가 있겠습니까.

'도리어 이(理)라 하고' 이하는 전에는 '이의 본체가 된다'고 썼습니다. 여기서는 고쳤습니다.

4. 사단은 모두 선(善)입니다. 그러므로 '네 가지 마음이 없으면 사람이 아니다'라고도 했고, 또 '그와 같은 정(情)을 바로 착하다고 할 수 있다'고도 말했습니다.

칠정은 본래 선한 것이지만 악(惡)에 흐르기 쉽습니다. 그러므로 칠정이 발하되 절도에 맞는 것을 화(和)라 했으며, 이러한 것을 잘 살피지 못하면 마음이 바를 수가 없는 것입니다.

'본래 선하다' 이하는 전에는 '선악(善惡)은 정할 수가 없으므로 이것을 살피지 못하면 마음이 바를 수 없고, 또한 반드시 발하여 절도에 맞아야 화(和)라 한다'고 했습니다. 여기서는 고쳤습니다.

이렇게 볼 때 두 개가 모두 이(理)·기(氣)에서 벗어나지 않았다고 하겠으나, 각기 연유된 바를 따라 그가 주(主)로 삼고 있는 바를 가리켜 말할 때 어떤 것을 이라 하고, 또 다른 어떤 것을 기라고 해도 좋을 것입니다.

이 사이에 전에는 '여소중(與所重)'이라는 세 글자가 있었으나 지금은 뺐습니다.

5. 보내온 편지의 뜻을 자세히 살펴보니 그대는 이(理)·기(氣)가 서로 따르며 떨어지지 않는다는 것을 깊이 깨닫고, 그 설을 적극 주장하므로 이 없는 기가 없고, 또한 기 없는 이도 없다고 하며, 따라서 사단과 칠정이 다른 뜻이 아니라고 했습니다.

이러한 그대의 생각은 비록 옳은 듯하지만 성현의 뜻을 가지고 헤아리면 합당하지 못한 바가 있는 듯합니다.

대개 의리의 학문〔義理之學 : 도학道學〕은 정미(精微)해야 합니다. 따라서 반드시 마음을 크게 하고 안목을 높여 절대로 서둘러서 한 가지 설을 주(主)로 삼지 말고, 심기(心氣)를 허정하고 평탄하게 가지고 서서히 그 뜻의 취지를 살펴서 이와 기가 같은 가운데에서도 다름이 있음을 깨닫고, 다른 가운데에서도 같음이 있음을 알고, 또 나누어 둘이 되어도 서로 떨어지지 않는 데가 있고, 합하여 하나가 되어도 실(實)에 있어서는 서로 섞이지 않는다는 점을 알아야 비로소 두루 세밀하게 알고 치우침이 없다고 하겠습니다.

이제 다시 성현의 설을 가지고 반드시 그러함을 밝히겠습니다.

6. 옛날에 공자(孔子)가 계선성성(繼善成性)의 논(論)을 말했고, 주자(周子)는 무극(無極)이 태극(太極)이라는 설을 내었습니다. 이것은 모두 이와 기가 서로 따르는 가운데 오직 이만을 뽑아내어서 말한 것입니다.

공자가 서로 가깝고 서로 먼 성〔相近相遠之性〕을 말했으며, 맹자가 말하기를 이목구비(耳目口鼻)의 성을 말한 것은 모두 이와 기가 서로 합해진 가운데 둘을 겸하여 가리키면서도 기를 주로 하여 말한 것입니다.

'둘을 겸하여 가리키면서도' 이하는 전에는 '편지이독언(偏指而獨言)'

이라고 했으나, 이제는 고쳤습니다.

이상의 넷은 같은 가운데에서도 다름이 있음을 안 것이라 하겠습니다.

자사(子思)가 중화(中和)를 논함에 있어 희(喜)·노(怒)·애(哀)·락(樂)을 말했으나 사단을 언급하지 않았습니다. 정자(程子)는 호학(好學)을 논함에 있어 희(喜)·노(怒)·애(哀)·구(懼)·애(愛)·오(惡)·욕(欲)을 말했으나, 역시 사단을 언급하지 않았습니다. 이것은 이와 기가 서로 받들어 주는 가운데 혼륜(渾淪)하고 있음을 말한 것입니다. 이상의 둘은 다른 가운데에서도 같은 것이 있음을 보여주는 설이라 하겠습니다.

이제 그대의 말은 이와는 달리, 화합을 좋아하고 떨어짐을 싫어하며, 더욱 혼전(渾全)을 즐거워하며 부절(剖折)을 싫어하고, 사단 칠정의 근원을 따져 보지 않고 개괄적으로 이·기를 겸하여 선악이 있다고 생각하며, 이들을 제가 분별해서 말한 것이 옳지 못하다고 했습니다.

또한 중간에 비록 이가 약하고 기가 강하다, 또는 이가 싹트지 않고 기가 형적이 없다고도 하는 말을 했으나, 끝에 가서는 바로 기의 자연발현을 이의 본체가 그러한 것이라고 말하였으니, 그것은 드디어 이·기가 하나로 되어서 구별할 수가 없다고 한 듯합니다.

7. 만약 그대가 참으로 이·기를 같은 것으로 믿고 나눌 수 없다고 생각한다면 나는 감히 알 바 아니라고 하겠습니다.

그러나 사실은 역시 이·기가 하나가 아니고 분별될 수 있는 까닭에 본체(本體) 밑에 '그렇다[然也]'라고 두 글자를 적었던 것입니다. 그렇다면 어찌 도식(圖式)에 대하여는 오직 분별해서 말하는 것이 안 된다고 할 수가 있겠습니까.

'그것은 드디어' 이하는 전에는 드디어 이와 기를 하나이며 분별이 없는 것으로 보았습니다. 근세에 명나라 유학자 나정암(羅整庵)이 이와 기가 서로 다른 것이 아니라는 설을 주장하여, 주자(朱子)의 설을 옳지 않다고까지 했습니다. 그러나 나는 평범해서인지 그의 뜻을 알 수가 없었습니다. 보내온 글에 '역시 비슷하다고 말할 수 없다'라고 했으나, 이제는 고쳤습니다.

보내온 편지에서 '자사와 맹자의 말하는 바탕이 같지 않다' 또는 '사단을 한쪽만을 들추어내었다' 또 '오히려 사단 칠정이 서로 다른 뜻이 없다'라고 한 것은 자체가 서로 모순되는 것이 아니겠습니까.

대개 학문을 논함에 있어 분석을 싫어하고 오직 합쳐서 하나로 만들기만 하는 것을 옛사람들은 '골륜탄조(鶻圇呑棗)'[16]라고 하였습니다. 이러한 병통은 적지 않으며, 이러한 태도를 버리지 않으면 자기도 모르는 사이에 점차 기(氣)로써 성(性)을 논하는 폐단에 들어가거나, 사람의 욕심을 천리(天理)라고 인정하는 잘못에 빠져들게 될 것이니 어찌 옳다고 하겠습니까.

편지를 받고 즉시 나의 어리석은 생각을 드리려고 하였으나, 나 자신의 생각이 반드시 옳고 의심이 없다고 할 수 없어, 오랫동안 회답을 보내지 못하였습니다. 근간에 ≪주자어류(朱子語類)≫에서 맹자의 사단설을 논한 마지막 조항에 바로 이 문제를 말한 것을 보았습니다. 즉 주자는 말했습니다. '사단은 이(理)가 발한 것이고, 칠정은 기(氣)가 발한 것이다.'

옛사람도 '감히 자신을 믿지 말고, 그 스승을 믿어라'라고 하지 않았습니까. 주자는 내가 스승으로 모시는 분이며, 또한 천하 고금이 으뜸으로 모시는 스승이십니다.

나는 주자의 이 말을 얻은 후에 비로소 나의 소견이 크게 잘못이

---

16) 골륜탄조(鶻圇呑棗) : 골륜(鶻圇)이란 새는 대추를 통째로 마구 삼킨다는 이야기에서 나온 말.

아니었음을 알게 되었으며, 당초의 정생(鄭生)의 설(說)도 역시 잘못이 없으므로 고칠 필요가 없을 것이라고 인정하게 되었습니다. 이에 변변치 못한 의견이나 감히 약술하여 가르침을 청합니다. 그대의 생각은 어떠하신지요.

이(理)는 비록 이와 같으나 용어에 있어 애매하고 어긋남이 있어서 선유(先儒)의 옛 설을 그대로 인용함만 같지 못하다고 한다면 청하옵건대 주자의 설로써 대신하고, 우리들의 설을 버림이 온당하다고 여겨집니다. 그대는 어떠하십니까.

8. 전번에 글월을 멀리 보내주셨고 아울러 사단 칠정을 논한 책 하나를 부쳐 주셨으니, 어리석고 망령된 나를 버리지 않고 친절하게 타일러 깨우쳐 주신 뜻이 지극히 깊고 간절합니다.

때마침 조금 바쁜 일이 있어 그간에 충분히 연구하지 못했습니다. 따라서 아무렇게나 내키는 대로 대략 회답을 써서 돌아가는 심부름꾼에게 부쳐 보냈으며, 다시 그 뒤에 비로소 질병이 조금 나아서 자세히 읽고 생각하여 논지를 대략 엿보고자 하였으나, 뜻이 깊고 인용한 범위가 넓고 문장이나 변론이 비약적이라, 나로서는 궁측(窮測)할 수가 없었습니다. 더욱이 나같이 늙고 쇠약한 사람으로서는 허다한 의리(義理)를 다 망라할 수가 없으며, 마치 용문(龍門)의 물을 터놓고 한 가닥 갈잎으로 물줄기를 찾는 듯이 어려웠습니다.

그러나 여러 날을 두고 물을 따라 거슬러 올라간 나머지 어쩌다가 조그마한 끝이라도 얻음이 있으면 내가 전에 말한 바가 잘못임도 알 수 있고, 따라서 새로 알게 되는 유익함도 얻게 되었으니, 학문의 강론이 필요함이 어찌 적다고 하겠습니까. 대단히 다행한 일입니다.

내가 전에 말한 것의 잘못됨은 이미 삼가 고쳐 앞에 기록하여서 가부를 아뢰고, 그대의 의견에 대하여는 처음부터 끝까지 하나씩 조목대로 대답하려 하였으나, 다만 앞뒤의 여러 가지 설이 서로 얽혀서 요령을 쉽사리 찾아낼 수 없고, 만일 일일이 본문의 순서를 따라서 말하려면 산만하고 중복되어 도리어 안개 속에 잠기듯 어둡게 되거나, 초목이 우거져 길이 막히듯 할 것이므로, 삼가 전편(全篇)에 대하여 조목마다 그 대요를 고르고 같은 것끼리 추려서 대략을 차례대로 풀겠습니다.

9. 변회(辯誨)17)에 '천지지성(天地之性)은 오직 이(理)를 가리키는 것이고, 기질지성(氣質之性)18)은 이와 기(氣)가 섞인 것이다. 그러므로 천지지성을 이가 발한 것이라고 하는 것은 마땅하지만, 기의 발을 오직 기만을 가리킨다고는 할 수가 없다.'라고 하였는데, 이에 대하여 나는 다음과 같이 생각합니다.

천지지성이 오직 이를 가리켰다고 하지만 이때에도 어디까지나 이만이 있고, 기가 하나도 없을는지 의심스럽습니다. 원래 천하에는 기가 없는 이가 없습니다. 그러므로 이때에도 오직 이만이 있는 것이 아닙니다. 그럼에도 역시 오직 이만을 들어 말할 수가 있습니다. 따라서 기질지성이 비록 이와 기가 섞인 것이라 하지만 어찌 기만을 지적하여 말하지 못하겠습니까. 하나는 이를 주로 하고 있으므로 이만을 들어 말했고, 다른 하나는 기를 주로 하고 있으므로 기를 들어 말했을 뿐입니다.

사단에 기가 없는 것은 아니지만 오직 이가 발한 것이라 하고, 칠정에 이가 없는 것은 아니지만 오직 기가 발한 것이라고 하는 뜻

---

17) 변회(辯誨) : 기명언(奇明彦)이 퇴계에게 질문한 말을 가리킴. 이것은 퇴계가 겸손하여 기명언의 논변(論辯)과 질문이 자기를 가르쳐 주었다는 의미로 변회라고 말했다.
18) 기질지성(氣質之性) : 송유(宋儒)가 성(性)을 천지지성(天地之性)과 기질지성으로 구분하여 자사(子思)와 맹자가 말한 본성을 천지성(天地性)이라 하고, 보통 사람이 타고난 온갖 차별이 있는 성질을 기질성(氣質性)이라고 하였다.

도 역시 같다고 하겠습니다. 그대가 이가 발했다고 하는 말에는 옳다고 하면서 기가 발했다고 하는 말에서는 오직 기만 가리킬 것이 아니라고 했으니, 결국 같은 논리를 저마다 다르게 놓고 보는 이유가 무엇입니까.

만약 사실에 있어 오직 기만을 가리킨 것이 아니고, 이를 겸한 것이라면 즉 주자가 이에 있어 당연히 이지발(理之發 : 이의 발함)이란 말에 대응시켜서 거듭 중첩하는 말을 쓰지 않았을 것입니다. 그대는 물었습니다. '천지나 인물에 있어 이기(理氣)를 분별하는 것은 해롭지 않고, 성(性)을 따라 논한다면 이가 기 속에 떨어져 있고, 만약에 정(情)을 논한다면 성이 기 속에 떨어져 있게 되니, 이기가 겸하고 선악이 있는데, 분속(分屬)이 온당하지 않습니다.' 이에 대하여 나는 다음과 같이 생각합니다. 천지나 인물에서 보더라도 역시 이가 기 밖에 있는 것이 아닙니다. 그러면서도 역시 나누어 말할 수가 있습니다. 따라서 성이나 정에 있어 말할 때도, 비록 이가 기 안에 있고, 성이 기질 속에 있다 하더라도 어찌 나눠서 말하지 않겠습니까.

대개 사람의 한 몸은 이와 기가 합하여 이루어진 까닭으로 둘은 서로 발하여 작용하고, 또 그들이 발함에 있어서도 서로 받들어 주는 것입니다.

서로 발함으로써 저마다 위주로 하는 바가 있음을 알 수 있고, 서로가 받들어 줌으로써 서로가 그 가운데 있음도 알 수가 있습니다. 또한 서로가 그 가운데 있으므로 혼륜(渾淪)하여 있다고도 말할 수 있고, 한편 저마다 위주로 삼는 바가 있으므로 저마다를 나눠서 말해도 안 될 것이 없습니다.

10. 성을 논하고, 이가 기 안에 있다고 하는 것은 마치 자사나 맹자가 본연지성(本然之性)을 가리키는 것과 같고, 또한 정자(程子)나 장횡거(張橫渠)가 기질지성(氣質之性)을 가리켜 논하는 것

과 같습니다.

그렇다면 정을 논함에 있어, 성이 기질 안에 있다고 하는 것에 대해서는 오직 저마다 발하는 바를 따라 사단과 칠정의 근원을 나눌 수 없다는 것인지요.

이·기를 겸하고, 선·악이 있는 것은 오직 정만이 아닙니다. 성도 역시 그렇습니다. 그렇다면 어찌 이것으로써 나눌 수 없는 증험으로 삼을 수가 있겠습니까.

이(理)가 기(氣) 안에 있다는 점에서 말하므로, 성(性)도 역시 그렇습니다.

그대는 말했습니다. '칠정도 역시 인의예지에서 발합니다.'

이에 대하여 나는 다음과 같이 생각합니다. 이가 바로 서로가 다른 데를 바탕으로 같은 면을 볼 때 둘이 혼륜(渾淪)하다고 말할 수 있는 것입니다. 그러나 오직 같고 다른 것이 없다고 말할 수는 없습니다.

그대는 말했습니다. '다만 이에서만 나오고, 기에서는 나오지 않는 그 어떠한 정이 따로 있는 것이 아니다.'

이에 대하여 나는 다음과 같이 생각합니다. 사단의 발(發)도 확실히 기가 없는 것은 아닌 것 같습니다. 그러나 맹자가 가리킨 바 사단은 진실로 기에서 발하지 않는 것입니다. 만일 기를 겸하여 가리킨 것이라면 더욱 다시 사단을 말하는 것이 안 됩니다. 그런데 그대는 왜 '사단은 이(理)의 발이란 말로 바꿀 수가 없다.'고 했습니까.

그대는 말했습니다. '마음속에 이 이가 없이 외물이 우연히 감동하는 것이 아니다. 물(物)에 감(感)하여 움직이는 것은 칠정뿐만이 아니라 사단도 역시 그렇습니다.'

이에 대하여 나는 다음과 같이 생각합니다. 이 말은 확실히 옳습니다.

11. 그러나 여기서 인용한 ≪악기(樂記)≫나 주자의 설은 모두 혼돈한 상태에서 말한 것이며, 이러한 것으로서 분별하여 논하는 설을 공박해도 반박할 말이 없지 않을 것입니다.

그러나 분별하여 말하는 것이 내가 전에 없는 말을 만들어 낸 것이 아니며, 천지간에 원래 그런 이치가 있고 또 옛사람들도 이런 설이 있었습니다.

이제 만약 한 가지 이론만을 고집하고 다른 것을 버리는 것은 바로 치우친 태도가 아니겠습니까. 대개 혼륜(渾淪)한 상태로 말하면 칠정이 이·기를 겸하고 있다고 하는 것은 더 말할 필요 없이 명백합니다.

그러나 만약 칠정을 사단에 대립시켜서 각각 그 분수[分]를 가지고 말한다면 칠정에 있어서의 기와 사단에 있어서의 이가 같습니다. 즉 저마다 발하는바 혈맥이 있으며, 저마다 가리키는바 이름이 다르므로 각자의 주로 하는 바에 따라서 서로 분속(分屬)할 따름입니다.

나도 칠정이 이(理)의 간섭 없이 외물이 우연히 모여들어 감동한다고 생각하지 않습니다. 또 사단이 물(物)에 감동하는 것도 역시 칠정과 다르지 않습니다. 그러나 사단은 이가 발하여 기가 따르고, 칠정은 기가 발하여 이가 올라타는 것입니다.

12. 그대는 말했습니다. '이미 발함에 이(理)가 곧 기(氣)를 타고 간다.' 또 '사단도 기(氣)다.'

이에 대하여 나는 다음과 같이 생각합니다. 사단도 기라고 이미 여러 번 말하였습니다. 그리고 또 이것은 주자가 제자의 물음에 대답한 것을 인용하여 분명히 밝혔습니다. 그런데 그대는 맹자가 사단을 말한 데 있어서도 기(氣)의 발이라고 보겠습니까. 만일 기의 발[氣之發]로 본다면 이른바 인지단(仁之端)이니, 의지단(義

之端)이니 하는 인(仁)·의(義)·예(禮)·지(智)의 네 글자를 어떻게 보겠습니까.

만약 약간의 기가 참여한 것으로 보게 되면 순수한 천리(天理)의 본연(本然)이 아니며, 순수한 천리로 보게 되면 그 발한 바의 단(端)이 결코 화니대수(和泥帶水)[19]한 것이 아님을 알아야 합니다. 그대의 의견은 인·의·예·지를 아직 발하지 않았을 때의 이름이며, 따라서 순리라 했고, 한편 사단은 이미 발한 다음의 이름이므로 기가 아니면 행하지 못하므로 역시 기가 된다고 했습니다. 그러나 내 생각으로는 사단이 비록 기를 탄다〔乘〕고 할지라도 맹자가 가리킨 것은 기를 타는 점에 있지 않고 오직 순리가 발하는 곳에 있으므로, 말하기를 인지단(仁之端), 의지단(義之端)이라 하였고, 나중의 현인(賢人)들도 또한 선(善)의 한쪽만을 뽑아내어 말했던 것입니다.

만약 반드시 기를 겸해서 말해야 할 경우에 잡된 것이라고 했으므로 그러한 주장은 모두 나타나지 못하게 되었던 것입니다.

옛사람이 말을 타고 출입하는 일을 이가 기를 타고 운행하는 것에 비유한 것은 참 좋습니다. 무릇 사람은 말이 없으면 타고 가지 못하겠지만 말은 사람이 아니면 궤도(軌途)를 잃게 되니, 사람과 말은 서로 받들고 떨어질 수가 없는 것입니다.

어떤 사람이 이 비유를 가리켜 말한 바가 있습니다. '넓게 가는 것을 포괄하여 말하면 말과 사람이 모두 그 가운데 있듯이, 사단과 칠정을 혼륜(渾淪)하여 말할 수가 있다. 한편 사람이 가는 것만을 지적하여 말할 경우는 반드시 말을 아울러 말하지 않아도 말이 간다는 사실이 그 가운데 포함되는 것은 마치 사단과 같고, 반대로 말이 가는 것을 가리켜 말하는 경우는 반드시 사람을 아

---

19) 화니대수(和泥帶水): 중국의 속어(俗語)로, 진흙과 물이 섞였다는 뜻. 순수하지 못하고 혼합된 것을 말한다.

울러 말하지 않더라도 사람 가는 것이 그 가운데 있음이 마치 칠정과 같다.'

그런데 그대는 내가 사단 칠정을 분별하여 말하는 것을 보고, 매양 혼륜(渾淪)하여 말한다고 공격하니, 이는 마치 사람이 가고 말도 간다고 하는 말을 듣고, 억지로 사람과 말이 하나니까 나눌 수가 없다고 하는 것과 같습니다.

또한 내가 기발(氣發)을 가지고 칠정을 말하는 것을 보고, 그대가 억지로 이발(理發)을 논하는 것은 마치 사람이 말이 간다고 하는 말을 듣고, 이를 어디까지나 꼭 사람이 간다고 말하고자 하는 것과 같다 하겠습니다.

또한 내가 이발을 가지고 사단을 말하는 것을 보고, 그대가 억지로 기발을 논하는 것은 마치 사람이 간다고 하는 말을 듣자, 반드시 말이 간다고 말하는 것과 같다 하겠습니다.

이러한 태도는 주자가 말하는바 숨바꼭질과 같다고 하겠습니다. 그대는 어떻게 생각하십니까.

13. 그대는 말했습니다. '소급하여 근원을 찾아보면 원래 두 가지 뜻이 있는 것이 아니다.'

이에 대하여 나는 같다는 점에서 논한다면 두 가지가 아니라고 하는 것이 그럴듯하다고 생각합니다. 그러나 둘은 서로 대립하여 소급하여 근원을 찾아보면, 참으로 이(理)·기(氣)의 분별이 있는 것입니다. 이에 대하여 어찌 뜻이 다르다고 하지 않을 수가 있겠습니까.

그대는 말했습니다. '무릇 성(性)을 말하는 것은 오직 기만을 가리킴이 아닌데 이제 그 한 편만을 가리켜 오직 기만을 가리킨다고 하니, 그렇지가 않습니다.' 또 '자사(子思)가 중화(中和)를 논한 것은 혼륜한 상태를 말한 것인즉 칠정이 어찌 이·기를 겸하

지 않겠습니까.'

이에 대하여 나는 성을 말하는 데 기를 가리켜 말하는 일이 없지 않다고 하겠습니다. 그러나 내가 말하는 편(偏)·독(獨) 두 글자는 과연 결함이 있으므로 이미 가르치심을 따라 고쳤습니다. 그러나 칠정을 이와 기를 겸하여 혼돈해서 말하는 것과는 본래부터 같지가 않습니다. 이제 이것으로써 나의 설에 변경이 없을 수 없다고 하나, 사실은 변경하는 것이 아니고, 말하고자 하는 바가 같지 않으므로 부득불 다르게 말한 것입니다.

14. 그대는 말했습니다. '실질은 같으나 이름이 다르다. 칠정 밖에 따로 사단이 있는 것이 아니므로 사단과 칠정은 다른 뜻이 아니다.'

내 생각으로는 같은 견지에서 볼 때 이가 발하고 기가 발하는 분별이 있음을 알게 된 것이라, 이름을 다르게 한 것입니다. 만약본래부터 다를 바가 없다면 어찌 이름이 다르겠습니까. 그러므로비록 칠정 밖에 따로 사단이 있다고 말할 수는 없을지라도, 끝까지 뜻이 다르지 않다고 생각한다면 그것은 아마 안 될 일입니다.

그대는 말했습니다. '개괄적으로 논하면 사단은 이에서 발하고, 칠정은 기에서 발한다 하여도 괜찮습니다. 그러나 그림에 그리되 사단을 이권(理圈)에 놓고 칠정을 기권(氣圈)에 놓은 것은 분석이너무 심하여 사람을 그르침이 심할 것입니다.'

이에 대하여 나는 다음과 같이 생각합니다. 옳으면 다 옳고, 그르면 다 그르다고 할 것입니다. 어찌하여 개괄적으로 논하면 이와기가 발하는 것으로 나눠도 좋고, 그림으로 그릴 때는 오직 둘로나누면 안 됩니까. 하물며 그림에서도 사단과 칠정은 사실에 있어 같은 권내에 있는 것이며, 약간 표리(表裏)가 있을 뿐이고, 그옆에 주를 분별하여 적었을 뿐입니다. 이들은 처음부터 다른 권

(圈)에 분리되어 있는 것이 아닙니다.

그대는 말했습니다. '혹은 불선(不善)이 없다 하였고, 또 혹은 선악이 있다 한 것은 사람들에게 두 개의 정(情)과 두 개의 선(善)이 있는 듯한 의심을 줄까 두렵습니다.'

내 생각으로는 이가 순수하므로 불선(不善)이 없고, 기를 겸하였으므로 선악이 있다고 하였지만 이 말은 본래 이치에 어긋나는 것이 아닙니다. 아는 사람은 동(同)에서 이(異)를 알고, 또 이(異)로 인하여 동(同)을 알 수가 있습니다. 어찌 알지 못하는 사람의 잘못 인식하고 당연한 이치를 물리치는 일에 걱정할 필요가 있겠습니까.

그러나 이제 그림 위에서 주자의 설만을 사용했던 까닭으로 이 말은 이미 삭제했습니다.

15. 그대는 말했습니다. '만약 편지에서 말한 대로라면, 즉 사단 칠정은 저마다 근원하는 바가 있으며, 오직 이름 지은 사람이 다르게 한 것만은 아닙니다.'

나는 비록 같은 정(情)이지만 근원하는 바가 다르므로 예전에 이것을 이름 지어 말하는 사람이 같지 않게 했다고 생각합니다. 만약에 근원하는 바가 본래부터 다른 바가 없다고 하면, 즉 이름 지어 말하는 자가 왜 같지 않게 했겠습니까.

공문(孔門 : 공자의 문하생들)에서 미비했던 것을 자사가 그 온전함을 말하였으나, 아직 근원에 대하여는 말하지 않았습니다. 맹자에 와서 사단을 들추어내어 말하였지만, 역시 이발(理發)만을 지적하여 말했다고 해야 할 것입니다.

사단의 근원하는 바가 이렇듯 이(理)라고 하면, 칠정의 근원하는 바가 기(氣)가 아니고 무엇이겠습니까. 그대는 주자의 설을 인용하여, '맹자는 드러내어 말하였고, 이천(伊川)은 기질을 겸하여 말하였으니, 요는 불가리(不可離)이다'라고 했습니다.

이에 대하여 나는 그대가 이것을 인용한 것은 대체로 성(性)의 불가리(不可離)를 말하여, 정(情)의 불가분(不可分)을 밝히고자 했다고 생각합니다. 그러나 위에서 인용한 주자의 말에서 '성(性)이 비록 기 가운데 있어도, 기는 스스로 기이고, 성은 스스로 성이다. 또한 서로 섞이지 않는다.'라고 하지 않았습니까.

망령된 내 생각으로, 주자는 맹자가 드러낸 말과, 이천이 겸언(兼言)한 것에 대하여 말한 것인즉, '요는 불가리(不可離)라' 함은 이미 내가 말한 이(異) 가운데에서 동(同)이 있음을 본 것이고, 성(性)이 기 가운데 있다는 것에 대하여 말하자면, '기는 스스로 기이며, 성은 스스로 성으로서 서로 섞일 수 없다'고 하였으니, 바로 내가 말한 동(同) 가운데 이(異)가 있음을 알게 된다는 것입니다.

16. 그대는 말하였습니다. '보내신 변론에서 칠정은 밖으로 형(形)·기(氣)에 감동하는 것이며, 이(理)의 본체는 아니라고 하셨습니다. 그러나 그것은 매우 불가한 일입니다. 만약에 그렇다면, 칠정은 성(性) 밖의 물(物)입니다. 또 맹자가 기뻐서 잠을 자지 못한다고 한 것이 어찌 이의 본체가 아니겠습니까.'

내가 애당초 잘못된 주장으로 '어찌 밖에서 느끼는 것이 즉 형기(形氣)이고, 그 발함이 이(理)의 본체이겠습니까라고 했던 말은 마땅히 느끼는 것이 기이고, 그 발함에 이르러서는 즉 이라 함이 옳을 것이나, 어찌 이러한 이치가 있겠습니까'라고 했던 것입니다. 그러나 이 말이 옳지 못함을 알고 이미 고쳤습니다. 그런데 그대의 편지에는 그 글을 바꾸어 '밖에서 형기를 느끼는 것은 이의 본체가 아니다'라고 했으니, 그것부터가 이미 내 생각과는 멀리 떨어집니다.

그리고 이어서 꾸짖어 말하기를, '그렇다면 칠정이 성(性) 밖의 물(物)입니다'라고 했으니, 그렇다면 주자가 칠정은 기의 발(發)이라고 한 것도 역시 칠정을 성 밖의 물로 여겨야 하겠습니까. 대개 이(理)가 발함에 기가 따른다 함은 이를 주재한다는 말이며, 이가 기의 밖에 있는 것이 사단이라는 뜻은 아닙니다. 기가 발하고 이가 탄다고 하는 것은, 즉 기가 주재할 수 있다고 하는 것이지, 기가 이의 밖에 있는 것이 칠정이라는 뜻은 아닙니다. 맹자의 희(喜), 순(舜)의 노(怒), 공자의 애(哀)·낙(樂)20)은 기가 이(理)를 순종하여 발함으로써 조금도 막힘이 없으며, 따라서 이의 본체도 온전한 것입니다.

일반 사람들도 어버이를 보면 기뻐하고, 상(喪)을 당하면 슬퍼합니다. 이것도 역시 기가 이를 순종하여 발하는 것입니다. 그러나 기가 고르지 못하므로 이의 본체도 역시 순리롭지 못한 것입니다. 이렇게 논하면 비록 칠정을 가지고, 기의 발이라고 하더라도 이(理)의 본체에 무슨 해로움이 있겠으며, 또 어찌 형기(形氣)와 성정(性情)이 서로 관계하지 않은 병폐가 있겠습니까.

17. 그대는 말했습니다. '보내온 편지에서 한 가지라도 잘 살피지 못하면 마음이 바르지 못하게 되고, 또 반드시 발하여 절도에 맞은 뒤에야 화(和)라고 한다고 하셨습니다. 그렇다면 즉 칠정은 거추장스럽고 쓸데없는 것이니 도리어 마음의 해가 될 것입니다.' 나는 본래 이곳은 전에 한 말들의 뜻이 앞뒤 차례를 잃었으므로 병폐가 있게 되었다고 생각합니다. 따라서 삼가 고치게 되었으니, 그대가 지적하여 깨우쳐 주신 일은 매우 고맙습니다.

---

20) 낙(樂): ≪맹자(孟子)≫에, '악정자(樂正子)가 위정(爲政)하게 되었다는 말을 듣고 맹자가 기뻐서 잠을 자지 못하였다.(喜而不寐)'라고 하였다. ≪서경(書經)≫에, '순(舜)이 공공(共工), 환도(驩兜) 등 사흉(四凶)을 제거하였다.'라고 하였으니 이것은 노(怒)이다. ≪논어(論語)≫에 공자의 슬퍼함[哀]과 즐거워함[樂]에 대한 기록이 간단히 있다.

그런데 보내신 글에서 '한 가지라도 마음에 두고 능히 살피지 못한다'는 말은 정심(正心 : 바른 마음)하는 일로 생각하는 것을 배척하고, 이를 인용하여 칠정이 같지 않음을 증명하고 있습니다만, 이는 그럴듯하지만 실은 그렇지 못합니다.

대개 이것은 〈정심장(正心章)〉에 있지만, 이 한 절(節)은 희(喜)·노(怒)·우(憂)·구(懼)를 마음에 두는 것이 불가하다는 것을 가지고, 마음의 병폐라고 말하여, 사람을 병을 앓게 하고 약을 쓰게 할 뿐이지, 올바르게 정심(正心)의 일을 말하는 것이 아닙니다. 대개 희·노·우·구의 네 가지가 쉽사리 마음의 병폐가 되는 이유는 바로 기(氣)가 발하는 바에 연유하여서 비록 본래 선하던 것도 쉽사리 악에 흐르기 쉬운 까닭입니다. 만약 사단에 이(理)가 발한다면, 어찌 이런 병폐가 있겠습니까. 또 어찌하여 마음에 측은(惻隱)함이 있는데 그 정(正)을 얻지 못하고, 마음에 수오(羞惡)함이 있으면 그 마음을 얻지 못한다고 하겠습니까.

〈정성서(定性書)〉에 있습니다. '사람의 마음이 발하기는 쉬우나, 제어하기 어려운 것은 오직 심한 노(怒)이다. 오직 노했을 때도 곧 노여움을 잊고 이(理)의 옳고 그른 것을 볼 수 있다면, 역시 밖에서 유인하는 것을 미워할 바 못됨을 알 수가 있다.'

무릇 이른바 발하기 쉽고, 제어하기 어렵고 곤란한 것이 이(理)입니까, 기(氣)입니까. 이라면 어찌 누르기 어렵겠습니까. 그것이 기인 까닭에 급하게 터져 치달려 나올 때, 이를 제어하기가 어려운 것입니다. 더구나 노(怒)가 이의 발이라 한다면, 즉 어찌 노를 잊고 이를 본다고 하겠습니까. 오직 그 기가 발하므로 노를 잊고 이를 본다고 하는 것입니다. 이것으로도 즉 이가 기를 부린다고 하는 것입니다. 그러므로 내가 이 말을 인용해서, 칠정이 기에 속하는 것이라고 증명한 것이 어찌 같지 않다고 하겠습니까.

18. 그대는 같은 절(節) 말단(末段)에서 '그 근원하는 바로 인하여 각기 그 주재하는 바를 가리켰다는 설의 잘못'을 논했고, 또 '변론하는 바가 비단 이름 지어 말하는 경우에만 불가한 것이 아니라, 또한 성정(性情)의 실(實)과 존양성찰(存養省察 : 마음을 항상 붙들어 두고 수시로 살피는 것)의 공에 있어서도 역시 불가한 바가 있지 않습니까'라고 말했습니다.

내 생각에는 그 근원하는 바와 주재하는 바에 대한 설명은 앞뒤의 변론에서 알만하므로 여기서 다시 논할 필요가 없겠지만, 그 이름 지어 말하는 것과 성정(性情)의 실에 있어 조금이라도 온당치 못한 곳은, 그대의 가르침을 받거나 혹은 스스로 깨닫는 바에 의해 이미 삼가 고쳤습니다.

미심쩍은 곳을 제거하고 나니 의미와 이치가 뚜렷해졌고, 상하(上下) 사방이 환히 빛나게 되어 애매하거나 요행수로 뜯어 맞추는 병폐 거의 없고, 그 존성(存省) 공부에 서도 비록 감히 외람되게 말할 수는 없으나, 크게 잘못되지는 않았을 것으로 여겨집니다.

19. 그대는 변론해서 말했습니다. '주자가 마음을 이발(已發)이라 잘못 인식한 것을 한참 뒤에야 깨달았다. 따라서 이(理)의 발, 기의 발이라고 한 말은 우연히 한 것이고, 한쪽만을 편벽되게 가리킨 것이다.'

나는 그대의 말뜻을 살피니, 주자의 설에 대해서도 만족하지 않게 여기는 모양이라, 참으로 난처한 생각이 듭니다.

대개 정자(程子)·주자의 어록도 때로는 잘못이 있음을 면하지는 못합니다. 즉 그것은 말로 풀이한 의리를 기록한 사람이 식견이 채 이르지 못하여 어쩌다가 본지(本旨)를 놓쳐서 그렇게 된 것입니다.

지금 이 몇 구의 간략한 말로 은밀하게 전해진 뜻을 기록한 사람은 보한경(輔漢卿)21)입니다. 그는 실로 주자 문하의 제일가는 사람이거늘, 이곳에서 잘못 기록했다고 하면, 어찌 그대가 보한경을 대신할 수 있다고 하겠습니까.

그대가 평상시에 어류(語類)를 보았다면, 주자의 이 말을 보고도 반드시 이 점에 의심을 두지 않았을 것입니다. 이제 나의 말을 그릇되었다고 반박하고, 아울러 주자의 말도 내가 받들었으므로 같이 배척하지 않을 수 없게 되었던 것입니다. 그러고 나서 나의 말이 잘못됨을 남이 믿게 하기 위하여, 연루하여 주자의 말까지 배척하기에 이르렀습니다.

이는 내가 앞에서 외람되게 주자의 말을 인용한 것이 죄라 하겠지만, 나는 그대가 그렇듯 용감함에 탄복하는 동시에, 그대가 솔직담백하고 겸손하지 못한 병폐가 있지 않을까 걱정입니다. 이같이만 하게 된다면 혹시 성현의 말을 몰라서 자기의 뜻에 따르게 하는 폐단에 이르지 않겠습니까.

안자(顔子)는 있으면서도 없는 것같이 했고, 찼으면서도 빈 것같이 하여, 오직 뜻과 이치의 무궁함을 알았을 뿐이며, 물(物)이나 내〔我〕가 다름이 있음을 보지도 않았습니다. 그대에게도 이러한 기상이 있으신지요.

주자는 백세에 걸쳐 강용(剛勇)한 분입니다. 그러나 조금이라도 자기 의견에 잘못된 곳이 있고, 자기 말에 그릇된 것이 있음을 깨달으면, 남의 충고를 즐겨 들어 그 자리에서 고쳤습니다. 그는 비록 만년에 도가 높아지고, 덕이 이루어진 뒤에도 역시 그렇게 하였습니다. 그러니 어찌 성인의 학문을 닦는 첫발을 내디뎠으면

---

21) 보한경(輔漢卿) : 보광(輔廣). 송(宋)나라의 학자로 자는 한경·잠암(潛庵). 전이선생(傳貽先生), 경원 보씨(慶源輔氏), 보한경 등으로 불렸다. 주자의 애제자가 되었으며, ≪주자어류(朱子語類)≫에 사단 칠정을 나누어 이(理)와 기(氣)에 배속시켜 기록하였다.

서, 자기에게 잘못된 것이 하나도 없다고 믿고 윗자리에 서려고
합니까.

참된 강직과 참된 용기는 마음대로 기(氣)를 방종하게 놀리고 억
설을 내는 데 있는 것이 아니고, 허물을 고침에 인색하지 않고,
의(義)를 들으면 곧 복종하는 데 있음을 알아야 할 것입니다.

후론(後論)

1. 내가 보건대 그대의 변회(辯誨) 글이 심오하고 논리가 중첩하고, 박식하고 소견이 높아, 보통 사람의 정을 뛰어나, 변변치 못한 나는 그 넓고 아득함을 바라보면서 탄식을 이기지 못하지만, 나의 좁은 소견으로 의심이 없을 수 없었습니다. 이 점은 이미 앞에서 추려 말씀드렸습니다. 후론에서 나머지 가르침을 바로잡아 주심이 더욱 절실하여, 군자가 사람을 사랑하는 후의를 입었습니다.

그 가운데 이(理)와 기(氣) 두 글자를 가지고 허령(虛靈) 자 밑에 나누어 풀이함에 대해서는 나도 비록 정이(靜而 : 정지운鄭之雲의 자)의 본설(本說)을 가지고 있지만 역시 그 풀이가 너무 번거로워 이 구절을 볼 때마다 붓에 먹칠하여 지워 버리고자 한 적이 여러 번 있었습니다. 그러나 오히려 그 참신함을 좋아하여 그만두었는데, 지금 가르침을 받아 마음이 석연하게 되었으니 또한 정이에게 알리고 지워 버림이 옳을까 합니다. 다만 기타의 여러 가지 설에는 또 같은 것도 있고 다른 것도 있으므로 모두 따를 수 없습니다.

주선생이 호광중(胡廣仲)·호백봉(胡伯逢)에게 답한 글을 인용한 것과, 성도(性圖) 3조(條)는 모두 사단과 칠정을 밝힘에 불과한 것으로 의심하는 뜻이 있음은 아닙니다. 이것은 바로 앞에 말한 미분화(未分化) 상태에서 말함이란 것으로, 나도 이것을 모르는 바는 아닙니다만, 오직 칠정을 가지고 사단에 대하게 되면 나누어 말하지 않을 수 없다고 할 뿐입니다.

2. 위에서 이미 다 말하였으므로 번거롭게 거듭 논할 것은 없지만, 그 허령한 것을 논함에 이르러서는 허를 이(理)로 한다는 말이 또한 근본한 바가 있어서, 두 자를 나누어 주해한 잘못 때문에 이것과 함께 그르다고 할 수 없지 않을까 합니다.

이제 다시 인용한 몇 가지 설에 대하여 논하겠습니다. 주자는 말하기를, '지극히 허(虛)한 가운데에 지극히 실(實)한 것이 있다'라고 하였습니다. 이것은 허하되 실함을 말함이지, 허가 없다는 말이 아닙니다. 또, '지극히 무(無)한 가운데 지극히 유(有)함이 있다' 하였습니다. 이것도 무하되 유함을 말함이지, 무가 없다는 말은 아닙니다.

정자가 어떤 사람에게 답하여 말하기를, '또한 태허(太虛)가 없으면서 허를 가리켜 이가 된다'라고 한 것도 역시 그 허에서 실을 인정하고자 함이지 본래 허가 없는데 실만이 있다는 말은 아닙니다. 그러므로 정자(程子)·장자(張子) 이래로 허를 가지고 이를 말하는 사람이 진작부터 적지 않았습니다.

정자는 말하기를, '도(道)는 태허요, 형이상이다'라고 하였고, 장자는, '허(虛)와 기(氣)를 합하여 성(性)이란 이름이 있다'라고 하였으며, 주자는 말하기를, '형이상의 허는 혼연히 이 도리이다', 또 말하기를, '태허는 바로 태극도 상면(上面)의 한 동그라미'라고 하였습니다. 이 같은 예들은 일일이 다 들 수가 없습니다.

주자는, '무극이며 태극이다〔無極而太極〕'라는 곳에서 말했습니다. '무극을 말하지 않는다면, 태극은 하나의 물체와 같은 것이 되고, 천만 가지 변화의 근본이 될 수가 없으며, 한편 태극을 말하지 않으면 무극이 아무것도 없는 텅 빈 곳에 빠지게 되어 천만 가지 변화의 근본이 될 수 없다' 아아, 이와 같은 말은 사면 팔방에 두루 있어서 치우치지 않고 절대로 공박할 수 없는 진리라고 할 수 있습니다.

3. 이제 한갓 이(理)의 실(實)을 밝히고자 하여 마침내 이를 가지고 허(虛)가 아니라고 한다면, 주자(周子)·정자(程子)·장자(張子)·주자(朱子) 여러 대유학자의 논을 모두 폐해야 옳겠습니까. 대역(大易) 형이상과 중용(中庸)의 무성무취(無聲無臭)를 노장(老莊)의 허무설과 같은 이치에 어긋난 도(道)로 돌리겠습니까.

그대는 허(虛)자의 폐단이 장차 학문하는 자를 허무의 논을 도와서 노(老)·불(佛)의 지경에 빠지게 할 것을 염려하나, 나도 허(虛)를 쓰지 않고 실(實)자만을 고집하는 것이 또한 장차 학자로 하여금 상상하고 헤아려서 실로 무위진인(無位眞人 : 불타를 가리킴)이 있어서 찬란하게 빛나는 지경이 거기에 있다고 생각할까 염려됩니다. 또 사단도 절도에 맞지 않음이 있다는 논(論)도 매우 새로운 것이나 또한 맹자의 본뜻이 아닙니다.

맹자의 뜻은 다만 순수하게 인의예지로부터 발하는 것을 가리켜 말한 것으로, 성(性)이 본래 선함을 보이려 한 까닭으로 정(情)도 또한 선하다고 했을 뿐입니다. 이제 반드시 이 정당한 본뜻을 버리고 엉뚱하게 끌고 내려와 보통 인정이 발하여 절도에 맞지 않는 것에다가 혼합해서 말하고자 합니까.

무릇 사람은 수오(羞惡)하기에 마땅하지 않은 것에 수오하며, 시비(是非)하기에 마땅하지 않은 것에 시비함은 모두 그 기가 어두워서 그렇게 하는 것입니다. 어찌 이런 참람한 말을 가지고서 사단이 순수한 천리의 발(發)임을 어지럽히겠습니까. 이 같은 이론은 이 도를 밝혀내는 데 무익할 뿐 아니라, 도리어 후학자들에게 전시(傳示)함에 있어 해로움이 있지 않을까 염려됩니다.

내가 앞서 그대의 소견이 나정암(羅整庵)의 이(理)·기(氣)가 두 가지 물[二物]이 아니라는 설과 비슷한 점이 있다 하였는데, 이 것은 나의 망령된 말이었습니다. 이제 가만히 그대의 뜻을 보건 대 나정암의 잘못과는 같지 않고, 단지 사단 칠정을 분별함에 있 어 그 위치가 떨어짐으로써 장차 알지 못하는 사람이 두 가지의 정(情)으로 여길까 근심하는 것에 불과하고, 또한 이(理)가 허 (虛)하다는 논에 있어서도, 공무(空無)에 가까워서 장차 알지 못 하는 사람이 다른 곳으로 달리게 할까 근심하는 데 지나지 않습 니다. 이러한 것이 나쁘지는 않습니다.

그러나 내 견해로는 무릇 도(圖)를 세우고 입설(立說)하는 것은 본래부터 아는 사람을 위하여 짓는 것이지 알지 못하는 사람 때 문에 폐함은 옳지 않은 것으로 여겨집니다. 만약 알지 못하는 사 람을 위하여 그 분석의 폐를 염려한다면 주염계(周濂溪)의 도 (圖)에 마땅히 태극권(太極圈)을 내어 음양(陰陽)의 위에 둘 것 이 아닙니다.

4. 이미 위에 태극이 있으니, 응당 다시 가운데 있는 태극을 두지 않아야 할 것이고, 오행의 권(圈)도 또한 마땅히 음양의 밑에 두 지 않아야 할 것입니다. 그 허무(虛無)의 폐단을 염려한다면, 태 극이 진실하고 무망(無妄)함을 마땅히 무극(無極)이라 말하지 않 았을 것이고, 도(道)와 성(性)과 태극의 실(實)도 정(程)·장(張)· 주자가 응당 허(虛)를 가지고 말하지 않았을 것입니다.

후에 와서 여러 유자(儒者)가 과연 염계도설(濂溪圖說)을 헐뜯는 사람이 많이 일어나게 되었으니, 앞서 주자가 저술하여 밝혀낸 힘이 아니었더라면 그것은 폐기되어 세상에 행해지지 못함이 오 래였을 것입니다. 시험 삼아 주자가 도해(圖解) 뒤에 여러 사람이 변론하고 힐문(詰問)한 것을 의논 결정한 것을 보면 내가 분석한 것이 해롭지 않다는 뜻을 볼 것이니, 어찌 지나치게 속되게 흐르게 되는 폐해를 근심할 것입니까.

내가 이른바 허(虛)는 허하면서도 실(實)하니 저들이 허가 아니요, 내가 이른바 무(無)는 무하면서도 유(有)하니 저들이 말하는 그러한 무가 아니니, 어찌 이단(異端)에 돌아감을 지나치게 근심하겠습니까.

이 때문에 나의 옹졸한 독서방법은 무릇 성현이 의리를 말한 곳이 드러나면 그 드러난 것을 좇아 구하고, 감히 경솔히 숨겨진 것을 구하지 않으며, 숨겨져 있으면 그 숨겨진 것을 추구하고 감히 경솔히 드러난 것을 추측하지 않으며, 얕으면 그 얕은 대로 따르되 감히 깊게 파고들지 않으며, 깊으면 그 깊은 것에 나아가 감히 얕은 데 머무르지 않고, 분개(分開)하여 말한 곳은 분개하여 보되 덩어리〔渾淪〕로 합쳐서 보는 데 해롭지 않게 하며, 한덩어리로 합쳐 말한 곳은 덩어리로 보되 분개에 해롭지 않게 하여, 사사로운 의견을 가지고 왼쪽으로 끌고 오른쪽으로 당겨 분개를 합하여 한덩어리로 하고, 한덩어리를 나누어 분개하지도 않았습니다. 이같이 하기를 오래 하면 자연 그동안에 점점 조리가 있어서 어지러움을 용납하지 않음을 보게 되고, 점차로 성현의 말이 횡설수설하더라도 각각 마땅한 것이 있어서 서로 방해하지 않는 것을 보게 될 것입니다.

5. 그리하여 혹 이것을 자기의 설로 삼으면 또한 의리의 본래 정해진 본분에 어긋나지 않을까 하고, 만약에 본 것이 그릇된 것이나 말한 것이 그릇된 것이 있으면 남이 지적하거나 혹은 스스로 각성하여 곧 고치면 또한 스스로 만족할 것이니 어찌 하나의 소견이 있다 하여 늘 자기 의견만을 고집해서 남의 말은 한마디도 용납하지 않겠습니까. 또 어찌 성현의 말에 있어 자기 의견과 같

은 것은 취하고 같지 않은 것은 억지로 같게 만들고, 어떤 것은 배척하여 그르다고 여길 수 있겠습니까.

만약 이같이 하면, 비록 당시에 있어서 온 천하 사람이 나와 그 시비를 겨루지 못하게 된다 할지라도 천만세(千萬世) 뒤에 성현이 나와서 나의 흠을 지적하며, 나의 숨은 병폐를 간파하는 이가 없다는 것을 누가 알겠습니까. 이것이 군자는 급급히 뜻을 겸손하게 가지고 말을 살피며, 의(義)를 따르고 선을 따르며, 일시적으로 한 사람을 이기기 위하여 감히 꾀를 구하지 못하는 까닭입니다.

이른바 근세에 유명한 사람으로 이 학문을 하는 사람들이 흔히 이 속에서 서로 전하는 말을 도습함을 면하지 못한다 함은 바로 이 점이 그런 것입니다. 나는 산야(山野)의 박학(樸學 : 질박한 학자)으로 서로 도습한다는 설에 있어서 전혀 익혀 들은 것이 없지만, 예전에 국학(國學)의 책임을 맡고 있을 때 여러 유생이 익히는 것을 본즉, 대체로 그 설을 쓰는지라 이에 시험 삼아 널리 구하여 얻어서 여러 설과 합하여 보니 참으로 이해할 수 없는 부분도 있고, 사람의 뜻을 민망하게 하는 부분이 많이 있어 착각하고, 이를 꼬치꼬치 캐다가 뜻을 그르치고 글자 풀이에 얽매여 말을 왜곡한 곳이 많아 그 폐단을 이루 다 구해 내지 못할 것이었습니다. 그러면서도 오직 지금까지 소위 사단 칠정을 이(理)와 기(氣)에 분속(分屬)시키는 말은 보지 못하였습니다.

이제 도(圖) 가운데 분속시킨 것은 본시 정이(靜而)에게서 나온 것이었으나 또한 그가 어디에서 이를 좇아 받았는가를 알지 못하여 처음에는 매우 의심스럽게 생각하였는데, 사색이 마음속에 몇 해 오고 간 뒤에야 정해졌으나 아직도 선유(先儒)의 설을 얻지 못하여 한스럽게 여겼습니다. 그러다가 후에 주자설을 얻어 증거로 삼은 연후에야 더욱더 자신을 가졌을 뿐이요, 서로 도습한다는 설에서 얻은 것은 아닙니다.

6. 더구나 호운봉(胡雲峰)의 설은 성(性)·정(情)·심(心)·의 (意)를 논함에만 그쳤고, 이(理)와 기(氣)를 나누지는 않아서 자연 사단·칠정을 이와 기로 나누는 것과 가리키는 것이 각각 다르니 결코 내 말이 이를 따라 나온 것은 아닙니다. 이에 대하여 말하자면 사단·칠정의 나뉨은 바로 내가 주자설을 과신(過信)한 까닭이거늘, 보내온 글에는 바로 항간에서 나온 것으로 생각하여 죄를 운봉(雲峰)에게 돌리시니, 가만히 생각해보건대 운봉 선생만이 허물을 달게 받지 않을 뿐 아니라 근세의 여러 공(公)도 또한 원통함이 결코 이에 그치지 않을 것입니다.

보내온 글에 또 아프게 헐뜯되, '이(理)는 허(虛)한 까닭에 대(對)가 없고, 대가 없으므로 더하고 덜할 것도 없다'라고 하였는데, 이제 생각하니 말의 병폐가 다만 대가 없으므로[無對故]라는 석 자에 있으므로 이제 마땅히 고쳐서 말하기를, '이(理)는 허한 까닭으로 대도 없고 더하고 덜할 것도 없다'라고 하면 거의 말썽이 없을 듯합니다.

그러나 그대가 헐뜯는 것은 말의 병폐에 있지 않고 오로지 그 말이 그릇되고 망령된 견해에서 나왔다고 했는데 내가 가만히 생각하니, 이것은 이치로 보자면 깨닫는 곳[解悟處]에 이르고, 이치로 말하자면 지극한 곳[極至處]에 이르게 된 것입니다. 나로 말하자면 10년의 공부를 쌓아서 겨우 그 비슷한 것은 얻었으나 아직도 참으로 알 수 없어서 말의 병폐가 이와 같지만, 그대의 경우로 말하자면 잠깐 사이에 한 붓으로 결단하니 사람의 지혜와 무지(無知)함이 어찌 30리(里)[22]에서 그칠 뿐이겠으며, 이것을 어찌 다

---

22) 30리(里): 중국 위(魏)나라의 조조(曹操)가 양수(楊脩)와 함께 길을 가다가 조아비(曹娥碑)를 읽었는데, 비의 등에는 채옹(蔡邕)이 쓴 '황견유부, 외손 제구(黃絹幼婦, 外孫蓋臼)'란 여덟 자의 은어(隱語)가 있는 것을 보았다. 조

시 구설(口舌)을 가지고 다툴 수 있겠습니까?

7. 다만 그대도 매일 전진하고 나도 날마다 전진하여 또 10여 년의 공을 쌓은 연후에 각각 학문이 얼마나 발전하였는가를 보게 되면 피차의 득실을 비로소 정할 수 있을 것입니다. 또 내가 들으니, '도가 같으면 한마디 말이라도 족히 서로 부합되나, 도가 같지 않으면 말 많은 것이 도리어 도를 해친다'라고 하였으니 우리 두 사람의 배운 것이 같지 않다고 말할 수 없는데, 서로 말이 한마디도 부합하지 못하고 말이 많기로 이 지경에 이르렀습니다. 진실로 진리를 밝혀내지 못할 뿐 아니라 도리어 해로운 것이 있지 않을까 두렵습니다.

비록 이렇다고는 하나 이렇듯 말이 부합되는 것에도 또한 두 가지가 있으니, 그 하나는 그 심사가 상대방을 이기려고만 하고 도를 헤아리지 않는 자는 끝내 가당한 이치를 갖지 못하니 다만 천하의 공론을 기대할 뿐이요, 또 하나는 뜻이 도를 밝힘에 있어서 피차 모두 사사로운 의도가 없다면 두 사람의 의견이 반드시 한 가지로 부합될 날이 있는 것이니, 이것은 이치에 통달하여 학문을 좋아하는 군자가 아니라면 할 수 없는 노릇입니다.

내가 늙고 어두움이 이와 같아 학문이 뒷걸음질 치고 사사로운 생각이 앞서 망령되게 무익한 말을 함으로써 스스로 공이 간절하

조가 양수에게, "자네는 이 뜻을 알아내었는가?"라고 물으니 양수는, "알았습니다."라고 하였다. 조조는, "자네는 말하지 말고 내가 생각할 때까지 기다려 주게."라고 말하고 30리를 더 가서야 그 글 뜻을 알아내고 양수와 서로 비교한즉 같았다. 누런 비단[황견]은 색실[色絲]이니 절(絕)자가 되고, 어린 부녀[유부]는 소녀(少女)이니 묘(妙)자가 되고, 외손(外孫)은 딸의 아들이니 호(好)자가 되고, 음식을 넣는 그릇[제구]은 매운 것을 받는 것[受辛]이니 사(辭)자가 된다. 이것을 합치면 '절묘호사(絕妙好辭 : 매우 훌륭한 문장)'라는 네 글자가 된다. 조조가 양수에게 "나의 재주가 자네보다 30리 거리가 있네."라고 하였다.

게 생각하는 후의를 저버리지 않을까 깊이 두려워하니 오직 바라
는 것은 나의 참람(僭濫)됨을 용서하시고 어진 마음으로 들어 주
신다면 다행이겠습니다.

별지(別紙)

1. 권말(卷末)에 적어 보인 이(李)·김(金) 양군과 함께 태극서 (太極書)를 논함에 5, 6차례나 왕복하여 토론한 것은 사람의 마음을 깨우치게 하고, 사람의 눈을 뜨게 함에 족합니다. 나는 이 점에 뜻을 두고 있는데, 사람들이 같이 강학(講學)을 즐기지 않고, 혹은 한두 동지가 있어도 벼슬에 종사하여 분주함을 면하지 못하는 까닭으로 늙고 병든 내가 벗과 헤어져 쓸쓸하게 홀로 있게 되니, 항상 학문에 둔해지는 근심을 가슴에 안게 됩니다.

이제 서신을 보아 호남에도 이 같은 인물과 의논이 있음을 알게 되니, 실로 우리나라에서 드문 일로 깊이 감탄하여 마음이 달려감을 견디지 못하겠습니다. 그 논의의 시비 득실 같은 것은, 옛날 여러 현인의 정설이 모두 있으니, 오늘날 꼭 다투어야 할 것이 되지 않으며, 공의하는 일은 일재(一齋)[23]와 같은데 미묘한 뜻을 설명한 것은 모두 옳고, 담옹(湛翁)은 비록 간단하게 몇 마디 말이 있을 뿐이지만 또한 이미 그 대의를 볼 수 있으니, 내가 어찌 감히 다시 시비 가운데에 들어가겠습니까.

다만 일재 공(公)은 은거하며 뜻을 즐기니 스스로 믿음의 독실함이 이와 같은지라 진실로 가상합니다. 그러나 그 견식과 거취와

---

23) 일재(一齋): 이항(李恒)의 호. 1499~1576년. 이항은 자는 항지(恒之)로, 당시의 대학자인 기대승(奇大升)·김인후(金麟厚)·노수신(盧守愼) 등과 교유하였다. 성리학에도 조예가 깊어 이기(理氣)를 논함에 있어 이와 기, 태극과 음양을 일체라고 주장해 퇴계의 비평을 받기도 하였다.

의논을 보면 병통이 없지 않은데, 이 역시 대체로 자신이 지나치고 자기주장이 굳을 뿐입니다.

2. 또 태극(太極)·음양(陰陽)·도기(道器)의 구별을 성현이 발명하기가 뭇 별들이 하늘에 빛나는 것과 같거늘, 이 사람[일재를 가리킴]이 처음부터 주의 깊게 마음을 참지 못하고 세밀하게 연구하지 못하고, 단지 도설(圖說)에서 대략 하나의 영상을 보고 몇 구절의 서론을 주워 모아, 그것을 정견(定見)이라 고집하고 천하의 도리가 이와 같음에 불과하다는 것이니, 이미 학문을 잘함이 아닙니다.

이제 또 남의 공격에 대하여 경건하게 스스로 반성하지 않고, 덕을 넓히며 업을 넓히기를 꾀하는 것도 제설(諸說)의 같고 다름을 고찰하며, 피차의 득실을 상량(商量)하여 선철(先哲)의 말에 따져 바로잡으며, 사리의 실제를 참작해서 낡은 견해를 씻어 버리고 새로 아는 것을 두어야 할 것인데, 돌이켜 보건대, 그[일재]는 바로 앞의 말을 더욱 주장하여 스스로가 옳다고 억지 변론을 하여, 고인의 언어에 대하여 자세히 생각지 않고, 남의 설명에 대하여는 한결같이 휘둘러 배척하고, 더욱이 남에게 조금이라도 사양함이 없는 데다가 다시 마음을 허하게 가지고, 뜻을 공손하게 가져서 선을 택하고 이익을 구하는 것이 무슨 일임을 알지 못하는 것입니다.

대체로 자신이 돈독함을 귀하게 여기는 것은 정도(正道)를 듣고 굳게 지키기 위한 것인데, 이제 그는 소견이 이처럼 차가 있는데도 불구하고 스스로 자기주장을 지키기가 이같이 굳으니 어찌 안타까운 노릇이 아니겠습니까.

3. 자고로 이른바 현(賢)과 지(智)가 지나쳐서 학문에 노력하지 않는 사람은 논할 필요가 없고, 혹은 학문에 종사하는 사람일지

라도 대체로 스스로 만족하고 빨리 이루고자 하는 폐단이 많이 있으니, 스스로 만족하면 남의 말을 듣지 않고, 빨리 이루고자 하면 모든 이치를 궁구할 수 없게 되니, 이같이 하여 그 도에 들어가고 덕을 쌓음으로써 성현의 문과 담[墻]에 가까우려고 바란들 어찌하겠습니까. 이것은 뒷걸음질하면서 앞으로 나가려 함과 같은 것입니다.

대체로 생각해보니, 일찍이 옛사람과 지금 사람의 학문이나 도술의 차이는 다름 아니라, 다만 이(理) 자를 알기 어려운 까닭입니다. 이른바 '이가 알기 어렵다'라고 하는 것은 대강 앎이 어려운 것이 아니라, 참으로 알고 묘하게 터득하여 충분한 곳에 이르기가 어려운 것입니다.

만약 여러 가지 이치를 잘 궁구하여 십분 투철한 데 이르면 이것[物事]은 지극히 허(虛)한 듯하나 지극히 실(實)하고 없는 듯하나 있으며, 동(動)한 듯하나 동함이 없고, 정(靜)한 듯하나 정함이 없어서 그 맑고 깨끗함에 조금이라도 더할 수 없고, 조금이라도 감할 수 없어서 이것이 능히 음양·오행(五行)·만물·만사의 근본이 되나 음양·오행·만물·만사 가운데 에워싸이지 않은 것을 훤하게 볼 것이니, 어찌 기를 섞어서 일체(一體)로 인정하여 일물(一物)로 지어 볼 수 있겠습니까.

그 도의에 있어서는 다만 그 한이 없음을 볼 뿐이요, 상대에게 있어서나 나에게 있어서 어찌 한계[町畦]24)가 있겠습니까. 남의 말을 듣는 데는 오직 옳은 것만 따르기를 얼음 풀리듯, 봄이 무르녹듯 할 것이니 어찌 사사로운 의견을 군이 고집함을 용납하리오. 책임은 무겁고 도는 멀어서 종신토록 해야 할 일이니 어찌 빨리 하고자 하는 것이 근심되리오.

---

24) 한계[町畦]: 정휴(町畦)는 밭둑이나 밭이랑을 통틀어 이르는 말. 경계나 지경을 비유적으로 가리킨다.

가령 처음에 잘못 들어갔다 하더라도 한번 사람이 규탄하는 말을 들으면 곧 능히 스스로 고쳐 새롭게 도모할 것이니, 어찌 차마 앞의 잘못을 두둔하여 머리를 돌리기로 뜻하지 않으리오. 진실로 이것을 따라 불변하고 산중에 처해서 도를 논하면 후생을 미혹시키고, 나아가서 세상에 쓰이게 되면 정사(政事)에 해로울까 두려워함이니 작은 일이 아닙니다.

4. 여러 책을 많이 읽는 것을 그릇되게 여기고 사람이 묵묵히 생각하여 스스로 얻고자 하니, 그 뜻이 한쪽으로 치우쳐 있음을 알수 있어 공이 답한 편지에 그 치우침을 바로잡고 그 병에 약을 쓴 것은 옳으나, 그 회답에 또 말하기를, '성학(聖學)은 다만 사서(四書)에 있고, 더욱 ≪대학(大學)≫을 위주로 해야 한다'라고 하였으니, 이것은 참으로 지극한 말이나 그 한쪽으로 떨어져 있는 병통이 여전히 여기에 보입니다.

그런즉 공이 말한바 '서로 충고해서 닦아 나가는 처지가 되자'란 말은 끝내 일재(一齋 : 이항李恒의 호)의 귀에 들어가지 않을 터이니 이것은 깊이 탄식할 만한 것입니다. 비록 그렇지만 남에게 있는 것은 알고, 나에게 있는 것은 알지 못하는 것이 보통 사람의 상정이라, 만약 우리가 도를 배운다고 이름하면서도 오히려 이 병통을 면하지 못하면 어찌 배우는 힘에 얻음이 있다고 말할 수 있으리오.

나의 소견으로 볼 때 일재의 경약(徑約)25)에만 의하여 널리 기르는 데 힘쓰는 것을 헐뜯으니, 진실로 큰 병통이지만 나의 벗인 그대의 학문은 해박한 데로 달려가서 요약에 소홀한 듯 생각되는데 어떻습니까. 내가 벗인 그대에게 아직도 그 가〔邊〕를 엿보지 못하고, 경솔하게 이 말을 하는 것이 어쩌면 괴이하게 여겨서 꾸

---

25) 경약(徑約) : 지식은 넓히지 않고 예절을 시행하려는 것.

짖음을 받을지 모르겠습니다. 그러나 다만 지금 온 변서(辯書)의 글을 볼 때 참으로 장자(莊子)가 이른바, 하한(河漢)[26]과 같아서 알 수 없지만, 그 지극히 친절하고 지극히 정밀하고 요약한 곳에 이르러서는 눈 한 꺼풀만큼 통하지 못한 곳이 있는 듯 의심됩니다. 바라건대 두 분께서는 제각기 장점으로 스스로 자랑하여 남의 단점만을 공격하지 말고, 두 분 모두 스스로 반성함으로써 그 치우친 것을 바로잡아 서로 충고하여 닦아 나가자는 말이 땅에 떨어지게 하지 않으면 다행이겠습니다.

나같이 졸렬한 사람은 젊어서 글을 읽지 않았고, 늙어서는 혼미(昏迷)해져서 박학(博學)하고자 하면 총명이 미치지 못하고, 요약하고자 하면 정력이 이미 쇠잔하여 다만 남의 병통은 알고 있으나, 자기의 병통은 알지 못하여 두 가지〔約·博〕 사이에서 갈팡질팡하게 되어 교수(交修)하는 말석에 참여하지 못함이 부끄럽고 두렵습니다.

다만 바람은 나의 벗이 나를 고상하지 못하다 하여 버리지 말고 때때로 채찍질하고 격려하는 글을 보내어, 서로 도와 학문을 닦고 수양에 힘쓰는 의리를 마치게 해주기 바랍니다. 간절함이 지극함을 견디지 못하겠습니다.

---

26) 하한(河漢): 하(河)는 황하(黃河)를 말하고, 한(漢)은 한강으로, 즉 중국인데 매우 큰 줄로만 알았으나 바다에 가서 보니 비교가 안 됨을 말한다. 자기 자신을 낮추고 상대방의 학문을 높이고 해박함을 칭찬한 말이다.

부기명언사단칠정총론(附奇明彦四端七情總論)
- 기명언에게 보내는 사단 칠정 총론

1. 주자는 말했습니다. '사람은 천지의 중(中)을 받아 태어나고, 외물(外物)에 감촉되지 않았을 때는 순수(純粹)·지선(至善)하여 온갖 이치가 갖추어 있으니 이른바 성(性)이다. 그러나 사람이 이 성이 있으면 곧 형(形)이 있게 되고, 형이 있게 되면 곧 이 심(心)이 있게 되어 물(物)에 느낌이 없을 수 있게 되고, 물이 감(感)하여 움직이게 되면 성의 욕(欲)이라는 것이 나오게 되어, 선악이 이에서 나누어지니 성의 욕이란 곧 이른바 정(情)이다.'

이 몇 마디 말은 실은 ≪악기(樂記)≫에서 동(動)·정(靜)의 뜻을 해석한 것으로서 말은 비록 간략하나 이치는 두루 포함되어 성정(性情)의 설에 대하여 극진하고, 오묘한 이치를 남김없이 풀었다고 할 만합니다. 그러나 그 이른바 정(情)이란, 희(喜)·노(怒)·애(哀)·구(懼)·애(愛)·오(惡)·욕(欲)의 정으로 ≪중용(中庸)≫의 이른바 희로애락과 동일한 정입니다.

대개 이미 이 심이 있으면 물(物)에 감(感)하지 않을 수 없으므로 정이 이(理)·기(氣)를 겸한 것을 가히 알 것입니다. 물에 감하여 동함에 선·악이 이에 나누어지게 되면, 정의 선·악이 있는 것도 역시 알 수 있을 것입니다. 그리고 희로애락이 발하여 모두 절차에 맞는 것은 곧 이(理)요, 선이나 절도에 맞지 않게 발하는 것은 바로 기품(氣稟)이 치우침으로 말미암아 불선(不善)이 있게 되는 것입니다.

2. 맹자의 이른바 사단(四端)은 정이 이·기를 겸하고, 선악이 있는 정에 나아가서 그중에 이에서 발하여 선하지 않음이 없는 것만을 뽑아서 말한 것입니다. 대체로 맹자는 성선의 이[性善之理]를 발명하면서 사단을 가지고 말씀하셨으니, 그것이 이에서 발하여 선하지 않음이 없는 것을 또한 알 것입니다.

주자도 '사단은 이의 발이요, 칠정은 기의 발이다[四端理發, 七情氣發]'라고 했습니다. 대개 사단은 이에서 발하여 선하지 않음이 없으므로 이의 발이라 함은 진실로 의심할 수 없고, 칠정은 이·기를 겸하고 선악이 있으니, 그 발하는 바가 비록 오로지 기가 아니나, 또한 기의 섞임이 없지 않은 까닭에 기의 발이라 말하는 것이며, 이것이 바로 기질성(氣質性)의 설과 같은 것입니다.

대개 성은 비록 근본적으로 선하지만 기질에 떨어지게 되면 편(偏)됨이 없지 못한 까닭에 '기질의 성'이라 이름하며, 칠정은 비록 이·기를 겸하였으나 이는 약하고 기는 강하여 그것을 통제하지 못하므로 악에 흐르기 쉬운 까닭에 '기의 발(發)'이라고 말하는 것입니다. 그러나 발하여 절도(節度)에 맞는 자는 바로 이에서 발하여 선하지 않음이 없은즉, 사단과 함께 처음에는 다르지 않으나 사단이 다만 이의 발이라 함은 맹자의 뜻이 바로 사람에게 확충하게 하고자 함이니, 학자들이 어찌 체득하여 확충하지 않겠습니까.

3. 칠정은 이·기의 발을 겸하였으나 이의 발한 바가 어쩌다가 기를 주재(主宰)할 수 없게 되면 기가 흐르는 것이 또한 도리어 이를 가리는 것이 있을 것인즉, 학자는 칠정의 발(發)을 관찰하여 잘 다스리지 않겠습니까.

이것은 또 사단 칠정의 명의(名義)가 각각 그렇게 된 까닭이 있는 것으로, 배우는 사람이 진실로 능히 이로 말미암아 구하게 되면 역시 생각의 반은 깨달을 수 있을 것입니다. 또 ≪혹문(或問)≫에서, '희·노·애·오·욕이 인의(仁義)에 가까운 듯하다'라고 하였는데 주자가 말하기를, '진실로 서로 비슷한 곳이 있다'라고 하였으니 진실로 서로 비슷한 곳이 있다고만 하고, 그 서로 비슷함은 바로 말하지 않았으며, 주자가 그렇게 말한 뜻이 따로 있을 것인데 오늘날의 논자(論者)는 많이들 희로애락을 가지고 인의예지에 대립시키나, 나는 이에 대하여는 잘 모르겠습니다.

그대는 주자의 뜻에 대하여 과연 어떻게 생각하십니까. 대체로 사단칠정설은 각각 하나의 뜻을 발명하는 것인즉, 혼합하여 하나의 설(說)로 함이 불가할 것 같으니 이것은 또한 마땅히 알아야 할 것입니다.

이퇴계 연보

· 1501년 1세

2월 25일, 경상북도 안동군 예안에서 진보이씨(眞寶李氏) 가문의 진사 이식(李埴)의 아들로 태어났다. 초명은 서홍(瑞鴻), 자는 경호(景浩), 초자는 계호(季浩), 호는 퇴계를 비롯하여 도옹(陶翁)·퇴도(退陶)·청량산인(淸凉山人) 등이다.

· 1513년 13세

그동안 집에서 기초 학문을 터득하였으나 이 무렵에 강원도 관찰사로 부임한 숙부 송재(松齋) 이우(李堣)에게로 가서 장래 학자로서의 기초를 닦았다. 이우는 정치인으로서 청렴하였고, 시문(詩文)에 뛰어난 인물이었다. 호조(戶曹)·형조참판(刑曹參判)과 같은 높은 벼슬에 올랐을 뿐 아니라 덕망이 후덕한 인물로 퇴계가 그 영향을 입은바 컸다. 특히 인간으로서, 학자로서, 정치가로서 처신의 방향을 터득한 것도 이우의 힘이었으며, ≪주역(周易)≫을 읽고 유학에 관심을 기울인 것도 그의 영향을 입은 것이라 할 수 있다.

· 1523년 23세

성균관에 입학하여 본격적인 학문을 시작하였으며, 이 무렵 거의 침식(寢食)을 잊고 독서하였다고 한다.

· 1528년 28세

소과(小科)에 급제하여 진사가 되었다.

· 1534년 34세

식년문과(式年文科)에 을과(乙科)로 급제하여 부정학(副正學), 박사

(博士), 전적(典籍), 호조좌랑(戶曹佐郎) 등의 벼슬을 하기 시작하였다.

· 1539년 39세

홍문관 수찬(修撰)으로 지제교(知製教), 검토관(檢討官)을 겸직하였다. 이어 사간원 정언(正言)을 거쳐 형조좌랑(刑曹佐郎)으로 승문원 교리(承文院校理)를 겸직하였다.

· 1542년 42세

검상(檢詳)이 되어 충청도 암행어사를 지냈으며, 후에 사인(舍人)으로서 문학(文學), 교감(校勘) 등을 겸직하였다.

· 1543년 43세

사예(司藝), 필선(弼善)을 거쳐 대사성(大司成)이 되었다.

· 1545년 45세

을사사화(乙巳士禍)가 일어나자 이기(李芑)로 인하여 삭직(削職) 당하였으나 곧 사복시정(司僕寺正)이 되었다.

· 1548년 48세

응교(應教)를 거쳐 단양과 풍기의 군수를 역임하였다. 이 무렵에 교육사업에 관심을 기울여 주세붕(周世鵬)이 세운 백운동서원(白雲洞書院)에 소수서원(紹修書院)이라는 사액(賜額)을 내리게 하여 최초의 사액서원으로 하였다.

· 1552년 52세

대사성(大司成)에 다시 임명됨으로써 사화(士禍)의 오욕을 깨끗이 씻게 되었다.

· 1554년 54세

형조·병조의 참의(參議)에 이어 첨지중추부사(僉知中樞府事)가 되었다.

· 1556년 56세

이 무렵 주위의 신망이 더욱 두터워졌으며 홍문관 부제학(副提學)으로 승진하였다.

- 1558년 58세

공조참판(工曹參判)이 되었다.

- 1566년 66세

만시지탄(晚時之歎)이 있으나 이 해에 비로소 공조판서(工曹判書)가
되고, 곧이어 예조판서(禮曹判書)가 되었다.

- 1568년 68세

우찬성(右贊成)을 거쳐 양관(兩館)의 대제학(大提學)이 되었다.

- 1569년 69세

모든 관직에서 은퇴하여 향리로 돌아갔다. 이 무렵에 서원을 창설하
여 후에 도산서원(陶山書院)이 되었다.

- 1570년 70세

12월, 세상을 떠났다. 조정에서는 그의 부문(訃聞)을 듣고 영의정에
추증(追增)하였다. 시호는 문순(文純).

율곡집 栗谷集

율곡집 차례

율곡집 해설

『 율곡의 일생

율곡은 조선 제11대 중종(中宗) 31년 1536년(병신년丙申年) 12월 26일에 외가인 강원도 강릉(江陵) 북평촌(北坪村)에서 출생하였다. 이때는 기묘사화(己卯士禍)가 일어난 지 17년 되는 해이고, 또한 당시의 거두 퇴계(退溪) 이황(李滉)보다는 35년 후생이기도 하다.

이름은 이(珥), 자는 숙헌(叔獻), 율곡은 아호이다. 덕수(德水 : 지금의 개풍開豊) 이씨로 시조 이돈수(李敦守)는 고려의 중랑장(中郎將)으로, 대대로 관계에 진출하여 이름을 떨친 명문이다.

조부는 좌참찬(左參贊)을 지냈으며, 아버지 이원수(李元秀)는 사헌부감찰(司憲府監察)을 지냈고 후에는 좌찬성(左贊成)을 지냈다. 외조부는 기묘명현(己卯名賢 : 기묘사화로 화를 입은 사림士林)인 신명화(申命和)이며, 어머니는 신사임당(申師任堂)이다.

이같이 본가와 외가가 모두 명문이었는데, 율곡은 어릴 때부터 총명하고 명석하여 3, 4세가 되었을 때 이미 말과 문자를 배우기 시작했다고 한다.

6세 때 어머니를 따라 외가인 강릉에서 본가인 서울로 와 어머니의 깊은 배려 아래 많은 감화를 받았다. 어머니 사임당은 경서와 시문(詩文)에 달통하였고 부덕(婦德)이 당대에 널리 알려졌다.

율곡은 8, 9세에 시문에서 이름이 있었고, 13세에 진사 초시에 합격하여 더욱 학문에 정진하였다. 경서만이 아니고 불서(佛書)도 탐독하여 인과응보의 불설(佛說)에서 색즉시공(色卽是空) 설에 이르기까지 두루 열람하였다.

16세 되던 해에 어머니를 여의고 애통한 나머지 3년상을 마치고 19세에 금강산으로 입산수도의 길을 떠났다. 산중의 승려와 교류하며 불경을 음미하고 선(禪)의 체험도 하였는데, 여기에서의 불학 연구가 후일의 율곡 철학에 큰 영향을 미친 것은 부인하지 못할 사실이다.

그러나 1년을 넘기지 못하고 속세로 나와 성현의 학문에 뜻을 두고 정진했으며, 23세 되던 해에 영남(嶺南) 예안(禮安)으로 퇴계를 예방하고 도(道)를 물은 후로는 더욱 깊이 느낀 바가 있어 밤낮으로 경서에 매진하였다.

퇴계도 율곡의 재질과 학문에 대하여 문인인 조목(趙穆)에게 보낸 편지에서, '그 사람됨이 명협하고 자못 기람(記覽)함이 많아 오학(五學 : 육경六經에서 주역周易을 뺀 다섯 가지 악기樂記·시경·춘추·예기·서경)에 뜻이 있으니 후생이 가외하다〔後生可畏〕라는 전성(前聖)의 말이 나를 속이지 않는다'라고 하였다.

과연 율곡은 정주(程朱)의 학문을 종(宗)으로 삼고, 별도로 스승의 가르침 없이 독학으로 진리를 실천하고 성인을 마음속으로 기약하면서 도학(道學)에의 지조를 더욱 깊이 하였다.

23세 되던 해 겨울에 별시에 급제하고 많은 시험관을 놀라게 했으며, 천도책(天道策)에 대한 논문은 국내외에서 유명했다.

29세에 문과에 장원(壯元)하여 호조좌랑(戶曹左郎)을 시작으로 관계에 진출, 해마다 승진하여 내외의 중직을 역임하였다. 외직으로 청주목사·황해도 관찰사를 지냈고, 내직으로는 교리·승지·부제학·대사간·대제학·호조판서·병조판서·이조판서를 역임하였고, 외교계로는 서장관(書狀官)으로 명(明)나라 서울에서 봉사한 일도 있었다. 그러나 율곡의 생애는 학문과 진리의 세계에 있었으므로 매양 관직의 사퇴를 애걸하는 일이 많았다.

선조 2년(1569년) 34세 되던 해, 교리 관직으로 있으면서 지어 올린 〈동호문답(東湖問答)〉, 선조 7년 39세 때 우부승지(右副承旨)로 있으면서 올린 〈만언봉사(萬言封事)〉, 그다음 해에 홍문관 부제학으로서 지어 올린 ≪성학집요(聖學輯要)≫, 선조 15년 47세 때 우찬성(右贊成)으로 있으면서 임금의 가르침을 받들어 올린 〈인심도심설(人心道心說)〉, 같은 해에 병조판서로 있으면서 지어 올린 〈시무6조계(時務六條啓)〉, 그 외에 호조판서로 있을 때 '경제사(經濟司)' 설치의 건의문이라든지, 경연 석상에서의 '양병십만론(養兵十萬論)' 주장은 모두 그의 철학과 시무(時務)를 위한 유명한 저서와 언론이었다.

당론의 격화와 국사의 혼란에 크게 실망한 율곡은 더 이상 관계에 있을 필요와 의의를 찾지 못하여 서울에서 멀리 떨어진 석천(石泉) 또는 석담(石潭)으로 불리는 곳에, 42세 되던 해에 거처를 신축한 다음 형제와 아들, 조카를 모아 평소에 하고 싶었던 교육을 시작하였다.

율곡이 어릴 때 장공예(張公藝)의 구세동거(九世同居)를 흠모하여 항상 그의 그림을 벽에 걸어놓고 보기를 좋아했으며, 일족과 같이 지내며 가족과 같이 사당에 배알한 후 훈사를 적어 설명하며 가르치기도 하였다. 또는 악(樂)으로써 화기(和氣)를 돋우며 공동생활의 즐거움을 영위하였다.

율곡은 찾아오는 학생들을 위해 '은병정사(隱屛精舍)'를 창건하고 학규와 ≪격몽요결(擊蒙要訣)≫ 등을 지어 교훈했으며, 향촌 사회를 위해 유지와 더불어 '향약(鄕約)'과 '사창법(社倉法 : 일종의 장학금)'을 마련하여 실시하기도 했다. 이것이 율곡의 해주향약(海

州鄕約)이다. 이보다 앞서 청주목사로 있을 때도 '서원향약(西原鄕約)'을 만들어 실시하기도 했다. 특히 해주향약은 그 규모가 세밀하여 후일 다른 향약의 본보기가 되었다. 이와 같은 향리 생활을 한 지 불과 1여 년 만에 다시 선조의 부름을 받고 부득이 입각(入閣)했으나 진퇴가 매우 잦았다.

율곡은 만년에 다시 병조판서에 재임하였을 때 병을 얻어 몹시 원기가 없고 사경(死境)을 헤매고 있었으나, 당시 왕명으로 동북지방 순무(巡撫)의 길을 떠나는 서익(徐益)의 방문을 받고서 국방의 책략을 지시하기 위해 집필한 것이 유명한 〈육조방략(六條方略)〉이다.

이로 말미암아 병이 악화하여 지금의 서울 인사동(仁寺洞) 우거(寓居)에서 세상을 떠났으니 향년 49세요, 1584년(선조 17년) 정월 16일이다.

율곡의 서거(逝去)가 알려지자 학계와 정계는 물론이고 선조도 목 놓아 슬피 통곡했다 하니, 조야(朝野)에서 그에 대한 덕망이 어느 정도였는지를 가히 짐작할 수 있다.

이렇듯 율곡의 일생은 바쁜 가운데 지나갔으며, 대부분 시간을 학문 연구보다는 정치생활로 보냈다.

유저로는 ≪동호문답≫, ≪성학집요≫, ≪인심도심설≫, ≪성리설(性理說)≫, ≪경연일기(經筵日記)≫, ≪격몽요결≫, ≪김시습전(金時習傳)≫, ≪사서언해(四書諺解)≫, ≪소학집주(小學集註)≫ 및 기타의 시문 등이 있어 후에 ≪율곡집≫, ≪율곡전서≫에 모두 수록되었다.

『 율곡의 사상

율곡의 중심사상은 역시 정주(程朱)의 도학(道學) 사상이 그 근본을 이루고, 학문적인 태도와 수신 처세의 행동 역시 유교주의에서 벗어날 수는 없었다.

율곡이 추구한 궁극의 목적은 중국의 고대 이상사회였던 요순(堯舜)시대의 재현에 있었다. 따라서 그는 왕도정치(王道政治)와 철인정치(哲人政治)를 정치 이상으로 하였다. 율곡의 이러한 사상은 정치가로는 정암(靜庵) 조광조(趙光祖)를 숭배하였고, 학자로는 퇴계 이황을 추앙하였다.

1573년(선조 6년)에 성균관 유생들이 오현(五賢 : 김굉필金宏弼·정여창鄭汝昌·조광조·이언적李彦迪·이황)의 문묘종사(文廟從祀)를 건의할 때도 율곡은 특히 조문정(趙文正 : 조광조의 시호)에 대해서는 도학(道學)의 밝힘과 후인에게 준 영향이 컸음을 찬양하였고, 이문순(李文純 : 이황의 시호)에 대해서는 의리와 도학에 그 이상 가는 사람이 없음을 극찬하고 일세에 그의 덕망이 높았음을 말하여, 두 사람에 대한 추모의 정이 대단했음을 말해준다.

1578년에 해주 석담사에 '은병정사(隱屛精舍)'를 짓고 주자와 조정암·이퇴계를 문묘 배향하려 했던 일이나, 1581년 호조판서로 있을 때 선조에게 조정암과 이퇴계의 문묘 배향을 청하기도 했던 점을 보아도 두 사람에 대한 사모의 정을 짐작할 수 있다.

이런 율곡의 사상은 바로 요순시대의 정치와 정주학을 항상 염두에 두고 학문과 정치에 임하고 있었음을 보여준다.

율곡은 유학자의 진정한 사명은 '수기치인(修己治人)'과 '입언(立言)'을 구현하는 데 있다고 보았다. "유교의 본뜻이 선비는 나아가서 벼슬할 때는 하고, 자기의 포부와 이상 실현을 위해 국가와 사회의 이익에 노력할 것이며, '입언교육(立言敎育)'에 종사하여 만세에 가르침을 본보기가 되도록 하여, 마지막까지 학문의 실현과 후배 및 제자들을 통한 학문 실천에 전력하는 것이 진정한 유학이 아니겠는가?"라고 했다.

율곡은 주자의 학문을 신봉했으나 그냥 묵묵히 신봉하는 것이 아니라 반드시 자기 자신을 통해서 음미하고, 체험을 통해서만 따랐고 그렇지 않으면 따르지 않았다. 그러므로 율곡은 우계(牛溪) 성혼(成渾)과의 변론에서, "만일 주자의 소견이 참으로 그러하다면 주자도 잘못이다."라고까지 말하였다.

율곡은 화담(花潭) 서경덕(徐敬德)에 대해서도 그의 학문을 전적으로 지지하거나 또는 찬성하지 않았다. 그렇지만 율곡의 학문에는 화담의 사상과 학문 요소가 다분한 것을 볼 때 서화담의 설에서 큰 영향을 받은 것은 틀림없는 일이다.

『 율곡의 성리학설(性理學說)

율곡의 성리학설이 표면에 나타난 것은 1572년, 37세 때 친우인 우계 성혼과 '인심도심(人心道心)과 사단칠정론(四端七情論)'에 관한 왕복 논쟁을 벌인 일이다.

율곡은 우주의 생성원리로서 주자나 퇴계와 같이 이기설(理氣說)로써 설명하고 있다. 즉 우주의 삼라만상은 이(理)와 기(氣)를 떠나서는 존재할 수 없으며, 이와 기에 의해서만 우주가 형성되고 만상이 나타나는 것으로 생각하였다.

그렇지만 그는 이기(理氣)를 주자나 퇴계처럼 완전히 이물(二物)로 규정하는 데는 반대하고 있다. 즉 주자와 퇴계의 이기이물(理氣二物)의 이원론(二元論)에 반대하고 있다.

율곡의 주장과 설명을 보면 이(理)는 기(氣)의 주재요, 기는 이를 타고 있다. 이가 아니면 기가 근거할 수 없고, 기가 아니면 이가 의착할 수가 없다고 하였다.

이기(理氣)는 이물(二物)이 아니고 또 일물(一物)도 아니다. 일물이 아닌 까닭에 일이이(一而二)요, 이물이 아니므로 이이일(二

而一)이다. 그러면 일물이 아니라는 말은 무슨 뜻인가? 이기가 비록 서로 분리하지는 못하나 그 묘합한 가운데 이자리(理自理) 기자기(氣自氣)로 서로 협잡하지 않음을 말한다.

그러면 이물이 아니라는 말은 무슨 뜻인가? 비록 이자리(理自理) 기자기(氣自氣)라 하더라도 혼륜(渾淪)하여 간격이 없어 서로 선후도 없고 이합(離合)도 없으니 이물이 되는 것을 보지 못하므로 이물이 아니라고 하는 것이다.

동(動)과 정(靜)이 단(端 : 끝)이 없고, 음과 양이 시(始)가 없으니 기(氣)가 무시(無始)함은 이(理)가 무시(無始)한 까닭이다. 그래서 이(理)는 한결같을 뿐이요, 본래가 편(偏), 정(正), 청(淸), 탁(濁), 통(通), 색(塞), 순수(純粹), 잡박(雜駁)의 구별이 없지만 이를 태운 기는 승강과 비양[昇降與飛揚], 즉 운동과 연장이 쉬는 법이 없고 조잡하여 이것이 천지 만물을 형성함에, 정(正) 혹은 편(偏), 통(通) 혹은 색(塞), 청(淸) 혹은 탁(濁), 순수 혹은 잡박하게 하였다. 여기서 편(偏)이란 동물, 색(塞)이란 식물, 청탁수박(淸濁粹駁)은 인류에 관한 것을 말하고 있다.

이(理)는 비록 하나이나 기(氣)를 탔으므로 그 나타남은 만 가지로 달라져 천지에서는 천지의 이가 되고, 만물에서는 만물의 이가 되며, 오인(吾人)에서는 오인의 이(理)가 된다. 다만 그 차이가 생기는 것은 기(氣)의 소이다.

기(氣)의 소이라 할지라도 반드시 이(理)가 있어 주재하는 것인 만큼 그 차이가 나고 일치하지 않는 것은 역시 이(理)가 그러한 것이지, 이가 그렇지 않은데 기만 홀로 그러한 것은 아니다.

천지인물(天地人物)이 비록 각각 그 이(理)가 있으나 천지의 이(理)가 곧 만물의 이요, 만물의 이가 곧 오인의 이니, 이것이 이른바 '통체일태극(統體一太極)'이다. 비록 일(一)이라 하더라도 인(人)의 성(性)이 곧 물(物)의 성은 아니며, 개[犬]의 성이 곧

소〔牛〕의 성은 아니니, 이것이 이른바 '각일기성(各一其性)'이라고 하였다.(<답성호원서答成浩原書>에서)

율곡은 이(理)를 '형이상(形而上)'으로 '무형무위(無形無爲)'라 하고, 기(氣)를 '형이하(形而下)' 또는 '유형유위(有形有爲)'라 하여 모든 사물, 즉 물적 현상과 동적 형상의 총화를 기(氣)로 보는 동시에 기 자체 내에서 내재의 주재를 이라 하고, 이와 기를 일체양면적(一體兩面的)인 것으로 보았으며 이것을 분석하면 둘이로되 양자의 관계에서 보면 일물에 불과하다고 본 것이다.

율곡의 '일이이(一而二), 이이일(二而一)'은 즉, 이기의 분석 방법과 합일 방법을 말한 것이며, 이(理)를 살게 하는 방법이라 할 수 있다. 즉 이는 기라는 활동체에 의해 처음으로 한 정주자가 되고 기는 그의 내재적인 주재자로서의 이가 아니면 나타나지 못한다고 하였다.

율곡은 이 관계를 더욱 밝히기 위해 '발하는 것은 기요, 발하는 까닭이 이이니 기가 아니면 발할 수 없고, 이가 아니면 발할 까닭이 없다.〔發之者 氣也, 所以發者 理也, 非氣則不能發, 非理則無所發〕'라고 했고, 자신만만하게, "성인이 다시 일어나더라도 이 말은 고칠 수 없다."고 했다.

율곡이 우계에게 준 〈이기영(理氣詠)〉 시에서 '수수방원기(水隨方圓器)', 즉 물은 그릇 모양에 따라 모나고 둥글게 되고, '공수소대병(空隨小大瓶)', 즉 공간은 병의 모양에 따라서 작고 크게 나타난다고 하여 본체의 개개현상이 개별성을 나타내는 것을 비유로 들었다. 특히 여기서 비유한 '공수소대병'은 분명 불교사상에서 나온 것이 틀림없다.

율곡은 어머니를 여읜 뒤 입산수도한 적이 있어 불교의 영향을 받은 것이 그의 '이기설'이나 '이기관'에 잘 나타나 있다. 즉 율곡의 이(理)는 불교의 법성(法性)으로 해석되고, 법성은 '색즉시공

(色卽是空)'을 말한다.

율곡은 또한 '이통기국(理通氣局)'이라는 새로운 용어를 쓰면서 이기론을 재론하였다. 이통(理通)의 이(理)는 본말(本末)도 없고 선후도 없으며, 이가 기를 타고 유행하여 천차만별로 나타나도 그 본연의 묘리는 없는 데가 없다고 하고, 기가 편(偏)한 곳에는 이도 또한 편하나 편(偏)한 것은 이가 아니고 기이며, 기가 온전한 것에는 이도 또한 온전한 것이다. 온전한 것은 이가 아니고 기이다. 청(淸)·탁(濁)·수(粹)·박(駁)에도 이는 반드시 있으나 각각 그 성이 되어 본연의 묘리는 그대로 있는 것이다. 이것을 이통이라 하였다.

기국(氣局)이라는 것은 기는 본말이 있고 선후가 있다. 기의 본은 청허할 뿐이니 승강비양(昇降飛揚)하여 조금도 쉬지 않으므로 여러 가지로 차이가 생기고 그 변화가 쉬지 않고 일어난다. 그러는 동안에 기는 본연의 그것을 잃은 것도 있는가 하면 그렇지 않은 것도 있는 것이다. 이(理)는 만물에 있어서 그 본연의 묘리가 그대로 남아 있으나 기(氣)는 그렇지 못한 것이다. 이것이 이른바 기국이라는 것이다.

이 같은 율곡의 신어인 '이통기국'의 설명은 불교 화엄(華嚴)의 '이사무응(理事無凝)', '통국무응(通局無凝)'에서 나온 사상을 부여한 것이라 하겠다.

율곡은 불교의 영향뿐만 아니라 또한 화담의 주기설(主氣說)에서도 크게 영향을 받은 것으로 추리된다. 세상에서 말하는 생사유무(生死有無)를 한 기(氣)의 취응(聚凝)과 석산(釋散)으로 보았으며, 취응은 생(生), 석산은 사(死)로 보고, 기의 본질에는 아무 변동이 없는 '기불멸론(氣不滅論)'을 주장한 것이다.

율곡은 심성론(心性論), 심리론(心理論)을 사람의 심(心)과 성(性)을 이기(理氣)의 합성으로 보았으며, 심의 체(體), 즉 이(理)와 미발(未發)을 성(性)이라 하고, 심(心)의 용(用 : 기氣)과 이발(已發)을 정(情)이라고 하는 것은 주자나 퇴계와 같다. 주자와 퇴계는 성을 분석하여 본연의 성과 기질의 성으로 나누어 설명하고, 정(情)에 있어서도 맹자의 사단(四端)의 정과 ≪예기(禮記)≫의 칠정(七情)을 구분하여 일(一)은 이지발(理之發), 일(一)은 기지발(氣之發)이라 하였으나, 퇴계는 이를 '사단은 이발이기수지(理發而氣隨之), 칠정은 기발이이수지(氣發而理隨之)'라고 했다.

율곡은 인심도심(人心道心)에서 다음과 같이 설명하고 있다. 심(心)은 하나이나 도심과 인심으로 나누어 말하는 것은 성명(性命 : 이성理性)에서 나오는 것은 도심, 형기(形氣 : 감성感性)에서 나오는 것은 인심의 구별이 있는 것이며, 정(情)도 사단 혹은 칠정은 오로지 이(理)만 말할 때〔사단〕와 기를 겸하여 말할 때〔칠정〕가 같지 않은 것이 있기 때문이다. 그러므로 인심과 도심은 서로 겸할 수는 없으나 서로 끝이 되고 시작이 될 수는 있다. 따라서 사단은 칠정을 겸할 수 없으나, 칠정은 사단을 겸할 수 있다는 주장이다.

칠정은 사람의 마음이 동할 때 대개는 일곱 가지가 있는 것을 통틀어 말한 것이며, 사단은 칠정 중에서 특히 선한 일면만을 택하여 말한 것이며, 이것은 인심과 도심을 대대(對待)적으로 말한 것과는 다른 것이다.

인심은 육체적·감각적인 일면에 쏠리는 마음, 도심은 이성적·도의적인 일면이 순응하는 순전한 마음으로서 그 과정에서는 서로가 극복할 수 있는 가능성과 관련성을 가지고 있으나 원래가 다른 방면으로 지향하는 양면성이 있는 만큼 서로 내포할 수 없는 반대의 뜻이며, 동시에 양쪽에 상대하여 분설할 수가 있다. 그러나 사칠론(四七論)에서는 사단은 칠정을 내포할 수 없으나 칠정은 사단을 내포할 수 있는 것이므로 대대적(對待的)으로는 말할 수 없다는 것이다.

이상에서 본 바와 같이 율곡의 형이상학적인 성리설(性理說)에는 다소의 모순점도 없지 않으나, 대개 선학의 여러 학설을 자신에게 비교하여 합리적이라고 생각되는 점만 골라 집대성한 것이고, 자신의 체험에 적합하지 않으면 공박하고 비판한 것이었다.

물론 이러한 율곡의 예리한 논리는 그의 장점이기도 하나 후세에 농암(農巖) 김창협(金昌協)이, "퇴계는 학(學)을 잘하였고, 율곡은 이(理)를 잘 말하였다."라고 평했듯이, 율곡의 성리학은 예리한 논리적 비판이 그의 장점이기도 하나 때에 따라서는 공평이 부족한 점이 결점이라 할 수 있다.

그러나 율곡은 후학을 위해 ≪격몽요결≫이나 ≪성학집요≫ 같은 저서를 통해 초학자의 입문에 공여한 사실을 잊어서는 안 된다.

『 격몽요결 (擊蒙要訣)

율곡은 42세 되던 해에 부제학 벼슬을 사임하고 해주의 석담으로 은거한 다음에 '은병정사(隱屏精舍)'를 짓고 제자들을 교육하였다. ≪격몽요결≫은 도학(道學)의 입문을 말하는 것으로, '몽매한 곳을 쳐서 없앤다'는 뜻으로 적은 저서이다.

율곡은 ≪격몽요결≫ 서문에서 오로지 공부하는 데는 방법과 요령, 차례가 있음을 쓰고 초학자의 입문 비결을 서문으로 대신하였다.

첫째 입지장(立志章)에서 초학자는 먼저 뜻을 세워 반드시 성인으로서 스스로 기할 것이요, 추호라도 자소자비(自小自卑)하는 생각이 있어서는 안 된다고 역설했다.

범인과 성인은 거리가 먼 것이 아니고 종이 한 장의 차이도 안 된다고 하며, 성인·범인이 되는 것은 입지(立志)·덕행(德行)·명지(明知)·독행(篤行)에 있는 것이라고 주장했다. 율곡이 선조에게 올린 〈만언봉사(萬言封事)〉에는 성학의 대요가 궁리(窮理)·거경(居敬)·역행(力行)의 3자에 불과한 것이라 하고, '궁리'는 ≪대학≫의 격물치지(格物致知), '거경'은 성의정심(誠意正心), '역행'은 수신(修身)이라고 했다.

이 3자를 다시 요약하면 명지(明知)와 독행(篤行)에 불과한 것이라고 했다. 사람은 명지와 독행에 의해 기질을 변화할 수 있는 것이라고 말하고, 율곡은 이에 대해 사람은 신체의 다른 생래적(生來的)인 결점은 인위적으로 변화시키기 어려우나 심지만은 어리석음을 고쳐서 지혜로 만들 수 있고, 불초(不肖)함을 변화시켜 현자로 만들 수 있다는 것이다.

그래서 그는 지불립(志不立)의 병폐가 세 가지 있음을 열거하여, 첫째는 불신(不信)이요, 둘째는 부지(不智)이며, 셋째는 불용(不勇)이라고 했다.

불신은 성현의 말을 믿지 않는 것이다. 성현의 글은 읽으면서도 행동에 옮기지 않는 것이다.

부지는 사람의 자질이 천만 가지로 다르니 힘써 알고 행하면 성공은 반드시 이루어진다는 것이다.

불용은 성현이 우리를 속이지 않음과 기질을 변경시킬 수 있음을 사람들은 믿지 않고, 습관과 인습에서 발분 진흥하지 못하는 불용이 병폐라는 것이다. 이것을 고치는 데는 용기가 필요하며, 오늘 고쳐야 할 것을 내일로 미루는 것은 용기가 없기 때문이라 하였다. 읽는 책은 성현의 책이지만 행동은 구습에서 벗어나지 못하는 것이 불용이다.

이같이 율곡은 위학(爲學)에서 입지와 더불어 기질 변화를 가장 중요한 것으로 생각했고 또 중시했으며 이의 역행을 역설했다.

둘째 혁구습장(革舊習章)에서는 여덟 가지의 낡은 습관을 고쳐야 학문을 성취할 수 있다고 가르치고 있다.

셋째 지신장(持身章)에서는 학자는 반드시 성심으로 도에 향하여, 충신(忠信)하며 '진실한 마음을 가지고 애써 공부하라.[眞實心地, 刻苦工夫.]'고 했다. 항상 일찍 일어나고 늦게 자며, 의관을 반드시 바르게 하고 용모와 얼굴빛은 엄숙히 하며, 언어는 신중히 하며, 일동일정을 소홀히 하면 안 된다고 가르치고 있다. 몸과 마음을 바치는 데는 구용(九容)보다 더 적절한 것이 없으며, 학문을 전진시키고 뜻을 더하는 데는 구사(九思)보다 더 절실한 것이 없다고 말하였다.

넷째 독서장(讀書章)에서는 ≪논어≫, ≪맹자≫, ≪중용≫, ≪시경≫, ≪예기≫, ≪서경≫, ≪주역≫, ≪춘추≫를 고루 읽고 그 대의를 체득하라고 가르쳤다. 이외에도 송대(宋代)의 선현이 저술한 ≪근사록≫, ≪주자가례≫, ≪심경≫, ≪이정전서≫, ≪주자대전≫, ≪주자어류≫와 기타 성리설 등을 간간이 읽고, 의리가 항상 마음에 젖어 있어야 한다고 주장하고 있다.

다섯째 사친장(事親章)은 부모에게 효도하라는 것이다. 이 세상에서 가장 귀한 것이 내 몸이니, 몸을 주신 부모님께 효도함은 지극히 당연한 것이라고 했다.

여섯째 상제장(喪制章)에서는 주문공(朱文公)의 ≪주자가례≫대로 행할 것을 가르치고 있다. 특히 율곡은 상사에 있어서는 형식적인 예문보다는 애통(哀痛)이 중요하고, 따라서 애(哀)와 경(敬)을 다하라고 가르치고 있다.

일곱째 제례장(祭禮章)에서도 제사는 반드시 ≪주자가례≫에 의해 사당을 세우고 선조의 신주를 모시고 제전을 두고 제기를 갖추어 종가(宗家)의 맏아들이 주장할 것을 가르치고 있다. 또한 제례의 범국민적 통일을 위해 제례도를 상세히 그리고 설명을 붙여서 반드시 그림에서 제시한 대로 행할 것을 가르치고 있다.

여덟째 거가장(居家章)에서도 ≪주자가례≫에 의해 관혼(冠婚)을 치르며 형제간과 부부간의 몸가짐에 대한 자세한 주의와 가르침을 제시하고 있다. 특히 가정을 운영하는 데 있어서 절제할 것과 허영과 사치, 낭비하지 말도록 가계부를 계획하고 여유 있는 가계를 꾸려 가도록 가르치고 있다. 부부간에는 반드시 서로 존경하여 남편은 화(和)와 의(義)로 아내를 대하며, 아내는 순(順)과 정(正)으로 남편을 대하여 부부 사이에는 예(禮)와 경(敬)을 잃어서는 안 된다고 가르치고 있다.

아홉째 접인장(接人章)에서는 사람을 대할 때 부드럽고 공경하는 태도로 할 것이며, 나이가 갑절이 많으면 아버지로 섬기고, 10년이 많으면 형으로 섬기고, 5년이 많으면 벗하되 존경할 것이며, 벗을 택할 때는 학문을 좋아하고 선을 좋아하는 벗을 사귀고, 방엄직량(方嚴直諒)한 벗과 동거하되 허영과 태만, 아첨하고 부정한 사람을 벗하지 말라고 가르치고 있다.

열째 처세장(處世章)에서는 옛날의 학자는 벼슬을 구하지 않고, 학문이 이루어지면 윗사람이 천거하여 등용하였는데, 요즘엔 과거와 출세를 위한 학문을 하고 있음을 말하면서 선비들은 출세를 위해서만 급급해하고 있는 형편이라 하였다. 그러나 관직이나 벼슬은 남을 위함이요, 학문하는 것은 자기를 위하는 것이니 참으로 위인(爲人)의 학문을 한다는 것은 쉬운 일이 아니다. 따라서 자기 분수에 맞는 직위에서 분수를 지킬 것을 강조하고 있다.

『 율곡의 정치사상

수기(修己)와 치인(治人), 그리고 자선(自善)과 겸선(兼善)을 같이 행함이 유교 정치의 목표인 동시에, 도덕과 정치를 똑같이 중시하며 긴밀히 그 관계를 중요시하였다.

그러나 요즘 유학자 중에서 도덕에만 편중하고 정치를 등한시하는 경향이 있다. 또 다른 편으로는 정치에 편중하고 도덕에 등한한 선비가 있음을 통탄하면서 유교의 근본정신으로 돌아와서 수기와 학문도 중요하지만 정치와 겸선을 등한시해서는 안 된다고 주장하는 것이 율곡의 정치사상이요, 그의 철학이었다.

율곡은 철인정치인이요, 또한 교육가요, 경세제민의 실천주의자였다. 그의 이상과 경세의 목표는 물론 성현의 정치에 있었고 인의(仁義)를 중심으로 한 왕도정치에 있었다.

이런 이상을 실천하려면 먼저 정치와 권력의 최고봉인 왕이 먼저 철인정치인이 되지 않으면 안 된다고 믿고, 이러한 것은 서둘러서 되는 것이 아니고 왕을 서서히 철인 군주로 만들어야 한다고 했다. 그래서 선조 2년에 올린 〈옥당진시사소(玉堂陳時事疏)〉에 다음과 같이 썼다.

'인군(仁君)은 작은 몸으로서 억조 만민의 최상에 위치하여 있으므로 그 자신의 총명은 모든 것을 다스릴 수는 없는 일이다. 그래서 옛 성왕은 반드시 국민의 귀를 자신의 귀로 삼아 듣지 않음이 없었고, 국민의 눈을 자기의 눈으로 삼아 보지 않음이 없었으며, 국민의 마음을 자기의 마음으로 삼아 알지 못함이 없었으며, 천지도 크다고 생각되지 않고, 일월도 밝다고 생각되지 않는다.'

율곡은 여기서 유교 정치의 근본을 잘 표현하고 있다. 군주〔왕〕의 자격과 국민과의 관계가 밀접한 정치를 이끄는 데는 그 왕의 학문·덕행이 선정과 악정으로의 갈림길이며, 그 주위의 각부 대신은 이 군주에게 직언·간언을 바쳐서 오로지 현군을 만드는 것이 지름길임을 강조하고 있다.

율곡은 인군을 평하여 다음과 같이 말하였다.

"인군이 자기의 재지(才智)가 특출하여 호걸·현인을 등용하면 정치가 잘되고, 또한 재지가 부족하더라도 어진 신하를 믿으면 잘 다스릴 수 있다고 했으며, 인군이 만일 자기의 총명을 과신하여 신하를 불신하면 어지러워지는 것이요, 또 간사한 무리의 말을 치우쳐 믿어 자기의 이목을 가리게 되면 어지러운 정치가 되는 것이다."

또한 '인의(仁義)'의 도덕정치를 행하면 왕도정치요, '인의'의 이름을 빌려 권모의 책략을 논하고 공리의 욕을 채우려 하면 패도정치라고 주장했다. 군왕이 안으로 욕심이 많고 밖으로 유혹을 받아 자신을 봉양하고 충언을 듣지 않고 자신이 성인인 양하여 멸망에 이르는 자는 폭군이요, 정치를 잘해 볼 생각은 있으나 간사함을 분별하는 두뇌가 없어서 비현비재(非賢非才)를 등용하여 폐단으로 향하는 것은 혼군(昏君)이며, 또한 뜻이 서지 않고 우유부단하여 정사가 진흥치 못해서 낡은 인습을 버리지 않고 지켜 날로 미약해 가는 것은 용군(庸君)이라 했다.

또한 선비로서 임금을 보좌하는 데도 세 가지 종류가 있음을 말하였다. 도덕이 몸에 배어 자기를 미루어 남에게 미치게 하며, 나의 임금을 요순의 임금이 되게 하며, 나의 백성을 요순의 백성이 되게 하며, 사군(事君)과 지신(持身)을 모두 정도(正道)로써 하는 자는 대신(大臣)이요, 나라를 걱정하며 자신을 돌보지 않고 임금과 백성을 위하는 일이라면 쉽고 어려움을 가리지 않고 정성을 다하여 행하되, 정도에는 다소의 탈선이 있다고 하더라도 끝까지 사직을 평안하게 함을 뜻하는 자는 충신(忠臣)이요, 그 위에 있을 때는 그 직분을 생각하고 소임을 맡았을 때는 그 효능을 생각하여 기국(器局)은 비록 그 경국(經國)에 부족하다 하더라도 그 재간은 한관(閒官)을 감당할 만한 자는 간신이다.

대신은 어진 임금을 얻으면 삼대(三代 : 하夏·은殷·주周)의 정치를 회복할 수 있고, 충신은 나라에 위망의 재난을 당하면 제거할 수 있으며, 간신은 유사할 때는 쓸 수 있으나 대임(大任)에는 감당할 수 없을 것이라고 말하고 있는 것을 보아도 율곡의 정치철학, 또는 사상이 인의를 중심으로 한 왕도 사상에 있음을 알 수 있다. 율곡의 정치사상 중에서 빼놓을 수 없는 것이 경제입론(經濟立論)이다. 물론 이외에도 기강·민생·재정·국방·양병, 기타 사회 문제에 대해서 자세한 진단을 내렸으나 특히 경제론에 크게 관심을 보였다.

선조 3년에 시폐(時弊)를 진술한 상소문에서, '백성은 먹는 것에 의지하고, 나라는 백성에 의지하니, 먹는 것이 없으면 백성이 없고, 백성이 없으면 나라가 없음은 이것은 자연의 이치이다.〔民依於食, 國依於民, 無食則無民, 無民則無國, 此心然之理也.〕'라고 한 것을 보아도 율곡이 얼마나 민생 문제에 고민하였는가를 짐작할 수 있다.

『 결론

율곡의 사상은 효(孝)·충(忠)·학(學)·행(行) 네 자로 집약할 수 있다. 불행히도 49세의 한창 활동할 나이에 세상을 떠난 일은 애석하다. 그가 장수하여 후학을 위해서 그 해박하고 다방면의 식견을 이 세상에 폈다면 우리나라를 위해서 얼마나 다행한 일이었을까?

율곡은 당시 사회에서 많은 유학자 중에서도 가장 뛰어난 위인이었으며 또한 경세가였다. 그의 위대함은 비단 학자나 정치가로서뿐만 아니고, 현명한 두뇌와 명석한 사리 판단과 선견지명은 초인적이라 하지 않을 수 없다.

어려운 시대에 처했으면서 현실의 사리를 잘 분석하고 판단하여 거기에 적당한 처방을 내렸을 뿐 아니라, 어떻게 하면 도탄에 빠진 이 나라의 백성들을 근본적으로 구할 수 있을까 하고, 그 방법을 책에서 찾고 고사에서 찾으며 주야로 나라 걱정을 하며 초조히 애민하고 우국한 그 충정의 정신이 위대하다.

물론 율곡의 사상이나 정견 정책이 실지에 옮겨진 것도 있으나 그렇지 못한 것도 많이 있다. 비록 이런 이상의 정치적 실현의 여부가 문제 되지 않고 우리나라에 선현 학자들이 많이 있었지만, 혹은 자기와 정견이 맞지 않는다고 산간전원(山間田園)으로 돌아가서 시와 정서 생활로 여생을 보낸 사람이 있는가 하면, 당파를 만들어 권력의 화신이 된 사람도 부지기수이다. 율곡은 담담하게 국사에 임했고 산간 도피가 아니라 유교 철학의 목표라고 할 수 있는 현실 참여, 도탄의 구제, 적극적인 사회 참여의 실천자로서 더욱 각광 받았다.

학문을 위한 학문이 아니라 국가와 민족을 위한 구국 애민의 학문에 정진한 율곡의 학행(學行)은 실로 위대한 우국 실천의 학자요, 정치가요, 또한 교육과 우민을 위한 선구자라고 하지 않을 수 없다.

조선 519년을 통해서 국가와 민족을 위한 학문을 하고 이를 실제로 실행한 학자 중에서 율곡을 이을 만한 학자는 없으며, 수많은 장군·호걸 중에서 임진왜란 때 그 충혼을 마음 끝까지 발휘한 이순신(李舜臣) 장군보다 더 위대한 인물을 보지 못하였다. 율곡과 충무공의 문무의 양대 위인은 우리 민족의 자랑이요, 정신이요, 길이 받들 민족의 빛이며, 이 나라와 동양의 천지에 비친 민족의 지도자이기도 했다. 나라를 아끼고 어리석은 백성을 깨우치고 보호하며, 그 얼마나 주야로 고심분투하였던가?

율곡의 붓을 애민 우국의 칼날과 같은 직필(直筆)이라고 한다면, 충무공의 보도(寶刀)는 민족을 왜적으로부터 지키는 방패요, 민족을 수호하기 위해서 그 생애를 바친 영웅의 빛이기도 하리라. 그러므로 국가의 위기를 만났을 때 율곡의 '십만양병론(十萬養兵

論)'이 빛을 보는가 하면, 충무공의 우국 충절을 다시금 사모하게
된다. 율곡과 충무공의 정신은 이 민족의 역사와 더불어 영원토
록 길이 빛날 것이다.

사칠론(四七論)의 철학사상 - 율곡전서 권9

1. 답성호원 기일(答成浩原 其一)
- 성호원[1]에게 답하는 글 1

성현의 말씀 중에 혹 가로로 가리킨 것이 있고 혹 세로로 가리킨 것이 있어 각각 그 쓰는 바가 달랐다. 만약에 세로로 말한 것을 가로에 붙이려 한다든가 가로로 말한 것을 세로에 부합시키려 한다면 더러는 그 본뜻을 잃게 된다.

마음은 하나인데, 도심(道心)과 인심(人心)[2]의 두 가지로 나눈 것은 성명(性命)[3]에서 나온 것[도심]과, 형기(形氣)[4]에서 나온 것[인심]을 구별하는 것이다. 정(情) 또한 마찬가지인데, 사단(四端)[5]으로 말하기도 하고 칠정(七情)[6]으로 말하기도 한 것은,

---

1) 성호원(成浩原) : 성혼(成渾). 1535~1598년. 자는 호원, 호는 우계(牛溪)·묵암(默庵). 율곡과 1572년부터 6년간에 걸쳐 사칠이기설(四七理氣說)을 논한 왕복 서신이 있다. 퇴계 이황의 이기호발설(理氣互發說)을 지지하였다.

2) 도심(道心)과 인심(人心) : 이웃집 어린아이가 장차 우물에 빠지는 것을 보고 건져주려고 생각한 것은 도심이다. 그러나 만일 어린아이를 건져줌으로써 보수나 칭찬을 바란다면, 이는 사심(私心)이 섞여서 인심으로 바뀌는 것이니 처음에는 도심이었더라도 끝에 가서는 인심이 되는 것이다. 반대로 배가 고파서 먹으려는 것은 형기(形氣)에서 나온 마음이나 정당한 방법으로 배를 채우는 것은 도심에 어긋나지 않으니, 이는 처음에 인심이었다가 끝에는 도심에 따르게 된다.

3) 성명(性命) : 인성(人性 : 사람의 성품)과 천명(天命 : 타고난 수명).

4) 형기(形氣) : 형상과 기운.

5) 사단(四端) : 사람의 본성에서 우러나는 네 가지 마음씨. 곧 인(仁)에서 우러나는 측은지심(惻隱之心), 의(義)에서 우러나는 수오지심(羞惡之心), 예(禮)에서 우러나는 사양지심(辭讓之心), 지(智)에서 우러나는 시비지심(是非之心)

오로지 이(理)만을 말할 때〔사단〕와 기(氣)를 겸하여 말할 때〔칠
정〕가 다른 까닭이다. 그러므로 인심과 도심이 서로 겸할 수는
없으나 서로 시작과 끝이 될 수 있으며, 사단은 칠정을 겸할 수
없으나 칠정은 사단을 포함한다. '인심은 위태롭고, 도심은 희미하
다.〔人心惟危, 道心惟微.〕'는 데 대한 해설은 주자(朱子)[7]의 말
이 극진하다. 정(情)으로서 완전히 구비한 것은 사단보다는 칠정
이요, 정(情)으로서 순수한 것은 칠정보다 사단이라는 것이 나의
의견이다.

인심과 도심이 서로 시작과 끝이 된다고 하는 것은 무엇을 말
하는 것인가? 지금 사람의 마음이 성명(性命)의 바른 데서 바로
나왔다 하더라도, 더러 이에 순(順)하여 그것을 선(善)으로 완성
시키지 못하고 여기에 사사로운 뜻이 섞이게 된다면 이것은 처음
에는 도심이었다가도 끝에는 인심으로 마치는 반면에, 사람의 마
음이 맨 처음에는 형기(形氣)에서 나왔다 하더라도 정리(正理)에
어긋나지 않은 경우는 진실로 도심에 어긋나지 않는 것이다. 혹
은 처음에 정리에 거스르는 마음이라도 곧 그릇된 줄을 알고 제
재하여 그 욕심을 따르지 않으면 이것은 처음에는 인심이었다가
끝에는 도심으로 마치는 것이다. 대개 인심과 도심은 정(情)과
의(意)[8]를 겸하여 말한 것이지 정(情)만을 가리킨 것이 아니다.
칠정은 사람의 마음이 동할 때 이러한 일곱 가지가 있다는 것을
통틀어서 말한 것이며, 사단은 칠정 중에 선한 한쪽만을 가려서

의 네 가지.

6) 칠정(七情) : 사람의 일곱 가지 감정. 곧 희로애락(喜怒哀樂)과 애오욕(愛惡
欲).

7) 주자(朱子) : 주희(朱熹). 성리학을 대성한 남송(南宋)의 대유학자. 우주에는
이(理)와 기(氣)의 이원(二元)이 있다고 하고, 그 실천 강목으로서 거경(居
敬)·궁리(窮理)의 이대강(二大綱)을 들었다.

8) 의(意) : 정(情)이 일어난 뒤에 헤아리고 생각하는 것.

말한 것이니, 이것은 본래 인심과 도심을 상대적으로 말한 것과
도 같지 않다. 더구나 정(情)은 일어난 그대로이지 헤아리고 비
교해 보는 데까지는 미치지 않은 것인 만큼, 또한 인심과 도심이
서로 시작과 끝이 되는 것과는 같지 않다. 그런데 어찌하여 (사
단 칠정 관계를) 억지로 인심과 도심의 그것에다 서로 준(準)할
수 있겠는가?

이제 사람의 마음을 양변(兩邊)으로 설명하려 한다면 마땅히 인
심과 도심의 설을 따라야 할 것이고, 착한 일변만을 설명하려 한
다면 마땅히 사단의 설을 따라야 할 것이고, 선(善)과 악(惡)을
겸하여 설명하려 한다면 마땅히 칠정의 설을 따라야 할 것이다.
그런데도 쓸데없는 논리를 내세워 마치 세로를 가로에 맞추어서
이러니저러니 할 필요가 있겠는가?

사단과 칠정은 바로 '본연성(本然性)과 기질성(氣質性)' 관계와 같
다. 다시 말해서 본연성은 기질을 겸하여 말한 것이 아니나 기질
성은 도리어 본연성을 겸하는 것이다. 그러므로 사단은 칠정을
겸할 수 없으나 칠정은 사단을 겸한 것이다. 주자의 이른바, "이
(理)에서 발하고, 기(氣)에서 발한다.〔發於理, 發於氣〕"라고 한 말
은 다만 대강(大綱)만을 말한 것인데, 후세 사람들이 너무 심하
게 나누어 전개시킬 줄이야 어찌 알았겠는가? 배우는 이는 그 의
미를 잘 살펴보는 것이 옳다.

퇴계 선생이, "사단은 궁극적으로 선(善)에 귀착되는 것"이라고 하
면서도 또, "칠정에도 선하지 않음이 없다."라고 하였으니, 만약
그렇다면 사단 이외에 또한 선한 정(情)이 있게 되는데 이 정은
어디서 나왔는가? 맹자는 그 대강의 줄거리로 측은(惻隱), 수오
(羞惡), 사양(辭讓), 시비(是非)만 들었고, 기타의 선한 정(情)이
사단이 되는 것은 배우는 이가 마땅히 미루어 알아야 할 것이다.

사람의 정이 어찌 인(仁 : 측은惻隱의 근본), 의(義 : 수오羞惡의 근본), 예(禮 : 사양辭讓의 근본), 지(智 : 시비是非의 근본)에 근본하지 않고 선한 정이 되는 경우가 있겠는가? 〔이 1단은 마땅히 깊이 연구하고 정밀하게 생각하여야 한다〕 선한 정에 이미 사단이 있는 이상 또 사단 밖에 선한 정이 따로 있다면 이것은 사람의 마음속에 두 가지 근본이 있으니, 타당하겠는가?

대저 아직 마음이 일어나지 않은 것〔미발〕은 성(性)이고, 이미 마음이 일어난 뒤는 정(情)이요, 마음이 일어난 뒤에 헤아리고 생각함은 의(意)이다. 마음은 성(性)·정(情)·의(意)의 주재(主宰)가 되므로 '마음이 일어나지 않고 잠재해 있는 것'과 '마음이 이미 일어난 것', 그리고 '마음이 발동한 뒤에 생각하고 헤아리는 것' 등은 모두 마음이라 이를 수 있다. 발(發)하는 것은 기(氣)요, 발하게 하는 까닭은 이(理)이다.

마음이 발할 때 정리(正理)에서 곧바로 나와 기(氣)가 용사(用事)하지 않으면 도심이니 칠정의 선한 일변(一邊)이요, 발할 때 기가 이미 용사하는 것은 인심이니 칠정의 선과 악을 합한 것이다. 이때 기(氣)의 용사를 알고 정밀하게 살펴서 정리에 따르면 인심은 도심에게 명령을 들을 것이지만, 정밀하게 살피지 못하고 오직 되는 대로 내맡기면 정(情)이 승(勝)하고 욕(欲)이 번성하여 인심은 더욱 위태롭고 도심은 더욱 희미해진다. 정밀하게 살피는 것과 살피지 못하는 것은 모두 이 의(意)의 소행이므로 스스로 공부하는 데는 먼저 의(意)에 정성을 기울이는 것보다 앞서는 것이 없다.

이제 만일 "사단은 이발이기수지(理發而氣隨之 : 이가 발함에 기가 여기에 따르는 것)요, 칠정은 기발이이승지(氣發而理乘之 : 기가 발함에 이가 여기에 타는 것)"[9]라고 한다면, 이것은 이(理)와 기(氣)

9) 사단은 이발이기수지(理發而氣隨之)요, 칠정은 기발이이승지(氣發而理乘之) :

두 물(物)이 앞서기도 하고 뒤서기도 하여 서로 대(對)가 되어 두 갈래로 따로따로 나오게 되니, 사람의 마음이 어찌 두 개의 근본이 되는 것이 아니겠는가? 정(情)이 비록 여러 가지이나 어느 것인들 이(理)에서 발하지 않으랴! 다만 그 기(氣)가 용사하여 그것을〔情〕 가리면 악이 되고, 기(氣)에 가려지지 않고 이(理)에 복종하면 선이 된다. 이것으로써 인정한다면 거의 알 수 있을 것이다.

별지(別紙)에 쓴 말은 대개 맞는 말이다. 다만 이른바, "사단과 칠정은 성(性)에서 일어나고, 인심과 도심은 심(心)에서 일어난다." 라고 한 것은 심(心)과 성(性)을 두 갈래로 나누는 병폐가 있는 듯하다. 성은 마음 가운데의 이(理)요, 심은 성을 담고 있는 그릇이니, 어찌 성에서 일어나는 것과 심에서 일어나는 것이 따로 있겠는가? 다시 말해서 인심과 도심이 다 성에서 일어나는데, 기(氣)에 가려지면 인심이고, 기에 가려지지 않으면 도심이다.

퇴계가 주장한 학설.

2. 부문서 (附問書)
- 질문해 온 편지를 덧붙이다

(前略) 이제 퇴계의 ≪성학십도(聖學十圖)≫10) 가운데서 〈심성정도(心性情圖)〉를 보면, 퇴계의 입론(立論) 중간의 일단에 '사단의 정(情)은 이(理)가 발함에 기(氣)가 여기에 따른 것'으로서 본래 스스로 순선(純善)하고 악이 없지만, 반드시 이가 발하여 이루어지지 못하고 기에 가려진 뒤에야 흘러서 불선(不善)이 되는 것이다. 그런데 '칠정(七情)은 기가 발함에 이가 여기에 타는 것'으로서 또한 불선이 없지만 만일 기가 발하여 중(中)을 얻지 못하고 그 이를 멸하면 방종(放縱)하여 악이 된다고 하였다.

이 의론을 추구하면 이기(理氣)의 발(發)이 애초에는 모두 불선함이 없으나 기의 부중(不中)으로 인하여 곧 악에 흐른다고 여긴 것이다. 인심(人心)과 도심(道心) 설(주자의 중용서)이 이미 저와 같이 이발(理發)과 기발(氣發)로 나누어 말하였고, 예로부터 성현(聖賢)들이 모두 이를 따랐으니 퇴계의 의론에는 자연 과오가 없는 것인가? 다시 바라건대, 여기에 통절(痛切)히 토론을 가하여 뜻을 극진히 하고 상세함을 다하여 나의 어리석은 의혹을 풀어 주기를 간절히 빈다.

마음의 허령(虛靈) 지각(知覺)은 하나인데 인심과 도심의 두 가

---

10) 성학십도(聖學十圖) : 퇴계 이황이 선조(宣祖)의 경연(經筵)에서 성학의 대강을 풀이하여 밝히고, 심법(心法)의 가장 중요한 점을 명시하기 위하여 여러 유학자의 도설(圖說)을 인용하고 자기의 의견을 첨부하여 만든 책. 1권.

지 명목이 있음은 어째서인가? 그것은 형기(形氣)의 사사로움에서 생기기도 하고, 성명(性命)의 바른 것에 근원하기도 하여, 이와 기의 발함이 같지 않고, 인심이 위태롭고 도심이 희미한 작용이 각각 다르므로 두 가지 명목으로 하지 않을 수 없다.

그러면 이른바 사단 칠정과 같은 것인가? 지금 도심을 사단이라 함은 옳지만, 인심을 칠정이라 하면 옳지 못하다. 그리고 사단과 칠정은 성(性)에서 발한 것을 말하고 인심과 도심은 마음에서 발한 것을 말함이니, 그 명목과 의미 사이에 조금 같지 않음이 있다고 본다.

바라건대, 한마디로 바른 뜻을 알려 주는 것이 어떻겠는가? 인심과 도심의 발함이 본시부터 주기(主氣)와 주리(主理)의 같지 않음이 있으니, 당우(唐虞 : 요순) 시대의 여러 가지 의론이 없을 때부터 이미 이 말이 있어 성현의 종지(宗旨)에 모두 두 가지로 말하였다. 그런즉 지금 사단 칠정의 그림을 만들면서, "이에서 발하고 기에서 발한다"라고 말한 것이 무엇이 옳지 못한가?

이와 기가 호발(互發)함이 정작 천하의 정리(定理)가 되고, 퇴계의 견해 또한 스스로 정당한 것인가? 그러나 '기가 따르고〔氣隨之〕 이가 탄다〔理乘之〕'는 설은 정말 너무 길게 늘어놓았다가 이론에 어긋난 듯하다.

내 생각에는 사단과 칠정을 대대적(對待的)으로 말할 때는 '사단은 이에서 발하고〔四發於理〕, 칠정은 기에서 발한다〔七發於氣〕'고 할 수 있지만, 성정의 그림을 만들 때는 그것을 세분할 것이 아니라, 다만 사단과 칠정을 모두 정(情)의 권중(圈中)에 두고서 거기에다가 해설하기를, '사단은 칠정 가운데 이일변(理一邊)에서 발한 것을 가리켜 말함이요, 칠정이 중절(中節 : 규범에 맞는 것)하지 못한 것은 기가 지나치거나 미치지 못하여 악으로 흐른 것이라……'고 한다면, 이와 기가 발하는 데 혼동되지 않고 두 가지로 분개(分開)될 염려도 없을 것이다. 그렇지 않겠는가? 아울러 상세히 연구하여 알려 주기를 빈다.

3. 답성호원 기이(答成浩原 其二)
- 성호원에게 답하는 글 2

'희로애락(喜怒哀樂)이 발하지 않을 적에도 선과 악이 있다고 말할 수 있다'는 것은 매우 부당하다. 희로애락이 발하지 않을 때를 '중(中)'이라 하고, 중은 천하의 대본(大本)이니 어찌 선악이 있다고 말할 수 있겠는가? 중인(衆人)의 마음은 혼미(昏迷)하지 않으면 반드시 산란하여 대본이 서지 못하였으므로 중(中)이라 할 수 없다. 다행히 일순간에 혹 미발(未發)할 때가 있으면, 이때에는 전체가 담연(湛然)하여 성인(聖人)과 다르지 않으나 순식간에 다시 그 체(體)를 잃어버리게 되어 혼란해지므로 그 중(中)을 얻지 못한다. 그 혼미하고 산란해지는 까닭은 기질에 구애되기 때문이다. 만약 "기질에 구애되어 대본을 세울 수 없다"고 말하면 옳지만, "미발할 때도 악의 싹과 징조가 있다"고 말하면 매우 옳지 못하니, 대개 혼미해진다든가 산란해진다든가 하는 것은 미발이라 할 수 없다.

정자(程子)11)의 말에 "사람이 태어남에 기(氣)가 선천적으로 있어 이(理)에 선악이 있다." 하였으니, 이것은 사람들에게 매우 절실하게 여덟 글자로 깨우쳐 주는 곳이다. 여기에 그 이른바 '이

---

11) 정자(程子) : 중국 송(宋)나라의 유학자 정호(程顥)·정이(程頤) 형제에 대한 존칭. 우주의 본성과 사람의 성이 본래 동일한 것이라고 하였다. 처음으로 이기(理氣)의 철학을 제창하였으며, 유교 도덕에 철학적 기초를 부여하였다.

(理)'라고 한 것은 기(氣)를 타고〔乘〕 유행하는 이를 말하고, 이
(理)의 본연을 말한 것은 아니다. 본연의 이는 정작 순선(純善)
이나 기를 타고 유행할 때는 그 나누어짐이 만 가지로 다르고 기
품에는 선악이 있으므로 이에도 선악이 있다.

심성정도(心性情圖)

선악의 정은 외물(外物)에 감응하여 동(動)하지 않음이 없다. 다만 그 감
응에는 정(正)과 사(邪)가 있고, 그 동할 때는 중(中)도 있고 과불급(過不
及)도 있으니, 여기서 선악의 구분이 있게 된다.

○ 이것은 '희(喜)・노(怒)・애(哀)・구(懼)・애(愛)・오(惡)・욕
(欲)'의 정이 발하면서 형기에 가려지지 않고 바로 그 성(性)의
본연을 이루는 것이다. 그러므로 선하여 절(節)에 맞으니, 그것
이 인・의・예・지의 단서가 됨을 볼 수 있다. 곧장 발하므로
[直發] 바로 내려쓴 것이다.

○ 이것은 '희・노・애・구・애・오・욕'의 정이 발하면서 형기에
가려져 그 성의 본연을 잃어버리는 것이다. 그러므로 악하여 절
에 맞지 않으니, 그것이 인・의・예・지의 단서가 됨을 볼 수
있다. 비켜서 발하므로[橫發] 옆으로(오른쪽) 쓴 것이다.

이(理)의 본연은 순선(純善)일 뿐이나 기(氣)를 탈 때 온갖 방면
으로 한결같지 않아서 맑고 깨끗하고 지극히 귀한 물건이나 지저
분하고 더러우며 지극히 천한 곳까지도 이가 없는 곳이 없는데,
맑고 깨끗한 곳에 있으면 이도 맑고 깨끗한데, 지저분하고 더러
운 곳에 있으면 이도 지저분하고 더러워지는 것이다. 만일 지저
분하고 더러운 것을 이의 본연이 아니라고 한다면 옳지만, 그렇
다고 지저분하고 더러운 물건에 이가 없다고 해서는 안 된다.
대개 본연은 이(理)의 일(一)이요, 유행은 분화의 다른 것이니
유행하는 이를 버리고 따로 본연의 이를 구함은 본시 옳지 않거
니와, 만일 이에 선악이 있음을 이의 본연이라고 생각하면 또한
옳지 못하다. '이일분수(理一分殊)' 네 글자를 가장 깊이 생각해
야 한다. 한갓 이가 일(一)이라는 것만 알고 나뉨의 다른 것을 모
른다면 이는 석씨(釋氏 : 부처)가 작용을 성(性)이라 여겨 함부로
방자(放恣)한 것과 같은 것이고, 한갓 분화의 다른 것만 알고 이
가 일(一)임을 모른다면 이는 순자(荀子)12)와 양자(揚子)13)의

---

12) 순자(荀子) : 순경(荀卿). 중국 전국 시대의 유학자. 맹자의 성선설(性善說)
에 대하여 성악설(性惡說)을 제창하였다.
13) 양자(揚子) : 양웅(揚雄). 중국 한(漢)나라의 학자. 자는 자운(子雲). 성선악

성(性)이 악하다느니〔荀子說〕 성이 선과 악을 혼합하였다느니〔揚子說〕 하는 것과 같은 것이다.

전날의 편지에, "미발(未發)할 때도 불선(不善)의 싹이 있다"라고 한 것은 다시 생각해보니 매우 크게 잘못된 것을 발견하였다. 우리 성형(成兄 : 성혼)께서 대본(大本)을 모르는 것은 병근(病根)이 바로 여기에 있다. 미발은 성(性)의 본연이요, 태극의 묘함이요, 중(中)이요 대본이니, 여기에도 역시 불선의 싹이 있다면 이것은 성인만 대본이 있고 보통 사람은 대본이 없는 것이 되고, 맹자의 성선설(性善說)이 헛소리가 되어 사람마다 요순(堯舜)이 될 수 없을 것이다.

그리고 자사(子思)14)는 《중용(中庸)》에서 왜 '군자의 희로애락이 미발한 것을 중(中)이라고 한다'라고 말하지 않고 범연하게 '희로애락의 미발을 중이라 한다'고 하였는가? 형의 견해가 참으로 옳지 않으니 마땅히 빨리 고쳐야 한다.

앞에서 논한 것은 더러 선현이 아직 발견하지 못한 것이 있으니 우리 성형을 만나지 않았더라면 변론(辯論)이 여기에까지 이르기가 쉽지 않았을 것이다. 여기서 서로 일치되면 다른 것도 다 일치되리라. 소위 지금의 학자 중에도 어찌 총명하고 말재주 있는 사람이 없으랴마는 이 이론을 이야기할 자는 별로 많이 보지 못하였고, 이 논의를 보고 괴이하게 여겨 웃지 않을 자도 적을 것이다.

혼효설(性善惡混淆說)을 주장하였다.

14) 자사(子思) : 공자(孔子)의 손자이며, 증자(曾子)의 제자이고, 맹자의 스승이다. 성(誠)을 천지와 자연의 법칙으로 삼고, 천인합일(天人合一)의 철학을 제창하였다.

4. 답성호원 기삼(答成浩原 其三)
– 성호원에게 답하는 글 3

(前略) 대저 이(理)는 기(氣)의 주재(主宰)요, 기(氣)는 이(理)가 타는〔乘〕 바이니, 이가 아니면 기가 뿌리내릴 곳이 없고, 기가 아니면 이가 의지할 데가 없다. 이와 기는 이미 두 물건도 아니요 또 한 물건도 아니다. 한 물건이 아니므로 하나이면서도 둘이요〔一而二〕, 두 물건이 아니므로 둘이면서도 하나이다〔二而一〕.

왜 이기(理氣)가 한 물건이 아니라 하는가? 이기가 비록 서로 떠나지 못하나 묘하게 합한 가운데서도 이는 이 자체가 있고, 기는 기 자체가 있어 서로 뒤섞이지 않으므로 한 물건이 아니다. 그러면 왜 두 물건이 아니라 하는가? 비록 이는 본래 이요, 기는 본래 기라 하더라도 서로 선후도 없고 떨어지고 합한 것도 없이 혼연하여 두 물건으로 볼 수 없으므로 두 물건이 아니다. 그러므로 동(動)과 정(靜)이 끝이 없고, 음(陰)과 양(陽)은 시작이 없으니, 이가 처음이 없으므로 기도 처음이 없는 것이다.

대저 이(理)는 하나일 뿐이다. 본래가 편벽되고 바른 것〔偏正〕, 통하고 막힌 것〔通塞〕, 맑고 탁한 것〔淸濁〕, 순수하고 잡박한 것〔粹駁〕들의 구분이 없지만 이를 태운〔乘〕 기는 올랐다 내렸다 쉬지 않고 비양(飛揚)하여, 이리저리 뒤섞여서 이것이 천지 만물을 낳는데, 혹 바르고 혹 편벽되며, 혹 통하고 혹 막히며, 혹 맑고 혹탁하며, 혹 순수하고 혹 잡박하다. 이는 비록 하나이나 이미 기에 탔으므로 그 나눔이 만 가지로 다르다.

그러므로 천지에 있어서는 천지의 이가 되고, 만물에 있어서는 만물의 이가 되고, 사람에 있어서는 사람의 이가 되니, 그렇다면 이렇게 만 가지로 다른 것은 기 때문이다. 비록 기 때문이라고 하나 여기에는 반드시 이가 있어 주재(主宰)하는 것이니, 만 가지로 다른 까닭도 역시 이가 당연히 그러한 것이지, 이는 그렇지 않은데 기만 홀로 그러한 것은 아니다.

천지와 사람과 만물에 각각 그 이(理)가 있으나 천지의 이가 곧 만물의 이요, 만물의 이가 곧 사람의 이이니, 이것이 소위 '통체 일태극(統體一太極)'이다. 비록 일리(一理)라 하더라도 사람의 성(性)이 만물의 성이 아니며, 개〔犬〕의 성이 소〔牛〕의 성이 아니니, 이것이 이른바 '각일기성(各一其性)'이라는 것이다.

근본을 찾으면 이와 기는 천지의 부모요, 천지는 또 사람과 만물의 부모이다. 천지는 지극히 바르고 지극히 통한 기를 받았으므로 정성(定性)이 있어 변함이 없고, 만물은 편벽(偏僻 : 正의 반대)되고 막힌〔塞 : 通의 반대〕 기를 받았으므로 역시 정성이 있어 변함이 없다. 그러므로 천지 만물(天地萬物)15)은 다시 수위(修爲 : 닦고 행하는 것)할 도리가 없다. 오직 사람은 바르고 또 통한 기를 받았는데 청탁(淸濁), 수박(粹駁)은 만 가지로 같지 않아 천지의 순일(純一)함과는 같지 못하나, 다만 마음이 허령통철(虛靈洞徹)하여 온갖 이치가 갖추어져 있으므로 탁한 것도 청(淸)으로 변하게 할 수 있고, 잡된 것도 순수로 변하게 할 수 있다. 그러므로 수양하는 공부는 사람만이 가져서 수양의 극치(極致)에는 천지를 정위(定位)케 하고 만물을 육성하는 것이니, 이렇게 된 연후에야

---

15) 천지 만물(天地萬物) : 동물은 편벽(偏僻)이며 식물 등은 막힘이요, 청탁 (淸濁)과 잡박(雜駁)은 사람에게 속한다.

우리의 할 일을 다 하게 되는 것이다.

사람 가운데도 성인(聖人)이 있어서 홀로 지극히 통하고, 지극히
바르고, 지극히 맑고, 지극히 순수한 기(氣)를 타고나서 덕이 천
지와 합치하므로, 성인도 역시 (천지와 마찬가지로) 정성(定性)이
있어 변함이 없다. 정성이 있어 변함이 없는 뒤에야 참으로 사람
다움을 다하게 되는 것이라고 말할 수 있다. 그러므로 천지는 성
인의 준칙(準則)이며, 성인은 범인(凡人)의 준칙이다. 이른바 '수
양' 방법은 성인이 이미 보여 준 법칙〔規矩〕을 따르는 데에 불과
할 뿐이다.
만물 같은 것은 그 성(性)이 온전한 덕을 받지 못하고 그 마음이
모든 이치를 통할 수 없다. 초목은 아주 막혔으니 본래 말할 것도
없으며, 동물은 혹 한 줄기의 길은 통하여 호랑이와 이리는 제 어
미를 알며〔仁〕, 벌과 개미는 군신(君臣)을 알며〔義〕, 날아가는
기러기의 행렬은 형제의 차례가 있으며, 저구(雎鳩 : 비둘기)는 부
부의 분별이 있으며〔禮〕, 나무에 둥지를 짓는 새는 바람 부는 것
을 미리 알고, 구멍에 사는 벌레는 비 오는 것을 미리 알며〔智〕,
철 따라 사는 벌레는 때를 어기지 않지만〔信〕 이것들은 수위(修
爲)로서 모두 변통할 도리가 없다. 그러므로 만물들이 각각 제
성(性)을 이루게 하는 것은 다만 사람들이 천지에 참여하여 조화
육성을 도와주는 데 달려 있을 뿐이다.
대개 사람이 천지의 주재를 받아서 성(性)이 되고, 천지의 색
(塞 : 기氣)을 나누어 형체가 되었으므로 우리 마음의 작용이 곧
천지의 조화이다. 천지의 조화는 그 근본이 둘이 아니므로 우리
마음이 발하는 데도 근원이 둘이 있을 수 없다. 사람이 태어나서
정(靜)한 것은 천(天)의 성(性)이요, 사물에 감동됨은 성(性)의
욕(欲)이다. 감동할 때에 인(仁)에 있으려 하고, 의(義)로 말미

암으려 하며, 예(禮)에 돌아가고자 하며, 이치를 알려 하며, 신실(信實)하려고 하며, 어버이에게 효도하려고 하며〔父子有親〕, 임금에게 충성하려 하며〔君臣有義〕, 가정을 올바르게 하고자 하며〔夫婦有別〕, 형을 공경하고자 하며〔長幼有序〕, 친구에게 간절히 믿음과 충고를 하려 하는〔朋友有信〕 이런 것들은 '도심(道心)'이라고 한다. 감동된 것은 본래 형기(形氣)이지만 그 발하는 것이 인의예지의 정(正)에서 직접 나와 형기가 가리지 못하므로 이(理)를 위주로 삼아 이것을 도심이라 말하는 것이다.

배가 고플 때 먹으려 하며, 추울 때 입으려 하며, 목이 마를 때 마시려 하며, 가려울 때 긁으려 하며, 눈은 사물을 보고자 하며, 귀는 듣고자 하며, 사지(四肢)가 편안하기를 원하는 이러한 것들은 '인심(人心)'이라고 한다. 그 근원은 비록 천성에서 나왔지만 그 발하는 것이 이목(耳目)과 사지(四肢)의 사(私)에서 나와 천리의 본연이 아니므로 기(氣)를 위주로 삼아 이것을 인심이라 말하는 것이다.

도심의 발함은 마치 불이 처음 타는 것이나 샘물이 처음으로 솟는 것과 같아서 얼른 보아 알기 어려우므로 '도심은 희미하다〔道心惟微〕'는 것이요, 인심의 발함은 마치 매〔鷹〕가 묶어 놓은 끈을 풀어버린 것이나 말이 굴레를 벗은 것과 같아서 날뛰어서 제어하기 어려우므로 '인심은 위태롭다〔人心惟危〕'고 하는 것이다.

인심과 도심은 비록 이름은 둘이나 그 근원은 다만 일심(一心)이다. 그 발함이 이의(理義)를 위하기도 하고 식색(食色)을 위하기도 하므로 그 발함에 따라서 그 이름을 달리했다. 만일 보내온 형의 편지에 말한 바와 같이 '이와 기가 서로 발한다'면 이것은 이와 기가 두 물건으로 각각 마음 가운데 뿌리가 되어 미발(未發)할 때에 이미 인심과 도심의 싹이 있는 만큼, 이가 발하면 도심이 되고 기가 발하면 인심이 될 것이다. 그렇다면 우리의 마음에 두 뿌리가 있는 것이니, 어찌 크게 잘못된 말이 아니겠는가?

주자의 말에, "마음의 허령지각(虛靈知覺)은 오직 하나일 뿐이다."라고 하였는데, 형은 어디에서 이 '이기호발(理氣互發) 설'을 얻었는가? 주자의 이른바, "혹은 성명(性命)에서 근원하며 혹은 형기(形氣)에서 나왔다.〔或原或生〕"라는 말은 마음의 이발(已發)을 보고 한 말이다.

이의(理義)를 위하여 발한 것을 보고는, '어디로부터 이 이의의 마음이 나왔는가?' 하고 그 원인을 추구하여 '이것은 성명이 마음에 있으므로 이러한 도심이 있는 것이다'라고 결론을 맺었다. 이와 반대로 식색(食色)을 위하여 발하는 마음에 대하여는, '무엇 때문에 이러한 식색의 생각이 있나?' 하고 그 원인을 추구하여 '이것은 형체가 혈기(血氣)로 되었기 때문에 이러한 인심이 있다'고 결론을 맺은 것이다. 그러니 '이기호발' 설과 같이, 혹은 이발하고 혹은 기발하여 대본(大本)이 일정하지 않다는 말이 아니다. 대저 '발(發)하는 것은 기(氣)요, 발하는 소이는 이(理)이니, 기가 아니면 능히 발하지 못하고, 이가 아니면 소발(所發)이 없어서〔'발發'자 이하 23자는 성인이 다시 나와도 이 말을 바꾸지 못한다〕 선후도 없고 떨어지고 합한 것도 없으니 호발(互發)이라 말할 수 없다. 다만 인심과 도심은 혹 형기로 혹 도의로 나뉘어 그 근원은 비록 하나이면서도 그 말단이 이미 갈라졌으니 인심과 도심을 양변(兩邊)으로 설명하지 않을 수가 없지만, 사단과 칠정은 그렇지 않은 점이 있다.

사단은 칠정의 선한 일변(一邊)이요, 칠정은 사단의 총회(總會 : 집합체)이니, 어찌 일변과 집합체를 대대적으로 말할까? 주자의 '이(理)에 발하고 기(氣)에 발한다'는 설은 뜻이 반드시 다른 데 있는데, 지금 사람들은 그 뜻을 터득하지 못하고 다만 그 설만을 지켜 분개(分開)하여 끌어대니 어찌 갈수록 참뜻을 잃어버리는 데 이르지 않겠는가? 주자의 본의는 역시 '사단은 이만을 오로지 말하고, 칠정은 기를 겸하여 말한 것이다'라는 데 불과할 뿐이지, '사단은 이가 먼저 발하고, 칠정은 기가 먼저 발한다'라는 말은 아니다.

퇴계는 이것으로 말미암아 이론을 세워, "사단은 이가 발함에 기가 따르고, 칠정은 기가 발하는 데 이가 탄다.〔乘〕"라고 하였으니, 이른바 '기가 발하는 데 이가 탄다'는 말은 옳다. 그러나 칠정만 그런 것이 아니라 사단도 역시 기가 발하는 데는 이가 타는 것이다. 어린아이가 우물에 빠지는 것을 본 뒤에야 측은한 마음을 발하게 되는 만큼, 그것을 보고서 불쌍히 여기는 것은〔惻隱之心〕기(氣)이니 이것이 이른바 '기발(氣發)'이며, 측은한 마음의 근본은 인(仁)이니 이것이 이른바 '이승(理乘)'이다.

사람의 마음만 그런 것이 아니라 천지의 조화도 기(氣)가 화(化)하는 데 이가 타지 않는 것이 없다. 그러므로 음과 양이 동(動)하고 정(靜)하는 데에 태극이 타는 것이니, 여기에는 이와 기가 앞이니 뒤이니 말할 것이 없다. 그러나 '이가 발하는 데에 기가 따른다'는 말은 분명히 선후가 있는 것이니, 이것이 어찌 이(理)를 해치는 것이 아니겠는가? 천지의 조화는 곧 우리 마음에서 발하는 것이니, 천지의 조화에 이화(理化)·기화(氣化)의 구별이 있다면 우리의 마음에 이발(理發)·기발(氣發)의 구별이 있겠지만, 천지에 이미 이화·기화가 따로 있지 않은 이상 우리 마음에 어찌 이발과 기발이 따로 있겠는가?

만일 우리 마음이 천지의 조화와는 다르다고 하면 그런 말은 내가 알 바가 아니다.〔이 대목이 가장 잘 깨쳐야 할 부분인데, 여기에는 서로 합치하지 않으면 아마도 귀일歸—될 기일이 없을 듯하다〕그리고 주자의 소위 '이(理)에서 발한다'는 것은 '성(性)이 발하여 정(情)이 된다'는 말과 같거니와, 만일 '이가 발함에 기가 따른다

〔退溪說〕'16)고 하면 이것은 처음 겨우 발할 때는 기가 상관이 없다가 이미 발한〔理〕 뒤에야 따라서 발하는〔氣〕 것이 되니 이것이 어찌 이치에 맞는 말이겠는가?

퇴계가 기명언(奇明彦)17)과 사단 칠정에 대해서 논한 것이 무려 1만여 자(字)이나, 기명언의 논의는 분명하여 어세가 마치 대〔竹〕를 쪼개는 것 같고, 퇴계는 변설(辨說)이 비록 상세하나 의리가 밝지 않아서 반복해서 음미해 보아도 마침내 적실(的實)한 맛이 없으니, 기명언의 학식이 어찌 감히 퇴계에 따를까마는 다만 재주와 지혜가 있어서 우연히 이것을 알아냈을 뿐이다.

가만히 살피건대, 퇴계의 뜻은 '사단은 안에서 발하고, 칠정은 밖에서 느껴 발한다'라고 여겨 이것으로 선입견을 삼았고, 주자의 '이에서 발하고, 기에서 발한다〔發於理, 發於氣〕'라는 설을 주장하고 부연하여 많은 갈등을 만들어 냈으니, 항상 읽을 때마다 정견(正見) 가운데 한 가닥 흠이라고 개탄하지 않은 적이 없다.

≪주역≫에 말하기를, "적연히 움직이지 않다가 감(感)하여 마침내 통한다.〔寂然不動, 感而遂通.〕"라고 하였으니, 비록 성인의 마음이라 하더라도 느끼지 않고 스스로 동(動)하는 경우는 없고 반드시 느낌이 있어야 동하는 것이니, 느끼는 바는 모두가 외물(外物)이다. 왜 그런가 하면 어버이에게 느끼면 효(孝)가 동하고, 임금에게 느끼면 충(忠)이 동하고, 형에게 느끼면 경(敬)이 동하나니, 어버이·임금·형이 어찌 마음 안에 감추어진 이(理)이겠

---

16) 이가 발함에 기가 따른다[退溪說] : 주자의 발어이발어기설(發於理發於氣說)은, '성(性)이 발하여 정(情)이 된다'라는 것과 같이 '이(理)가 발함에 기(氣)가 따른다'는 것이다. 이것이 발전하여 '이기호발설(理氣互發說)'이 탄생하였다.

17) 기명언(奇明彦) : 기대승(奇大升). 1527~1572년. 조선 초기의 성리학자. 호는 고봉(高峰), 자가 명언.

는가?

천하에 어찌 (밖에서) 느낌이 없이 안으로부터 스스로 발하는 정(情)이 있겠는가? 다만 그 느끼는 바가 정(正)도 있고 사(邪)도 있으며, 그 동함이 지나침도 있고 미치지 못함도 있어, 여기에 선악의 구분이 있을 뿐이다. 지금 만일 '사단은 밖에서 감(感)하기를 기다리지 않고도 안에서 스스로 나온다'라고 하면 사단이 되는 만큼, 이것은 어버이가 없어도 효가 발하고, 임금이 없어도 충(忠)이 발하고, 형이 없어도 경(敬)이 발한다는 것이니, 어찌 사람의 진정이겠는가?

지금 측은(惻隱 : 사단의 머리인 이理)만 두고 말하더라도, 어린아이가 우물에 빠지는 것을 본 연후에야 이 측은한 마음이 발하는 것이니, 느끼게 하는 것은 어린아이이다. 어린아이는 외물이 아닌가? 어찌 어린아이가 우물에 빠진 것을 보지 않고 측은만 스스로 발하는 자가 있겠는가? 만약에 그런 것이 있다면 이것은 마음의 병에 불과할 뿐이지 사람의 정(情)은 아니다.

대저 사람의 성(性)에는 인(仁 : 측은惻隱의 근본)·의(義 : 수오羞惡의 근본)·예(禮 : 사양辭讓의 근본)·지(智 : 시비是非의 근본)·신(信 : 사단에 공통된 것) 다섯 가지가 있을 뿐이니, 다섯 가지 이외에는 다른 성이 없고, 정(情)에는 희(喜)·노(怒)·애(哀)·구(懼)·애(愛)·오(惡)·욕(欲) 일곱 가지가 있을 뿐이니, 일곱 가지 이외에는 다른 정이 없다. 사단은 다만 선정(善情)의 다른 이름일 뿐이고, 칠정은 말하자면 사단이 그(칠정) 가운데 들어 있는 것이니, 인심·도심과 같이 대대적(對待的)으로 이름 지어진 것과 같은 것이 아니다. 형이 반드시 같이 견주려고 하는 것은 무슨 까닭인가?

대개 인심·도심은 대대적으로 이름 지은 것이니 이미 도심이라고 하면 인심이 아니요, 이미 인심이라고 하면 도심이 아니므로

양변(兩邊 : 인심·도심)으로 말할 수 있지만, 칠정은 이미 사단을
그 가운데에 내포하였으니 사단은 칠정이 아니라든지, 칠정은 사
단이 아니라고 말할 수 없다. 어찌 양변으로 나눌 수 있겠는가?
'칠정이 사단을 포함하였다'는 것도 형은 아직 깨닫지 못하였는가?
대개 사람의 정이 마땅히 기뻐할 때 기뻐하고, 상사(喪事)를 당
해서는 슬퍼하고, 친한 이를 보면 사랑하고, 진리를 보면 궁구하
려 하고, 어진 이를 보면 그와 같아지려 하는 것은〔이상은 희애애
욕喜哀愛欲의 네 가지 정이다〕인(仁)의 단서〔端〕요, 성낼 자리에 성
내고 미워할 사람을 미워하는 것은〔노오怒惡의 두 가지 정이다〕의
(義)의 단서요, 존귀한 이를 보고 두려워하는 것은〔구懼의 정이
다〕예(禮)의 단서요, 희·노·애·구가 발할 때를 당하여 마땅
히 기뻐해야 할 바와, 마땅히 성내야 할 바와, 마땅히 슬퍼해야
할 바와, 마땅히 두려워해야 할 바를 알고,〔이것은 시是에 속한다〕
또 마땅히 기뻐하지 말아야 할 바와, 마땅히 성내지 말아야 할 바
와, 마땅히 슬퍼하지 말아야 할 바와, 마땅히 두려워하지 말아야
할 바를 아는 것은〔이것은 비非에 속하는데 칠정을 합하여 그 옳고
그른 것을 아는 정이다〕지(智)의 단서이니, 선정(善情)의 발하는
것을 하나하나 들 수 없으나 대개가 이와 같다.
여기에 사단으로써 칠정에 준한다면 측은(惻隱)은 애(愛)에 속하
고, 수오(羞惡)는 오(惡)에 속하고, 사양(辭讓)은 구(懼)에 속하
며, 시비는 그 희(喜)·노(怒)의 마땅함과 마땅치 않음을 아는
정(情)에 속하니 칠정 이외에는 사단이 따로 있는 것이 아니다.
그러므로 사단은 도심만 오로지 말한 것이요, 칠정은 인심과 도
심을 합쳐서 말한 것이다. 그러니 인심과 도심이 양변(兩邊)으로
나누어진 것과는 아주 다른 것이 아닌가?

'성(性)에 주리(主理)와 주기(主氣)가 있다'고 한 형의 설은 비록

무해(無害)한 듯하나 아마도 병근(病根)이 여기에 감춰져 있는 듯하다. 본연지성(本然之性)은 오로지 이(理)만 말하고 기(氣)에는 미치지 않았으며, 기질지성(氣質之性)은 기를 겸하여 말하는데 이가 그 가운데 포함되어 있는 것이니, 또한 주리·주기설로써 범연히 양변으로 나누어서는 안 된다. 본연지성과 기질지성을 양변으로 나눈다면 모르는 사람은 어찌 두 가지 성(性)이 있는 줄로 여기지 않겠는가? 그리고 사단을 주리라 함은 옳지만, 칠정을 주기라 할 수는 없다. 칠정은 이기를 포함하여 말한 것이니 주기가 아닌 것이다.〔인심과 도심에는 주리니 주기니 하는 말을 붙일 수 있지만, 사단과 칠정에는 이처럼 말할 수 없는데, 그 이유는 사단은 칠정 가운데 들어 있고, 칠정은 이와 기를 겸했기 때문이다〕

자사(子思)는 성정(性情)의 덕을 논하여 말하기를, "희로애락이 아직 발하지 않은 것을 중(中)이라 하고, 발하여 모두 중절(中節)함을 화(和)라 이른다.〔喜怒哀樂之未發 謂之中, 發而皆中節 謂之和〕"라고 하였으니, 여기에는 칠정만을 들었고 사단은 들지 않았다. 만일 형의 말처럼 '칠정이 주기가 된다'라고 하면 자사가 대본(大本)·달도(達道)를 말하면서 이(理) 일변(一邊)을 알지 못한 것이니, 어찌 큰 결함이 되지 않겠는가? 도리가 광대하여 정의 내리기가 가장 어려우므로 말이 비록 병통이 없다 하더라도 보는 사람이 자기 생각을 가지고 마구 가슴속에 넣어 억지로 끌어 붙이면 큰 병통이 되지 않을 수가 없다. 그러므로 성현의 말을 빌려서 후학을 그르치는 일도 역시 있다.

정자(程子 : 정호程顥)가, "기(器 : 형이하)도 도(道 : 형이상)요, 도도 기이다.〔器亦道, 道亦器〕"라고 말하였다. 이것은 이(理)와 기(氣)가 서로 떠날 수 없다는 것을 말한 것인데 보는 사람은 그만 이와 기가 일물(一物)이라고 여기고, 주자가, "이와 기는 결단코 이물(二物)이다."라고 한 것은 이와 기가 서로 뒤섞이지 않는 것을 말한 것인데, 보는 사람은 그만 이와 기에 선후(先後)가 있다고 여긴다. 근래에 소위 '성(性)이 먼저 동(動)하느니, 심(心)이 먼저 동하느니' 하는 말은 본래 이를 것도 없거니와 나정암(羅整庵)[18]과 같은 고명하고 탁월한 견해를 가진 이도 이와 기를 일물(一物)로 아는 병통이 조금 있고, 퇴계와 같이 정밀하고 꼼꼼하며 신중하고 빈틈이 없는 분은 근대에는 없지만 그의 '이발기수(理發氣隨)' 설은 역시 이와 기를 선후가 있게 보는 병통이 조금 있다. 노선생(老先生 : 퇴계)이 돌아가시기 전에 내가 이런 말을 듣고 마음으로는 그 그릇된 줄을 알았지만, 다만 나이가 어리고 공부가 얕으므로 감히 질문하여 일치(一致)를 보지 못하였는데, 매양 이것을 생각할 때마다 통한(痛恨)치 않은 적이 없다.

전일에 형과 이기(理氣)를 논할 적에 소견이 서로 다르지 않기에 마음이 기쁘고 다행하여, '우리 두 사람이 큰 근본에 대해서는 비록 참으로 알았다고 할 수는 없으나, 역시 그 명의(名義)만은 알았다고 할 수 있다'고 생각하였다. 지금 온 편지를 보니 점점 이와 기를 두 갈래로 보는 병통에 내달리는 것 같으니, 이것은 장랑의 기둥[長廊柱][19]을 두 번째로 헤아리다가 오히려 그르친 것인가? 어찌 견해가 일정하지 않은가?

형이 이미 명언(明彦)과 나의 말을 명백하고 직절(直截)하다고 여기면서 다시 이러한[이기호발설理氣互發說][20] 도리도 있다고 의심

---

18) 나정암(羅整庵) : 나흠순(羅欽順). 1465~1547년. 중국 명(明)나라 때 유학자. 호가 정암. 이기일체론(理氣一體論)을 주장하였다.

19) 장랑의 기둥[長廊柱] : 장랑의 많은 기둥을 처음 헤아리고 의심이 나서 두 번째로 헤아린 결과 처음과 같지 않아서 세 번째로 헤아리다가 처음이 맞으면 두 번째가 틀렸다는 송나라 학자의 말을 인용한 것.

20) 이기호발설(理氣互發說) : 성리학의 심성론(心性論)에서 정(情)에 속하는 사단과 칠정을 각각 이(理)의 발현과 기(氣)의 발현으로 구분하는 퇴계의 주장.

까지 하니 더욱 모를 일이다. 두 가지 설에서 하나가 옳으면 하나는 그른 것이요, 둘이 다 옳다고 할 수는 없다. 만일 도리에 이미 이러한 것이 있고 또 저러한 것이 있다고 하면, 이는 단것도 쓰다고 말할 수 있고 흰 것도 검다고 말할 수 있는 것이니, 천하에 어찌 정론(定論)이 있겠는가?

형이 만일 나의 말을 믿지 않으면 다시 ≪근사록(近思錄 : 주자가 편찬한 것)≫과 ≪정성서(定性書 : 정자程子의 저술)≫와 그의 '생지위성(生之謂性)'의 일단을 반복해서 자세히 음미해 보면 아마 알 수 있을 것이다.

'이것이 도리의 터 닦기요, 가장 큰 두뇌〔大頭腦〕이다'라고 한 것은 진실로 보내온 형의 편지의 말과 같으니, 여기에서 잘못되면 대본(大本)을 모르는 것이니 다시 무슨 일을 할 것인가? 그래도 끊임없이 반드시 인심 도심으로 구실 삼아서 이기호발(理氣互發)을 주장하고 싶으면 차라리 정암(整庵)과 같이 인심 도심으로써 체(體 : 도심)와 용(用 : 인심)으로 나눈다면 비록 그 명의(名義)는 달라도 도리어 대본상(大本上)에는 매우 잘못된 것이 아니다. 어떻게 생각하는가?

세상의 유유(悠悠)한 무리와는 갑자기 이런 것을 이야기할 수도 없고, 우리 두 사람은 적막한 구석에서 만나 각각 듣고 아는 대로 높여서 행할 수 없으므로 급히 일치하는 점을 발견하려 한 나머지 나도 모르게 이렇게 쏟아 놓는 것이다. 그러니 외람됨을 용서하고 자세히 살펴 천천히 연구하시길 바란다.

5. 답성호원 기사(答成浩原 其四)
- 성호원에게 답하는 글 4

(前略) 이기설(理氣說)과 인심(人心)·도심(道心) 설이 모두 일관된 것이니, 만일 인심·도심에 환히 깨닫지 못하면 이기에 대해서도 깨닫지 못한다. 만일 이·기가 서로 떠나지 못함을 분명히 보았다면, 인심과 도심이 두 근원이 없는 것도 이를 미루어 알 수 있는 것이다. 오직 이·기에 대해 깨닫지 못한 나머지 이·기가 서로 떠나 각각 다른 곳에 있을 수 있다고 생각하므로 인심·도심에도 두 근원이 있다고 의심하는 것일 뿐이다. 이·기가 서로 떠날 수 있는 것이라면 정자(程子 : 정이程頤)의 이른바 '음양무시(陰陽無始)'란 것은 헛말이 되고 만다. 이 말이 어찌 내가 지어낸 말인가? 단지 선현(先賢)들이 (자기 신념을 가지고) 미처 상세히 말하지 않았을 뿐이다.

어제는 장문의 편지를 써서 형의 요구를 기다렸는데 변설(辨說)이 자못 상세하고 비유도 적절하므로 한 번 보면 부합될 것이다. 그러고도 아직 의심이 있다면 이 일은 당분간 그만두고 성현의 글이나 많이 읽어서 다시 후일에 옳은 견해가 생기기를 기다리는 것이 좋겠다. 나는 10년 전에 이미 이 단서를 얻어서 그 뒤에 차츰 깊이 생각하고, 매양 경전을 읽을 때마다 번번이 서로 대조해 보니 당초에 혹 맞지 않을 때도 있었다. 그러나 그 뒤에는 점점 합치되어 오늘날에 이르러서는 융회문합(融會吻合)21)하여 조금도 의심이 없어졌으니, 어떠한 많은 웅변으로도 결국 나의 견해를 돌릴 수는 없을 것이다. 다만 한스러운 것은 나의 기질이 부박(浮駁)하여 힘써 실천하지 못하는 탓에 매양 개탄(慨嘆)하며 스스로 책망할 뿐이다.

이(理)는 형이상이요, 기(氣)는 형이하이다. 이 두 가지는 서로 떨어질 수 없으며 이미 서로 떨어질 수 없는 이상 그 발용(發用)도 하나이므로 '서로[理氣]가 각각 발용이 있다'고 말할 수 없다. 만일에 '서로가 발용이 있다'고 하면 이것은 이(理)가 발용할 때 기(氣)가 혹 미치지 못하는 경우도 있을 것이요, 기가 발용할 때 이가 혹 미치지 못하는 경우도 있을 것이다.

이렇게 되면 이·기가 떨어졌다 합쳤다 할 것이요, 먼저 섰다 뒤에 섰다 하여 동정(動靜)에 단(端)이 있고, 음양에 시(始)가 있을 것이니 매우 잘못된 말이다. 다만 이는 무위(無爲)요 기는 유위(有爲)이므로, 정(情) 가운데 본연지성(本然之性)에서 바로 나와 형기(形氣)에 가려지지 않은 것은 이(理)에 속하고, 정(情)이 당초에는 본연지성에서 나왔더라도 형기에 가려진 것은 기(氣)에 붙였으니 이것 또한 부득이한 논법이다.

인성이 본시 선한 것은 이(理)이지만 기(氣)가 아니면 이가 발하지 못한다. 그러나 인심·도심 치고 어느 것인들 이에서 근원한 것이 아니겠는가? 발하지 않을 때도 인심의 싹이 이와 함께 마음 속에 상대하고 있는 것은 아니다. 근원은 하나지만 흐르는 갈래는 둘이다. 주자가 어찌 이것을 몰랐을까마는, 다만 말을 만들어서 남을 가르치자니 각각 소주(所主)가 있었을 뿐이다.

정자(程子 : 정호程顥)는, "선과 악은 성(性) 가운데서 두 물건이 상대하여 있다가 각각 스스로 나오는 것이 아니다."라고 하였으니, 대저 선과 악은 판연히 다른 이물(二物)이지만 오히려 상대하여

---

21) 융회문합(融會吻合) : 자세히 일치하고 꼭 맞는다는 뜻. 곧 혼연일치(渾然一致)한다는 말.

각각 스스로 나올 리가 없는데, 하물며 혼륜(混淪)하여 서로 떠나지 않는 이와 기가 어찌 대대적(對待的)으로 각각 나올 리가 있을까? 만일 주자가 참으로 이와 기가 상대하여 서로 (각각) 발용함이 있다고 여겼다면 주자도 역시 잘못이니, 어찌 주자가 될 수 있겠는가?

성인이 인심·도심으로 이름을 지어 나눈 것은 그렇게 하지 않을 수 없었다. 왜냐하면 이의 본연은 정작 순선(純善)이지만 기를 타고[乘] 발용할 때 선과 악이 여기에 나누어지게 된다. 한갓 그 기를 타고 발용할 때 선이 있고 악이 있음만 보고 이의 본연성(本然性)을 모른다면 이것은 대본(大本)을 알지 못한 것이요, 한갓 그 이의 본연만 보고 기를 타고 발용할 때 혹 흘러서 악이 되는 줄 모른다면 이것은 도적을 자식으로 아는 격이다.

그러므로 성인이 이런 것을 염려하여 정(情)이 그 성명(性命)의 본연대로 바로 나온 것을 도심이라 이름 지어 사람이 그것을 존양(存養)하고 확충하게 하고, 정(情)이 형기(形氣)에 가려 성명의 본연대로 바로 나타나지 못한 것을 인심이라고 이름 지어 사람이 그 지나치고 미치지 못하는 것[過不及]을 살펴서 절제하도록 한 것이다. 절제하는 것은 도심이 할 일이다.

대개 형색(形色)도 천성(天性)인데 인심 역시 어찌 선하지 않으랴마는, 그것이 지나치기도 하고 미치지 못한 경우가 있으므로 악에도 흐르는 것일 뿐이다. 만일 도심을 확충하고 인심을 절제하여 형색으로 각각 그 법칙을 따르게 한다면, 동(動)하고 정(靜)하고 말하고 행하는 것이 성명의 본연 아님이 없을 것이다. 이것이 예로부터 성현의 심법(心法)의 종지(宗旨)이다.

이것이[인심·도심설] '이기호발(理氣互發)'22) 설과 무슨 관계가

---

22) 이기호발(理氣互發): 퇴계의 학설. 즉 이와 기가 각각 동시에 발한다는

있다는 말인가? 퇴계의 병폐는 오로지 '호발(互發 : 이와 기가 서로 각각 발한다는 것)' 두 글자에 있으니, 노선생(老先生 : 퇴계)의 정밀(情密)함으로도 대본(大本)에 대하여 오히려 한 겹의 막을 격(隔)한 것이 (바로 보지 못한 것) 애석한 일이다. 북계 진씨(北溪陳氏)[23]의 설은 역시 주자의 본의가 있는 곳을 알았는지, 아니면 참으로 호발을 주장하여 퇴계의 견해와 같았는지 모르겠다. 도리는 틀림없이 이와 같은 것이니 다만 이 견해를 지켜서 그대로 힘써 실천할 것이요, 이런 것인가 저런 것인가 의심하여 이 말 저 말로 마음을 어지럽게 해서는 안 된다.

불가(佛家)의 말에, "금가루가 비록 귀중한 것이나, 눈에 들어가면 병이 된다.〔金屑雖貴, 落眼則翳.〕"라고 하였다. 이것은 '성현의 말이 비록 귀중하나 잘못 해석하면 해가 된다'는 것을 비유하였으니, 이 말은 매우 좋다. 성현의 말 가운데는 그 의도가 따로 있는데, 그 본뜻은 구하지 않고 한갓 어구에만 구애되면 어찌 도리어 해가 되지 않을까?

예를 들면 공자(孔子)의 말에, "상(喪 : 벼슬을 잃는 것)하거든 속히 빈(貧)하고자 하며, 죽거든 속히 썩고자 한다.〔喪欲速貧, 死欲速朽〕"[24]라고 한 것을 비록 증자(曾子) 같은 이도 당연하다고 여겼

설로 이기이원론적(理氣二元論的) 일원론(一元論)을 주장하였다.

23) 북계 진씨(北溪陳氏) : 진순(陳淳). 호가 북계. 송(宋)나라의 유학자로 주자의 제자.

24) 상(喪)하거든 속히 빈(貧)하고자 하며, 죽거든 속히 썩고자 한다.〔喪欲速貧, 死欲速朽〕 : 증자(曾子)가 유자(有子)를 보고 공자(孔子)의 '상욕속빈, 사욕속후'라고 한 말을 전하였다. 유자는 그것은 결코 공자의 말이 아니라고 주장하였다. 증자는 자기 혼자만 들은 것이 아니고 자유(子游)도 같이 들었다고 증거를 대었다. 유자는 만일 그렇다면 그것은 공자가 뭔가 까닭이 있어서 그렇게 말한 것이라고 하였다. 공자는 노(魯)나라 대부 남궁경숙(南宮敬叔)이 벼슬을 잃고도 물러나 은거할 줄 모르고 많은 보화(寶貨)를 싣고 다른 나라로 벼슬을 구하러 떠나자, 그것을 보고 '상욕속빈'이라 하였다. 또 송(宋)나라 대부 환퇴(桓魋)가 자신이 죽은 뒤에 들어갈 석곽(石

다. 만일 유자(有子 : 공자의 10제자의 한 사람)의 변명(辨明)이 아니었다면 후세의 벼슬 잃은 사람들은 반드시 (공자의 말을 본받으려 하여) 식량과 재물을 버렸을 것이요, 죽은 이를 장사 지내는 데는 반드시 (속히 썩게 하려고) 박장(薄葬)하는 것을 옳다고 했을 것이다. 이것이 어찌 성인의 본뜻이겠는가?

주자의 혹원(或原)·혹생(或生)25) 설도 마땅히 그 본뜻을 구하여 얻어야지, 그 언구(言句)에 구애하여 호발(互發) 설을 주장하고자 해서는 안 된다.

나정암(羅整庵)은 식견이 고명한 근대에 드문 유학자이다. 대본에 대해 본 바가 있었는데도[有見於大本]26) 도리어 주자가 이·기를 두 갈래로 본 것이 아닌가 하고 의혹을 품었으니, 이것은 비록 주자를 잘못 알기는 하였으되 도리어 대본에 대해서는 옳게 본 것이 있다. 단 인심·도심을 체(體)와 용(用)이라 하여 그 명의(名義)를 잘못하였으니 역시 애석할 만하다. 비록 그러나 나정암의 실수는 명목상에만 있지만 퇴계의 실수는 성리상(性理上)에 있으니, 비교하면 퇴계의 실수가 더욱 크다. [이 구절의 의론 같은 것을 어찌 갑자기 다른 사람의 눈에 보일 수 있겠는가? 모르는 사람은 반드시 퇴계를 헐뜯는다고 여길 것이다. 노소재盧蘇齋27)는 인심과 도심에 대해 나정암의 설을 따르려 하니, 이 역시 호발설互發說을 그렇게 여기지 않았기 때문이다. 그 견해는 본래 옳으니, 다만 호발설에

櫷)을 만드는 데 3년이 되도록 완성하지 못하자, '사욕속후'라 하였다.

25) 혹원(或原)·혹생(或生) : 마음이 혹은 성명(性命)에서 근원한 것이 도심이요, 혹은 형기(形氣)에서 나온 것이 인심이다.

26) 대본에 대해 본 바가 있었는데도[有見於大本] : 나정암은 이(理)와 기(氣)가 이물(二物)이 아니라고 하였다.

27) 노소재(盧蘇齋) : 노수신(盧守愼). 1515~1590년. 호가 소재, 자는 과회(寡悔). 조선 중기의 문신·학자. 도심미발(道心未發)·인심이발설(人心已發說)을 주장하였다.

반드시 의존하지는 않더라도 인심·도심은 또한 각각 그 명의를 얻을 것인데 어찌 반드시 이와 같이 할 필요가 있겠는가? 지금 이 의론을 가지고 노소재에게 질문하면 서로 부합한 이치가 있을 듯하나 다만 그 때가 아니므로 감히 그렇게 하지 못한다〕

물건 가운데 그릇을 떠나지 못하고 유행불식(流行不息)하는 것은 오직 물〔水〕이므로 그것으로 이(理)에 비유할 수 있다. 물이 본시 맑은 것은 성(性)이 본시 선한 것과 같고, 물을 담은 그릇의 청정(淸淨 : 깨끗함)과 오예(汚穢 : 더러움)가 같지 않음은 기질이 각각 다른 것과 같다. 그릇이 동(動)할 때 물이 동하는 것은 기가 발할 때 이가 타는 것이요, 그릇과 물이 함께 동하여 기동(器動) 과 수동(水動)의 다름이 없는 것은 이발(理發)·기발(氣發)의 구분이 없는 것이다. 그릇이 동하면 물이 반드시 동하나 물만이 스스로 움직이지 못하는 것은 이(理)는 무위(無爲)이며, 기(氣)는 유위(有爲)인 것과 같은 것이다.

성인은 기질이 청수(淸粹)하며 본성 그대로 티끌만 한 인욕의 사사로움이 없으므로 그 발하는 것이 마음이 하고 싶은 대로 맡겨도 법도를 넘어서지 않아 인심 역시 도심이다. 이것을 비유한다면 맑은 그릇에 물이 담기면 한 점의 티끌도 없으므로 그릇이 동할 때 본래 맑은 물이 그대로 쏟아져 나와 이리저리 흐르는 것이 다 맑은 물과 같다.

현자(賢者)는 기질이 비록 청수하나 약간의 탁한 기가 섞여 있음을 면치 못하므로 반드시 수양하는 공부에 힘입은 후에라야 능히 그 본연의 성(性)을 회복한다. 그 발하는 것이 본연의 성 그대로를 바로 나타내어 형기(形氣)에 가려지지 않는 것도 있고, 비록 성(性)에서 발하였으나 형기가 용사(用事)하는 것이 있는데, 형기가 비록 용사하나 인심이 도심의 명을 들으므로 식색(食色)의 마음도 역시 법칙을 따른다.

비유하건대 물을 담은 그릇이 비록 맑으나 약간의 티끌이 그 가운데 들어 있으므로 반드시 맑게 하는 공(功)을 가한 연후에야 물이 그 본연의 맑음을 얻는 것과 같다. 그러므로 그 동(動)할 (그릇이) 때에 혹 맑은 물이 바로 쏟아져 나와 티끌이 발동하지 않은 경우도 있고, 혹 맑은 물이 비록 나오지만 티끌이 이미 발동할 경우도 있으니 반드시 티끌을 가라앉히고 혼탁하지 않게 한 연후에야 물의 흐름이 맑을 수 있는 것이다.

어리석은 사람은 기질에 탁(濁)함은 많고 청(淸)함은 적으며, 박(駁)함이 많고 수(粹)함이 적어서, 성(性)의 본연이 이미 가려졌고, 또 수양의 공부도 없으므로 그 발하는 것이 대부분 형기의 부리는 바가 된다. 이는 인심이 주가 된 것이요, 간간이 도심이 인심 사이에 섞여 나와도 그것을 살피고 지킬 방법을 알지 못하므로 형기의 사(私)에만 일임한 끝에 정(情)이 승(勝)하여 욕(欲)이 불길처럼 일어나는 데에 이르면 도심도 역시 인심이 되는 것이다.

이것을 비유하면 물을 담은 그릇이 더럽고 깨끗하지 않으며 티끌이 그 속에 가득하여 물이 그 본연의 맑음을 잃고, 또 맑게 하는 공(功)도 가하지 않았으므로 그 동(動)할 때 티끌이 물을 흐리게 하여 흘러나와 그 맑은 물을 볼 수가 없고, 간간이 티끌이 요동치지 않을 때 갑자기 맑은 물이 잠깐 나오다가도 갑자기 티끌이 또다시 흐리게 하여 청(淸)한 자도 도리어 탁(濁)해져서 흐르는 것이 모두 탁수(濁水)가 된 것과 같다.

성(性)이 본시 선하지만 기질의 구애로 혹 흘러서 악이 되니, 악을 성의 본연이 아니라고 하면 무관하지만 성에서 나온 것이 아니라고 하면 옳지 않고, 물은 본래 맑지만 티끌이 흐리게 하여 마침내 탁류(濁流)를 만드니, 탁함이 물의 본연이 아니라 할 수 있지만 물의 흐름이 아니라 할 수는 없다. 중인(中人)의 성질은 현

(賢)과 불초(不肖) 중간에 있으니, 이를 미루어 보면 알 것이다. 이(理)가 기(氣)를 떠나지 못함은 진실로 물이 그릇을 떠나지 못함과 같다.

그런데 지금 '서로 발용(發用)이 있다'고 한다면, 이는 기(器)28) 가 먼저 동하여 물이 따라 동하기도 하고 물이 먼저 동하여 기가 따라 동한다는 논법이 될 것이니, 천하에 어찌 이런 이치가 있겠는가? 그리고 또 말[馬]을 탄 사람에게 비유한다면, 사람은 성(性)이고 말은 기질이니, 말의 성질이 순하기도 하고 불량하기도 한 것은 기품의 청탁(淸濁)과 수박(粹駁)이 다른 것과 같다.

문을 나설 때 말이 사람의 의사에 따라 나오는 경우도 있고, 혹은 사람이 말의 다리만 (맹목적으로) 믿고[신信자는 임任자와 뜻이 같지만 조금 다르다. 대개 任자는 알고서 일부러 맡기는 것이고, 信자는 모르고서 맡기는 것이다] 나오는 수도 있다. 말이 사람의 뜻을 따라 나가는 것은 사람이 주(主)가 되니 곧 도심과 같고, 사람이 말의 다리만 믿고 나가는 것은 말이 주가 되니 곧 인심과 같은 것이다. 문 앞의 길은 사물이 당연히 행하여야 할 길[道]이다. 사람이 말을 타고 문을 나서기 전에는 사람이 말의 다리를 믿을지 말이 사람의 의사를 따를지 알 수 없다. 이것은 인심과 도심이 본래는 아무 상대적인 묘맥(苗脈 : 일이 곧 일어날 실마리)이 없는 것이다.

성인의 혈기(血氣)도 다른 사람들과 같다. 배가 고플 때 먹으려는 것, 목이 마를 때 마시려는 것, 추울 때 입으려는 것, 가려울 때 긁으려는 것은 (성인도) 어찌할 수가 없으므로 성인에게도 인심이 없을 수가 없다. 비유하면, 말의 성질이 비록 매우 순하면 혹 사람이 말의 다리만 믿고 문을 나서는 때가 없겠는가마는, 다만 말이 사람의 뜻을 순종하므로 견제하지 않아도 스스로 바른길

---

28) 기(器) : 여기에서 그릇이라 하면 기물(器物)뿐만 아니라 물을 담는 하천(河川 : 시냇물), 소택(沼澤 : 연못)도 가리킨다.

을 따르니, 이것은 성인이 마음 하는 대로 맡겨도 법도를 넘어서지 않아 인심 역시 도심이 되는 것과 같다.

타인은 기품이 불순하여 인심이 발할 때 도심으로써 이를 주재하지 못하면 흘러서 악이 된다. 이것은 비유하면 사람이 말의 다리를 믿고 문을 나선 후에도 견제하지 않으면 말이 제멋대로 걸어서 바른 길을 따르지 않는 것이며, 그중에서 가장 불순한 말은 사람이 비록 견제해도 끊임없이 날뛰어서 반드시 거친 개암나무와 가시나무숲 사이로 달아나니, 이것은 기품이 탁박(濁駁)하여 인심이 주가 되고 도심이 가려진 것과 같은 것이다.

말의 성질이 이같이 불순하면 늘 날뛰어서 조금도 조용히 서 있을 때가 없으니, 이것은 심중(心中)이 혼매(昏昧)하고 어지러워 대본(大本)이 서지 못한 것이다. 비록 불순한 말이라 하더라도 다행히 조용히 서 있으면 그때만은 순량한 말과 다름이 없으니, 이것은 중인(衆人)의 마음이 혼매하고 어지러워 중체(中體 : 대본)가 비록 서지 못했다 하더라도 다행히 미발(未發)할 때가 있으면 이 순간에는 담연(湛然)한 본체가 성인과도 다름이 없다.

이러한 비유를 인정한다면 인심·도심, 주리(主理 : 도심)·주기(主氣 : 인심) 설을 어찌 명백히 쉽게 알지 못하겠는가? 만일 '호발(互發) 설'을 이것으로 비유한다면, 아직 문을 나서기 전에 사람과 말이 각각 처소를 달리하다가 문을 나선 후에야 사람이 말을 타는데, 혹 사람〔理性〕이 먼저 나오고 말〔氣〕이 따르기도 하고, 혹 말〔氣〕이 먼저 나오고 사람이 따르기도 하는 것과 같으니, 이름〔名〕에도 이(理)에도 부당(不當)하여 말이 안 되는 것이다.

비록 그러나 사람과 말은 혹 서로 떠날 수도 있으니 그릇과 물의 비유보다는 친절하지 못하고, (기수의 비유에도) 물은 또한 형체가 있어 무형(無形)한 이(理)에 꼭 맞는 비유는 아니다. 비유는 융통성 있게 보아야 하고 비유에 구애받아서는 안 된다.

사람이 타고난 기질의 성(性)에는 본시 일정한 선악이 있다. 그러므로 공자는, "사람의 천성은 서로 가까우나 습성은 서로 다르다.〔性相近也, 習相遠也.〕"라고 하고, 또 "가장 지혜로운 자와 가장 어리석은 자는 변하지 않는다.〔唯上智與下愚不移〕"라고 하였다. 단지 그 성의 본연이 아니고 혼매하고 어지러우므로 '미발(未發)의 중(中 : ≪중용≫ 첫머리에 있는 말)'이라 말할 수 없다. 미발이란 성의 본연이니, 혼매하고 어지러운 것은 기(氣)가 이미 성(性)을 가렸으므로 성(性)의 체(體)라 말할 수 없다.

지금 형의 편지를 상세히 살펴보니 형의 견해가 잘못된 것이 아니라 발언(發言 : 말의 표현)이 잘못된 것이다.

(前略) 대개 물이 아래로 흘러가는 것이 이(理)요, 동시에 격(激 : 부딪침)하면 손에 뛰어오르는 것도 이이다. 물이 만일 아래로만 흘러가 아무리 격하여도 뛰어오르지 않는다면 이가 없는 것이다. 격할 때 손에 뛰어오르는 것이 비록 기(氣)라 하더라도 격해서 손에 뛰어오르는 까닭은 이이지, 어찌 기만 홀로 작용한다고 볼 수 있겠는가?

물이 낮은 데로 흘러가는 것은 본연의 이(理)요, 격하여 손에 뛰어오르는 것은 기(氣)를 탄〔乘〕이이다. 기를 탄 이 이외에 본연의 이를 구하는 것도 본래 옳지 않거니와 기를 타서 정상상태가 아닌 것〔예를 들면 물이 뛰어올라서 수중手中에 있는 것〕을 가리켜 이의 본연이라 하는 것도 역시 불가하다. 만일 정상이 아닌 것을 보고서 마침내 기만 홀로 작용하고, 이의 소재가 아니라고 하면 또한 말이 안 된다.

모인(某人)이 형(刑)을 받지 않는 것은 그야말로 정상에 반한 것이지만, 단 세상을 다스리는 도리가 공명치 못하여 상벌(賞罰)이 부당하면 악인이 잘살고 선인이 곤궁한 것이 본래 이(理)이다. 맹자의 말에도, "작은 자가 큰 자에게 사역(使役) 당하고, 약한 자가 강한 자에게 사역 당하는 것이니, 이 두 가지는 하늘의 이치다.〔小役大, 弱役强, 斯二者天也.〕"라고 하였으니, 대저 덕의 대소(大小)를 논하지 않고 오직 대소 강약으로만 승부(勝負) 삼는 것이 어찌 천의 본연이랴? 하지만 그것은 다만 형세로써 말한 것일 따름이니, 형세가 이미 그러할 때는 이(理)도 또한 그러하다. 그러므로 이것을 하늘의 이치〔天〕라고 한 것이다.

그런즉 모인(某人)이 형(刑)을 당하지 않은 것도 그것이 이(理)의 본연이 아니라고 하면 말이 되지만, 기(氣)가 홀로 그렇게 만들었고 이가 없는 것이라고 하면 불가하다. 천하에 어찌 이 이외에 기가 있겠는가?〔安有理外之氣耶〕29)〔이 구절은 가장 깊이 연구해야 할 것이니, 여기에 얻음이 있으면 이와 기가 서로 떠나지 않는 묘리를 알 수 있을 것이다〕

이와 기의 미묘함은 보기도 어렵고 말하기도 어렵다. 대저 이의 근원은 하나일 뿐이니, 기의 근원도 역시 하나일 뿐이다. 기가 유행하여 이리저리 고르지 않으면 이도 유행하여 이리저리 고르지 않아 기가 이에서 떠나지 않고 이가 기에서 떠나지 않는 것이다. 이렇다면 이와 기가 하나이므로 어디로 보아서 다른 점이 있는가? 소위 '이는 이대로, 기는 기대로'라고 하는 것도 어디서 그런 것을 발견하였는가? 바라건대, 형은 깊이 생각하여 답을 주면 지극한 고견을 참고하고자 한다.

---

29) 어찌 이 이외에 기가 있겠는가?〔安有理外之氣耶〕: 이것은 즉 이기(理氣)가 서로 떠나지 않는 미묘한 이치를 말하고 있다.

6. 답성호원 기오(答成浩原 其五)
- 성호원에게 답하는 글 5

밤사이에 도황(道況)30)이 어떠하시오? 어제 보내드린 긴 글은 자세히 보았는지? 낮에 한가히 앉아 이기(理氣)의 묘리는 본래 이(離)·합(合)이 없다는 것을 느끼고 마침내 단율일수(短律一首)31)를 지어 써서 드리니 여기에 서로 견해가 맞으면 다른 것도 맞지 않을 것이 없을 것이다. 다만 형(兄)은 이미 이기가 일순간도 서로 떨어질 수 없는 줄 알면서 아직도 '호발설(互發說)'에 미련을 두고 집착하는 것은 아무리 생각해도 이유를 알 수 없다. 아마도 '혹원(或原)·혹생(或生)' 설에 구속되어 꼼짝하지 못하는 것이 아닌가?

주자(周子 : 주돈이周敦頤)의 말에 "태극이 동(動)하여 양(陽)을 낳고, 정(靜)하여 음(陰)을 낳는다."라고 하였으니, 이 두 구절이 어찌 결함이 있는 말이겠는가? 그러나 만일 잘못 해석하면 반드시 '음양은 본시 없는데 태극이 음양 앞에 있어서 태극이 동한 후에 양(陽)이 생기고, 태극이 정(靜)한 후에 음(陰)이 생기는 것이라'고 할 것이다. 이렇게 보면 본뜻은 완전히 잃어버리나 문구 해석에는 순하여 막힘이 없다. '혹원·혹생' 설도 이와 같다.

---

30) 도황(道況) : 흔히 서간문에서 도학(道學)을 공부하는 상대방의 건강 상태를 물을 때 쓰는 말. 도리(道履)와 같은 말.
31) 단율일수(短律一首) : 242쪽의 <이기영(理氣詠)> 시를 가리킨다.

대저 오행(五行 : 水·火·金·木·土)이 이기(理氣)에서 나왔지만 오히려 "목이 화를 생하고[木生火], 화가 토를 생한다[火生土]."고 말하는 것은 그 차례를 말한 것인데, 만일 그 문구에 구속되어 '화(火)가 반드시 목(木)에서 나오고, 이(理)에서 근원한 것이 아니다'라고 하면 말이 되는가? 도심을 발하는 것이 기(氣)이지만 성명(性命)이 아니면 도심이 발하지 못하고, 인심의 근원이 성(性)이지만 형기가 아니면 인심이 발하지 못하나니, '도심은 성명에 근원하고[或原] 인심은 형기에서 생하였다[或生]'고 말하는 것이 무엇이 안 되는가? 형기(形氣)가 인심을 생한다는 것은 역시 목(木)이 화(火)를 생한다는 말과 같은 것이다. 만일 형이 이미 알았다면 이 편지는 필요 없는 말이요, 그렇지 않다면 도움이 없지 않을 것이다.

〈이기영(理氣詠 : 이와 기의 원리를 읊은 시)〉을 우계(牛溪) 도형(道兄)[32]에게 드립니다.

원기가 어디서 비롯하였나,
무형이 유형에 있구나.
근원을 찾으니 본시 합한 것임을 알 것이요,
〔이기가 본시 합한 것이고 처음 합한 시기가 있는 것이 아니다. 이기를 둘로 나누려고 하는 자는 모두 도를 모르는 자이다.〕
유파(流派)를 따르니 뭇 정(精)이로다.
〔이기가 원래 하나이지만 나누어서 음양과 오행의 정精이 된다.〕
물은 그릇을 따라서 모나고 둥글며,
허공은 병을 따라서 작고 커진다.
〔이〔허공〕가 기, 즉 병瓶을 타고 유행할 때 이와 같이 천차만별이 있다. 병 안에 허공이 있다는 설은 불교에서 나왔는데 그 비유가

---

32) 도형(道兄) : 도학(道學)을 하는 선배나 친구의 높임말.

절실하므로 여기에 인용하였다.〕

그대여, 두 갈래〔理氣互發〕에 미혹되지 말고,

성이 정 되는 것을 묵묵히 체험하오.

元氣何端始,　無形在有形.

窮源知本合,　沿派見群精.

水隨方圓器,　空隨小大瓶.

二岐君莫惑,　默驗性爲情.

성(性)은 이기(理氣)가 합한 것인데 대개 이(理)가 기(氣) 가운데 있은 연후에야 성이 되니, 만일 형질(形質) 가운데 있지 않은 것이라면 마땅히 이라고 할 것이요, 성이라고 해서는 안 된다. 다만 형질 가운데에 있어 홀가분하게 하나로 그 이만을 지칭하자면 본연의 성이라 하나니 본연지성에는 기를 섞어 말할 수 없다.

자사(子思)와 맹자(孟子)는 그 본연의 성(性)을 말하고 정자(程子)와 장자(張子)는 그 기질의 성을 말하였다. 실상은 하나의 성이나 위주하여 말한 것이 같지 않다. 지금 그 각각 위주한 바를 모르고 그만 두 성이라 한다면 이를 안다고 할 수 있겠는가? 그리고 성이 이미 하나인데, 정(情)에 이발(理發 : 사단)·기발(氣發 : 칠정)의 구분이 있다고 한다면 성을 안다고 할 수 있겠는가? 내 성격이 세상과는 맞지 않아 접촉하는 사람들은 비록 많아도 서로 합하는 이가 적은데, 오직 형만은 서로 버리지 않으니 반드시 취미가 다르지 않기 때문이다. 나에게는 오직 형만이 있을 뿐인데 소견이 오히려 같지 않다면 이 학문의 외로움이 또한 너무 심하지 않겠는가? 다른 견해가 혹 같지 않은 것은 배우는 이로서 면하지 못하는 바이나, 다만 이 도리의 대두뇌(大頭腦 : 일의 가장 중요한 부분)로서 그 시비(是非)와 정사(正邪)가 나뉘는 곳은 같지 않을 수 없다.

내가 거듭 이렇게 말하는 것은 형을 위해서일 뿐만 아니라, 또한

바로 나의 외로움을 스스로 민망하게 여겨서일 따름이다. 지금의
소위 이치를 궁구한다는 사람 중에 이것을 말할 수 있는 자가 적
다. 괴이하게 여기고 그르다고 여기는 자는 본래 말할 것도 없지
만, 이것을 보고 서로 합한다고 스스로 말하는 자도 그 견해를 믿
을 수 없다.

오직 송운장(宋雲長)33) 형제만은 이것을 말할 수 있으니, 이것
이 내가 깊이 사귀게 된 이유이다. 형도 역시 이 사람들을 가볍게
여겨서는 안 되오. 안습지(安習之)34)가 만약 오거든 시험 삼아
한번 보이는 것이 어떻겠는가? 이 사람 정도도 역시 내가 드물게
보는 사람이지만, 다만 범연(泛然)하게 그렇다고만 하고 깊이 생
각하고 고민한 결과 확실히 믿을 수는 없으니, 안습지가 이 말을
보고 견해를 어떻게 바꿀지는 모르겠네.

---

33) 송운장(宋雲長) : 송익필(宋翼弼). 1534~1599년. 자는 운장, 호는 구봉(龜
峰)·현승(玄繩). 조선 중기의 학자로 이이·성혼 등과 교유하였다.

34) 안습지(安習之) : 안민학(安敏學). 1542~1601년. 자는 습지·이습(而習), 호
는 풍애(楓崖). 조선 중기의 학자로 율곡의 문인.

7. 부문서(附問書)

이제는 더 말할 것 없이 사단 칠정이 이(理)가 되느니 기(氣)가 되느니 하여 대대적(對待的)으로 말한 것은 우선 그만두고, 다만 '인심 도심'의 네 글자를 분명히 알 수 없어서 감히 이것을 다시 묻노니, 여기에 환히 깨닫게 되면 나의 '두 갈래'의 의혹도 풀릴 수 있을 것이고, 귀일하는 데 급급하여 사람 가르치기를 게을리 하지 않은 형의 그 인(仁)도 혹 거의 보람을 얻게 될 것이다.

보내온 형의 글에 성(性)과 정(情)이 본래, "이기가 호발하는 이치가 없고, 성(性)이 발하여 정(情)이 됨은 다만 기가 발하는 데 이가 여기에 탈 뿐이다."라고 하였는데, 감히 형에게 재삼 증명해 주기를 청하니, 이 이치가 참으로 이와 같아 천지에 세워도 어긋나지 않고 후세의 성인을 기다려도 의심이 없는 진리일까? 원하건대, 다시 한번 생각해보는 것이 어떠한가?

과연 이와 같다면 주자(朱子)는 왜 '혹생(或生)·혹원(或原)'이라 하였으며, 북계 진씨(北溪陳氏 : 진순陳淳)는 왜 '지각이 이(理)로부터 발하는 것도 있고 기(氣)로부터 발하는 것이 있다'고 하였겠는가? 예로부터 의론들이 왜 인의(仁義)를 모두 이발(理發)에 돌리고 지각·운동·식색(食色)·형기(形氣)를 모두 기에 돌렸겠는가? 사람의 오장(五臟)과 백해(百骸)는 모두 이 이(理)가 있어 이 형(形)을 갖춘 것이니, 지금 이런 물칙(物則)의 경우에서 성정(性情)이 발하는 데 대하여 이(理)를 위주로 하여 그 선악의 기(幾 :

마음이 동하는 처음)를 말하는 것이 옳을 것이다. 하필 '인심·도심이 이 또는 기로부터 발한다'고 말하는 것이겠는가? 그것은 이 기가 형기(形氣)에 주재(主宰)되어 지나치거나 미치지 못하거나 그 스스로 하는 대로 놔두고, 이가 간섭할 수 없다는 것이 아니겠는가?

형의 말에, "인심·도심이 비록 주리(主理)·주기(主氣)의 구분이 있으나 그 근원은 모두 이요, 발하는 것은 모두 기이다. 소위 혹생·혹원이란 것은 이미 발용된 것을 보고 다만 그 중(重)한 편에 따라 이름[인심·도심]을 지었다."라고 하였으니, 이렇게 말을 만들면 어찌 간편(簡便)하여 알기 쉽지 않겠는가?

그러나 주자의 뜻이 과연 이러하였다면 마땅히 글을 고치고 설을 세워 그것이 이와 같다는 것을 밝혀 대략 '성기도(誠幾圖)'의 뜻과 같이하였지, 혹생·혹원이라고 하지 않았을 것이다. '혹생·혹원', '종리(從理)·종기(從氣)'[35] 설에 대해서 나는 어리석고 둔하여 과연 형의 편지와 같이 보아야 옳을지 모르겠다.

소위 '여기서 생하였느니 여기서 근원하였느니', '이(理)로부터 발하느니 기(氣)로부터 발하느니' 한 것은, 아마도 이기 두 가지 물(物)이 먼저 여기에 있어서 인심·도심이 여기에서 생하고, 여기에서 근원하고, 여기로부터 발한다고 한 것 같다. 형은 도리를 잘 말하여 자유자재로 설명함이 옳지 않은 바가 없으니, 간절히 원하건대 상세히 제시하여 보내온 형의 편지와 원설(元說)[36]이 합치되게 해주시오.

---

35) 종리(從理)·종기(從氣) : 북계 진씨(北溪陳氏)가 지각이 이(理)에서 발하는 것도 있고, 기(氣)에서 발하는 것도 있다고 한 설을 말한다.

36) 원설(元說) : 주자의 혹생(或生)·혹원(或原)과 북계 진씨의 종리(從理)·종기(從氣) 설을 가리킨다.

8. 답성호원 기륙(答成浩原 其六)
- 성호원에게 답하는 글 6

형의 말에 이른바 "기(氣)는 형적(形迹)에 관한 것이므로, 이(理)와 같지 않다."라고 한 것은 물론 그 대강(大綱)에 관한 말이다. 그 가운데서도 허다한 곡절(曲折)이 있으니, 모름지기 극진한 곳을 충분히 궁구해야 이에 그 뜻을 알 수 있다 하겠다. 긴 글의 내용은 자못 상세하였다. 나는 본래 한번 변전시키는 이 논설을 보류해 두고 형이 스스로 논설하기를 기다리고자 했던 차에, 지금 형의 깊은 질문을 받고 만약 극처(極處)에까지 말하여 그 본원을 궁구하지 않으면 마침내 견해가 귀일(歸一)될 기약이 없으므로 또 주머니 속에 있는 것을 아는 대로 자세히 털어놓았으니, 이것이 모두 성현(聖賢)의 뜻이다. 혹 경전(經傳)에 여기저기 흩어져 나오고 통괄적으로 말한 데가 없으므로 내가 지금 총합(總合)하여 말하는 것일 뿐이다.

'이통기국(理通氣局)' 네 글자는 나의 발견이라고 생각하면서도 또한 나의 독서가 넓지 않아 옛적에 이런 말이 있었던 것을 미처 보지 못한 것이 아닌지 모르겠다. 도심(道心)을 본연의 기(氣)라 한 것도 생소한 말 같아서 비록 성현의 뜻이기는 하나 옛글에 보이는 것은 아니니, 형이 만약 말에 대하여 의심하고 괴이하게 여겨 배척하지 않는다면 합당치 않은 곳이 없으리라.

또 어제 재력(財力)을 내어 도와서 조그만 움막의 재목을 보내준 덕에 이루 말할 수 없이 고맙다. 어제 계함(季涵 : 정철鄭澈)의 글을 받아보았는데, 아들에게 부친 편지가 있어 빨리 전해 달라고 깊이 바랐으므로 아이 종을 보냈을 뿐이다. 계함의 편지에 내가 요사이 더욱 심한 비방을 받는다고 하니, 장차 죄망(罪網)이 더 해질 것이다. 일신(一身)을 이미 조화에 부친 이상 서간충비(鼠肝蟲臂)37)를 장차 그 하는 바에 맡기겠지만, 다만 자세히 생각해보면 나의 소행이 별로 남에게 미움을 살 일은 없고, 다만 벼슬하지 않는 한 가지 일이 그 형적(形迹)이 시속과 다를 뿐인데, 자기와 다르다는 이유로 번번이 원수처럼 미워한다면 세도(世道)가 험악하다고 이를 만하다.

예로부터 벼슬하지 않는다는 이유로 죄를 얻었다는 자는 아직 듣지 못했는데, 이것이 나로부터 비롯되면 역시 말세(末世)의 가소로운 일이다. 방금 나라에 큰일이 있는데 내가 직책을 다하지 못하고 도리어 멀리 가게 되면 의리상 편치 않기 때문에 동남쪽으로 가는 것을 중지하고 내 아우 있는 곳에 사람을 보내어 퇴계 선생의 무덤에 가서 전(奠)을 올리게 하려 하는데, 형이 전을 보내는 것은 어떻게 하는 것이 좋겠는가? 어제 들으니 사암(思庵 : 박순朴淳)이 우상(右相)에 임명되었다고 하는데, 요즘 조보(朝報)가 자못 여론[物情]에 맞으나 과연 효험을 거둘지의 여부는 알지 못할 따름이다.

이기(理氣)가 원래 서로 떨어지지 않아 일물(一物)인 것 같으나 그 구별되는 바는 이는 무형(無形)이고 기는 유형(有形)이며, 이는 무위(無爲)38)이고 기는 유위(有爲)이다. 무형무위(無形無爲)

---

37) 서간충비(鼠肝蟲臂) : 쥐의 간과 벌레의 팔. 즉 쓸모없고 하찮은 사람이나 물건. 율곡이 자신을 낮추어 하찮은 물건에 비유하였다.

38) 무위(無爲) : '爲'는 작용을 뜻한다. 중국 철학에서 자연 그대로라는 뜻. 곧 인간의 지식이나 욕심에 의하면 오히려 세상을 혼란하게 한다는 데서, 작위(作爲)가 없음을 최고 경지에 이르는 통로라고 하였다. 또한 노자는 "무위하면 다스려지지 않음이 없을 것이다.[爲無爲, 則無不治]"라고 하였는

하여 유형유위(有形有爲)의 주(主)가 된 것은 이요, 유형유위하여 무형무위의 기(器)가 된 것은 기이다. 이는 무형이요 기는 유형인 까닭에 이는 통하고 기는 국한된 것이며, 이는 무위요 기는 유위인 까닭에 기가 발하면 이가 타는[乘] 것이다.

이통(理通)은 무슨 말인가? 이(理)는 본말(本末)도 없으며 선후도 없다. 본말도 없고 선후도 없으므로 아직 응하지 않았을 때도 선(先)이 아니며 이미 응한 것도 후(後)가 아니다.〔정자程子의 설이다〕그러므로 기를 타고 유행하여 천차만별로 같지 않아도 그 본연의 묘리(妙理)는 없는 데가 없다. 기가 치우친 곳에는 이도 역시 치우치나 치우친 바는 이가 아니라 기이며, 기가 온전한 곳에는 이도 역시 온전하나 온전한 바는 이가 아니라 기이다.

청(淸)·탁(濁)·수(粹)·박(駁)·찌꺼기〔糟粕〕·재〔煨燼〕·거름〔糞壤〕·오물〔汙穢〕 가운데도 이(理)는 있지 않은 곳이 없어서 각각 그 성(性:거름, 재 등)이 되나 그 본연의 묘함은 손상되지 않고 그대로 자약(自若)하다. 이것을 이는 통한다고 하는 것이다. 기가 국한된다 함은 무엇을 말하는가? 기는 이미 형적(形迹)에 관계된 것이라 본말이 있고 선후가 있다. 기의 근본은 담일청허(湛一淸虛)할 뿐이니, 어찌 일찍이 찌꺼기·재·거름·오물 등의 기가 있을까마는 그것이 올랐다 내렸다, 부동(浮動)하여 조금도 쉬지 않으므로 천차만별로 고르지 않아 만 가지 변화가 생긴다. 이에 기가 유행할 때 그 본연을 잃지 않은 것도 있고 그 본연을 잃은 것도 있으니, 이미 그 본연을 잃은 이상 기의 본연은 이미 있는 데가 없다. 치우친 것은 치우친 기요 온전한 기가 아니며, 맑은 것은 맑은 기요 탁한 기가 아니며, 찌꺼기와 재는 찌꺼기와 재의 기요 담일청허한 기는 아니니, 이는 마치 이(理)는 만물의

─────────

데, 법령으로 다스리는 것은 물론 예(禮)와 인의(仁義)로 다스리는 것도 인위(人爲)로 보았다. 노장사상(老莊思想).

어디에나 그 본연의 묘(妙)가 그대로 있지 않음이 없는 것과 같지 않다. 이것이 이른바 '기의 국한〔氣之局〕'이란 것이다.

기가 발함에 이가 탄다〔乘〕는 것은 무엇을 말하는가? 음(陰)이 정(靜)하고 양(陽)이 동(動)함은 기틀〔機〕이 저절로 그러한 것이지 시키는 것이 있는 것이 아니다. 양(陽)이 동하는 것은 이가 동(動)에 타는 것이지 이가 동한 것이 아니며, 음(陰)이 정(靜)한 것은 이가 정(靜)에 타는 것이지 이가 정한 것이 아니다. 그러므로 주자는, "태극은 본연의 묘(妙)요, 동정은 이것이 타는 기틀이다.〔太極者 本然之妙也, 動靜者 所乘之機也.〕"라고 하였다.

음이 정하고 양이 동하는 것은 그 기틀이 저절로 그러한 것인데, 그 음이 정하고 양이 동하는 까닭은 이(理)이다. 그러므로 주자(周子)는, "태극이 동하여 양을 낳고, 정하여 음을 낳는다.〔太極 動而生陽, 靜而生陰〕"라고 하였다. 이른바 '동하여 양을 낳고, 정하여 음을 낳는다'는 것은 그 미연(未然)할 때를 근원하여 말한 것이요, '동정은 이것이 타는 기틀이다'라고 한 것은 그 이미 그러한 것을 보고서 말한 것이다. 동정이 끝〔端〕이 없고 음양이 처음〔始〕이 없으니, 이기(理氣)의 유행이 모두 이미 그러한 것뿐이요, 어찌 미연할 때가 있으랴? 그러므로 천지조화와 우리 마음의 발하는 것은 모두 기가 발하는 데 이가 탄 것이다. 이른바 '기발이승(氣發理乘)'은 기가 이보다 앞선다는 것이 아니라, 기는 유위(有爲)하고 이는 무위(無爲)이므로 그렇게 말하지 않을 수 없다.

대개 이(理) 위에는 한 글자도 더할 수 없고 털끝만 한 수위(修爲 : 인위적인 수양)의 힘도 더할 것이 없나니, 이가 본시 선한데 어찌 수양할 수 있으랴? 성현의 여러 가지 표현이 다만 사람들이 그 기를 검속(檢束)하여 그 기의 본연을 회복하게 할 따름이다. 기의 본연이란 호연(浩然)의 기(氣)이다. 호연의 기가 천지에 가득 차면 본래의 선한 이가 조금도 가려짐이 없나니, 이는 맹자의

'양기론(養氣論)'이 성인의 문호에 공이 있는 이유이다. 만일 기발이승(氣發理乘)하는 외에 이(理)가 역시 따로 작용하는 것이 있다면 이는 무위(無爲)라고 할 수 없다.

공자(孔子)는 왜, "사람이 능히 도(道 : 이理)를 넓히는 것이요, 도가 사람을 넓히는 것은 아니다.〔人能弘道, 非道弘人.〕"라고 하였을까? 이처럼 간파한다면 기발이승(氣發理乘) 일도(一途)가 명백하여, '혹원(或原)·혹생(或生)'이니 '사람이 말의 발을 믿느니〔인심〕', 말이 사람을 따르느니〔도심〕 하는 설들에도 역시 널리 통하여 각각 그 의미를 다 알 수 있을 것이니, 한번 자세히 음미하고 상세히 생각하여 그 사람이 천박하다는 이유로 번번이 그 말까지 가볍게 여기지 말아야 한다.

기발이승 일도(氣發理乘一途) 설이 혹원·혹생이나 '사람이 말의 발을 믿고, 말이 사람의 뜻을 따른다〔人信馬足, 馬從人意〕'는 설과 모두 관통할 수 있는데, 형이 아직 여기에 대해 환히 깨닫지 못하므로 퇴계의 '이기(理氣)가 호발하며 안에서 나오고〔內出 : 도심을 뜻한다〕 밖에서 감하여〔外感 : 인심을 뜻한다〕 먼저 두 가지 의사가 있다'는 설을 모두 버리지 못하고 오히려 퇴계의 이 말을 끌어서 나의 말에 붙이려 한다. 별지에 쓴 의론은 자못 상세하지만, 아직도 형은 얼음이 녹아 없어지듯 의심이 깨끗하게 풀리지 않은 듯하다.

기발이승 일도 설은 근본을 추구한 말이요, '혹원·혹생'과 '사람이 말의 발을 믿고, 말이 사람의 뜻을 따른다'는 설은 끝을 보고 말한 것이다. 지금 형의 말에 "그 미발할 적에 이기(理氣)가 각각 작용하는 싹이 없다."라고 하였으니 이것은 나의 견해와 일치하지만, 단 "성정(性情) 사이에 원래 이기가 두 물(物)이 있어서 각각 나온다." 하였으니 이것은 언어의 잘못일 뿐만 아니라 실은 견해도 잘못된 것이다.

그리고는 다시 "일도(一途)에 대하여 그 중(重)한 쪽을 취하여 말한 것이다." 하였으니, 이것은 또 나의 견해와 합치한다. 한 장의 편지 내용에서 내 의견과 합치하기도 하고 다르기도 하니, 이것은 비록 견해가 적확하지 못하다 하더라도 역시 믿기도 하고 의심하기도 하여 장차 깨닫게 될 기틀이 있는 것이다. 지금 만일 '기발이승(氣發理乘)'과 '사람이 말의 발을 믿고, 말이 사람의 뜻을 따른다'는 설이 뭉쳐서 한 가지 설(說)이 되는 줄 안다면 같이 하나로 귀결될 것이니, 다시 무엇을 의심하겠는가?

도심은 성명(性命)에 근원하였으나 발하는 것이 기(氣)이니, 이것을 이발(理發)이라 함은 불가하다. 인심·도심이 모두 기발(氣發)인데 기가 본연의 이에 순(順)한 것이 있으면 기도 역시 본연의 기이므로 이가 그 본연의 기를 타서 도심이 되는 것이요, 기가 본연의 이에 변한 것이 있으면 또한 본연의 기에서도 변하므로 이도 역시 그 변한 기를 타서 인심이 되어 지나치거나 미치지 못하기도 한다. 혹은 겨우 발하는 처음에 이미 도심이 그것을 절제하여 과불급(過不及)이 없게 하기도 하며, 혹은 이미 과불급이 생긴 후에도 역시 도심의 절제로 중(中 : 과불급이 없는 것)으로 내달리게 하기도 한다.

기가 본연의 이에 순(順)한 것은 본래 기발(氣發)이지만, 기가 이의 명령을 따르므로 중한 쪽이 이에 있어서 주리(主理)라고 말한다. 기가 본연의 이에 변한 것은 본래 이에 근원하였지만, 이미 기의 본연이 아닌 만큼 이의 명령을 듣는다고 할 수 없으므로 중한 쪽이 기에 있어서 주기(主氣)라고 말한 것이다. 기가 명령을 듣고 안 듣고는 모두가 기의 소위(所爲)요, 이는 무위(無爲)이니 이기(理氣)가 서로 발용이 있다〔互發〕고 할 수 없다. 다만 성인은 형기(形氣)가 이(理)의 명령을 듣지 않음이 없어서 인심도 역시 도심이니, 이것은 마땅히 별도로 의논해야 할 것이지 여기에 합쳐 말할 수 없는 것이다.

그리고 주자의 말에 "마음의 허령지각(虛靈知覺)은 하나일 뿐이나, 혹 성명(性命)의 바른 것에 근원하기도 하고[或原], 혹 형기(形氣)의 사사로운 것에서 나기도 한다[或生]."라고 하였는데, 먼저 하나의 '심(心)'자를 앞에 놓았으니 심(心)은 기(氣)이다. 혹 근원[原 : 도심]하기도 하고, 혹 나기도[生 : 인심] 하여 모두 마음의 발한 것이니, 어찌 기발(氣發)이 아닌가? 심중(心中)에 있는 이(理)는 곧 성(性)인 만큼 마음만 발하고 성(性)이 발하지 않는 이치가 없으니, 어찌 이가 탄 것이 아닌가?

'혹원(或原)'은 이(理)의 중한 쪽으로 말한 것이요, '혹생(或生)'은 기(氣)의 중한 쪽으로 말한 것이어서 결코 당초부터 이기(理氣)의 두 싹이 있는 것은 아니다. 단 말을 만들어 남을 가르치자니 부득이 이렇게 '혹원·혹생'을 말한 것인데, 학자들의 그릇된 견해 여부에 대해서는 역시 주자의 예측한 바가 아니었을 것이다. 이같이 보면 기발이승(氣發理乘)이란 말이 '혹원·혹생'설과 과연 서로 다른 것인가? 이렇게 변설(辨說)하여도 오히려 합하지 않는다면 아마도 끝끝내 서로 합할 수 없을 것이다.

퇴계의 '호발(互發)' 두 글자는 언구(言句)의 과실이 아닌 듯하다. 아마도 이기(理氣)가 서로 떨어지지 않는 묘함을 깊이 알지 못한 것 같으며, 또 내출(內出)·외감(外感)의 구분을 두어 나의 의견과는 크게 서로 같지 않은데도 형(兄)이 끌어다가 붙이려 하니, 이것은 나의 뜻만 모를 뿐만 아니라 퇴계의 뜻도 분명히 모르는 것이다.

왜냐하면 퇴계는 "내출한 것은 도심이요, 외감한 것은 인심이다."라고 하였는데, 나는 인심이나 도심이 모두 안에서 나왔고, 그 동하는 것이 모두가 외감으로 인한 것이라 생각한다. 이것이 과연 서로 합하는 것이라 하여 끌어다가 붙일 수 있는 것일까? 모름지기 퇴계의 원론(元論)과 나의 전후의 편지를 다시 자세히 보고 뜻을 찾는 것이 어떠할까?

성(性)과 정(情)이 본래 이와 기가 호발하는 수가 없다. '성(性)이 발하여 정(情)이 되는 것은 다만 기가 발함에 이가 탄 것이라'고 한 것 등의 말은 내가 함부로 조작한 말이 아니라 바로 선유(先儒)의 뜻이다. 다만 선유가 자세히 말하지 않은 것을 내가 그 뜻을 부연(敷衍)하였을 뿐이다. 천지에 세워도 어긋나지 않고 후세의 성인을 기다려도 의혹을 품지 않는다는 것에 결코 의심이 없다. 그러면 어디서 선유의 뜻을 발견하였는가?

주자의 말에, "기질의 성(性)도 다만 이 성(性)〔이 성性자는 본연의 성이다〕이 기질 가운데에 떨어져 있으므로 기질을 따라 스스로 하나의 성(性)〔이 성性 자는 기질의 성이다〕이 된 것이다."라고 하지 않았던가? 그리고 정자(程子 : 정호程顥)는, "성(性)이 곧 기이고 기가 곧 성이니, 생(生)한 것을 말함이다."라고 하였다. 이로써 보면 기질의 성과 본연의 성이 결코 두 성(性)이 아니다. 다만 기질상에 있어서 그 이만을 가리킬 때는 본연지성이라 하고, 이·기를 합하여 명명(命名)할 때는 기질지성이라 한 것일 뿐이다. 성(性)이 이미 하나인데 정(情)이 어찌 두 갈래의 근원이 있겠는가? 두 성(性)이 있어야만 두 정(情)이 있을 뿐이다.

만일 퇴계의 말과 같으면 본연의 성(性)은 동(東)에 있고 기질의 성은 서(西)에 있어 동에서 나오는 것을 도심이라 하고, 서에서 나오는 것을 인심이라 하는 격이니, 이것이 어찌 이치이겠는가? 만약 성(性)이 하나인 것을 인정하고 퇴계의 말을 응용한다면 장차 '성에서 나오는 것을 도심이라 하고, 성 없이 저절로 나오는 것을 인심이라' 할 것이니, 이것은 무슨 이치인가? 말이 순하지 않으면 일이 이루어지지 않는 것이니 여기에 대해 반복하여 생각해보기를 간절히 바란다.

전일의 도설(圖說 : 심성정도心性情圖) 가운데의 말은 옛 성인이 발표하지 않은 것을 밝혔다는 것이 아니라, 그 도(圖)와 이른바 '인(仁)에 근원하여 도리어 인(仁)을 해친다'는 등의 설이 비록 선현(先賢)의 뜻이나 분명히 말한 데가 없으니, 혹시 내 말을 선현의 설에 어긋나는 것으로 보는 얕은 견해를 가진 자가 있을까 하여 그렇게 말한 것일 뿐인 만큼, 말로써 뜻을 해치지 않는 것이 어떻겠는가?

9. 답성호원 기칠(答成浩原 其七)
– 성호원에게 답하는 글 7

마른 나무에는 마른 나무의 기(氣)가 있고, 식은 재〔灰〕에는 식은 재의 기가 있으니, 천하에 어찌 형(形)만 있고 기(氣)가 없는 물건이 있을까? 다만 이미 마른 나무와 식은 재의 기가 된 이상 다시 산 나무〔生木〕· 산 불〔活火〕의 기는 아니므로 생기가 이미 끊어져서 유행하지 못하는 것이다. 이(理)가 기(氣)를 타는〔乘〕 것으로 말하면 이가 마른 나무와 식은 재에 있는 것은 본래 기에 국한하여 각각 일리(一理 : 마른 나무·식은 재의 이理)가 되었으나, 이의 본체로 말하면 비록 마른 나무와 식은 재에 있어서도 그 본체의 혼연한 것은 본래 그대로 침착한 것이다.

그러므로 마른 나무와 식은 재의 기는 산 나무와 산 불의 기가 아니지만 마른 나무와 식은 재의 이는 곧 산 나무와 산 불의 이이다. 오직 그 이(理)가 기(氣)를 타서〔乘〕 일물(一物 : 한 개체의 물건)에 국한되므로 주자(朱子)가, "이(理)가 아주 같지 않다."라고 하였으며, 오직 그 이가 비록 기에 국한되나 본체는 침착하므로 주자는, "이(理)는 이(理)요, 기(氣)는 기(氣)대로 서로 뒤섞이지 않는 것이다."라고 하였다. 물(物)에 국한된 것은 기의 국〔氣局〕이요, 이(理)는 이(理)대로 기(氣)와 서로 뒤섞이지 않음은 이의 통〔理通〕이다.

지금 형이 다만 이의 영령쇄쇄(零零碎碎)한 것이 기에 국한하여 각각 하나의 이가 된 것만 보고, 혼연일체의 이가 비록 기에 있어도 통하지 않은 바가 없음을 보지 못하였으니 일관(一貫)39)하는 의미에 대해서는 어찌 중관(重關)과 첩령(疊嶺)을 사이에 둔 것처럼 막혀 있을 뿐만이 아니겠는가?

순자(荀子)·양자(揚子: 양웅揚雄)는 한갓 영쇄(零碎)한 이(理)가 각각 일물(一物)에 있는 것만 보고 본체를 보지 못하였므로 순자는 '성(性)은 악(惡)이다'라고 했고, 양자는 '성(性)은 선악이 섞였다'라고 말하게 되었으며,40) 맹자는 다만 본체만 들고 기가 타는〔乘〕 것을 미처 말하지 않았으므로 고자(告子)41)를 굴복시키지 못한 것이다.

그러므로 '성(性)만 논하고 기를 논하지 않으면 불비(不備)한 것이요, 기만 논하고 성을 논하지 않으면 불명하며, (성과 기를) 둘로 만들면 옳지 않다〔정명도程明道〕'라고 하였으니, 지금 형의 소견은 다만 기만 논하고 성을 논하지 않아 순자와 양자에 빠져 있다. 불명한 것보다는 차라리 불비한 것이 낫지 않을까? 도리는 보기 어려워서 일변(一邊)에 집착함을 가장 꺼리는 것이니, 이 말을 보고도 오히려 합당치 않다면 우선 잠시 각자 자기의 아는 바를 높이고, 다시 논변할 것 없이 공부를 더 한 후에 다시 이야기하는 것이 어떻겠는가?

---

39) 일관(一貫) : '나는 한 길을 꿰뚫었을 뿐이다.[吾身一以貫之]'라고 한 공자의 말을 인용한 것.

40) 순자(荀子)는 성악설(性惡說)을, 양웅(揚雄)은 선악혼효설(善惡混淆說)을 주장했는데, 모두 '기국(氣局)'의 면만 보아 기질지성(氣質之性)만을 말하였고, 맹자(孟子)는 성선설(性善說)을 주장했는데 '이통(理通)'의 면만 보아 본연지성(本然之性)만을 말하였다는 뜻이다.

41) 고자(告子) : 고불해(告不害). 전국 시대의 제자백가·사상가. 성무선악설(性無善惡說)을 주장하였다. 맹자의 주장에 정면으로 반기를 들었다.

10. 답성호원 기팔(答成浩原 其八)
- 성호원에게 답하는 글 8

요사이 정암(整庵)·퇴계(退溪)·화담(花潭 : 서경덕徐敬德) 세 선생의 설을 보면 정암이 최고이고, 퇴계가 다음이며, 화담은 또 그다음이다. 이들 중에서 정암과 화담은 자득한 맛이 많으나[理在氣中] 퇴계는 의양(依樣)42)한 맛이 많다.[한결같이 주자의 설만 따른다] 정암은 전체를 바라보았으나 밝지 못한 것이 조금은 있으며, 또 주자를 깊이 믿어 그 뜻을 정확하게 보지 못하면서도 기질이 영민(英敏)하고 탁월한 까닭에 말이 혹 지나친 것이 있어서 이기(理氣)를 일물(一物)로 보는 병통(病痛)이 조금 있는 듯하다. 그러나 실은 이기를 일물이라 한 것이 아니라 소견이 모두 밝지는 못하므로 말이 혹 지나쳤을 뿐이다.

퇴계는 주자를 깊이 믿어서 그 뜻을 깊이 구하고, 기질이 정밀하고 꼼꼼하며 신중하고 빈틈이 없으며, 공부한 것 또한 깊어서 주자의 뜻에 부합하지 않는다고 할 수 없고, 전체에 대해서도 본 것이 없다고 말할 수 없으나, 활연관통(豁然貫通)43)한 경지에는 아직 이르지 못하였으므로 본 것이 모두 밝지 못한 점이 있고 말에 혹 조금 잘못됨이 있으니, '이기호발(理氣互發)·이발기수(理發氣隨)'44) 설은 도리어 아는 것이 병이 되었을 따름이다.

---

42) 의양(依樣) : 독창적이지 못하고 의존하고 모방하여 모양을 같게 하려는 것이다. 주자(朱子) → 퇴계(退溪).
43) 활연관통(豁然貫通) : 활짝 터져서 거리낌 없이 통달한 상태를 뜻한다.

화담은 남보다 지나치게 총명하였으나 중후함이 부족하여 그 독서와 궁리가 문자에 구애받지 않고 자기 의사를 많이 작용시켰다. 남보다 지나치게 총명하여 이치를 보는 것은 어렵지 않았으나 중후함이 부족하였으므로 적은 것을 얻고도 만족하게 생각하였다. 그는 이기(理氣)가 서로 떨어지지 않는 미묘한 데까지 명료하게 간파하였으나, 다른 사람들이 옛글만 읽고 의양하는 것과는 같지 않으므로 문득, "매우 즐겨하되 담일청허(湛一淸虛)한 기가 물(物)마다 있지 않은 데가 없다."라고 하여 "천성(千聖)이 모두 전하지 못한 미묘한 것을 얻었다."고 자신하였다.

그리고 그는 그 위에 다시 이통기국(理通氣局)의 일절이 있어 계선성성(繼善成性)45)의 이(理)는 만물에 있지 않은 데가 없으나 담일청허한 기는 있지 않은 데가 흔히 있음을 알지 못하였다. 이(理)는 변함이 없으나 기(氣)는 변함이 있어 원기(元氣)가 생생불식(生生不息)하여, 가는 것은 지나가고 오는 것은 그 뒤를 이어서 이미 지나간 기는 이미 있는 곳이 없다. 그러나 화담은, "일기가 오래 존재하여 가는 것도 지나가지 않았고, 오는 것도 뒤를 잇지 않는다.〔一氣長存, 往者不過, 來者不續.〕"라고 하였으니, 이것은 화담이 기를 보고 이로 인식한 병통이 있는 까닭이다. 비록 그러나 부분적이든 전체적이든 간에 화담은 자득(自得)한 견해가 있다.

지금 학자들은 입만 열면 곧 이(理)는 무형이요 기(氣)는 유형이

---

44) 이기호발(理氣互發)·이발기수(理發氣隨) : 퇴계의 학설. 퇴계는 이기호발을 말하였으나, '이발기수'를 말하여 주리적(主理的)인 색채가 있어 후세에 주리론자로 지목되었다.

45) 계선성성(繼善成性) :《주역(周易)》계사 상(繫辭上)에 나오는, "한 번 음이 되었다 한 번 양이 되었다 하는 것을 도라고 한다. 도를 잘 이어가는 것을 선(善)이라 하고, 도를 이룬 것이 성(性)이다.〔一陰一陽之謂道. 繼之者善也, 成之者性也〕"를 말한다.

라 이기가 결코 일물(一物)이 아니라고만 말한다. 그러나 이것은 자기가 말한 것이 아니라 남의 말을 전하는 것이다. 어찌 화담의 입을 대적하고 화담의 마음을 복종시킬 수 있겠는가? 오직 퇴계가 공격하여 무너뜨린 설은 그 병을 깊이 적중하여 후학들의 그릇된 견해를 구제할 수 있다.

대개 퇴계의 말은 의양한 맛이 많으므로 그 말이 구애가 있고 조심하였으며, 화담은 자득한 맛이 많으므로 그 말이 즐겁고 호방하다. 조심하므로 실수가 적고, 호방하므로 실수가 많으니, 차라리 퇴계의 의양을 할지언정 반드시 화담의 자득을 본받아서는 안 된다.

이런 의론은 마땅히 나의 식견이 점점 진보되어 이(理)를 밝힘에 익숙한 뒤에 정론(定論)을 만들어 학자들에게 보일까 하였더니, 지금 형이 서로 감발(感發)시키므로 감히 조금도 숨기지 못하고 한꺼번에 설파하니 아직 시기가 너무 이르다고 하겠다. 한 번 본후에는 돌려보내 주기를 간절히 바란다. 남의 눈에 띄지 않게 하였다가 다른 날에 다시 가부를 생각하려고 할 따름이다.

11. 인심도심도설(人心道心圖說)

신이 고찰하건대 천리(天理)가 사람에게 부여된 것을 성(性)이라 하고, 성(性)과 기(氣)를 합하여 한 몸에서 주재된 것을 심(心)이라 하고, 심이 사물에 응하여 밖으로 발하는 것을 정(情)이라 하는 것이니, 성(性)은 심의 체(體)요, 정(情)은 심의 용(用)이요, 심은 아직 발하지 않은 것과 이미 발한 것의 총칭이므로 심이 성과 정을 통솔한다〔心統性情〕고 한다.

성(性)에는 다섯 조목이 있으니 인(仁)·의(義)·예(禮)·지(智)·신(信)이요, 정(情)에는 일곱 가지가 있으니 희(喜)·노(怒)·애(哀)·구(懼)·애(愛)·오(惡)·욕(欲)이다. 정(情)이 발할 때 도의(道義)를 위하여 발하는 것이 있는데, 예를 들면 그 어버이에게 효도하려 하는 것, 그 임금에게 충성하려 하는 것, 어린아이가 우물에 빠지려는 것을 보면 측은(惻隱)하게 여기고, 의롭지 못한 것을 보면 미워하고, 종묘(宗廟)를 지날 때는 공경하게 되는 것들이 그것이니, 이것을 도심(道心)이라 한다. 정이 발할 때 입이나 몸 따위를 위해서 발하는 것이 있는데, 예를 들면 배가 고플 때 먹으려 하는 것, 추울 때 입으려 하는 것, 피로할 때 쉬고자 하는 것, 정기(精氣)가 성(盛)하면 여자를 생각하는 것들이 그것이니, 이것을 인심(人心)이라 한다.

이(理)와 기(氣)는 함께 하나로 되어 있어서 본래 서로 떠나지 않는 것이니, 심이 동(動 : 發)하여 정(情)이 될 때 발하는 것은 기이고, 발하게 하는 까닭은 이(理)다. 기가 아니면 능히 발하지 못할 것이요, 이가 아니면 발하게 할 까닭이 없으니, 어찌 이발(理發 : 사단)과 기발(氣發 : 칠정)46)의 다름이 있을까?

다만 도심도 비록 기에서 떠나지 못하지만 그 발하는 것이 도의(道義)를 위한 것이므로 성명(性命)47)에 속하고, 인심도 비록 이에 근본하였지만 그 발하는 것이 입이나 몸 따위를 위한 것이므로 형기(形氣)에 속한다. 마음의 본디 자리에서는 처음부터 두 마음이 없는데, 다만 발하는 곳에 (도의를 위하고 입이나 몸을 위하는) 이 두 가지 단서가 있을 뿐이다. 그러므로 도심을 발하는 것은 기이지만 성명이 아니면 도심이 생겨나지 못하고, 인심에 근원 되는 것도 이이지만 형기가 아니면 인심이 생겨나지 못하는 것이니, 이것이 이른바 '혹원혹생(或原或生)'48)하며, 공(公)과 사(私)로 달라지는 까닭이다.

도심은 순연히 천리이므로 선(善)만 있고 악(惡)이 없으며, 인심은 천리도 있고 인욕(人欲)도 있으므로 선도 있고 악도 있는 것이다. 예를 들면, 마땅히 먹어야 할 때 먹고, 마땅히 입어야 할 때 입는 것은 성현도 이것을 벗어나지 못하는 것이니 이것은 천리이며, 먹는 것과 여색에 대한 생각으로 빗나가서 악하게 된다면 이것은 인욕이다.

도심은 다만 지키기만 하면 그만이려니와 인심은 인욕에 흐르기 쉬우므로 비록 선하더라도 역시 위태로운 것이다. 마음의 공부를 하는 자가 한 가지 생각이 발할 때 그것이 도심인 줄 알거든 확충

---

46) 이발(理發)과 기발(氣發) : 퇴계가 사단은 이(理)의 발(發)이고, 칠정은 기(氣)의 발이라 주장하여 사단 칠정은 곧 이기호발(理氣互發)이라고 하였다. 이에 대해 율곡은 기발이승(氣發理乘)을 주장하여 이발·기발의 호발설을 배척하였다.

47) 성명(性命) : 하늘이 부여한 것을 명(命)이라 하고, 부여받아 나에게 있는 것을 성(性)이라 한다.

48) 혹원혹생(或原或生) : 혹원은 도심(道心)을, 혹생은 인심(人心)을 뜻한다.

시키고, 그것이 인심인 줄 알거든 정밀하게 살펴서 반드시 도심으로써 절제하여 인심이 항상 도심의 명령을 듣게 하면 인심도 도심이 될 것이니, 어떤 이(理)가 보존되지 않겠으며, 어떤 욕(欲)을 막지 못할 것인가?

서산 진씨(西山眞氏)[49]가 천리와 인욕을 논한 것이 지극히 분명하여 학자들의 공부에 매우 유익하기는 하나, 다만 인심을 오로지 인욕으로만 돌려서 한결같이 그것을 극복하기만 하라고 하였으니 이것은 미진한 감이 있다. 주자(朱子)가 이미, "비록 상등 가는 지혜로운 사람이라도 인심이 없을 수 없다.[雖上智, 不能無人心]"라고 하였으니, 성인도 또한 인심이 있거늘 어찌 모두를 인욕이라고 할 수 있겠는가? 이로써 본다면 칠정은 곧 인심과 도심, 선과 악의 총칭(總稱)이다.

맹자는 칠정 중에서 선한 것 한쪽만을 골라내어 사단이라고 이름 지었으니, 사단은 곧 도심과 인심의 선한 부분이다. 사단에 신(信)을 넣지 않은 것에 대해 정자(程子)는, "이미 성심(誠心 : 믿음[信]을 뜻한다)이 있어 사단이 된 만큼 신(信)이 그 가운데 있는 것이다."라고 하였다.

대개 오성(五性 : 인·의·예·지·신)의 신(信)은 오행(五行 : 수·화·목·금·토)의 토(土)와 같아서 정위(定位 : 동서남북의 일정한 위치)가 없고 전기(專氣)[50] 없이 사시(四時)에 기왕(寄旺)하는 것이다. 논자들이 혹 '사단은 도심이요, 칠정은 인심이다'라고 말하나, 사단은 진실로 도심이라 할 수 있지만 칠정은 어찌 인심만이라 하겠는가? 칠정 이외에는 다른 정이 없는데 만일 칠정을 인

---

49) 서산 진씨(西山眞氏) : 진덕수(眞德秀). 1178~1235년. 호가 서산. 송(宋)나라의 유학자.

50) 전기(專氣) : 춘하추동(春夏秋冬)의 사기(四氣)에서 어떤 한 절기를 전담한다는 말이다.

심만으로 돌린다면 이는 반(半 : 인심)만 들고 반(半 : 도심)은 빼버린 것이 된다. 자사자(子思子 : 자사子思)는 (≪중용≫에서) 성정(性情)의 완전한 덕을 논하면서 칠정이 아직 발하지 않은 것을 중(中)이라 하고 이미 발한 것을 화(和)라 하였으니, 이는 어찌 칠정을 인심만으로 보았을 리가 있겠는가? 이것은 명백하여 의심할 만한 것이 없다.

마음에 구비된 성(性)이 발하여 정(情)이 되는 것이다. 성이 이미 본시 선한 것인 만큼 정도 마땅히 선하지 않은 것이 없어야 하는데, 정은 혹 선하지 않은 것이 있는 경우는 어째서인가? 이(理)는 본시 순선(純善)하지만 기(氣)는 청탁(淸濁)이 있으니 기는 이를 담은 그릇이다. 미발하였을 때는 기가 작용하지 못하므로 중체(中體)가 순연히 선하기만 하나 그 발할 때는 선악이 비로소 나누어지니, 선은 맑은 기가 발한 것이고 악은 흐린 기가 발한 것인데 그 근본은 다만 천리일 뿐이다.

정(情)의 선한 것은 청명(淸明)한 기를 타고 천리를 따라 곧바로 나와서 그 중(中)을 잃지 않고, 인의예지의 단서가 됨을 볼 수 있으므로 사단이라 부른다. 정의 선하지 않은 것은 비록 역시 이(理)에 근원하였으나 이미 더럽고 흐린 기(氣)에 가려져 그 본체를 잃고 빗나가 생겨나서 혹은 지나치기도 하고 모자라기도 하여 인(仁)에 근본한 것이면서 도리어 인을 해치고, 의(義)에 근본한 것이면서 의를 해치고, 예(禮)에 근본한 것이면서 도리어 예를 해치고, 지(智)에 근본한 것이면서 도리어 지를 해치므로 사단이라 할 수 없는 것이다.

주자(周子)는, "오성(五性)[51]이 감동하여 선악이 나누어진다."라고 하고, 정자(程子)는, "선악이 모두 천리이다."라고 하고, 주자

---

51) 오성(五性) : 희(喜)·노(怒)·욕(慾)·구(懼)·우(憂). 또는 오장(五臟 : 心·肺·肝·腎·脾)에 붙여 다섯 가지로 나누기도 한다.

(朱子)는, "천리로 말미암아 인욕이 있다."라고 하였으니, 모두가 이것을 말한다.

지금의 학자들은 선악이 기의 맑음과 흐린 것에 말미암은 줄 알지 못하고 그 이유를 구하여 얻지 못하였으므로 '이가 발하는 것이 선이 되고, 기가 발하는 것이 악이 된다'라고 하여 이와 기가 서로 떨어지는 잘못이 있게 하였으니, 이것은 밝지 못한 이론이다. 신(臣)이 어리석고 참람함을 헤아리지 않고 삼가 다음과 같이 그림으로 표시한다.

12. 논심성정(論心性情)
– 심(心)·성(性)·정(情)을 논한다

내가 계응(季鷹)52)에게 말하였다.

"대개 기질지성(氣質之性)도 본연지성(本然之性 : 순선純善을 뜻한다)
이외에 별다른 성(性)이 아니다. 기질이 성(性 : 본연)을 포함하여
날 때 같이 났으므로 기질도 성(性)이라 한다. 기질은 그릇(器)
과 같고 성(性)은 물(水)과 같으니 맑고 깨끗한 그릇 안에 물이
담긴 것은 성인(聖人)이고, 그릇 안에 모래나 진흙이 있는 것은
중인(中人)이요, 아주 진흙 속에 물이 섞여 있는 것은 하등 인물
이다. 새와 짐승 같은 것도 비록 막히기는 했으나 물(性)이 없는
것은 아니다. 비유하면 물을 섞어 만든 진흙덩이와 같아서 다시
는 맑아질 수 없으니, 대개 습성(濕性)이 이미 말라버린 나머지
맑게 할 수 있는 방법이 없고, 또 물이 있는 것을 보지 못하지만
또한 물이 없다고 말할 수도 없는 것이다.

성인은 정(情)이 절도에 들어맞지 않음이 없고, 군자는 정은 혹
절도에 들어맞지 않으나 의(意)는 절도에 들어맞지 않음이 없으
며, 상인(常人)은 혹 정은 절도에 들어맞으나 의가 절도에 들어

---

52) 계응(季鷹) : 송한필(宋翰弼)의 자(字). 송한필은 호는 운곡(雲谷)으로, 조
선 중기의 학자이자 문장가. 신사무옥(辛巳誣獄)의 밀고자인 송사련(宋祀
連)의 아들이며, 송익필(宋翼弼)의 동생이다. 형 송익필과 함께 당대의 문
장가로 이름 높았는데, 율곡이 당시 자신과 성리학에 대해 논할 만한 사
람은 익필·한필 형제밖에 없다고 했다 한다.

맞지 않기도 하고, 혹 정은 절도에 맞지 않으나 의가 절도에 들어 맞기도 한다. 만약 정을 선하지 않음이 없는 것으로 여겨 정에 맡겨서 행한다면 어찌 일찍이 일을 실패하지 않겠는가? 주자의 말에 '정(情)은 성(性)의 용(用)이요, 성은 정의 체(體)이고, 심(心)은 성정의 주(主)이다.'라고 하였는데, 이 말도 역시 기질을 포함하여 말한 것이어서 살피지 않아서는 안 된다."

내가 강릉에 있을 때 기명언(奇明彦)이 퇴계와 사단 칠정을 논한 편지를 보니 퇴계는, "사단은 이(理)에서 발하고, 칠정은 기(氣)에서 발한다."라고 하였고 명언은, "사단과 칠정이 본디 두 개의 정(情)이 아니라, 칠정 속의 이(理)에서 발한 것이 사단일 뿐이다."라고 하여 오고 간 편지가 만여 자가 되도록 마침내 서로 의견이 일치하지 않았다.

내가 볼 때 명언의 말이 나의 의견과 일치한다. 대개 성(性)에는 인(仁)·의(義)·예(禮)·지(智)·신(信)이 있고, 정(情)에는 희(喜)·노(怒)·애(哀)·낙(樂)·애(愛)·오(惡)·욕(欲)이 있는데, 이와 같을 따름으로 오상(五常：인·의·예·지·신) 이외에 다른 성이 없고 칠정 이외에 다른 정이 없다. 칠정 가운데서 인욕(人欲)이 섞이지 않고 순수하게 천리(天理)에서 나온 것이 사단이다. 을축년(1565, 명종 20년) 봄 초하루에 내가 강릉부사(江陵府使) 김문길(金文吉)〔첨경添慶이다〕[53]과 측은지정(惻隱之情)에 관하여 이야기하였는데 김문길이, "사단은 중절(中節：규범에 맞는 것)이라고 지목할 수 없다." 하기에 내가 말하기를, "사단은 바로 정이 이미 발동한 것이니 중절로 지목할 수 있다. 대저 정이 이미 발하면 절도에 맞았느냐 절도에 맞지 않았느냐 하는 분별이 있는데, 어찌 정으로써 중절이나 부중절에 속하지 않은 정이 있겠는가?" 하였다. 김문길이, "그러면 도적이 장차 사형당함을 보고 측은한

---

53) 김문길(金文吉)：김첨경(金添慶). 1525~1583년. 자가 문길.

마음이 일어나는데 이것도 중절의 정이라 할 수 있는가?"라고 하기에 나는 대답하되, "도적의 죄는 죄대로 미워하면서 생명이 장차 죽는 것을 불쌍히 여기니, 이것은 천지의 만물에게 생하는 마음이라 어찌 중절하지 않은 것이라고 이를 수 있겠는가? 우(禹)임금이 수레에서 내려 죄인을 보고 울었던[禹之下車泣辜]54) 것이 이런 것이다."라고 하였다.

내가 말하였다. "정추만(鄭秋巒)55)의 〈천명도(天命圖)〉에서 사단(四端)을 아래에 그리고, 의(意)자를 위에 그렸는데 이것은 잘못된 것이다. 대저 학자들은 자기 몸 가까운 일부터 생각하여[近思] 실행에 힘쓰는[力行] 것을 급선무로 삼아야지, 천명에 대해서 갑자기 말해서는 안 된다."

---

54) 우(禹)임금이 수레에서 내려 죄인을 보고 울었던[禹之下車泣辜] : 하(夏)나라 우임금이 운 이유는 성인이 정사(政事)를 했으면 죄인이 생기지 않았을 것이라 여겨 백성을 교화하는 덕이 부족한 것에 대해 스스로 마음 아파했고, 백성을 사랑하는 마음이 간절하여 죄인을 더욱 불쌍하게 여겼기 때문이다. -《설원(說苑)》

55) 정추만(鄭秋巒) : 정지운(鄭之雲). 1509~1561년. 자는 정이(靜而). 호가 추만이며, 모재(慕齋) 김안국(金安國)의 문인(門人)이다. 〈천명도설(天命圖說)〉을 지어 천지의 조화를 강명(講明)하였다.

격몽요결(擊蒙要訣)의 교육사상

서문(序文)

사람이 이 세상에 태어나 살아가는 데 있어 공부하지 않으면 사람다운 사람이 될 수가 없다. 이른바 학문이라는 것은 또한 특별히 이상하거나 별다른 것이 아니다.

다만 그것은 다음과 같은 것들이다. 아버지가 되어서는 마땅히 자식을 사랑해야 하고, 자식이 되어서는 마땅히 부모에게 효도해야 하고, 신하가 되어서는 마땅히 임금에게 충성해야 하고, 부부가 되어서는 마땅히 분별이 있어야 하고, 형제가 되어서는 마땅히 우애가 있어야 하고, 젊은이가 되어서는 마땅히 어른을 공경해야 하고, 친구가 되어서는 마땅히 믿음이 있어야 한다. 이러한 것들은 날마다 행동하거나 조용히 있는 사이에 일에 따라 각기 그 당연함을 얻을 따름이니, 마음을 신묘한 데로 기울여서 신기한 효과를 분수에 맞지 않는 것을 바라지 않아야 할 것이다.

한갓 배우지 않은 사람은 마음이 사욕(私慾)에 막히고 학식과 견문이 분명치 않다. 그러므로 반드시 책을 읽고 이치를 궁구해서 마땅히 행해야 할 길을 밝혀야 한다. 그런 뒤에야 학문의 바름을 얻어 깊은 경지에 다다르고 실천하는 것이 중용(中庸)을 얻는 것이다.

그런데 지금 사람들은 학문이 일상생활에 어떻게 쓰여야 하는지를 알지 못하고, 까마득히 높고 멀어서 실행하기 어려운 것으로 생각한다. 그러므로 학문하는 것을 다른 사람에게 미루고 스스로 자포자기함을 편안히 여기니, 어찌 슬프다 아니하랴.

내가 해주(海州) 산남(山南)에 거처를 정하고 있었을 때, 한두 사람의 학도(學徒)가 늘 따라와 학문에 관하여 물었으나, 나는 그들의 스승이 될 수 없음을 부끄럽게 여기고, 또 처음 학문하는 사람이라 무엇을 어디서부터 배워야 할지 그 방향을 알지 못하고, 또 굳은 뜻 없이 들떠서 침착하지 못하면서 더 가르쳐 주기를 요청하면 피차에 도움이 없고 도리어 남의 비웃음을 살 것도 두려웠다. 그래서 간략하게 한 권의 책을 써서 뜻을 세우고, 몸을 삼가고, 부모를 봉양하고, 사람이나 사물을 맞이하는 방법에 대해 대강 서술하여 책 이름을 ≪격몽요결(擊蒙要訣)≫[1]이라 하였다. 학도들이 이것을 보고 마음을 씻고 자리를 잡아서 그날부터 공부하게 하며, 나 또한 오랜 구습을 버리지 못하는 것을 근심하여 이로써 스스로 경계하고 반성하고자 한다.

정축년(1577, 선조 10년) 섣달 덕수(德水) 이이(李珥) 씀.

---

1) 격몽요결(擊蒙要訣) : 율곡이 42세 되던 해에 부제학(副提學)을 사임한 뒤, 3월에 파주(坡州) 율곡(栗谷)에 돌아왔다가 10월에 황해도 해주(海州) 석담(石潭)으로 가서 은병정사(隱屛精舍)를 짓고 제자들을 훈육했는데, ≪격몽요결≫은 배우고자 하는 사람들에게 도학(道學)의 입문을 가르친 것이다. '격몽'이란 애매하고 몽매한 것을 물리친다는 뜻. 조선 중기 이후에 교과서로 널리 쓰였다. 2권 1책.

1. 입지장(立志章)
— 뜻을 세우고 정진함

처음 학문을 배우려는 사람은 무엇보다도 우선 학문하는 종국적인 목적에 대하여 마음가짐을 확고히 세워야 한다. 나도 꼭 훌륭한 성인이 되어야겠다고 마음속으로 기약하고, 조금이라도 자신을 작게 여겨 그것을 핑계 삼아 물러서고 미루려는 생각을 가져서는 안 된다. 대개 보통 사람과 훌륭한 성인은 그 타고난 본성은 같은 것이다. 비록 성격과 재능이 사람에 따라 맑은 사람이 있고 흐린 사람이 있으며, 또는 순수한 사람과 혼탁한 사람이 있어서 그 사람들 사이에 차이는 있다고 하겠지만, 진실로 진리를 알고 실천해서 예부터 내려오는 나쁜 습관을 버리고 착한 본성을 처음 모습으로 되찾는다면, 조금도 보태지 않더라도 모든 선함이 다 풍족할 것이다. 평범한 사람이라도 어찌 훌륭한 성인이 되기를 스스로 기약하지 못하랴?

그래서 맹자(孟子)는 '사람의 본성은 본디 착한 것이다[性善]'라고 하면서 반드시 요(堯)2)임금과 순(舜)3)임금을 일컬어 이것을

---

2) 요(堯) : 중국 고대의 전설적 임금으로 오제(五帝)의 한 사람. 제곡(帝嚳)의 아들로 도당씨(陶唐氏)라 한다. 기원전 236년경에 산서성(山西省) 평양(平陽)에 도읍하고, 선정(善政)을 베풀어 성군(聖君)으로 꼽힌다.

3) 순(舜) : 중국 고대의 전설적 임금으로 오제(五帝)의 한 사람. 요임금의 뒤를 이어 선정을 베풀었으므로 요순(堯舜)으로 병칭된다. 창오(蒼梧)의 들에서 세상을 떠났다. 순임금의 아버지는 고수(瞽瞍)로, 덕 없는 아버지로 유명하다.

실지로 증명하였고, 사람은 다 요임금과 순임금처럼 될 수 있다고 말했으니, 맹자가 어찌 우리를 속이겠는가?

마땅히 항상 스스로 분발해서 말하기를, 사람이 타고난 본성은 원래 착하게 되어 있어서 옛날이나 지금이나 슬기로운 사람이거나 어리석은 사람이거나 차이는 없다. 그런데 왜 성인만이 유독 성인이 되고, 나는 왜 유독 평범한 사람이 되었는가? 그것은 진실로 뜻을 제대로 세우지 못하고, 아는 것을 분명히 하지 못하고, 행실을 인정 있고 성실하게 하지 못함에 말미암은 따름이다. 참으로 뜻을 세우고 아는 것을 분명히 하고, 행실을 인정 있고 성실하게 하는 것은 모두가 나 자신에게 책임이 있을 따름이니, 어찌 다른 누구에게서 구할 수 있겠는가? 안연(顔淵)[4]은 말하기를, '순임금은 누구이고 나는 누구인가? 노력하면 누구나 그렇게 될 수 있는 것이다.〔舜何人也, 予何人也, 有爲者亦若是.〕'라고 하였다. 그러니 나도 안연이 순임금처럼 되기를 바라던 것을 본받아 행할 것이다.

사람의 얼굴 모양은 추한 것을 고쳐서 예쁘게 할 수 없고, 또 타고난 체력은 약한 것을 고쳐서 힘이 세게 할 수 없으며, 신체는 짧은 것을 고쳐서 길게 할 수 없다. 이것들은 이미 정해진 분수이기에 고칠 수가 없기 때문이다. 그러나 오직 사람의 마음과 뜻만은 어리석은 것을 고쳐서 지혜롭게 할 수 있고, 미련한 것을 고쳐서 어질게 할 수 있다. 이것들은 마음의 그 비어 있고〔허령(虛靈)[5] 차 있고 한 것이 본래 타고난 분수에 구애되지 않기 때문이다. 그리고 아름다움에는 지혜보다 더 아름다운 것이 없고, 귀함에는

---

4) 안연(顔淵) : 춘추시대 말기의 학자. 노(魯)나라 사람. 자는 자연(子淵). 공자의 제자로서 십철(十哲)의 으뜸으로 꼽힌다. 안빈낙도(安貧樂道)하여 덕행으로 이름이 높았다. 보통 안회(顔回)라고 한다.

5) 허령(虛靈) : '허령불매(虛靈不昧)'의 약어. 마음은 공허하여 형체가 없으나 그 기능은 맑고 환하여 거울이 물건을 비추는 것과 같음을 일컫는다.

어진 것보다 더 귀한 것이 없는데, 무엇이 괴로워서 어질고 지혜로워지기 위해 노력하지 않으려 하며, 하늘에서 부여받은 착한 본성을 손상하려 하는가? 사람들이 이러한 뜻을 가지고 굳게 실천해서 물러서지 않는다면 거의 도(道)에 가까워질 것이다.

대체로 자기 스스로는 뜻을 세웠다〔立志〕고 말하면서 힘써 앞으로 나가지 않으며 우물쭈물하고 뒷날을 기다리는 사람은, 명색은 뜻을 세웠다지만 실지로는 공부를 하려는 성의가 없기 때문이다. 진실로 내 뜻이 정성을 학문에 둔다면 어질게 되는 것은 자신에게 달린 것이다. 하고자 하면 뜻이 통달할 것인데 무엇 때문에 남에게 구하며, 무엇 때문에 뒤로 미루고 기다리는가?

뜻을 세우는 것이 가장 귀하다는 것은 곧 공부에 힘을 기울이되 오히려 따라가지 못할까 두려워하고 퇴보하지 않을까 늘 염려하기 때문이다. 만일 혹 뜻이 성실하고 착실하지 못하고 무기력하여 고식적으로 우물쭈물 세월만 보낸다면 나이가 다하여 죽을 때까지 어찌 성취하는 바가 있겠는가?

2. 혁구습장(革舊習章)

― 낡은 습관을 고침

사람이 비록 학문에 뜻을 두었을지라도 똑바로 용맹스럽게 앞으로 나가고 전진해도 이로써 학문을 성취할 수 없는 것은, 옛날의 낡은 습관이 그것을 가로막아 실패하기 때문이다. 옛날의 낡은 습관의 명목을 조목별로 열거하면 다음과 같다. 만약 뜻을 격려하여 옛날의 습관을 완전히 끊지 않는다면 끝내 학문의 바탕은 마련되지 않을 것이다.

첫째, 자기 마음과 뜻을 게을리하고 그 몸가짐의 태도를 함부로 해서 다만 한가히 놀기만 생각하고 구속되는 것을 몹시 싫어하는 것이다.

둘째, 항상 움직이는 것만 생각하고 조용히 자기 마음을 가다듬어 지키려고 애쓰지 않으며, 분주히 드나들며 이러니저러니 떠들어대면서 세월만 보내는 것이다.

셋째, 같은 것을 좋아하고 다른 것을 싫어하여 옛날부터 전해 오는 나쁜 풍속에 빠지고, 조금 고치려 하다가도 남들에게 따돌림을 당할까 두려워하는 것이다.

넷째, 글이나 문장으로 시속에 영합하여 헛된 명예를 취하기를 좋아하고, 경전(經傳)6) 내용을 표절해서 미사여구의 글을 꾸미

---

6) 경전(經傳) : 경서와 그 경서를 주해한 책. '경(經)'은 성인이 지은 책으로, 곧 사서오경(四書五經)을 말한다. 사서는 대학·중용·맹자·논어이고, 오경

는 것이다.

다섯째, 쓸데없이 편지 쓰기에 공을 다하고 저속한 음악이나 술 마시기를 본업으로 삼아서 한가로이 세월을 보내면서 스스로 깨 끗한 운치를 가지고 사는 체하는 것이다.

여섯째, 한가한 사람을 모아서 바둑이나 장기 두기를 좋아하고 온종일 배부르게 먹어가면서 다만 남과 내기만 다투는 것이다.

일곱째, 부귀를 부러워하고 가난하고 천한 것을 싫어하며 냉대해 서 좋지 못한 옷을 입고 거친 음식 먹는 것을 몹시 수치스럽게 생 각하는 것이다.

여덟째, 매사에 즐기고자 하는 욕심으로 절제가 없어서 끊고 억 제하지 못하며, 재물과 이익을 탐내고 노래와 여색에 빠져 그 맛 을 꿀맛같이 여기는 것이다.

습관이 마음을 해치는 것이 대개 이와 같으니, 그 나머지는 모두 열거하기가 어렵다. 이러한 습관이 사람으로 하여금 뜻을 견고하 게 하지 못하게 하고, 행실을 믿음이 깊고 진실하지 못하게 하여, 오늘 한 바를 다음날에 고치기 어렵게 하고, 아침에 그 행실을 후 회했다가 저녁에는 이미 또다시 그런 짓을 저지른다. 그러므로 모름지기 용맹스런 뜻을 크게 분발하여 막 단칼로 시원하게 뿌리 를 끊어버리듯 마음 바탕을 깨끗이 씻어서 터럭 끝만 한 줄기도 남김이 없게 하고, 그러고도 때때로 늘 맹렬히 반성하는 것에 힘 써 이 마음으로 한 점이라도 예전의 나쁜 풍습의 더러운 점을 없 게 한 다음에야 학문에 나아가는 공부를 의논할 수 있을 것이다.

은 시경·서경·주역·예기·춘추이다.

3. 지신장(持身章)
― 배우는 자의 자세

학문하는 사람은 반드시 성실한 마음으로 도를 향하여 나아가야 하고, 세상의 속된 여러 가지 일로써 그 학문하는 뜻을 어지럽게 해서는 안 된다. 어지럽히지 않은 연후에 학문하는 터전이 잡힌다. 그러므로 공자께서 말씀하시기를, "충성과 신의를 주로 해야 한다.〔主忠信〕"라고 하셨고, 주자(朱子)는 이 말을 해석하여 말하기를, "사람이 충성스럽고 신의롭지 못하면, 하는 일이 모두 진실함이 없어서 나쁜 짓은 쉽게 하고 착한 일 하기는 어려워한다. 그러므로 반드시 이 충의(忠義)와 신의(信義)로써 주 삼아야 한다."라고 했다. 반드시 충성과 신의로써 주 삼고 용감히 공부한 연후에야 능히 성취할 바가 있을 것이라는 것이다. 황면재(黃勉齋)[7]의 이른바 '진실한 마음을 가지고 애써 공부하라.〔眞實心地, 刻苦工夫〕'는 두 마디 말씀이 그 모든 뜻을 다 내포하였다고 할 것이다. 항상 모름지기 일찍 일어나고 밤늦게 자야 하며, 의관을 반드시 단정히 해야 하고, 용모와 얼굴빛을 반드시 엄숙하게 해야 하고, 두 손을 모으고 바르게 앉아야 하고, 걸음걸이는 조용하고 점잖아야 하고, 언어는 삼가고 무거워서 한 번 움직이고 한 번 쉬는 것이라도 경솔하거나 소홀히 해서는 안 되며, 조금이라도 아무렇

---

7) 황면재(黃勉齋) : 황간(黃幹). 1152~1221년. 자는 직경(直卿), 호는 면재, 시호는 문숙(文肅). 송(宋)나라 학자로 주자의 제자. 저서에 《경해(經解)》·《면재문집(勉齋文集)》이 있다.

게나 지나쳐 버려서는 안 된다.

몸과 마음가짐에 구용(九容 : 아홉 가지 몸가짐의 태도)보다 간절한 것은 없고, 학문을 진보시키고 지혜를 더하는 데는 구사(九思 : 아홉 가지 생각)보다 더 절실한 것은 없다.

이른바 구용은, 발 모양은 무겁게 가져야 함〔足容重 - 경솔히 거동하지 않는다. 만일 웃어른 앞에서 빨리 걸을 때는 이 조목에 구애받아서는 안 된다〕과, 손 모양은 공손하게 가져야 함〔手容恭 - 아무 할 일이 없으면 마땅히 단정히 손을 맞잡을 것이며, 손을 놀리거나 물건을 어루만져서는 안 된다〕과, 눈 모양은 단정하게 가져야 함〔目容端 - 눈매를 안정시켜서 똑바로 보고, 흘겨보거나 곁눈질해서는 안 된다〕과, 입 모양은 신중하게 가져야 함〔口容止 - 말할 때나 음식 먹을 때가 아니면 항상 입을 움직이지 말아야 한다〕과, 소리 모양은 조용하게 가져야 함〔聲容靜 - 목소리는 마땅히 형상과 기운을 바르게 가지고 조용히 내되, 딸꾹질이나 기침 등의 잡된 소리를 내서는 안 된다〕과, 머리 모양은 곧게 세워야 함〔頭容直 - 마땅히 머리를 곧게 세우고 몸을 꼿꼿이 하며, 이리저리 돌리거나 한 편으로 기우뚱하게 기대서는 안 된다〕과, 숨 쉬는 모양은 정숙하게 가져야 함〔氣容肅 - 마땅히 콧숨으로 고르게 하고, 거센소리가 있게 해서는 안 된다〕과, 서 있는 모양은 의젓하게 가져야 함〔立容德 - 중심을 세워 기대지 말며, 엄연히 덕스러운 기상을 가져야 한다〕과, 얼굴빛의 모양은 장엄하게 가져야 한다〔色容莊 - 얼굴빛이 정돈되고 가지런하여 게으르거나 거만한 기색이 없도록 해야 한다〕는 것이다.

이른바 구사는, 볼 때는 분명하게 볼 것을 생각하고〔視思明 - 사물을 볼 때 편견이나 욕심으로 가리는 것이 없으면 밝아서 보지 못하는 것이 없다〕, 들을 적에는 분명히 들을 것을 생각하고〔聽思聰 - 소리를 들어서 막히는 바가 없으면 귀밝아서 듣지 못하는 것이 없다〕, 얼굴빛은 온화하게 할 것을 생각하고〔色思溫 - 얼굴빛은 온화하고 부드럽게 가져 화를 내거나 사나운(거친) 기색이 없어야 한다), 용모는 공손하게 갖는 것을 생각하고[貌思恭 - 자신의 몸가짐은 단정하고 씩씩해야 한다), 말할 때는 성실할 것을 생각하고[言思忠 - 한마디 말을 하더라도 성실하고 신의로워야 한다), 어떤 일을 할 때는 정성을 다할 것을 생각하고[事思敬 - 한 가지 일을 하더라도 공경하고 신중해야 한다), 의심스러울 때는 물어볼 것을 생각하고[疑思問 - 자기 마음에 의심이 있으면 반드시 먼저 깨우친 자에게 나아가 자세히 물어서 모르는 상태로 두지 않는다), 마음이 분할 때는 닥쳐올 걱정거리를 생각하고[忿思難 - 분함이 있을 때는 반드시 자신을 징계하여 이성으로 자신을 이겨내야 한다), 이득을 볼 때는 의로움을 생각해야 한다[見得思義 - 재물이 생기면 반드시 의義와 이利 구분을 밝혀, 의(도리)에 합당한 연후에 갖는다)는 것이다.

항상 구용과 구사를 마음에 두고 그 몸가짐을 살펴야 하며, 잠깐이라도 몸가짐과 마음가짐을 함부로 해서는 안 된다. 또 이것을 좌우명(座右銘) 삼아 앉는 자리의 구석에 써 붙이고서 때때로 눈여겨볼 것이다.

예의에 어긋나는 것은 보지 말고[非禮勿視], 예의에 어긋나는 것은 듣지 말고[非禮勿聽], 예의에 어긋나는 것은 말하지 말고[非禮勿言], 예의에 어긋나는 것은 행동하지 말라[非禮勿動]. 이 네 가지 것[四勿]은 몸을 닦는 데 가장 요긴한 것이다. 예의와 예절에 어긋나는 것을 처음 공부하는 이는 분별하기 어려우니, 반드시 사물의 이치를 깊이 연구하여 밝혀서 다만 이미 자기가 아는 데까지만이라도 힘써 행한다면 생각한 바가 (이미) 반을 넘었다 할 것이다.

학문은 일상생활에서 일하는 가운데에 있다. 만일 평상시에 생활함을 공손히 하고, 하는 일을 집행하기를 공경히 하고, 남과 어울리기를 성실히 하면 이것을 곧 학문한다고 이름할 수 있다. 책을 읽는 것은 이 이치를 밝히고자 하는 것일 뿐이다.

의복은 화려하고 사치스러운 것을 위주로 해서는 안 되고 추위를 막을 만하면 될 뿐이며, 음식은 맛만을 위주로 해서는 안 되고 굶주림을 면할 만하면 될 뿐이며, 거처하는 곳은 편안하고 태평함을 위주로 해서는 안 되고 병이 나지 않을 만하면 될 뿐이다. 오직 학문하는 공력(功力)과 마음의 올바름과 예의에 맞아 위엄 있는 거동의 예법 지키기를 날로 힘쓰되 스스로 만족히 여겨서는 안 된다.

자신의 사사로운 욕심을 누르고 자기 자신을 이기는 공부가 가장 일상생활에 요긴한 것이다. 이른바 자기(自己)는 내 마음에 좋아하는 것이 하늘의 이치에 맞지 않는 것을 말한다. 반드시 내 마음을 점검하여 살피되 여자를 좋아하는가, 이익을 좋아하는가, 명예를 좋아하는가, 벼슬하는 것을 좋아하는가, 몸이 편안하고 한가함을 좋아하는가, 잔치를 베풀고 즐김을 좋아하는가, 진귀한 보배를 좋아하는가 하여 모든 온갖 좋아하는 것이 만일 이치에 맞지 않으면 모두 단호히 끊어버려 그 싹과 뿌리를 남겨 놓지 않아야 한다. 그러한 연후에야 내 마음의 좋아하는 것이 비로소 올바른 의리(義理)에 놓이게 되므로 (그대로 내버려두어도) 내 몸을 저절로 이기게 될 것이다.

말이 많고 쓸데없는 생각이 많은 것이 마음을 수양하는 데 가장 해롭다. 일이 없으면 마땅히 조용히 앉아서 마음을 가라앉히고, 사람을 대할 때는 마땅히 말을 가려서 간결하고 신중하게 하라. 때에 맞추어 말을 하면 말이 간략하지 않을 수 없다. 말이 간결하다는 것은 도(道)에 가까운 것이다. "선왕(先王)의 법도에 맞는 옷이 아니면 감히 입지 않고, 선왕의 법도에 맞는 말이 아니면 감히 말하지 않고, 선왕이 마련한 덕행이 아니면 감히 실행하지 않는다."(이상은 ≪효경孝經≫에 있는 말이다) 이것은 마땅히 죽을 때까지 잘 지켜 잠시도 잊지 않을 일이다.

학문하는 사람은 한결같이 도(道)를 향해서만 나아가야 할 것이요, 바깥 사물이 이 틈을 타서 들어오지 못하게 해야 한다. 바깥의 사물이 바르지 못한 것이라면 마땅히 일절 마음에 두지 않아야 한다. 동네 사람들이 모인 곳에서 만일 장기나 바둑, 저포 같은 노름판을 벌이고 있으면 마땅히 눈여겨보지 말고 뒷걸음질 쳐서 물러가며, 만일 기생들이 노래하고 춤추는 것을 만나거든 반드시 피해 가야 하며, 만일 시골에서 큰 모임을 연 자리에서 혹 웃어른이 굳이 만류하여 피해 물러날 수 없거든 비록 그 자리에 있을지라도 용모를 단정히 하고 마음을 맑게 가져서 간사한 소리나 음란한 기색이 내 마음에 침범하는 바가 있게 해서는 안 되고, 잔치를 만나 술을 마시되 취하도록 마시지 말고 얼큰할 정도면 그만 마시는 것이 옳다.

모든 음식은 정도에 맞게 먹어야 하고 자기 뜻대로 입에 맞는다고 해서 자기 기운을 해칠 정도로 먹어서는 안 된다.(과식하지 말라는 말이다) 말과 웃음은 마땅히 간결하고 신중해야 하며 시끄럽게 떠듦으로써 그 절도를 벗어나서는 안 되고, 행동거지는 마땅히 안정되고 세심해야 하며 거칠거나 경솔하게 하여 그 몸가짐을 흩트려서는 안 된다.

무슨 일이 있으면 이치에 따라서 일을 처리하고, 책을 읽거든 성실하게 이치를 연구하며, 이 두 가지 것을 제한 외에는 조용히 앉아서 내 마음을 수습해 거두어서 쓸쓸하고 고요하여 복잡하게 일어나는 생각을 없게 하며, 스스로 경계하여 깨달아서 어리석은 실수가 없게 하는 것이 옳다. 이른바 공경함으로써 마음을 바르게 한다는 것이 바로 이와 같은 것이다.

마땅히 자기의 몸과 마음을 바르게 해서 겉과 속이 한결같게 해야 한다. 깊숙한 곳에 있더라도 드러난 곳에 있는 것같이 하고 혼자 있더라도 여럿이 있는 것같이 해서, 내 마음을 푸른 하늘의 밝은 태양같이 남들이 모두 나를 볼 수 있도록 할 것이다.

항상 한 가지라도 의롭지 못한 일을 행하거나 한 사람이라도 죄 없는 사람을 죽여서 천하를 얻을 수 있다 할지라도, 해서는 안 된다는 것을 마음속 깊이 생각함으로써 이 생각을 가슴속에 명심하고 있어야 한다.

항상 마음을 바르게 하여 품행을 닦음으로써 근본을 세우고, 세상의 이치를 깊이 연구함으로써 선을 밝히고, 힘써 행함으로써 그 진실을 실천한다. 이 세 가지 것은 죽을 때까지 해야 할 일들이다.

간사한 일을 생각지 말라. 그리고 무슨 일이든지 공경하라. 이 두 구절만은 평생 받아쓰더라도 다하지 않을 일이니, 마땅히 이것을 벽 위에 써 붙여 놓고서 잠시라도 잊어서는 안 된다.

날마다 자주 자기 자신을 돌이켜 자세히 점검하여서 혹시 마음이 올바르지 않은 데가 있지 않은가, 학문이 진전되지 않음이 있었던가, 행하고 실천하는 데 힘쓰지 않고 있지 않은가를 살펴야 한다. 만일 이 세 가지 중 한 가지라도 있으면 이것을 고치고, 없으면 더 힘써서 부지런히 하고 게으르지 말아야 한다. 그리하여 이런 반성은 자기 몸이 죽은 뒤에라야 그만둘 것이다.

4. 독서장(讀書章)
― 배움의 방법

배우는 사람은 항상 그 마음을 학문에 두어 다른 사물에 현혹되어서는 안 된다. 반드시 이치를 깊이 연구하고 선을 밝혀야 한다. 그러한 연후에야 마땅히 행할 도리가 분명하게 앞에 놓이게 되어 이로써 실력이 차차 발전해 나가야 할 것이다. 그래서 학문의 길로 들어가는 것은 이치를 연구하는 것보다 먼저 할 것이 없고, 이치를 연구함에는 책을 읽는 것보다 먼저 할 것이 없다. 성인(聖人)과 현인(賢人)의 마음 쓴 자취와 선과 악을 본받아야 하고 경계하여야 할 것이 모두 책 속에 쓰여 있기 때문이다.

무릇 책을 읽는 사람은 반드시 단정하게 팔짱을 끼고 무릎을 꿇고 똑바로 앉아서 공경스럽게 책을 대하여 마음을 오로지 하고 뜻을 극진히 하며, 자세히 생각하고 두루 살펴서〔함영涵泳은 여러 차례 읽고 깊이 생각함을 이른다〕 깊이 뜻을 이해하여 구절마다 반드시 실천하는 방법을 탐구할 것이다. 만일 입으로만 읽을 뿐 마음에 체험하지 못하고 몸으로 실행하지 않는다면 책은 책대로 나는 나대로일 것이니, 무슨 이익이 있겠는가?

책은 먼저 ≪소학(小學)≫8)을 읽어서 부모를 효도로 섬기고, 형

---

8) 소학(小學) : 송(宋)나라 주희(朱熹)의 편이라고 전하나 실은 그의 문인 유자징(劉子澄)의 저서이다. 경서(經書)나 고금의 전기(傳記) 중에서 수신 도덕에 관한 이야기를 모은 것. 6편(編).

을 공경으로 섬기며, 임금을 충성으로 섬기고, 어른을 공경으로
섬기며, 스승을 존경으로 섬기고, 벗을 친함으로써 사귀는 도리
에 있어 하나하나 자세하게 익혀서 힘써 이것들을 실행해야 한다.
다음에는 《대학(大學)》과 《대학혹문(大學或問)》9)을 읽어서
이치를 깊이 연구하는 것[窮理], 마음을 바르게 갖는 것[正心],
몸을 닦는 것[修己], 남을 다스리는[治人] 도리 등에 하나하나
참되게 알고 성실히 실천할 것이다.

다음에는 《논어(論語)》를 읽어서 인(仁)을 구하여 자기의 수양
으로 하고, 근본적이고 원천적으로 학식을 넓혀서 심성(心性)을
닦는 공부에 대해서 하나하나 세밀히 생각하고 깊이 체득하여야
한다.

다음에는 《맹자(孟子)》를 읽어서 의리와 이익을 명확히 판별하
고, 사람의 지나친 욕심을 막고 하늘의 이치가 있다는 주장에 있
어 하나하나 밝게 살펴서 이것을 더욱 확충하여야 한다.

다음에는 《중용(中庸)》10)을 읽어서 성정(性情)의 덕과 사물의
이치를 아는 공부와, 천지가 제 위치에 있고 만물이 화합하여 육
성되는 미묘한 이치에 관하여 하나하나 글의 뜻을 곰곰이 생각하
여 찾아서 얻는 것이 있어야 한다.

다음에는 《시경(詩經)》11)을 읽어서, 성품이나 감정의 간사하
고 바른 것과, 착한 것을 권장하고 악한 것을 경계하는 일들을 하
나하나 찬찬히 깊이 생각하여 풀어나감으로써 마음속에 저절로

---

9) 대학혹문(大學或問) : 주자(朱子)가 어떤 사람의 물음에 대하여 대답하는 형
   식으로 《대학》을 해설한 책.
10) 중용(中庸) : 사서(四書)의 하나. 공자의 손자 자사(子思)가 지음. 1권. 《예
    기》 49편 중 제31편이다.
11) 시경(詩經) : 중국 상고(上古)의 시를 모은 책. 오경(五經)의 하나. 본래 3천
    여 편이었던 것을 공자가 311편으로 간추려 정리했으나 이 가운데 6편은
    제목만 전한다.

감동되어 이로써 간사하고 악한 마음을 징계하여야 한다.

다음에는 ≪예기(禮記)≫12)를 읽어서 천지자연의 이치와 사리에 따라 정한 조리와 사람이 지켜야 할 법칙의 정한 제도에 관하여 하나하나 좋은 방법을 궁리해서 마음가짐과 몸가짐이 잘 이루어지게 해야 한다.

다음에는 ≪서경(書經)≫13)을 읽어서, 이제(二帝)와 삼왕(三王)14)의 공명정대한 원리와 원칙에 관하여 일일이 요령을 알아서 그 근본으로 거슬러 올라가 자세히 찾아야 한다.

다음에는 ≪주역(周易)≫15)을 읽어서 길흉·존망·진퇴·영고성쇠의 기틀에 관하여 일일이 자세히 관찰하여 깊이 연구해서, 그것을 통하여 윤리와 도덕을 알아야 한다.

다음에는 ≪춘추(春秋)≫16)를 읽어서 성인들이 착한 행실을 한

12) 예기(禮記):《예경(禮經)》. 오경(五經)의 하나. 진한시대(秦漢時代)의 고례(古禮)에 관한 것을 수록한 책. 한무제(漢武帝) 때 하간(河間)의 헌왕(獻王)이 고서(古書) 131편을 편술한 뒤에 214편으로 된 것을 대덕(戴德)이 85편으로 줄인 대대례(大戴禮)와, 선제(宣帝) 때 그의 조카 대성(戴聖)이 다시 49편으로 줄인 소대례(小戴禮)가 있다. 지금의 예기는 소대례를 일컫는다. 주례(周禮)·의례(儀禮)와 함께 삼례(三禮)라 한다.

13) 서경(書經):중국 최고의 경서(經書). 오경(五經) 또는 십삼경(十三經)의 하나로 우(虞)·하(夏)·상(商)·주(周) 4대(代)의 사실(史實)·사상 등을 기록하여 100편으로 된 것을 공자가 새롭게 정리하였다고 한다. 현존하는 것은 58편뿐이다. 서(書) 또는 상서(尙書)라고도 한다.

14) 이제삼왕(二帝三王):이제는 당요(唐堯)와 우순(虞舜)을 말하고, 삼왕은 하(夏)나라의 우왕(禹王), 은(殷)나라의 탕왕(湯王), 주(周)나라의 문왕(文王)·무왕(武王)을 말한다.

15) 주역(周易):《역경(易經)》. 오경(五經)의 하나. 복서(卜筮)를 통하여 윤리 도덕을 설명한 책.

16) 춘추(春秋):공자가 저술한 노(魯)나라의 역사책. 1권. 은공(隱公)부터 애공(哀公)까지 12공(公) 242년간의 역사를 엮었다. 곧 해설서에 좌구명(左丘明)의《좌씨전》30권, 공양고(公羊高)의《공양전(公羊傳)》11권, 곡량적(穀梁赤)의《곡량전(穀梁傳)》이 있어 이것들을 통틀어 춘추삼전(春秋三傳)이라 한다.

사람에게는 상을 주고 악한 행실을 한 사람에게는 벌을 주며, 혹
은 누르고 혹은 찬양하며, 마음대로 다루는 완곡(婉曲 : 말씨가 곱
고 차근차근함)한 말과 깊은 뜻에 관하여 일일이 자세히 연구해서
잘 깨닫도록 해야 한다.

앞의 오서(五書)17)·오경(五經)18)을 번갈아가며 익숙해지도록
읽어 끊임없이 이해함으로써 뜻과 이치가 날로 밝아지게 한다. 그
리고 송나라 선현(先賢)들의 저서인 ≪근사록(近思錄)≫19)·≪주
자가례(朱子家禮)≫20)·≪심경(心經)≫21)·≪이정전서(二程全
書)≫22)·≪주자대전(朱子大全)≫23)·≪주자어류(朱子語類)≫24)
와 그 밖의 성리학설(性理學說)25)을 틈틈이 정독함으로써 뜻과

---

17) 오서(五書) :《소학》·《대학》·《논어》·《맹자》·《중용》을 일컫는 말. 사서에
《소학》을 더하여 이르는 말.

18) 오경(五經) :《시경》·《서경》·《역경》의 삼경(三經)에 《예기》·《춘추》를 더
하여 일컫는 말.

19) 근사록(近思錄) : 송나라 주희(朱熹)·여조겸(呂祖謙)이 편찬한 책. 모두 14
권. 주무숙(周茂叔)·정명도(程明道)·정이천(伊川)·장횡거(張橫渠)의 설에
서 일상생활의 수양에 필요한 622조를 가려서 14문(門)으로 분류하였다.

20) 주자가례(朱子家禮) : 송나라 주희(朱熹)가 관혼상제(冠婚喪祭)의 예법에 관
하여 기록한 책. 5권에 부록 1권. 조선에서는《주자가례》에 의하여 모든
예가 행해졌다.

21) 심경(心經) : 송나라 진덕수(眞德秀)가 지은 책. 1권. 성현들의 마음[心]을
논한 격언을 모아 주를 단 것으로, 그 요지는 바른 마음을 바탕으로 했다.

22) 이정전서(二程全書) : 68권. 송나라의 정호(程顥)·정이(程頤) 형제가 지은
유저(遺著).

23) 주자대전(朱子大全) : 송나라의 성리학자 주자(朱子 : 주희朱熹)의 문집.

24) 주자어류(朱子語類) : 송나라 여정덕(黎靖德)이 주자가 남긴 말을 문인(門
人)들이 기록해 놓은 것을 편집한 책. 140권.

25) 성리학설(性理學說) : 성명(性命)과 이기(理氣)의 관계를 설명한 유교 철학.
송나라의 주염계(周濂溪)·장횡거(張橫渠)·정명도(程明道)·정이천(程伊川)
·주희(朱熹) 등이 주장한 학설. 인간 본연의 성품은 선(善)인데, 기질의 맑
고 흐림에 따라 어질고 어리석은 구별이 있으므로 사람은 기질을 변화시
켜서 그 본연의 빛을 나타내야 한다 하고, 그 방법으로써 거경(居敬)·궁리

이치가 항상 내 마음에 흠뻑 젖어들어 어느 때고 끊어짐이 없도록 해야 한다. 또한 여가에 역사에 관한 책을 읽어서 옛날과 지금의 역사에 통달하고 사물의 변화를 알아서 이로써 학식과 견문을 발전시킨다. 그리고 이단(異端)인 잡서류(雜書類)26)의 바르지 않은 책은 잠깐이라도 펴 보아서는 안 된다.

대개 책을 읽을 때는 반드시 한 책을 익숙히 읽어 그 뜻을 모두 깨달아서 통달하여 의심이 없는 그다음에 비로소 다른 책을 읽어야지, 많이 읽기를 탐하고, 그것에서 이것저것을 얻으려고 바쁘고 분주하게 여러 책을 이것저것 읽어서는 안 될 것이다.

(窮理)의 두 가지 강령을 제시했다. 거경은 성찰(省察)·정좌(靜座)를, 궁리는 독서를 주로 하여 이 두 가지가 서로 어울려야만 자기완성을 이루는데, 특히 궁리 곧 독서를 먼저 해야 한다고 했다. 우리나라는 고려 말에 안향(安珦)이 깊이 연구했고, 조선 때 퇴계 이황, 율곡 이이가 크게 발전시켰다.

26) 이단(異端)인 잡서류(雜書類) : 유교에서 유교 이외의 모든 학설이나 책에 대해 일컫는 말. 불교도 이단시했다. 경전이나 사기, 통감 등의 역사서를 제외한 다른 책들.

5. 사친장(事親章)
─ 부모를 섬기는 법

대체로 사람들 모두 부모에게는 당연히 효도해야 한다는 것을 알면서도 효도하는 사람이 별로 많지 않은 것은 부모의 은혜를 깊이 깨닫지 못하기 때문이다. ≪시경(詩經)≫에 이르기를, "아버님이 나를 낳아주시고, 어머님이 나를 기르셨도다. 그 은덕을 갚고자 할진대 하늘과 같이 끝이 없구나.〔父兮生我 母兮鞠我 欲報之德 昊天罔極〕"라고 하였으니, 자식이 생명을 받을 적에 받은 본성과 목숨과 피와 살은 모두 어버이가 남겨주신 것이다. 그래서 숨을 쉬어 호흡함에 기맥이 서로 통하니 이 몸은 나의 사유물이 아니요, 바로 부모님께서 남겨주신 기운이다.

그러므로 ≪시경≫에, "슬프고 슬프도다, 부모님이시여! 나를 낳아 기르시느라 수고로우셨도다.〔哀哀父母 生我劬勞〕"라고 하였다. 부모의 은혜가 어떠한 것인데, 어찌 감히 스스로 그 몸을 소유했다고 해서 그 부모에게 효도를 다하지 않을 수 있겠는가? 사람이 능히 항상 이런 마음을 지니고 있으면 저절로 부모에게 향하는 정성이 생길 것이다.

무릇 부모를 섬기는 사람은 모든 일이나 모든 행실에 감히 자기 마음대로 하지 말고, 반드시 부모의 명령을 여쭌 뒤에 실행해야 한다. 만일 당연히 해야 할 일이라도 부모가 허락하지 않는다면 반드시 자세히 설명을 해드려서 머리를 끄덕여 승낙한 뒤에 행해야 한다. 만일 부모를 설득해도 끝끝내 허락하지 않는다면 이 역시 자기 생각대로 일해서는 안 된다.

날마다 날이 밝기 전에 일어나서 우선 세수하고 머리 빗고 의복을 바르게 입고, 부모의 잠자리에 나가서는 숨을 낮추고 음성을 부드럽게 하여 방이 따뜻한지 추운지, 자리가 편안한지 불편한지를 여쭈어보고, 밤이면 부모의 잠자리에 이르러 이부자리를 손보아 드리고 따뜻한가 서늘한가를 살펴본다. 낮 동안 받들어 모실 때는 항상 얼굴빛을 기쁘게 하고 태도를 부드럽게 하여 응대하기를 공경스럽게 하고, 곁에서 봉양할 때는 그 정성을 극진히 하며, 밖에 나갈 때는 반드시 절하며 고하고 들어와서는 반드시 절한 다음 인사를 여쭙고 뵙는다.

지금 사람들은 대부분 부모가 길러준 은혜를 입고서도 자기 힘으로 그 부모를 봉양하지 못한다. 만일 이같이 문득 세월만 보낸다면 끝끝내 정성껏 봉양할 때가 없을 것이다. 반드시 몸소 집안일을 주간하여 스스로 맛있는 음식을 장만한 다음에야 자식 된 도리를 닦게 되는 것이다. 만일 부모가 굳이 들어주지 않아서 비록 집안일을 주간하지 못하더라도, 또한 당연히 일을 주선하고 보조해서 힘을 다해 맛있는 음식을 장만하여 부모의 구미에 맞도록 하는 것이 옳다.

만일 마음과 생각이 어버이를 봉양하는 데 있다면 맛있는 음식을 반드시 얻을 수 있을 것이다. 그리고 늘 왕연(王延)27)이 몹시 추운 한겨울에 자기 몸에는 온전한 옷 한 가지조차 걸치지 못하고서도 어버이에게는 맛있는 음식을 마련해 드림으로써 사람들이 감탄하여 눈물을 흘리게 한 일을 생각하여야 할 것이다.

일반 사람들 집안의 아버지와 아들 사이에는 흔히 사랑이 공경보

---

27) 왕연(王延) : 전조(前趙) 사람. 자는 연원(延元). 벼슬은 상서좌승(尚書左丞). 효심이 지극했다.

다 지나친데, 반드시 낡은 습관을 철저히 씻어 버려야 하고, 자식은 부모를 극진히 존경해야 한다. 부모가 앉고 누우시는 곳에는 자식이 감히 앉거나 눕지 않으며, (부모가) 손님을 맞이하는 곳에서는 자식이 감히 사사로운 손님을 맞아서는 안 되며, (부모가) 말을 타고 내리는 곳에는 자식이 감히 말을 타고 내리지 않는 것이 옳다.

부모의 뜻하는 일이 만일 의리에 해가 되는 일이 아니라면, 마땅히 부모가 말씀하시기 전에 그 뜻을 받들어 잘 순종하고 조금이라도 소홀히 하여 어겨서는 안 된다. 만일 그것이 의리에 해로운 것이라면 온화한 기색과 기쁜 태도로써 부드러운 목소리로 간하되, 그 뜻을 여러 가지로 사유를 들어 거듭 설명해서 반드시 이해하여 들어주시기를 바라야 할 것이다.

부모님께서 병환이 있으시거든 진심으로 걱정하고 염려하며, 다른 일은 모두 제쳐놓고 다만 의사에게 묻고 약을 조제함으로써 병을 고치는 데만 힘쓰고, 그리고 병이 나으시거든 여느 때같이 할 것이다.

일상생활에 잠깐 사이라도 부모를 잊지 않아야 한다. 그래야 곧 효도하는 사람이라 이름 지을 수 있다. 그리고 자기의 몸가짐을 삼가지 않으며 하는 말에 법도가 없고 난잡하게 노는 것으로 세월을 보내는 사람은 모두 그 부모를 잊은 자의 행동들이다.

세월은 흐르는 물과 같아서 어버이를 섬기는 날도 오랠 수가 없다. 그러므로 자식 된 자는 모름지기 정성과 힘을 다하여 부모를 섬기되, 정성이 모자라지 않을까 두려워함이 옳다. 옛사람의 시에 이르기를, "옛사람은 하루 동안 부모 봉양하는 일을 정승의 부귀와 그 지위와도 바꾸지 않는다.〔古人一日養, 不以三公換〕"라고 했다. 이것은 옛사람들이 날짜를 아끼면서 부모를 봉양한 것을 말한 것이다.

6. 상제장(喪制章)

― 장례에 관한 절차와 법도

상제(喪制)28)는 마땅히 한결같이 주문공(朱文公)29)의 ≪주자가례
(朱子家禮)≫에 따르되, 만일 의심나거나 모르는 것이 있으면 예
법을 아는 선생이나 어른에게 질문해서 반드시 그 예법을 극진히
하는 것이 옳다.

초혼(招魂)30)할 적에 세속의 관례를 보면 아명(兒名 : 어렸을 때
의 이름)을 부르고 있는데, 이것은 예의가 아니다. 젊은 사람이면
그래도 이름을 부를 수 있지만, 어른에 대해서는 이름을 불러서
는 안 되고 그가 살아 있을 때 부르던 칭호대로 부르는 것이 좋

---

28) 상제(喪制) : 상중에 상복(喪服) 입는 제도와 그 밖의 모든 제도. 또는 부모
나 이미 아버지가 세상을 뜬 뒤에 조부모의 상중에 있는 사람을 일컬어 상
제라고 한다.

29) 주문공(朱文公) : 주희(朱熹). 남송(南宋)의 대유학자. 휘주(徽州) 무원(婺原)
사람. 호는 회암(晦庵)·회옹(晦翁)·고정(考亭) 등. 경학(經學)에 정통하여 송
학(宋學)을 대성하였는데, 그 학을 주자학이라 일컬으며, 조선 시대의 유학
에 큰 영향을 끼쳤다. 저서로는 ≪시집전(詩集傳)≫·≪대학중용장구혹문(大學
中庸章句或問)≫·≪논어맹자집주(論語孟子集註)≫·≪근사록(近思錄)≫·≪통감강
목(通鑑綱目)≫ 등이 있다.

30) 초혼(招魂) : 사람이 죽었을 때 그 사람이 생시에 입었던 저고리를 왼손에
들고 오른손을 허리에 대고서 지붕 위나 마당에서 북향하여 '무슨 동 아무
개 복 !' 하고 세 번 부른다. 이것을 고복(皐復) 또는 초혼이라 한다. 망령
(亡靈)을 불러들여 죽은 사람에게 되돌아오게 한다는 의식인데, 그래도 죽
은 사람이 소생하지 않으면 죽은 것이 확실함을 알고 초상을 알릴 곳에 알
린다.

다.〔부녀자는 더더욱 이름을 불러서는 안 된다〕

어머니가 돌아가셔서 상사(喪事)가 생기면 그 상사에는 아버지가 생존하시면 아버지가 그 상사의 주인이 되고, 대개 축문도 모두 마땅히 남편이 아내에게 고하는 예에 의해서 써야 할 것이다.

부모가 처음 돌아가셨을 때는 아내·첩·며느리와 딸들은 모두 머리를 풀고, 남자들은 머리를 풀고 옷깃을 걷어 올리고 맨발을 한다.〔소렴한 뒤에 남자는 웃옷의 왼쪽을 벗어 어깨를 드러내고 머리를 묶고, 부인은 머리를 묶는다〕만약 아들이라도 양자로 갔거나 시집 간 딸은 모두 머리도 풀지 않고 맨발을 하지 않는다. 즉 버선을 벗지 않아도 된다.〔남자는 갓을 벗는다〕

시체가 방의 침상에 있고 아직 빈소를 설치하지 않았으면 남녀는 시체의 곁에 자리를 잡는데, 그 위치는 남쪽을 윗자리로 한다. 이 것은 시체의 머리 쪽을 위로 삼기 때문이다. 이미 빈소를 차린 뒤에는 여자들은 앞서대로 당(마루) 위에 자리를 잡되 남쪽을 윗자리로 하고, 남자들은 뜰아래에 자리를 잡되 그 위치는 북쪽을 윗자리로 할 것이다. 이것은 빈소가 있는 곳인 북쪽을 위로 삼기 때문이다. 발인(發靷)31)할 때는 남녀의 위치는 다시 남쪽을 윗자리로 한다. 이것은 영구가 있는 곳을 위로 삼기 때문이다. 이처럼 수시로 자리를 바꾸는 것은 각각 예를 갖추는 데 뜻이 있다.

근래 사람들은 예에 관한 것을 흔히 이해하지 못하고서 조문객이 위로할 때마다 전혀 기동하지 않고 다만 엎드려 있을 뿐이니, 이 것은 예가 아니다. 조문객이 와서 위패(位牌 : 영좌靈座)에 절하고 나오면 상주도 당연히 상주의 자리로부터 나와서 조문객을 향하여 두 번 절을 하고서 곡하는 것이 옳다.〔조문객도 마땅히 답배答拜

---

31) 발인(發靷) : 발인(發引). 시체를 모신 관을 장지로 가기 위하여 내모시는 것. 상여가 집에서 묘지를 향하여 떠나는 절차. '靷'은 구거(柩車) 또는 상여 앞에 묶어 맨 줄.

한다)

상복과 수질(首絰)32) 및 요질(腰絰)33)은 질병 중이 아니면 벗을
수 없다.

≪주자가례≫에 따르면 부모상에는 상복을 입는 날에 비로소 죽
을 먹고, 졸곡(卒哭)34) 날에 비로소 거친 밥(애벌 찧은 쌀로 지은
밥)과 물을 마신다.(국은 먹지 않는다) 그리고 채소와 과일을 먹지
않는다. 소상(小祥)35)이 지난 뒤에야 비로소 채소와 과일을 먹
는다.(국은 먹어도 된다) 예문(禮文)에 이렇게 써 있으니 상제가
병이 있기 전에는 당연히 예문에 따라야 한다. 어떤 사람이 너무
예에 치우친 나머지 3년 동안 죽만을 먹었다 하니, 이같이 참으
로 효성이 남보다 뛰어나고 추호도 힘써 억지로 하는 뜻이 없다
면 비록 예의 한도에 지나쳤더라도 오히려 그런대로 괜찮다. 그
러나 만일 효성이 지극하지 못하면서 억지로 힘써 예를 지나치게
한다면, 이것은 자신을 속이고 어버이를 속이는 것이니 마땅히
경계해야 할 것이다.

오늘날 예법을 안다는 가문에서는 대부분 장사 지낸 뒤에 반혼
(返魂)36)한다. 이것은 진실로 바른 예법이다. 다만 요즈음 사람
들은 무턱대고 남의 흉내를 내어 마침내 여묘(廬墓)37) 풍속도
없애고, 반혼한 뒤에는 저마다 자기 집에 돌아가서 처자와 함께

---

32) 수질(首絰) : 상제가 상복을 입을 때 머리에 두르는 짚과 삼으로 만든 테.

33) 요질(腰絰) : 상복을 입을 때에 허리에 두르는 띠. 짚에 삼을 섞어서 굵은
   동아줄같이 만든다.

34) 졸곡(卒哭) : 삼우제(三虞祭) 다음에 지내는 제사. 즉 사람이 죽은 지 석 달
   되는 초정일(初丁日)이나 해일(亥日)에 지내는 제사를 말한다.

35) 소상(小祥) : 사람이 죽은 지 1년 만에 맞는 제사. 기년제(期年祭). 소기(小
   朞).

36) 반혼(返魂) : 장사 지낸 뒤에 죽은 이의 혼백을 다시 집으로 모셔 오는 일.
   반우(返虞)라고도 한다.

37) 여묘(廬墓) : 무덤 근처에 있는 상제가 거처하는 오두막집. 여막(廬幕).

지낸다. 이것은 예법에 크게 어그러지는 것으로서 몹시 한심한 일이다. 대개 어버이를 잃은 사람은 스스로 일일이 헤아려서 예법을 따라 조금이라도 모자라는 점이 없으면 마땅히 예법에 따라 반혼하고, 만일 혹 그렇지 않으면 마땅히 옛 풍속에 따라 여묘(廬墓)살이를 하는 것이 옳다.

어버이의 초상을 당했을 때 성복(成服)하기 전에는 곡하고 우는 것을 입에서 그치지 말고, 〔울다가 기운이 다하면 하인에게 대신 곡하게 한다〕 장사 지내기 전에는 곡을 함에 일정한 때가 없고 슬픔이 지극하면 (언제나) 곡을 한다. 졸곡(卒哭)이 지난 후에는 아침저녁으로 두 번만 곡을 할 뿐이다. 예문(禮文)에는 대개 이와 같지만 만일 정성이 지극한 효자라면 곡하고 우는데 어찌 일정한 시간과 수효가 있겠는가? 대개 초상이란 그 슬픔은 부족하면서 예법만 흡족하게 하는 것보다는 예법은 부족하면서 슬픔이 넘치는 것만 못하다. 초상 치르는 일이란 그 슬픔과 공경을 다 쏟는 것에 지나지 않을 뿐이다.

증자(曾子)38) 가 말하기를, "사람은 누구나 자기 스스로 정성을 다했다는 자는 없을 것이니, 이것은 반드시 어버이 초상 때가 그러하다."라고 하였다. 죽은 이를 잘 보내드리는 것은 어버이를 섬기는 큰 예절이다. 여기에 그 정성을 쓰지 않고 어디에 그 정성을 쓰겠는가? 옛날에 동이(東夷) 사람 소련(少連)과 대련(大連)39)

---

38) 증자(曾子) : 공자의 제자. 이름은 삼(參), 자는 자여(子輿). 노(魯)나라 무성(武城) 사람. 공자보다 나이가 46세 적었으며, 효로 유명하다. 저서에 《효경(孝經)》·《대학(大學)》이 있다.

39) 소련(少連)과 대련(大連) : 소련·대련은 우리나라 사람인 듯한데, 상중에 있을 때 정성을 다했다고 한다. 《예기(禮記)》 잡기 하(雜記下)에 나오는 다음 구절을 인용하였다. "공자가 말했다. 소련과 대련은 상을 잘 치렀다. 3일 동안 해야 할 일을 게을리하지 않았고, 석 달 동안 해야 할 일을 태만하지 않았고, 1년 동안 슬퍼했고, 3년 동안 근심하였다. 동이의 자손이다.[孔子曰 少連大連 善居喪 三日不怠 三月不懈 期悲哀 三年憂 東夷之子也.]"

은 상중(喪中)에 있을 때 (정성을 다하여) 3일 동안 해야 할 일을 게을리하지 않았고, 석 달 동안 해야 할 일을 태만하지 않았고, 1년 동안 슬퍼했고, 3년 동안 근심하였다. 이것이 곧 상중에 하는 법칙이다. 참으로 효성이 지극한 사람이면 힘쓰지 않아도 잘할 것이지만, 만일 잘하지 못하는 사람이 있으면 애써 힘써서 예를 따르는 것이 옳다.

사람이 상중에 있을 때 참으로 효성이 지극하지 못하여 예법대로 못하는 사람은 진실로 말할 것도 없거니와, 간혹 본성은 아름다워도 배우지 못한 사람은 그저 지켜야 할 예법대로 하는 것이 효성인 줄 알고, 자기 생명을 손상하는 것이 바른 도리를 잃는 것임을 알지 못하며, 슬퍼하다가 몸을 해침이 지나쳐 병이 나도 차마 임시로 방법을 마련하지 못하고 이로써 생명을 잃는 데까지 이르는 사람이 간혹 있다. 매우 애석한 일이다. 이런 까닭으로 너무 슬퍼해서 몸이 수척하고 생명을 상하게 하는 것을, 군자(君子)는 이것을 불효(不孝)라고 말한다.

대체로 자기가 복(服)을 입어야 할 친척의 초상이 났을 때 만약 다른 곳에서 부음(訃音)을 들었으면 신위(神位)를 설치하고 곡해야 하며, 만약 초상집에 달려갔으면 그곳에 이르는 즉시 상복을 입어야 하며, 만약 초상집에 달려가지 못할 경우면 4일 만에 상복을 입는다. 만약 자최(齊衰)40)복을 입어야 할 사람의 초상을 당했을 때 상복을 입기 전 3일 동안 아침저녁으로 신위를 설치하고 반드시 곡할 것이다. 〔자최 복을 낮추어 대공복(9개월의 상복)을 입는 사람도 역시 같다〕

---

40) 자최(齊衰) : 재최(齋衰). 오복(五服)의 하나. 1년 상을 당했을 때 입는 상복. 기년복(期年服)이라고도 한다. 굵은 삼베로 짓되 옷단을 접어서 꿰맨 것. '齊'는 상복의 아랫단을 접어서 꿰맨 것으로 어머니의 복 또는 승중(承重)일 때 할머니의 복. '衰'는 상복의 아랫단을 접어서 꿰매지 않은 것으로 아버지의 복 또는 승중일 때 할아버지의 복.

스승과 친구로서 의리가 남달리 중후(重厚)한 사람이나, 친척 중에 상복을 입지 않는 사이면서 정이 두터운 사람이나, 보통 아는 사이지만 교분(交分)이 친밀한 사람은 모두 초상 소식을 들은 날에 문상 갈 것이나, 만일 길이 멀어서 그 초상에 문상 갈 수 없을 때는 신위를 설치하고서 곡을 한다. 스승이면 그 정의와 의리가 깊고 얕은 것에 따라 혹은 심상(心喪)41) 3년 하고 혹은 1년 하며, 혹은 아홉 달하고 혹은 다섯 달 하며, 혹은 석 달 한다. 친구면 비록 가장 친밀함이 중후할지라도 석 달을 넘지 않는다. 만일 스승의 상에 3년 복이나 1년 복을 하고자 하는 사람이 초상집에 가지 못할 때는 마땅히 아침저녁으로 신위를 설치하고서 곡을 하는데 나흘 되면 그친다.〔나흘 되는 아침에 곡을 그친다. ○만일 정의가 두터운 사람이면 이 기간에 얽매일 필요는 없다〕

대체로 복제에 해당되어 상복을 입게 된 사람은 매달 초하루에 신위를 설치하고 자기의 상복을 입고서 반드시 곡을 해야 하며, 〔스승이나 친구는 비록 상복은 입지 않으나 또한 같다〕 상복 입는 달수가 이미 다 되었으면 다음 달 초하루에 신위를 설치하고 상복을 입고 반드시 곡하고서 상복을 벗을 것이다. 그사이에 슬픈 마음이 들면 곡해도 좋다.

대체로 대공(大功)42) 이상의 복을 입을 상사(喪事)이면 장사 지내기 전에는 아무 이유도 없이 문 밖 출입을 하지 않아야 한다. 또한 남의 조문(弔問)도 할 수 없다. 항상 초상 치르는 것의 예법을 논의하는 것을 일삼을 것이다.

---

41) 심상(心喪) : ① 스승의 죽음에 제자들이 상복은 입지 않되 상제와 같은 마음으로 애모(哀慕)하는 일. ② 탈상(脫喪)한 뒤에도 마음으로 슬퍼하여 상중(喪中)에 있는 것같이 근신하는 일.

42) 대공(大功) : 오복(五服)의 하나. 종형제자매·제자부(諸子婦)·제손(諸孫)·제손녀(諸孫女)·질부(姪婦)의 죽음에 9개월 동안 입는 상복.

7. 제례장(祭禮章)
─ 제사 모시는 절차와 예절

제사 지내는 일은 당연히 ≪주자가례(朱子家禮)≫에 따라 지내
되, 반드시 사당(祠堂)을 건립하여 그곳에 선조의 신주(神主)를
모셔 놓고, 제전(祭田)43)을 장만하고 제기(祭器)를 구비하여 장
자손(長子孫)이 이를 주관할 것이다.

사당 일을 맡은 사람은 매일 새벽에 사당의 대문 안으로 들어가서
사당을 뵙고서 두 번 절하고, 〔비록 주관하는 사람이 아닐지라도 주
관하는 사람을 따라 같이 뵙고 절하는 것이 무방하다〕 밖으로 나가고
들어올 때는 반드시 사당에 고하여야 한다.

혹 수재·화재·도둑을 당하면 먼저 사당을 구출하여 신주와 유
서를 옮기고 다음에 제기를 옮기고, 그다음에 집안의 재물(財物)
을 옮길 것이다.

정월 초하룻날과 동짓날과 매월 초하루와 보름날에는 사당에 참
배하고, 명절에는 그때 나는 음식을 올린다.

시제(時祭)44)를 지낼 때는 4일 동안 산재(散齊)45)하고 3일 동

---

43) 제전(祭田) : 위토(位土). 조상의 제사에 쓰이는 비용을 위하여 마련해 놓은
전답.

44) 시제(時祭) : 철마다 지내는 제사. 춘하추동(春夏秋冬) 사시(四時)에 일월(日
月)·산천(山川) 등에 지내는 제사. 여기서는 음력 2월, 5월, 8월, 11월에
사당에 지내는 제사. 해마다 음력 10월에 5대 이상 조상의 산소에 지내는
제사. 시사(時祀) 또는 시향(時享)이라고도 한다. 시제는 사시의 중월(仲月)
에 거행하는 것으로 대개 정일(丁日)이나 해일(亥日)에 지낸다. 춘분, 추분,

안 치재(致齊)46)하며, 기제(忌祭)47)를 지낼 때는 2일 동안 산재하고 1일 동안 치재하며, 참례(參禮)48)를 지낼 때는 1일 동안 재숙(齊宿)49)한다. 이른바 산재는 남의 초상에 조문하지 않고, 남의 질병에 병문안 가지 않으며, 훈채(葷菜)를 먹지 않고, 술을 마셔도 취하도록 마시지 않으며, 흉하고 더러운 일에는 모두 참여하지 않는다.〔만일 길에서 갑자기 흉하고 더러운 것을 만나면 눈을 가리고 피하여 보지 않을 것이다〕

이른바 치재는 음악을 듣지 않고, 밖에 나들이하지 않으며, 오로지 마음속으로 제사 지낼 분을 생각하여 그분이 살아계실 때 거처하던 곳을 생각하고, 그분이 웃고 말씀하던 것을 생각하며, 그

하지, 동지, 또는 속절일(俗節日)을 택하여도 무방하다.

45) 산재(散齊) : 산재(散齋). 부모의 제사 전 7일간의 재계(齋戒). 여기서는 시제 때 제관(祭官)이 치재(致齊)하기에 앞서 4일 동안 몸이나 행동을 삼가는 일, 집 밖에서 근신하는 것을 말한다. 남편이 치재하면 부인은 산재하는 것이 상례이다.

46) 치재(致齊) : 제관(祭官)이 된 사람이 3일간 재계(齋戒)하는 일. 집안에서 근신하는 것.

47) 기제(忌祭) : 친족이 돌아가신 날에 지내는 제사. 기일제(忌日祭) 또는 기제사(忌祭祀)라고도 한다. 친족의 범위는 4대를 말하며, 자기를 기준으로 고조(高祖)까지의 조상을 말한다.

48) 참례(參禮) : 제사에 참여하는 것. 흔히 차례(茶禮)라고도 한다. 다례(茶禮), 차사(茶祀)와 같다. 종류로는 ① 삭일참례(朔日參禮) - 매월 음력 초하룻날 주인 이하 예복(禮服) 차림을 하고 각 위(位)에 음식을 진설한 다음 모사(茅沙)를 향상(香床)에 놓고 제사를 지낸다. ② 망일참례(望日參禮) - 매월 음력 보름날 분향 재배만 한다. ③ 속절(俗節) - 정월 초하루·상원(上元 : 정월 보름)·중삼(重三 : 3월 3일)·단오(端午 : 5월 5일)·유두(流頭 : 6월 보름)·칠석(七夕 : 7월 7일)·중양(重陽 : 9월 9일)·동지(冬至)에는 삭일참례와 같이 하되 그 계절의 음식을 더 차린다. 동짓날에 시제를 지내면 참례는 지내지 않는다. ④ 천신(薦新) - 속절의 시식(時食) 외에 그 계절의 새로운 물건이 나오면 이를 바치되 절차는 망일참례와 같다. 상기한 바와 같이 지내는 간단한 낮 제사.

49) 재숙(齊宿) : 재계(齊戒)하고 하룻밤을 보내는 일.

분이 즐기던 것을 생각하고, 그분이 즐기며 좋아하던 음식을 생각하는 것을 말한다. 대개 그렇게 한 연후에야 제사 지낼 때를 맞이하여 그때 그 모습을 보는 듯하고 그 음성이 들리는 것 같아서 정성이 지극해야만 신이 와서 차려 놓은 음식을 흠향할 것이다. 대체로 제사는 사랑과 공경의 정성을 다하는 것으로 주 삼을 뿐이다. 가난하면 집의 형편에 따라 행할 것이고, 병들어 있으면 근력을 헤아려 행할 것이다. 재물과 근력이 가능한 사람은 스스로 마땅히 예법대로 할 것이다.

묘제(墓祭)와 기제를 세상 풍속에 따라 자손들이 돌려가며 지내고 있는데, 이것은 예가 아니다. 묘제는 비록 돌려가며 지내더라도 모두가 묘 앞에서 지내니 그래도 괜찮지만, 기제를 사당에 모신 신주(神主 : 위패位牌)에게 제사 지내지 않고 지방(紙榜)50)을 써 붙이고 제사를 지내니 이는 몹시 미안한 일이다. 그러니 돌려가면서 지내지 않을 수 없는 형편이거든 반드시 제사 음식을 차려 가묘(家廟)에 가서 지내는 것이 그래도 옳을 것이다.

상례와 제례 두 가지 예법의 가장 옳은 것은 사람의 자식으로서 정성을 다해야 할 일이다. 이미 돌아가신 어버이를 뒤쫓아 가서 봉양할 수 없으니, 만약 상중에 그 예의를 다하지 못하고 제사에 그 정성을 다하지 않는다면 하늘이 다하도록 아픈 마음을 어디다 붙일 만한 일이 없고 쏟을 만한 데가 없을 것이니, 그렇다면 사람의 자식 된 정에 있어 마땅히 어떻게 해야 할 것인가? 증자(曾子)가 말하기를, "부모의 장례나 제사를 정중히 모셔 조상을 추모하면 백성들의 덕을 생각하는 마음씨가 두터운 곳으로 돌아가리라."라고 하였으니, 사람의 자식 된 자가 마땅히 깊이 생각해야 할 일이다.

지금 풍속이 대부분 예의를 알지 못하여 그 제사 지내는 의식이

---

50) 지방(紙榜) : 위패 대신 종이에 조상의 서열 관계와 관직을 적은 것.

집마다 같지 않으니 몹시 우스운 일이다. 이것을 만일 마련한 예법을 가지고 한 가지로 통일하지 않으면 마침내 문란하고 질서가 없어져서 오랑캐의 풍속으로 돌아갈 것이다. 이에 제례(祭禮)를 초록하여 책 끝에 부록으로 하고 또 그림까지 붙이니 반드시 자세히 살피고 본받아 행해야 하며, 만일 부형(父兄)이 그렇게 하고자 하지 않으면 마땅히 자세히 설명하여 밝혀서 반드시 바르게 돌아가도록 기약해야 할 것이다.

8. 거가장(居家章)
― 집안 다스리는 법

대체로 집에 있을 때는 마땅히 삼가 예법을 지켜서 이로써 처자와 집안 식구를 거느려야 할 것이니, 이들에게 모두 각각 직책을 나누어서 일을 주고 그 성공을 책임지게 하며, 재물의 씀씀이를 절제하는 방법을 마련하여 수입을 헤아려 지출하며, 집안의 재정 형편에 따라서 윗사람과 아랫사람의 옷과 음식 및 길사(吉事)와 흉사(凶事)의 비용을 주되, 모두 차등을 두어 균일하게 함으로써 조금도 낭비하는 것이 없도록 제재해야 하며, 화려하고 사치한 것을 금지하며 항상 저축이 조금씩이라도 있도록 예비했다가 이로써 뜻밖의 쓸 일에 대비해야 할 것이다.

관례(冠禮)와 혼례(婚禮) 제도51)는 마땅히 ≪주자가례≫에 따라야 하고, 구차하게 세속을 따라서는 안 된다.

형제는 부모가 물려주신 몸을 함께 받은 것이니, 나와 더불어 한몸과 같다. 그러므로 마땅히 형제와 내가 간격이 있어서는 안 된다. 음식과 의복의 있고 없고를 모두 똑같이 하여야 한다. 가령 형은 굶주리는데 아우는 배부르고, 아우는 추운데 형은 따뜻하다면 이는 한몸 속의 팔다리와 몸뚱이가 한쪽은 병들고 다른 한쪽

---

51) 관례(冠禮)와 혼례(婚禮) 제도 : 관례는 남자 나이 20세가 되었을 때 처음으로 갓을 쓰고 어른이 되는 예식. 여자는 나이 15세에 처음으로 비녀를 꽂는 계례(筓禮) 예식이 있다.

은 튼튼한 것과 같은 것이니, 이렇게 되면 그 몸과 마음이 어찌 한쪽만 편안할 수 있겠는가?

그러므로 지금 사람들이 형제끼리 서로 사랑하지 않는 것은 모두 자기들의 부모를 사랑하지 않기 때문이다. 만일 그 부모를 사랑하는 마음을 가졌다면 어찌 그 부모가 낳은 자식을 사랑하지 않을 수 있겠는가? 형제 중에 만일 좋지 못한 행실이 있다면, 마땅히 정성을 쏟아 충고하되 차차 도리로써 깨우쳐 주어 마음에 느껴 깨닫기를 기대할 일이지, 갑자기 노여운 안색을 하거나 거슬리는 말을 해서 형제간의 화목을 잃어서는 안 된다.

지금 학문하는 사람들은 겉으로는 비록 학문한다는 긍지를 가지고 있지만 속으로는 독실함이 드물다. 부부 사이에도 이부자리 위에서 너무 지나치게 정욕(情慾)을 함부로 해서 그들의 위의(威儀 : 위엄이 있는 몸가짐이나 차림새)를 잃는 경우가 많다. 그래서 부부가 서로 지나치게 가깝게 여겨 버릇없이 굴지 않고 능히 서로 공경하는 사람이 매우 적다. 이렇게 한다면 제아무리 몸을 닦고 집안을 바로잡고자 한들 또한 어렵지 않겠는가?

반드시 남편은 온화하면서 바른 의리로써 아내를 거느리고, 아내는 유순하면서 올바른 도리로 남편을 받들어 부부 사이에 예의와 공경을 잃지 않아야 한다. 그러한 연후에야 집안일을 다스릴 수가 있다. 만일 종전처럼 서로 버릇없이 대하다가 하루아침에 갑자기 서로 공경하려 한다면 그것은 행하기가 어려울 것이다. 모름지기 바로 아내와 더불어 서로 경계하여 반드시 전에 있던 습관을 버리고 서서히 예의 바른 길로 들어가도록 하는 것이 좋다. 이렇게 해서 남편이 만일 아내를 보고 말하는 것이나 몸가짐이 한결같이 바른길에서 나오는 것을 보면 반드시 차차 서로 믿고 남편의 말에 순종하게 될 것이다.

자식을 낳아서 약간 사물에 대한 지식이 있을 때부터는 마땅히 착한 길로 인도해 나가야 한다. 만일 어리다고 해서 가르치지 않으면 어른이 되어서도 좋지 못한 버릇이 들어 정신을 차리지 못하여 그를 가르치기가 매우 어렵다. 자식 가르치는 차례는 마땅히 ≪소학(小學)≫에 따를 것이다. 대개 한 집안에 예법이 잘 시행되고 책과 글씨 쓰기 이외에 다른 잡기(雜技)가 없다면, 자제들도 다만 학문과 담을 쌓고 밖으로 달려나가 다른 짓을 할까 하는 근심이 없을 것이다.

형제의 자식은 내 자식과 같다. 그를 사랑함과 그를 가르치기를 마땅히 내 자식과 똑같이 할 것이요, 조금도 가볍고 무겁고 후하고 박함이 있어서는 안 된다. 하인들은 나를 대신하여 수고하는 것이다. 마땅히 먼저 은혜를 베풀고 다음에 위엄을 보여 그들의 마음을 얻도록 해야 할 것이다. 임금이 백성을 대하는 것이나 주인이 하인을 대하는 것이나 그 이치는 한가지이다. 임금이 백성을 구제하지 않으면 백성은 흩어지고, 백성이 흩어지면 나라는 망하며, 주인이 하인을 구제하지 않으면 하인은 흩어지고, 하인이 흩어지면 집안은 패망한다.

형세는 반드시 이렇게 되고 마는 법이니, 그 하인에게는 반드시 굶주리고 추운가를 생각하고 걱정하여 그들에게 옷과 음식을 주고, 그들에게 살 곳을 얻게 해주며, 잘못과 악행이 있으면 먼저 반드시 부지런히 가르치고 깨우쳐서 그들 스스로 고치게 하고, 가르쳐도 고치지 않으면 그다음에는 종아리를 치되 그 마음을 주인이 종아리를 치는 것은 가르치고 깨우치려는 데서 그러는 것이지 미워해서 그러는 것이 아니라는 것을 알게 할 것이다. 이렇게 해야만 비로소 마음을 고치고 남을 대하는 모습도 고치게 할 수 있다.

집을 다스리는 데는 마땅히 예법을 가지고 안팎 일을 분별하여 비록 하인일지라도 남녀가 섞여 한 곳에 있어서는 안 된다. 남자 종은 주인이 심부름시키는 것이 아니면 함부로 안으로 들어가서는 안 되고, 여자 종은 모두 마땅히 남편을 정해 주어 음란하지 않게 해야 한다. 만일 음란한 짓을 그만두지 않는다면 마땅히 내쫓아 따로 살게 하여 가풍을 더럽히지 못하게 할 것이다. 하인은 마땅히 서로 화목하게 지내야 하나니, 만일 저희끼리 싸우거나 시끄럽게 떠드는 자가 있으면 마땅히 엄중한 고통을 가해서 금지하는 제도를 써야 할 것이다.

군자는 도에 맞는가 벗어나는가에 대하여 걱정할 것이지 가난한 것을 근심하지 않아야 한다. 다만 집이 가난하여 생활할 수 없으면, 비록 마땅히 빈궁함을 구제할 대책을 생각하여야 한다. 또한 단지 집이 굶주림과 추위를 면할 수 있을 뿐이면 되고, 재산을 풍족하게 쌓아두고 잘살아야겠다는 생각을 가져서는 안 되며, 또 세상에 있는 야비하고 천박한 일을 가슴속에 간직해서는 안 된다. 옛날에 은둔(隱遁) 생활을 한 사람 중에는 신을 삼아 팔아 먹고 산 자와, 땔나무를 하거나 물고기를 잡아서 살아간 자와, 지팡이를 꽂아 놓고 김을 매어 주고 먹고 산 자가 있었다. 이런 사람들은 부귀가 그 마음을 움직일 수 없었으므로 이러한 생활에 만족할 수 있었다. 만일 이로운가 해로운가를 비교하거나 빈부(貧富)·성쇠(盛衰)·다과(多寡)를 헤아릴 생각을 가졌다면, 어찌 마음의 작용을 이겨나갈 수가 있겠는가? 학문하는 사람은 반드시 부귀를 가벼이 여기고 빈천을 지켜야 한다는 것으로 마음 삼아야 할 것이다.

집안이 가난하면 반드시 가난하여 고달픈 것으로 해서 그 지키던 올바른 마음을 잃는 사람이 많다. 학문하는 사람은 바로 이런 처지에 있더라도 힘써야 한다. 옛사람이 말하기를, "곤궁한 처지에 있는 사람이면 그가 무엇인가 하지 말아야 할 일을 하고 있는가를 살펴보고, 가난한 사람이면 그가 무엇인가 가져서는 안 될 것을 가져가지 않는가를 살펴본다."라고 했다. 또 공자께서 말씀하시기를, "소인은 궁하게 되면 곧 마음과 행동이 어지러워진다.〔小人窮斯濫矣〕"라고 하였다. 만일 가난한 데 마음이 동요되어 옳은 행실을 할 수 없다면 학문은 해서 무엇에 쓰겠는가?

대체로 사양하거나 받거나, 얻거나 줄 때는 반드시 의로운가 의롭지 않은가를 자세히 생각해서, 의로우면 받고 의롭지 않으면 받지 않으며, 이와 같은 행동을 조금도 소홀히 해서는 안 된다. 만일 친한 친구라면 재물을 융통해 주어야 하는 의리가 있다. 주는 것은 모두 의당 받을 것이다. 다만 내 형편이 궁핍하지 않은데 쌀이나 옷감(포목)을 주면 받아서는 안 된다. 기타 서로 아는 처지라면 다만 명분이 있는 선물이면 받고, 명분이 없으면 받아서는 안 된다. 이른바 명분이 있다는 것은 초상 때의 부의(賻儀)나, 여행 떠날 때의 노자나, 혼인 때의 부조금품이나, 굶주릴 때의 도움 등이 곧 그것이다.

만일 사람이 매우 악해서 사람들이 마음에 더럽고 나쁘게 여기는 자라면 그런 사람이 비록 명목이 있어 주는 물건이라도 받는 사람의 마음은 반드시 편안하지 않을 것이다. 마음이 편치 않으면 그것을 억지로 받아서는 안 된다. 맹자께서 말씀하시기를, "그 하지 못할 일을 행하지 말고, 그 하고 싶지 않은 것은 하려고 하지 말라.〔無爲其所不爲, 無欲其所不欲〕"라고 하였으니, 이것이 바로 옳은 일을 행하는 법도이다.

중국에는 여러 고을의 수령(守令)52)이 개인의 사사로운 녹봉(祿俸)이 있었다. 그러므로 그 나머지를 추량(推量)해서 이로써 백성의 위급을 도와줄 수 있으나, 우리나라는 수령에게 따로 사사로운 녹봉이 없어서 다만 나라의 곡식을 가지고 일상적인 비용의

---

52) 수령(守令) : ① 태수(太守)와 읍령(邑令). ② 우리나라 고대의 원. 부윤(府尹) · 목사(牧使) · 부사(府使) · 군수(郡守) · 현감(縣監) · 현령(縣令) 등의 총칭.

수요에 충당하고 있다. 그래서 만일 사사로이 남에게 주었다가는 그 많고 적고 간에 모두 죄가 되며, 심하면 장물죄를 범하기에 이르고, 그것을 받은 사람도 또한 벌을 받게 된다. 선비가 되어 수령의 선물을 받으면 이는 바로 금지하는 것을 범하는 것이다.

옛날에는 다른 나라에 들어갈 때도 그 나라에서 금하는 것이 무엇인지를 물어본 뒤에 그 나라에 들어갔거늘, 그 나라에 사는 사람이 어찌 금하는 법을 범할 수 있으랴? 수령이 주는 물건은 대개 받기 어려우니, 만일 나라 창고의 곡식을 사적으로 주거든 서로 친하거나 친하지 않거나, 명분이 있거나 없거나, 물건이 많거나 적거나를 불문하고 모두 받아서는 안 된다.〔만일 교분이 두터운 수령이 관아官衙에 있는 사사로운 재물로써 위급한 일을 돕는다면 더러 받을 수 있다〕

9. 접인장(接人章)
― 대인 관계에 관한 예절

대체로 남을 대접하는 데는 마땅히 부드럽게 대하고, 공경하는 데 힘써야 할 것이다. 나이가 자기보다 배(倍)가 되는 어른이면 아버지처럼 섬기고, 10년이 위이면 형처럼 섬기고, 5년이 위이면 또한 약간 공경을 더 할 것이다. 가장 옳지 못한 것은 자기 학문을 믿고 스스로 높은 체하고, 우쭐대거나 기운을 자랑하며 남을 업신여기는 것이다.

친구를 선택할 적에는 반드시 학문을 좋아하고, 착한 행실을 좋아하고, 바르고 엄격하고, 곧고 진실한 사람을 취해야 한다. 그러한 사람과 같이 있으면서 바르게 경계하는 말을 겸허하게 받아들여 나의 모자라는 점을 다스려야 할 것이다. 만일 게으르고, 놀기 좋아하고, 아첨을 잘하고 말재주만 뛰어나고, 바르지 못한 사람이면 사귀어서는 안 된다.

같은 마을 사람 중에 착한 사람이면 반드시 정을 통하여 친하게 사귀고, 같은 마을 사람이 착하지 않은 사람이더라도 나쁜 말로 그의 더러운 행실을 남에게 드러내서는 안 된다. 다만 범연하게 대하여 서로 왕래하지 않으며, 만일 그 전부터 서로 아는 사람이면 만났을 때 다만 날이 춥습니다, 덥습니다 정도의 인사만 할 뿐이고, 다른 말을 주고받지 않으면 자연히 차차 멀어지게 되어 역시 원망과 노여움을 사는 데까지는 가지 않을 것이다.

같은 소리는 서로 응하게 되고, 같은 기운은 서로 찾게 된다. 내가 학문에 뜻을 두었다면 나는 반드시 학문하는 선비를 찾을 것이고, 학문하는 선비도 또한 반드시 나를 찾게 될 것이다. 학문한다는 명분으로 집안에 잡된 손님을 많이 모아 놓고서 시끄럽게 떠들며 세월을 보내는 사람은 반드시 그가 즐겨 하는 바가 학문에 있지 않기 때문이다.

무릇 절하고 읍(揖)53)하는 예의는 미리 정할 수는 없지만, 대체로 아버지의 친구 되는 분께는 당연히 절을 할 것이고, 동네 사람으로 자기보다 나이가 15살 이상인 이에게는 마땅히 절을 할 것이고, 벼슬의 품계가 당상(堂上)54)에 오르고 나이가 자기보다 10살 이상인 이에게는 마땅히 절을 할 것이고, 한 고을 사람으로 자기보다 나이가 20살 이상인 이에게는 마땅히 절을 할 것이다. 그사이에 높이고 낮추는 자잘한 예절은 때에 따라 알맞게 조절할 것이고, 또한 반드시 이 예에 구애될 것은 없다. 다만 항상 자신을 낮추고 남을 높인다는 뜻을 가슴속에 두는 것이 옳다. ≪시경(詩經)≫에 이르기를, "온화한 마음으로 남을 공경함은 오직 덕을 쌓는 근본일세.〔溫溫恭人, 惟德之基〕"라고 하였다.

나를 헐뜯고 비난하는 사람이 있거든 반드시 돌이켜 자신을 살펴보고, 만약 나에게 실제로 헐뜯음을 당할 만한 행실이 있거든 스스로 자신을 꾸짖고 잘못을 고치는 데 주저함이 없어야 하고, 만약 나의 잘못이 아주 작은데 더 보태어 늘려서 말했거든 그 말이 비록 지나치더라도 나는 실로 비방을 받을 만한 근거가 있는 것이니, 역시 마땅히 예전의 잘못한 점을 없애 털끝만큼도 남겨 두

---

53) 읍(揖) : 공수(拱手)하고 절함. 손을 마주 잡고 머리까지 올렸다 내리며 허리를 약간 굽혀 예를 표하는 것.

54) 당상(堂上) : ① 묘당(廟堂)에 올라갈 수 있는 지위. 당상관(堂上官). 조선시대에 정3품 이상의 지위. 공경(公卿), 즉 장관(長官). ② 부모. 여기서는 ①의 뜻.

지 말 것이다.

만약 나는 본래 아무 잘못이 없는데도 거짓말을 꾸며서 만든 것이라면 그는 망령된 사람에 지나지 않을 뿐이니, 망령된 사람과 어찌 거짓과 진실을 따질 수 있겠는가? 또 그런 허황된 비방을 하는 것은 마치 바람이 귓전을 스쳐 가는 것이나 구름이 허공을 지나가는 것과 같으니, 나에게 무슨 상관이 있겠는가? 대체로 비방이란 이와 같으니, 남이 비방했을 때 조금이라도 잘못이 있으면 이를 고치고, 그런 허물이 없으면 더욱 힘써 허물이 없도록 노력하면 되니, 이런 것들은 모두 나에게 유익한 일이 된다.

만약 자기에게 잘못이 있다고 들었을 때 그것을 스스로 판단하여 자기에게는 허물이 없다는 생각에 두려워하는 생각을 두지 않고서 반드시 자신을 잘못이 없는 처지에 두려고만 한다면 그 허물이 더욱 무거워져서 비방을 듣는 일이 더 많아질 것이다. 옛날에 어떤 사람이 남에게 비방 듣지 않는 방법에 관하여 묻자 문중자(文中子)[55]가 대답하기를, "스스로 수양하는 것만 한 것이 없다.〔莫如自修〕"라고 하니, 다시 유익한 말을 청하였으므로 대답하기를, "변명하지 말 것이다.〔無辨〕"라고 하였다. 이 말이야말로 학문하는 사람이 지킬 법도로 삼을 만한 것이다.

대체로 선생이나 어른을 모실 적에는 마땅히 뜻과 이치에 이해하기 어려운 점에 대하여 질문함으로써 그 학문의 진리를 밝히며, 또 시골 마을의 어른을 모실 때는 마땅히 조심하여 공손하고 삼

---

55) 문중자(文中子) : 수(隋)나라 왕통(王通)의 시호. 584~617년. 용문(龍門) 사람. 자는 중엄(仲淹). 문인(門人)들이 문중자라고 시(諡)했다. 어려서부터 밝게 깨달아 학문을 좋아했으며, 널리 시서역례(詩書易禮)를 닦아 유가(儒家)로 자처하며 강학(講學)을 쉬지 않았다. 인수(仁壽) 연간에, 장안(長安)에 나가 태평십이책(太平十二策)을 조정에 올렸으나 채택되지 않자 하분(河汾)에 있으면서 후학을 가르쳤다. 방현령(房玄齡)·위징(魏徵) 등을 비롯한 모든 사람이 왕통에게 임금을 보좌하는 길에 관하여 물었다. 대업(大業) 연간에 여러 번 부름을 받았으나 나아가지 않았다. 저서에 《문중자》 10권이 있다.

가며 함부로 아무 말이나 하지 말고, 어른이 묻는 것이 있을 때는 조심하여 사실대로 대답하며, 벗과 함께 있을 때는 마땅히 도의(道義)로써 강론하여 연마하고 다만 글자의 뜻이나 이치를 이야기할 뿐이고, 세속의 지저분한 말이나 그때그때의 정치의 잘잘못이나 수령의 어질고 어질지 못함이나 남의 잘못을 일절 입에 올리지 말며, 시골의 마을 사람과 같이 있을 때는 비록 물음에 따라 응답할지라도 끝내 야비하고 더러운 말을 해서는 안 된다.

비록 예의범절을 엄정하게 스스로 가졌을지라도 절대로 높은 체 뽐내는 기색을 가져서는 안 되고, 오직 마땅히 좋은 말로 타이르고 이끌어서 반드시 학업에 향하도록 인도하며, 어린아이와 함께 있을 때는 마땅히 간절하게 타일러서 효도와 공경과 충성과 믿음의 도리를 말하여 착한 마음을 일으키게 할 것이다. 이같이 한다면 시골 마을의 풍속이 차차 좋은 쪽으로 변하게 할 수 있을 것이다.

항상 온순하고 공손하며 자애로우며 남에게 은혜를 베풀며 사물을 구제함을 마음가짐으로 삼고, 만약 남을 침노하며 사물을 해치는 따위의 일들은 조금도 마음속에 두어서는 안 된다. 무릇 사람들은 자기에게 이롭게 하려고 반드시 남이나 다른 사물을 침해하게 된다. 그러므로 배우는 자는 먼저 이기심을 끊어버린 다음에야 이것으로써 어진 것을 배울 수 있다.

시골에 사는 선비는 공적인 일이나 예의상의 일로 찾아보거나 부득이한 일이 아니면 관청에 드나들어서는 안 된다. 고을 원이 비록 매우 친한 사이라 하더라도 자주 찾아가 보아서는 안 되는데, 하물며 친구가 아니라면 더 말할 나위가 없다. 만약 의롭지 못한 청탁 같은 것은 마땅히 일절 하지 말아야 한다.

10. 처세장(處世章)
― 처세에 관한 지침

옛 학자들은 일찍이 벼슬을 구한 것이 아니고 학문이 이루어지면
윗사람이 천거하여 등용되었다. 대개 벼슬은 다른 사람을 위해서
일하는 것이고 자기를 위하는 일이 아니었다. 그런데 지금 세상은
그렇지가 않고 과거를 통해서만 사람을 뽑으니, 비록 하늘의 이
치에 통달하는 학문이 있고 남보다 썩 뛰어난 행실이 있다 할지
라도 과거를 거치지 않고서는 도를 행할 자리로 나갈 수 없다. 그
러므로 아버지는 그 아들을 가르치고, 형이 그 아우를 권면하는
것이 과거 이외에는 다른 아무런 방법이 없기 때문이다. 선비들
의 습관이 나빠지는 것은 오로지 이런 데서 비롯된다.
다만 지금 선비 된 사람들은 대다수가 부모의 희망과 문중의 계
책을 위하여 과거 공부에 힘쓰는 일에서 벗어날 수 없다. 또한 마
땅히 그 재능을 갈고닦아서 그 때를 기다릴 뿐으로, 성공과 실패
는 천명에 맡길 따름이지 벼슬을 탐내어 조급하고 마음을 끓어오
르게 해서 이것으로써 그 본래의 뜻을 손상해서는 안 된다.
사람들은 흔히 과거 공부에 얽매여 학문할 수가 없다고 말한다.
그렇지만 이것은 역시 핑계의 말이고 진심에서 나온 말이 아니다.
옛사람들은 어버이를 봉양함에 몸소 밭을 갈아 농사지은 이도 있
었고, 돌아다니며 남의 품팔이를 한 이도 있었고, 쌀짐을 져다 주
고 운임을 받은 이도 있었다. 대체로 몸소 밭을 갈아 농사짓고 남

의 집에 다니며 품을 팔고 쌀을 져 나를 때는 그 괴로움이야말로 대단했을 터이니, 어느 겨를에 글을 읽었겠는가만 오직 그들은 어버이를 위해 노력하여 자식의 책임을 닦고 남은 힘으로 글을 배웠는데도 또한 덕에 나아갈 수가 있었다.

그런데 오늘날의 선비들은 옛사람처럼 어버이를 위해 수고하는 이를 볼 수 없고, 다만 과거 공부 한 가지 일만이 곧 어버이의 마음에 바라는 것이므로 이제는 이미 이 과거 공부를 벗어날 수 없는데, 그렇다면 과거 공부는 비록 성리학(性理學)과는 다르지만 역시 앉아서 책이나 읽고 글이나 짓는 것이, 몸소 밭을 갈고 돌아다니며 품팔이하고 쌀을 져 나르는 것보다 백 배나 더 편할 뿐만 아니라, 하물며 글을 읽고 남는 힘이 있을 때 성리(性理 :인성人性과 천리天理)에 관한 책을 읽을 수 있으니 얼마나 좋은가?

다만 과거 공부를 하는 사람들은 으레 성공하느냐 못하느냐에 따라서 마음이 동요되어 항상 초조하고 조급한 나머지 도리어 자기 몸으로 애쓰는 것만 못하다. 힘들여 일하는 것은 자기 마음에는 해를 끼치지 않기 때문이다. 그러므로 옛 선현이 말하기를, "공부에 방해될까 걱정하지 말고, 오직 그 뜻을 빼앗길까 걱정하라.〔不患妨功, 惟患奪志〕"라고 하였다. 만약 과거 공부를 하면서도 그 분수를 잃지 않는다면 과거 공부와 성리학 공부를 겸해서 해도 어긋남이 없을 것이다.

지금 사람들은 명색은 과거 공부를 한다고 하지만 실제로는 과거 공부를 하지 않고, 명색은 성리학 공부를 한다고 하나 실제로는 착수하지 않아 만약 과거 공부를 질책하면 말하기를, "나는 성리학에 뜻을 두고 있으므로 과거 공부에 힘을 쓸 수 없다."라고 하고, 만약 성리학 공부를 질책하면 말하기를, "나는 과거 공부에 얽매여 있어서 실지에 힘을 쓸 수 없다."라고 한다.

이같이 편의에 따라 두 가지 말로 구실을 붙이고는 아무 하는 일

없이 세월을 보내다가 마침내는 과거 공부도 성리학 공부도 다 이루지 못하니, 늙은 뒤에 비록 뉘우친다 해도 어찌 따라갈 수가 있겠는가? 아아! 이것을 경계하지 않을 수 있겠는가?

사람들은 자기가 아직 벼슬하지 못하고 있을 때도 오직 벼슬하기에 급급해하다가, 이미 벼슬을 하고 나서도 또 직위를 잃어버릴까 염려한다. 이와 같은 생각에만 골몰하여 그 본마음을 잃는 사람이 많으니, 이 어찌 두려워하지 않을 수 있겠는가? 벼슬이 높은 사람은 올바른 도를 행하기에 주력하다가 도를 행할 수 없으면 물러날 것이다.

만약 집안이 가난하여 벼슬을 해야만 생활할 수 있으면, 모름지기 내직(內職)을 사양하고 외직(外職)으로 나아가 높은 직위를 사양하고 낮은 직위에 있으면서 굶주림과 추위를 면하면 그뿐이다. 그리고 비록 벼슬살이한다고 하더라도 또한 마땅히 청렴하고 부지런히 공무를 받들어 그 맡은 일을 충실히 해야 하며, 관직을 돌아보지 않고 놀고먹고 마시려고 해서는 안 된다.

학교모범(學校模範)

1582년(선조 15) 율곡 이이(李珥)가 왕명을 받고 지어 올린 학교의 규범이다. 모두 16조로 되어 있는데, 당시 청소년의 교육을 쇄신하기 위한 것으로서 학령(學令)의 미비한 점을 보충하였고, 학교생활뿐만 아니라 가정 및 사회생활의 준칙까지 제시되어 있다.

16조의 내용은 입지(立志), 검신(檢身), 독서(讀書), 신언(愼言), 존심(存心), 사친(事親), 사사(事師), 택우(擇友), 거가(居家), 접인(接人), 응거(應擧), 수의(守義), 상충(尙忠), 독경(篤敬), 거학(居學), 독법(讀法) 등이다.

하늘이 만민을 창생하여 만물이 있으면 법칙이 있다. 천부의 아름다운 덕을 누군들 받지 않았겠는가마는, 다만 사도(師道)가 끊어지고 교화가 밝지 못하여 진작(振作)시킬 수 없었기에 선비의 습속이 야박해지고 양심이 마비되어서, 단지 헛된 이름만 숭상하고 실행에 힘쓰지 않은 나머지 위로는 조정에 인재가 결핍되어 벼슬에 빈자리가 많으며, 아래로는 풍속이 날로 부패하고 풍기가 날로 쇠퇴하고 어지러워진다. 생각이 이에 이르니 참으로 한심스럽다.

지금 장차 구습을 없애고 선비의 기풍을 크게 변화시키기 위해서 선비를 선택하여 교화(敎化)하는 도를 이미 다하고 대략 성현의 모범 된 교훈을 본떠서 〈학교모범〉을 만들어서 많은 선비에게 몸가짐과 일해 나가는 규법(規法)으로 삼게 하니, 모두 16조로 되어 있다. 제자 된 자는 진실로 마땅히 준행(遵行)해야 하며, 스승 된 자는 더욱 마땅히 이것으로써 먼저 자신을 바로잡아서 이끄는 도리를 다해야 할 것이다.

첫째는 **입지(立志)**이니, 학자는 먼저 모름지기 뜻을 세우고서 도로써 자임(自任)해야 할 것이다. 도는 높고 먼 것이 아닌데 사람이 스스로 행하지 않는다. 온갖 선한 것이 모두 나에게 갖추어 있으므로 달리 구할 필요는 없다. 다시 머뭇거리며 기다릴 필요도 없고 더 어렵게 여겨 망설일 것도 없다. 곧바로 천지(天地)를 위해서 마음을 세우고, 민생(民生)을 위해서 목표를 세우고, 그전 성인을 위해서 끊어졌던 학문을 잇고, 만세를 위해서 태평(太平)을 열어주는 것으로 목표를 세워야 한다. 퇴탁자획(退託自劃)[1]하는 생각과 고식(姑息)하여 자서(自恕)하는 버릇은 털끝만

---

1) 퇴탁자획(退託自劃) : 물러서서 스스로 앞길에 중지선(中止線)을 그어 놓고 진보하지 않는 것.

큼이라도 가슴속에 생겨나게 해서는 안 된다. 훼예(毁譽)와 영욕(榮辱), 이해(利害)와 화복(禍福)은 일절 내 마음을 움직이지 못하도록 해야 하며, 분발하고 책려(策勵)하여 반드시 성인이 되어야 한다.

둘째는 **검신(檢身)**이니, 학자는 한번 성인이 되겠다는 뜻을 세운 이상에는 반드시 구습을 씻고 오로지 학문에만 지향하여 몸가짐과 행위를 검속(檢束)하여야 한다. 평상시에는 새벽에 일어나고 밤늦게 자고, 의관은 반드시 정숙하게, 용모는 반드시 장중(壯重)하게, 시청(視聽)은 반드시 단정(端正)하게, 거처는 반드시 공손하게, 보립(步立)은 반드시 똑바르게, 음식은 반드시 절제 있게, 글씨 쓰기는 반드시 경근(敬謹)하게, 궤안(几案 : 책상)은 반드시 가지런하게, 집과 방은 반드시 청결하게 해야 한다. 그리고 항상 구용(九容)으로써 몸을 지녀야 한다.

곧 족용중(足容重 - 가볍게 움직이지 않는 것. 어른 앞에 나아갈 때는 이 제한을 받지 않는다)[2]하며, 수용공(手容恭 - 손을 건들거리지 말고 일이 없을 때는 단정히 가슴에 모아 함부로 움직이지 않는다)[3]하며, 목용단(目容端 - 눈과 눈썹을 고정시켜 바로 보아야 하고 흘겨보거나 곁눈으로 보아서는 안 된다)[4]하며, 구용지(口容止 - 말을 하거나 음식을 먹을 때가 아니면 입은 늘 움직이지 않는다)[5]하고, 성용정(聲容靜 - 형상과 기운을 가다듬어 딸꾹질이나 기침 같은 소리를 내서는 안 된다)[6]하고, 두용직(頭容直 - 머리는 바르게, 몸은 곧게 하여 기울거나 한쪽으로 기대서는 안 된다)[7]하고, 기용숙(氣容肅 - 콧

---

2) 족용중(足容重) : 발 모양은 무겁게 함.
3) 수용공(手容恭) : 손 모양은 공손하게 함.
4) 목용단(目容端) : 눈 모양은 단정하게 함.
5) 구용지(口容止) : 입 모양은 다물도록 함.
6) 성용정(聲容靜) : 목소리 모양은 조용하게 함.
7) 두용직(頭容直) : 머리 모양은 곧게 함.

숨을 고르게 쉬어야 하며 소리를 내어서는 안 된다)8)하고, 입용덕 (立容德 – 바르게 서고 기대지 않아서 의연히 덕스러운 기상이 있어야 한다)9)하고, 색용장(色容莊 – 안색을 단정히 가지고 태만한 빛이 없어야 한다)10)해야 한다.

또 예가 아니면 보지 말고, 예가 아니면 듣지 말고, 예가 아니면 말하지 말고, 예가 아니면 움직이지 말아야 한다. 그런데 소위 '비례(非禮)'라 함은 조금이라도 천리에 어긋나면 그것은 곧 예가 아니다. 그 대략의 것을 말하자면, 부정한 창우(倡優)11)의 빛과, 음란한 속악(俗樂) 소리와, 비루하고 오만한 유희와, 유련황란 (流連荒亂)12)한 향락은 더욱 엄중히 근절해야 한다.

셋째는 **독서(讀書)**이니, 학자가 이미 선비의 행실로서 몸을 가졌다면 모름지기 독서와 강학으로써 의리를 밝힌 연후에라야 학문을 진취하는 과정이 방향을 잃지 않을 것이다. 스승을 따라 수업하되 배움은 반드시 넓혀야 하고, 물음은 반드시 소상하여야 하고, 생각은 반드시 근신하여야 하고, 분별은 반드시 명확하여야 한다. 그리하여 마음을 가라앉혀 생각을 모으고 물속에서 자맥질하듯이 반드시 마음으로 체득하기를 기약하여야 한다. 매양 글을 읽을 때는 반드시 얼굴을 정숙하게 가지고 단정히 앉아서

---

8) 기용숙(氣容肅) : 호흡 모양은 정숙하게 함.

9) 입용덕(立容德) : 서 있는 모양은 덕스럽게 함.

10) 색용장(色容莊) : 표정은 씩씩하게 함.

11) 창우(倡優) : 가면극, 인형극, 줄타기, 땅재주, 판소리 따위를 하던 직업적 예능인을 통틀어 이르던 말.

12) 유련황란(流連荒亂) : 《맹자(孟子)》 양혜왕 하(梁惠王下)에 '유련황망(流連 荒亡)'이란 말이 있다. 뱃놀이에 정신이 나가 물길을 따라 아래로 내려가서 돌아올 줄 모르는 것을 유(流)라 하고, 물길을 따라 위로 올라가서 돌아올 줄 모르는 것을 연(連)이라 하고, 짐승을 좇아 만족할 줄 모르는 것을 황(荒)이라 하고, 술을 즐기며 싫증 낼 줄 모르는 것을 망(亡)이라 한다.

심지(心志)를 전일하여 한 가지 글이 익숙해진 다음에 비로소 다른 글을 읽을 것이요, 많이 보기만 힘쓰지 말아야 하고 기억하는 것만 일삼지 말아야 한다.

글을 읽는 순서는 먼저 ≪소학≫으로 그 근본을 배양하고, 다음에 ≪대학≫과 ≪근사록≫으로 그 규모를 정하고, 그다음에 ≪논어≫와 ≪맹자≫ · ≪중용≫ · 오경(五經)을 읽고, 그리고 ≪사기(史記)≫와 성현의 성리서를 읽고서 의취(意趣)를 넓히고 식견을 가다듬어야 할 것이다. 성인의 글이 아니면 읽지 말고 무익한 글은 보지 말아야 한다. 글을 읽을 여가에는 때로 탄금(彈琴 : 거문고를 연주함) · 습사(習射 : 활쏘기를 익힘) · 투호(投壺 : 화살을 병에 던져 넣는 놀이) 등과 같은 유예(遊藝)는 좋으나, 모두 각자의 규제가 있으니 적당한 시기가 아니면 손대지 말고, 장기나 바둑 따위의 잡희(雜戲)에 눈길을 주어 실제의 공부를 방해해서는 안 된다.

넷째로 **신언(愼言)**이니, 학자가 선비의 행실을 닦으려면 모름지기 언어[樞機]를 삼가야 한다. 사람의 과실은 말에서 오는 것이 많으니, 말은 반드시 충성스럽고 미덥게 시기에 맞추어서 해야 하며, 승낙은 신중하게 하고 성기(聲氣)를 정숙히 하며, 실없는 농담을 하지 말고 소란을 피우지 말아야 한다. 다만 문자와 의리에 있어 유익한 말만 하고, 어지럽고 잡된 괴신(怪神) 이야기나 시정의 비루한 말은 입 밖에 내지 말아야 한다. 그리고 같은 또래들과 헛된 이야기로 날을 보내거나, 시정(時政)을 함부로 논란하거나, 남의 장단점을 서로 비교하는 것은 모두 공부에 방해되고 일을 해치는 것이니 일체 경계하여야 한다.

다섯째는 **존심(存心)**이니, 학자가 몸을 닦으려면 반드시 안으로 그 마음을 바로잡아서 외물의 유혹을 받지 않아야만 마음이 편안하여 온갖 사악이 물리쳐지고 바야흐로 실덕(實德)을 진취(進就)하게 된다. 그러므로 학자가 먼저 힘쓸 일은 마땅히 정좌(靜坐)

하여 마음을 존양(存養)하고 숙연한 가운데서 산란(散亂)하지도 않고 혼미하지도 않아서 대본(大本)을 세워야 한다. 만약에 한 가지 생각이 일어날 때는 반드시 선악의 기미를 살펴서 그것이 선할 경우는 그 의리를 궁구(窮究)하고, 그것이 악할 경우는 그 싹을 근절하여 존양과 성찰에 끊임없이 노력한다면 동정(動靜) 언행이 의리의 당연한 법칙에 맞지 않는 것이 없을 것이다.

여섯째는 **사친(事親)**이니, 선비의 모든 행위 중에 효제(孝悌)가 근본이요, 죄목 중에 3천 가지 불효가 가장 큰 것이다. 어버이를 섬기는 이는 모름지기 일상생활에서 공경을 극진히 하여 승순(承順)한 예를 다하고, 봉양에는 즐거움을 극진히 하여 몸과 입의 봉양을 다하고, 질병에는 극진한 근심으로 의약의 방법을 다하고, 상사(喪事)에는 극진한 슬픔으로 상례의 도리를 다하고, 제사에는 극진한 엄숙함으로 추모의 정성을 다해야 한다. 겨울에는 따뜻하게 하고 여름에는 서늘하게 하며, 어두우면 잠자리를 보살피고 밝으면 문안드리는 것과, 나갈 때는 반드시 아뢰고 돌아오면 반드시 뵈는 것까지도 모두 성현의 교훈에 따라 의존하지 않음이 없게 하고, 만일 부모에게 잘못이 있을 때는 성의를 다하고 완곡하게 간하여 말려서 점차로 도리를 깨닫게 해야 한다. 속으로 자신을 돌이켜보아 온갖 행위가 갖추어지고 완전한 덕으로 일관하여 부모를 욕되게 함이 없어야 능히 어버이를 섬긴다고 말할 수 있다.

일곱째는 **사사(事師)**이니, 학자가 성심으로 도에 지향(志向)한다면 모름지기 먼저 스승 섬기는 도리를 높여야 한다. 사람은 군(君 : 임금)·사(師 : 스승)·부(父 : 아버지) 이 세 분 덕에 살아가므로 섬기기를 한결같이 해야 하니, 어찌 마음을 다하지 않을 수 있겠는가? 함께 있을 때는 아침저녁으로 뵙고, 따로 있을 때는 수업 받을 때 뵙고, 초하루·보름에 다 함께 모일 때는 예를 행한

다음 재배하고 뵙는다. 평상시에는 존경을 다하여 모시고, 가르침을 두텁게 받아 늘 명심하여 잊지 말아야 한다. 만일 스승의 말씀과 행사에 의심나는 점이 있을 때는 모름지기 조용히 강문(講問)하여 그 잘잘못을 가려야지 곧바로 자기의 사견으로써 문득 그 스승을 비난해서는 안 된다. 또한 의리를 생각하지 않고 스승의 말만을 맹신해서도 안 되며, 봉양에 이르러서도 마땅히 힘에 따라 성의를 극진히 하여 제자의 직분을 다하여야 한다.

여덟째는 **택우(擇友)**이니, 도를 전승하고 의혹을 해결하는 데는 비록 스승에게 힘입더라도, 서로 갈고 닦아[여택麗澤]13) 인(仁)을 돕는 것은 실로 붕우 사이에만 있다. 그러므로 학자가 모름지기 충신(忠信) · 효제(孝悌) · 강방(剛方 : 굳세고 바름) · 돈독(敦篤)한 선비를 선택하여 그와 교우를 정하고, 과실이 있으면 서로 경계하고, 선행으로써 서로 권하며, 절차(切磋)와 탁마(琢磨)로써 붕우의 도리를 다하여야 한다. 만일 마음가짐이 돈독하지 못하고, 검속(檢束)이 엄밀하지 못하고, 떠돌아다니며 놀이나 즐기고, 말과 기운만 숭상하는 자와는 모두 더불어 사귀어서는 안 된다.

아홉째는 **거가(居家)**이니, 학자가 이미 몸과 마음을 닦았으면 모름지기 가정에서 윤리를 다하여 형은 우애(友愛)하고 아우는 공순(恭順)하여 한몸같이 보며, 가장은 화(和)하고 처는 순(順)하여 예를 잃지 말며, 올바른 도리로 자녀를 훈육하되 애정 때문에 총명이 흐려지지 않아야 한다. 그리고 집안의 하인들을 통솔하는 데 있어서 엄격을 주로 하되 관용으로 대하며, 그들의 굶주림과 추위를 염려하며, 상하(上下)가 정숙하며 내외가 구별이 있어야 한다. 그리하여 일가(一家)의 처사는 극진한 도리를 쓰지 않음이 없어야 한다.

---

13) 여택(麗澤) : 연접해 있는 두 못이 서로 물을 윤택하게 한다는 뜻. 붕우(朋友)가 서로 도와 학문과 덕행을 닦음을 비유한다.

열째는 접인(接人)이니, 학자가 이미 자기 가정을 바로잡았으면 그것을 미루어 남을 응접하는 데에도 한결같이 예의를 준수하여 나이 많은 사람은 공순으로써 섬기고, 〔침식과 행보 같은 것을 모두 어른보다 뒤에 하되 10살이 많으면 형으로 그를 섬기고, 갑절이 많으면 더욱 공손히 대우한다〕 나이 어린 사람은 자애로써 어루만져야 한다. 그리고 친족에게 화목하고, 이웃을 사귀는 데까지도 그들의 환심을 얻어야 하고, 매양 덕업을 서로 권장하고〔德業相勸〕, 과실을 서로 타이르고〔過失相規〕, 예속을 서로 이룩하고〔禮俗相成〕, 환난을 서로 구제하여〔患難相恤〕, 항상 남을 건져주고 사물〔物 : 타인〕을 이롭게 할 생각을 가져야 한다. 남을 상(傷)하게 하고 사물을 해롭게 하는 생각은 털끝만큼이라도 마음속에 두어서는 안 된다.

열한 번째는 응거(應擧)이니, 과거(科擧)는 비록 뜻있는 선비가 애써서 구할 바가 아니나 또한 근세에는 그것이 벼슬길에 들어가는 통례인 만큼, 만일 도학(道學)에 전심하여 진퇴를 예의로써 하는 이는 그것을 숭상할 까닭이 없지만, 만일 국가의 부름으로 과거에 응하게 되면 또한 마땅히 성심으로 공을 이루어야지 시일만 낭비해서는 안 된다. 다만 득실(得失) 때문에 그 지키는 것을 잃어서는 안 되며, 또 항상 자신을 완성하고 도를 행하여 임금에게 충성하고 나라를 위해 몸 바칠 생각을 해야지, 구차하게 의식(衣食)을 넉넉히 하기를 찾아서는 안 될 따름이다.

진실로 도에 지향(志向)하여 게을리하지 않고 일용행사(日用行事)가 도리대로 따르지 않음이 없다면 과업도 일상사의 한 가지 일이니 실제의 공부에 무엇이 방해될 것인가? 지금 사람들이 매양 과거가 뜻을 뺏을까 염려하는 것은 득실을 가지고 생각이 움직임을 면치 못하기 때문이다. 요즈음 선비의 공통된 병폐는 태만하고 해이하여 글 읽기에는 힘쓰지 않고 스스로 도학을 지모

(志慕)한다고 하면서 과거를 경시(輕視)하여 한갓 세월만 보내며 학문이고 과거고 둘 다 성취하지 못하는 이가 많은데, 가장 경계해야 한다.

열두 번째는 **수의(守義)**이니, 학자는 무엇보다도 의(義)와 이(利)의 판별을 밝게 하여야 한다. 의(義)는 무엇을 위해서 하는 것이 아니다. 조금이라도 무엇을 위해서 하는 것이라면 그것은 모두 이(利)를 위하는 도척(盜跖)14)의 무리이니, 경계하지 않을 수 있겠는가? 선을 하면서 이름을 구하는 자는 또한 이(利)의 마음이니, 군자는 그것을 구멍을 뚫고 담을 넘어 들어가는 도적〔穿窬〕보다 더욱 심하게 보거늘, 하물며 선을 행하지 않으면서 이(利)를 보겠다는 자임에랴. 학자는 띠끌만 한 이로움이라도 가슴속에 가져서는 안 된다.

옛사람들은 부모를 위하여 노무(勞務)에 종사하여 비록 품팔이와 쌀을 지는 일일지라도 역시 마다하지 않았고, 그의 마음은 늘 깨끗하여 이욕에 물드는 일이 없었는데, 지금의 선비는 종일토록 성현의 글을 읽고도 오히려 이로움을 버리지 못하니 어찌 슬퍼하지 않을 수 있겠는가? 혹시 가정이 빈한하여 생계를 영위하자면 할 수 없이 여러 가지 계획을 하지 않을 수 없다고 할지라도 이로움을 구할 생각만은 조금이라도 가져서는 안 된다. 그리하여 사양하거나 받거나, 가지거나 주거나 하는 데 있어서도 언제든지 그것이 마땅한지를 잘 살펴서 재물을 얻으면 의를 생각하여야 하고, 털끝만큼이라도 그대로 지나쳐서는 안 된다.

열세 번째는 **상충(尙忠)**이니, 충후(忠厚)와 기절(氣節)은 서로 표리(表裏 : 안팎)가 된다. 자신을 단속하는 절도 없이 모가 나지

---

14) 도척(盜跖) : 도척(盜蹠)이라고도 한다. 중국 춘추시대의 큰 도적. 현인 유하혜(柳下惠)의 아우로, 수천 명을 거느리고 천하를 횡행하였다고 한다. 매우 악한 사람을 비유적으로 이르는 말.

않은 것으로 충후한 체하는 것도 옳지 못하고, 근본의 덕 없이 교격(矯激 : 성질이 굳세고 과격함)한 기절인 체하는 것도 옳지 못하다. 세속이 어지럽고 박해져서 실덕(實德)이 날로 쇠퇴하다 보니 남에게 추잡하게 아부하는 자가 있는가 하면, 거만하게 기개만 높은 자가 있어서 중행(中行)의 선비를 얻어 보기가 실로 어렵다. ≪시경≫에, "온순하고 공손한 사람이 오직 덕의 기틀이다.〔溫溫恭人, 維德之基〕" 또는, "부드럽다고 깔보지 말고, 굳세다고 겁내지 말라.〔柔亦不茹, 剛亦不吐〕"라고 하였다. 사람이 반드시 온순하고 공손하며 화평하고 순수하여 근본이 깊고 두터워진 뒤에야 능히 정의를 수립하여 대절(大節 : 큰 절조)에 임하여 동요되지 않는다. 저따위 비루하고 아첨하는 졸장부는 본래 말할 나위도 없거니와 명색이 학문한다는 선비로서 자신의 재주와 현성(賢聲)만 믿고 남을 경멸(輕蔑)하고 모욕하는 자는 그 해가 이루 말할 수 없을 정도로 많을 것이다. 적은 것을 얻음으로 만족하고, 발끈하거나 스스로 이름 내기를 좋아하는 자가 어찌 참으로 기절이 있을 수 있는가? 요즈음 선비들의 병폐가 이와 같음은 진실로 예학(禮學)이 밝지 못하여 헛된 교만이 습성을 이룬 데서 생긴 것이다. 그러므로 모름지기 예학을 강구하여 밝혀서 윗사람을 높이고 어른을 공경하는 도리를 다하여야 한다. 진실로 이같이 하면 충후와 기절 둘 다 완전히 갖출 수 있다.

열네 번째는 독경(篤敬)이니, 학자가 덕에 나아가고 학업을 닦는 것은 오직 경신(敬愼)을 도탑게 하는 데에 있다. 경신을 도탑게 하지 못하면 다만 빈말일 뿐이니, 모름지기 안팎이 하나같이 되어 조금도 그침이 없어야 한다. 말에는 가르침이 있고 움직임에는 법이 있으며, 낮에는 하는 것이 있고 밤에는 얻는 것이 있으며, 눈 한 번 깜빡이는 동안에도 존재하는 것이 있고, 숨 한 번 쉬는 동안에도 기르는 것이 있어서, 공정을 비록 오랫동안 계속

하더라도 효과는 구하지 말고 오직 날마다 부지런히 하여 죽을 때까지 계속하여야 하니, 이것이 바로 실학(實學)이다. 만일 이 것에 힘쓰지는 않고 다만 해박한 것을 논하고 이야기하는 것만으로써 행세 방법으로 하는 자는 선비의 적(賊)이다. 어찌 두려운 일이 아니겠는가?

열다섯 번째는 **거학(居學)**이니, 학자가 학궁(學宮 : 성균관의 다른 이름)에 있을 때는 모든 행동거지를 한결같이 학령(學令)에만 의해야 한다. 글도 읽고 저술도 하고, 식후에는 잠깐 거닐어 정신을 상쾌하게 하고, 돌아와서는 소업(所業)을 익히고, 저녁 식사 후에도 그렇게 한다. 여럿이 함께 있을 때는 반드시 강론으로 견식을 넓히고, 위의(威儀)를 돌보아 정제하고 엄숙해야 한다. 만일 스승〔곧 사장師長이다〕이 학궁에 계시면 읍례(揖禮)한 뒤에 강문(講問)하여 더 배우기를 요청하는 데 마음을 비우고 가르침을 받아서 늘 잊지 말 것이요, 무익한 글이라면 청문(請問)하여 심력(心力)을 낭비해서는 안 된다.

열여섯 번째는 **독법(讀法)**이니, 매월의 삭망(朔望 : 초하루와 보름)에는 여러 유생이 학당(學堂)에 모두 함께 모여 사당에 배알하고 읍례를 행하고, 예가 끝난 뒤에 좌정(坐定)하고, 〔스승이 있으면 북쪽에 앉고, 여러 유생은 삼면에 앉는다〕 장의(掌議)〔장의가 연고가 있을 때는 유사有司나 글을 잘 읽는 자가 대신한다〕가 소리 높여 〈백록동교조(白鹿洞敎條)〉와 〈학교모범〉을 한 번씩 읽는다. 그리고 나서는 서로 강론하며 실공(實功)으로써 서로 권면(勸勉)〔스승이 있으면 스승에게 질문한다〕하고, 만일 의논할 일이 있을 때는 곧 강정(講定)〔여러 유생이 건의할 일이 있으면 스승이 먼저 나가야 한다〕해야 하고, 여러 유생 중에 사고로 참석할 수 없을 때는 반드시 서장(書狀)으로 모이는 곳을 알려서 모두 알게 하여야 한다. 일반이 다 아는 바와 같이 질병이 있거나, 시골로 갔거나, 기일

(忌日)을 당한 이외에는 사고로 칭탁(稱託)하고 참석하지 않은 자에 대해서는 두 번 만에는 일삭(一朔 : 한 달) 동안 출좌(黜座 : 모임에서 내쫓음)시키고, 만일 그래도 오지 않을 때는 스승에게 고하여 벌칙을 논정(論定)한다.〔모임에서 내쫓음을 곧 보통 손도損徒라 하고, 다시 복귀를 허락할 때는 반드시 전체가 모인 자리에서 맞대어 놓고 꾸짖는다〕

이상 16조는 스승·제자·붕우 사이에 서로 권면하고 경계하며 힘써 명심하여야 한다. 유생 중에 마음을 잘 간직하고 몸을 잘 단속하여 한결같이 모범을 준수하고 학문이 성취되어 뛰어나게 칭찬할 만한 자가 있으면, 회의 때 모두에게 물어서 허가하면 선적(善籍)에 기입하고, 그중에 더욱 탁월한 자가 있으면 그 실상을 갖추어서 스승에게 단자(單子)를 올려 권장의 뜻을 표시하여야 한다.

만일 혹 유생 중에 학규를 준수하지 않고, 지향(志向)이 독실하지 않고, 황당하게 날만 보내며, 몸가짐을 근신하지 않고, 놓쳐버린 양심을 수습하지 못하며, 행동거지(行動擧止)가 장중하지 않고 언어가 진실하지 않으며, 부모를 섬김에 그 정성을 다하지 않고 형제에게 우애하지 않으며, 가법(家法)이 난잡하여 질서가 없고 스승에게 공경하지 않으며, 치덕(齒德)[15]을 모욕하고 예법을 경멸하며, 정처(正妻)를 소박하고 음탕한 창기(倡妓)에 빠져 사랑하며, 망령되게 귀인을 배알함을 좋아하여 염치를 돌보지 않으며, 망령되게 사람답지 않은 사람을 사귀어 하류에게 몸을 굽히며, 술 먹기를 좋아하여 방탕하게 지내고 술에 취해 주정하는 것을 낙으로 삼으며, 송사하기 좋아하여 하지 말아야 할 것을 하며, 재리(財利)를 경영하여 남의 원망을 무시하며, 어질고 재능 있는

---

15) 치덕(齒德) : 나이가 많고 덕이 있는 자.

이를 시기하고 선량한 이를 헐뜯으며, 가족들과 화목하지 않고 이웃과 어긋나며, 제사에 엄숙하지 못하고 신명에 태만하며, 〔일가—家의 제사뿐만 아니라 만일 학궁의 제사에 사고를 핑계 대고 참가하지 않는 경우도 신명에게 태만한 것이다〕예의 바른 풍속을 도와 이룩하지 않고, 환난을 구제하지 않으며, 지방에 있어서는 조부(租賦 : 세금)를 성실히 하지 않고, 읍주(邑主)를 헐뜯는 일 같은 이러한 과실은 붕우들이 보고 듣는 대로 각각 서로 규경(規警)하되, 고치지 않을 때는 장의에게 고하여 유사가 중회(衆會)에서 드러내어 꾸짖되, 그래도 고치지 않고 자기주장이나 변명으로 불복할 때는 작은 허물이면 출좌(黜座)시키고, 큰 허물이면 스승에게 고해서 출재(黜齋)〔학궁에 올 수 없게 하는 것이며, 허물을 고친 뒤에 다시 오게 한다〕시키고 악적(惡籍)에 기입한다.〔출재된 자만 악적에 기입한다〕

출재된 후에 마음을 바꾸고 허물을 고쳐서 현저히 선을 지향하는 형적이 있을 때는 다시 입재(入齋)를 허가하고 그 악적에서 기입된 이름을 없애야 한다. 〔다시 입재할 때는 모두 모인 자리에서 맞대어 놓고 꾸짖는다〕만약 끝까지 회개하지 않고 악습만 더욱 키워 자기를 책하는 이를 도리어 원망하는 자가 있을 때는 스승에게 고하여 그 명적(名籍)을 삭제하고 서울과 지방의 학당에 통고한다. 〔제적된 자가 만약 자신을 원망하고 징계하여 선善을 지향하는 자취가 뚜렷이 나타나기 3년 지난 뒤에 그것이 더욱 도탑거든 다시 입학을 허용한다〕무릇 과실의 적(籍)은 반드시 입법한 후부터 기록하고, 법을 세우기 전의 잘못이라면 모두 뒤좇아 논하지 말고, 그가 스스로 고칠 길을 열어주어 여전히 고치지 않은 뒤에야 처벌을 논의한다.

이율곡 연보

• 1536년 1세

12월 26일, 강원도 강릉에서 덕수이씨(德水李氏) 가문의 이원수 (李元秀)를 아버지로, 평산신씨(平山申氏) 가문의 신사임당(申師任堂)을 어머니로 태어났다. 아명은 견룡(見龍), 자는 숙헌(叔獻), 호는 율곡(栗谷)·석담(石潭)·우재(愚齋). 어머니 사임당은 시문과 그림에 뛰어나서 일가를 이룬 데다, 아들의 교육에 모든 성의를 기울인 인물로 이이가 현유(賢儒)가 된 것도 어머니의 힘이 컸다고 한다.

• 1548년 13세

어린 나이로 진사 초시에 급제하여 장래를 알 수 있게 하였다.

• 1551년 16세

어머니 신사임당이 세상을 떠났다. 이로부터 3년 동안 집에서 떠나지 않고 어머니상(喪)을 지켰다.

• 1554년 19세

금강산에 입산하여 불서(佛書)를 읽었으나 뜻한 바 있어 유학에 관심을 두기 시작하였다.

• 1558년 23세

퇴계(退溪) 이황(李滉)을 찾아가서 만났다. 이때 퇴계가 말하기를, "명석하기 이를 데 없고 박현(博賢)한 양이 후세에 큰 기둥감이로다."라고 하였다고 한다.

- 1561년 26세

아버지 이원수가 세상을 떠났다.

- 1564년 29세

생원시와 식년 문과에 모두 장원하여 구도장원공(九度壯元公)이라 일컬어졌다. 사가독서(賜暇讀書)한 뒤에 호조좌랑에 처음 임명되었으며, 예조좌랑, 정언, 이조좌랑, 지평 등을 역임하였다.

- 1568년 33세

서장관이 되어 명(明)나라에 다녀왔으며, 귀국 후에 부교리로 춘추관 기사관이 되어 《명종실록(明宗實錄)》 편찬에 참여하였으나 이듬해 관직에서 물러났다.

- 1571년 36세

청주목사로 복직하였으나 이듬해 사직하고 해주(海州)로 낙향하였다.

- 1572년 37세

우계(牛溪) 성혼(成渾)과 '인심도심(人心道心)과 사단칠정론(四端七情論)'에 관한 왕복 논쟁을 벌였다.

- 1573년 38세

홍문관 직제학이 되었으며, 이어 동부승지로서 참찬관을 겸직하였다.

- 1574년 39세

우부승지, 병조참지, 사간원 대사간을 지낸 후, 신병으로 관직에서 사퇴하였다. 그러나 얼마 후에 황해도 관찰사로 임명되었으나 사직하였다.

- 1578년 43세

해주의 석담으로 은거한 다음에 '은병정사(隱屏精舍)'를 짓고 제자들을 교육하였다.

- 1581년 46세

다시 등용되어 사헌부 대사헌과 예문관 제학을 겸임하다 후에 양관

(兩館)의 제학을 지냈다.

· 1582년 47세

이조·형조·병조의 판서를 지냈으며, 우찬성을 역임하였다.

· 1583년 48세

당쟁을 조장한다는 동인(東人)의 간언(諫言)으로 사직하게 되었으나, 곧 판돈녕부사로 등용되어 이조판서에 이르렀다. 동서 분당(分黨)을 슬프게 생각하고 몸소 그 조정에 나섰으나 끝내 뜻을 이루지 못하였다.

· 1584년 49세

병환으로 인해 세상을 떠났다. 시호는 문성(文成).

목민심서牧民心書

목민심서 차례

범 례

▌이 번역은 오직 다산(茶山) 정약용(丁若鏞)의 실학자적 사고의 태도를 알아보기 위함이고, 전문가적 고증(考證)이나 훈고(訓詁)를 목적으로 하지 않았다.

▌이 번역에서는 저자가 말하고자 하는 원문에 부수된 긴 설명문이나 예거(例擧)는 많은 부분을 생략하였다. 그러한 부분이 일반 독자에게 도리어 원문의 주제를 파악하는 데 혼란을 가져올 우려가 있다고 생각하기 때문이다.

▌이 번역은 광무(光武) 5년 황성중서하한동(皇城中署下漢洞) 광문사(廣文社) 신간(新刊) 양재건(梁在謇), 현채(玄采) 교열로 된 4책본(四冊本) ≪목민심서≫를 저본으로 하였다.

▌이 번역은 쉬운 말을 사용하였으며, 어려운 어구에는 간단한 주를 붙여 독자의 편의를 도모하였다.

목민심서 해설

≪목민심서≫는 오늘의 공무원들이 반드시 한 번 읽어 둘 필요가 있는 명저이다. 목민(牧民)이란 임금이나 수령이 백성을 다스려 기름을 말한다. 어린 것과 어리석은 것을 포함한 선량한 백성의 관리들, 특히 수령들이 어떻게 백성을 훈도하고 계몽하고 선도해야 하는가를 자세히 기록했다.

≪목민심서≫ 제4장 〈애민육조(愛民六條)〉에 수령의 백성 애호의 예를 설명하였다. 다음은 제1조 양로(養老 : 노인을 받들어 모심) 내용이다.

> 노인을 받들어 모시는 예절이 폐지되면 백성들은 효심을 일으키지 않게 될 것이다. 백성의 목자(牧者)가 된 수령은 양로의 예를 거행하지 않아서는 안 된다.

나의 노인을 대우하듯이 다른 노인을 대우하는 것은 인정(仁政)의 제1 요소가 된다.

양로의 예는 사람의 아름다운 행동의 근원이 되는 어른을 공경하는 도를 권장해 백성의 교화를 도모한 것이다. 그런데 양로의 고례(古禮)가 없어졌으므로 효도하는 백성이 없게 되었으니, 수령은 양로의 예를 다시 실시하고 그 효과를 길러야 할 것이다. 옛 예에 양로의 예가 있었으니 ≪예기(禮記)≫ 춘령(春令)에 봄철에 고아를 자애로써 양육하고, 추령(秋令)에는 늙고 약한 노인을 공경하고 모시는 기사가 있으니 수령은 반드시 남녀 80세 이상의 노인에게는 떡, 국 이외에 고기 네 접시, 그리고 90세 이상의 노인에게는 여섯 접시를, 100세 이상의 노인에게는 여덟 접시의 경로례를 행해야 한다. 이것은 백성에게 노인을 모시고 어른을 섬기는 도리를 알게 한 것이다.

▌양로례(養老禮)의 실행 방법

1. 여러 노인 중에서 최고 연령자로 주빈(主賓)을 삼고 예를 행하여 배읍(拜揖)하게 하고 중빈(衆賓)은 움직이지 않는다.

2. 행례(行禮) 전일 향교에 장소를 설치하고, 당일 밝기 전에 자리를 깔고, 수령의 자리는 동배서향(東背西向)하고 여러 노인이 앉을 자리는 북배남향(北背南向)한다.

3. 수령은 정각에 의관을 갖추고 자리에 나아가 동쪽에서 장의(掌議: 유생儒生의 임원 가운데 으뜸 자리) 한 사람은 손님을 인도해 문 바깥에서 서향북상(西向北上)한다. 서남(西南)의 장의 한 사람은 여러 노인을 인도해 문 바깥에서 동향북상(東向北上)하고, 동쪽 줄 한 사람이 주빈이 된다.

4. 예리(禮吏: 예방禮房의 구실아치)가 맨 먼저 손님에게 수령이 술과 음식을 갖추어 대우한다는 취지를 말한다.

5. 손님들은 우리 같은 부덕(不德)한 무리에게 이같이 은혜를 베푸는 것은 불가하다고 사양한다. 그런즉 예리가 삼근(三勤)한 후에 손님은 받는 예의 의사를 표한다.

6. 음악을 시작한다.

7. 예리가 수령을 인도해 문 안에 동립서향(東立西向)한다. 그러면 손님은 서쪽에서 들어와 동면(東面)한다. 이후에 수령이 한번 읍(揖)하고 손님이 답하여 읍한다.

8. 수령이 위치에 나아가 자리에 오르지 않고 남면(南面)하고 선다.

9. 장의가 손님을 인도하여 동반(東班)에 들어가면 여러 노인이 뒤를 따른다.
10. 손님이 위치에 나아가 자리에 오르지 않고 북향(北向)하여 선다.

다음도 제4장 〈애민육조〉 제1조 양로 내용이다.

> 섣달그믐 2일 전에 식품을 60세 이상 노인에게 돌려야 한다.

섣달그믐 2일 전에 80세 이상의 노인에게 쌀 1두(斗 : 열 되), 고기 2근(斤)씩을 돌려야 한다. 그리고 90세 이상의 노인에게는 쌀, 고기 외에 떡, 꿀, 꿩 등 약간씩을 첨가한다. 아무리 큰 읍(邑)이라도 80세 이상의 노인은 수십 명에 지나지 않고, 90세 이상의 노인은 몇 명에 불과할 것이니, 그 경비는 그리 많은 것이 아니며, 수령이 기녀를 데리고 하룻밤 유연(遊宴)하는 비용만도 못한 것이다. 이상과 같은 행사를 한다면 이속(吏屬)과 백성의 원망을 사지 않고 치민(治民)의 공적은 드러날 것이다.
다음에는 제4장 〈애민육조〉 제2조 자유(慈幼 : 어린이를 사랑함)의 예를 든다.

> 어린이를 사랑하는 일은 선왕(先王)의 큰 정사로서 역대의 임금들이 지켜서 법령으로 삼고 있다.

고아를 불쌍히 여겨 사랑하고 보호하는 것은 또한 노인을 공경하는 것과 같이 인정(仁政)의 요소가 되니, 역대의 어진 임금들이 이것을 힘써 행하여 법전(法典)으로 삼았다. 병란(兵亂)과 흉년으로 떠돌아다니며 빌어먹는 아이, 자녀를 파는 사람, 길가에 아이를 버리는 사람, 일찍이 부모를 잃고 친척이 없는 아이, 5월에 낳은 아이를 꺼려 버리는 사람[중국 풍속] 등이 있으니, 수령은 이를 거두어 기를 방법을 강구해 실행해야 할 것이다.

옛날의 어진 목민관은 이 어린이를 사랑하고 구휼하는 정책에 마음을 다하지 않은 사람이 없었다.

역대의 어진 임금들만이 아닌, 고대의 현량한 수령도 이 자유(慈幼)의 정사에 힘을 다했다.

중국의 임몽득(任夢得)이 허창(許昌)의 수령이 되었을 때, 대홍수로 인하여 버려지는 아이가 많았다. 임몽득은 민간에서 수양부모를 정하고 상평창(常平倉)의 곡식을 나누어 수양을 잘한 부모에게는 상을 주어 장려하였다. 그리하여 구제된 고아가 3천8백여명에 이르렀다고 한다.

우리나라의 어린이를 사랑하고 구휼하는 정책은 옛날보다도 훨씬 훌륭하여, 법례(法例)에 자세히 규정하고 항상 수령들을 계칙했다.

즉 우리 성조(聖朝)에서는 어린이를 사랑하는 인정이 옛날보다 뛰어나니 그에 관련된 법령과 조례를 자세히 제정해 항상 관장(官長)에게 경계하고 신칙(申飭)했다. 《국조보감(國朝寶鑑)》의 기록에 의하면 중종·명종·현종 때 버려진 아이를 수양하는 법령이 있었다.

《속대전(續大典)》에 흉년에 버려진 아이를 거두어 길러 아들과 종으로 삼는 법이 있는데, 버려진 아이는 3세 이내로 흉년에는 8, 9세, 혹은 15세까지 기를 수 있고, 기른 후 3개월 내 부모나 친척이 돌본다면 그간의 곡물을 배상할 것을 규정했다.

만약 흉년이 아닌 해에 아이를 버린 일이 있으면 백성 중에서 거두어 기를 사람을 모집해 아이를 주고, 관아에서 그 식량을 보조해야 한다.

흉년이 아닌데 아이를 버린 사람이 있으면 민간에서 기르기를 원하는 사람에게 기르게 하고, 관(官)에서 필요한 양식을 보조해야 할 것이다. 가난한 부녀자에게 기르게 할 때는 매달 백미 2두씩을 보조하고, 여름에는 보리 4두를 보조하여 2년간 계속할 것이다.

서울 변방과 도시 부근에 풍기문란의 결과로 굶어 죽은 아이가 많은데, 천지 생물의 이치가 부모의 죄로 그 아이를 죄 줄 수 없으니 거두어 길러야 할 것이다. 그리고 기르기를 원하는 사람은 어린이의 나이와 용모를 관에 보고하면, 관에서 그 아이의 부모와 이임(里任 : 이장) 또는 이웃 사람에게 자세히 조사해 문안을 작성해 기르는 사람에게 양식을 지급한다.

다음은 제4장 〈애민육조〉 제3조 진궁(振窮 : 불쌍한 사람을 구제함) 내용이다.

> 홀아비·과부·고아·늙어 자식이 없는 사람을 사궁(四窮)이라고 한다. 궁(窮)하여 스스로 떨치고〔振〕 일어설 수 없어서 남이 일으켜 주기를 기다린다. '떨친다'는 말은 들고 일어선다는 뜻이다.

늙어 처가 없는 사람〔鰥 : 홀아비〕, 늙어 남편이 없는 사람〔寡 : 과부〕, 어려서 아버지를 잃은 아이〔孤〕, 늙어 자식이 없는 사람〔獨〕을 네 종류의 궁민(窮民)이라 한다. 이들은 모두 천지에 호소할 곳이 없는 불쌍한 사람들이다.

이와 같은 사람들은 너무나 궁해서 스스로 일어날 힘이 없는 약한 사람들이니 다른 사람의 도움을 받아야 한다. 주(周)나라 문왕(文王)이 어진 정치를 행할 때 이 궁민을 먼저 구휼(救恤)한 이유이다. 진(振)은 일으켜 세운다는 말이다. 네 종류의 궁민 선정에도 세 가지 보는 법이 있으니 나이와 친척과 재산을 관찰하여 본인의 재산이 있는지, 친척이 있는지, 나이가 60세 미만이고 10세 이상이면 관에서 수양할 바가 안 된다.

혼인해야 할 나이가 지났으나 혼인하지 못한 사람은 마땅히 관에서 혼인하게 해야 한다.

남녀가 적당한 나이가 되면 혼인하는 것은 민생의 시초이며, 백가지 복의 근원이다. 가난 때문에 나이가 많아도 혼인하지 못하면 사람은 천지의 화기(和氣)를 저해하고, 인류의 생육(生育)을 상실하는 결과를 초래하게 된다. 그러므로 수령은 관내에 이 같은 사람이 있으면 반드시 혼인하게 해야 한다.

중국의 월왕(越王) 구천(句踐)은 국민 증강의 방책으로 여자는 17세, 남자는 20세에 혼인하지 않으면 부모유죄(父母有罪)라는 법령을 내렸다. 남자는 30세에 유실(有室)하고, 여자는 20세에 혼인하는 것이 최적의 나이이다.

혼인을 권장하는 정책은 우리나라 역대 임금이 남긴 법이다. 수령은 마땅히 정성껏 준수해야 할 것이다.

혼기(婚期)가 넘은 가난한 백성에게 혼인을 권장하는 정사는 우리나라 역대 성왕이 남긴 법이니, 영장(令長)으로서 마땅히 그 법을 지성껏 준수해야 할 것이다.

≪경국대전(經國大典)≫에 사족(士族)의 자녀로 30세까지 집이 가난하여 혼인하지 못한 사람은 호조(戶曹)에서 결혼 비용을 지급하는 법이 있다.

정조(正祖) 5년, 왕은 서울 내의 민간에 가난하여 혼기가 넘은 사람에게 전(錢) 5백, 포(布) 2단(段)으로 결혼 비용을 보조하는 칙령을 내려 매월 혼인 수를 알리게 했다.

대저 천지간에 마음이 답답하고 괴로움이 제일 큰 것은 혼기를 넘은 남녀가 혼자 사는 것이니, 수령과 부모는 반드시 유의해야 할 것이다.

다음은 제2장 〈율기육조(律己六條)〉 제1조 칙궁(飭躬 : 몸을 바르게 함) 내용이다.

> 일어나고 앉는 것에 절도가 있어야 하고 갓〔冠〕과 띠〔帶〕 차림은 단정해야 하며, 백성을 대할 때에는 의젓하고 정중해야 하는 것은 옛 도(道)이다.

사람은 평소에 절제하는 생활을 해야 비로소 심신의 안정을 얻으며, 심신이 안정된 후라야 양식(良識)이 밝아지고 사려가 면밀해 모든 일에 실수가 없다. 그러므로 수령은 평소 일상생활에서 일정한 시간을 지키고, 의관을 정제하여 정중한 태도를 백성에게 보여야 할 것이다.

하루의 계획은 이른 새벽에 한다는 옛말이 있다. 아침 일찍 일어나서 세수하고 관복(冠服)하고 정좌하여 정신을 가다듬은 뒤에, 오늘 행할 사무를 취하여 선후와 완급의 차례를 정하고, 사건의 선처할 방법을 연구해 오직 공리(公理)를 따를 것이요 사욕에서 떠나야 할 것이다. 그런데 지금 수령들은 거칠고 호방함을 자랑하는 사람이 많으니 단지 탕건에 보통 의복으로 망건도 쓰지 않고 버선도 신지 않고 아전과 백성을 대하거나, 또는 옥당(玉堂, 홍문관) 출신이라고 교만하여 바둑 두는 것과 시 짓는 것을 오락 삼고, 정사는 이속(吏屬)에게 맡겨 생민(生民)을 병들게 만드니 매우 옳지 않은 일이다.

> 말을 많이 하지 말 것이며, 갑자기 몹시 성내지 않아야 한다.

'사람의 입은 재앙을 불러들이는 문〔口禍之門〕'이란 옛말이 있으니 말은 될 수 있는 대로 적어야 한다. 말이 많으면 실수하기가 쉬우므로 공자(孔子)는, '강직한 것과 의연한 것과 질박한 것과 어눌한 것은 인에 가깝다.〔剛毅木訥, 近仁.〕'라고 하였다. 정의에 입각한 도리에 맞는 일이라면 말하지 않는 것이 오히려 옳지 않으므로 말을 가려 하라는 옛 교훈이 있다.

이같이 다산은 ≪목민심서≫ 48권을 통하여 관리가 백성을 다스리고 기르는 데 필요한 요령을 기술하였으니 지금의 말로 표현한다면 '공무원의 마음가짐'이라고 해야 좋을 것이다. 제1장 〈부임육조(赴任六條)〉, 제2장 〈율기육조(律己六條)〉, 제3장 〈봉공육조(奉公六條)〉, 제4장 〈애민육조(愛民六條)〉, 제5장 〈이전육조(吏典六條)〉, 제6장 〈호전육조(戶典六條)〉, 제7장 〈예전육조(禮典六條)〉, 제8장 〈병전육조(兵典六條)〉, 제9장 〈형전육조(刑典六條)〉, 제10장 〈공전육조(工典六條)〉, 제11장 〈진황육조(賑荒六條)〉, 제12장 〈해관육조(解官六條)〉로 되어 있다.

다산의 방대한 저서 중에 관리로서 백성을 다스리고 기르는 처지를 생각해 사실대로 예를 든 것이라든가, 중국의 예를 많이 들어 선왕의 치도(治道) 지침을 기록한 것이 바로 이 ≪목민심서≫라 할 수 있다.

자서(自序)

옛날 중국의 순(舜)임금이 요(堯)임금의 뒤를 이었을 때 12명의 목(牧)이라는 지방관을 두어 그들에게 백성을 기르게 하였다. 주(周)나라의 문왕(文王)이 제도를 정할 때 사목(司牧)이라는 관리를 두어 목자(牧者)로 삼았다.

맹자(孟子)는 평륙(平陸)에서 목초(牧草)로 가축을 먹이는 것으로써 백성을 기르는 것에 비유하였다. 그러니 백성을 기르는 것을 목민이라고 한 것은 성현들이 남긴 뜻이다.

성현의 가르침에는 원래 두 가지가 있다. 사도(司徒 : 당우唐虞 때의 관직. 교화를 맡음)는 만민(萬民)을 가르쳐서 각기 자신의 몸을 닦게 하였고, 태학(大學)에서는 국자(國子 : 공경대부의 자제들, 대학생)를 가르쳐서 각기 자신의 몸을 수양해 백성을 다스리게 하였다. 백성을 다스린다는 것은 백성을 기르는 것〔牧民〕이다. 그런즉 군자의 배움은 자신의 수양이 반(半)이고, 목민이 반이다.

성현이 간 뒤 세월은 오래되고 그 말은 사라져서, 성현의 도(道)는 없어지게 되었다. 지금의 목민관들은 오직 사리(私利)를 취하기에만 급급하고 백성을 기를 줄은 모른다. 그렇게 되니 백성들은 피폐하고 곤궁하며, 병에 걸려 서로 줄을 지어 쓰러져서 구렁을 메우는데, 목민관은 좋은 옷과 맛좋은 음식으로 자기 자신만 살찌고 있다. 어찌 슬픈 일이 아니겠는가.

나의 선친(先親)이 어진 임금의 지우(知遇)를 얻어 두 고을의 현감(縣監), 한 고을의 군수(郡守), 한 고을의 도호부사(都護府使), 한 고을의 목사(牧使)를 역임(歷任)하여 다 공적이 있었다. 비록 용(鏞)은 불초(不肖)하나 따라다니면서 배워 조금은 들은 것이 있으며, 따라다니며 보는 동안에 조금은 깨달은 것이 있었고, 물러 나와서 이것을 시험하여 조금은 징험(徵驗)한 것이 있었다. 그러나 이제 이미 귀양살이하는 몸이 되었으니 이것을 쓸 곳이 없어졌다.

멀리 떨어진 변방(邊方)에 궁하게 살아온 것이 18년이나 된다. 그동안에 오경(五經)과 사서(四書)를 가지고 되풀이 연구하여 몸을 수양하는 학문을 닦았다.

이미 학문이라고 말한다면, '수신(修身)과 치민(治民)으로 이루어지는 학문의' 반만을 배우게 된 셈이다. 이에 23사(史)와 우리나라의 여러 사기(史記)와 자집(子集)의 여러 사적을 가져다가 그중에서 옛날의 사목(司牧)들이 목민(牧民)한 사적을 뽑아서 위로 아래로 그 실마리를 찾고 종류별로 나누어 모아 차례로 책을 만들었다. 그리고 여기는 남쪽 멀리 떨어진 곳이어서 전답의 조세(租稅) 부과와 징수에 있어서 간사하고 교활한 아전들의 행위로 인하여 폐단이 어지럽게 일어난다. 이미 몸이 비천(卑賤)하기에 듣는 것이 매우 상세하다. 따라서 그것도 또한 분류하여 기록하였으며 나의 의견도 덧붙였다.

모두 12편으로, 1. 부임(赴任) 2. 율기(律己) 3. 봉공(奉公) 4. 애민(愛民)인데, 그다음은 이(吏)·호(戶)·예(禮)·병(兵)·형(刑)·공(工)의 육전(六典)으로 나누어 논술하였고, 11. 진황(賑荒) 12. 해관(解官)으로 되었다. 12편이 각기 6조(條)씩으로 되어 모두가 72조이다. 어떤 것은 두어 조(條)를 합하여 한 권으로 하고, 어떤 것은 한 조를 나누어 두 권으로 하기도 하였다. 통틀어 48권으로 한 질이 된다. 시대에 따르고 풍속에 따랐기 때문에 비록 위로 선왕(先王)의 헌장(憲章)에 합치할 수는 없으나, 목민(牧民)하는 일에 있어서 조례(條例)는 갖추어졌다.

고려 말기에 처음으로 오사(五事 : 다섯 가지 목민을 위한 것)로써 수령의 성적을 평정(評定)하였고, 아조(我朝)에서 그대로 계속하다가 나중에 칠사(七事 : 수령이 지켜야 할 일곱 가지 일)로 늘렸다. 수령이 해야 할 책무(責務)의 대강만을 가리켰을 뿐이다.

그러나 목민관 직책은 법전(法典)에 의하지 않는 것이 없다. 법전의 각 조문(條文)을 하나하나 열거하여 지시하여도 오히려 직책을 제대로 지키지 못할 것이 두려운데, 더군다나 수령 스스로 법을 상고해 스스로 시행하기를 바랄 수 있겠는가? 그래서 이 책에서는 첫머리와 말미(末尾)에 있는 두 편(篇)을 제외하고 나머지 10편에 열거한 것만으로도 오히려 60조나 된다. 진정 선량한 목민관이 있어서 자기의 직책을 다하기를 생각하여 이 책을 참고로 한다면 아마 거의 사리를 판단하지 못하는 일이 없을 것이다. 옛날에 부염(傅琰)은 ≪이현보(理縣譜)≫를 짓고, 유이(劉彝)는 ≪법범(法範)≫을 지었으며, 왕소(王素)는 ≪독단(獨斷)≫이 있고, 장영(張詠)은 ≪계민집(戒民集)≫이 있으며, 진덕수(眞德秀)는 ≪정경(政經)≫을 짓고, 호태초(胡大初)는 ≪서언(緒言)≫을 지었으며, 정한봉(鄭漢奉)은 〈환택(宦澤)〉편을 지었으니 다 이른바 목민을 위한 저서이다. 그러나 지금은 그 서적은 전하지 않는 것이 많고, 오직 음탕한 말과 기이한 글귀만이 온 세상에 기세를 펴고 유행된다. 그러니 나의 이 저서인들 어찌 전해질 수 있겠는가?

비록 그러하나 ≪역경(易經)≫에서 말하였다. '예전 말과 지난 일을 많이 알아서 그 덕(德)을 기른다.〔多識前言往行, 以畜其德.〕' 이 책은 본래부터 나의 덕을 기르기 위한 것이다. 어찌 반드시 목민하는 데 써야 하겠는가?

그 이름을 '목민심서'라고 하였는데, 심서라는 것은 무슨 뜻인가? 목민하고자 하는 마음은 있으나 몸소 실행할 수는 없다. 그런 까닭에 이렇게 이름 붙인 것이다.

– 순조(純祖) 21년 신사년(辛巳年) 늦은 봄에
열수(洌水) 정약용 서문을 쓰다.

제1장 부임육조(赴任六條)

부임이란 임지(任地)에 간다는 말이다. 이 장은 수령이 임명을 받고 임지에 가서 처음으로 사무를 처리하게 되기까지 명심해야 할 일들을 여섯 가지 조항으로 나누어 설명한 것이다. 목민관(牧民官)이라는 성스러운 임무를 바로 눈앞에 그려보면서 수령으로서의 정신 자세와, 처음을 바르게 출발하기 위한 준비 자세를 간추리게 한다. 준비함이 있으면 당황하지 않고, 출발이 바르면 정당한 경로로 들어설 수 있을 것이다. 그 여섯 가지 조목으로 제배(除拜), 치장(治裝), 사조(辭朝), 계행(啓行), 상관(上官), 이사(莅事)를 들고 있다.

제배는 수령으로 임명되는 것, 치장은 임지로 가는 행장(行裝)을 차리는 것, 사조는 수령으로서 부임 길에 오르기 전에 조정에 나아가 하직하는 절차, 계행은 길을 떠나는 것이니 여행 중의 태도, 상관은 처음 관청에 출근하는 것, 이사는 수령으로서 처음 일을 처리하는 것이다.

이 여섯 가지 조목에 잘못이 없다면 사전 준비에 최선을 다하였다고 말할 수 있을 것이다.

�぀ 제1조 제배除拜 - 수령으로 임명됨

1. 다른 벼슬은 스스로 희망해 얻어도 좋으나, 목민관은 스스로 구하여 얻어서는 안 된다.

▌ 각자의 생업(生業)에 힘쓰면서 위를 섬기는 일을 본분으로 하는 사람들을 백성이라고 하고, 백성을 어루만져 기르는 사람들을 선비 〔士〕라고 한다. 선비는 벼슬하는 사람이다. 그러니 적어도 벼슬하는 사람이라면 어느 벼슬을 가리지 않고 다 백성을 어루만져 기르는 사람이다. 모두가 목민관 아닌 것이 없다.

그러나 벼슬에는 경관직(京官職)과 외관직(外官職)이 있다. 경관직은 중앙 관청에서 종사하는 벼슬이고, 외관직은 지방 관청에서 종사하는 벼슬이다. 수령(守令)은 지방의 고을을 맡아 다스리는 외관직이다.

경관직의 직무는 단순하다. 어떤 벼슬은 임금이나 윗사람을 모시고 보좌하는 것을 직책으로 하고, 어떤 벼슬은 어떤 것을 맡아 지키는 것을 책임으로 한다. 각기 자기에게 맡겨진 일정한 직무의 한계 안에서 조심하는 마음으로 삼가고 신중히 하기만 하면 거의 큰 죄과(罪過)는 없다.

그러나 수령이라는 벼슬만은 그렇게 단순하지 않다. 수령은 많은 백성을 맡아 다스리는 것이 직책이다. 하루에 천 가지, 만 가지 일을 처리해야 한다. 그것은 천하와 국가를 다스리는 일에 비교해 크고 작음은 비록 다르지만 그 위치는 같은 것이다.

옛날 상공(上公)이라고 일컫는 제후(諸侯)가 다스리는 봉지(封地)는 지방의 넓이가 백 리였고, 후(侯)나 백(伯)은 70리였으며, 자(子)와 남(男)은 50리였고, 50리가 안 되는 사람은 부용(附庸 : 제후에게 부속된 작은 나라)이라고 했다.

그들은 다 제후이다. 지금 우리나라의 큰 고을은 그 땅의 크기가 상공과 비슷하고, 중간 고을은 후백(侯伯)과 같고, 하읍(下邑)은 자남(子男)과 비슷하며, 약하고 작은 고을은 부용(附庸)과 같다. 그 관작(官爵)의 이름은 비록 다르지만 그 직책은 옛날의 제후와 같은 것이다. 옛날의 제후에게는 정승이 있고, 삼경(三卿)이 있고, 대부(大夫)와 백관(百官)이 있어서 각기 자기가 맡은 일을 하였으니 제후 노릇은 어렵지 않았다. 하지만 지금의 수령은 오직 백성들 위에 고독하게 선다. 간사한 백성 3명으로 보조자를 삼고,〔고을에는 삼공형三公兄이라고 하는 좌수座首 · 이방吏房 · 호장戶長이 있어서 수령을 보좌한다〕 6, 70명의 교활한 아전들이 그를 도우며, 거칠고 호방(豪放)한 사람 두어 명이 막빈(幕賓)이고, 난폭한 수십 명의 하인을 두고 있다. 그들은 서로 한패가 되고 굳게 남몰래 단결하여 한 사람의 총명을 가리고, 거짓으로 속이며, 농간을 부려 백성들을 괴롭히는 것이 상례(常例)이다. 더군다나 이들 아전과 하인들은 대대로 그 고을에 살면서 뿌리를 내리고 덤불이 얽혀져 있다.

그런 가운데에 외로이 뛰어든 수령이 그나마 길어야 2년, 아니면 두어 달이면 바뀌어 가게 마련이다. 그동안 죄지은 사람은 도망하였다가 수령이 바뀌면 다시 와서 편안하게 산다. 그들이 무엇을 겁낼 것인가. 그런 까닭에 수령 직책은 옛날 제후들보다 백 배나 어려운 것이다. 이러한 수령 벼슬을 어찌 스스로 원해서 요구할 수 있겠는가. 비록 덕망(德望)이 있더라도 위엄이 없으면 할 수 없고, 비록 뜻이 있으나 현명하지 않으면 할 수 없다. 수령이 책임을 다할 수 없으면 백성이 그 해(害)를 입게 된다. 백성이 해를 입게 되면 그 해독은 번지고 퍼져서 마침내 비난과 원망은 수령에게 집중되고, 그 업보(業報)는 자손에게 재앙을 끼치게 될 것이다. 수령이란 벼슬을 스스로 원하고 요구할 수 있겠는가? 스스로 구하여 수령이 되어서는 안 될 것이다.

무관(武官)이 몸소 전관(銓官 : 인사人事를 맡은 관원)을 찾아다니며 자신이 수령되기를 청탁하는 일이 있다. 그것이 오랫동안 풍속을 이루어서 태연하게 부끄러운 줄 모른다. 그만한 재능이 있고 없음을 생각하지 않고 요구하고, 그것을 들어주는 사람도 또한 그의 재능의 있고 없음은 고려하지 않는다. 이러한 일은 본래부터 잘못된 것이니 말할 여지도 없거니와, 문관(文官)으로서 옥당(玉堂 : 홍문관弘文館)이나 은대(銀臺 : 승정원承政院)의 관원인 사람이 수령되기를 자원하는 예가 있다. 수령이 되어 부모를 편안히 봉양하겠다는 효성으로 수령되기를 바란다. 그러면 위에서는 그것이 효도라고 칭찬하여 허락한다. 습관이 오래되어 당연한 풍속처럼 되었다.

그러나 이것은 잘못된 일이다. 집안이 가난하여 늙은 어버이를 봉양할 수 없는 것은 가엾은 일이다. 그러나 그것은 사사로운 정(情)이다. 관(官)을 위하여 거기에 적합한 사람을 선택하는 것은 공리(公理)이다. 한 사람의 집안 사정을 위하여 만민을 다스리는 수령 자리를 함부로 내줄 수 있겠는가? 자신의 어버이를 봉양한다는 이유로 수령되기를 바라는 것이 이미 잘못이며, 그것을 허락하는 일도 잘못된 것이다. 이러한 풍습은 그냥 예전대로 할 수는 없다. 수령이란 벼슬은 스스로 원하고 요구할 수는 없다.

2. 임명된 직후에 재물을 함부로 뿌려서는 안 된다.

▌처음으로 수령에 임명되면 가슴이 설레고 마음이 부풀어 일종의 흥분 상태에 빠지기 쉽다. 그리하여 수령으로서 아직 부임도 하기 전에 재물을 함부로 뿌려 선심을 쓰고 호세를 부리는 자가 가끔 있게 된다.

그러나 수령의 봉급은 월별로 계정(計定)된 것이니 그것을 세분(細分)하면 하루에 얼마라는 액수가 정해져 있다. 그러니 달을 앞당겨 먼저 쓰고, 날을 앞당겨 초과하여 지출하는 것은 다 자신이 쓸 수 없는 돈이다. 자기 재물이 아닌 것을 쓴다는 것은 벌써 남의 것을 탐하는 것이다. 만일 수령이 임지에 도착하기 전에 바뀌는 일이 있다면, 그 사람은 그 고을의 재물은 조금도 사용할 수 없을 것이 아닌가? 몸이 아직 서울에 있으면서 임명을 받았다고 하여 그 고을의 재물을 사용할 수는 없다. 여러 가지 관습에 따라 재물을 주어 선심을 베풀지 않을 수 없는 부득이한 경우에라도 함부로 남용(濫用)해서는 안 된다.

우리나라의 오랜 관습으로 수령이 조정에 나가 하직하는 날에는 액정(掖庭:궐내闕內)의 하인〔대전별감大殿別監〕이나 정원(政院:승정원承政院)의 하인〔정원사령政院使令〕들이 예전(例錢:관례에 따라 선사하는 돈)을 강요한다. 그것을 궐내행하(闕內行下)라고 한다. 행하(行下)는 하인에게 주는 혜시(惠施)라는 뜻이다. 이름은 혜시지만 실상은 강요하는 것이다. 많으면 수백 냥, 적어도 5~60냥을 요구한다. 그 돈이 적으면 하인들은 수령을 모욕하기를 예사로 한다.

조정에서 백성을 위하여 목민관을 보내는 마당에서 그의 절약을 타일러야 하는데, 먼저 하인들을 풀어놓아 명목 없는 금품을 강요해 그들의 유흥비로 충당하게 하고 있으니 이것이 무슨 예절인가. 더군다나 고을의 사정은 제각기 다르다. 고을에 따라서는 이러한 돈을 백성들에게서 짜내게 한다. 이것은 하인들을 내놓아 백성의 재물을 빼앗는 것과 무엇이 다르겠는가. 단연코 고쳐야 할 일이다. 수령이 여기에 휩싸여 부임도 하기 전에 함부로 금품 뿌리는 일을 해서는 안 될 것이다. 빈궁한 친척이나 친구 중에 꼭 돌봐주어야 할 사람이 있더라도 모두 부임한 뒤에 적절하게 처리하도록 하고, 사전에 돈부터 쓰는 일이 없어야 할 것이다.

3. 경저(京邸)에서 통보를 내려보낼 때 폐해가 될 만한 일은 될 수 있는 데까지 생략하도록 지시해야 한다.

▎수령이 새로 임명되었을 때 그를 영접하는 절차를 신영(新迎) 예절이라고 한다. 신영 예절에는 첫째, 선물을 올리는 일, 둘째, 관청의 사옥(舍屋)을 수리하는 일, 셋째, 기치(旗幟)를 들고 영접하는 일, 넷째, 풍헌(風憲)·약정(約正 : 풍헌과 약정은 면장·이장과 같은 방리方里의 직원)의 문안, 다섯째, 중로(中路)의 문안 등의 절차가 있다. 그중에 폐단이 될 만한 것으로서 생략할 수 있는 것이 있을 것이다.

경저(京邸)에서 사람을 보낸다는 보고가 있을 때, 미리 본군(本郡)의 수석 아전에게 명령을 내려서, 선물은 술 한 병, 포(脯) 한 조각으로 하고 다른 물품은 일체 올리지 말 것, 관청의 사옥 수리는 부임한 뒤에 지시를 기다려서 시행할 것, 고을에 들어가는 날 군(郡) 경계(境界)에는 다만 기(旗) 두 쌍만을 사령을 시켜서 가지게 하고 그 밖의 것은 모두 생략할 것, 읍내거나 촌이거나를 막론하고 한 명의 군졸일지라도 신영을 빙자하고 금품을 강요하는 행위는 특별히 엄금할 것, 외촌(外村)의 풍헌과 약정, 그리고 군관(軍官) 등은 모두 중로 문안을 그만두게 할 것이며, 수령의 행차가 5리 거리에 도착할 때 한 번 문안하고 물품 올리는 일은 하지 못하게 지시해야 한다.

이전에는 이 신영 예절 때문에 또는 그것을 빙자하여 많은 폐해가 있었다. 이것을 사전에 하지 못하도록 명령하라는 것이다.

4. 신영 때의 쇄마전(刷馬錢)은 이미 관(官)에서 주는 것을 받고 있다. 그 위에 또 백성에게서 거두어들인다면 이것은 임금의 은혜를 숨기고 백성의 재물을 약탈하는 일이므로 해서는 안 된다.

▎《속대전(續大典)》에 규정한 법령을 살펴보면 지방관을 맞이하고 보내고 할 때 필요한 쇄마(刷馬) 비용, 즉 여비는 이수(里數)와 마필 수를 계산하여 많은 것은 4백여 냥, 적은 것은 3백여 냥을 주

기로 되어 있다. 이 입법(立法)의 당초 취지는 지방과 영송(迎送) 때에 혹은 쇄마 비용의 명목으로 백성을 침해할 것을 염려하여 이 경비를 주어서 그 폐해를 막고자 한 데에 있을 것이다.

그런데 지금 신구관(新舊官)이 교대할 때는 관에서 주는 쇄마전을 받고, 또 민간에서 쇄마전을 강제로 징수하며, 간혹 관에서 주는 액수보다 많거나, 적어도 그 액수와 같거나 많게 받으면서 아무런 부끄러움도 없이 태연하니 이 무슨 염치없는 행위인가?

어떤 사람은 이렇게 핑계 댈 것이다. 신관(新官)에게 쇄마전을 거두어 주는 것은 향청(鄕廳 : 수령을 보좌하는 지방의 자치조직)에서 발령(發令)한 것이니 신관의 죄가 아니라고. 그러나 그 돈을 거둔 사람은 향청이지만 쓰는 사람은 수령이 아닌가. 어찌 그것으로 책임을 면할 수 있겠는가. 몇 푼의 예에 어긋난 돈을 탐내지 말고, 미리 금지령을 내려 수령의 청렴결백한 마음을 백성에게 밝히도록 하는 것이 현명할 것이다.

✳ 제2조 치장治裝 - 임지로 가는 행장行裝

1. 행장을 차릴 때 의복과 안장과 말은 모두 사용하고 있던 것을 그대로 사용하고, 새로 마련하지 않아야 한다.

▌백성을 사랑하는 근본은 재물을 절약해 쓰는 데에 있고, 절용하는 근본은 검소한 데에 있다. 검소해야 청렴할 수 있고, 청렴해야 백성을 사랑할 수 있기 때문이다. 그러므로 검소한 것은 목민관이 가장 먼저 힘써야 할 일이다.

어리석고 못난 사람이 고운 옷과 화려한 갓〔冠〕과 좋은 안장에 준마(駿馬)를 타고 한껏 위세를 부릴는지 모르지만, 노련(老鍊)한 아전은 수령이 새로 부임해 오면 그 수령의 무게를 저울질하기 위하여 먼저 그의 옷차림과 안장과 말이 어떤가를 묻는다. 만약 사치하고 화려하다면 그는 웃으며, "그만하면 알겠다."라고 말한다. 만약 검소하고 추하고 거칠면 그는 놀라면서, "두렵구나."라고 말한다. 사치한 차림 그 한 가지로 이미 아전에게 그의 약점은 잡히고 만 것이다. 거리의 아이들은 부러워할지 모르나 사리를 아는 사람은 비루하게 여길 것이니 결국 무슨 유익함이 있겠는가? 어리석은 사람은 남들이 나를 부러워한다고 생각할지 모르나 실은 부러워하지 않을 뿐 아니라 도리어 시기(猜忌)할 것이다. 나의 재물을 낭비하고, 나의 명예를 손상하며, 남의 시기를 받는다면 어리석지 않은가. 모든 사치는 본래 어리석은 사람이 하는 어리석은 일이다.

수령으로 나가는 사람은 반드시 경관직(京官職 : 조선 시대 중앙에 있던 관직을 통틀어 이르는 말)을 거쳐서 나가기 마련이니, 의복이나 안장, 말 따위는 반드시 대략 준비되어 있을 것이다. 그것을 그대로 사용하여 부임하는 것이 좋지 않은가. 한 가지 물건도 새로 마련하지 않아야 할 것이다.

2. 동행하는 사람을 많이 데리고 가서는 안 된다.

▌수령은 부임하는 곳에 많은 사람을 데리고 가서는 안 된다. 첫째, 그 사람들을 부양하는 데 비용이 많이 들 것이다. 또 많은 사람이 수령의 측근에 있으면서 부정과 부패가 스며들 틈이 생기기 쉽기 때문이다.

자제(子弟) 한 사람은 마땅히 수행해야 한다. 노비도 데리고 가서는 안 된다. 다만 내행(內行 : 부인의 행차)에 여자 종 한 명의 수행을 허락한다. 청지기는 관부(官府)의 큰 좀벌레와 같은 것이니 절대로 데리고 가서는 안 된다. 또 근대의 풍속에는 소위 책방(冊房)이 있어서 책객(冊客 : 고을 원의 비서 일을 맡아보던 사람) 한 사람을 데리고 가서 회계 사무를 맡기는 습관이 있으나, 제도에 없는 일이니 마땅히 없애야 할 것이다. 그러나 만약 수령 자신이 문필에 서투를 경우에는 객원(客員) 한 사람을 데리고 가서 서기(書記)를 맡기는 것이 좋겠다.

�֎ 제3조 사조辭朝 – 조정에 나아가 하직하는 절차

1. 두루 공경(公卿)과 대신(臺臣)과 간관(諫官)을 찾아다니며 하직할 때, 마땅히 자신의 자격과 재능이 부족하다고 스스로 낮추어 말할 것이고, 봉급의 많고 적은 것을 말해서는 안 된다.

▌고을의 봉록(俸祿)이 비록 박(薄)할지라도 열 사람 정도는 굶주리지 않고 살아갈 수 있을 것이다. 가는 사람이나 보내는 사람도 마땅히 그 고을의 폐단은 어떤 일이며, 백성의 고통은 무엇인가를 논의해야 할 것이며, 봉록이 풍부하니 박하니 말하는 것은 부끄러워할 만한 것이다.
재상이나 대신 가운데에 일찍이 수령이 부임하는 고을이 있는 도(道)의 감사를 지냈거나 가까운 고을의 수령을 지낸 사람이 있으면, 마땅히 풍속은 어떠하고 해 되는 일은 무엇인지를 자세히 묻고, 이어서 그것을 바로잡아 고치는 방법이 어떤 것인지 가르쳐 주기를 성심으로 청해야 한다.

2. 신임 수령을 맞이하기 위해 고을의 아전과 하인이 오면 그들과의 접촉은 마땅히 정중하고 온화하고 간결하고 과묵해야 한다.

▌신임 수령을 맞이하러 온 수리(首吏 : 수석 아전)의 주머니에는 언제나 조그만 책이 들어 있기 마련이다. 그 책 이름을 읍총(邑總)이라고 한다. 거기에는 봉록(俸祿)인 쌀과 돈의 수량이 기록되었으며, 그것을 여러 가지로 운용하여 늘리는 방법이 가지가지 열거되어 있다. 그것을 보이는 날, 수령이 받아보고 즐거워하는 빛을 얼굴에 드러내면서 한 가지 한 가지씩 물어서 그 기묘한 이치와 방법을 알려

고 하는 것은 천하에 가장 수치스러운 일이다.

아전이 그것을 올리거든 그날로 즉시 도로 돌려주고 묵묵히 다른 말을 하지 않으며, 이어 자제(子弟)나 친한 손님에게 타일러서 그것을 검토하는 일이 절대로 없게 해야 한다.

다음 날 아침 수리(首吏)를 불러서 그 고을의 큰 고통이 되는 한두 가지 일을 묻고 나서는 침묵한 채 대답은 하지 않는다. 만약 반드시 고쳐야 할 큰 병폐(病弊)가 있거든 반드시 일찍이 감사를 지낸 사람에게 그것을 고치는 방법을 문의해야 한다.

맞이하러 온 아전들에게는 경솔히 굴어서 체면을 손상하는 일이 있어서는 안 되며, 또 긍지를 가지고 스스로 엄중하게만 해도 옳지 않다. 자제나 노비들에게도 타일러서 맞이하기 위해 온 아전이나 하인들과 더불어 말하지 말도록 엄중히 해두어야 한다.

금주(錦洲) 박정(朴炡)이 남원부사(南原府使)가 되었을 때, 신영 왔던 아전이 본부(本府)에 돌아가서 가만히 말하였다. "나이 젊은 양반이 말도 하지 않고 웃지도 않으면서 단정하게 앉아 있어서 그 속을 헤아릴 수 없었습니다." 그 이야기가 한때 세상에 전파되었다. 이것으로 금주화상(錦洲畵像)의 찬(贊)을 쓰게 되었다.〔≪회은집晦隱集≫〕

3. 임금 앞을 떠나 대궐문 밖으로 나오면 강개(慷慨)한 심정으로 백성들의 소망에 응하고, 임금의 은혜에 보답할 것을 마음에 새겨야 한다.

▌수령으로서 해야 할 일이 일곱 가지 있는데, 수령칠사(守令七事)라고 한다. ① 농업과 잠업의 흥성〔農桑盛〕, ② 호구의 증가〔戶口增〕, ③ 학교를 세움〔學校興〕, ④ 군정을 바로 함〔軍政修〕, ⑤ 부역의 균평〔賦役均〕, ⑥ 사송의 간소〔詞訟簡〕, ⑦ 간활함의 그침〔奸猾息〕이다.

임금 앞에 나아가 하직하는 날에는 이 일곱 가지를 혹은 임금 앞에서 외우기도 하고, 혹은 승정원(承政院)에서 강론(講論)하니 소홀히 여겨서는 안 된다. 대궐 안의 계단을 오르고 내리는 예절과 연석(筵席, 임금과 신하가 모여서 문답하는 자리)에서 일어나고 엎드리는 절차는 마땅히 미리 잘 아는 사람에게서 익숙히 배워서 실수함이 없어야 한다.

임금께 하직하고 나와서 대궐문 밖에 이르면 몸을 돌려 대궐을 향해 서서 마음속으로 묵묵히 자신에게 말한다. '임금이 아들처럼 사랑하는 천 명, 만 명의 백성들을 나 같은 조그만 신하에게 맡기시고 목민관으로 삼으셨으니 소신(小臣)이 그 뜻을 공경히 받들지 못한다면 죽어도 죄가 남을 것입니다.' 그리고 곧 몸을 돌려 말에 오르도록 해야 한다.

❈ 제4조 계행啓行 - 부임 길을 떠남

1. 길을 떠나서 여행 도중에 있을 때도 또한 장중(莊重)하고 부드럽고 간결하고 과묵하여 말하지 못하는 사람처럼 해야 한다.

▌여행 중에는 반드시 아침 일찍 출발하고 저녁에도 반드시 일찍 쉬도록 한다. 말에 오르면 먼동이 트고, 말에서 내리면 아직 해가 남아 있도록 하는 것이 좋다.

수리(首吏)를 불러 말하기를, "하인들이 밥을 다 먹고 나면 곧 진지(밥의 높임말)를 올릴 것이며, 말에 오른 때에 동이 트게끔 되면 좋겠다. 이렇게 알고 거행하라."라고 해둔다.

아랫사람들의 사정을 알지 못하는 사람은 미리 약속도 하지 않고 일찍 일어나서 밥을 독촉해서 먹고는 곧바로 말에 오른다. 그러면 하인들은 밥을 받고도 먹지 못하고 일어나야 하는 사람이 많게 된다. 말을 달리지 말아야 한다. 말을 급히 달리면 성질이 경솔하고 조급한 것으로 알게 된다.

길이 굽어 꺾어진 곳에서라도 뒤를 돌아보지 말아야 한다. 뒤를 돌아보면 말을 탄 이속(吏屬)이 비록 진흙 속이라도 말에서 내리게 된다. 생각하지 않아서는 안 될 일이다. 오직 돌아보지 않을 뿐 아니라 형세를 살펴서 때로는 일부러 머리를 다른 데로 돌려서 아전들이 여유 있게 해주는 것이 좋을 것이다.

여행 도중에서도 아전이 비록 몸을 굽혀 경의를 나타내는 예절을 지키지 않는 사람이 있더라고 질책(叱責)하지 말고 말하지 못하는 사람처럼 묵묵히 있는 것이 좋다.

길에 있는 동안 매일 세 끼의 식사는 반찬으로 국 한 그릇, 김치 한 접시, 장 한 종지 외에 네 접시를 넘지 않게 해야 한다. 어떤 경우에도 이 수를 넘지 말고 줄이지도 않는 것이 좋다. 어떤 재료를 사용하든지 아랫사람들이 하는 대로 맡겨둘 것이고 잔소리해서는 안 되며, 비용이 얼마 들었는지 물어도 안 된다.

우리나라의 풍속에 권마성(勸馬聲)이 있다. 수령의 행차에 위세를 높이기 위해 앞에 선 하인들이 목청을 뽑아 길게 부르는 소리이다. 떠들지 않는다는 뜻이 못 된다. 행차가 교외에 도착하면 수리(首吏)를 불러 약속한다. '권마성을 나는 매우 싫어한다. 마을을 지나갈 때 한마디에 그치고, 읍을 지날 때는 읍으로 들어갈 때, 읍에서 나올 때, 역참(驛站)에 들어갈 때, 역참에서 나올 때 권마성은 세 마디를 넘지 않게 하라. 만약 이것을 어기면 너에게 죄가 있는 것이다.'

《시경(詩經)》에 말하였다. '그대 싸움터로 나가는데, 소문은 있으나 떠드는 소리는 없구나.〔之子于征, 有聞無聲.〕' 군자의 행차는 엄숙하기가 이러한 것이다. 우리나라 풍속은 떠드는 것을 좋아해 여러 마부가 수령을 둘러싸고 잡소리를 마구 외치니 백성들이 바라볼 때 엄숙하고 위엄 있고 무게 있어 보이는 기상이 없다. 엄격하고 생각이 깊은 사람이라면 누구나 반드시 이 소리를 좋아하지는 않을 것이다.

목민관은 비록 말 위에 있을지라도 마땅히 지혜를 짜내고 정신을 집중하여, 어떻게 하면 백성을 편안하게 하는 정치를 할 수 있을까를 생각해야 할 것이다. 만약 온통 들떠 있다면 어찌 침착하고 자세한 생각을 할 수 있겠는가.

근세(近世)에 아전의 풍습이 날로 오만해져서 조관(朝官)과 명사(名士)가 수령의 행차를 만나 말에서 내리는 때에도, 수령을 모시고 가는 아전은 말을 달리면서 돌아보지 않는 버릇이 있고, 수령은 그들의 행동을 도리어 비호하고 경계하지 않아 비난받는 일이 많다. 그러므로 길에서 선비를 만나 그가 수령을 위하여 말에서 내리면, 아전들은 반드시 말에서 내리도록 엄중히 해두어야 한다.

여행 도중에 아전이나 하인이 죄과(罪過)가 있더라도 작은 것, 우발적인 것은 모두 불문(不問)에 부치고, 큰 과실과 고의로 저지른 것은 형리(刑吏)에게 넘겼다가 임지에 도착한 3일 뒤에 불러서 꾸짖고 용서하는 것이 좋다. 천리를 동행한 사람을 길에서 매질하거나, 고을에 도착한 뒤에도 용서하지 않는 것은 인정상 피해야 할 것이다. 다만 도저히 용서할 수 없는 죄라면 그럴 수는 없을 것이다.

여행 중에 본읍의 이방(吏房)이나 호장(戶長)으로부터 공문서의 보고가 왔을 때는 다만 '도부(到付 : 받았음의 뜻)'라든가 '지실(知悉 : 알았음의 뜻)'이라고만 써 주고 길게 사리를 논하지 않는다. 만약 중요한 용무가 있으면 수리(首吏)가 사사로 연락하게 한다.

도중에서 고을 백성이 소장(訴狀)을 올리는 일이 있으면 다만 '부임한 뒤에 고소하라.'라고 써 주고 사리를 논해서는 안 된다.

지나가야 할 길이 불길하다고 하여 그리로 가기를 꺼리고, 바른길을 버린 채 다른 돌아가는 곳이 있으면 마땅히 바른길을 그대로 지나게 하여 미신을 타파해야 한다.

2. 차례로 다른 고을의 관부(官府)를 방문하여 마땅히 먼저 그 도(道)의 수령으로 와 있는 사람에게서 백성 다스리는 도리를 익

히 강론(講論)할 것이고, 농지거리로 밤을 보내서는 안 된다.

▌이미 그 도(道)에 들어오면 각 고을의 수령들은 다 동료로서 우의(友誼)가 있으므로 마땅히 찾아보아야 하고, 그냥 지나쳐서 오만한 태도를 보여서는 안 된다. 더군다나 그들은 그 도에서 수령으로 있은 지 이미 오래이니 그곳의 풍속과 물정(物情)과 고쳐야 할 폐단 등을 잘 알고 있어서 물어볼 만한 것이 반드시 있을 것이니, 새로 부임하는 수령으로서 그들에게서 정보를 얻을 수 있을 것이다.

✳ 제5조 상관上官 − 관청에 출근함

1. 처음으로 등청(登廳)하는 날을 반드시 택일할 필요는 없다. 다만 그날 비가 온다면 개이기를 기다리는 것이 좋다.

▌수령이 부임하는 날을 택일한다는 것은 웃음거리이다. 모든 수령이 부임하는 날을 택일하지 않는 이가 없건만 그중에는 봉고파직(封庫罷職 : 암행어사가 탐관貪官을 내쫓고 고을의 창고를 봉쇄하는 일) 당하는 사람이 있고, 성적이 나쁘므로 벼슬이 깎여 파면되는 사람도 있으며, 사고를 만나 물러난 사람도 있다. 그렇다면 앞에서 이미 한 일이 아무런 효과가 없다는 것을 나타내는 것이니, 어찌하여 또 그 미신의 관습을 따른단 말인가. 번번이 보면 새로 부임하는 수령이 이미 가까운 곳에 와서는 혹은 하루에 한 참(站)을 가기도 하고, 혹은 온종일 머물러 있기도 하여 길한 날을 기다리곤 한다. 그렇게 하면 본읍에서 기다리는 아전들은 가만히 비웃을 것이며, 수령의 사람됨이 총명하지 못함을 알게 된다.
한편 행차에 수행하는 관속(官屬)들은 집을 생각해 마음은 조급한데 앉아서 여비를 소비하게 되어 원망하게 된다. 그렇게 되면 길한 것이 도리어 원망하는 저주를 당해내지 못하게 될 것이다. 다만 부임하는 날에 바람이 불고 비가 와서 날씨가 어두우면 새 수령을 맞이하는 백성들의 이목(耳目)을 새롭게 하고 기분을 밝게 할 수 없을 것이니, 그런 때에는 비가 갤 때까지 조금 기다리는 것이 좋을 것이다.

기(旗)를 많이 들고 늘어서서 영접하는 것은 폐단이 있으니 다만 사령이 기 한 쌍만 들고 있게 하는 것이 좋다. 그 밖의 관속의 영접하고 문안하는 예절은 모두 전례(前例)대로 시행하게 허락한다.

고을에 들어가서는 말을 급하게 몰지 말 것이며, 길가에서 보는 사람들을 막지 않도록 한다. 읍 안에 들어가서는 더욱 말을 천천히 몰아서 백성들에게 무게 있게 보여야 한다.

말 위에서는 이리저리 한눈을 팔지 말며, 몸을 기울게 하지도 않아야 하고, 의관은 엄숙하고 정제(整齊)해야 한다. 이것이 백성에게 의젓함을 보이는 방법이다.

청사(廳舍) 밖에 도착하면 다시 한 번 복장을 고치고, 뜰에 들어가서 망궐례(望闕禮 : 임금이 있는 대궐을 바라보며 절하는 예)를 행한다. 잠깐 동안 엎드려 있으면서 마음으로 자기 자신에게 말한다. '임금께서는 만 리 밖의 일도 환히 밝게 살피실 것입니다. 임금의 위엄이 눈앞에서 지척(咫尺)만큼도 떨어진 것 같지 않습니다. 소신이 감히 삼가 공경하지 않을 수 있겠습니까. 임금께서는 어린 아들처럼 사랑하는 많은 백성을 전적으로 다 소신에게 맡기셨으니 소신이 감히 그들을 기르는 일에 조심하지 않겠습니까.' 그리고 일어나 물러간다.

2. 곧 등청(登廳)하여 관속(官屬)들의 인사를 받는다.

▌좌수(座首)를 불러 앉히고 말한다. "급하지 않은 공사(公事)는 출관(出官) 때까지 기다리도록 하고,〔등청한 지 사흘 만에 출관한다. 출관은 집무를 의미한다〕만일 시급한 공사가 있으면 비록 오늘이나 내일이라도 구애받지 말고 결재를 받도록 하는 것이 좋다."

관청의 건물이 크고 아름다워도 좋다고 말하지 않으며, 퇴락(頹落)

해도 누추하다고 말하지 않는다. 좌우에 있는 온갖 기물에 대해서도 좋다거나 나쁘다거나 말하지 않는다. 일체 침묵한다. 마치 눈은 못 보는 것 같고, 입은 말하지 못하는 것처럼 한다. 정숙해서 관부(官府) 안이 물을 끼얹은 듯이 고요하게 만든다.

수령이 등청하면 반드시 찬(饌)을 올리게 된다. 특생품(特牲品 : 소의 희생)을 쓰는데, 그 작(爵 : 술잔)은 헌(獻 : 술 한 잔)이고, 식(食)이 2궤(簋 : 떡과 국수 각 한 그릇)이며, 국〔羹〕은 3형(鉶 : 국 그릇)이다.〔잡채에 고깃국물을 섞어서 만든다〕 그리고 고기는 3조(俎 : 익힌 고기 한 접시, 구운 고기 한 접시, 물고기 회 한 접시)이며, 유물(濡物)은 4두(豆 : 나물 두 접시, 어육 두 접시)이고, 건물(乾物)은 4변(籩 : 과실 두 접시, 육포·어포 한 접시, 가루음식 한 접시)이니 그것보다 더 많아서는 안 된다. 옛날부터 정해져 있는 예절의 제도를 지키는 뜻이다.

자제 혹은 친한 손님으로서 수행한 사람에게는 특돈소품(特豚小品)을 써야 한다. 그 작(爵)은 1헌, 식(食)은 1궤, 1형, 2조, 2두, 2변이니 더 보태서는 안 된다.

만약 작은 고을로서 봉록이 박한 곳이면 수령이 등청할 때의 찬(饌)은 특돈삼정(特豚三鼎)을 써야 한다. 그것은 국이 1형(鉶)과 2두(豆), 2변(籩)이며 그 밖의 것은 특생(特牲)의 경우와 같다.

옛날 어진 제왕(帝王)들이 남긴 예절에 따르면 음식에 다섯 가지 등급이 있다. 1등은 태뢰(太牢), 2등은 소뢰(少牢), 3등은 특생(特牲), 4등은 특돈삼정, 5등은 특돈일정(特豚一鼎)이다. 거기에 따른 변(籩), 두(豆), 궤(簋), 형(鉶)의 수는 각기 일정한 수가 있으니 ≪삼례(三禮 : 예기, 주례, 의례의 세 책)≫와 ≪춘추전(春秋傳)≫에 여기저기 보인다. 그 글은 내가 지은 ≪제례고정(祭禮考定)≫ 제2권에 자세히 실려 있다. 옛날에는 대부(大夫 : 벼슬자리에 있는 사람)는 제사에는 소뢰(少牢)를 썼으며, 음식에는 특생(特牲)을 사용하였다. 사(士 : 선비)는 제사에는 특시(特豕)를 쓰고 음식에는 특돈(特豚)

을 사용한다. 그것을 넘어서는 안 된다. 예를 경솔히 버리는 사람은 반드시 국법도 가볍게 범할 것이다. 그러므로 군자는 예를 소중히 여긴다.

여행 도중에 미리 이러한 예절을 써서 수리(首吏)에게 주어 사사로이 연락해두는 것이 좋을 것이다.

수행한 아전과 하인에게는 3일간의 휴가를 준다. 그러나 수리(首吏)에게는 주지 않는다.

수리(首吏)와 수교(首校 : 수석 장교)를 불러서 약속한다. '아침 출근은 동틀 무렵에 한다. 참알례(參謁禮 : 일동이 들어와서 수령을 뵙는 조례朝禮)를 마친 때에 해가 처음 뜨게 되어야 한다.〔그러므로 일어나기는 동트기 전이 될 것이다〕퇴근은 2경(更 : 밤 9시에서 11시 사이)에 한다. 성문(城門)을 닫은 뒤 보리밥이 익을 만할 시간이 된다.〔겨울 밤이면 조금 늦어질 것이다〕매일 동이 틀 때 시노(侍奴 : 시중드는 남자 종)가 출근 시간이 된 것을 알리면 나는 즉시 문을 열 것이다. 매일 밤 2경이 되어 시노가 퇴근 시간을 알리면 나는 퇴근하라는 명령을 내릴 것이다. 이것을 오늘 알려서 각기 알게 하여라. 혹여 시간을 어기는 사람이 있으면 너에게 죄가 있다.'

색을 분간할 수 있을 만한 이른 아침에 조례(朝禮)를 거행하는 것은 예전부터의 예법이다. 군현(郡縣)이 비록 작더라도 조례는 마땅히 있어야 할 것이다. 그런데 매양 보면 수령의 자고 일어나고 하는 일이 절도가 없어서 해가 이미 높이 올라왔건만 목민관은 자느라, 아전과 군교(軍校)들은 문밖에 모여서 서성거리며, 소송을 제기한 백성들은 얽매여서 마침내 하루를 허비하게 된다. 모든 사무는 정체되고 온갖 일은 퇴폐하고 타락하게 되니 매우 옳지 못한 처사이다. 혹은 너무 일찍 일어나는 것도 아전들이 병으로 여기게 된다. 혹 비가 오고 눈이 오며 진흙 길이 수렁을 이루는 때에는 참알은 중지하는 것이 좋다.

3. 부임한 이튿날 향교에 나가서 공자(孔子)의 위패에 예배하고 나아가 사직단에 가서 삼가 살핀다.

▌이튿날 먼동이 트기 전에 일어나 횃불을 들고 가서 촛불을 켜고 배례(拜禮)를 행한다. 배례를 마치면 전(殿)에 올라가서 살핀다. 그리고 또 동무(東廡)와 서무(西廡 : 동무·서무는 유현儒賢들을 배향配享한 문묘의 동쪽 행각行閣과 서쪽 행각)에 가서 살핀다.

그리고는 나와서 명륜당(明倫堂)에 앉아 참례(參禮)한 유생(儒生)들을 불러서 서로 보고 답배(答拜)한 다음에 유생들과 약속한다. '현직에 재임(齋任)을 맡은 선비들과 거재유생(居齋儒生 : 학교에 유숙하여 공부하는 유생)들은 서로 만나지 않아서는 안 될 것이다. 그러나 사계절의 첫달 초하루의 분향(焚香)은 내가 당연히 몸소 이행해야 할 것이며, 봄·가을의 석전(釋奠)도 내가 당연히 몸소 거행할 것이니 그날에는 서로 볼 수 있을 것이며, 또 때로는 선비들을 시험 보이는 시장(試場)을 열 것이니, 그때에는 재임(齋任)이 마땅히 반열(班列)을 영솔(領率)하는 것이 예법이니 그날에도 서로 만날 수 있을 것이다. 혹은 백성의 일이나 고을의 폐단이 어떤 것인지 여론을 알고자 할 때는 내가 부를 것이니 그날 우리는 만날 수 있을 것이다. 그러나 제군(諸君)은 관아의 문에 이르러서 청알(請謁 : 뵙기를 청하는 것)해서는 안 된다.'

돌아와서는 예리(禮吏 : 예방禮房 아전)를 불러서 경계하기를, '약속이 이러하니 너는 그렇게 알고 그들이 뵙기를 청하는 일이 있더라도 통과시키는 일이 없게 하라.'라고 한다.

이어 사직단에 가서는 조복(朝服) 차림으로 받들어 살핀다. 여단(厲壇)과 성황단(城隍壇)에는 예감(禮監 : 관청 별감)을 보내 보살피고 오게 한다. 그리고 관아에 돌아와 참알을 받는다.

1. 다음 날 새벽에 개좌(開坐)하고, 공사(公事)를 처리한다.

▌ 상급 관청에 보고할 문서로서 예규(例規)에 따른 것은 즉시 성첩(成帖 : 서명하고 도장 찍는 것)하고, 그중에 사리를 논술해야 할 것은 반드시 아전이 초안(草案)한 것을 가져다가 수정하고 윤문(潤文)해서 다시 정서하게 한다.

민간에 발령(發令)하는 것은 글자 한 자, 말 한마디라도 소홀히 성첩해서는 안 된다. 반드시 이 책의 아래에 나오는 육전(六典)의 서른여섯 조항의 규정을 참고로 하여 하나하나 검사하고 거기에 털끝만큼의 간사한 점이나 거짓이 있지 않음을 확인한 뒤에 성첩해야 한다. 그중에 혹 의심나는 것이 있으면 부끄러워하지 말고 수리(首吏)를 불러 자세히 묻는 것이 좋다. 알지도 못하면서 아는 체하다가 아전들의 농간에 넘어가는 어리석음을 저지르지 않아야 한다.

그중에 혹은 본읍(本邑)에서 잘못된 전례(前例)가 계속되고 있는 것이나, 전혀 사리에 맞지 않는 것으로 그 기한이 절박하지 않은 안건은 우선 보류해 당장 성첩하지 말고 바로잡아 고치기를 힘써야 한다. 그러나 기한이 촉박하거나 사건의 얽힘이 많아서 갑자기 변경할 수 없는 것은 우선 발령하고 나서 천천히 바로잡아 고치도록 해야 한다.

부임 도중에 죄를 지어 기록된 사람은 이날 모두 훈계 방면할 것이며, 구태여 매질할 까닭은 없을 것이다. 그러나 혹 용서할 수 없는 중죄를 지은 사람은 가두어 두고 뒷날을 기다리는 것이 좋다.

등청한 뒤 10여 일 동안은 형벌을 쓰지 않는 것이 좋다. 그리하여 안팎으로 퍼지는 소문이 새로 부임한 수령은 관후(寬厚)하기만 하여 모질고 사나운 일을 하지 못하는 사람 같다고 전해지게 하는 것이 좋을 것이다.

2. 이날 사림(士林)과 일반 백성들에게 명령을 내려 무엇이 고을의 고통인가를 묻고 진언(進言)을 요구한다.

▍ 관내에 통첩을 내려 사림(士林)과 일반 백성들에게 알리기를 이렇게 한다.

'현령의 시행을 군민에게 알린다. 본관은 자격이 없으면서 잘못 국가의 은혜를 입어 이 고을의 수령으로 오게 되었다. 밤낮으로 근심하고 두려워하는 마음 어찌할 바를 모르겠다. 고을에 예전부터 내려오는 폐단이나 새로운 병폐가 있어서 백성들에게 병이 되고 고통을 주는 것이 있거든, 한 방리(坊里)에서 사리를 아는 사람 5, 6인이 함께 모여 자세히 의논한 뒤에 조항을 열거하여 구체적으로 서면에 써서 가져오라. 혹은 온 고을을 통한 공통의 폐해와 혹은 한 방리(坊里), 한 마을[村]에만 편재(偏在)한 고통을 각각 딴 종이에 쓰고 일방의 것을 총괄하여 각각 한 서장(書狀)에 갖추어서 지금으로부터 7일 이내에 일제히 바치도록 하라.

혹 아전, 군교(軍校), 호세(豪勢)한 사람들이 듣기 싫어하는 일로써 후환(後患)이 있을까 염려해 드러내 말하기를 좋아하지 않는 것이 있다면 나의 본의가 아니다. 그런 것은 각기 얇은 종이에 쓰고 풀로 봉해서 지정한 달의 정오에 각처에서 동시에 관청의 뜰에 와서 나의 면전에서 직접 바치도록 하라. 만약 일종의 간사한 백성이 읍내에 와서 서성거리면서 고쳐 바꾸거나 삭제하거나 알맹이를 빼내는 사람이 있을 때는 마땅히 엄중한 징벌(懲罰)이 있을 것이다. 모두 그렇게 알라.

찾아내기는 비록 쉽더라도 바로잡아 고치기는 매우 어려운 것이다. 고칠 만한 것은 고치고, 고쳐서 안 될 것은 그대로 둘 것이니, 오늘에 혹은 들떠 좋아 날뛰는 일이 없어야 할 것이며, 뒷날에 혹은 실망하는 일도 없어야 할 것이다. 그리고 방리(坊里)의 사사로운 폐해를 혹 사심(私心)을 품고 헛되게 과장하여 그 실상을 숨기거나 뜬소문을 꾸미는 사람이 있다면 그들은 마침내 죄에 걸린다는 것도 아울러 조심하도록 하라.'

새 수령이 부임하면 몰래 소를 도살(屠殺)하는 일, 몰래 술을 담그는 일, 소나무의 채벌(採伐)을 금지하는 것을 거듭 강조하는 것이 상례(常例)처럼 되어 있으나, 이 통첩에 다 갖추어져 있으니 하지 않는 것이 좋다.

3. 이날 명령을 내려 두어 가지 일을 백성에게 약속하고 바깥 문설주에 특히 북〔鼓〕한 개를 달아 놓는다.

▌현령(縣令)의 시행을 널리 알린다. 관(官)과 민(民) 사이에는 마땅히 약속해야 한다.

'아래에 적은 조건을 하나하나 타이르는 것이니 자세히 살펴서 그것에 의해 준수(遵守) 시행하고 혹 위반하는 일이 없게 하라. 만일 위반하는 사람이 있을 때는 엄중히 처벌하고 용서함이 없을 것이니 각기 주의하라. 조건은 아래와 같다.

① 백성의 소장(訴狀)은 반드시 한 사람 한 사람이 스스로 직접 제출할 까닭은 없다. 그 긴급한 것은 본인이 와서 제출하고, 급하지 않은 것은 서면(書面)을 풍헌(風憲)이나 약정(約定)에게 부쳐서 그가 읍내에 들어오는 날에 한꺼번에 관(官)의 지시를 받아 가게 하라. 혹은 마을 안에 소장을 가지고 읍내에 들어오는 사람이 있거든 또한 그편에 부치도록 하라. 비록 한 사람이 열 사람의 소장을 제출해도 관에서는 구애받지 않을 것이다.

여러 사람이 연명(聯名)으로 등소(等訴 : 여러 사람이 일제히 호소하는 것, 등장等狀)하는 소장은 그 일로 모여 의논할 때는 비록 열 명이 같이 서명하였더라도 그 소장을 가지고 읍내에 들어올 때는 특히 사리를 아는 사람 한 사람을 뽑아서 홀로 가게 할 것, 만약 일이 중대한 것이라면 혹은 두 사람이나 세 사람이 올 수도 있다. 비록 지극히 중대한 일에 관계된 것일지라도 세 사람을 초과할 수는 없다.

그리고 오고 가고 하는 비용과 술·밥 비용을 남용(濫用)해 백성의 고통이 되게 하지 않는다. 이렇게 약속한 뒤에 만약 많은 사람이 읍까지 따라와서 주인집에 숨어 있고 다만 관청에 들어오는 사람 수만 거짓 약속을 지킨 것처럼 꾸미거나, 그 술·밥 비용을 지나치게 쓴 사람이 있다면 반드시 후회함이 있을 것이니 각기 조심하라.〔명을 내린 뒤에 어느 방리坊里에서 중대한 사건의 소장을 제출하는 일이 있거든 비밀히 사람을 보내어 방리의 연락소에 가서 정탐하게 하고, 만약 뒤에 남은 사람이 있거든 붙잡아다가 치죄治罪한다〕

② 소장을 가지고 온 사람은 형리(刑吏)도 만나지 말며, 문에 있는 사령(使令)에게도 묻지 말고, 곧바로 바깥문에서 안문으로 들어와 직접 창문 앞에 바치게 하라. 그렇게 하면 형리나 사령이 뒤따라 들어와 중간에서 막는 일이 없을 것이다. 그리하여도 중간에서 막는 일이 있다면 바깥 문설주에 특히 북 하나를 달아 놓았으니 새벽이나, 혹은 황혼이나, 혹은 뜻하지 않은 때에 와서 이 북을 쳐라. 그리하면 관(官)에서 마땅히 불러서 물을 것이다. 이렇게 알고 있으라.

③ 소장에 대한 지령(指令)은 원고와 피고 쌍방을 대질심문(對質審問)하도록 한다. 만약 자기네끼리 화해하면 아무 일도 없겠지만 만약 화해도 하지 않고, 또 재판정(裁判廷)에 나오지도 않아서 원고에게 피고가 관의 명령을 거역한다는 소송을 제기하게 되면, 관으로서는 면주인(面主人)을 보내거나 심한 사람이면 사령이나 군교(軍校)를 보내지 않을 수 없게 된다. 그렇게 되면 거리와 마을이 매우 소란하게 된다.

모든 관의 명령을 거역하고 오지 않는 사람은 반드시 엄벌로 다스려 거리와 마을을 고요하게 할 것이니 그가 비록 소송상의 사리는 바르다고 하더라도 거역한 죄는 죄대로 다스릴 것이니 그렇게 알라. 어떤 간사한 백성이 있어서 처음부터 재판정에 출석하라는 관의 지령은 상대에게 보이지도 않은 채, 피고가 거역한다고 무고(誣告)한 사람이 있어서 대질심문하는 날에 이 간사함이 드러나면 그는 마땅히 배나 더 엄벌로 다스리게 될 것이니 그렇게 알라.

④ 관의 전령(傳令 : 전달하는 명령)은 시급한 것은 면주인을 보낼 것이고, 급하지 않은 것은 혹은 풍헌이나 약정의 인편에 부치며, 혹은 소송 때문에 나온 백성의 인편에 부쳐서 거리와 마을을 고요하게 만들 것이다. 전령 안에 적혀 있는 일은 반드시 기한에 맞추어서 거행해야 한다. 그렇게 해야 군졸을 보내거나 차인(差人 : 파견인)을 보내는 폐단이 없어질 것이다. 모든 관의 명령을 거역한 사람, 관의 명령을 지체시키는 사람, 거리와 마을을 소란하게 만든 사람은 반드시 처벌하고 용서하지 않을 것이다.'

4. 이날 나무 도장 여러 개를 새겨서 여러 향회소(鄕會所)에 나누어 준다.

▎ 나무 도장의 크기는 사방 2치〔주척周尺을 사용한다〕로 하고, 글자는 '모산방향회소지사인(某山坊鄕會所之私人)'이라고 새긴다.
향촌(鄕村)의 풍헌(風憲)이나 약정(約正)은 본래 인신(印信)이 없다. 그래서 그가 관청에 올리는 보고서는 혹은 중간에서 허위로 조작하는 것이 많다. 그 어설프기가 이와 같다. 마땅히 나무로 인장을 새겨서 신표(信標)로 삼게 하고, 먹을 찍어서 사용해도 좋으니 구태여 인주를 사용할 필요는 없다. 그중에 혹 향중이 모여 의논하여 제출하는 서장(書狀)이 있을 때도 또한 사용하기 위해 풍헌지인(風憲之印)이라고 하지 않으나 마땅히 풍헌이 주관하게 해야 할 것이다. 인장이 이루어진 뒤에는, '인장이 찍히지 않은 것은 무효이다.'라고 약속해둔다.

5. 관(官)의 일에는 기한이 있다. 기한에 믿음이 없으면 백성들

은 드디어 관의 명령을 희롱할 것이니, 믿음 있게 지키지 않으면
안 된다.

▌ 여러 사람을 통솔하는 방법은 반드시 먼저 약속을 밝혀야 한다.
그리고는 세 번 거듭 명령하고 다섯 번 다시 단단히 타이르며, 또
반드시 그 기한을 여유 있게 정하여 그 안에 거행할 수 있게 한다.
그렇게 한 뒤에 기한을 위반하는 사람이 있으면 드디어 약속대로 처
리해도 이의(異議)가 없을 것이다.

제2장 율기육조律己六條

율기(律己)는 몸을 단속한다는 뜻이다. 자기 자신을 바르게 관리하라는 것이다. 정신의 자세를 바로잡고, 몸가짐을 바르게 하고, 행동을 올바르게 하라는 것이다. 자기 몸을 바르게 관리하지 않고는 남을 다스릴 수 없기 때문이다. 그러기에 율기는 곧 치민(治民)의 기본이 되는 전제 조건이다. 여기에서는 칙궁(飭躬), 청심(淸心), 제가(齊家), 병객(屛客), 절용(節用), 낙시(樂施)의 여섯 조목으로 나누어 설명하고 있다. 칙궁은 몸을 바르게 하는 것이고, 청심은 마음을 청렴하게 가지는 것이며, 제가는 먼저 자기 집안을 정제(整齊)함이고, 병객은 관아(官衙)에 손님을 불러들이지 말라는 것이며, 절용은 재물을 절약함이며, 낙시는 재물을 주어 은혜를 베풀어야 할 사람에게 즐거이 은혜를 베푸는 것이다.

☀ 제1조 칙궁飭躬 - 몸을 바르게 함

1. 일어나고 앉는 것에 절도가 있어야 하고 갓〔冠〕과 띠〔帶〕 차림은 단정해야 하며, 백성을 대할 때에는 의젓하고 정중해야 하는 것은 옛 도(道)이다.

▌ 날이 밝기 전에 일어나서 촛불을 켜놓고 세수한 뒤에 옷을 정돈하여 입고 띠를 띠고, 묵묵히 단정하게 앉아서 정신과 기운을 함양(涵養)한다. 조금 뒤에 드디어 생각의 실마리를 풀어서 오늘 마땅히 해야 할 일을 찾아낸다. 그리하여 먼저 선후(先後)의 순서를 정한다. 제일 먼저 어느 통첩을 처리해야 하고 다음에는 어느 명령을 내릴 것인지를 분명히 마음에 정해지면, 드디어 제일 먼저 해야 할 사건을 놓고 그 최선의 처리 방법을 생각한다. 그다음에는 제2의 안건을 놓고 그 최선의 사리 방법을 생각한다. 힘써 사욕(私欲)을 끊고 한결같이 천리(天理)만을 따르도록 해야 한다.

동틀 무렵에는 촛불을 끄고 한결같이 단정하게 앉아 있다가 이미 날이 밝아서 시노(侍奴)가 때가 되었다는 것을 알리면 곧 창문을 열고 참알(參謁)을 받는다.

검은 베옷과 검은 갓은 본래 길을 다닐 때 볕을 가리기 위한 것으로서, 평상시에 입는 옷도 아니고 공복(公服)은 더욱 아니다. 백성에게 군림하는 사람은 마땅히 언제나 오사모(烏紗帽)에 푸른빛 창의(氅衣)를 착용해야 할 것이다. 지금 중앙관아의 관원으로서 입직(入直 : 궁궐에 들어가 숙직하던 제도)하는 사람은 모두 그렇게 한다. 지방관만이 그렇게 하지 않아야 할 까닭이 어디에 있는가.

만약 대좌기(大坐起 : 중대한 일을 위한 좌기)를 열게 된 때는 당연히 단령포(團領袍 : 깃을 둥글게 만든 관복), 정대(鞓帶 : 공복公服에 띠던 가죽 띠), 흑화(黑靴)를 신고 의자에 앉아서 참알을 받아야 한다. 만약 군사상의 일 때문에 대좌기가 있을 때는 마땅히 군복 차림을 갖추어야 한다. 호수립(虎鬚笠 : 범의 수염을 꽂아 장식한 주립朱笠)을 쓰고 비단으로 만든 철릭(무관이 입던 공복)을 입고 칼을 차야 한다.

어떤 사람은 소방(疏放)한 것을 즐기고 구속되는 것을 싫어하여 다만 종건(騣巾)만 쓰고 소매 좁은 옷을 입은 채, 혹은 망건도 쓰지 않고 버선도 신지 않은 차림으로 아전이나 백성을 대하는 사람을 볼 수 있는데 그러한 태도는 매우 좋지 않다. ≪시경≫에 말하였다. '조심조심 위의를 갖추니, 거기에 덕(德)이 있구나.〔抑抑威儀, 唯德之隅.〕' 또 ≪시경≫에, '공경하여 위의를 삼가니, 백성들의 본보기라네.〔敬愼威儀, 惟民之則.〕'라고 하였다. 이것은 옛사람의 도(道)이다. 위의가 이미 보잘것없으면 백성이 본받을 것이 없다. 백성이 본받지 않는다면 무엇으로 다스리겠는가. 저녁이 되면 퇴근을 명령한다. 가을과 겨울은 조금 늦게 하고 봄과 여름은 조금 일찍 한다.

지금 사람은 홍문관이나 승정원에서 나와 수령이 된 사람은 망령되게 스스로 교만하고 높은 체하여, 작은 일은 스스로 처리하지 않고, '문신(文臣)의 정치하는 방식은 음관(蔭官)과는 같지 않다.'라고 하면서 오직 장기, 바둑과 시 짓는 것을 즐기고 정사는 보좌관들에게 맡겨 백성들을 병 되게 한다. 이러한 사람은 마땅히 이 조(條)를 보는 것이 좋겠다.

조변(趙抃)이 성도(成都)의 수령이 되었을 때, 매일 한 일을 그날 밤에 반드시 의관을 갖추고 향을 피우고 하늘에 보고하였다. 하늘에 보고할 수 없는 일은 감히 하지 않았다.

2. 말을 많이 하지 말 것이며, 갑자기 몹시 성내지 않아야 한다.

■ ≪역경(易經)≫에 말하였다. '군자가 방에서 선(善)한 말을 하면 천리 밖에서도 이에 호응한다. 하물며 그 가까운 곳에서랴! 방안에서 선하지 못한 말을 하면 천리 밖에서도 어그러지는 것이다. 하물

며 그 가까운 곳에서랴!〔君子居其室, 出其言善, 則千里之外應之, 況其邇者乎! 居其室, 出其言不善, 則千里之外違之, 況其邇者乎.〕또 ≪시경≫에는, '근심하지 않은 뜻밖의 일을 경계하고, 너의 말하는 것을 삼가라.〔用戒不虞, 慎爾出話.〕'라고 하였다. 백성의 위에 있는 사람은 삼가지 않으면 안 된다.

정선(鄭瑄)이 말하였다. '몸이 목민관이 되면 이 몸은 문득 모든 화살이 집중하는 과녁과 같은 존재가 되는 것이다. 그런 까닭에 한 번 말하고 한 번 행동하는 것을 근심하지 않을 수 없다.'

여본중(呂本中)이 ≪동몽훈(童蒙訓)≫에서 말하였다. '모든 관원은 격렬하게 성내는 일을 경계해야 한다. 더군다나 수령은 형벌하는 권한을 잡고 있으니 모든 명령에 있어서 좌우에 있는 사람들은 순종할 뿐 거역하는 사람은 없다. 만약 그 격렬한 성냄을 그대로 옮겨 형벌을 시행한다면 형벌이 알맞지 않은 것이 많을 것이다.'

갑자기 몹시 성내는 병통이 있는 사람은 마땅히 평일에 마음에 '성날 때는 가두라.〔怒則囚〕'는 법을 정해 둔다. 그래서 성이 폭발할 때는 꾹 참고, 즉시 형벌하는 일을 그치고 범인을 우선 옥에 가두어 둔다. 그리고 밤을 새운 뒤에 생각하거나 3일이 지난 뒤에 생각하면 사리를 공정하게 판단할 수 있을 것이다. 원래 갑자기 성을 잘 내는 사람은 풀어지기도 쉽다. 머지않아 이성을 회복할 수 있을 것이니 조금만 참고 기다려서 화(禍)를 면하고 실수하지 않는다면 좋지 않겠는가.

3. 아랫사람을 관대하게 다루면 백성이 순종하지 않음이 없다. 그런 까닭에 공자(孔子)는 말하기를, "남의 위에 있어서 관대하지 않고, 예(禮)를 행하는 데에 공경하지 않는다면 내 그에게서 무엇을 볼 것이 있겠는가."라고 하였으며, 또 말하기를, "관대하면 여러 사람의 마음을 얻는다."고 하였다.

▌사람들이 항상 말하기를, "수령은 사납게 하는 것이 제일이다."라고 한다. 이것은 속된 말이다. 그의 마음에 한 번 '사납게 한다.'라는 생각을 하고 나면 그 마음에 있는 것은 이미 호의(好意)는 아니다. 처음부터 악의를 품고 어찌 사리를 바르게 처리할 수 있겠는가. 죄 있는 자에게는 벌을 주는 것이다. 내가 형벌을 시행하는 것은 각각 그 죄에 알맞게 하면 그만이다. 어찌 반드시 사납게 해야 한단 말인가.

≪시경≫에서 말하였다. '너의 위의(威儀)를 공경하게 하면, 부드럽고 아름답지 않은 것이 없다.〔敬爾威儀, 無不柔嘉.〕' 부드럽고 아름다운 것이 가장 좋은 기상(氣象)이다.

내가 예전에 조정에 있을 때 보니 공경(公卿)이나 대신(大臣)은 그 말이나 얼굴빛이 대체로 부드럽고 아름다웠다. 후세의 사람이 옛사람 같지는 못하나 역시 반드시 부드럽고 아름다운 태도를 지닌 사람은 오래 벼슬을 유지하여 높은 지위에 이르고, 백성의 인심을 얻게 되었으며, 울분을 터뜨리고 갑자기 몹시 성내는 사람은 중도에서 실각(失脚)하는 사람이 많았다. 나는 이것으로써 부드럽고 아름다운 태도가 좋다는 것을 알았다.

4. 관부(官府)의 체면과 위신(威信)은 엄숙하기에 힘써야 한다. 수령 자리 곁에 다른 사람이 있어서는 안 된다.

▌목민관의 위치는 존엄하다. 여러 아전은 엎드리고, 일반 백성들은 뜰에 있어야 한다. 감히 다른 사람이 그 곁에 있을 수 있겠는가. 비록 자제나 친한 손님일지라도 모두 마땅히 물리치고 우뚝하게 홀로 앉는 것이 예에 맞는다. 혹은 퇴근한 뒤의 낮이나 고요한 밤에 일이 없을 때는 불러서 접대하는 것이 좋다.

수령으로서 어버이를 모신 사람은 새벽에 일어나서 어버이의 숙소에 가서 문안드리고 나와서 참알(參謁)을 받는다. 혹은 부형이나 어른이 안채에 있어서 아침에 일어나는 것이 늦으면 공사(公事)를 마친 뒤에 잠깐 수령 자신이 들어가서 뵙는다. 부형이나 어른들이 정당(政堂)에 둘러앉게 해서는 안 된다.

정당은 위신이 존엄한 곳이므로 모든 상복(喪服) 입은 사람과 중〔僧〕과 야복(野服 : 패랭이를 쓰고 소매 좁은 옷을 입은 것) 차림의 사람을 정당에서 만나거나 접대해서는 안 된다.

위솔(衛率) 이술원(李述源)이 성천도호부사(成川都護府使)가 되었을 때, 맏아들이 최복(衰服)을 입고 와서 대문 밖에 머물러 있으면서 아전을 불러 들어가 뵙기를 청하였다. 이공(李公)이 말하였다. "최복 입은 사람은 공용(公用)의 문으로 들어올 수 없으며, 정당에 올라올 수 없다." 그리고는 담을 헐고 들어오게 하여 안채에 있게 하고 자신이 몸소 가서 만났다. 내가 곡산부(谷山府)에 있으면서 이 이야기를 듣고 좋게 여겼다. 번암(樊巖) 채제공(蔡濟恭)이 화성유수(華城留守)로 있을 때 인척(姻戚) 관계에 있는 집의 소년이 최복을 입은 채 관아 문으로 들어왔으므로 공이 그 문지기를 처벌하였다고 한다. 어찌 반드시 두 분뿐이겠는가. 옛사람들은 모두 그러하였다.

5. 군자가 무게 있게 행동하지 않으면 위엄이 없어 보인다. 백성의 위에 있는 사람은 자신을 무게 있게 가지지 않으면 안 된다.

▌중국 진(晉)나라의 사안(謝安)은 조카가 전쟁에 나가서 승리하였다는 보고를 받고도 두던 바둑을 그치지 않았으며, 한(漢)나라의 유관(劉寬)은 새로 지은 조복(朝服)에 국을 엎질렀을 때 놀라지 않았다는 옛이야기는 다 평일에 깊이 생각하는 바가 있으므로 일에 당하여 당황하지 않은 것이다. 부중(府中)에 호랑이가 나타나거나, 도적이 일어나거나, 수재(水災)·화재(火災)가 있거나, 담이 무너지고 집이 넘어지는 변고가 있을 때도, 혹은 지네나 독사 같은 것이 앉은

자리에 떨어진 때에도, 혹은 심부름하는 아이가 잘못하여 물그릇을 엎지르거나 화로를 뒤엎는 일이 있을 때도 모두 태연하게 앉아서 동요하지 않고 천천히 그 이유를 살펴야 한다. 혹은 암행어사가 출도(出道 : 어사가 몰래 실정失政을 조사해 그것을 드러내어 처리하려는 것)하거나, 벼슬이 폄하(貶下 : 깎여 낮아짐)된 통지가 갑자기 도착했을 때는 더욱 놀라서 말과 얼굴빛이 변하여 남의 비웃음이나 업신여김받는 일이 없어야 한다.

배도(裵度)가 중서령(中書令)으로 있을 때, 관인(官印)을 잃었다는 보고가 있었다. 배도는 태연히 술을 마시고 있었다. 조금 뒤에 관인이 전에 있던 자리에 있는 것을 찾았다고 다시 보고가 들어왔다. 배도는 또한 아무런 대답도 하지 않았다. 어떤 사람이 그렇게 하는 까닭을 물으니 배도가 대답하였다. "이것은 반드시 어느 아전이 훔쳐서 문서에 찍느라고 한 일이 틀림없을 것이다. 일이 급하게 되면 물이나 불에 던져 버릴 것이고, 늦추어 주면 도로 제자리에 갖다 두리라고 생각했다." 사람들이 그의 도량에 탄복하였다.

6. 술을 끊고 여색을 멀리하며, 노랫소리와 악기의 음률(音律)을 물리치고 공손하고 단정하고 엄숙하기를 큰 제사를 받드는 것처럼 해야 하며, 감히 놀고 즐기는 것으로 정사를 거칠게 하고, 안일(安逸)에 빠지는 일이 있어서는 안 된다.

▌정선(鄭瑄)이 말하였다. "사람의 총명은 한계가 있고, 할 일은 무궁하게 많다. 한 사람의 정신으로 여러 사람의 간사함을 막는 것이 이미 쉬운 일이 아니다. 그런데 술에 떨어지고 여색(女色)에 빠지며, 시 짓고 바둑 두고 하는 사이에 드디어 형옥(刑獄) 관계의 소송은 미결로 해를 넘기게 되고, 옳고 그른 것이 서로 뒤바뀌게 된다면 소송은 더욱 많아지고 일거리는 지나치게 불어날 것이다. 어찌 슬픈 일이 아니겠는가? 닭이 울 때부터 정사를 처리하는 데에 전심하여

집안의 사사로운 용무는 모두 물리칠 것이며, 주색(酒色)으로 인해 스스로 피곤하게 되는 일이 없고, 절제 없는 환락에 빠져서 스스로 몸을 손상하는 일이 없게 한다. 어느 일은 꼭 결재해야 하고, 어느 통첩은 꼭 보고해야 하며, 어느 세금은 마땅히 시비(是非)를 가려야 하고, 어느 죄수는 마땅히 석방해야 하고, 때때로 살펴보고 부지런히 처리하며, 잠깐 내일을 기다리자고 말하지 말라. 그렇게 하면 일은 해결되지 않는 것이 없고, 마음도 또한 편안할 것이다."

술을 좋아하는 것은 모두 쓸데없는 헛된 기운이다. 그것을 세상 사람들은 자못 맑은 취미처럼 생각한다. 그래서 다음으로 또 다음으로 서로 전하면서 객기(客氣)를 낳는다. 습관이 오래되면 그 객기는 드디어 주광(酒狂)이 되어 술을 그치고자 하여도 그칠 수 없게 된다. 진실로 슬픈 일이다. 술을 마신 뒤에 주정하는 사람이 있고, 말이 많은 사람이 있고, 자는 사람이 있다. 술주정하지 않는 사람은 스스로 자기는 술을 마시더라도 아무런 폐 끼치는 일이 없다고 하겠지만, 잔소리와 쓸데없는 수작을 늘어놓으면 아전들은 그것을 고통으로 여길 것이고, 곤하게 잠이 들어 오래도록 누워 있으면 백성들은 원망할 것이다. 어찌 반드시 미쳐 날뛰고, 소리 지르며 형벌을 함부로 하고 지나치게 매질을 해야만 정사에 해롭다고 하겠는가. 목민관 된 사람은 술을 끊지 않으면 안 될 것이다.

기녀가 음란하게 구는 것은 옛날 삼대(三代) 때의 선왕(先王)의 풍습은 아니다. 후세에 오랑캐의 풍속이 점차로 중국에 전염되고 드디어 우리나라에까지 파급된 것이다. 목민관은 단연코 기녀를 가까이해서는 안 된다. 한 번 기녀를 가까이한 일이 있으면, 그의 정사 한 가지, 명령 하나도 모두 남의 의심과 헐뜯음을 받게 되어 비록 지극히 공정한 처사일지라도 다 여자의 청탁으로 그렇게 한 것으로 의심받게 된다. 이 또한 딱한 일이 아니겠는가?

언제나 보면 옹졸하고 소박하게 깊은 곳에 들어앉았던 선비가 처음으로 한 번 기녀를 가까이하고 나면 빠지고 미혹함이 다른 사람들보다 더욱 심해진다. 침실에서 여자의 달콤한 말과 깊은 모략의 말을 금석(金石)처럼 굳게 믿고, 이 기녀라는 요물(妖物)은 보는 사람 모두에게 추파를 던지며, 사람다운 심성(心性)은 이미 없는 사람으로 따로 정부(情夫)가 있다는 것을 알지 못하고, 그에게 어떠한 비밀스러운 말도 다 누설하고 만다. 밤중에 귓속말로 속삭인 것이 아침이면 성안에 가득 퍼지고, 저녁이면 온 관내에 전해진다. 평생에 단정하던 선비가 하루아침에 드디어 바보가 되어 버린다. 어찌 애석하지 않은가.

노래와 풍악 소리는 민원(民怨)을 격발(激發)시키는 신호이다. 내 마음이 즐겁다고 좌우에 있는 사람들의 마음도 반드시 다 즐거운 것은 아니며, 좌우에 있는 사람들의 마음이 다 즐겁더라도 온 성내 남녀의 마음이 반드시 다 즐거운 것은 아니다. 한 성내 사람들의 마음이 모두 즐겁더라도 온 관내의 모든 백성의 마음이 반드시 모두 즐거울 수는 없다. 그중에 단 한 사람이라도 춥고 배고프며 빈곤 궁핍한 사람이 있거나, 혹은 형옥(刑獄 : 예전에 형벌과 감옥을 아울러 이르던 말)에 걸려 울부짖으며 하늘을 봐도 빛이 없고 참담하여 세상을 살아가는 즐거움이라고는 없는 사람이 있어서 한 번 풍악 소리를 들으면 반드시 이마를 찌푸리고 눈을 부릅뜨고 길에서 욕하고 하늘에 저주할 것이다. 굶주린 사람이 들으면 더욱 주린 것을 한탄할 것이고, 옥에 갇힌 사람이 들으면 더욱 그 갇힌 신세를 슬퍼할 것이다. ≪맹자(孟子)≫〈금왕고악(今王鼓樂)〉장을 깊이 음미하지 않을 수 없다. ≪시경≫에는, '궁궐 안에서 종을 치니, 소리가 궐문 밖에 들린다.〔鼓鍾于宮, 聲聞于外.〕'라고 하였고, ≪역경(易經)≫에는, '명예(鳴豫 : 음악을 울리며 즐겨함)는 흉하다.〔鳴豫凶.〕'라고 하였다.

7. 한가하게 놀며 크게 즐기는 것을 백성은 좋아하지 않는다. 단정히 앉아서 움직이지 않는 것만 못하다.

▌주박(朱博)이 세 고을의 수령을 지냈는데, 청렴하고 검소하며 주색(酒色)과 연회를 열어 노는 일을 좋아하지 않았다. 그는 빈천하던 때부터 부귀하기에 이르기까지 음식의 맛을 중하게 여기지 않아서 상 위에는 세 그릇을 넘지 않았다.〔반찬이 세 접시를 넘지 않았다는 뜻〕밤에는 늦게 자고 아침에는 일찍 일어나서 아내가 그의 얼굴을 보는 일이 드물었다고 한다.

이급(李及)이 지항주(知杭州)가 되었을 때, 청렴하고 깨끗하였으며 전당(錢塘)의 풍속이 사치스러운 것을 미워하여 놀고, 연회를 열지 않았다.

정상순(鄭尙淳)이 평안감사로 2년을 있었으나, 한 번도 연광정(練光亭)에 올라가지 않고 돌아왔다. 평일에 집에 있을 때는 그의 구조(救助)를 기다려서 끼니를 이어간 사람이 40여 호나 되었다고 한다.

8. 백성 다스리는 일도 이미 성과를 이루고, 백성의 마음이 이미 즐겁게 된 뒤라면 크게 풍류를 꾸며 백성과 함께 즐기는 것도, 또한 선배(先輩)들이 하던 훌륭한 일이다.

▌수령이 정치를 잘하여 모든 백성의 마음이 흐뭇하고 즐거워진 뒤라면 크게 놀이를 꾸며 백성들과 함께 즐기는 것이 얼마나 좋은 일이겠는가. 옛사람들은 그렇게 하였다. 그러나 모든 백성이 흐뭇해하고 즐거워하는 정치란 그리 쉬운 것이 아니다. 백성의 실정은 알지도 못한 채 수령이 자기 혼자 정치가 잘되었다고 생각하고 풍류를 즐긴다면 그 폐해는 더욱 클 것이다.

정한봉(鄭漢奉)이 말하였다. "어떤 두어 사람의 관원이 휴가를 만나 노래하고 춤추는 사람들을 데리고 절에 가서 놀다가, 술에 취해 옛사람의 시(詩)를 외웠다. '죽원(竹院)을 지나다가 중을 만나 이야기하니, 또 한 번 부생(浮生)의 반나절 한가함을 얻었네.' 중이 듣고 웃으며 말하기를, '높으신 관원께서 반나절의 한가함을 얻는 데, 이 늙은 중은 3일 동안 바빠야 합니다.'라고 하였다. 이 말은 '하루는 장막을 쳐야 하고, 하루는 모여서 노는 심부름을 하고, 하루는 청소해야 한다'는 것이다."

9. 공사(公事)에 여가가 있으면 반드시 정신을 집중하고 생각을 고요하게 하여, 백성을 편안하게 할 계책을 생각하고 성심껏 최선의 방도를 찾아야 한다.

▮ 한 가지 일을 만날 때마다 전례(前例)에 따라 검토 없이 그대로 시행해 넘겨서는 안 된다. 반드시 법도에 맞는지를 다시 한 번 살핀다. 그리고 그 법도 안에서 편리하게 변통하는 것을 생각해 백성을 편안하게 하고, 이롭게 해야 한다. 혹은 그 법도가 나라의 전장(典章)이 아니며, 현저하게 사리에 맞지 않는 것이 있으면 바로잡아 고치지 않으면 안 될 것이다.

10. 정당(政堂)에서 글 읽는 소리가 나면 그는 청렴한 선비라고 말할 수 있을 것이다.

▮ 나라의 임금은 온갖 중요한 일을 살피며 매우 분주하지만, 날마다 경연(經筵)에 나가고자 하는 것은 진실로 성현(聖賢)의 훌륭한 말을 가슴속에 불어넣어서 그것이 겉으로 드러나 정치가 되면 저절로 세상을 널리 이롭게 하는 것이 많을 것이기 때문이다. 수령은 공사(公事)에 여가가 있으면 마땅히 ≪시경(詩經)≫·≪논어(論語)≫·≪중용(中庸)≫·≪대학(大學)≫과 송나라의 ≪명신록(名臣錄)≫·≪자경편(自警編)≫ 등의 서적을 가져다가 항상 외우고 읽고 하는 것이 좋다.
글만 읽고 정사를 돌보지 않는다면 본래부터 폄척(貶斥)되어야 할 것이다. 그러나 내가 말하는 것은, 때때로 성현의 서적을 한두 장

(章)씩 읽어서 가슴에 스며들게 하고 감화되어 착한 마음을 유발(誘發)하게 하고자 할 뿐이다.

11. 만약 시나 읊고 바둑이나 두면서 아래 아전에게 정사를 내맡긴다면 그것은 매우 잘못된 일이다.

▌ 성종(成宗) 때 뇌계(瀰溪) 유호인(兪好仁)이 부모 봉양할 것을 청하여 산음현감(山陰縣監)이 되었다. 경상감사가 떠날 때 뜰에서 하직하니 임금이 불러 말하였다. "나의 친구 유호인이 산음현감으로 있으니 경은 잘 돌봐주라." 그러나 유호인이 백성의 아픈 곳을 어루만지지 않고 시 짓는 일만을 계속하므로 감사가 그를 파면시켜 내쫓았다.

남창(南窓) 김현성(金玄成)이 여러 차례 주군(州郡)의 수령이 되어 깨끗하게 봉직(奉職)하니, 청렴하다는 소문이 세상에 드러났다. 그러나 성질이 매우 짜임새가 없고 얌전하기만 하여 사무 처리하는 일을 알지 못하므로, 다스리는 일을 돌보지 않고 담담하게 관부(官府)에 앉아서 온종일 시나 읊고 있었다. 남의 말하기 좋아하는 사람들이 말하였다. "남창은 백성을 아들 사랑하듯이 하건만 온 관내는 원성이 가득하고, 터럭만큼도 재물을 사사로 범하는 일이 없건마는 관(官)의 창고는 텅 비었다." 그리하여 한때 세상 사람들이 전해가며 웃었다.

바둑 두는 것은 오히려 우아한 면이나 있다. 근래의 현령들이 혹은 정당에서 저리(邸吏), 읍자(邑子 : 읍내에 사는 유생儒生), 겸인(傔人 : 양반집에서 잡일을 맡아보거나 시중들던 사람) 등을 데리고 투전 노름으로 날을 보내고 밤을 새우니 체면과 위신의 손상이 이보다 더할 수는 없다. 장차 어찌하려는가.

※ 제2조 청심淸心 - 마음을 청렴하게 가짐

1. 청렴한 것은 수령의 본연의 의무로서 온갖 선정(善政)의 원천이 되고, 모든 덕행(德行)의 근본이 된다. 청렴하지 않고 목민관 노릇을 제대로 한 사람은 지금까지 없다.

▌ 육구연(陸九淵)의 ≪상산록(象山錄)≫에서 말하였다. '청렴한 것에 세 등급이 있다. 최상으로 청렴한 사람은 자기 봉록 이외에는 아무것도 먹지 않는다. 그가 먹다가 남은 것도 또한 가지고 돌아가지 않는다. 돌아가는 날에는 다만 채찍 하나만 쥐고 간다. 이것을 옛날에 청렴한 관리라고 말하였다.

그다음은 자기의 봉록 이외에도 그 명목이 정당한 것은 먹고, 정당하지 않은 것은 먹지 않으며, 그가 먹다 남은 것은 자기 집으로 실어 간다. 이것은 중고(中古)에서 청렴한 관리라고 말하던 것이다. 최하급의 사람은 이미 규례(規例)를 이루고 있는 것이면 그 명목이 비록 정당하지 않은 것이라도 먹고, 규례로 되어 있지 않은 것은 자기가 먼저 나쁜 예를 만들지는 않는다. 그리고 향직(鄕職)이나 무슨 임(任)이니 하는 벼슬을 팔아먹지 않으며, 재난(災難)으로 핑계하여 재물을 도둑질하거나 곡식의 대출(貸出) 회수로 농간을 부리지 않으며, 송사와 형옥(刑獄)을 돈 받고 법을 굽히는 일을 하지 않으며, 조세나 공납(貢納)을 부풀려서 부과해 착복하지 않는다. 이것이 지금 세상에서 청렴한 관리라고 말하는 것이다. 모든 악행이란 악행을 다 하고 있는 사람은 지금 밀물과 썰물처럼 범람하고 있다.

최상급의 청렴한 관리가 된다면 진실로 좋은 일이다. 그러나 만약 그렇게 되지 못한다면 적어도 그다음의 등급은 되어야 할 것이다. 그 최하급이라고 일컬어지는 사람은 옛날이라면 반드시 삶아 죽이는 형벌에 처했을 것이다. 선한 것을 즐겨 하고 악한 것을 부끄러워

하는 사람은 반드시 차마 그 최하급의 행위는 하지 않을 것이다.'

2. 청렴하다는 것은 천하의 큰 장사이다. 그런 까닭에 지나친 욕심은 반드시 청렴하려 한다. 사람들이 청렴하지 못한 까닭은 그의 지혜가 모자라기 때문이다.

▋재물은 우리의 커다란 욕망의 대상이다. 그러나 우리의 욕망은 재물보다 더 큰 것이 있다. 그런 까닭에 재물을 버리고 취하지 않는 것이다. 비록 재물을 얻는 것만을 먹는다고 하더라도 또한 마땅히 청렴한 관리가 되어야 한다. 무슨 뜻인가?
언제나 보면 지벌(地閥)이 빛나고 귀현(貴顯)하며 재능과 명망이 뛰어난 사람이 수백 꾸러미 정도의 돈 때문에 관직을 삭탈(削奪) 당하고 귀양살이를 하게 되어 10년 동안이나 등용되지 못하는 사람이 허다하다. 그중에는 비록 간혹 세력이 많고 세상의 형편이 유리하여 형벌이나 죽음을 면하는 경우가 있더라도, 세상의 여론은 그를 더럽게 여겨 침을 뱉을 것이며, 아름다운 명망은 추락할 것이다.
문관(文官)이 이렇게 되어 홍문관(弘文館)이나 예문관(藝文館) 벼슬을 얻지 못하며, 무관이 이렇게 되어서 장수가 되지 못한 사람이 또한 얼마나 많았던가. 지모(智謀)가 원대하고 생각이 깊은 사람은 그 욕망이 크기 때문에 청렴한 관리가 되고, 지모가 작고 생각이 얕은 사람은 그 욕망이 적기 때문에 탐오(貪汚)한 관리가 되는 것이다. 적어도 이 일을 생각할 능력이 있다면 대다수 사람이 청렴하지 않은 사람이 없을 것이다.

3. 그런 까닭에 예부터 모든 지모(智謀)가 깊은 선비는 청렴한 것을 훈계로 삼고, 탐오(貪汚)한 것을 경계하지 않은 사람이 없다.

▋포효숙공(包孝肅公)이 가훈(家訓)에서 말하였다. '후세에 자손으로서 벼슬하다가 뇌물을 받고 부정을 저지르는 사람이 있을 때는 석

방되어도 본집에 돌아오지 못할 것이며, 죽은 뒤에는 선영(先塋)의 경내에 장사하지 못할 것이다. 나의 뜻을 따르지 않는 사람은 나의 자손이 아니다.' 그리고 그 아래에 앙공(仰珙)이라고 서명하여, 이 것을 집 동쪽 벽의 돌에 새겨서 후세를 교훈하였다.

나경륜(羅景倫)이 말하였다. "사대부가 만약 한 푼을 사랑하면 한 푼의 가치도 없는 사람이다."

송(宋)나라 간재(簡齋) 진여의(陳與義)의 시에, '예전부터 유명한 선비는, 명분 없는 돈을 쓰지 않는다.〔從來有名士, 不用無名錢.〕'라고 하였다.

양백자(楊伯子)는 말하였다. "사대부가 청렴하면 그것만으로 7분 정도의 사람이 된 것이다."

풍유룡(馮猶龍)은 말하였다. "천하의 한없이 좋지 못한 일은 모두 돈을 버리지 못하는 데서 일어나고, 천하의 끝없이 좋은 일은 모두 돈을 버릴 수 있는 데서 이루어진다."

정선(鄭瑄)이 말하였다. "얻기를 탐하는 사람이 만족함을 모르는 것은 모두 사치를 좋아하는 일념(一念) 때문이다. 만약 담담한 마음으로 만족할 줄 안다면 재물을 구해서 무엇에 쓴단 말인가? 청풍명월(淸風明月)은 돈 주고 사는 것이 아니며, 대나무 울타리와 띠로 덮은 집은 돈을 소비하지 않고도 마련할 수 있다. 글을 읽고 도(道)를 말하는 데에 돈이 필요하지 않고, 자기 몸을 결백하게 하고 백성을 사랑하는 데에 돈이 필요하지 않으며, 사람을 건져주고 남을 이롭게 하는 데에는 돈을 남겨서는 안 된다. 이렇게 마음을 가지면 세상맛에 초연할 수 있을 것이니, 탐욕이 또 어디에서 생기겠는가?"

4. 오직 백성의 고혈을 빼는 사람만이 탐관(貪官)은 아니다. 모든 먹을 것과 선물 보내온 것은 다 받아서는 안 된다.

▌ 격(鬲) 고을의 수령 원의(袁毅)는 조신(朝臣)에게 뇌물을 보내어

영예를 사려고, 일찍이 산도(山濤)에게 실 백 근(斤)을 보냈다. 산도는 남보다 특이하게 하지 않으려고 하여 실을 받아서는 들보 위에 얹어두었다. 그 뒤에 원의의 일이 탄로 나니 산도가 들보 위에서 실을 가져다가 아전에게 내주었는데, 실이 이미 수년을 묵어서 먼지가 끼어 누렇고 검게 되었으며, 봉인(封印)은 처음대로 있었다고 한다.

양속(羊續)이 여강태수(廬江太守)가 되었을 때, 부승(府丞)이 물고기를 선물로 보냈다. 양속이 받아서 먹지 않고 걸어두었는데, 뒤에 또 가져왔으므로 양속이 전에 가져온 물고기를 보여주니 부승이 부끄럽게 여기고 그만두었다고 한다.

손신(孫薪)은 황보(黃葆)와 태학(太學)에서 같이 공부한 옛 친구였다. 뒤에 황보가 어사가 되어 처주(處州)에 나갔다. 그때 어떤 아전이 황보에게 바치는 뇌물을 손신을 통해 보내려고 하니 손신이 말하였다. "내게 들리도록 말하지 말기 바란다. 그것은 귀로 들어오는 탐장(貪贓)이 된다."

조극명(曹克明)이 호광행성(湖廣行省)에 있을 때, 한 주부(主簿)가 진사(辰砂 : 주사朱砂) 한 함(函)을 보냈다. 미처 열어보지도 않고 상자 속에 버려두었다가 나중에 가져다 펴보니 그 속에 사금(砂金) 3냥(兩)이 섞여 있었다. 조극명이 놀라 한탄하여 말하였다. "그 사람이 나를 어떤 사람으로 알고 이런 일을 하였단 말인가?" 그때는 주부가 이미 죽었으므로 그의 아들을 불러서 돌려주었다.

가황중(賈黃中)이 지승주(知昇州)로 있을 때, 하루는 고을의 창고를 점검하니 자물쇠가 매우 엄중하게 잠겨진 곳이 있었다. 열어보니 보물 수천 궤가 발견되었는데 모두 이씨(李氏) 궁위(宮闈 : 내전內殿)의 물건으로 장부에 실려 있지 않았다. 가황중이 모두 기록하여 올리니 임금이 감탄해 말하였다. "부고(府庫)의 재물을 장부에 실려 있는 것도 욕심이 많고 속이 검은 사람은 금령(禁令)을 무릅쓰고 훔치는데, 더군다나 이 물건은 장부에도 적혀 있지 않은 것이 아닌가." 그리고는 돈 2백 냥을 하사하여 그 결백함을 표창하였다.

5. 청렴한 관리를 귀하게 여기는 까닭은 그가 지나간 곳은 산림(山林)도 천석(泉石)도 다 맑은 빛을 받기 때문이다.

▌오은지(吳隱之)가 광주자사(廣州刺史)가 되었을 때, 산해군(山海郡)에서 20리쯤 되는 곳에 탐천(貪泉)이라고 불리는 샘이 있었다. 그 샘을 마시면 반드시 탐욕스럽게 된다고 하였다. 오은지가 바로 가서 물을 퍼서 마시고 청렴한 절조를 더욱 힘쓰니 돌아갈 때 남은 재물이라곤 없었다. 상서(尚書)가 되었다가 태복(太僕)으로 영전했으나 대와 쑥대로 병풍을 만들었으며, 집안사람들이 이틀에 한 번이나 밥을 먹게 되어도 태연하였다.

당(唐)나라 이백(李白 : 이태백李太白)이 우성령(虞城令)이 되었는데, 관사의 옛 우물이 물은 맑으나 맛이 썼다. 이백이 수레에서 내려 물맛을 보고 빙그레 웃으면서 말하였다. "나는 쓰고 또 맑은 사람이니 내 뜻에 맞다." 그리고 드디어 물을 퍼서 쓰고 고치지 않았는데, 쓴 우물이 변하여 단 우물이 되었다고 한다.

방준(方峻)이 자기 집 동북쪽에 우물을 하나 파서 준공한 뒤에 공복(公服)을 입고 분향(焚香)하여 기도하기를, "원하건대 나의 자손이 벼슬을 하게 된 때에는 청백하기가 이 물과 같게 하여 주소서."라고 하였다.

원위(元魏 : 북위北魏)의 방표(房豹)가 악릉(樂陵)의 수령이 되었는데, 고을에 맛 좋은 물이 없었다. 모두 바닷가에 있는 우물이어서 맛이 짰다. 방표가 우물을 하나 파게 하여 드디어 맛이 좋은 물을 얻었다. 그러나 방표가 돌아간 뒤에는 물이 다시 짜게 되었다고 한다.

6. 모든 진기한 물품으로 본읍(本邑)에서 생산되는 것은 반드시 고을의 폐해가 되니, 하나라도 가지고 가지 않아야만 청렴한 사람이라고 말할 수 있을 것이다.

▌가령 강계(江界)의 산삼이나 초피(貂皮), 경북(鏡北)의 다리〔월

자[月子]와 베[布], 남평(南平)의 부채, 순창(淳昌)의 종이, 담양(潭陽)의 채색 상자, 동래(東萊)의 연구(煙具), 경주(慶州)의 수정, 해주(海州)의 먹, 남포(藍浦)의 벼루 같은 것은 수령이 돌아갈 때 상자 안에 한 가지도 있지 않아야 청렴한 선비의 행동이라고 할 것이다.

번번이 진기한 물품을 가지고 돌아온 사람이 그 진기한 물품을 좌우에 늘어놓고 있는 것을 볼 때마다 욕심 많고 더러운 빛이 안에서부터 밖으로 뻗어 나와서 남이 대신 부끄러운 생각이 나게 한다.

향산(香山) 백거이(白居易 : 백낙천白樂天)가 말하였다. "오랫동안 소주(蘇州)의 관원 노릇을 하였으나, 태호(太湖)의 돌 한 조각도 나에게 갖다 주지 않았다."

당(唐)나라의 주경칙(朱敬則)이 부주자사(涪州刺史)로 갔는데, 돌아올 때 회남(淮南)의 물건이라곤 하나도 없었으며, 타고 온 말은 단 한 필뿐이어서 아들 조(曹)는 도보로 따라왔다고 한다.

문충공(文忠公) 구양수(歐陽修)가 조카 통리(通理)에게 보낸 편지에서 말하였다. '어제 네 편지에 주사(硃砂)를 사가지고 오고 싶다고 하였으나 내게 그 물건이 없지 않다. 네가 재직하는 관하(管下)에서는 마땅히 청렴함을 지켜야 할 것인데, 어찌 관하의 물건을 살 수 있겠느냐. 내가 수령으로 있을 때는 먹는 물을 제외하고는 어느 물건도 사지 않았다. 이것을 보고 경계하는 것이 좋겠다.'

동사의(董士毅)가 촉주(蜀州)의 수령이 되니 부임할 때 아들들이 청하였다. "아버지의 뜻과 절조(節操)를 저희는 알고 있으므로 일체 살림살이에 관계되는 것은 감히 조금도 바라지 않습니다. 그러하오나 다만 아버지께서 연세가 많으신데, 촉주에는 좋은 목재가 많다고 하니 뒷일을 생각하셔야 하겠습니다." 공(公)이, "그렇게 하지." 하고 떠났다. 그가 돌아올 때 아들들이 물가에 나가 맞으면서 후사(後事)에 대한 것을 물으니 공이 대답하였다. "내가 들으니 삼나무[杉]가 잣나무[柏]보다 못하다고 하더라." 아들이 말하였다. "아버지께서 준비하신 것은 잣나무입니까?" 공이 빙그레 웃으며 말하였다.
"내 여기에 잣나무 씨를 가지고 왔다. 심는 것이 좋겠다."

7. 교격(矯激 : 지나치게 청고淸苦함)한 행동과 각박한 정사(政事)는
인정에 맞지 않으니 군자는 그것을 버려야 하고, 그렇게 해서는
안 된다.

▌고제(高齊)의 고적간(庫狄干)의 아들 사문(士文)은 성질이 청고
(淸苦)하여 관(官)의 급여도 받지 않았다. 그는 아들이 관에서 제공
하는 음식을 먹었다고 하여 나무칼을 씌워서 여러 날을 가두고, 장
(杖) 2백 대를 때리고, 걸어서 서울로 돌아가게 하였다. 간사하고
아첨하는 사람을 적발하고 한 자[尺]의 베, 한 말 서속(黍粟)의 뇌
물 받은 죄도 너그럽게 용서하는 일이 없었다. 임금께 아뢰어 영남
(嶺南)으로 귀양 보낸 사람이 천 명에 이르렀는데, 모두 풍토병에
걸려 죽었다. 그 친속(親屬)들이 울면 사문이 잡아다가 매를 치니
매 맞는 사람이 앞에 가득 차서 우는 사람은 더욱 많아지기만 하였
다. 임금이 듣고 말하였다. "사문의 포학함이 맹수보다도 더하다."
그리고는 그를 파면시켰다.
정선(鄭瑄)이 말하였다. "예전에 어른들의 말을 들으니 상관이 탐욕
스러운 것은 백성이 오히려 살길이 있지만, 상관이 청렴하고도 각박
하면 백성들은 살길이 끊어진다고 하였다. 고금을 통해 청백리의 자
손이 떨치지 못하는 사람이 많은 것은 바로 이 각박하게 한 탓일 것
이다." 또 말하였다. "사대부가 덕을 손상하는 것은 명성을 올리고자
하는 마음이 지나치게 급한 데서 생기는 경우가 많다."
양계종(楊繼宗)은 돼지머리 때문에 아내를 내쫓았고, 허자(許鎡)는
곤목(棍木)을 아들에게 주어서 그것을 밟고 돌아다니는 것으로 추
위를 피하라고 한 것이 각박한 정치가 아니겠는가. 공개(孔凱)가 비
단과 명주를 불에 던지고, 이견공(李汧公)은 물소 뿔과 상아(象牙)를

물에 던졌으니 교격한 행동이 아닌가. 이러한 일들은 모두 군자가
할 일이 아니다.

8. 모든 민간의 물품을 사들일 때 관에서 정한 값이 지나치게 헐
하면 마땅히 시가(時價)로 사들여야 한다.

▌상고해보면 이전부터 관가(官價)가 있었다. 그것이 지금 말하는
관정식(官定式)이다.
관(官)에서 정한 가격은 대체로 싸게 정하기 마련이다. 간혹 그중에
값을 시가(時價)보다 후하게 정한 것이 있으면 관에서는 그것을 사
용하지 않고 시가대로 사들인다. 관에서는 시가보다 싼값인 관정
(官定) 가격으로 물화를 사들일 것을 강요하는 한편, 시가보다 후한
가격은 관정가격을 시행하지 않으니 물품 구입 사무를 맡은 아전이
견딜 수 있겠는가. 원래 물가라는 것은 때에 따라 변동하는 것인데
관정가격은 한 번 정해지면 백 년을 가도 고치지 않으니, 현재의 가
격과 맞지 않는 것은 당연한 사세이다.
관에서 내주는 값이 박하면 아전이 고통을 느끼고, 아전이 고통을
느끼게 되면 백성에게 값을 깎기 마련이다. 결국은 손해는 백성들에
게 돌아간다. 아전이야 무슨 상관이겠는가. 원래 아전이 수령을 돕
는 일이란 즐거우면 나서고 괴로우면 물러서는 것인데, 그들이 구실
아치에서 물러나지 않는 것을 보면 그 속에 즐겨할 만한 구석이 있
다는 것을 알 수 있다. 백성이란 즐거워도 그냥 살아야 하고, 괴로
워도 그냥 머물러야 한다. 몸이 농지에 정착해 있어서 마치 묶인 채
매를 맞고 있는 것과 같다. 비록 떠나지 않더라도 고통이 없어서 떠
나지 않는다고 말할 수는 없다.
수십 년 동안 소위 계방제역촌(契房除役村 : 계를 모아서 금품을 거두
어 관청의 아전들에게 바치고 부탁하여 부역의 면제를 받는 마을)이 날마
다 달마다 불어나 부역은 선량한 일반 백성들에게 치우쳐서 고통을

가중하니 백성들이 살아갈 수 없다. 이 폐단을 개혁하려고 하면 아전들은 〔계방이 있는 마을의〕 백성들이 달아났기 때문에 부역을 시키지 못한다고 속인다.

내가 그 까닭을 살펴보니 ① 각 고을이 감사(監事)에게 아첨하는 일이 날로 심해지는 것, ② 관정(官定)한 억지 가격이 공정하지 않은 것 때문이다. 아전이 손해를 입게 되면 반드시 물러나려고 할 것이다. 관에서 그를 붙잡아두려면 반드시 손해난 구멍을 메워야 할 것이다. 그러나 위에서는 이(利)를 차마 버리지 못하고, 아래로는 백성에게 그 이상 더 부과할 수도 없다. 이에 한 마을을 떼어 주어〔금품을 받고 부역을 면해 주는〕 계방 마을이라는 것을 만들게 한 것이다. 천하에 얄밉고 간사하고 더럽고 인색함이 이보다 더한 일이 있겠는가? 그런 까닭에 수령이 처음 부임할 때 누구라도 계방을 없애고자 하지 않는 사람이 없었지만, 한 번 계방의 기묘한 이치를 알게 되면 묵묵히 속으로 그것의 타파(打破)를 막는 사람이 없다. 그 근본이 수령 자신에게 있다는 것을 알 수 있다.

모든 관용물품의 매상(買上) 가격은 마땅히 춘분(春分)과 추분(秋分) 때에 시가에 따라 개정하고, 시행한 지 반년 만에 고칠 것은 고치고 그냥 둘 것은 그냥 둔다. 시가에 따라 가격이 너무 깎인 것이나, 지나치게 높게 된 것이 없도록 하는 것이 좋지 않겠는가. ≪예기(禮記)≫에서, '낮과 밤이 같은 춘분과 추분이 되면 도량(度量)을 같게 하고, 형석(衡石 : 저울)을 균평하게 하며, 두용(斗甬 : 말)을 비교하고 권개(權槪 : 저울추와 평미레)를 바르게 한다.'라고 한 것도 또한 이러한 뜻일 것이다.

9. 모든 잘못된 전례(前例)가 계속되는 것은 애써 바로잡아 고쳐야 하고, 간혹 그중에서 개혁하기 어려운 것이 있으면 나만은 그 잘못을 범하지 말아야 한다.

▌서로(西路)의 방번전(防番錢), 산읍(山邑)의 화속전(火粟錢), 그밖의 장세전(場稅錢), 무녀포(巫女布) 같은 것은 비록 잘못된 전례지만 다 조정에서 알고 있는 것이니 혹은 그대로 따를 수도 있겠지만, 서로의 와환채(臥還債)〔자세한 것은 제6장 호전육조戶典六條 제3조 곡부穀簿에 나옴〕, 남방의 은결채(隱結債) 같은 것은 전례를 따른 것이 비록 오래되었더라도 결코 착복해서는 안 된다. 하나하나 열거할 수는 없으나 목민관이 의리를 생각해서 천리(天理)에 어긋나고, 국법에 위반되는 것은 절대로 자신이 범해서는 안 된다. 그중에 혹은 얽히고 견제되어 타파할 수 없는 것이 있을 때는 적어도 나만은 범하지 않아야 한다.

10. 모든 관용의 포백(布帛)을 사들이는 사람은 반드시 인첩(印帖：관인官印이 찍힌 수첩)을 갖게 한다.

▌아전이나 관노가 관용품을 사들일 때 관에서 산다고 핑계하고 베나 명주 따위를 싼값으로 강제로 사거나, 혹은 내사(內舍)나 책방(冊房)에서 사사로이 사들이고 몰래 값을 깎는 경우가 있어서 상인들에게 손해를 입히는 일이 있다. 모두 원망을 듣게 되는 일이니 그런 폐단이 없게 해야 한다.
수령이 부임한 처음에는 반드시 경리를 맡은 아전을 시켜서 포목 상인들에게 골고루 알리기를, '지금부터는 관에서 포백을 사들일 때 반드시 인첩을 갖는다. 만일 이 인첩을 지니지 않았으면 관에서 사는 것이 아니다. 받은 가격을 인첩 밑에 손수 적어서 아전에게 그것을 가지고 돌아와서 증거로 삼게 하라.'라고 일러둔다.
물건을 사고 나면 '상인 아무개'라고 상인이 자기 이름을 쓰고 한 줄 한 줄 물건과 값을 적어서 도로 바치게 한다.

11. 비록 온갖 기술자가 다 갖춰져 있을지라도 절대로 개인용 물

건을 만들게 하는 일이 없어야 청렴한 선비의 관부(官府)이다.

▌관에 소속된 기술자에게 수령의 가구를 만들게 하는 것은 탐오(貪汚)하다는 남의 비웃음을 받을 뿐, 그것을 서울까지 가져가는 비용을 따지면 도리어 손해가 되는 어리석은 처사이다.

12. 모든 일용의 지출 장부는 깊이 따지고 들여다보아서는 안 된다. 빨리 말미(末尾)에 서명해야 한다.

▌학궁(學宮)이나 여러 창고의 경비는 마땅히 자세히 살펴야 하지만, 주방(廚房)의 아전이나 현사(縣司)의 경비는 깊이 따지지 말고 빨리 승인에 서명해야 한다.

13. 수령의 생일 아침, 아전이나 군교(軍校)의 제청(諸廳)에서 혹 성찬(盛饌)을 올리는 일이 있더라도 받아서는 안 된다.

▌제청에서 올리는 음식은 다 백성들에게서 나오는 것이다. 계방(契房)의 돈을 걷기도 하고, 보솔(保率 : 보인保人과 솔정率丁을 아울러 부르는 말)의 돈을 거두기도 한다. 그것을 핑계 삼아 가혹하게 거둬들여서 하지 않는 것이 없다. 어부의 물고기를 빼앗고, 촌민(村民)의 개를 때려잡으며, 국수와 참기름은 절에서 가져오고, 주발과 접시는 사기점에서 가져온다. 이것은 원망을 거둬들이는 물건이니 어떻게 그것을 받아먹을 수 있겠는가. 혹은 유기(鍮器) 한 벌, 고운 베〔細布〕두어 필을 바치어 헌수(獻壽)가 있으면 더욱 받아서는 안 된다. 아버지나 어머니의 생일에 바치는 것은 더욱 받아서는 안 된다.

14. 남에게 자기 재물을 희사(喜捨)한 일이 있을지라도 드러내 말하지 말고, 덕(德) 보였다는 얼굴을 하지 말며, 남에게 자랑하지 않으며, 앞사람〔여기에서는 전임자를 의미함〕의 잘못을 말하지

말라.

▪ 매양 청렴한 것이 지나쳐 모가 나는 사람을 보면, 혹은 잘못된 전례에 따른 재물을 버리고 공정한 사리에 따랐거나, 혹은 자신의 봉록을 내놓아 백성에게 혜택을 베풀었을 때 그 일이 비록 착하나, 그것을 내놓았을 때는 반드시 기운을 내서 큰 소리로 말하기를, "사대부가 어찌 이 재물을 쓰겠는가?"라고 외친다. 아전이 혹은 전례를 들어 말하면 반드시 꾸짖고 매질하여 자기의 청렴함을 드러낸다. 또 말하기를, "봉록(俸祿) 남은 것을 내 어찌 가지고 돌아가서 전답을 사겠는가?"라고 하면서 소리쳐 자랑한다. 큰 덕(德)이나 베풀었다고 생각하는 얼굴빛을 하여 백성을 대하거나 손님을 대하거나, 항상 자랑을 늘어놓는다. 그의 마음은 수백 냥의 돈으로 굉장히 큰일이나 한 것처럼 보고 있는 것이니, 사리를 아는 사람이 곁에서 보면 어찌 비웃지 않을 수 있겠는가?

모든 재물을 받지 않고, 봉록을 희사(喜捨)하는 때는 마땅히 두어마디 지나가는 말로 관계 아전에게 타일러서 다시 말을 꺼내지 않게 할 것이다. 묻는 사람이 있으면, '지금 우선 받지 않지만 나중에는 아마 그렇지 않을 것이다.'라고 대답하고, 다른 말을 하여 그 일을 길게 말하지 않는다.

15. 청렴한 사람이 은혜로운 마음이 적으면 남들이 그를 병 되게 생각한다. 책임은 자신에게 무겁게 지우고, 남에게는 가볍게 해야 한다. 사사로운 청탁이 행해지지 않으면 청렴하다고 말할 수 있을 것이다.

▪ 아전이나 관노(官奴) 무리는 배우지 않아 무식하여 욕심만 있고 천리(天理)는 모른다. 내가 애써 힘쓸 것이지 어찌 남을 책망하겠는가? 예(禮)로써 나 자신을 다스리고, 일반 서민에 대한 예(例)로써 남을 다루면 원망을 없게 하는 방법이 될 것이다. 아전이나 관노가

법 밖에서 백성을 학대하는 행위가 있다면 법은 마땅히 그러한 행위를 엄금해야겠지만, 그들이 잘못된 전례를 답습하여 떳떳한 봉록처럼 생각하게 된 것은 너그럽게 보아주는 것이 좋을 것이다.〔가령 색락미色落米라든가 부표채付標債 같은 것〕

매양 보면 속물(俗物)인 관리는 그의 가난한 친구나 빈궁한 친족을 만나면 자기 봉록의 나머지를 베풀기를 싫어하고, 따로 그 사람에게 어떤 일을 요구하게 하여 그의 청탁을 들어준다. 이것은 백성의 재물을 약탈하여 나의 친족을 구제하는 것이다. 비록 그들이 돌아갈 때 주머니가 두둑해 칭송하는 소리를 할지라도 그런 일을 해서는 안 된다.

16. 뇌물을 주고받는 일은 누구나 비밀히 하지만, 밤중에 한 일이 아침이면 이미 널리 퍼지게 마련이다.

▌아전들은 매우 간사하고 경박(輕薄)하다. 들어와서는 말하기를, "이 일은 비밀입니다. 아는 사람이 없습니다. 말하면 자기에게 해되는 일인데 누가 말을 내겠습니까?"라고 한다. 수령이 그 말을 믿고 기꺼이 뇌물을 받는다. 그러나 겨우 문밖에 나가면 함부로 말을 퍼뜨리고 숨기지 않는다. 그리하여 자기의 경쟁자를 막는다. 잠깐 사이에 사방에 퍼지건만 수령은 깊은 곳에 고립되어서 아무것도 모르고 있다. 진실로 가엾은 일이다.

옛날 양진(楊震)이 말한, "하늘이 알고, 신(神)이 알고, 내가 알고, 자네가 안다."라고 한 사지(四知) 이외에도 남이 아는 것을 방지할 수는 없다.

✠ 제3조 제가齊家 - 집안을 바르게 통솔함

1. 자기 몸을 바르게 가진 뒤라야 집안을 바로 이끌어 갈 수 있

고, 집안이 바로 이끌어져 가게 된 뒤라야 나라를 다스릴 수 있다는 것은 천하에 통하는 원칙이다. 그러므로 그 고을을 잘 다스리고자 하는 사람은 먼저 그 집안을 바르게 이끌어가야 한다.

▌ 내행(內行 : 부인의 행차)이 내려올 때는 여행 차림은 마땅히 매우 검약(儉約)해야 한다.

국법(國法)에 다만 어머니, 아내, 그리고 자제 한 사람만이 상주하는 가족으로 수령의 임지에 같이 살 수 있다. 그 밖의 가족이 수령과 함께 와서 있는 것은 모두 규정을 초과한 것이다.

쌍마교(雙馬轎 : 말 두 필이 끄는 가마)를 타는 것은 좋은 제도가 아니다.〔태평거太平車만 못하다〕그러나 여자들은 평생에 쌍교(雙轎) 타기를 바란다. 그러니 어머니를 모신 사람은 사용하지 않을 수 없을 것이다. 하지만 아내라면 어찌 반드시 쌍교를 사용할 까닭이 있겠는가. 부녀가 무식하여 마음으로 원한다면 남의 쌍교를 빌려 타고, 한참(站)이나 혹은 하루 정도 탄 뒤에 그만두는 것이 좋다. 독마교(獨馬轎)에 청익장(青翼帳)을 두르고 붉은 주렴을 드리운 차림으로 고을에 도착하는 것이 어찌 영광스럽지 않단 말인가. 쌍교는 하루만 타도 소원은 성취되는 것이다. 어찌 반드시 10일을 타야만 마음에 만족하겠는가.

어머니의 가마, 아내의 가마 이외에는 그 일행을 모시는 하인과 말은 관청의 하인이나 관용마(官用馬)를 사용해서는 안 된다. 자기 집의 인마(人馬)와 고용한 인마를 사용하는 것이 예(禮)에 맞는 일이다.

자제는 반드시 초교(草轎 : 덮개가 없는 교자轎子)를 타야 하며, 관청의 하인으로 좌우를 호위하게 하는 것은 예가 아니다. 소년은 말을 타야 한다. 자제가 관아의 문을 출입할 때는 정문(正門)을 통과하는 것은 예가 아니다. 마땅히 옆문으로 다녀야 한다.

2. 국법에 어머니를 모시고 가서 봉양하면 국비를 지급하고, 아버지의 봉양에는 그 비용을 회계해주지 않는 것은 이유가 있는 일이다.

▌수령이 임지에 아버지를 모시고 가서 봉양하게 되면 수령의 친구들은 그를 춘부(椿府 : 남의 아버지를 높여 이르는 말)라고 부르고, 아전과 관노들은 대감(大監)이라고 말한다. 대감의 나이가 60이 넘어 노쇠하면 모시는 사람들은 봉양에 마땅히 애써야겠지만, 노쇠한 사람이 아니면 비록 효성이 있는 아들이 간청하더라도 가볍게 따라가서는 안 된다.
만약 부득이 임지에서 아버지를 모셔야 할 경우라면 마땅히 내사(內舍 : 속칭 내아內衙)에서 따뜻한 방 하나를 골라서 깊숙이 들어앉아 요양(療養)하는 것이 좋을 것이며, 외인(外人)과 접촉하지 않는 것이 예도(禮度)에 맞는 일이다. 매양 보면 춘부(春府)가 예도를 알지 못하여 바깥채에 자리를 차리고 앉아서 아전과 하인을 꾸짖고, 기녀와 놀고 손님을 맞아들이며, 심한 사람은 소송과 형옥(刑獄) 관계를 돈을 받고 떠맡아 관청의 행정을 어지럽게 해 저주(咀呪)하는 사람이 성내에 가득하고, 비난하는 사람이 고을 안에 가득하게 만든다. 이러한 사람은 아버지의 도리와 아들의 처지를 함께 손상하고, 공(公)과 사(私)를 병 되게 하는 것임을 몰라서는 안 될 것이다.

3. 안과 밖의 구별을 엄격히 하고 공과 사의 한계를 명확하게 하라. 법을 세워서 단단히 타일러 경계하고 금지하기를, 천둥처럼 두렵게 하고 서리처럼 싸늘하게 해야 한다.

▌안채〔內舍〕의 문을 예전에는 발자리문〔簾席門〕이라고 하였다. 주렴으로 가리고 자리로 막았기 때문이다. 집안의 노비(奴婢)와 관청의 노복(奴僕)들이 서로 대면할 수 없었으니, 안채와 바깥의 구별을 엄중하게 하기 위한 것이었다.

근세(近世)에 와서 이 법이 없어져서 집안의 종이 자기 마음대로 이 문밖에 나오고, 관의 종(官婢)이 이 문 안을 함부로 들어가게 되었다. 주렴은 걷어 버리고 자리는 치워졌다. 귀에 대고 말을 하고 무릎을 맞대고 앉게 되니 명령은 여러 곳에서 내리게 되어 온갖 폐단이 여기에서 생긴다. 어찌 한심한 일이 아니겠는가.

발자리문 밖에 장방형의 책상 같은 돌(섬돌을 어금(檢禁)이라는 그릇 모양으로 만든 것) 한 개를 놓아두고 명하기를, '매일 아침 관청 창고지기나 원두한(園頭漢 : 채소밭을 가꾸는 사람)은 그가 바치는 물건을 이 돌 위에 놓고 방울 줄을 흔들어 안채에 알리고는 30보(步) 밖에 물러가 서 있으면, (마땅히 땅에 그어 표를 정해 둔다) 안채의 종이 방울 소리를 듣고 문에 와서 자리를 걷고 물건을 가져다가 바친 뒤에 곧 빈 그릇을 도로 돌 위에 갖다 둔다. 그리고 들어간 뒤에 한참 있다가 바깥 하인이 빈 그릇을 가지고 나온다. 감히 얼굴을 마주 보거나 말을 건네는 자가 있으면 안팎의 종을 다 엄중하게 태형(笞刑)을 결행(決行)할 것이다.'라고 해둔다.

자제가 혹 상경(上京)할 때나 집에 돌아올 때나, 혹은 가까운 고을에 유람을 나갈 때는 마땅히 개인 소유의 노복과 사유의 말을 사용해야 한다. 번번이 보면 수령의 자제가 다닐 때 관청의 말을 타고 관청의 하인을 거느리고, 좌우로 호위하며 벽제 소리를 치곤 하여 관원(官員)처럼 하고 다니는 모습은 보는 사람이 민망하다.

4. 사사로운 일로 뵙기를 청하는 일이 없어진 뒤라야 가법이 엄하고, 가법이 엄한 뒤라야 정치와 명령이 맑아진다.

▌내 지위가 높게 되면 나의 처자(妻子)부터 다 나의 총명을 가리고 나를 속이며 저버리는 사람이 된다. 남편을 존경하지 않는 아내가 없으며, 어버이를 사랑하지 않는 아들이 없는데 어째서 총명을 가리고, 속이며 저버리는 마음이 있겠는가. 그것은 사물의 도리를 아는 사람이 드물기 때문이다. 혹은 안면(顏面)이나 사정(私情)에 끌리

고, 혹은 뇌물에 유혹된다. 그렇게 되면 여기서부터 청탁과 간알을 행하게 된다.

혹은 어느 벼슬아치는 제거하라고 하고, 혹은 어느 부하는 칭찬해 추천한다. 혹은 갑(甲)이란 사람의 소송사건은 여론이 그를 원통하다고 한다고 말하고, 혹은 아무개의 형사사건은 관의 판결이 잘못된 것이 있다고 말한다. 아래에 있는 모든 간사한 사람들이 온갖 계략을 써서 뚫고 들어와 서로 멀어지게 하면, 마음 착한 아내와 어린 아들은 스스로 그것이 공론(公論)인 줄 알 뿐 그것이 사사로운 음흉한 술책인 것을 깨닫지 못하게 된다. 나는 이러한 사람을 많이 보았다.

이런 말을 들을 때는 그 즉시 믿지 말고 오직 공정한 사리로 천천히 살펴보아야 한다. 만약 그가 말한 것이 충실한 것이면 겉에 드러내지 말고 잠자코 움직여서 선처(先處)하고, 간사한 자의 계략이라면 그 경로를 찾아내어 그 간계의 소굴을 적발하고, 본래의 사건에 대한 죄 이외에 간알의 죄를 병과(倂科)하여 수령의 마음 쓰는 법을 명백히 보이고 크게 징계하는 일을 하지 않아서는 안 된다.

만약 처자(妻子)는 나를 사랑하는 사람이니 그의 말은 반드시 충성스러운 것이라고 말한다면, 매우 잘못된 생각이다. 처자도 이미 그러하니 하물며 그 밖의 사람들이야 오죽하겠는가?

한 재상이 청음(淸陰) 김상헌(金尙憲)에게 말하였다. "우리 집 안사람은 번번이 뇌물을 받는다는 비방(誹謗)을 받습니다. 장차 어떻게 하면 좋겠습니까?" 김상헌이 말하였다. "부인이 청탁하는 것을 하나도 듣지 않으면 비방은 없어질 것입니다." 그 재상이 크게 깨닫고 한결같이 그의 말대로 하였다. 그 부인이 항상 김상헌을 욕하여 말하였다. "저 늙은이가 자기나 청백리(淸白吏)가 되었으면 그만이지 어째서 남에게 본받게 만들어서 나를 이렇게 고생시킨단 말인가?"
〔정재륜鄭載崙의 《인계록因繼錄》〕

5. 검소하고 절약해 화사(華奢)함이 없고, 관(官)에 있는 것이 집에 있는 것과 같으며, 온 집안이 따라서 감화(感化)해 원망하고 꾸짖는 일이 없다면 이것은 군자(君子)의 집안이다.

▌조찬(曹璨)은 빈(彬)의 아들이다. 절도사(節度使)가 되어 그의 어머니가 하루는 집의 창고를 검열(檢閱)하여 돈 수천 꿰미를 쌓아둔 것을 보고 조찬을 불러 가리켜 보이면서 말하였다. "너의 아버지 시중(侍中)께서는 내직(內職)과 외직(外職)을 고루 역임하셨으나 일찍이 이렇게 쌓아둔 재물은 없었다. 네가 아버지에 미치지 못함을 알 수 있다."
고려의 유응규(庾應圭)는 지조와 행동이 바르고 굳었다. 일찍이 남경(南京 : 지금의 양주楊州) 수령으로 있을 때 정치가 청렴 개결(介潔)한 것을 숭상하였다. 그의 아내가 아이를 낳은 뒤 유통(乳痛)이 심했으나 다만 나물국뿐이므로 한 아전이 몰래 꿩 한 마리를 보냈더니 부인이 말하였다. "남편이 평일에 남이 보내주는 것을 받지 않았다는데, 어찌 나의 구복(口腹) 때문에 남편의 깨끗한 덕행을 더럽힐 수 있겠는가?" 아전이 부끄러워하며 물러갔다고 한다.

✳ 제4조 병객屏客 - 관아에 손님을 불러들이지 않음

1. 대체로 관부에 객원(客員 : 직원 이외의 인원)이 있는 것은 좋지 않다. 오직 서기 한 사람을 두어 내아의 일도 겸하여 보살피게 하는 것이 좋다.

▌지금의 풍속에 소위 책객(冊客)을 한 사람 두어서 회계(會計)를 맡기고, 매일의 출납기록을 보살피게 하는 것은 예도(禮度)가 아니다. 관부의 회계에는 모든 공용(公用)이건 사용(私用)이건 간에 포함되지 않는 것이 없다. 여러 아전과 많은 하인이 여기에 관계되지 않는 사람이 없다. 그런데 이에 직위(職位)도 없고 명목도 없는 사

람을 시켜서 이 권한을 도맡아 다스리게 하여 날마다 아전이나 관노(官奴)의 재물을 맡은 사람과 많다, 적다, 허위다, 사실이다 하며 따지게 하는 것이 어찌 사리에 맞겠는가? 이 사람이 간사한 것을 잘 적발하고 숨긴 것을 밝혀낸다면 원망은 수령 자신에게 돌아오게 될 것이고, 그 사람이 허물과 잘못을 말하지 않고 숨겨 준다면 손해가 수령 자신에게 돌아오게 될 것이니 장차 무슨 유익함이 있겠는가?

일용의 자질구레한 지출은 살펴볼 만한 가치도 없다. 수령이 현명하면 아전이 저절로 속이지 못한다. 비록 쥐도둑 같은 작은 속임이 있다고 한들 1년 동안의 손실을 합해도 만전(萬錢 : 백 냥)은 안 될 것이다. 회계를 맡은 객원(客員)을 쓰면 1년 동안 그 사람을 부양하는 경비가 적어도 3~4만 전은 될 것이니, 얻는 것이 손실을 보충할 수 없으며 한갓 나에게 누(累)만을 더할 뿐이다. 마땅히 제거해야 할 가외의 존재이다.

오직 서기 한 사람은 쓰지 않을 수 없다. 수령의 모든 집안일을 처리하기 위해 반드시 가재(家宰 : 집안일을 맡아보는 사람) 한 사람이 있어야 한다. 집안의 모든 자질구레한 일을 수령 자신이 관리하면 체면이 손상되고, 자제에게 시키면 비천(鄙賤)하게 되기 때문이다. 가재(家宰), 즉 서기를 두어 제사에 쓰는 물건과 남에게 보내는 선물을 싸서 표지(標識)하는 일은 이 사람에게 맡겨야 하며, 내사(內舍)에서 쓰는 모든 물건과 그것을 출납하는 것도 마땅히 이 사람에게 맡겨야 한다. 다만, 이 사람에게 관의 아전이나 하인에게 한마디의 명령이나 한마디 말이라도 하지 않게 해야 한다. 그리고는 틈을 타서 동헌(東軒)에 가서 아뢰고 명령을 받게 한다. 또 모든 편지의 주고받는 것을 만약 자제 중에 대신 수고할 사람이 없으면 그것도 마땅히 이 사람에게 맡겨야 할 것이다. 이 일을 하는 사람을 기실(記室)이라고 한다.

2. 고을 사람과 이웃 고을 사람들을 맞아들여 접견(接見)해서는 안 된다. 관부(官府) 안은 마땅히 엄숙하고 깨끗해야 한다.

■ 요즘 풍속에 존문법(存問法 : 찾아보고 문안함)이 있다. 지방의 세력 있는 사람이나 간사한 민간인이 조정의 고관(高官)들과 결탁하고 있어서, 수령이 부임하는 길에 오르기 전에 조정에 하직하러 가면, 조정의 고관이 수령에게 그를 존문하고 매사를 잘 보호할 것을 부탁한다.

예전에 참관 유의(柳誼)가 홍주목사(洪州牧使)로 갔을 때, 존문하라는 고관의 부탁을 하나도 시행하지 않으므로 내가 그에게 너무 융통성이 없다고 말하였더니 유공(柳公)이 말하였다. "임금께서 이미 홍주의 백성 전체를 나 목신(牧臣)에게 맡겨서 그들을 불쌍히 여기게 하고 보살피게 하였다. 조정 고관의 부탁이 중하나 어찌 이러한 임금의 명령보다 더할 수가 있겠는가? 만약 내가 치우치게 한 사람을 골라서 그 사람만을 문안하고, 그 사람만을 보호한다면 이것은 임금의 명령을 어기고 사사로운 명령을 받는 것이 된다. 내 어찌 감히 그렇게 할 수 있겠는가?"

나는 그의 말에 깊이 감복하여 다시 논란(論難)할 수 없었다. 대체로 존문을 경솔히 해서는 안 된다.

문리(門吏 : 예방禮房의 승발承發 등)를 엄중히 단속해 약속하기를, '읍내의 모든 사람, 가령 비록 현임(現任)의 학궁(學宮 : 향교)의 임원이나 새로 존문 받게 된 사람일지라도 통과시키지 말 것이고, 만일 어기는 일이 있으면 네가 벌을 받을 것이다.'라고 해야 한다.

3. 가난한 친구와 빈궁한 친족으로 먼 곳에서 찾아온 사람은 마땅히 즉시 맞아들여 접견하고, 후하게 대우해서 보내야 한다.

■ 선인(先人)이 일찍이 말하기를, "가난한 친구와 빈궁한 친족을 잘 대우하기란 매우 어려운 일이다."라고 하였다. 진실로 청빈(淸貧)한

선비와 지조 높은 벗이라면, 벗을 찾아 혹은 친족을 찾아서 관청에 오지는 않는다. 나를 찾아오는 사람은 대체로 구차하고 비루한 사람이 많다. 언어와 행동이 달갑지 않고, 혹은 무리한 부탁을 하며, 혹은 지나친 요구를 하는 경우가 있어서 미워할 만하다. 그러므로 이런 사람에게 부드럽고 원만하게 대하기란 매우 어렵다. 그럴수록 잘 대우하는 사람이 고수(高手)이다. 그런 사람을 대할 때에는 반갑게 영접하여 즐거운 표정으로 담소(談笑)하고, 좋은 음식과 새 옷을 주며, 여비를 넉넉하게 주어서 보내야 한다.

다만 그를 영접하는 날에 만약 아직 참알(參謁)이 끝나지 않았거나, 혹은 아전과 백성이 관정(官廷)에 있는 경우라면 마땅히 그들을 바로 책방(冊房)에 가게 하고, 일이 끝난 다음에 존장(尊長)이면 수령이 몸소 가서 인사하고, 평교(平交) 이하면 동헌에서 접견한다. 그리고 약속하기를, '지금부터 돌아갈 때까지는 책방에 거처하고, 정당(政堂)에는 나오지 마십시오.'라고 한다. 간혹 밤이 깊어 관의 용무가 끝난 뒤에 정당에서 술을 데우게 하고 고기를 구워서 같이 즐기는 것은 좋다.

4. 잡인(雜人)의 출입은 엄중히 금지해야 한다.

▌지금의 수령 중에 어떤 사람들은 관부의 모든 문을 활짝 열어 놓는 것을 덕행으로 생각하고 있다. 이것은 덕행이 될지 모르나 정치를 모르는 행동이다. 나의 직책은 백성을 잘 다스리는 것이고, 손님을 접대하는 일은 아니다. 평생에 한 번 본 일도 없는 사람들을 어찌 다 만나야 한단 말인가? 문을 지키는 아전에게 명령하기를, '손님이 문밖에 오면 먼저 좋은 말로 사절하고, 곧 몰래 나에게 알려서 처분을 기다리도록 하라.'라고 한다. 그렇게 하면 실수함이 없을 것이다.

≪경국대전(經國大典)≫에 규정하기를, '사사로운 일로 관부에 출입

하는 사람은 장(杖) 1백 대의 형에 처한다. 다만, 아버지, 아들, 사위, 형, 아우는 예외로 한다.'라고 하였다.

나라의 금령이 이와 같으니 몸을 수양하고 행동을 삼가는 선비는 반드시 법을 위반하는 행동은 하지 않을 것이다.

�֎ 제5조 절용節用 - 재물을 절약함

1. 수령 일을 잘하는 사람은 반드시 자애롭다. 자애하고자 하는 사람은 반드시 청렴해야 하고, 청렴하고자 하는 사람은 반드시 절약해야 한다. 그러니 절용은 수령이 제일 먼저 해야 할 임무이다.

▌배우지 못한 사람이 어쩌다가 한 고을의 수령이 되면, 방자하고 교만하고 사치하게 되어 아무런 절제도 없이 멋대로 돈을 남용(濫用)한다. 그래서 그 빚이 이미 큰 액수에 이르게 되면 사세가 반드시 욕심이 많게 되고, 욕심이 많게 되면 반드시 아전과 공모하여 이득(利得)을 나누어 먹게 된다. 그렇게 되면 백성의 고혈(膏血)을 빨게 된다. 그러므로 절약해서 쓰는 일은 백성을 사랑하기 위해 제일 먼저 해야 할 일이다.

2. 절용은 제한을 지키는 일이다. 의복과 음식에는 반드시 법식이 있고, 제사를 지내고 빈객(賓客)을 대접하는 데에도 반드시 법식이 있다. 법식을 지키는 것이 절용의 근본이 된다.

▌≪주례(周禮)≫ 〈천관총재(天官冢宰)〉편에 보면 아홉 가지 법식으로 재용(財用 : 제사나 손님 접대 등)을 규정하였다. 천자(天子)의 부(富)를 가지고도 반드시 먼저 법식을 정하여 재용을 절약했는데, 하물며 한 작은 고을의 수령이겠는가. 법식을 정하지 않아서는 안 된다.

유원성(劉元城)이 마영경(馬永卿)에게 말하였다. "자네는 봉록(俸祿)이 박하니 수입을 봐서 지출해야 한다."

의복은 거칠고 검소한 것을 입는 것에 힘써야 한다.

아침저녁의 식사는 밥 한 그릇, 국 한 그릇, 김치 한 접시, 장 한 종지 외에 4첩에 그쳐야 한다. 4첩이란 옛날의 2두(豆), 2변(邊)이다. 구운 고기 한 접시, 어포(魚脯) 한 접시, 저(菹 : 절인 나물) 한 접시, 해(醢 : 젓갈 즉 육장肉醬) 한 접시이다. 이보다 더해서는 안 된다. 근래의 관장(官長)들은 모든 일에 다 체통을 세우지 못하면서 오직 음식에만 망령되게 스스로 존대(尊大)한 체하여 옛 법을 쓴다고 말하고는, 크고 작은 두 개의 상에 홍반(紅飯 : 붉은 팥으로 물들인 밥)과 백반(白飯)을 갖춰 차리고, 내외(內外) 두 군데의 반찬은 수륙(水陸)의 진미를 갖추어 늘어놓는다.〔내사內舍와 외주外廚에 각각 성찬을 내놓는다〕 그리고는 스스로, '관장의 체면은 본래 당연히 이리해야 한다.'라고 생각한다. 그리고 먹고 남는 것은 노비와 기녀들에게 은혜를 베푼다고 한다.

나의 직책을 다하지 못하였으니 박찬(薄餐)도 오히려 검소하게 해야 할 것을 알지 못하고, 그 직책에는 힘쓰지 않으면서 다만 그 음식만 찾고 있으니 어찌 우습지 않은가. 넘치게 낭비하면 재정이 곤란하게 되고, 재정이 곤란하게 되면 백성을 해치게 된다. 보이는 것은 노비나 기녀뿐, 백성을 해쳐서 기녀를 살찌게 하는 것이 무슨 유익함이 있단 말인가. 또 어떤 사람은 처음 취임한 때에는 그 어리석은 호기를 멋대로 부리다가, 두어 달도 못 되어 처음의 상태를 이어갈 수 없게 되어 박하고 적게 하는 사람이 많다. 그렇게 하면 아전과 백성들이 서로 전해가면서 그의 꾸준하지 못함을 비웃을 것이니 또한 부끄럽지 않은가.

3. 제사를 받들고 손님 접대하는 것은 비록 사사로운 일인 경우에라도 마땅히 일정한 법식이 있어야 한다. 잔약한 작은 고을에

서는 법식보다도 줄여야 할 것이다.

▌공적(公的)인 제사에는 일정한 공식의 법도가 있다. 사삿집의 제사는 마땅히 옛 제도를 따라 대부(大夫) 이상은 마땅히 소뢰(少牢)의 제물(祭物)을 써야 하고〔통정대부通政大夫 이상〕 당하관(堂下官)은 마땅히 특생(特牲)인 제물을 써야 한다.〔통훈대부通訓大夫 이하〕 두(豆)를 더하고 변(邊)을 더하는 것은 적당한 정도에서 따라야 한다. 소뢰는 그 잔은 세 번 드리고, 그 식(食)은 4궤(簋 : 밥 한 그릇, 국수 한 그릇, 떡 두 그릇)·3형(鉶)·5조(俎)·6두(豆)·6변(邊)이다.〔저菹·해醢 등 젖은 제물은 두에 담고, 포脯·율栗 등 마른 제물은 변邊에 담는다〕

그리고 그 위에 더 차리는 것은 두(豆)에 담은 것이 두 가지를 넘을 수 없으니 이어(酏魚 : 속명으로 어전魚煎)와 삼육(糝肉 : 속명으로 간남肝南)이 그것이다. 변에 담은 것도 두 가지를 넘을 수 없으니 연이(蓮飴 : 속명으로 정과正果)·율고(栗糕 : 속명으로 다식茶食) 등이 그것이다. 군현의 녹(祿)은 경관(京官)보다 많으니 두를 더하고, 변을 더할 수 있을 것이다.

위에서 말한 것은 시제(時祭)나 기제(忌祭) 때의 제물을 말한 것이다. 춘분·추분에 지내는 시제와 동지·하지에 지내는 천신(薦新)의 제례는 대부는 특돈삼정(特豚三鼎 : 1헌·2궤·1형·3조·2두·2변)이고, 당하관은 특돈일정(特豚一鼎 : 1헌·1조·2두·2변)을 쓴다. 더해서는 안 된다.

초하루 제사에는 대부는 특돈일정, 당하관은 포(脯)·해(醢)뿐이다.〔1헌·1두·1변〕 청명(淸明)·한로(寒露) 때에 묘제(墓祭)가 있다. 대부, 사(士) 모두 특돈삼정을 쓴다.

이 제례의 법식은 내가 참고삼아 적어본 것뿐이다. 집마다 각기 예(禮)가 있고, 국가에서 정한 제도가 있는 것이 아니니 마땅히 각기 자기네의 집안 법식에 따라야 할 것이다.

공적인 빈객(賓客)을 접대하는 데에는 공식(公式)이 있다.〔《오례의五禮儀≫〕 사적인 빈객의 접대에는 마땅히 2등급으로 구분하여 나이 많은 웃어른에게는 4첩, 나이 어린 아랫사람에게는 2첩으로 한다. 그 음식의 후하고 박한 것은 그 고을의 재력에 따른다.

4. 안채에서 사용하는 모든 물품은 그 예식(例式)을 정하고, 한 달 동안 쓸 것은 모두 초하루에 납품하게 한다.

▌ 안채에서 쓸 식료품은 반드시 일정한 한계를 정해야 한다. 그러므로 안식구가 도착하면 관주(官廚)에서 날마다 그 소용되는 물품을 바치게 한다. 그래서 10일이 되면 그동안 여러 가지 납입한 물품을 합계하여 그것을 3배로 한다.〔한 달은 30일이므로 3배 한다〕 그것을 한계로 예식(例式)을 정하고 초하룻날에 한꺼번에 바치게 한다.
관부의 정령(政令)은 깨끗하고 간단한 것이 좋다. 자질구레한 쌀이니 소금이니 무엇이니 하여 날마다 일일이 하인들을 부르고 명령하고 납품하고 검수하고 회계한다면 매우 소란하고 혼란할 것이다. 그래서 한 달치를 초하루에 바치게 한다. 그러나 생선이나 쇠고기, 기타 한꺼번에 바칠 수 없는 것은 미리 바치는 시기를 적당히 정해 둔다.

5. 공적인 손님의 음식 접대도 또한 반드시 먼저 그 예식(例式)을 정해둔다. 기일(期日)에 앞서서 물품을 준비해 예리(禮吏 : 예방禮房의 아전. 손님의 접대는 예리의 소관임)에게 주고, 비록 접대하고 남는 것이 있더라도 회수하지 않아야 한다.

▌ 공적인 손님을 대접하는 품급(品級)은 모두 예전조(禮典條)에 나온다.
관찰사를 접대하는 음식은 마땅히 옛 예에 따라야 한다. 혹 옛 예가 불편한 바 있으면 마땅히 고을의 전례에 따라야 할 것이다. 이 경우에는 10년간의 전례〔예例라고 말하는 것은 등록謄錄이다〕를 가져다가 그중에 너무 사치한 것과 너무 검소한 것을 버리고, 그 중간 정도 것을 취해 사치하지도 않고 검소하지도 않은 것을 골라 일정한 법식으로 정하고, 접대를 맡은 아전에게 필요한 물품을 내준다. 남는 것이 있어도 다시 말하지 않는다.

혹 일정한 법식 외에 손님이 따로 청하는 것이 있으면 아전이 그 요구에 응하고, 따로 작은 장부에 기록했다가 손님이 떠난 뒤에 회계토록 한다.

평안도와 황해도의 중국으로 가는 사신(使臣)과 각 도의 어사, 경시관(京試官 : 서울에서 파견하던 시험관), 반사관(頒赦官 : 죄인을 용서해주는 일을 알리는 벼슬아치) 등 모든 공적인 손님에 대해서도 모두 이 예에 따라 시행한다.

6. 무릇 아전이나 관노가 공급하는 것으로 회계에 포함되지 않는 것은 더욱 절약해야 한다.

▌관부에서 사용하는 모든 물품은 결국 어느 것이나 다 백성의 부담이 아닌 것이 없지만, 그중에서도 그 대가(代價)를 관부의 회계에서 지출하지 않는 것은 백성에게 폐해를 끼침이 더욱 심한 것이다. 그 물품은 하늘에서 떨어지거나 땅에서 솟아난 것이 아니고 다 백성의 부담에서 나오는 것이므로, 그것의 사용을 절약하고 그 폐해를 살펴 백성에게 피해가 조금이나마 적게 해주는 것이 좋지 않겠는가.

채소나 오이, 호박 같은 것은 원노(園奴 : 속칭 원두한園頭漢)가 바친다. 그 대가로 창고지기가 좁쌀이나 쌀을 함부로 거두어[이를 색락미色落米라 한다] 바치는 것을 충당하니, 그렇게 함부로 거두는 것을 금하지 않으면 백성이 해를 입고, 갑자기 엄금하면 창고지기가 파산하게 된다. 그러니 어찌 그 근원을 맑게 하여 폐단의 흐름을 막는 것만 하겠는가?

모든 채소나 오이, 참외 등은 마땅히 엄중한 예식(例式)을 정하여 하루에 몇 근(斤)을 바치게 하고 그것을 넘지 않게 한다. 한 줌, 두 줌이니 한 묶음, 두 묶음이니 하는 것은 우리나라의 어설픈 계산법이다. 줌은 큰 것, 작은 것이 있고, 묶음은 무거운 것, 가벼운 것이 있을 수 있다. 마땅히 저울을 사용해야 한다.

7. 천지가 만물을 생산하여 사람에게 소용에 따라 사용하게 하였으니, 한 가지 물건이라도 버리는 것이 없게 한다면 재물을 선용(善用)한다고 말할 수 있다.

▎도간(陶侃)이 형주(荊州)에 있을 때, 조선관(造船官)을 감독해 나무의 톱밥을 모두 모아다가 눈〔雪〕과 진흙 위에 펴서 그 장해(障害)를 막는 데 사용했으며, 대나무의 굵은 마디를 산처럼 모아 쌓아 두게 하여, 나중에 환온(桓溫)이 촉(蜀)을 치려고 배를 만들 때 못으로 사용했다.
패항(貝恒)이 동아(東阿)의 수령이 되었을 때, 관에 있는 비록 작은 물건일지라도 반드시 생각이 백성에게 미쳤다. 건축하고 수리한 후 사용하고 남은 폐철(廢鐵), 못쓰게 된 가죽, 헌 새끼〔索〕, 종이 따위를 모두 보관하게 했다가 공장(工匠)이 한가한 때에 가죽은 끓여서 아교를 만들고, 쇠는 녹여서 절굿공이를 만들며, 종이와 헌 새끼는 두드려서 양의(穰衣 : 볏대)를 만들어 창고에 저장했다. 마침 임금이 순행하게 되어 칙사(勅使)가 석전(席殿)의 건조(建造)를 독촉했다. 전부터 저장했던 물건들이 모두 급한 용도에 쓰이게 되어 백성들의 힘을 소모하지 않았다.

※ 제6조 낙시樂施 - 즐거이 은혜를 베풂

1. 가난한 친구와 빈궁한 친족은 힘을 헤아려서 돌봐주라.

▎한집안에 사는 사람은 비록 데려올 수는 없더라도 그중에 가난하

여 끼니를 잇지 못하는 사람이 있다면 그 식구를 계산하여 그들의 매월의 생계를 돌봐주지 않을 수 없다. 소공친(小功親 : 5개월 동안 상복을 입는 친척)으로 가난하여 끼니를 잇지 못하는 사람이 있으면 마땅히 반 달치 생계비를 계속 지출하지 않을 수 없다. 그 밖의 사람들은 급할 때만 도와주면 그만이다. 가난이 심하지 않은 사람은 이따금 조금씩 보내주면 된다.

가난한 친구가 와서 돌봐주기를 원하면 후하게 대우해야 한다. 그에게 주는 정도는 여비를 계산해 집에 돌아갈 때 여유가 있을 만큼이면 된다.

결국은 나에게 남는 힘이 있어야 남을 돌봐 줄 수 있다. 만약 관에 대한 채무(債務)가 많은 경우 마땅히 그 실정을 친척, 친구에게 알리고 조금 여유가 생길 때를 기다려서 오게 해야 할 것이다.

2. 권문세가(權門勢家)를 후하게 섬겨서는 안 된다.

▌ 권세 있는 집에 선물을 보내는 것을 후하게 해서는 안 된다. 내가 은혜를 입고 있으나 서로 잘 지내기를 의뢰(依賴)하는 사람에게 때로 선물을 보낼 때는 식품 두어 가지를 넘어서는 안 된다. 그 밖의 초피(貂皮)라든가 삼(蔘)이라든가 비단, 명주 같은 보배로운 물건은 절대로 보내서는 안 된다. 재상이 청렴하고 사리에 밝은 사람이라면 다만 그러한 귀중품은 받지 않을 뿐 아니라 도리어 나를 비루한 사람으로 알 것이다.

혹은 임금에게 고하여 처벌하기를 청한다면 이것은 재물을 손상하고 몸을 망치는 위태한 길이 될 것이고, 만약 재상이 뇌물을 즐겨 받고 끌어 올려 주는 사람이라면 그 사람은 머지않아 반드시 몰락할 것이다. 그때 공론(公論)은 나를 그의 연루(連累)된 사람으로 지적하거나, 적어도 그와 사사로이 가까운 사람이라고 하여 쫓겨나게 될 것이다. 어찌 애써 그런 일을 할 것인가?

신당(新堂) 정붕(鄭鵬)이 청송부사(靑松府使)로 있을 때, 재상 성
희안(成希顔)이 잣과 꿀을 요구하니 정공(鄭公)이 대답하였다. "잣
나무는 높은 봉우리의 정상에 있고, 꿀은 촌집의 벌통 속에 있으니,
수령이 어떻게 구할 수 있겠습니까?" 성희안이 부끄러워하며 사과
했다.

제3장 봉공육조奉公六條

'봉공(奉公)'은 공무를 봉행(奉行)한다는 뜻이다. 여기서는 수령의 직무 수행상 가장 근본적인 일인 첨하(瞻賀), 수법(守法), 예제(禮際), 보문(報聞), 공납(貢納), 왕역(往役) 여섯 조목을 들고 있다.

첨하는 임금과 조칙(詔勅)을 받드는 예절, 수법은 국법의 준수, 예제는 예(禮)로 교제하는 것, 보문은 보고 문서의 처리, 공납은 세금과 공물(貢物)을 받아 바치는 일, 왕역은 수령 고유의 직무 이외의 특별한 임무의 명령을 받았을 때의 복무 자세를 제시하였다.

❇ 제1조 첨하瞻賀 - 임금과 조칙詔勅을 받드는 예절

1. 왕궁을 향한 망하(望賀) 예는 마땅히 엄숙하고 화순(和順)하고 공경하게 하여 백성이 조정의 존엄함을 알게 해야 한다.

▌ ≪예기(禮記)≫에, '변색(辨色)에 조하(朝賀)한다.'라고 하였다. 변색은 먼동 틀 때라는 뜻이다. 먼동 틀 때 예를 거행하려면 반드시 닭이 울 때 일어나서 세수하고 머리 빗고 옷을 갈아입어야 늦지 않을 것이다.
입정(入庭)하여 망하(望賀) 예가 끝나면 반드시 한참 동안 엎드려서 지난 15일 동안 한 일이 우리 임금에게 부끄러움이 없는가를 묵묵히 생각하기를 진정 임금이 위에서 내려다보는 것처럼 한다. 만약 마음에 부끄러운 것이 있으면 마땅히 급히 고쳐서 나의 하늘에서 받은 떳떳한 마음을 기른다.
지금의 풍속은 오직 초하루, 보름에만 망하의 예를 하고 있다. 그러나 임금의 생일이나 나라에 경사가 있어 진하(陳賀)하는 날에는 모두 망하의 예가 있어야 마땅하다. 비록 남들과는 어긋나더라도 거행하지 않아서는 안 된다.

2. 망위(望慰) 예는 오로지 의주(儀注)에 따라야 한다. 그러니 옛 예를 강구하지 않을 수 없다.

▌ 나라에 국상이 있을 때, 수령이 거행하는 망위(望慰 : 국상國喪이 있을 때 수령이 왕궁을 향하여 조위弔慰의 뜻을 표시하는 예절)의 예는 의주(儀注 : 국가의 전례典禮 절차)의 정한 바에 따라 옛 예대로 가장 경건하고 신중하게 행해야 한다.

3. 나라의 기일(忌日)에는 사무의 처리를 중지하며, 형벌을 집행

하지 않고, 음악을 중지하는 것을 다 법례대로 한다.

▌ 나라의 기일 하루 전에 좌재(坐齋 : 제사 전날의 목욕재계)하고, 태형(笞刑)이나 장형(杖刑 : 지금 풍속은 장형만을 용형用刑이라고 한다)을 집행하지 않으며, 문을 여닫을 때도 군악(軍樂)을 사용하지 않는다. 그 이튿날 재계를 파한 뒤라야 비로소 태형이나 장형을 집행한다. 지금 사람들이 나라의 기일에 잔치를 벌이고 놀며 풍악을 울리는 자가 있다. 아전과 백성들이 그 예(禮) 아닌 행동을 비난하여 온 고을 안이 떠들썩하건만 수령 자신은 듣지 못한다. 조심하지 않아서는 안 될 것이다.

예묘(禰廟 : 아버지의 사당)와 왕고묘(王考廟)는 내가 섬긴 일이 있으니, 그 기일에는 마땅히 엄숙히 재계하고, 술을 끊으며 육류를 먹지 않는 것을 자신의 부모 기일과 다름없이 해야 한다. 그렇게 해야 비로소 예에 맞는 일이다.

4. 조서(詔書)나 명령이 내리면 마땅히 조정의 은덕(恩德)한 취지를 널리 선포해서 백성에게 나라의 은혜를 충분히 알게 해야 한다.

▌ 조서는 임금이 백성을 위로하고 타이르는 것이다. 어리석은 백성은 문자를 알지 못하기 때문에 직접 귀에 들려주고, 얼굴을 보고 일러주지 않으면 조서가 내리지 않은 것과 같다. 조서가 한 번 내리면 수령은 패전(牌殿)의 문밖에서 친히 입으로 설명하여 자세히 알려주어서 백성에게 나라의 은덕을 충분히 알게 해야 한다. 그런데 번번이 보면 왕명이 내리면 급히 등사하여 풍헌과 약정에게 보낸다. 만약 그들 자신이 조서의 취지에 위반되는 일을 하고 있으면, 아전과 풍헌 약정은 숨기고 선포하지 않는다. 세곡(稅穀)의 징수를 정지 혹은 연기하는 일이나, 환곡(還穀)을 감면한다는 등의 은덕의 조서 같은 것은 열 번 내리면 여덟, 아홉 번은 숨긴다. 수령의 여러 가지

죄 중에 이 죄가 가장 크다. 사형을 당해도 당연하다. 이러한 죄를 범해서는 안 된다.

✖ 제2조 수법守法 - 국법의 준수

1. 법은 임금의 명령이다. 법을 지키지 않는 것은 임금의 명령을 따르지 않는 것이다. 신하로서 그 어찌 감히 할 수 있는 일이겠는가?

▌ 책상에 ≪대명률(大明律)≫ 한 권, ≪대전통편(大典通編)≫ 한 권을 놓고 항상 펴서 법조문을 자세히 알아두어야 한다. 그리하여 거기에 따라 자신이 법을 지키고, 거기에 따라 법령을 시행하며, 거기에 의지하여 소송을 판결하고, 거기에 따라 모든 사무를 처리해야 한다. 적어도 법의 조문에서 금하고 있는 것은 티끌 하나라도 어겨서는 안 된다.

그 고을에서 전부터 내려오는 관례가 있어서 비록 이미 오랫동안 따르고 있는 것일지라도 적어도 국법에 뚜렷이 위반되는 것이면, 그대로 따라서 법을 범해서는 안 될 것이다.

2. 읍례(邑例 : 그 고을에서 시행되고 있는 전례前例, 관례)는 한 고을의 법이라고 할 수 있으니, 그중에 사리에 맞지 않는 것은 고쳐서 지켜야 한다.

▌ 각 고을의 모든 창고에는 예로부터의 관례가 있다. 그것을 절목(節目)이라고 부른다. 그것은 대체로 처음 만든 목적이 원래 좋지 못한 것이 많다. 거기다가 나중 사람들이 더욱 어지럽게 변경해 보태고 빼고 해놓았다. 모두가 사심(私心)에서 자기에게 이롭게 하고 백성을 괴롭히는 데 맞도록 고쳐 놓았다. 그것이 너무 거칠고 뒤섞이고 구차하고 더럽게 되어서 그대로 따라 시행할 수 없으면, 드디

어 그 절목은 폐지하고 새로운 영(令)을 제멋대로 만들어 시행한다. 모든 백성을 괴롭히는 조항이 해마다 달마다 불어나서, 백성들이 살아갈 수 없게 된다.

수령이 새로 부임해 두어 달이 되면 모든 창고의 절목을 가져다가 한 조목 한 조목씩 따져 물어서 그중 사리에 맞는 것은 드러내 쓰게 하고, 사리에 어긋나는 것은 폐지해야 한다.

정밀하게 생각하고 자세히 살펴서 용단(勇斷)을 가지고 후일의 폐단을 방지하며 민정(民情)에 순응하는 법을 만든다면 이것을 시행하여 마음에 부끄러움이 없을 것이다. 내가 떠난 뒤에 오는 사람이 따르고 안 따르는 것은 비록 알 수 없는 일이지만, 내가 있는 동안 그렇게 시행하는 것이 또한 좋지 않겠는가?

옛날에 쓰던 절목과 식례(式例 : 이름을 등록謄錄이라고 한다)는 하나하나 거두어 모아 불에 태우거나 찢어 버려서 영구히 그 뿌리를 없애야 한다. 만약 한 조각이라도 남겨 두면 뒷사람 중에는 옛 관례라고 핑계하여 폐해가 다시 처음과 같게 될 위험이 있기 때문이다.

3. 무릇 국법에서 금지한 것, 형률에 실려 있는 것은 마땅히 벌벌 떨며 두려워하여 감히 어겨서는 안 된다.

▌한 가지 일을 처리할 때마다 반드시 나라의 법전을 살펴보아야 한다. 만약 조금이라도 법에 어긋나고 형법에 저촉되는 것이면 절대로 해서는 안 된다. 수령 자신이 먼저 법을 지켜야 한다. 만약 전임자가 법을 어겨 나에게 넘어온 것이 있으면 마땅히 거듭 그에게 시정을 요구하고, 그래도 듣지 않으면 단연코 감사에게 보고해야 하고, 덮어두어서는 안 된다.

번번이 한 가지 일을 할 때, '내가 하는 일을 감사가 들어도, 어사가 알아도 나를 공격하거나 나무랄 것이 없는지' 반성해 근심할 바가 없음을 확신한 뒤에 시행해야 한다.

너무 일직선으로 법을 고수하는 것이 때로는 융통성 없는 처사가 되어 도리어 백성을 해롭게 하는 수도 있다. 요는 자신의 마음이 천리(天理)의 공정함에서 나오고 백성에게 이익 됨을 위한 것이라면, 혹은 때에 따라 법의 운용에 융통성이 있을 수 있을 것이다.

✳ 제3조 예제禮際 - 예禮로 교제함

1. 예의로 남과 교제하는 것은 군자가 조심해 지켜야 할 일이다. 공손하게 해서 예에 가깝게 되면 치욕(恥辱)을 멀리할 수 있을 것이다.

▌관원(官員)과 관원이 접견(接見)하고 대우하는 데에는 일정한 예(禮)의 절차가 있다. 반드시 이 절차를 지켜서 관리의 질서를 바르게 해야 한다. 관리, 특히 지방관인 수령이 다른 관원과 접촉하는 예의 절차는 ≪경국대전(經國大典)≫에 규정되어 있다.

2. 연명(延命 : 명령을 맞이한다는 뜻) 예를 감영(監營)에 나아가서 행하는 것은 옛 예가 아니다.

▌연명은 고을을 지키는 신하가 자기의 임지에 있을 때 선화(宣化 : 임금의 교화를 선포한다는 뜻)하는 신하가 순행해 본읍에 도착하면, 수령이 패전(牌殿 : 궐패闕牌를 모신 객사客舍)의 뜰에서 공손히 교서(敎書)를 받고 첨하(瞻賀)의 예를 행하는 것을 말한다. 대체로 조정의 조칙(詔勅)이나 유고(諭告)를 공손히 받는다는 뜻이다. 그런 까닭에 순행하는 선화관이 본읍에 오지 않으면 수령은 마침내 연명하지 못하는 사람이 있게 된다. 이것이 옛 예이다.
영조(英祖) 초까지는 옛 예를 지켰는데 지금은 상관을 섬기기에 아첨하여 감사가 도내(道內)에 도착하면 열흘도 되기 전에 수령이 감영으로 달려가서 급히 연명의 예를 행하게 되었다. 이것은 연명이 아니고 참알(參謁)이다. 이것은 조정을 존경하는 것이 아니라 상관에게 아첨하는 것으로서 모두 시속(時俗)의 폐단이다. 지금은 이미 습속(習俗)이 이루어졌으니 옛 예에만 얽매일 필요는 없다. 그러나 그렇게 허겁지겁 달려가서 식자(識者)의 웃음거리가 되어서는 안될 것이다. 천천히 수십 일 뒤에 어쩔 수 없으면 남들처럼 연명하는 것이 좋을 것이다.

3. 영하판관(營下判官 : 감영監營 아래에 있는 판관. 판관은 관찰부觀察府, 유수영留守營과 주요 주부州府에 배치하였던 진방장관의 속관屬官)은 상영(上營 : 여기서는 감영, 유수영의 상관이라는 뜻으로 씀)에 대해 마땅히 공경하고 공손하여 예를 극진히 해야 할 것이다. 그것은 선배(先輩)의 고사(故事)가 있다.

▌조석윤(趙錫胤)이 진주목사(晉州牧使)가 되었을 때, 매일 새벽에 병마사(兵馬使)에게 문안하며 말하기를, "내가 이렇게 하는 것은 임금의 명을 존경하기 때문이다."라고 하고 끝까지 그치지 않았다고 한다.
민유중(閔維重)이 경성판관(鏡城判官)이 되었을 때, 병마사에게 문안하는 것을 조석윤처럼 하였다고 한다.〔《동평문견록東平聞見錄》〕
지금 사람들은 망령되게 스스로 교만하게 굴어서 굽혀 상관을 섬기기를 좋아하지 않고, 상관과 사단(事端) 일으키기를 좋아하는 것은 온당한 일이 아니다. 그의 하는 일이 혹 사리에 어긋날 때 다투는 것은 좋다.

4. 상급 관청이 자신이 다스리는 고을의 아전과 장교를 추문(推問) 치죄(治罪)할 때, 비록 일이 사리에 어긋나는 것일지라도 순종하고 어기지 않는 것이 좋다.

▌자신이 다스리는 고을의 아전과 장교에게 죄가 있어서 상급 관청

에서 문책하는 것은 본래부터 말할 나위가 없으나, 죄가 없는 것을 무리하게 추문하고 치죄하려고 하는 경우도 그 명령에 순종할 수밖에 없다. 다만 사정을 자세하게 간곡히 진술한 의견서 같은 것을 보내어 변명하는 것이 좋다.

5. 과실(過失)이 수령에게 있는 것을 상급 관청이 수령 스스로 그의 아전과 장교를 치죄(治罪)하게 할 경우는, 마땅히 그 죄수를 다른 수령에게 옮겨서 치죄하기를 청한다.

▌ 아전과 장교의 과실 원인이 수령 자신에게 있는데, 수령 자신이 그 죄를 다스린다는 것은 공정한 처리를 기대하기 어렵다. 설사 공정한 처리를 시행해도 남에게 의심받기 쉽다. 그런 경우에는 이웃 고을에 사건을 옮겨서 처리하도록 하는 것이 사리에 맞다.

6. 예를 지키면 공손하지 않을 수 없고, 바른 도리를 지키면 결백하지 않을 수 없다. 그러므로 예와 바른 도리 두 가지 모두 완전하면 온화하고 도에 맞을 것이니 이런 것을 군자라고 한다.

7. 이웃 고을과는 서로 친목하고 예로써 대하면 허물이 적을 것이다. 이웃 고을의 수령과는 형제 같은 우의(友誼)가 있으니, 저쪽에서 비록 잘못된 일이 있을지라도 서로 미워하는 일이 없게 하라.

8. 교대한 전임자와 후임자는 동료로서의 우의(友誼)가 있다. 전임자가 후임자에게 잘못된 일이 있을지라도, 후임자는 전임자의 과실을 비난하지 말아야 원망이 적을 것이다.

▌ 전임자와 후임자 사이는 같은 고을의 수령을 살게 된 동료로서의 우의(友誼)가 있는 것이다. 전임자가 잘못된 일이 있더라도 후임자

는 될 수 있는 대로 그를 덮어주고, 그의 치적을 칭찬해 준다. 후임자가 자기의 잘하는 것을 더욱 뚜렷이 드러내기 위해 전임자를 비난 공격하는 일이 가끔 있다. 그러나 그것은 자신의 인격을 손상하는 결과를 초래할 뿐이다. 남들이 그를 비겁하게 보기 때문이다. 공금 착복과 같은 두드러진 죄가 있을 때는 무조건 덮어 숨길 수는 없을 것이다. 그러나 힘써 전임자를 아끼고 보호하는 선의에서 원만한 해결책을 모색해야 한다. 이것은 후임자로서, 동료로서 원만하고 선의에 찬 태도일 것이다.

�֍ 제4조 보문報聞 – 보고 문서의 처리

1. 보고 문서는 마땅히 정밀하게 수령 자신이 작성해야 하고, 아전의 손에 맡겨서는 안 된다.

▌ 발송할 공문이 예식(例式)에 따라 기입하는 것이라면 아전에게 맡겨도 무방할 것이다. 그러나 백성을 위해 폐단을 설명해 개혁을 도모하는 것이나, 혹은 상급 관청의 명령을 거역하여 그대로 봉행 (奉行)하지 않으려는 것을 만약 아전의 손에 맡긴다면, 반드시 사심을 품고 간사함을 생각해 요긴한 말은 빼고 쓸데없는 말을 늘어놓아 그 일을 잘못되게 할 것이니 어찌 아전에게 맡길 수 있겠는가? 만약 무인(武人)이나 세상일에 익숙하지 않은 선비여서 이문(吏文)에 능통하지 못하다면 마땅히 기실(記室) 한 사람만 데리고 충분히 의논해 작성하는 것이 좋을 것이다.
원장 말미에는 서명과 화압(花押 : 수결手決)을 갖추고, 서목(書目 : 원장의 대강을 적은 것)에는 서명이 있으나 수결은 두지 않는다. 처음 벼슬하는 사람은 알아두어야 한다.

2. 보고 문서를 지체해서 상급 관청의 독촉과 문책받는 것은 공

무를 집행하는 사람의 도리가 아니다.

3. 모든 백성을 위해 은혜를 구하거나 백성을 위해 병폐를 제거하기 위한 공문서에는 반드시 지극한 정성이 말에 드러나도록 작성해야 남을 감동하게 할 수 있다.

▌원래 목민관은 백성을 보호해 기르기 위해 존재하는 것이다. 백성을 위해 은혜를 베풀어야 할 일이라든가, 백성에게 병이 되는 폐단을 제거해야 할 일이 상급 관청의 결심과 용단과 힘을 얻어야 할 것이라면 상급 관청에 그 의견을 올려야 할 것이다. 그러한 일을 상급 관청이 결행할 결심이 일어나도록 하려면 상급 관청이 보고 감동할 수 있도록 공문을 작성해야 할 것이다. 그것은 수령의 진심에서 나오는 지극한 정성이 글에 나타나야 비로소 가능할 것이다. 진정한 성의만이 남을 감동하게 할 수 있기 때문이다.

4. 상급 관청이나 아래 백성들과 주고받은 모든 문서는 마땅히 목록을 붙여서 책으로 매어두고 참고와 검사에 대비해야 한다. 그중에 기한이 정해진 문서는 따로 작은 책을 만든다.

5. 농사 상황을 보고하는 문서로서 예규(例規)에 따라 5일마다 한 번씩 내는 것은, 비록 이웃 인편에 부쳐도 무방할 것이다.

6. 월말 보고 문서로서 생략해도 될 만한 것은 상급 관청과 상의해 없애도록 하는 것이 좋다.

▌생략해도 될 만한 것은 생략해 사무의 간소화를 도모한다. 그러나 그것이 상급 관청에 제출되는 것이면 이미 예규(例規)로 되어 있으니, 마땅히 상급 관청에 의견을 말해 그 허가를 받아야 할 것이다.

� 제5조 공납貢納 - 조세租稅와 공물貢物

1. 재물은 백성에게서 나오고, 받아서 바치는 사람은 수령이다. 아전의 농간을 잘 살피면 백성에게서 받아들이는 것을 비록 너그럽게 해도 무방하지만, 아전의 농간을 살필 줄 모르면 비록 아무리 급하게 독촉해도 무익할 것이다.

▌ 조세와 공물은 백성의 본분이다. 백성도 그것을 인정하고 있다. 조세와 공물을 이유 없이 바치기를 거부한다면 그것은 용납될 수 없는, 사리에 맞지 않는 행위이다. 매양 보면 사리에 어두운 수령 중 백성을 사랑한다고 하는 사람은 조세와 공물의 납기(納期)를 어기고, 국가에 봉공(奉公)한다고 자처하는 사람은 뼈에 사무치도록 백성의 살을 깎아내고 있다.

수령이 진실로 현명하여 아전들의 농간을 막아, 백성들이 생업에 안정할 수 있게 한다면 조세와 공물은 독촉하지 않고 너그럽게 해도 백성들은 기한을 어기지 않게 될 것이지만, 아전들의 농간을 살피지 못하여 온갖 수단으로 백성을 못살게 하면 아무리 급하게 독촉해도 소용없을 것이다. 그들에게 부담 능력이 없기 때문이다.

세미(稅米) 한 가지를 예로 든다면 호조(戶曹)에 바칠 것이 4천 석이면, 백성에게서 받는 것은 만 석을 훨씬 넘는다. 그 가외의 6천 석은 온갖 명목과 온갖 간사한 수단으로 아전들이 사사로이 착복하는 것이다. 공납을 잘하려면 먼저 아전들의 농간을 살펴야 할 것이다.

2. 간사한 백성의 해독은 간사한 아전보다도 심한 것이 있다. 공납을 제때 수납하고자 하는 사람은 먼저 백성의 간사한 행위를 살펴야 한다.

▌ 내가 오랫동안 민간에 있어 보니 풍헌·약정(約定)·별유사(別有司 : 호적 및 공공 사무를 맡아보던 사역使役)·방주인(坊主人 : 군현과 방坊 사이의 심부름을 맡아 하던 사람) 무리가 농간을 부려 폐단을 만드는 것이 아전보다도 더했다. 모든 상납(上納)하는 물품이 한번 그들의 손에 들어가면 반 이상은 사라진다. 아랫돌을 빼내어 윗돌을 괴는 식으로 이리저리 미봉해 가는 동안에 마침내 수백 냥의 거액을 잘라 먹고는 향리(鄕吏)들을 매수해 또다시 백성들에게서 강제로 받아들이곤 한다. 수령은 먼저 이들의 농간부터 막아야 할 것이다.

3. 돈은 숫자가 일정하고 쌀에도 품질의 등급이 많지 않다. 오직 포목(布木)은 일정한 규격이 가장 없다. 포목을 수납할 때는 이 점을 생각하지 않을 수 없다.

▌ 나라에서 수납하는 금품은 돈이 가장 폐단이 없다. 그것은 수가 일정하기 때문이다. 쌀로 받는 것도 그다지 염려될 것은 없다. 쌀의 품질의 등급은 그다지 많지 않기 때문이다. 가장 속이기 쉬운 것은 포목이다. 포목은 품질의 등차가 너무나 많다. 곱고 거친 등급이 그러하고, 좁고 넓은 차이가 그러하다. 여기에 간사한 아전과 간사한 백성이 농간할 여지가 있다. 좁고 넓은 것을 대신 바친다. 포목을 수납할 때 특히 유의해야 한다.

4. 상급 관청의 명령이 불법한 것이거나, 혹은 지금 백성의 정상(情狀)으로 보아 강행할 수 없는 것이 있으면, 마땅히 그것이 불가하다는 것을 굳게 주장해 그대로 받들어 행하는 일이 없도록 한다.

▌ 상급 관청의 명령일지라도 그것이 불법하거나 사리에 맞지 않을 경우, 또는 백성의 형편이 그것을 감당할 수 없는 것이라면 따르지 않도록 노력해야 한다.

5. 정상적인 조세(租稅)와 정상적인 공물(貢物) 이외의 상급 관청이 진기(珍奇)한 물건을 바치라고 요구하는 것은 그대로 따라서는 안 된다.

6. 상급 관청이 사리에 맞지 않는 일을 강제로 군현에 배정해 시키는 일이 있을 때는, 수령은 반드시 이(利) 되고 해(害) 되는 점을 자세히 진술하여 시키는 대로 행하는 일이 없도록 해야 한다.

▌상급 관청이 도리에 어긋나는 일을 강제로 군현에 배정하여 강행하고자 할 때는, 수령은 먼저 그렇게 하는 일의 이(利) 되고 해 되는 사유를 자세히 설명하여 반대 의견을 진술하고, 무조건 따르는 일이 없어야 한다. 이 일 때문에 파면될지라도 굴복하지 말아야 한다.

❈ 제6조 왕역往役 - 차출差出 명령을 받았을 때

1. 상급 관청에서 출장 보낼 때는 마땅히 언제나 정성껏 순종해야 한다. 사고를 핑계 대거나 병을 핑계하여 자신의 편안만을 도모하는 것은 군자의 도리가 아니다.

▌제관(祭官)·시관(試官)·사관(査官)·추관(推官)·기타 수령 고유의 직무 이외의 일로 상급 관청에서 출장을 명령하면 순순히 명령을 받아들여 성의껏 직무를 이행해야 한다. 상급 관청은 명령할 권한이 있고, 수령은 그에 순종할 의무가 있다. 그것은 모두 나라를 위한 일이기 때문이다.

2. 이웃 고을에 살인사건이 생겼을 때, 검시(檢屍) 명령을 받으면 더욱 회피해서는 안 된다.

▌피살자의 사체검안(死體檢案)은 일정한 기일이 있는 것으로 조금도 늦춰서는 안 된다. 살인사건이 있으면 이웃 고을의 수령에게 명령해 검시(檢屍)하고, 가까운 이웃 고을의 수령이 사고가 있으면 먼 이웃 고을 수령에게 검시를 명령하는 것이 법례(法例)이다. 이러한 하기 거북한 일일수록 명령을 회피해서는 안 된다. 내가 회피하면 대신 누군가 그것을 하게 된다. 결국은 하기 싫은 것을 남에게 전가하는 것이 된다. 군자가 해서는 안 될 일이다.

3. 모든 출장 명령에는 마땅히 성심껏 부여된 직책을 충실히 이행해야 하고, 구차하게 해서 하루 책임을 메꾸어서는 안 된다.

4. 혹 풍랑에 표류하여 우리나라 해안에 도착한 외국 선박의 정상을 조사하라는 명을 받았을 때는, 일의 형편은 급하고 할 일은 어려우니 더욱 조심해야 한다.

▌표류하다 도착한 외국 선박의 정상을 조사할 때 유의할 것이 다섯 가지이다.
① 외국인에게 깍듯한 예의를 지켜야 한다. ② 국법에 표류 선박 안에 있는 문서는 인쇄한 것이거나 사본(寫本)이거나 막론하고 다 베껴서 보고하게 되어 있다. 그러나 몇백 권, 몇천 권의 서적이 있을 경우는 그 책의 명칭과 권수(卷數)를 기록하고 방대하여 베끼지 못한다고 사유를 적어야 할 것이다. 모든 일은 사리에 맞도록 처리해야 할 것이다. ③ 표류 선박의 문정은 반드시 바다의 섬에서 하기 마련인데, 섬 백성이란 본래 호소할 곳 없는 잔약한 존재이다. 아전과 관노(官奴)로 문정에 따라간 자들이 여러 가지 핑계로 도민(島民)의 재산을 빼앗는 예가 있다. 수령은 그런 일이 일어나지 않도록 경계해야 할 것이다. ④ 지금 외국 선박은 그 체제가 기묘한 것이 많아서 운행에 편리하다. 표류 선박을 문정할 때 배의 구조, 대소

(大小), 광협(廣狹)과 사용한 재목, 운전법, 속력, 기타의 장치와 계기(計器) 등을 자세히 묻고 자세히 기록해 우리나라 조선 기술의 향상에 기여를 꾀해야 한다. ⑤ 조난(遭難)한 외국인에 대해서는 인자하고 가엾게 여기는 빛을 보이며, 음식과 의복 등의 제공은 힘써 신선하고 깨끗한 것으로 하게 할 것이다. 성의와 호의를 표시하여 그들이 호감을 품고 돌아가게 해야 할 것이다.

제4장 애민육조愛民六條

저자는 이 애민육조를 쓰면서 다음과 같이 설명하고 있다. 수령이 해야 할 일이 어찌 농업과 잠업의 흥성〔農桑盛〕, 호구의 증가〔戶口增〕, 학교를 세움〔學校興〕, 군정을 바로 함〔軍政修〕, 부역의 균평〔賦役均〕, 사송의 간소〔詞訟簡〕, 간활함의 그침〔奸猾息〕의 이른바 수령의 일곱 가지 일에만 그치겠는가. 요즘 위에서도 이것을 잘하라고만 타이르고, 아래에서도 그것만을 받드는 것으로 능사(能事)가 다한 것처럼 생각한다. 그러므로 신진(新進) 기예(氣銳)한 수령이 있어서 비록 적극적으로 일을 하려고 하여도 이른바 일곱 가지 일 이외에는 무엇을 해야 할 것인지 막연하기만 하다. ≪주례(周禮)≫ 〈대사도(大司徒)〉의 보식육정(保息六政)은 실로 수령이 첫째로 할 일이다. 여기 그 뜻의 대강을 따서 애민육조를 만든다.

양로(養老), 자유(慈幼), 진궁(振窮), 애상(哀喪), 관질(寬疾), 구재(救災)의 여섯 조목으로 되어 있다.

�֎ 제1조 양로養老 - 노인을 받들어 모심

1. 노인을 받들어 모시는 예절이 폐지되면 백성들은 효심을 일으키지 않게 될 것이다. 백성의 목자(牧者)가 된 수령은 양로의 예를 거행하지 않아서는 안 된다.

▌나라에서 노인을 존경하고 받들어 모시는 예절이 없어지면 나라의 풍속이 노인을 소중하게 여기는 풍습이 없어지게 되고, 노인을 존경하지 않게 되면 백성들은 자기 부모에게 효도하는 마음이 줄어들기 마련이다. 그러나 효도는 인간의 모든 선행의 근본이 되니 수령은 양로의 예절을 소홀히 해서는 안 된다.
수령은 1년에 한 번씩 가을이면 추워지기 전에 양로연(養老宴)을 베풀어야 한다. 남자 80세 이상인 노인들을 초청하여, 80세 이상에는 밥, 떡, 국 이외에 네 접시 반찬을, 90세 이상은 여섯 접시의 반찬을 대접한다. 만약 100세 이상 노인이 있으면 이날 수령은 여덟 접시 반찬을 갖추어서 수석 아전을 보내어 몸소 그 집에 가서 드리게 한다.

2. 섣달그믐 2일 전에 식품을 60세 이상 노인에게 돌려주어야 한다.

▌남자 80세 이상에게 각기 쌀 한 말, 고기 두 근을 예단(禮單)과 문안 편지를 갖추어 보낸다.〔여자의 경우에는 조금 줄여도 무방함〕 90세 이상에게는 특별한 진미(珍味) 두 그릇을 더 보낸다.
아무리 큰 고을이라도 80세 이상은 수십 명에 지나지 않을 것이며, 90세 이상은 몇 사람에 지나지 않을 것이니 쌀이라야 두어 섬, 고기도 60근을 넘지 않을 것이다. 이것을 어찌 아낄 수 있겠는가? 기녀와 광대를 불러 하룻밤의 유흥비에 만전(萬錢)도 가볍게 여기는 수령이 얼마든지 있지 않은가.

※ 제2조 자유慈幼 - 어린이를 사랑함

1. 어린이를 사랑하는 일은 선왕(先王)의 큰 정사로서 역대의 임금들이 지켜서 법령으로 삼고 있다.

■ ≪주례(周禮)≫ 〈대사도(大司徒)〉에, '보식(保息) 정책 여섯 가지로 만민을 기른다.'라고 하였는데, 그 첫째가 어린이를 사랑하는 일〔자애慈愛〕이고, 둘째가 노인을 받들어 모심〔양로養老〕이고, 셋째가 곤궁한 사람이 떨치고 일어나게 하는 일〔진궁振窮〕이라고 하였다.

≪급총주서(汲冢周書)≫에는, '근인(勤人)을 두어 고아를 맡게 하고, 정장(正長)을 세워서 어린이를 보호한다.'라고 하였다.

≪관자(管子)≫에는, '나라의 수도(首都)에는 모두 고아를 맡아 보호하는 벼슬아치가 있으며, 한 명의 고아를 양육하고 있는 사람의 아들 한 명에게는 병역을 면제한다.'라고 했다.

≪한시외전(韓詩外傳)≫에는, '백성 중에 어른을 공경하고 고아를 불쌍히 여길 줄 아는 사람이 있으면, 그의 임금에게 보고해 장식한 쌍두마차를 탈 수 있게 한다.'라고 했다.

이러한 일들은 모두 어린이를 사랑하는 정책이다. 천지의 화기를 잃고 마음을 가장 슬프게 하는 일이, 어려서 부모를 잃은 것보다 더한 것은 없다. 어린이를 사랑하고 구휼하는 정책을 소홀히 할 수 있겠는가?

2. 옛날의 어진 목민관은 이 어린이를 사랑하고, 구휼하는 정책에 마음을 다하지 않은 사람이 없었다.

3. 우리나라의 어린이를 사랑하고, 구휼하는 정책은 옛날보다도

훨씬 훌륭하여, 법례(法例)에 자세히 규정하고 항상 수령들을 계칙했다.

■ ≪국조보감(國朝寶鑑)≫에, 중종(中宗) 6년에는 중앙과 지방에 명령을 내려 버려진 고아를 거두어 기르게 했고, 명종(明宗) 3년에는 명령을 내려 굶주린 백성이 버린 아이를 거두어 기른 사람은 영구히 그 사람에게 준다고 하여 거듭 옛 법을 밝혔다.

현종(顯宗) 3년 정월에는 중외(中外)에 명령해 버려진 고아를 거두어 기르도록 유시(諭示)하였다. 대사간 민정중(閔鼎重)의 진언(進言)을 받아들인 것이다.

현종 12년 4월에는 유기아수양법(遺棄兒收養法)을 만들었다. 길거리에 버려진 고아를 거두어 기른 사람은 한성부(漢城府)에 신고해 관의 증명서를 받은 뒤에, 아들로 삼거나 종으로 삼거나 그 사람 마음대로 한다는 것을 규정했다.

4. 만약 흉년이 아닌 해에 아이를 버린 일이 있으면 백성 중에서 거두어 기를 사람을 모집해 아이를 주고, 관아에서 그 식량을 보조해야 한다.

■ 진휼(賑恤 : 흉년을 당하여 가난한 백성을 도와줌) 업무를 개설한 해라면 마땅히 그 진휼하는 곳에서 식량을 보조하겠지만, 평년이면 백성 중에서 수양할 사람을 모집해서 맡긴다. 가난한 부녀자가 응모하였으나 스스로 기를 수 없을 때는 마땅히 수령이 식량을 내주어 보조해야 한다. 매월 쌀 2말, 여름에는 매월 보리 4말씩 주어 만 2년간 보조한다.

흉년 때문에 버려진 것 이외에 서울의 개천에는 간혹 버려지는 아이가 있다. 그 아이는 간음(奸淫)으로 인하여 낳은 일이 많다. 그러나 천지가 만물을 낳는 이치는 그의 부모가 죄가 있다고 하여 아이에게 죄 줄 수는 없으니, 마땅히 백성에게 거두어 기르게 하고 아들로 삼거나 종으로 삼는 것을 허락해야 한다.

�֎ 제3조 진궁振窮 - 불쌍한 사람을 구제함

1. 홀아비·과부·고아·늙어 자식이 없는 사람을 사궁(四窮)이라고 한다. 궁(窮)하여 스스로 떨치고〔振〕일어설 수 없어서 남이 일으켜 주기를 기다린다. '떨친다'는 말은 들고 일어선다는 뜻이다.

▎옛날 주(周)나라 문왕(文王)이 어진 정치를 시행할 때 반드시 사궁에 대한 것을 먼저 했다. ≪주례(周禮)≫〈대사도(大司徒)〉보식육정(保息六政)에 '진궁(振窮)'이라고 했으니 곧 이것을 말한다. 그러나 ≪시경≫에는, '넉넉한 사람들이야 좋고 말고, 쇠약하고 외로운 사람들만이 불쌍하구나.〔哿矣富人, 哀此煢獨.〕'라고 했다. 그러니 오직 가난하고 의지할 곳 없는 사람만을 사궁이라고 한다. 그들 중에 재산이 있는 사람이라면 비록 육친(六親 : 부모·형제·처자)이 없더라도 사궁으로 논할 수는 없다.

나이로 보아 스스로 설 수 없고, 친척이 없어 의지할 곳이 없으며, 스스로 부양할 수 있는 재산도 없는 사람만이 사궁에 해당하는 사람이다. 이러한 사람은 관에서 부양해야 한다.

늙은 홀아비로서 아들이 없는 사람에게는 매월 곡식 5두(斗)를, 늙은 과부로서 아들이 없는 사람에게는 매월 곡식 3두씩 주고, 또 부역을 전부 면제해주며, 이웃의 덕 있는 사람의 집에 붙여두고 접대하게 한다.

≪대명률(大明律)≫에서 말하였다. '환과고독(鰥寡孤獨)과 독질(篤疾), 폐질(廢疾)에 걸린 사람으로서 빈궁하고 의지할 친속도 없어서 스스로 생존할 수 없는 사람은 소재지의 관청에서 당연히 거두어 부양해야 한다. 거두어 부양하지 않는 사람은 장(杖) 60대의 형에 처한

다. 만약 당연히 주어야 할 옷과 식량을 관리가 깎아 감한 사람은 감수자도(監守自盜 : 관아에서 관리하는 물품을 관리하는 사람이 돈이나 곡식 따위를 몰래 훔치는 일) 죄를 적용한다.'

2. 혼인해야 할 나이가 지났으나 혼인하지 못한 사람은 마땅히 관에서 혼인하게 해야 한다.

▌예전에, '나이 30세가 되면 아내를 맞이하고, 20세가 되면 시집 간다.'라고 한 것은 넘겨서는 안 되는 최대한의 경우를 말한 것이다. 남자는 반드시 25세를 한계로 삼아야 할 것이다. 반드시 예전 법에 얽매일 필요는 없다.

3. 혼인을 권장하는 정책은 우리나라 역대 임금이 남긴 법이다. 수령은 마땅히 정성껏 준수해야 할 것이다.

▌《경국대전》에서 말하였다. '사족(士族)의 딸로서 나이가 30세 에 가깝도록 가난해서 시집가지 못한 사람은 담당 조(曹)에서 왕에 게 아뢰고 자재(資財)를 재량(裁量)해주며, 그 가장(家長)은 무거 운 죄로 다스린다.'
정종(正宗) 15년에는 백성이 가난해 남녀의 혼인이 때를 넘기는 것 을 딱하게 여겨, 서울의 5부(部)에 명령해 혼인을 권장하게 하고, 혼기가 지난 사람이 혼인하게 되면 관청에서 혼수 비용으로 돈 5백, 베 2필을 주게 했으며, 매월 상황을 보고하게 했다. 백성의 목민관 된 사람은 마땅히 임금의 어진 뜻을 본받아야 할 것이다.

4. 매년 첫봄에 혼인할 나이를 지나고도 혼인하지 못한 사람을 골라서 모두 중춘(仲春)에 혼인하게 한다.

▌고을의 남자 25세, 여자 20세 이상을 골라 부모가 재산이 있는

사람은 성혼을 독려하고, 의지할 곳도 재산도 없는 사람은 이웃의 유력한 사람에게 중매하게 하고, 관(官)에서 약간의 돈과 포목을 주어 돕는다.

5. 독신(獨身)으로 있는 사람들을 짝지어 주는 정책도 또한 할 만한 일이다.

▌홀아비와 과부를 중매하여 양쪽의 합의(合議)를 얻어 짝지어 주는 것도 또한 선정(善政)이다.
≪관자(管子)≫에서 말하였다. '모든 나라의 수도(首都)에는 모두 중매를 맡은 관리가 있어서 홀아비와 과부를 중매하여 양쪽의 합의로 짝을 짓게 한다. 이것을 합독(合獨)이라고 한다.'

✳ 제4조 애상哀喪 - 상사喪事에 관한 일

1. 상사(喪事)에 애도(哀悼)의 예를 표하는 것은 백성의 목민관이 마땅히 해야 할 일이다.

▌옛날에는 조신(朝臣)이 상(喪)을 당하면 임금이 반드시 몸소 조상하고 그 소렴(小斂), 대렴(大斂)을 보살폈으며, 염(斂)에는 수의(壽衣)를 보내주고, 장사에는 부의(賻儀)를 보냈었다. 그 뜻을 미루어, 수령도 그 고을의 아전을 위해 또한 애도와 조문의 예가 있어야 할 것이다. 아전이나 군교가 죽거나 부모상을 당한 경우, 향관(鄕官)으로 일찍이 가까이 있던 사람, 향교의 재임(齋任), 외촌의 풍헌이 상을 당한 경우는 각기 차등 있게 부의를 보내고, 조의(弔意)를 표해야 하며, 관내의 조관(朝官) 출신자, 태학생(太學生) 혹은 문필이 뛰어난 사람에게도 부의와 조문이 있어야 하며, 시노(侍奴)와 문졸(門卒) 등 모든 관속에게도 모두 상중에 죽을 보내어 위문하는 것이 좋다.

2. 상중(喪中)에 있는 사람에게 요역(徭役)을 면제하는 것은 옛날의 법이다. 요역뿐 아니라 수령이 자기 힘으로 할 수 있는 것은 모두 면제해주는 것이 좋다.

▌일정한 법을 만들어 모든 부모상을 당한 자에게는 백 일 이내에는 모든 연호잡역(煙戶雜役 : 집마다 부과하는 잡역)을 면제하는 것이 좋을 것이다.

3. 백성 중에 매우 빈궁해서 죽은 사람을 거두어 장사하지 못하고 개천과 구렁에 버리게 된 사람이 있으면, 관에서 돈을 내어 장사 지내야 한다.

▌《시경》에, '길가에 죽은 이가 있으니, 아마 묻어 주어야겠네.〔行有死人, 尙或墐之.〕'라고 하였다. 길 가는 사람도 그러한데 하물며 백성의 부모 된 수령이야 말할 필요가 있겠는가. 평소에 백성들에게 널리 알려두어 만약 이러한 사람이 있으면 즉시 보고하게 하고, 이미 친척이나 이웃에서 도울 수 없는 사람이면 관에서 돈을 내어 그 시체를 염습하고 이웃과 친척들에게 매장하게 한다.

4. 혹 흉년과 전염병으로 사망하는 사람이 잇달아 생길 경우는, 그 시체를 거두어 매장하는 일을 진휼(賑恤 : 흉년에 곤궁한 백성을 구제하는 일) 작업과 병행해야 한다.

▌《속대전(續大典)》에서 말하였다. '서울과 지방에 전염병이 퍼져서 온 집안이 모두 죽어 거두어 매장하지 못하는 사람은 휼전(恤典)으로 행해야 한다.' 휼전은 정부에서 이재민을 구제하는 은전(恩典)이라는 뜻이다.

5. 혹 먼 지방의 객지에서 벼슬 살던 사람의 널〔櫬〕이 고을을 지

나는 일이 있을 때는, 그 운반하는 일을 돕고 비용을 보조해 성의껏 후하게 하는 데에 힘써야 한다.

※ 제5조 관질寬疾 – 병든 사람을 너그럽게 대우함

1. 불치병이나 큰 병에 걸려 자기 힘으로 먹고 살아갈 수 없는 사람은 의지할 곳과 살아갈 길을 마련해주어야 한다.

▌맹인, 절름발이, 손발 장애인, 나병 환자 같은 사람들은 사람들이 싫어하는 무리이다. 또 육친이 없어서 일정한 안주할 곳 없이 떠돌아다니는 사람에게는 그의 종족(宗族)을 타이르고, 관에서 그들에게 맡겨서 안주하게 해야 한다.
그들 중에 전연 의지할 친척이 없는 사람은 그 고을의 덕 있는 사람을 골라 맡기고, 그의 잡역을 면제하며 그를 돌보는 경비를 관에서 부담하게 한다.

2. 불구(不具)의 병에 걸린 백성은 군적(軍籍)에 등록하는 것을 면제한다.

▌지금의 어떤 수령은 강포하고 어질지 않다. 시골 여자가 젖먹이를 안고 관가의 뜰에서 호소하기를, "이 아이가 아궁이에 기어서 들어가 지금은 이미 팔다리 장애인이 되었습니다. 이 아이의 병역을 면제해주십시오."라고 하니 수령이 말하기를, "그렇더라도 밭 가운데 세워 놓은 풀로 만든 허수아비보다는 낫지 않느냐?"라고 하였다고 한다. 이러고도 목민관이라고 말할 수 있겠는가? 모든 맹인, 벙어리, 절름발이, 고자 등은 군적(軍籍)에 넣을 수 없으며, 요역(徭役) 시킬 수도 없다.

3. 악성 전염병이 유행하거나, 혹은 이름도 없는 유행병 때문에

백성이 사망하고 요절(夭折)하는 사람을 이루 셀 수 없게 되었을 때는 관에서 구조 활동을 벌여야 한다.

▎ ≪경국대전(經國大典)≫에서 말하였다. '병들었으나 가난해서 약을 살 수 없는 사람에게는 관에서 약을 내어주고, 지방에서는 그 고을의 관가(官家)에서 의약(醫藥)을 주어야 한다.'
송(宋)나라 가우(嘉祐) 연간에 황주(黃州)에 전염병이 크게 유행하였는데, 성산자(聖散子)를 얻어 쓰고 완치된 사람이 이루 다 기록할 수 없을 만큼 많았다. 소동파(蘇東坡 : 소식蘇軾)가 글을 지어 돌에 새겨서 널리 선전하여 성산자의 효과가 더욱 드러났다고 한다.
목민관은 만약 악성 전염병이 유행하는 때를 만나면, 마땅히 수만금을 쓰더라도 약을 대량으로 제조해서 의료에 종사하는 아전에게 싼값으로 팔게 하여 널리 구조 활동을 펴는 것이 좋다. 그 약값은 본래 싼 것이므로 가난한 백성이라도 복용하기 어렵지 않을 것이다.

❉ 제6조 구재救災 - 재난에서 구제함

1. 수재 · 화재에는 국가에 휼전(恤典)이 있으니 오직 신중히 시행해야 하겠지만, 항전(恒典 : 일정한 법령에 의거한 정례定例의 은전)에 없는 것은 마땅히 수령이 스스로 생각해 구제해야 할 것이다.

▎ ≪비국요람(備局要覽)≫에 말하였다. '물에 유실(流失), 매몰(埋沒)되었거나 무너지고 눌려 쓰러졌거나, 불에 타버린 인가(人家)가 백호 미만일 때는 전례를 상고해 구제한다. 대호(大戶)에는 쌀 7두, 중호(中戶)에는 쌀 6두, 소호(小戶)에는 쌀 5두씩을 준다. 백 호를 초과하는 경우는 각별히 구제해야 한다. 이런 경우에는 대호에는 쌀 9두, 중호에는 쌀 8두, 소호에는 쌀 7두를 준다. 물에 빠져 죽었거나, 범에게 물려 죽은 경우, 불에 타 죽은 경우는 휼전(恤典 : 정부에서 이재민을 구제하는 법정의 은전恩典)은 각각 피잡곡(皮雜穀 : 찧지 않

은 잡곡) 1섬[5두를 1섬이라고 한다]씩을 주어 구제하게 되어 있다.'
휼전에 의하여 환미(還米 : 봄에 빌려주고 가을에 받아들이는 정부미. 환
상미還上米라고도 한다)로 내주는 것이 상례(常例)인데, 환미에는 쭉
정이와 겨가 많다. 구제용 환미를 내어 줄 때는 수령이 보는 앞에서
찧고 키질을 해서 그 부족량을 내주어야 한다.
이재민에게는 1년 동안 부역을 면제하고, 집을 잃었거나 파괴당한
사람에게는 목재를 주선해주는 것이 좋다.

2. 무릇 백성에게 재난(災難)과 액운(厄運)이 있을 때는 불에 타
는 것을 구출하고 물에 빠진 것을 건지기를 마땅히 자신이 불에
타고 자신이 물에 빠진 것처럼 해야 하며, 구제를 늦추어서는 안
된다.

3. 장래의 환난(患難)을 미리 생각해 예방하는 것은 재난이 일어
난 뒤에 은전(恩典)을 베푸는 것보다 낫다.

▌장래를 염려해 미리 준비하는 사람에게는 급박한 사태가 없고 당
황함이 없다. 화재가 발생하였을 때 급히 달려가서 머리를 태우고
이마를 데면서 불에서 구하는 작업을 하는 것이, 평소에 굴뚝을 굽
게 만들고, 인화성(引火性) 물건들을 옮겨 놓는 것만 못하다.
골짜기의 민가(民家)가 땅은 낮고 물이 가까운 곳에 있으면 평지에
옮겨 살게 할 것이며, 이미 큰 마을을 이루어서 옮길 수 없거든 제
방을 단단히 쌓고, 만일에 대비해 배를 준비해둔다. 또 화재에 대비
하는 방법은 마을에 못을 파서 물을 저장하고, 집마다 물 담아두는
단지를 준비하며, 그 밖의 모든 화재의 예방과 불에서 구하는 기재
(器材)와 시설을 갖추며 화기 단속을 엄중히 해둔다면 거의 급박한
재난을 면할 수 있을 것이며, 비록 재난이 오더라도 대책에 당황하
지 않을 수 있을 것이다.

4. 모든 재난을 당했을 때 마땅히 이재민과 함께 근심을 같이하여 어질고 측은하게 여기는 마음을 발휘해야 한다. 정성껏 애썼으나 힘이 미치지 못한 것은 백성들도 용서할 것이다.

▌예전에 교리(校理) 김희채(金熙采)가 장련현감(長連縣監)이 되었을 때, 큰비에 구월산(九月山)이 무너져 30리를 덮으니 죽은 사람과 농작물의 피해를 이루 다 계산할 수 없었다. 공(公)이 나가 보니 백성이 현감을 맞이해 통곡하였다. 공이 말에서 내려 백성의 손을 잡고 같이 우니 백성들이 감격해 죽어도 여한이 없다고 했다.

제5장 이전육조吏典六條

예전 우리나라의 모든 정치제도는 국법에 여섯 가지로 나누어 규정하고 있다. 이른바 육전(六典)이니, 이전(吏典) · 호전(戶典) · 예전(禮典) · 병전(兵典) · 형전(刑典) · 공전(工典)이다.

육전에 규정된 사항은 다시 이조(吏曹) · 호조(戶曹) · 예조(禮曹) · 병조(兵曹) · 형조(刑曹) · 공조(工曹) 등 여섯 가지 기구를 설치해 나누어 관장하게 하였다. 이조에서는 이전(吏典)에 규정된 사항을 분담해 문관(文官)의 인선(人選), 훈봉(勳封), 고과(考課) 등 주로 인사(人事)에 관한 사무를 처리했다.

지방의 고을에서도 이에 따라 이방 · 호방 · 예방 · 병방 · 형방 · 공방 등 육방(六房)을 설치하고, 육전에 규정된 사무 중 군현(郡縣)에서의 해당 사무를 분담시켰다.

이전육조에서는 이전(吏典)에 소속된 일, 특히 군현의 인사에 관계되는 일을 설명하고 있는데, 속리(束吏), 어중(馭衆), 용인(用人), 거현(擧賢), 찰물(察物), 고공(考功)의 여섯 조목으로 되어 있다.

❋ 제1조 속리束吏 - 아전을 단속함

1. 아전을 단속하는 근본은 수령 자신의 몸을 규율(規律)하는 데 달렸다. 자신의 몸이 바르면 명령하지 않아도 시행되지만, 자신의 몸이 바르지 않으면 비록 명령해도 시행되지 않을 것이다.

▎고을 백성을 괴롭히고 못살게 하는 온갖 폐단과 갖은 간사하고 악랄한 해민(害民) 행위는 다 아전들의 농간에서 생긴다. 아전의 이러한 악행과 간계를 단속하지 않고 고을을 잘 다스릴 수는 없다. 그러나 아전을 단속하려면 수령 자신이 먼저 공명정대하고 청렴결백한 바른 몸가짐을 해야 가능한 것이다. 수령 자신이 부정부패하고 간악(奸惡)하면서 아전을 단속할 수 없을 것이다. 제아무리 명령하고 엄벌을 한들 근원이 이미 혼탁한데 지류가 어찌 맑을 수 있겠는가. 그것은 헛수고일 뿐이다.

2. 수령이 좋아하는 것을 아전이 비위를 맞추지 않는 것은 없다. 내가 재물을 좋아하는 줄 알면 반드시 이(利)로써 나를 유혹할 것이다. 한번 유혹을 당하면 곧 그들과 함께 죄에 빠지고 말 것이다.

▎번번이 보면 수령이 처음 취임하면 명령이나 시책(施策)이 볼 만한 것이 많다가, 두어 달 되면 아전에게 유혹되어 혀를 뒤집어 놓은 것처럼 말이 없고, 썩은 쥐가 으르렁거리는 격이 되어 버린다. 그들은 이미 함께 죄에 빠진 것이다.

3. 알지 못하면서 아는 체하여 물 흐르는 것처럼 술술 결재하는 것은 수령이 아전의 계략에 빠진 이유이다.

▌우리나라 사람들은 문관(文官)은 젊어서 시(詩), 부(賦)나 배우고, 무관(武官)은 활쏘기나 익힌다. 그 밖에 배우는 것은 도박이나 하고, 기녀를 끼고 노는 일과 술 마시는 일뿐이다. 그중에서 위로는 태극음양(太極陰陽)의 이치가 어떠니, 하도낙서(河圖洛書)의 수(數)가 어떠니 하고 더할 나위 없는 학설을 말하지만 이러한 것들은 인간 만사에 아무런 소용이 없는 것뿐이다. 오직 활 쏘는 것은 실무(實務)이다. 그러나 역시 수령으로서 백성을 다스리는 실무에는 관계없는 일이다.

사람이 하루아침에 천리 먼 곳에 나가서 갑자기 뭇 아전과 만민(萬民)의 위에 우뚝 앉아서 평생에 꿈도 꾸지 않던 일을 담당하게 되니, 일마다 아무것도 모르는 것은 당연한 일이다. 그런데 수령이 모른다고 하는 것은 수치라고 생각해 모르면서 아는 체하고, 모든 명령도, 지시도, 내용도, 이유도 묻지 않고 물 흐르듯 척척 결재의 수압(手押 : 예전에 도장 대신 자필로 글자를 쓰던 일)을 하곤 한다. 이것은 아전의 농간에 떨어지기 마련이다. 마땅히 캐묻고 따지고 들어가서 근거와 경로와 결말을 이해하고, 생각하고 스스로 판단한 뒤에 처리하도록 해야 할 것이다.

4. 아전을 예로써 질서를 세우고, 은정(恩情)으로 대우하라. 그렇게 한 뒤에 법으로 단속해야 한다. 만약 그들을 업신여기고 억눌러서 혹사(酷使)하며, 조리도 순서도 없이 임기응변으로 마음 내키는 대로 대우한다면 그들은 단속을 받지 않을 것이다.

▌수령이 예로써 아전을 대우하면 그들이 수령에게 예를 지키지 않을 수 없으니 질서는 정연하게 될 것이다. 수령이 온정을 가지고 그들을 대하면 그들은 수령에게 감사할 것이다. 감사한 마음은 곧 심복(心服)을 의미한다. 질서가 정연하고 아전이 수령에게 심복하면 명령하지 않아도 저절로 단속될 것이다. 그렇게 하고도 농간하는 아

전이 있다면 그때는 법에 비추어 엄중히 처단하면 그들은 두려워하고 부끄러워해서 수령의 단속은 효과를 나타낼 수 있을 것이다.
만약 수령이 아전들을 업신여기고 천대하고 혹사하며, 조리도 순서도 없이 마음 내키는 대로 명령하고 대우한다면 아전들은 원한과 분노와 업신여기는 마음을 가질 것이다. 그들이 수령의 단속을 받아들일 리 없고, 더욱 농간과 궤계(詭計)는 늘어날 것이다.

5. 이속(吏屬)이 참알할 때는 흰옷과 베 띠〔布帶〕 차림은 하지 않는다.

▮ 참알 받을 때 수령은 조관(朝冠 : 오사모烏紗帽)을 착용한다. 아전들이 어찌 흰 옷과 베 띠 차림으로 뜰에 들어올 수 있겠는가. 지금 서울의 각 관사(官司)에서는 참알하는 서리(書吏)들은 다 홍단령(紅團領 : 조관朝官이 입던 관복)을 입는다. 법이 본래 그러하다. 다만 상중(喪中)에 있는 사람이 명령을 받고 직무에 나오는 경우에만 검은 갓, 검은 띠 사용을 허락한다.〔어버이의 상중에 있는 사람은 뜰에 들어와 참알하지 못한다. 다만 부중府中에 드나들면서 사무에 대한 것을 품의稟議할 뿐이다〕

6. 아전들이 모여 연회(宴會)를 열고 즐기는 것은 백성들의 마음을 상하게 한다. 엄중히 금지하고 거듭 경계하여 감히 유흥에 빠지는 일이 없도록 해야 한다.

▮ 관리가 기녀를 데리고 모여 앉아 술을 마시는 것은 본래 형률(刑律)에 어긋나는 행위이다. 근래에 수령이 제멋대로 유흥에 빠져 기녀를 데리고 산과 들에서 노래하고 춤추니 백성들이 원수처럼 미워한다. 더군다나 아전들이 유흥에 빠지면 그 해독은 백성에게 미치고, 원망은 수령에게로 온다. 마땅히 엄중히 금지해야 한다.

7. 아전들이 청(廳)에서 매질하는 벌을 행하는 행위는 마땅히 금해야 한다.

▍태형(笞刑)은 국가 형벌의 일종이다. 수령도 법에 의하지 않고는 집행할 수 없는데, 아전이 감히 사사로이 태형을 할 수 있겠는가. 일반 백성에 대해서는 매 한 대 치는 일도 허락할 수 없다. 미리 엄중히 타일러서 범하는 일이 없게 해야 한다. 다만 관에 예속된 노예에게 10도(度) 미만의 태벌(笞罰)은 묵인해도 좋을 것이다.

8. 교활한 아전으로서 파산(破産)한 사람이 마을에 나가서 구걸하는 행위도 반드시 그런 일이 있기 전에 경계하여 하지 않게 해야 한다.

▍교활한 아전이 사치하고 방탕하게 생활하다가 가산(家産)을 모두 탕진하고는, 마을을 돌아다니며 금품을 구걸하여 백성을 괴롭히는 일이 있다. 수령이 미리 경계하여 그러한 일이 없도록 엄중히 금해야 할 것이다.

9. 아전의 정원(定員)이 적으면 일없이 놀고 있는 사람이 적을 것이며, 혹독하게 거두어들이는 일도 심하지 않을 것이다.

▍옛날 중국의 우(虞)·하(夏)·은(殷)·주(周) 같은 나라의 제도에는 아전 수가 매우 적었다. 옛날 성인(聖人)들이 백성을 생각함이 이와 같았다. 그런데 우리나라 제도는 전연 옛것을 본받지 않았다. 중앙과 지방의 아전 수는 혼란하지 않은 곳이 없다. 서울의 관청에는 그런대로 오히려 정원이란 것이 있지만 지방의 고을에는 아전의 정원이 전연 규정되어 있지 않다. 무제한 마음대로 둔다. 그래서 많은 곳은 혹은 수백 명〔안동安東, 나주羅州〕에 이르고, 적은 곳이라도 60명 미만인 곳은 없다.

그 많은 아전이 무리 지어 파당(派黨)을 만들어 서로 알력과 반목을 일삼는다. 그리하여 풍속을 손상하며 하는 짓이란 음흉하고 간악한 일뿐이다. 그러나 그들에게 주어지는 일정한 직책이 있는 직위(職位)는 큰 고을이라야 열 자리, 작은 고을이면 대여섯 자리에 지나지 않는다. 머리를 싸매고 경쟁하여 겨우 그 한자리만 얻으면 팔을 걷어붙이고 한 살림 두둑이 마련할 것을 생각한다. 그리하여 도둑질하고 농간을 부려서 백성의 가죽을 벗기고 피를 빠는 일을 그치지 않는다. 향리(鄕吏)의 정원을 법으로 정하자는 논의는 이미 오래전부터 있었다. 그러나 조정의 대신이나 도(道)의 감사는 필요 없는 일로 생각하고 그대로 버려둔다. 한스러운 일이다.

지금 고을 아전의 정원을 그 고을 전결(田結 : 전지의 조세租稅)을 기준으로 해서 전세(田稅) 천 결(結)에 아전 5명을 두고, 만 결에 50명을 두도록 정한다면 적당할 것이다. 그렇게 해서 사람 수가 적으면 일없이 앉아 있는 아전이 적을 것이고, 그에 따라 백성에게서 가혹하게 거두어들이는 일도 조금은 적어질 것이다.

10. 지금의 아전들은 재상과 결탁하고 감독관청과 내통하여, 위로는 수령을 가볍게 여기고 아래로는 백성에게서 빼앗는 일을 한다. 이러한 사람들에게 굽히지 않는다면 훌륭한 수령이다.

▌선조(宣祖) 이전에는 아전들의 횡포가 그다지 심하지 않았는데, 임진왜란 이후로 사대부의 봉록이 박해서 집안이 가난한 데다가 나라의 모든 재물은 오군문(五軍門)에 집중적으로 군사를 양성하는 데 지출하게 되었다. 여기에서 탐오(貪汚)한 풍습이 점점 늘고, 따라서 아전들의 버릇은 무너지게 되었다. 그리하여 수십 년 동안에 하루하루 심해져서 지금은 극단에 이르게 되었다. 내가 민가에 있으면서 폐해(弊害)의 근원을 더듬어 보니 조정의 고관이 뇌물을 받는 것이 그 원인의 하나이다. 감사의 자봉(自封 : 백성의 재물을 긁어모아

부자가 되는 것)이 또 하나의 원인이며, 수령이 아전과 공모하여 그 부정부패한 재물을 나누어 먹는 것이 또 한 가지의 근원이다.

11. 수리(首吏)는 권한이 크니 어떤 특정인에게만 치우치게 장기간 맡겨서는 안 되며, 수리를 자주 불러들여 논의하지 말아야 하며, 죄가 있으면 반드시 처벌하여 백성에게 의혹을 사는 일이 없게 해야 한다.

▌어둡고 어리석은 수령은 반드시 수리(首吏)를 마음 놓고 일을 맡길 수 있는 부하로 믿고 밤중에 불러들여 여러 가지 사무를 묻는다. 아전이 수령에게 아첨하고 수령을 기쁘게 하는 수단은, 세금을 속이고 창고의 양곡으로 농간을 부려서 그 부당 이득을 얻게 하며, 소송과 형사사건을 미끼로 하여 뇌물을 받도록 부추기는 것뿐이다. 수령이 하나를 먹으면 아전은 그것의 백 배를 훔쳐먹는다. 그래서 삶아죽일 죄가 발각되면 오직 수령만이 죄를 입게 된다. 이 또한 슬픈일이 아닌가.

12. 수령이 부임한 지 두어 달 되면 아래 아전들의 이력표(履歷表)를 만들어 책상 위에 두어야 한다.

▌이력표는 아전들의 성명, 취임 연월일, 아전으로서의 사무 담임의 경력 등을 기록한다. 10년 혹은 20년간의 상황표를 만드는 것이 좋다. 그 이력표를 살펴보면 사람의 능력과 간교(奸巧), 우직(愚直) 상태를 짐작할 수 있고, 사람을 쓰는 데 공평하고 기회균등의 정책을 시도할 수도 있게 될 것이다.

13. 아전이 간사한 일을 하는 데는 사(史)가 주모자가 되기 마련이다. 아전들의 간계(奸計)를 방지하려면 사를 두려워하게 하고, 아전들의 간사한 일을 적발하려면 사를 끌어넣어 심문해야 한다.

▍사(史 : 문서 기록을 맡은 사람)는 서객(書客)을 말한다. 창고의 양곡이, 또는 조세(租稅)가 얼마나 어떻게 빼돌려지고 착복되었음을 사는 모두 알고 있다. 그러므로 수령은 사를 조종하고 추궁해 아전의 죄과를 적발할 수 있을 것이다.

❈ 제2조 어중馭衆 - 여러 사람을 통솔함

1. 군교(軍校 : 군무軍務에 종사하던 낮은 벼슬아치)는 무인(武人)으로 거칠고 호기(豪氣) 있는 무리이다. 그들의 횡포를 방지하는 일은 마땅히 엄중하게 해야 할 것이다.

▍성중(城中)의 모든 배우지 못하여 무식하고, 거칠고 사나우며 가르칠 수 없는 무리가 으레 군교에 투신(投身)한다. 그리고 기녀를 끼고 모여서 술 마시는 것을 직분처럼 알며, 남을 구타해 돈을 빼앗는 것을 일상 도리처럼 여긴다. 그 직종에 세 가지가 있으니 첫째는 장관(將官)으로 천총(千總)·파총(把總) 등이고, 둘째는 군관(軍官)으로 병방(兵房)·장무(掌務) 등이고, 셋째는 포교(捕校)로 토포도장(討捕都將) 등이다.

이들이 제각기 직권을 남용하여, 또는 직권을 빌미로 각기 특수한 방법으로 백성을 괴롭히고 재물을 침탈한다. 수령은 이 점을 특히 살펴서 그들의 횡포를 막아야 할 것이다. 그 횡포를 막는 방법은 엄중한 경계와, 범법자에 대해서는 엄벌해야 할 것이다.

2. 문졸(門卒 : 관의 하례下隷로 일수日守, 사령, 나장羅將들)은 옛날의 조례(皁隷 : 문졸의 옛 이름)이니 관속(官屬) 중에서 가장 가르칠 수 없는 사람들이다.

▍문졸은 떠돌아다니는 뿌리 없는 가장 천하고 교화하기 어려운 하민(下民) 출신들이다. 이들이 지닌 권한이 다섯 가지 있다. 첫째,

혼권(閻權)으로 문에 지켜 서서 사람을 들여보내고 금지하는 일이다. 둘째, 장권(杖權)으로 매를 실제로 치는 것은 이들이 한다. 셋째, 옥권(獄權)으로 죄수에게 나무칼이나 수갑, 족쇄(足鎖) 같은 것을 씌우고 벗기는 일을 맡아 한다. 넷째, 저권(邸權)으로 외촌(外村)의 저인(邸人 : 면주인面主人)으로서 보수를 마을 사람들에게서 받는 일이다. 다섯째, 포권(捕權)으로 범죄 혐의자를 체포하는 일을 한다.

이들은 이 다섯 가지 직권을 최대한 악용해 갖은 악독한 방법으로 잔약한 백성을 괴롭히고 재물을 빼앗는다. 수령은 이것을 엄밀히 살펴서 위법한 사람은 엄중히 처단해야 할 것이다.

3. 관노(官奴)가 농간(弄奸) 부리는 것은 오직 창고에 있다. 거기에는 담당한 아전이 있으니 관노가 주는 피해는 그다지 심하지 않을 것이다. 은정(恩情)으로 어루만지고, 이따금 그의 지나친 행위가 없도록 해야 한다.

▌ 모든 관속(官屬) 중에서 관노가 가장 힘들다. 시노장(侍奴長)은 계단 위에 줄곧 서 있어서 잠시도 떠날 수 없다.〔급창及唱이라고 한다〕 수노(首奴)는 팔고 사는 것을 맡고, 공노(工奴)는 공장(工匠)으로 제작을 맡는다.〔공방 창고지기工房庫直〕 구노(廐奴)는 말을 기르고 수령이 출입할 때 일산(日傘)을 잡는다.〔구종驅從〕 방노(房奴)는 온돌을 덥게 하고 변소를 관리한다.〔방자房子〕 수령이 외출할 때는 여러 관노가 모두 따라가야 한다.

그들의 노고는 이러한데 그들의 노고에 보답하는 길은 포노(庖奴 : 고깃간지기肉直)와 주노(廚奴 : 관청고직官廳庫直), 그리고 여러 창고지기를 시키는 것뿐이다. 그래서 거기서 생기는 근소(僅少)한 나머지를 얻어먹는다. 어찌 가엾지 않은가. 하인을 부리는 도리로서 그들을 어루만져 주고 후하게 온정을 베풀어야 할 것이다. 오직 그들의 농간을 막아야 할 것은 창고지기에 대한 것뿐이다. 그러나 거기에는 담당 아전이 있으니 관노의 농간은 대단치 않을 것이다. 혹은 고을에 따라서는 관노가 강성(強盛)하여 농간하고 지나친 행위를 하여 폐해가 많은 곳이 있다. 그러한 고을에서는 마땅히 엄밀히 감찰해서 그러한 횡포를 막아야 할 것이다.

4. 시동은 어리고 약하므로 수령은 마땅히 어루만져 길러야 하고, 죄과가 있을 때는 마땅히 가장 가벼운 법에 따라 처리해야 할 것이다. 그러나 그의 체격이 장년(壯年)처럼 장대하면 아전과 같이 단속해야 할 것이다.

▌시동은 통인(通引)이다. 시동이 간사한 짓을 하는 사례는 허위문서에 관인(官印)을 훔쳐 찍거나, 과강(科講) 때 공첩(空帖 : 조흘첩照訖帖)을 훔쳐내거나, 백일장(白日場)을 볼 때 답안지를 바꿔치는 일들이다. 대체로 수령의 행동 상황을 살펴서 바깥사람에게 알리며, 근거 없는 말을 교묘하게 꾸며서 남을 참소하는 일을 하는 경우가 있다. 그러므로 그 체구가 작다고 소홀히 다루어서는 안 된다. 그러나 어린아이의 죄는 매로 치는 것을 넘을 수는 없다. 지금 사람들이 시동에게 곤장(棍杖) 치는 형벌을 쓰는 것은 매우 옳지 못한 일이다.

✖ 제3조 용인用人 – 사람을 잘 등용함

1. 나라를 잘 다스리는 일은 사람을 잘 등용하는 일에 달렸다. 군현이 비록 작으나 인재를 등용하는 것은 나라의 경우와 다를 것이 없다.

2. 향승은 현령을 보좌하는 사람이다. 반드시 한 고을 안에서 훌

륭한 사람을 골라 이 직책을 맡겨야 할 것이다.

▌좌수(座首)는 향대승(鄕大丞), 별감(別監)은 좌부승(左副丞)·우
부승이라는 명칭을 붙이고, 모두 종사랑(從仕郎)의 위계(位階)를
주며, 매년 근무 성적을 평가하였다가 감사 어사가 식년(式年)마다
각각 9명을 천거하게 하고, 그중 3명을 선발하여 경관직(京官職)을
주도록 해야 할 것이다. 이 일은 조정에서 마땅히 강구해야 할 일이
다.

3. 만일 향승의 적임자를 구하지 못하면 자리나 둘 뿐, 적임자가
아닌 사람에게 여러 정사를 맡겨서는 안 된다.

▌수령이 일에 밝지 못하여 스스로 처리하지 못하는 사람은 정사를
향청(鄕廳)에 맡겨, 모든 군정(軍政)과 부세(賦稅)에 관계되는 소
송까지도 모두 향청이 조사 보고하게 한다. 여기에서 좌수(座首)는
아전과 결탁해 혹은 뇌물을 받고 사사로운 정으로, 간사한 것을 숨
겨 주고 곧은 것을 굽다고 무고(誣告)한다. 좌수의 권세가 온 고을
에 떨치게 되는 것은 모두가 이 때문이다. '조사 보고하라.'라는 말
은 절대로 입 밖에 내어서는 안 된다. 만약 반드시 향청에 자문(諮
問)하지 않으면 안 될 때는 직접 면전에 불러 물어보도록 한다. 백
성이 뜰에 엎드려 그의 대답하는 것을 듣고, 만약 의심나는 것이 있
으면 백성이 스스로 해명하게 한다. 그렇게 하면 일은 쉽게 판단할
수 있고 백성은 원통하다고 말하는 일이 없을 것이다.
간사한 향원(鄕員)은 모든 군정(軍政)에 대한 소송이 있을 때, '조
사 보고하라.'라는 명을 수령으로부터 받으면 드디어 제소(提訴)한
백성에게서 수천(數千 : 수십 냥)의 뇌물을 받고 그의 이름을 군적
(軍籍)에서 삭제해준다. 그러나 군사 사무를 담당한 아전이 뇌물이
마음에 차지 않으면 실제로는 그 사람을 빼고 대신 다른 사람을 군
적에 넣는 일을 하지 않는다. 그래서 군포(軍布 : 군인이 현역에 복무

하지 않는 대신 바치는 포목)를 수납하는 때가 되면 농간을 부린 향원이 자기가 군포를 마련해 군리(軍吏)에게 준다. 그리고 만 2년이 지난 뒤에는 도로 그 백성에게서 군포를 받는다.

그러니 향원이 처음 뇌물로 받아먹은 것은 수천(數千)이고, 향원이 물어낸 것은 4백뿐이다.〔군포 한 필의 대전代錢은 2백이다〕 백성이 깜짝 놀라 부르짖으면 간사한 향원과 교활한 아전은 서로 미루고 핑계한다. 백성이 관에 고소하려고 하면 범 같은 무리가 문을 지키고 들여보내지 않는다. 그래서 백성은 쓸쓸히 돌아가고 만다. 이러한 것이 향리(鄕里)에 항상 있는 일이다. 수령은 이러한 사정을 알고도, '조사 보고하라.'라는 말을 입 밖에 낼 수 있겠는가.

정치 잘하는 수령 아래에서는 좌수는 한가하고 심심함을 견디지 못해 장기, 바둑으로 날을 보내며, 하품과 기지개하며 낮잠을 잔다. 그리하여 열흘이 되면 휴가를 받고 한 달이 되면 그만두기를 빈다. 이렇게 되어야 현명한 수령이다. 비록 그렇게 되더라도 만 2년이 되기 전에는 해임(解任)하지 않아야 한다.

4. 풍헌과 약정은 모두 향승(鄕丞)이 추천한다. 추천된 사람이 적임자가 아닐 때는 임명장을 회수해야 한다.

▮ 대체로 풍헌이나 약정을 임명할 때 향승은 다만 그 뇌물만 비교해서 추천한다. 그 뇌물을 바치고 임명되기를 바라는 사람은 반드시 간악한 백성이다. 농사는 하지 않고 술 마시는 것을 일삼으며, 성내(城內)와 관부(官府)에 드나들면서 다년간 간악한 짓만 해서 백성을 좀먹는 사람일 것이다. 매번 풍헌과 약정을 임명할 때 향승에게 거듭 말하기를, "성의를 다하여 인선하라. 만약 적임자가 아닐 때는 차첩을 회수할 것이다."라고 해둔다. 이렇게 타일렀으나 오히려 바른 사람을 추천하지 않았을 때는 말한 대로 해야 할 것이다.

시골의 미천한 무리는 풍헌을 영화로운 벼슬로 여기는 사람이 많다.

그래서 새로 임명된 사람이 비록 쫓겨나는 일을 당할지라도 만약 그 차첩을 회수하지 않으면 향승이 받아먹은 뇌물은 토해내지 않는다. 그런 까닭에 관의 명령이 엄중하더라도 사람을 바로 선택하지 않는다. 그러므로 차첩을 회수하는 것이 가장 좋은 방법이다.

풍헌을 존위(尊位)라고 일컫기도 한다. 고을에 따라서는 풍헌이 군인과 보인(保人 : 군에 직접 복무하지 않고 현역 군인을 경제적으로 보조하는 병역의무자)을 첨정(簽丁 : 군인·보인의 명단을 작성하는 것)하기도 하고, 약정이 하기도 한다. 한번 첨정하는 권한을 갖게 되면 거리와 마을을 돌아다니며 백성들의 재물을 빼앗는다. 아이가 태어나면 그 이름을 명단에 올리고, 곱사등이가 새로 들어와 살면 먼저 그 흉터를 적는다. 그러니 따로 염탐하여 실제의 증거를 잡아서 법대로 엄중히 처단해야 한다.

또 대체로 이 무리는 군전이나 세금을 다 착복하고, 횡령한 금액이 많아지면 백성들에게 두 번씩 받아내는 것이 한 해에 수만에 이른다. 이것은 다 포악한 향원과 교활한 아전이 공모하여 그 도둑질한 것을 나누어 먹는 것이다. 풍헌이나 약정을 임명하는 날에 좌수와 군리(軍吏)를 불러, "이 사람이 공금을 개인적으로 소비한 때는 좌수와 군리가 그것을 변상해야 할 것이며, 나는 결코 식언(食言)하지 않을 것이며 결코 민간에게 다시 징수하지 않을 것이다."라고 말해 둔다. 그리고 만일 그런 일이 생기면 마땅히 곧 그 말대로 해야 한다.

5. 군관이나 장관으로 무반(武班)에 서는 사람은 모두 굳세고 용맹하며, 외부로부터의 모욕을 막아낼 만할 기색이 있으면 좋다.

▌수교(首校)가 뇌물을 받고 임명하는 것은 수향(首鄕 : 향청鄕廳의 우두머리)의 경우와 같으니 거듭 경계하나, 임명장을 회수하는 일을 모두 앞에서 말한 방법과 같게 하면 적임자를 구할 수 있을 것이다.

모든 사람을 보는 것은 그 사람의 위의(威儀)를 보는 것이지만, 무인(武人)의 경우에는 더욱 그러하다. 난쟁이 같고 누추하기가 천한 백성 같으며, 물고기 입에 개 이마의 형용(形容)이 이상한 사람을 무인의 반열(班列)에 서게 하여 함께 백성의 위에 나서게 할 수는 없다. 가령 급박한 일이 생겼을 경우, 평소에 부내에서 서로 가깝게 지낼 만한 영걸(英傑)하고 호기 있는 무리가 없다면 어떻게 급박한 일에 대응할 수 있겠는가. 시대가 비록 태평하고 고을이 비록 잔약할지라도 인재를 거두어 모으는 일에 마음을 다하지 않을 수는 없다.

✠ 제4조 거현擧賢 - 현능賢能한 사람을 천거함

1. 현능한 사람을 천거하는 것은 수령의 직책이다. 비록 예전과 지금이 제도가 다르나, 그렇다고 현사(賢士)를 천거하는 일을 잊어서는 안 된다.

▌우리나라에서는 원래 옛 법을 모방해서 매 식년(式年 : 자子·오午·묘卯·유년酉年)이면 군현(郡縣)에서 현사(賢士)를 추천하게 하였다. 중세(中世) 이래로는 당론(黨論)이 점점 나빠져서 자기네 당이 아니면 군현에서 추천한 사람을 다시 뽑아 쓰지 않게 되었다. 그런 까닭에 이 법은 형식에 지나지 않는 공문(空文)이 되었다. 그러나 어진 사람을 덮어 가린 죄는 상서롭지 않은 데로 돌아간다. 차라리 보내어서 등용되지 않을지언정 어찌 천거하지 않을 수 있겠는가.
지금 군현의 추천장을 보면, '해당 사항 없음'이라고 쓰는 것이 상례(常例)이니 또한 잘못된 일이 아니겠는가. 먼 시골의 한미(寒微)한 가문에서는 벼슬하는 혜택을 받지 못한다. 만일 그들이 한 번 추천하는 보고를 얻게 되면, 그 자손들이 대대로 칭송할 것이다. 진실로 그럴 만한 사람이 있는데 어찌 '해당 없다'고 말할 수 있겠는가. 한 사람에게 모든 것이 갖추어지기를 기대할 수는 없다. 한 고을에서 착하다고 하는 사람이나, 옆집에서 충성스럽다고 할 만한 사람은 반드시 있을 것이니 천거를 멈춰서는 안 된다.

≪속대전≫에서 말하였다. '각 도에서 전함(前銜 : 일찍이 벼슬한 일이 있는 사람)과 생원(生員)·진사(進士 : 경서經書로 소과小科에 합격한 사람을 생원, 시부詩賦로 합격한 사람을 진사라고 한다)와 유학(幼學 : 과거에 급제하지 않은 사람)으로서 재능과 덕행이 드러난 사람을 매 식년 초에 고을 사람들이 수령에게 추천하면 수령은 관찰사에게 보고하여 관찰사가 뽑아서 조정에 추천한다.〔하삼도下三道에서는 3명, 상오도上五道에서는 2명을 초과하지 못한다〕혹 추천된 사람이 이름과 실제가 맞지 않거나, 나이를 속여 기록한 사람은〔생원·진사는 30세 이상, 유학은 40세 이상이라야 한다〕처벌을 받는다.'

한 고을의 공론(公論)을 채택하여 물정(物情)에 맞게 하면 잘못은 없을 것이다. 내가 보니 요새 사람을 추천하는 일도 또한 뇌물을 표준으로 해 선택하기도 하고 버리기도 한다. 부자로서 오래도록 인심을 잃고 있는 사람이 효행(孝行) 있는 사람을 추천하는 명단에 드는 일이 많다. 그러니 더 이상 무슨 말을 할 수 있겠는가.

2. 과거(科擧)에 응시하는 선비를 수령이 추천하는 것은 비록 국법은 아니지만, 마땅히 문학에 능한 선비를 거장(擧狀)에 천거해야 하고 법에 구애될 필요는 없다.

▌과거제도는 고려 광종(光宗) 때 후주(後周) 사람 쌍기(雙冀)가 조서(詔書)를 가지고 오는 사신(使臣)을 수행하여 우리나라에 왔다가 병으로 본국에 돌아가지 못했는데, 그가 우리나라에 과거법을 전했다. 당시에 어째서 향거(鄕擧 : 고을에서 인재를 천거하는 법) 제도는 자세히 밝혀서 전해주지 않았는지 알 수 없다.

중국의 제도는 예전부터 지금에 이르기까지 천거가 있어야 과거에 응시할 수 있다. 우리나라에서는 천거가 없으면서 외람되게 응거(應擧 : 과거에 응시한다는 뜻)라고 말한다. 이름과 실제가 맞지 않음은 다 이런 이유 때문이다. 과유(科儒 : 과거 보는 선비)는 항우(項羽)니 패공(沛公)이니 하는 문제를 놓고 20구의 운문(韻文)으로 풍진팔년(風塵八年)의 시구(詩句)를 지을 수 있으면 재사(才士)라고 일컫는다. 나머지 사람들은 글씨나 익혀서 대필(代筆)이나 하고, 남의 것을 베껴 쓰곤 한다. 이것이 그들 중의 상수(上手)이며, 나머지 사람들은 남을 위해 막(幕)이나 쳐주고 일산(日傘)이나 들어 주며 싸움이나 하는 사람들로서, 수종(隨從)·노유(奴儒)라는 이름으로 불린다.

그런 까닭에 시험장은 혼란해져서 서로 인격을 짓밟고 죽이곤 하는 일이 생긴다. 가끔 과거 급제하는 사람이 이들 중에서 나오는 일이 있다. 부잣집 자녀는 글자 한 자를 몰라도 글을 사고 글씨까지 사며, 뇌물을 바치고 합격자의 정원에 들어가는 사람이 반수를 넘는다. 국가가 사람을 등용하는 길이 오직 이 길뿐이니 어찌 한심한 일이 아니겠는가.

이번 식년(式年) 가을에는 군현에서 부거장(赴擧狀 : 과거에 응시하는 것을 알리는 서장)을 써서 경시관(京試官)에 보고하게 하였다. 어떤 사람이 말하기를, 이 법은 옛날 향거(鄕擧) 제도가 남긴 뜻이라고 한다. 수령이 부거장을 쓸 때는 오직 과거에서 자기 손으로 글을 지을 수 있는 사람만을 기록해 책을 만들고, 함부로 섞여 들어가는 글을 알지 못하는 사람이 덮어놓고 부거(赴擧)하는 것을 엄금한다면 선비의 풍습이 조금은 청신(淸新)해지고, 백성들의 가산(家産)이 파탄되는 일이 없어질 수 있을 것이다. 비록 거대한 홍수의 범람을 한 손으로 능히 막을 수는 없더라도, 나 자신의 손으로 물결을 더 이상 일으키는 일을 하지 않는다면 또한 마음에 부끄러움이 없을 것이다.

※ 제5조 찰물察物 – 물정物情을 살핌

1. 수령은 고립되어 있다. 평상 한 개의 밖은 모두 나를 속이려는 사람들이다. 사방을 살필 수 있도록 눈을 밝게 하고, 사방의 소리를 들을 수 있도록 귀를 밝게 하는 것은, 오직 제왕(帝王)만이 그러한 것은 아니다.

▌ 전체에 밝은 사람이 마음을 다해 잘 다스리기를 바란다면 이 책의 대강령(大綱領)이 되는 아홉 장(章)의 54조〔진황賑荒은 계산에 넣지 않는다〕에 대해 한 건 한 건 자세히 살피고 힘써 실행하라. 그렇게 한다면 군내의 잘 다스려짐과 다스려지지 않는 것은 반드시 묻지 않아도 좋을 것이다. 아전이 저절로 농간을 부리지 못하고, 호세(豪勢)한 백성은 저절로 함부로 날뛰지 못하게 될 것이다. 그렇게 되면 귀를 막아 듣지도 않고, 연못 속의 물고기를 살피지 않더라도 만물을 즐겁고 편안하게 할 수 있을 것이다.

그러나 아전과 향원과 군교들이 가만히 수령의 상태를 엿보아 수령의 뜻을 빙자해 팔아먹고 농간하는 것은 생각하지 않을 수 없다.〔수령의 뜻을 헤아려 알아서 그것을 자기 공功인 것처럼 내세운다〕 문졸과 저졸(邸卒 : 면주인面主人)이 몰래 민가에 나가서 재물을 거둬들이고, 악행을 저지르는 것을 살피지 않을 수 없으며, 부모에게 효도하지 않고, 형제간에 우애하지 않으며, 시장을 멋대로 돌아다니며 빼앗는 사람을 금지하지 않을 수 없으며, 시골의 촌락을 위력으로 억누르면서 강한 것을 믿고 약한 사람을 업신여기는 행동을 하지 못하게 하지 않을 수 없다. 그러니 따로 염탐꾼을 두어 정보를 수집하는 일은 하지 않을 수 없다.

2. 사계절의 첫 달 초하루에는 향교에 통첩을 내려 백성들의 질

병과 고통을 묻고, 각기 이로운 것과 해로운 것을 지적해 진술하게 해야 한다.

▎ 향교는 정치를 논의하는 곳이다.〔정자산鄭子産이 향교를 헐지 않은 기록이 ≪춘추전春秋傳≫에 나온다〕 태학(太學)에는 정록청(正錄廳)이 있어서 옛날에는 밀통(密筩)이란 것을 걸어두고 여러 생도가 시정(時政)의 득실을 논평하게 했다. 그러니 향교에 백성의 병이 되고, 고통이 되는 일을 묻는 것은 근거가 있는 일이다.

먼저 여러 향인(鄕人) 중 나이가 많은 노인으로 몸을 닦고 사리를 아는 사람을 캐물어서 한 향교에서 4명을 선택해 향로(鄕老)로 삼는다.〔임명장을 만드는 것은 좋지 않다. 다만 그의 이름만 기록해 책상에 놓아두는 것이 좋다〕 그 뒤에 그들에게 통첩을 내려 민간의 병폐와 이해를 묻도록 한다.

3. 자제나 친한 빈객(賓客)으로서 마음을 단정염결(端正廉潔)하게 가지고, 겸하여 사무도 능숙하게 아는 사람이 있으면 그에게 몰래 민간의 사정을 살피게 하는 것이 좋다.

4. 모든 미세한 과실과 작은 흠은 마땅히 더러운 것을 머금고 병을 감추듯 덮어둬야 한다. 자세하게 빈틈없이 밝혀내는 것이 밝은 것은 아니다. 모르는 척하다가 이따금 간사한 것을 적발하여 알아채는 것을 신(神)처럼 해야 백성들은 이에 두려워할 것이다.

▎ 한 고을의 장(長)인 사람이 아전이나 백성의 한두 가지 숨은 과실을 듣고 큰 이익이나 얻은 것처럼, 간사하고 숨긴 것을 적발해 폭로하는 것으로, 자기가 자세하고 밝음을 자랑하는 것은 천하에 제일가는 박덕(薄德)한 행동이다. 큰일은 적발하지만 작은 일은 버려 두기도 하고 모르는 체하기도 하며, 혹은 비밀히 본인을 불러서 순한 말로 타일러 스스로 새롭게 되도록 해야 한다.

관대(寬大)하면서 방종하지 않게 하며, 엄중하면서도 가혹하지 않아서 온화하고 덕이 있어서 감복하고 기쁘게 만드는 것이 아랫사람을 통솔하는 도리이다. 연못의 물고기를 들여다보듯 자세히 살펴서 경솔하게 가혹한 형벌을 시행하는 것이 어찌 어진 수령이 할 일이겠는가.

5. 남몰래 다니는 것은 물정(物情)을 바로 살피기에는 부족하고, 한갓 위신만 손상하는 것이니 해서는 안 된다.

▌수령은 한 번의 행동을 경솔하게 해서는 안 된다. 혹 숨은 간사함을 미행으로 조금 알아낼 수 있다고 하더라도 오히려 해서는 안 될 일인데, 하물며 밤중에 한 번 미행을 나가면 아침이면 이미 온 성안이 웃음의 도가니가 되고 만다.[수령의 미행은 그렇게 비밀이 미리 알려지는 것이다] 그들의 사사로운 말과 비밀스러운 의논을 어찌 얻어들을 수 있겠는가. 한갓 여염집 부녀들의 길쌈하는 등불만 끄게 만들 뿐이다. 근래에 수령들이 미행을 좋아하는 것은 그 뜻이 몸소 기녀의 집을 살펴서 몰래 놓고 있는 소년들이나 붙잡아서 스스로 명찰(明察)하다고 하는 데 있을 뿐이다. 수령이 미행하는 것을 고을의 백성들은 도깨비가 나다닌다고 이름 붙이고 있다.
미행하는 것은 첫째, 창고의 농간을 적발하고, 둘째, 옥 안의 간사한 일을 적발하는 데에 목적이 있다고 한다. 그러나 창고의 양곡을 도둑질하는 것은 붓끝으로 허위문서를 조작하는 데 있지 쌀섬을 짊어지고 밤에 내가는 것은 아니다. 또 옥의 죄수는 정말로 칼을 벗겨 주지 않는다면 잠시도 살 수 없으니, 설혹 그것을 벗겨 주는 일이 있을지라도 어진 사람이 반드시 그렇게 되지 못하도록 살펴야 할 일은 아니다. 그렇다면 미행으로 무엇을 한단 말인가.

6. 좌우에 가까이 있는 사람들의 말을 그대로 믿어서는 안 된다.

비록 쓸데없는 지나가는 말 같지만, 그들의 말에는 다 사사로운 뜻이 포함되어 있다.

▮ 호태초(胡大初)가 말하였다. "수령이 정밀하고 강직(剛直)하여 아전에게 맡겨두기를 좋아하지 않으면, 아전들은 널리 도리를 설명하여 완곡하게 치켜세운다. 그래도 수령이 또 듣지 않으면 반드시 수령이 편안히 앉아 있는 곳에서 저희끼리 서로 사사로이 논평하는 척하여 그 말이 은연중에 수령의 귀에 들어가게 한다. 수령이 그것을 알아차리지 못하고 그들이 아무런 마음 없이 한 말이라고 생각하고 그 말을 믿는다면, 알지 못하는 사이에 이미 그들의 계략에 떨어진 것이다."

시기(侍妓)·시동(侍童)·시노(侍奴) 등이 저희끼리 사사로이 묻고 대답하다가 거짓말하지 못하게 나무라는 체해서 중지시키는 것은, 실은 수령의 귀에 흘러 들어가게 하는 것이 많다. 간사하게 속이는 방법은 천 가지 만 가지 형태로 나타난다. 어찌 유의하지 않을 수 있겠는가.

✠ 제6조 고공考功 – 공과功過를 평가함

1. 관리가 한 일은 반드시 그 공적을 평가해야 한다. 관리들은 공적을 평가하지 않으면 힘써 일하지 않는다.

▮ 고려의 제도에 서인(庶人)으로서 벼슬에 있는 사람은 주사(主史)·영사(令史)·서예(書藝)·기관(記官)·서수(書手)·직성(直省)·전리(電吏)·문복(門僕)·조마(照磨)·역리(譯吏)·통사(通事)·지인(知印)·계사(計史)·산사(算史)·별가(別加)·통인(通引)·장수(杖首)·녹사(錄事)·지반(知班)·기사(記事)·소유(所由)·공목(孔目)·감사(監史)·감작(監作)·주의(注衣)·막사(幕士)라는 명칭이 있었다.

매년 6월과 12월에 9품(品) 이상의 부사(府史)·서도(胥徒)와 함께 그들의 취임 연월일의 차례를 따지고, 그 노고와 안일(安逸)의 정도를 나누며, 그 공적과 과실(過失)을 표시하고, 그 재능의 유무를 논평해 모두 책에 기재한다. 이것을 정안(政案)이라고 한다. 중서(中書)에서 그들의 승진과 파면의 시안(試案)을 만들어 문하(門下)에 아뢰고 제칙(制勅)을 얻어 시행한다. 이것을 도목(都目)이라고 한다. 즉 고려에는 소리(小吏)들의 고공(考功) 제도가 있었다. 대체로 사람 다루는 방법은 다만 권(勸)과 징(懲) 두 글자가 있을 뿐이다. 공로가 있는데 상(賞)이 없으면 백성은 힘껏 일하지 않을 것이며, 죄가 있어도 처벌하지 않으면 백성을 징계할 수 없다. 힘껏 일하게 권하지 않고, 죄를 징계하지도 않는다면 모든 백성의 마음은 흩어지고, 모든 일은 무너질 것이다. 백관(百官)과 뭇 아전도 다를 것이 없다. 요즈음 죄를 지으면 벌은 있으나, 공이 있어도 상은 없다. 이것이 아전의 풍습을 날로 간악한 데로 달려가게 만드는 까닭이다.

2. 국법에 없는 일을 홀로 시행할 수는 없다. 그러나 그들의 공로와 과실을 적어 두었다가 연말에 공을 평가하여 의논해서 상 주는 일은 오히려 하지 않는 것보다 좋다.

▌책을 하나 마련하여 한 장에 한 사람씩 이름을 적는다. 여러 향원(鄕員)과, 여러 군관(軍官)과, 뭇 아전과 하인 모두의 그 공과(功過)를 기록한다. 죄과(罪過)가 있을 때는 그때그때 즉시 죄를 다스리고, 공적이 있으면 연말에 평가하여 9등급으로 나눈다. 그래서 그 상위(上位) 3등은 새해의 임명에 반드시 중요한 자리를 주고, 중위 3등은 차등 있게 상을 주고, 하위 3등은 한 해 동안 쉬게 하여 임명하지 않는다. 이렇게 한다면 아마 선한 것을 권장하는 데 어느 정도 도움이 될 것이다.

3. 한 임기를 6주년으로 정해 수령이 먼저 오래 재임하게 된 뒤라야 공(功)의 평가를 논의할 수 있을 것이다. 만일 그렇게 하지 못한다면 신상필벌(信賞必罰 : 공이 있는 사람에게는 반드시 상을 주고, 죄가 있는 사람에게는 반드시 벌을 주는 것)을 정확하게 해 백성이 명령을 믿게 하는 길이 있을 뿐이다.

▌20년 동안 수령이 자주 바뀌어 오래 있는 사람이라야 2년이고, 그 나머지는 1년이면 바뀐다. 이 법이 고쳐지지 않으면 아전이나 백성이 다 오랜 계획을 하지 않을 것이다. 그런 사람들에게 공을 평가하는 방법을 말하는 것은 웃음거리가 될 것이다.
공자(孔子)가 문인들의, "병(兵)과 식(食)과 신(信) 가운데서 어쩔 수 없어서 버려야 한다면 어느 것을 버리겠느냐?"라는 물음에, "병을 버리고 다음으로 식을 버리라."라고 하면서, 마침내 신(信)을 버리라고 하지는 않았다.
명령을 믿게 한다는 것은 백성을 대하는 제일 으뜸 되는 요무(要務)이다. 명령을 내려 말하기를, '어느 죄를 범한 사람은 어느 벌을 받는다.'라고 해놓고는 그뿐, 그렇게 하지 않으며, '어떤 공을 세우면 어떤 상을 받을 것이다.'라고 해놓고 그뿐, 그렇게 하지 않는다면 모든 호령과 명령이 내려도 백성들은 믿지 않을 것이다. 평상시에 오히려 큰 해(害)는 없겠지만, 만약 나라에 외국이 침략해 오는 근심이 생긴다면 이때를 당해 평소에 진실한 믿음을 얻지 못했다면 장차 어떻게 하겠는가. 명령을 믿음 있게 하는 것은 수령이 할 급선무이다.

제6장   호전육조戶典六條

이 장에서는 호전에 규정된 사항 중에서 군현(郡縣)에 관계
되는 중요한 사항을 논술하고 있다.

전정(田政), 세법(稅法), 곡부(穀簿), 호적(戶籍), 평부(平
賦), 권농(勸農)의 여섯 조목으로 되어 있다.

※ 제1조 전정田政 – 농지農地에 관한 일

1. 수령의 직책은 54조 중에서 전정이 가장 어렵다. 우리나라의 농지제도가 잘 되어 있지 않기 때문이다.

▌중국에서는 경(頃)·묘(畝) 등의 면적 단위로 농지를 계산하고, 우리나라에서는 결(結)·부(負) 등으로 토질(土質)의 비옥(肥沃)하고 척박(瘠薄)함을 표준으로 계산한다. 그 길고 짧고 넓고 좁은 것은 형체가 있지만, 비옥하고 척박하고, 기름지고 메마른 것은 농지의 성질이므로 형체가 없다. 그런데 형체가 있는 것은 예전이나 지금이나 변함이 없지만 형체가 없는 토질은 때에 따라 달라진다.〔땅이 비옥하고 척박한 것은 사람의 공력功力에 달려 있다〕 결·부로 밭을 계산하는 것은 좋은 제도가 아니다.

원래 전결(田結)이라는 명칭은 《관자(管子)》 금장편(禁藏篇)에서 처음 생긴 것이다. 그런데 신라 때에 이미 결부(結負)가 있었다. 그런 까닭에 최치원(崔致遠)의 〈산사비명(山寺碑銘)〉에, '농지 10결을 내려주었다.(賜田十結)'라는 말이 있다. 《고려사(高麗史)》 식화지(食貨志)에는 '산전(山田) 1결(結), 평전(平田) 2결'이라는 말이 있다. 그러나 거기에서 말한 1결이나 1부(負)라는 말은 그냥 1경(頃) 1묘(畝)라는 뜻으로 쓴 것이고, 지금의 제도처럼 농지의 비옥하고 척박함으로 그 면적을 등수에 따라 더하는 계산법으로 말한 것은 아니다.〔자세한 것은 전제고田制考 참고〕

고려 말기에 처음으로 3등급의 자〔尺〕를 만들어 그것으로 밭을 측량했다. 조선 초기에는 5등급의 자를 만드니 그 차등(差等)은 더욱 많아졌다. 그래서 토질의 비옥하고 척박함을 5등급으로 나누어 전안(田案 : 농지 장부)에 등기하였을 뿐이고, 5등급의 농지의 실지 면적은 모두 같았다. 세종 말년에 고쳐서 6등급의 양전척(量田尺)을 제정하고, 전제상정소(田制詳定所)를 설치해 크게 농지제도를 고쳤다. 그러나 그 면적을 계산하는 방법은 지금과 같지는 않았다. 효종(孝宗) 때에 이르러 각지의 농지를 다시 측량해 비로소 준수해야 하는 책(冊)을 나누어 주었으니, 이에 1등은 100부(負), 2등은 85, 3등은 70, 4등은 55, 5등은 40, 6등은 25부로 해서 차이를 두어 정하고, 금석(金石)처럼 변하지 않는 법이 되었다. 이 제도는 옛날에는 있었던 증거가 없다.

황제(黃帝)는 들에 구획을 그었으며, 우왕(禹王)과 후직(后稷)은 묘(畝) 사이에 도랑을 파서 정지(井地)와 연옥(衍沃) 제도를 만들기에 이르렀고, 상앙(商鞅)은 천맥(阡陌)을 개척하는 법을 세웠으며, 이회(李悝)가 수리전(水利田)을 창설했으나 모두 실지 면적으로 계산했고, 비옥하고 척박함의 차이는 따로 등급을 나누었을 뿐이다. 지금 우리나라의 체가법(遞加法)은 비록 예수(隸首)가 계산하고, 이주(離朱 : 중국 고대의 전설상의 인물. 매우 시력이 뛰어났다고 함)가 자〔尺〕를 살피더라도 그 도수(度數)를 소상하게 할 수는 없을 것이다. 지금의 수령들은 장차 무엇으로 그 농간하는 것을 적발할 수 있을 것인가.

2. 지금 시행되고 있는 전산법(田算法)에는 방전(方田 : 정사각형 논밭)·직전(直田 : 직사각형 논밭)·구전(句田 : 직각삼각형 논밭)·제전(梯田 : 사다리꼴로 생긴 논밭)·규전(圭田 : 이등변삼각형으로 생긴 논밭)·사전(梭田 : 베 짜는 북같이 생긴 논밭). 마름모꼴 모양·요고전(腰鼓田 : 허리가 장구처럼 들어간 논밭) 등 여러 가지 이름이 있다. 그것을 헤아려 계산하는 방식은 이미 사법(死法)이 되었으니 다른 농지에는 통용할 수 없다.

▌ 전산법(田算法 : 농지 넓이를 계산하는 법)에 말하기를, '산서(算書)에는 길이 5척(尺), 넓이 5척을 1보(步)'라고 했는데 이것을 지금

의 양전법(量田法)으로 말한다면 마땅히 1척이 된다. 10척이 1속(束), 10속이 1부(負 : 통속적으로는 복ㅏ으로 쓴다), 1백 부가 1결(結), 8결이 1부(夫)가 된다.〔1속 미만은 마땅히 척이라고 해야 하는데 통속적으로는 파把라고 한다〕

현행의 산전(算田) 방법은 가령 방전·직전·구전·제전·규전·사전·요고전 등 몇 개의 표준형에 대한 산출 방법을 설명하여 보이고 이것의 이치에 따라 다른 모양의 논밭도 계산하라고 하고 있으나, 이것은 실지에 있어서는 전연 추이 적용할 수가 없다. 천 가지 만 가지 형상을 한 전지를 이 간단한 쉬운 예시를 추리하여 산출할 수 없기 때문이다. 이 전산법은 이미 사문(死文)에 불과하다. 이 방법은 고쳐야 할 것이다.

3. 논밭의 측량을 고치는 것은 농지제도의 중대한 시책(施策)이다.〔수령이 단독으로 할 수는 없다〕 그러나 묵정밭〔진전陳田 : 오래 버려두어 거칠어진 밭〕을 조사하고, 은결(隱結 : 불법으로 부과 대상에서 누락한 농지)을 밝혀내서 구차히 안정하기를 도모할 수밖에 없다. 정 하지 않을 수 없다면 고쳐 측량하기를 힘쓸 것이지만, 그다지 큰 폐해가 없는 것은 모두 예전대로 두고, 그중에서 매우 심한 것만을 바로잡아서 원래의 액수에 충당한다.

▌ 우리나라의 농지제도는 예전부터 좋지 않았다. 만약 어진 임금과 현명한 신하가 조정에서 의논하고 농지제도의 대개혁을 단행하여, 결부(結負)제도를 없애고 경묘(頃畝)로 고치며, 널리 공전(公田)을 두어 정전법(井田法)을 참고로 쓴다면, 수령으로서 이 일을 맡은 사람은 정신을 분발하고 지혜를 다해서 합당한 결과를 가져오도록 힘씀으로써 터럭만큼도 유감없게 해야 할 것이다.

그러나 지금 이 결부제도는 법의 기구(崎嶇)함이 이보다 더 심할 수는 없을 것이다. 비록 어떤 현명한 사람에게 맡겨도 다 잘할 수는 없다. 더군다나 농지의 비옥하고 메마름은 때에 따라 변한다. 결부로 전지를 계산하는 법은 본래부터 사리에 맞지 않으니, 어찌 그것으로 세상을 다스리고 백성을 기를 수 있겠는가. 여기에서 고쳐 측량한다는 것은 결부를 고쳐서 또 결부로 하는 것이니, 근본이 좋지 않은데 어떻게 잘 변경할 수 있겠는가. 그런 까닭에 어쩔 수 없는 그중 가장 심하게 잘못된 것만을 바로잡도록 힘쓰라고 말한 것이다.

4. 농지 형상은 천 가지 만 가지로 다르다. 방전·직전·규전·구전·제전 형상은 그 대강을 예거(例擧)한 것뿐이다. 그것을 표준으로 하여 추산할 수는 없다.

▌농지 형태는 천 가지 만 가지로 다르다. 반드시 여기에서 예거한 것에 일치하지는 않는다. 또 같은 방전·구전이라 해도 그것이 모두가 동일한 형태일 수는 없다. 그 각양각색의 형상을 한 농지를 측량하는 법은 실은 다 직전(直田)의 계산법을 이용하고 있는 것으로, 그 방법은 정확하지 않다.

5. 농지를 측량하는 정치는 오직 먼저 적당한 인재를 얻어야만 논의할 수 있다.

▌지혜로운 사람은 반드시 간사하고, 소박한 사람은 반드시 사물에 밝지 못하다. 남에게 속지 않을 만한 사람은 나를 속이는 사람이 되기 쉽고, 나를 속이지 않을 사람은 남에게 속기 쉽다. 이 점이 적당한 인재를 구하기 어려운 것이다. 그러나 사람을 부리는 방법 여하에 따라서는 지혜 있는 사람이 나를 속이지 않을 수 있을 것이다.

6. 경기(京畿)의 농지는 비록 척박하나 본래 전세(田稅)를 가볍게 정하였고, 남쪽 지방의 전지는 비록 비옥하나 본래 이미 무겁게 정한 것이니, 모든 그 부속(負束)의 수는 예전대로 따라야 한

다.

7. 묵정밭으로 묵힌 전지는 그에 대한 세액(稅額)을 밝혀서, 세가 과중하다면 등급을 낮추지 않으면 안 된다.

�▮ 농지가 묵정밭이 되는 것은 마을이 없어지거나 흉년이 들어서 그렇게 되는 것도 있으니, 반드시 세액이 과중한 탓이라고 말할 수는 없다. 그러나 그 세액이 진정 가볍다면 때로는 경작하고, 때로는 묵는 일이 있을지라도 한결같이 묵기만 할 까닭은 없을 것이다. 모든 전후의 묵정밭은 모두 등급을 낮추는 것이 마땅하다. 마을이 가깝고 농지가 비옥한 것은 5등으로, 마을이 멀고 메마른 것은 6등으로 낮추어 결부(結負)를 고쳐 정하고, 백성을 모집하여 경작을 권하는 일을 소홀히 할 수 없다.

8. 묵정밭의 등급을 낮추면 자호(字號)가 옮겨 변경되므로 장차 백성들의 소송이 많을 것이다. 모든 그 자호가 변한 것은 모두 증명서를 주어야 한다.

▮ 《속대전(續大典)》에서 말하였다. '묵정밭이나 경작하고 있는 밭을 가리지 않고 5결(結)이 되면 하나의 자호(字號 : 천자문千字文의 글자를 차례로 가져다가 번호를 매기는 것. 가령 천자天字 제1, 제2, …지자地字 제1, 제2, 제3 … 등과 같이 쓴다)를 매겨 표시한다.' 또, '모든 농지는 사방의 경계표와 주인의 이름을 기록한다. 묵정밭도 또한 모두 주인을 기록한다. 주인이 없는 것은 주인이 없다고 기록한다.'라고 하였다.
묵정밭은 본래 3등으로서 70부(負)였는데, 강등해 5등이 되면 40부에 불과하게 되며, 6등으로 강등하면 25부에 지나지 않게 된다. 만약 그렇게 되면 차례로 다음 자호에 속하는 농지를 당겨 올려서 1결이 되게 해야 하니 차례로 자호가 바뀐다. 이러한 사람에게는 증명서 한 장을 주어서 매매할 때 차례로 전해주어 증거로 해야 한다.

9. 농지를 측량하는 법은 어린도(魚鱗圖)로 하여 방전을 만드는 것보다 더 좋은 것은 없으나, 모름지기 조정의 명령이 있어야 시행할 수 있는 것이다.

▐ 방전법(方田法)으로 전지를 측량하는 설은 본래 장횡거(張橫渠 : 장재張載)에게서 시작되었고, 주자(朱子)는 어린도를 만들었으니 역시 방전법이다. 명(明)나라 홍무(洪武) 초년에 칙명으로 이 법을 시행했으며, 지금은 더욱 완비되었으니 이 법을 제외하고 다시 더 좋은 법은 없다. 그러나 한 고을의 수령이 홀로 이 법을 시행하려면 노력은 많이 들고 비용도 많이 들어 폐해를 바로잡는 데 유익함이 없을 것이다. 반드시 온 나라 안이 모두 시행하게 된 뒤라야 비로소 좋은 법이 될 것이다.

성호(星湖 : 이익李瀷) 선생이 말하였다. "어린도는 대체로 농지의 형상을 골고루 도면(圖面)으로 그린 것이니, 지금의 방역(邦域) 지도와 같다. 모든 들, 모든 골짜기 할 것 없이 세밀한 부분은 큰 것 속에 통합된다. 큰 것은 전도(全圖)가 되고, 세밀한 것은 분도(分圖)가 된다. 구릉(丘陵), 물가의 평지, 천택(川澤) 등 경작하지 않는 땅과, 진지(陳地)·황지(荒地)로서 경작하지 않는 것도 모두 빠짐없이 기록하고, 산법(算法)에 의해 그 넓고 좁음, 길고 짧은 것을 쓰며, 또 총도(總圖) 위에 어디에서 어디까지가 몇 자라고 쓴다. 또 그 사지(四至 : 사방의 경계표)에 대하여도 반드시 제 몇 호 전(田), 혹은 산, 또는 개천이라고 기록해 참고와 증거에 대비한다. 어찌 다시 숨기거나 빠뜨릴 염려가 있겠는가?"

10. 묵정밭을 조사하는 것은 전정(田政)의 큰 조목이다. 묵정밭에 세를 부과하면 원망이 많으니 묵정밭을 조사하지 않을 수 없

다.

▌《속대전》에서 말하였다. '매년 묵정밭을 개간한 곳을 하나하나 기록해 본조(本曹)에 보고하고, 세를 반감(半減)한다. 이미 개간하였다가 도로 묵힌 것은 세를 부과하지 말라.'
묵정밭을 조사하는 것은 두 가지 목적이 있다. 첫째, 거짓으로 묵정밭이라고 속이는 것을 찾아내는 일이고, 둘째, 정말 묵정밭인 것을 잘못해 묵정밭 아닌 것으로 처리하고 있는 것을 찾는 일이다. 묵정밭이 아닌데 묵정밭으로 해 면세하는 것은 나라에 손해이고, 묵정밭을 묵정밭 아닌 것으로 처리하고 과세하는 것은 백성에게 원통한 것이니, 어느 것이나 조사하지 않아서는 안 된다.

11. 묵정밭을 개간하는 일을 백성의 힘만 믿어서는 안 된다. 수령은 마땅히 정성껏 경작하기를 권유하고, 또 따라서 그것을 도와주어야 한다.

▌옛날의 훌륭한 수령은 반드시 소를 빌려주고 식량을 도와주어 백성에게 묵정밭의 경작을 권하였다. 더군다나 어리석은 백성이 법의 뜻을 알지 못하고, 오직 묵정밭을 한 번 경작하면 무거운 세를 짊어지게 될 것만을 두려워하기 때문에 쉽게 개간하려 하지 않는다. 수령이 몸소 마을에 가서, 묵정밭을 경작하면 3년 동안 세를 면해 준다는 것을 설명하고, 수령이 스스로 그렇게 지령문(指令文)을 써서 백성에게 믿을 수 있는 증거가 되게 하고, 또 따라서 도와주기를 옛날의 훌륭한 수령처럼 한다면 아마 묵정밭을 개간하는 사람이 날마다 불어날 것이다.

12. 은결(隱結 : 숨겨서 토지대장에 올리지 않은 논밭) · 여결(餘結 : 농지의 원정수原定數에 들지 않은 논밭. 은결과 같다)은 해마다 달마다 늘어나고, 궁결 · 둔결도 해마다 달마다 늘어나며, 원전(原田 : 그 고

을의 원정原定의 논밭)으로서 국가에 납세하는 것은 해마다 달마다 줄어만 가니 장차 어떻게 할 것인가.

▌ 서울에서 벼슬하는 사람들은 모두 은결이라는 이름을 듣고 있다. 그러나 모두 마음속으로 생각하기를, '심산궁곡에 조금씩 황무지를 개간한 것이 은결이 되었을 것이다.'라고 할 뿐이고, 원전의 총 결수 (結數)가 그 이외의 것으로 넘쳐나는 수가 은결이 된다는 것은 알지 못한다. 잡초가 우거진 황폐한 농지, 홍수에 무너지고 사태가 난 밭, 백성들이 떠돌며 내버리고 간 농지 등 이런 것으로 원전의 총 결수에 충당시키고, 그 기름지고 완전하고 확실하고 기름지게 가꾸 어 옥토가 된 논밭은 다 은결로 만들어 놓았다.
세를 받을 때가 되면 먼저 온 고을 안에서 가장 좋은 농지만을 뽑아 서 그것을 은결로 빼돌려 놓고, 그리고 나서는 황무지와 온갖 나쁜 논밭만을 나라의 세금을 징수하는 대상으로 삼는다. 그것이 버릇되 어서 아주 당연한 것처럼 여기게 된 것이 이제 수백 년이 되었다. 이것은 한 고을의 수령이 바로잡을 수 있는 것은 아니다.
궁결(宮結 : 각 궁과 관아官衙에 소속된 논밭)과 둔결이 원전을 침식(侵 食)해 들어가니 다만 국가의 세입이 날로 줄어들 뿐 아니라, 모든 부역은 다 전결(田結)을 기준으로 하여 부과되는데 한 번 궁결에 편 입되면 온갖 부역은 면제된다. 그래서 1만 결(結)을 가진 고을에서 요역에 응하는 백성은 3천 명을 넘지 못하니, 백성의 부역은 지나 치게 고통을 주어 떠돌며 도망하는 사람이 계속 생긴다. 이것도 한 고을의 수령이 바로잡을 수 있는 것은 아니다. 그러므로 전정(田政) 은 할 수 없다고 말한다. 장차 어떻게 되겠는가.

✳ 제2조 세법稅法 – 세금의 부과와 징수

1. 농지제도가 이미 그러하니 세법이 문란해졌다. 연분(年分) 제

도에서 잃고, 황두(黃豆)의 수납에서 잃어서 국가의 세입은 얼마 되지 않는다.

▋ 처음에 농지를 측량할 때 이미 비옥하고 척박한 것에 따라 6등급으로 나누어서 척박한 땅을 측량하는 데에 사용하는 자는 길이가 더 길게 하였다. 그러므로 같은 단위로 표현하였지만 실지의 면적은 아래 등급의 농지는 위 등급의 농지보다 크다. 그러니 1등전의 1결(結)과 6등전의 1결은 그 수확량은 같다. 그러니 그 세액도 당연히 같아야 할 것이다.

그런데 여기에다가 연분(年分 : 농작의 흉풍凶豊에 따라 매년 정하는 전세田稅의 비율. 상상上上, 상중上中, 상하上下와 중상中上, 중중中中, 중하中下, 하상下上, 하중下中, 하하下下의 9등으로 구분하여 일정한 비율로 재해 농지의 세금을 경감한다) 구등(九等)법을 실시해 하하(下下)는 4두(斗), 하중(下中)은 6두, 하상(下上)은 8두 이렇게 위로 거슬러 올라가서, 상상(上上)은 20두를 세로 거두는 것으로 세법을 세워서 피차 서로 모순되고, 앞뒤가 서로 맞지 않아서 혼란해 실마리를 잡을 수가 없다.

그러나 이미 이 법을 세웠으면 마땅히 그 분등(分等)은 해마다 같지 않아야 할 것이다. 그런데 소위 연분법은 하하(下下)의 농지 몇천 결은 계속 하하(下下)이고, 하중(下中)의 농지 몇천 결은 계속 하중(下中)이다. 이것은 연분이 아니고 바로 토분(土分, 토질의 비옥과 척박에 따른 분류)이다. 이미 6등급으로 나눌 때 농지의 품질에 따라 분류하였는데, 또 9등의 연분에서 또다시 농지의 품질로 분류하고 있으니 이미 정당하지 못하다.

비록 그러하더라도 법이 이미 이와 같으니 그대로 준행(遵行)해야 하는데, 그것을 아래 백성들에게서 세를 거둘 때 9등의 전지에서 똑같이 6두씩을 징수한다. 국가에서 수납하는 것은 차등이 있고, 백성이 바치는 데는 다르지 않으니 또 무슨 뜻이란 말인가.

밭에 대한 세는 국법에 본래 황두(黃豆 : 콩, 대두大豆. 대두를 심은 밭과 기장, 피, 목화, 삼 따위를 심은 밭의 세는 황두로 받았다)를 받게 되어 있다. 위태(位太)와 세태(稅太)가 있으니 위태는 기장, 피, 목화밭, 삼밭의 세로 콩을 받는 것이고, 세태는 콩밭에 대해 콩으로 받는 세이다. 지금의 법은 위태나 세태를 다 쌀로 환산해 콩 두 섬에 쌀 한 섬을 받아서 서울의 당해 관사(官司)에 바치게 되어 있다. 법의 예식(例式)은 그러하지만 실제로는 밭 1결에 세로 쌀 6두를 받고 있어서 논의 세미(稅米)와 다름이 없다.

2. 집재(執災 : 재해 상황을 조사하여 기록하는 일) · 표재(俵災 : 흉년에 재해 입은 농지의 조세를 감減하는 것)는 전정(田政)의 말단 일이다. 큰 근본이 이미 거칠어졌기 때문에 조리가 다 문란한 것이다. 비록 마음을 다할지라도 만족할 수 없다.

▌수령의 전정(田政)은 조세를 감해 주는 일뿐이다. 여기에서 조세를 감하는 것을 자세히 살피는 것을, 상례(喪禮)에서 시마(緦麻)와 소공(小功)을 살피듯 해야 한다. 그러나 역시 알기 어려운 일이니 오직 자신의 몸을 규율하고 아전들을 단속해 평소에 위신이 분명하면 아전의 농간도 그렇게 몹시 심한 데 이르지 않을 것이다. 조금도 착오가 없게 한다는 것은 방도가 없다.
조세를 감하는 데 있어 농간에는 온갖 교활하고 간악한 방법이 있다. 그 방법은 대체로 위재(僞災)와 허집(虛執)이다. 위재는 돈을 받고 부잣집의 풍작인 전지를 거짓 재해지(災害地)로 보고하고, 그 세를 정말로 재해를 입은 가난한 백성들의 전지에 전가하는 것이다. 허집은 아전이 재해 조사를 위해 답사(踏査)할 때 자기 혼자서 재해를 더 많이 잡아두었다가 돈을 받고 농민에게 팔아먹는 행위이다. 그러나 이러한 것을 수령이 농지마다 경작자 이름을 쓴 표목을 세우게 하고, 하나하나 자신이 다시 답사하는 것은 도리어 웃음거리가 된다. 이름은 대체로 노비의 이름을 쓰는 것이니 이렇게도 저렇게도 고칠 수 있고, 서로 뒤바꿀 수도 있으며, 표목도 갑의 것을 을에, 을의 것을 병의 밭에 꽂을 수도 있으니, 수령의 한 필 한 필 실지 답사는 아무 효과가 없다.

오직 들을 둘러보는 방법은 수령이 두어 하인을 데리고 관내를 순행하여 말 위에서 그 대략의 흉작, 풍작 상태만을 파악해서 아전의 농간이 심하지 않게 하는 정도로 그칠 수밖에 없다.

3. 서원(書員: 아전의 하나. 문서의 기록과 관리를 맡아보던 하급의 구실아치)이 재해 조사를 위해서 들에 나가는 날, 수령이 면전에 불러놓고 온화한 말로 타이르고 위협적인 말로 두려워하게 하면서, 진심으로 백성을 가엾게 여기고 슬퍼함이 그를 감동하게 하는 데부족함 없게 한다면 유익함이 없지 않을 것이다.

▌서원이 재해를 조사하러 나갈 때 지성으로 타이르고, 서원이 조사를 마치고 재해를 기록한 재책(災冊)을 가지고 모두 돌아오면, 수리(首吏)와 도리(都吏: 도서원都書員)를 불러서 그들이 서청(書廳)에 모여서 서로 의논해 지나치게 많이 잡은 허위의 재해 숫자를 깎으라고 명령한다. 그들이 올리는 재해조사서가 수령의 뜻에 맞고 그들의 변경이 진정에서 나온 것이 인정될 때는 더 추궁하지 않는다.

그러나 만약 그 말하는 것이 교묘하게 꾸미기를 일삼으며, 오직 그대로 밀고 나가려고만 하거든 즉시 따로 염탐꾼을 보내어 그들의 비행을 조사하게 한다.

4. 큰 흉년이 든 해에 모내기하지 못한 논을 답사할 때는 사람을 가려서 그 일을 맡겨야 한다.

▌답사하는 일은 아전이나 향원에게 맡기지 않고 수령이 스스로 훌륭한 사람을 가려서 조사하도록 한다. 사람을 가리는 방법은 여러 방리(坊里)의 향로(鄕老)에게 서한(書翰)을 보내어 간곡히 부탁하

고, 청렴하고 근신하며 사리를 깨달아 뇌물을 탐내지 않을 인물을 각기 두 사람씩 추천하기를 청한다. 추천장이 도착하면 수령이 그중 두 사람을 불러 정성껏 타일러서 그들이 성심과 바르고 결백한 마음으로 이 일을 처리하게 한다.

그들의 조사가 끝난 뒤에 수령이 그 조사서 중에서 한두 곳을 골라 직접 나가서 재심(再審)한다.

5. 재결(災結)을 상급 관청에 보고하는 것은 오직 실제 숫자대로 해야 하며, 혹시 상급 관청에서 재결의 수가 많다고 하여 삭감하라는 명령이 있을 경우는 책임질 것을 각오하고 전대로 거듭 보고해야 한다.

▌속된 수령은 상급 관청에 재결(災結)을 보고할 때 반드시 가외의 수를 더 적어 넣는다. 마치 거간꾼이 물건을 매매할 때 먼저 많은 값을 불러서 에누리하는 것처럼 해놓고, 상급 관청이 삭감하기를 기다리곤 한다. 이것은 장사꾼의 술책이다. 그런 일은 해서는 안 된다. 만약 내가 속임수 부린 것을 상급 관청이 진정으로 받아들여 보고한 수대로 삭감한다면 나는 장차 어떻게 처리하겠는가. 실제보다 많은 가외의 면세액을 국고에 반납하면 벌을 받게 될 것이니, 오직 삼켜버리는 수밖에 없을 것이다. 그렇게 하고 마침내 허물이 없을 수 있겠는가.

내가 실제로 정직하게 보고한 것을 만일 상급 관청이 믿지 않고 삭감한다면, 나는 마땅히 두 번이고 세 번이고 거듭 보고해 자신의 진퇴를 각오하고 기어이 통과시켜야 할 것이다. 만약 조정에서 재해로 면세할 액수를 할당한 것이 원래 적어서 각 고을에 골고루 비율에 따라 삭감하지 않을 수 없으므로 삭감된 것이라면 반드시 진퇴를 걸고 다툴 까닭은 없다. 다만 그것을 적당하게 분배 결정할 뿐이다.

6. 재해를 입은 농지에 대하여 조세를 감액해 주는 일도 또한 어려운 작업이다. 만약 상급 관청으로부터 인정받은 감세액이 고을에서 조사한 액수보다 적을 때에는 평균하게 비례에 따라 각각 얼마만큼씩 줄여야 한다.

▌ 상급 관청으로부터 재해를 입은 농지로 인정받은 것이 고을에서 조사한 것과 일치하면 농민 각자에게 감세(減稅)는 어렵지 않다. 그러나 신청한 액수에서 삭감을 당했다면 그 삭감당한 액수를 농민 각자에게 비례에 따라 평등하게 감세액을 줄이는 수밖에 없다. 가령 본래 조사한 것이 5백 결인데 인정된 것은 4백 결이라면 모든 감세액에서 5분의 1씩 감한다. 50부(負)는 40부가 되고, 40부는 32부가 되는 것과 같다. 그러나 혹은 아주 심한 재해지와 가벼운 재해지가 있을 경우는 가벼운 재해지의 감세를 중지하고, 매우 심한 재해지의 감세는 줄이지 않는 것이 좋을 수도 있다.

7. 조세 감액이 끝나면 곧 작부(作夫 : 1백 부負가 1결結이고, 8결이 1부夫인데, 영세한 것을 모아 한 사람을 호수戶首로 세워 그에게 세미稅米를 거두게 하는 것)하는데, 이사 오고 이사 가는 것을 일체 엄금한다. 세미(稅米)를 징수하는 장부는 편리에 따라 작성하도록 허락한다.

▌ 작부 명부는 먼저 나누어 주고 세미징수부(稅米徵收簿)는 뒤따라 나누어 준다. 그러므로 백성에게 내주는 장부는 두 가지이다. 이사 가고 이사 오고 하는 것을 금지하는 것은 그것이 여러 가지 협잡의 바탕이 되기 때문이다. 가령 동쪽 마을 백성이 밭을 서쪽 마을에 팔고 가버리면 밭은 동쪽 마을에 있는데 세결(稅結)은 서쪽 마을로 옮겨진다. 또 마을뿐 아니라 면(面)의 경우, 군현의 경우에는 더욱 혼란해진다. 이렇게 납세의무자가 이동하는 사이에 행방을 알 수 없게도 되고, 그 틈을 노려 아전이 중간에서 세미를 받아 착복하기

도 한다. 그러니 세미 징수가 끝날 때까지는 이사 다니는 것을 일체 엄금해야 한다. 그곳의 세미는 그곳에서 징수하게 한다.

세미를 징수하는 장부만은 그 마을 것은 그 마을의 장부에만 반드시 기록하지 않고 편리에 따라 작성하는 것을 허락해야 한다. 세미징수부의 기록을 일체 옮겨 쓰는 것을 금지한다면 매우 불편한 일이 있다. 한 사람의 전지(田地)가 각처에 흩어져 있어서 여러 소작인이 경작하는 경우, 지주 한 사람의 이름에 합하여 기록하지 않고, 소작인이 사는 곳에 따라 따로따로 적는다면 세를 창고에 바칠 때 막대한 비용과 노력을 허비하게 된다. 그러므로 징수부의 기재는 동쪽 마을 것을 서쪽 마을에 옮겨 함께 기록하는 것을 허락해야 한다.

8. 간사한 서원(書員)과 교활한 아전이 몰래 민결(民結 : 백성의 경지耕地)을 제역촌(除役村)에 옮겨 기록한 것은, 명백하게 조사하고 엄중히 금지해야 한다.

▌《속대전》에서 말하였다. '민결을 빼앗아 역가(役價)를 강제로 징수하는 사람은 훔친 죄의 경중을 계산해 도형(徒刑)이나 유형(流刑)으로 죄를 다스린다.' 이것이 이른바 양호(養戶)이다.〔옛날에는 세력 있는 집에서 잔약한 민호民戶를 몰래 숨겨두고 사사로이 일하게 하면서 공역公役에 응하지 않게 하는 것을 양호라고 하였다〕

방납(防納 : 지방의 아전들이 백성들에게 조세를 감액해 기한 전에 납입시킨다. 이것을 방납이라 하고 아전들은 이것을 착복한다)은 아전들이 복호(復戶), 은결(隱結), 허위 재결(災結), 잉여미(剩餘米 : 하하下下분에서 생기는 쌀과 황두黃豆, 환미에서 생기는 쌀) 등을 계산해서 몇 결(結)이 되면 백성에게 방납하게 하여 농지 1결에 돈 12, 3냥을 받고 혹은 쌀 45두를 받는다.〔혹은 30두를 받는다〕 그래서 한푼도 국고에 바치지 않고 모두 자기가 먹어버린다. 그리고는 방납해 준 백성에게는 일체의 농지에 수반하는 요역을 시키지 않는다. 이것을 방납이라고 한다.

양호(養戶)는 간악한 아전들이 8결을 합하여 1부(夫)를 구성하는 날에 스스로 민결을 요역이 면제된 마을에 옮겨 적고 마침내 그것을 경작하는 농민에게 방납의 경우와 같은 방법으로 쌀을 바치게 한다. 그리하여 가령 백성에게서 쌀 45두를 받으면 20여 두는 세로 바치고 나머지 25두는 자기가 착복한다.

제역촌(除役村 : 요역徭役이 면제된 마을)은 많다. 읍내(邑內), 계방촌(契房村), 점촌(店村), 학궁촌(學宮村), 서원촌(書院村), 역촌(驛村), 원촌(院村), 사촌(寺村), 창촌(倉村), 궁전촌(宮田村), 둔전촌(屯田村), 포촌(浦村), 도촌(島村), 영촌(嶺村) 등이 있다. 또 병영(兵營)이나 수영(水營)이 있는 곳은 그 영문에서 4리 거리는 모두 제역촌이다. 이렇게 제역촌이 많으니 그것을 일일이 살피기는 어렵다. 그러나 전안대장(田案大帳)을 가져다가 원정수를 조사한 뒤에 그중에서 그해의 재해로 감한 수를 제외하면 제역촌에 옮겨 적은 것을 알아낼 수 있을 것이다.

9. 장차 8결을 모아 부(夫)로 구성하려고 할 때는 먼저 충실한 민호를 골라 따로 한 책(冊)을 작성해, 그의 세미(稅米)로써 국세의 정액(定額)에 충당하게 한다.

10. 작부(作夫)한 장부에는 거기에 허액(虛額 : 부과할 실지의 대상이 없는 가공의 세액. 이것을 아전들이 백성에게 더하여 징수함으로써 착복한다)이 있어서 그 속에 뒤섞여 있는 것이 있다. 검사하지 않아서는 안 된다.

▪ 《속대전》에서 말하였다. '감관(監官), 서원(書員)의 무리가 가공의 세액, 즉 허액을 조작해 백성들에게 나누어 징수한 사람은 장(杖) 1백 대, 유(流) 3천 리(里) 형에 처하고 수령 중에 그것을 적발하지 못한 사람은 처벌한다.'

허액에도 몇 가지 종류가 있다. 걸복(乞卜)·조복(助卜)·첨복(添卜)이 그것이다. 복(卜)은 부(負)이다.〔우리나라 법에 1백 부를 1결結이라고 하는데, 부負를 짐任이라고 하고, 짐을 복卜이라고 한다. 이에 부를 복이라고 한다.〕

걸복(乞卜)은 각 마을에서 납세조직의 단위인 부(夫)를 구성하고는 거기에 난데없이 10부(負) 혹은 20부를 더 부과해 그 마을의 경작자가 나누어 추가 납부하여 서원의 수고료로 제공하게 하는 것이다. 경기에서는 걸복이라 하고, 남쪽 지방에서는 조복(助卜)이라고 한다. 그러니 걸복과 조복은 같은 것이다.

첨복(添卜)은 실제 세액보다 더 보탠 세액을 말한다. 가령 갑 마을 이모(李某)의 전세(田稅)는 본래 7부인데, 올해 난데없이 9부로 부과하는 것과 같은 것이다. 첨복이 생기는 이유는 몇 가지 있다. 뇌물을 받고 다른 사람의 세액을 줄여서 다른 사람에게 덧붙이는 경우, 아전이 어리석은 백성을 업신여겨서 까닭 없이 더 부과한 경우, 유리(流離) 도산(逃散)한 백성의 농지가 황폐해 세익이 줄어든 것을 그 일족, 이웃 등에 가져다 덧붙이는 경우가 있으며, 또 이미 부과한 세금을 징수할 때 도산한 사람의 세액을 그 이웃 사람들에게 나누어 강제로 징수하는 일이 있다.

은결(隱結)의 폐단은 이런 것에서 생기는 것이다. 검사해 밝혀내야 한다.

11. 작부(作夫)를 마치고 나면 곧 계판(計版 : 세액의 비율을 산출한 계산표)을 작성한다. 계판의 내용은 세밀히 살피고 엄중히 밝혀야 한다.

▌계판은 도리(都吏 : 도서원都書員)와 여러 아전이 의논하여 금년 세액의 비율을 산출하는 것으로 세 가지 구분이 있다. 첫째, 국납(國納 : 관고에 바치는 것), 둘째, 선급(船給 : 배의 운임, 하역비 등으로 지급하

는 것), 셋째, 읍징(邑徵 : 고을에서 징수하는 것)이다. 이 세 가지 징수 방법에 세 가지 예가 있으니 첫째는 결렴(結斂)이고, 둘째는 쇄렴(碎斂)이며, 셋째는 석렴(石斂)이다.

국납(國納)의 계수(計數)는 농지 1결마다 전세미(田稅米) 6두, 대동미(大同米) 12두, 삼수미(三手米) 1두 2승, 결미(結米) 3두이다. 〔지금 결전結錢으로는 5전에다 이전耳錢(귓돈) 1푼分을 낸다〕해서(海西) 지방에는 또 별수미(別收米) 3두가 있는데 역시 결렴이다.

또 창작지미(倉作紙米) 2석(石), 호조작지미(戶曹作紙米) 5석, 공인역가미(貢人役價米)가 5석이다. 이상은 다 쇄렴이다.

또 1석마다 가승미(加升米) 3승, 곡상미(斛上米) 3승, 경창역가미(京倉役價米) 6승, 하선입창가미(下船入倉價米) 7홉 5작(勺)이 있다. 이상은 모두 석렴이다.

이처럼 결렴이란 매 1결에 대해 받아들이는 것이고, 쇄렴이란 위와 같이 2석 또는 5석 이렇게 고정된 수량을 수천 결에 나누어 받아들이는 것이며, 석렴은 상납하는 원석수(原石數)에 대해 그 1석마다 위와 같이 첨가해 받는 것이다.

결렴, 석렴에도 협잡하는 방법이 있고, 특히 쇄렴에는 단수(端數)를 절상(切上) 징수해 막대한 여분을 거두어들인다. 어느 것이나 자세히 살피고 엄중히 밝혀야 한다.

12. 계판(計版)이 이미 완성되면 조목조목 열거해 책을 만들어 여러 마을에 나누어 주어 후일의 참고로 삼게 해야 한다.

■ 수령이 마음 쓰는 것은 겉치레를 꾸며서 명예를 구하거나 눈앞의 책망이나 면할 짓을 생각해서는 안 된다. 영원한 은혜를 남김이 있기를 생각하고 튼튼한 법을 세워야 한다. 비록 내일 그 법이 도로 무너지는 일이 있더라도 내가 마음 쓰는 것은 마땅히 그렇게 해야 한다.

세미(稅米)가 몇 말, 무엇이 몇 말이라는 것을 백성들은 막연히 알지 못하고 오직 명령대로 따를 뿐이다. 다만 백성만이 그런 것이 아니라 수령도 또한 그러하다.

계판이라는 이름은 백성들이 비록 듣고 있으나 일찍이 한 번도 자기 눈으로 보지는 못했다. 그들에게 책을 만들어 나누어 주어서 보게 하는 것이 또한 좋지 않은가. 그리하여 국납(國納)이 얼마, 선급(船給)이 얼마, 읍징(邑徵)이 얼마이며, 어느 것은 결렴이고, 어느 것은 석렴이며, 어느 것은 쇄렴이고, 원결(原結)은 얼마, 면결(免結)은 얼마, 선결(羨結 : 은결隱結)은 얼마라는 것을 백성들이 시원하게 알게 한 뒤에 거두는 것이 좋지 않겠는가.

13. 계판에 기록된 것 외에도 모든 전역(田役 : 여기서는 전지田地에 따른 부담의 뜻)은 아직도 많다.

▌계판에 기재한 것 이외에 감영(監營)에 바치는 것으로 규장각(奎章閣) 책지가(冊紙價)라는 것을 매 1결에 3푼씩 받는다. 고을〔官〕에 바치는 것으로 신관쇄마비(新官刷馬費 : 부임 여비) 3백여 냥〔많으면 4백 냥〕, 구관쇄마비(舊官刷馬費 : 구관의 귀향 여비, 관급官給이 없으므로 신관의 배를 받는다) 6백여 냥, 신관 부임 때 관아(官衙) 수리비 1백여 냥을 쇄렴한다.

아전이 받아먹는 것은 매 1결에 서원(書員) 고급(考給)이 조(租) 4두씩, 방주인근수(坊主人勤受)가 조 2두씩 결렴한다.

그 외에 전지를 표준해 거두어들이고, 혹은 호(戶)에 따라 거두어들이는 것이 있으니, 민고전(民庫錢)이니 표선전(漂船錢)이니 하여 민고전은 매 1결에 매년 돈으로 1냥 2, 3전(錢), 벼로 30~40두를 징수한다.〔20년 전에는 아무리 많아도 3, 4두 이내였다〕 표선(漂船) 잡비는 매 1결에 혹은 돈으로 3, 40전, 혹은 5, 60전을 걷는다.

시험 삼아 한번 생각해보라. 이렇게 하고도 백성이 견디낼 수 있겠는가. 1결의 전지에서 수확되는 곡식은 많은 것은 8백 두(斗), 적은 것은 6백 두, 하등은 4백 두에 불과하다. 농부는 대개가 소작이다. 6백 두를 추수한 농부는 지주가 반을 가져가면, 남는 것은 3백 두뿐이다. 그것으로 종자를 제하고, 꾸어 먹은 것을 갚고, 세전의 양식을 제하고 나면 남는 것이 백 두도 되지 않는다.

그런데 세와 잡부(雜賦)로 이렇게 긁어가고 빼앗으니, 슬프다 이 아래 백성들이 어떻게 살겠는가. 백성의 목민관이 교활한 아전의 원망을 면하기 위해 아전이 하는 대로 맡겨두고 다스리지 않는다면, 반드시 그 자손들에게 큰 재앙을 남길 것이다.

14. 그런 까닭에 선결(羨結: 토지대장에 기재된 이외의 전결田結, 은결隱結, 여결餘結, 위결僞結 등)의 수를 정하지 않을 수 없다. 결총(結總: 전결의 총계總計)에서 이미 남음이 있으면 논밭에 대한 부세(賦稅)는 약간 관대하게 해야 할 것이다.

▌전결은 세 가지 이름으로 나누어 부른다. 원결(原結), 면결(免結), 선결(羨結)이다.

원결은 그 고을의 원정(原定)된 전결수(田結數)의 총계로서 대장에 실린 것이다. 면결은 여러 가지 이유로 면세된 전지이니 궁방전(宮房田), 둔전(屯田), 역전(驛田), 아록전(衙祿田), 이복전(吏復田), 학전(學田), 원전(院田), 관공서의 대지(垈地), 사찰의 대지, 진부전(津夫田), 참부전(站夫田) 등 일체의 면세전과 예전부터의 묵정밭, 지금의 묵정밭, 개천이 되어 버린 전지, 모내기하지 못한 논, 재해로 감세된 전지 등 모든 그해의 세가 면제된 농지이다.

선결은 새로 생긴 이름이다. 은결, 여결로서 본래 농지는 대장에 없고, 오직 전결의 총계 중에서 국세에 충당하고 남은 것이다. 그러나 실은 이 은결을 여결이라고 할 수는 없다. 어떠한 흉년이나 재해에도 국세는 감면될지언정 이 은결만은 아전이 가장 좋은 전지의 잘된 곡식에서 그것부터 받아들여 빼돌리기 때문이다.

결총을 정할 때 아전을 엄중히 단속해 은결, 위결, 방납(防納), 여결 등을 밝혀낸다. 그리고 국세에 충당하고 여유가 있으면 그 여유의 여결로 충당하고 전지에 대한 잡부(雜賦)는 조금 관대하게 할 수 있을 것이다.

15. 정월에 창고를 열고 세미(稅米)를 수납하는 날은 수령이 친히 나가서 받아야 한다.

▍세미를 받아들일 때 마질(곡식이나 가루 등을 말로 되어 헤아리는 일)은 너무 빠듯하게 해서는 안 된다. 마땅히 옛 관례에 따를 뿐이다. 그러나 만약 그날 수령이 현장에 나가지 않으면 함부로 난잡해서 절도가 없고, 민심이 해이(解弛)하며, 수납하는 사람도 또한 태만하게 될 것이니 수령은 마땅히 일정한 기일에 현장에 나가서 수납을 감독해야 할 것이다. 수령이 수납 현장인 창고에 나갈 때는 수행원과 하인을 최소한으로 줄여서 비용이 많이 나지 않게 해야 한다.

색락미(色落米)니 타석미(打石米)니 하는 것은 이미 정해진 전례가 있으나, 예외의 것은 쌀 한 톨이라도 함부로 받아서는 안 된다. 세미를 바치고 자루에 남은 쌀이 있는 사람이 있거든 그 마을에서 아직 세미를 바치지 않은 사람 것을 대납하게 하고, 그에게 척문(尺文 : 쌀을 받았다는 수표手標)을 내주도록 한다.

16. 장차 세미를 수납하기 위해 창고를 열려고 할 때는, 창고가 있는 마을에 고시(告示)를 내걸어 잡된 무리의 출입을 엄금한다.

▍창고가 있는 마을에서 출입을 금지해야 할 사람은 ① 우파(優婆 : 방언에 사당舍堂), ② 창기(娼妓 : 노퇴老退한 기녀), ③ 주파(酒婆 : 소주·약주 따위의 술을 팔고 앉아 있는 여자), ④ 화랑(花郎 : 광대), ⑤ 악공(樂工 : 거문고나 피리를 부는 가객歌客), ⑥ 뇌자(儡子 : 초라니), ⑦ 마

조(馬弔 : 흥정을 붙이는 일을 하는 사람), ⑧ 도사(屠肆 : 소를 잡고 돼지를 잡음)로 이 여덟 가지 잡된 무리는 성색(聲色)과 주육(酒肉)으로 갖은 유혹을 해 창고를 지키는 관리가 거기에 빠지고, 뱃사공이 빠지곤 해 함부로 낭비하게 된다.

그렇게 되면 탐욕이 더욱 깊어져서 함부로 부정하게 거두어들여서 그 구멍을 메우려고 할 것이니 이들은 마땅히 엄금해야 한다. 일정한 벌을 정해 미리 알려서 위반하지 않게 해야 한다.

17. 비록 백성이 납기를 어겼더라도 아전을 보내어 독촉하는 것은 호랑이를 양(羊) 우리에 내놓는 것과 같으니 반드시 해서는 안 된다.

▮ 세미를 징수하는 마무리에 아전과 교졸(校卒)을 풀어놓아서 민가를 수색하는 것을 검독(檢督)이라고 한다. 검독하는 사람은 백성에게는 승냥이와 호랑이와 같다. 목민관으로서 차마 이런 짓을 할 수 있겠는가. 은결(隱結), 방결(防結)로 넉넉한 집의 세미를 누락하는 일만 없다면 세액(稅額)은 저절로 충당될 것이니 설혹 시기를 어기는 사람이 있더라도 수령이 따뜻하고 자애로운 말로 백성을 타이른다면 백성은 납기를 넘기는 일이 없을 것이다. 검독이 한 번 나가면 그 수령이 어떤 사람임을 알 수 있으니 다시 말할 것이 없다.〔소동파蘇東坡는 세금 독촉하는 아전을 호랑이에 비유한 바 있다〕

18. 육지로 실어 보내는 것과 조운(漕運)은 모두 모름지기 법조문을 자세히 검토해 조심스럽게 지킬 것이며, 어기는 일이 없어야 한다.

▮ ≪대전통편(大典通編)≫ 호전(戶典) 조전조(漕轉條)에 조례가 자세히 규정되어 있다.

조선(漕船 : 세곡 운반선)에 세곡 이외의 물건을 더 싣는 것을 금지하는 규정이 엄중하지만, 수령으로서 이것을 범하는 사람이 있으며 이일 때문에 파면되고 잡혀가는 사람이 없는 해가 없으니 어찌 의심스럽지 않은가. 조선에 물건을 곁들여 실어 보내서 소득이란 선임(船賃) 약간에 불과한 것이다. 이 때문에 작록(爵祿)을 모두 잃으니 지혜롭지 못함이 지나친 행동이다.

바닷가에 있는 고을에서는 조선이거나 임선(賃船)이든 세곡을 서울로 수송하기는 어렵지 않다. 그러나 내륙에서 조창(漕倉)까지 운송하는 것은 백성이 지고 밀고 수백 리 밖까지 운송해야 한다. 수령은 백성의 노고를 생각해 그들의 노고를 조금이라도 덜어 줄 것을 꾀해야 한다.

19. 궁방전(宮房田)·둔전(屯田)으로 백성의 고혈을 빠는 일이 지나친 것은 수령이 살펴서 너그럽게 해야 한다.

▌각 궁방(宮房)의 면세전(免稅田)과 중앙 관아의 둔전(屯田)의 도장(導掌 : 둔전, 궁방전을 관리하고 매년 일정한 도조賭租를 관아와 궁에 바치는 일을 맡은 사람)으로 내려온 사람이 혹은 사람을 보내어 수납해본처(本處)에 바치기도 하고, 자기 자신이 그 도조를 사서 거두어 먹기도 한다. 그런데 침탈하는 일이 많고, 은혜를 베풀어 불쌍히 여기는 일은 적다. 그러나 또 궁방전이나 둔전을 경작하는 백성들은 거의 모두 요역(徭役)이 면제되어서 본현(本縣)의 요부(徭賦)에는 응하지 않는다.

그런 까닭에 그들이 살찌거나 수척하거나, 괴롭거나 즐겁거나 고을의 수령은 안중에 두지 않는다. 하지만 그들도 똑같은 내 고을의 백성인데 어찌 넓은 눈으로 보지 않는가. 수령은 마땅히 따로 염탐해살펴서 그중에 불법하게 백성의 고혈을 빠는 사람이 있으면 불러서타이르기도 하고, 잡아다가 처벌하기도 하여 횡포한 짓을 하지 않게해야 한다.

20. 남쪽 지방과 북쪽 지방은 풍속이 달라서 종자(種子)와 세를 혹은 지주가 부담하거나 소작인이 부담한다. 수령은 그 지방의 풍속에 순응하여 처리해서 백성이 원망하는 일이 없게 해야 한다.

▐ 종자와 세미는 북쪽 지방에서는 다 지주가 부담하고, 남쪽 지방에서는 다 소작인이 부담한다. 거기에는 다 그럴만한 이유가 있다. 그러나 한 나라의 백성으로서 남북의 풍속이 다른 것은 좋지 않다. 하지만 이것은 국법으로 전국적으로 일제히 통일해야 할 일이고, 한 고을의 수령이 한 고을에서만 갑자기 재래의 풍속을 변혁해서 백성들의 심정을 동요하게 만드는 것은 좋은 계책이 아니다. 그러므로 수령은 그곳의 풍속에 순응하라는 것이다.

21. 서북 지방과 관동 지방과 경기 북쪽은 본래 전정(田政)이 없다. 오직 토지대장을 살펴서 전례대로 따를 뿐이고 마음 쓸 일이 없다.

▐ 경기 북쪽과 황해도 북쪽은 모든 전세(田稅)에 본래부터 재감(災減)하는 법이 없다. 마을에 서원(書員)이 없고 가을에는 실지답사(實地踏査)가 없다. 촌민(村民) 가운데 노련한 사람이 그 본총(本總)을 참조해 경작자에게 배정하여 세액에 충당시킨다. 다만 큰 흉년에는 관에 호소하여 감액을 진정한다. 이것은 천하의 좋은 법이다. 대체로 전지제도는 정전(井田)의 91법〔세가 9분의 1인 법〕을 회복하면 최선이나, 그렇지 않으면 서북의 관습법을 의정(議定)해 시행한다면 그다음의 좋은 법이 될 것이다.

22. 화전(火田)의 세곡은 관례에 의거하여 원총(原總)에 따르고, 오직 큰 흉년에는 재량(載量)해 감액해야 하며, 크게 패산(敗散)한 마을에도 재량해 감액해야 한다.

▎화전은 급한 벼랑과 높은 언덕 여기저기에 일궈 놓은 것이어서 경(頃)·묘(畝)로 계산할 수도 없고, 결(結)·부(負)로 따질 수도 없고, 몇 두락(斗落)으로 셀 수도 없으며, 며칠갈이로 계산할 수도 없다. 화전민들에게 물으면 세에는 원래 정한 액수가 있어서 일정한 세액을 평균 분배해서 거두어 충당한다고 말한다. 관청의 장부에 기재된 것은 비록 몇 결, 몇 부로 되어 있으나 마을 사람들의 사사로운 기록에는 다만 몇 석, 몇 두라고 있을 뿐이다.

관에 수납할 때는 모두 돈으로 환산하고 일찍이 곡식을 바치는 일이 없다. 몇 보(步) 몇 자[尺]가 1결이 되는지는 옛날부터 아는 사람이 없다. 그 법이 이러하니 오직 관례에 따라 원총(原總)으로 징수할 뿐이다. 그러나 흉년에는 감액해야 할 것이며, 화전을 개간하는 마을의 백성들이 흩어져 마을이 매우 쇠잔해진 곳에도 감액해야 할 것이다.

✠ 제3조 곡부穀簿 - 환상還上에 관한 일

1. 환상(還上 : 정부의 곡식을 봄에 백성들에게 빌려주고 가을에 이자를 붙여 받아들이는 것. 환곡還穀, 환미還米, 환자還子라고도 한다)은 사창(社倉)의 한 변형이다. 파는 것도 사들이는 것도 아니고, 전세(田稅) 이외에 또 하나의 큰 부세가 되어 생민(生民)의 뼈를 깎는 병이 되었다. 백성은 죽고 나라는 망하는 것이 눈앞의 일이 되었다.

▎≪주례(周禮)≫ 〈여사(旅師)〉에, '곡식을 봄에 나눠주고, 가을에 거두어들인다.'고 하였으니 삼대(三代) 때에도 환상은 없지 않았다. 한(漢)나라, 위(魏)나라의 제도에는 창고에 저장한 곡식을 내다 팔고 사들이고 하는 일이 많았다. 혹은 상평(常平 : 값이 쌀 때 사들이고 비쌀 때 팔아서 물가를 조절함) 제도를 쓰기도 하고, 혹은 균수(均輸 : 많이 생산되는 곳에서 그 산물을 조세로 징수하여 생산되지 않는 곳으로 옮

겨서 곡가의 균형을 도모하는 제도) 제도를 쓰기도 했으나 모두 환상 제도를 쓴 자취는 없다.〔조적糶糴은 쌀을 팔고 사는 것을 말하는데, 요즘 사람들이 환상을 혹은 조적이라고 함은 잘못이다〕

수(隋)나라 때 탁지상서(度支尙書) 장손평(長孫平)이 의창법(義倉法)을 처음 설립하고, 주자(朱子)가 그것을 수정해 사용하면서 이름을 사창(社倉 : 흉년에 빈민貧民에게 쌀을 빌려주어 구제하기 위해 설치한 미창米倉)이라고 했다. 지금 사람들이 환상을 사창이 남긴 법이라고 하는 사람이 많다. 그러나 사창은 곡식을 저장하고, 곡식을 나누어 주는 일이 모두 향사(鄕士 : 외촌外村에 있다)에 있고, 관리는 참여하지 않았으니 이것은 백성을 위한 참된 마음으로서 지금의 환상법과는 큰 차이가 있다.

오직 왕안석(王安石)의 청묘법(靑苗法)만은 이름을 진대(賑貸)라고 해 강제로 이식(利殖)을 취한 것이 환상법과 대동소이하다. 저것은 돈으로 하였고 이것은 곡식으로 하고 있으나 실제는 같은 것이다. 백제(百濟) 때 조적(糶糴)이라는 이름이 있었으니, 이것은 한위(漢魏)의 제도를 그대로 쓴 것이다. 고구려 고국천왕(故國川王)이 처음으로 진대법(賑貸法)을 정해 봄에 빌려주고 겨울에 거두어들였으며, 고려에 최초로 이창(里倉)을 두었고, 성종(成宗) 때 의창(義倉)이라고 고쳤다. 조선 초기에 이르도록 그대로 따르면서 고치지 않았는데, 그 법이 처음은 사창을 모방하였으나 점차로 관고(官庫)가 되어서 지금의 환상이 되었다.

처음에 법을 설정한 본의는 반은 백성의 식량을 위함이고, 반은 거기에서 생기는 이식으로 국용(國用)에 쓰려고 한 것이니, 백성을 학대하고 백성을 가혹하게 대하기 위해 설정된 제도이겠는가. 그러나 지금은 온갖 폐단과 문란이 겹치고 쌓여서 천하에 그 협잡 내용을 누구도 알 수 없는 것이 되고 말았다.

나라 경비에 보태는 것은 10분의 1, 관아가 경비에 충당하는 것이 10분의 2에 불과하고, 고을 아전들이 농간하는 것이 10분의 7이 된다. 한 톨의 곡식도 백성은 일찍이 본 일도 없는데, 터무니없이 쌀과 좁쌀을 바치는 것이 1년에 천, 만으로 이것이 부렴(賦斂)이지 어찌 진대(振貸)이겠는가. 이것은 강탈이다.

2. 환상이 폐해가 되는 것은 그 법의 근본이 문란하기 때문이다. 근본이 이미 문란하니 그 말단이 어찌 다스려질 수 있겠는가.

▌근본이 문란하다는 것은 무엇인가. 첫째, 곡식의 이름이 문란하고, 둘째, 관청이 문란하고, 셋째, 석수(石數)가 문란하고, 넷째, 모법(耗法)이 문란하고, 다섯째, 순법(巡法)이 문란하고, 여섯째, 분류가 문란하고, 일곱째, 이무(移貿)가 문란하고, 여덟째, 정퇴(停退)가 문란하다. 이 여덟 가지 문란함이 폐단을 낳는 큰 근간이 된다. 그리하여 천 가지 만 가지로 불어나서 지금은 모두 지적하여 말할 수 없게 되었다. 천고(千古)에 재물 처리하는 것을 이렇게 하고도 스스로 다스릴 수 있는 사람은 없을 것이다. 백성은 물과 불에서 울부짖는데, 재상은 조정에 앉아서, '정치는 옛 대로 따라야 한다.〔政由舊〕'라는 말만을 최상의 방법으로 내세우고 있으니, 아 장차 어찌 되려는가. 이것은 한 고을의 수령이 어찌할 수 없는 일이므로 여기에서는 자세한 것은 생략한다.

3. 감사가 곡식을 싼 곳에서 비싼 곳으로 옮겨다가 팔아서 크게 장사하는 길을 열고 있으니, 수령이 법을 어기는 것은 말할 나위도 없다.

▌감사가 각 고을의 수령에게 달마다 양곡의 시장 가격을 보고하게 해 곡가가 비싸고 싼 것을 자세히 안 뒤에 장사하는 방법을 쓴다. 가령 벼 한 섬〔15두〕의 시가(時價)가 갑현(甲縣)에서 70전이고, 을현(乙縣)에서 1냥 40전이면〔산읍과 도회지와 흉풍凶豐에 따라 다르다〕 을현의 벼 2천 석을 팔아서 돈 2천 8백 냥을 마련한다. 그중 반

은 착복하고 반은 갑현에 주어서 곡식을 사들이게 해 도로 벼 2천 석을 만든다. 이것을 이무(移貿 : 옮겨서 사다)라 하고, 이것을 입본 (立本)이라 하며, 이것을 보속(步粟)이라고 한다. 감사가 이러한 일을 하니 무슨 다른 것을 말할 것인가.

4. 수령이 농간을 부려 그 잉여(剩餘)의 이(利)를 훔쳐먹으니, 아전들의 협잡은 말할 나위도 없다.

▌ 수령이 농간을 부리는 것도 여러 가지 방법이 있다. 첫째 번질(반작反作), 둘째 가분(可分), 셋째 허류(虛留), 넷째 입본(立本), 다섯째 증고(增估), 여섯째 가집(加執)이 그 범행의 대략의 명칭이다. 번질은 겨울에 환곡을 받아들이는 것은 본래 연말까지가 기한이다. 연말까지 거두지 못한 것을 징수한 것처럼 문서를 꾸며 상급 관청에 보고하고, 봄에 환곡을 펼 때 본래 받지 않았던 것을 새로 대부한 것처럼 허위문서를 만들어 상급 관청에 보고한다. 이것을 와환(臥還)이라고도 한다. 서도(西道)에서는 와환 1석에 대해 백성에게서 돈 1냥씩을 받는다. 이것을 와환채(臥還債)라고 한다.

가분(可分)은 이식을 탐내어 당연히 창고에 남겨두어야 할 곡식을 더 대부하여 그 이식을 착복하는 것이다.

허류(虛留)는 아전의 포흠(逋欠 : 관官의 물건을 개인적으로 소비한 것) 을 숨겨둔 채 없는 곡식을 있는 것처럼 상급 관청에 보고하는데, 창고에는 남아 있는 것이 없다. 수령이 이따금씩 아전을 위협해 뇌물을 받곤 한다.

입본(立本)은 가을에 돈으로 받고, 봄에 돈을 주어 미리 사두는 방법이다. 흉년의 가을에 벼 한 섬의 시가가 2냥이면, 곡식 대신 돈으로 받는다. 다음 해 봄에 '올해는 풍년이니 가을에는 벼 한 섬에 1냥밖에 하지 않을 것이니, 지금 돈을 가져다 쓰고 가을에 벼로 갚아라.'라고 하여 돈을 나누어 준다. 그러면 1섬에 1냥씩 남는다. 천

석이면 천 냥, 2천 석이면 2천 냥이 남는다.

증고(增估)는 상급 관청이 통첩을 보내 곡식 2천 석을 상정례(詳定例 : 통상적인 비율에 따름)에 따라 돈으로 마련해 보내라고 하면, 상정례에는 쌀 한 섬에 3냥, 벼 한 섬에 1냥 2전으로 되어 있는데 그 고을의 시가는 쌀 한 섬 값이 5냥, 벼 한 섬 값이 2냥이면, 시가대로 백성들에게 받아서 상정례의 규정대로 상급 관청에 바치고 남는 것은 착복한다.

가집(加執)은 위와 같이 상급 관청이 2천 석을 돈으로 마련하라고 하면 수령은 2천 석을 더 보태서 4천 석을 시가대로 받아들여 상정례보다 남는 것을 착복하고, 가집한 것은 다음 해 봄에 도로 백성들에게 3냥씩 나누어 주고 가을에 곡식을 거두어 본래대로 충당한다. 이러한 일들을 요새 수령들은 전례에 의해 당연히 하는 일로 생각하고 있다. 그러니 아전의 농간을 어떻게 막을 것인가.

5. 윗물이 이미 흐렸으니 아랫물이 맑을 수 없다. 아전들의 협잡은 방법이 갖추지 않은 것이 없다. 간사하고 교활함이 귀신같아서 밝게 살필 수가 없다.

▌아전의 농간은 천 가지 만 가지여서 그 구멍을 이루 다 셀 수 없으나 그 명칭은 대략 열두 가지가 있다. ① 번질〔반작反作〕 ② 입본(立本) ③ 가집(加執) ④ 암류(暗留) ⑤ 반백(半白) ⑥ 분석(分石) ⑦ 집신(執新) ⑧ 탄정(呑停) ⑨ 세전(稅轉) ⑩ 요합(徭合) ⑪ 사혼(私混) ⑫ 채륵(債勒)이다.

번질은 아전이 훔쳐먹고 미수(未收)라고 수령을 속여서 번질의 문서를 만들어 끌어간다.

입본(立本)은 아전이 상관을 유인하여 입본의 방법을 쓰게 하고, 아전은 그 기회에 몇 배나 더 많이 그 방법을 쓴다.

가집(加執)은 아전이 수령을 유인하여 가집하게 하고 그 기회에 아전도 가집하는 것이다. 수령이 하는 것을 관가(官加)라고 하고, 아전이 하는 것을 이가(吏加)라고 한다.

암류(暗留)는 나누어 줄 것을 나누어 주지 않고 가지고 있는 것이다. 곡가(穀價)가 장차 오르는 추세에 있으면 아전은 수령과 짜고 환곡을 나누어 주지 않았다가 쌀값이 오른 뒤에 팔고, 다음에 곡가가 쌀 때 사서 충당하고 이익을 착복한다.

반백(半白)은 곡식의 반은 아전이 훔쳐먹고, 반은 백성이 바치는 것이다. 봄에 환곡을 분배할 때 아전이 마을 사람을 유인해 말하기를, "너희 마을에서 받아 가야 할 환곡이 40석인데, 축난 것, 겨와 찌꺼기 섞인 것을 키질하면 실은 20석도 못 될 것이다. 그것을 받느라오고 가고, 이틀은 허비해야 할 것이며, 색락미(色落米 : 색은 간색看色, 낙은 낙정미落庭米)나 모타(耗打 : 섬질하는 것)가 무슨 이익이 있겠는가. 그것을 모두 나에게 주면 내가 먹고 올해 가을에 자네가 반, 내가 반씩 내서 바치는 것이 좋지 않겠는가. 색락미, 모타는 내가 모두 부담하겠네."라고 하면 마을 사람은 기꺼이 승낙한다. 그런 방법으로 여러 마을 것을 얻은 뒤에 창고에 들어가 가장 품질 좋은 것을 가져간다. 그리고 가을에는 아전은 찌꺼기 섞은 20석을, 백성은 곡식 20석을 창고에 바치게 한다.

분석(分石)은 겨와 쭉정이를 섞어서 한 섬을 두 섬으로, 혹은 석 섬으로 만들고 상품의 알곡식을 훔쳐먹는 것이다.

집신(執新)은 백성에게서 받아들인 새 곡식은 아전들이 훔쳐먹고, 백성들에게 나누어 주는 것은 창고 속의 오래 묵은 곡식을 내주는 일이다.

탄정(呑停)은 큰 흉년의 연말이 되면 언제나 조정에서 환미(還米)의 수납을 연기하라는 명령이 내린다. 노회(老獪)한 아전이 미리 그것을 짐작하고 민간에서 환곡을 징수하는 것을 배나 급박하게 해 매질을 하고 혹독하게 거둬들인다. 그리하여 동짓달 안으로 수납이 끝나게 한다. 감사의 연기하라는 통첩이 오면 아전들은 몰래 저희의 포흠을 미수(未收)라고 일컫고 문서를 속여 수납의 연기 혜택을 받는다. 백성에게는 한 톨의 연기도 없다. 그리고 성퇴(停退 : 연기)한 환곡은 대개 나라에 경사가 있을 때 모두 감하게 되는 것이다.

세전(稅轉)은 세미(稅米)를 환곡으로 돌리고, 또 환곡을 세미로 돌려서 이리저리 포흠을 미봉해 가는 방법이다.

요합(徭合)은 민간의 모든 잡부(雜賦)를 환곡과 함께 곡식으로 바치는 일이다. 결환(結環 : 전결田結에 따라 나누는 것. 4, 5두 혹은 7, 8두)의 읍에서는 매 결에 잡부가 몇 말, 통환(統環 : 호수에 따라 나누는 것) 고을에는 매 호에 잡부 몇 말씩을 수시로 필요할 때 받는다. 혹은 환상과 뒤섞어서 수납하기도 한다. 그런 경우에는 색락미(色落米), 타섬(打苫 : 마질하고 남는 것)이니 하는 것을 잡부에도 받는다. 이것만도 이미 민폐가 막대하다. 환곡과 잡부의 곡식을 한 창고에 두기 때문에 수시로 창고를 여닫으며 온갖 농간을 부리는 것이다.

사혼(私混)은 서원(書員)이 마을에 나가서 명목 없는 구걸을 한다. 약한 백성들이 전정(田政)의 권한을 가진 그를 괄시할 수 없어 그 요구에 응한다. 그것이 해마다 그 액수가 불어난다. 두어 해 사이에 이미 매 결당 곡식은 4두에 이르고, 돈이면 5전을 주기에 이르렀다. 가령 그 고을의 전총이 6천 결이면 매 결에 4두를 받으면 1천6백 석이 된다. 이 1천6백 석을 환상 속에 섞어 넣으면 그것을 핑계하여 갖은 협잡의 소굴이 되는 것이다.

채륵(債勒)은 백성이 경주인(京主人)에게 빚졌거나 관약국(官藥局)에 빚졌거나 아전의 빚, 관노의 빚 같은 것이 있으면, 그것을 환상(還上)과 함께 섞어서 받는다. 대체로 받을 빚이 있으면 먼저 아전과 의논하고 창고를 열어 곡식을 끌어내어 비싼 값에 팔아서 이익을 먹고, 10월이 되면 빚 1냥에 매월 10전의 이자를 가산해 그것을 시가로 환산한 곡식으로 계산해 환상에 함께 섞어 받아들인다. 이미 나라의 곡식을 훔쳐서 먼저 그 이익을 먹고 또 이자를 계산해 거듭

이 이식을 먹는다.

앞에서 열거한 열두 가지는 다 해마다 당연한 것처럼 하는 정례 방법이다. 그러나 어찌 한 톨의 좁쌀인들 민간에 나누어 준 일이 있었던가. 혹은 입본하는 돈 30, 50닢으로 나누어 준다고 하지만, 결전(結錢)·군전(軍錢)·요전(傜錢)·세전(稅錢 : 어염세魚鹽稅)을 공제하면 실은 한 닢의 돈도 일찍이 나누어 준 일은 없다.

6. 환상의 폐해가 이와 같으니 수령이 구제할 수 있는 일이 아니다. 다만 출납의 수량과 나누어 준 것과 남아 있는 것의 실제 수량만 수령이 밝게 알고 있으면 아전의 횡포가 덜 심할 것이다.

7. 만약 단속하기에 간편한 규정을 말한다면 오직 경위표를 작성하는 한 가지 방법이 있을 뿐이다. 그것을 작성하면 눈앞에 벌여놓은 듯, 손바닥에 보이듯 명료하게 살필 수 있을 것이다.

▌소관(所管)이 각각 다르고 분류법이 각각 다르며, 새로 받은 모곡(耗穀)을 회록(會錄)하는 법이 각각 다르므로 모두 나열해야 한다. 각종의 양곡을 나누어 제각기 소관 관아에 예속 기재되어 있어서, 쌀의 총 수량이 몇 섬, 서속의 총 수량이 몇 섬, 각 소관 관아별로 얼마인가를 알기 위해서 경위표를 작성하는 것이 가장 좋다. 경위표(經緯表 : 경經은 세로, 위緯는 가로를 의미하는 것으로 종횡縱橫으로 살필 수 있는 일람표)는 가로로 보면 양곡의 종별 총 수량을 알 수 있고, 세로로 보면 각 관아 소속 양곡의 수량과 분류, 출납을 알 수 있다. 한눈에 명료하게 볼 수 있도록 일람표로 작성해야 한다.

8. 양곡을 나누어 주는 날에는 그중에 응당 나누어 주어야 할 것과 응당 보관해야 할 것을 정밀하게 조사 검열해서, 명료하게 살펴볼 수 있도록 반드시 분류 경위표를 작성해야 한다.

▋ 수령이 총명하다면 분류의 실제 숫자는 속일 수 없다. 고을에는 월보(月報)의 원안이 있고, 감영(監營)에서 온 회초[회답回答]가 있어서 분(分)과 유(留)는 성책(成冊)이 되니 저절로 공문서가 있어서 속일 수 없다. 그러나 양곡을 나누어 줄 때 한눈에 살펴볼 수 있는 간편한 방법을 사용해야 할 것이다. 그 방법으로 분류의 경위표를 작성한다.

양곡의 종류별로 총수와 1년간의 출납과 재고량, 그중에서 당연히 나누어 주어야 할 것과 남겨 두어야 할 것을 일람표 형식으로 작성해야 할 것이다. 다시 이것을 기초로 해 동리별(洞里別)로 나누어 주어야 할 호수와 곡식의 종류별 수량을 조사해 일람표를 만들고 이에 따라 분배하게 한다.

이 표대로 분배하다가 호수에 차이가 있어서 양곡의 분배를 받지 못하는 사람이 있으면 읍내 호수에 포함하고, 그만큼 관리 호를 제외하며, 만약 양곡이 남아서 분배할 수 없을 때는 창고를 지키는 관리에게 주어 먹게 하고 가을에 바치게 한다.

9. 환상(還上)은 수납을 잘해야 분배도 잘할 수 있는 것이다. 그 수납이 잘되지 않으면, 또 1년은 문란하게 되어 구제할 방법이 없을 것이다.

▋ 추분(秋分)에 수령은 여러 창고의 말[斗]과 간색미(看色米)를 되는 되[升]와 낙정미(落庭米)를 되는 되를 모아다가 그중 크기가 중간 정도인 것을 선택해 표준 삼는다. 그 밖의 크고 작은 것들은 모두 관청의 뜰에서 깨뜨리고 새로 개조하여, 읍내 창고와 마을 창고와 모든 국가의 창고와 관주(官廚)에서 사용하는 말과 되를 터럭만큼의 차이도 없게 한다.[다만 세미稅米를 받을 때 쓰는 휘[斛]는 개조하지 못한다] 그리하여 낙인(烙印)을 찍고, 모든 창고의 표지를 새겨 각 창고에 나누어 준다.

수납하는 양곡은 반드시 지나치게 정선(精選)도 하지 말고, 지나치게 조잡(粗雜)하게 하지 말 것이며, 겨나 쭉정이가 섞여 있으면 대강 바람에 날리는 정도로 한다. 마질은 평미레(말이나 되에 곡식을 담고 그 위를 평평하게 하는 데 쓰는 방망이 모양의 기구)를 지극히 공평하게 해〔평미레가 혹은 가운데가 굽은 것이 있다〕 너무 심하게 싹 밀지 않게 한다. 색미(色米)는 3되를 넘지 못하며, 낙미(落米)는 5되를 넘지 않게 한다.〔혹은 그 고을의 전례가 예전부터 색미 5되, 낙미 1두로 되어 있는 것은 또한 그대로 따른다〕 타섬(打苫)은 1되를 넘지 않게 한다. 이것은 창고의 하인이 먹는 것이다.

평미레로 밀어서 넘쳐 떨어진 것은 곡식을 가지고 온 본인에게 주지 말고 즉시 두량(斗量 : 되나 말로 곡식 따위를 셈)해 곡식을 가지고 온 사람의 이웃 사람 것을 대신 바치게 하고, 본인에게는 그 증서만을 내준다.〔만약 남은 곡식을 본인에게 돌려주면 창고지기가 중간에서 빼앗는다〕

10. 외촌(外村)에 창고가 없으면 수령은 마땅히 5일에 한 번씩 창고에 나와서 친히 수납해야 하고, 외촌에 창고가 있으면 다만 창고를 열고 수납을 시작하는 날만 친히 나가서 수납 방식을 정해야 한다.

11. 환상은 비록 수납할 때 수령이 친히 받지 못하더라도 나누어 줄 때는 반드시 친히 나가서 나누어 주어야 한다. 한 되 반 홉일지라도 향승(鄕丞)을 시켜서 대신 나누어 주게 해서는 안 된다. 몇 차례씩 나누어 주라는 법은 반드시 그것에 얽매일 까닭은 없다.

▌환곡은 수납도 수령이 하고, 분배도 수령이 하는 것이 좋다. 그러나 외촌에 창고가 많으면 일일이 수령이 수납할 수 없다. 그러나 분

배만은 반드시 수령이 해야 한다. 그것은 가을에 받아들이는 것은 시작이고, 봄에 분배하는 것은 결말이다. 결말을 완전하게 하는 것은 시초부터 규정을 정하고 경계와 단속을 해 온 결과를 완전하게 성취하는 일이기 때문이다. 분배를 완전히 하면 백성의 피해는 적을 것이다.

또 순분법(巡分法)이라고 하여 한 사람에게 주는 양곡을 몇 차례로 나누어 주는 것은 악법이다. 그것은 백성에게 소중한 시간과 노력과 비용을 허비하게 만들기 때문이다.

12. 환곡을 한 번에 다 나누어 주고자 하는 사람은 마땅히 이 뜻을 사전에 상급 관청에 보고해야 한다.

▌무릇 백성을 편안하게 하는 정사라면 법례(法例)에 반드시 얽매일 필요는 없다. 그러나 법이 있는 이상 무시할 수는 없다. 수령이 순분(巡分)이라는 법에 따르지 않고자 하면, 먼저 감영(監營)에 가서 이 일을 의논해 상급 관청의 양해를 얻은 뒤에 단행하는 것이 좋다.

13. 양곡(糧穀)으로 수납한 것이 총액의 반을 초과한 때에 홀연히 돈으로 환산해 받으라는 명령이 내리면, 마땅히 사리를 논술해 시행할 수 없음을 방보(防報 : 상급 관청의 명령에 따를 수 없는 사유를 변명한 보고)하고 받들어 행해서는 안 된다.

▌환곡을 돈으로 환산해서 받는 일이 백성에게 이(利) 되거나 해(害) 되거나 논할 것은 없다. 전 국민에게 이해가 균등하도록 처리해야 할 것이다. 이미 양곡의 과반수를 받았는데, 갑자기 돈으로 환산해 받으라는 명이 내린다면 백성에게 이해가 불균형하게 될 것이다. 또 돈으로 환산하려면 받아들인 양곡은 다시 내다 팔거나 돌려주어야 할 것이니, 혼란과 낭비와 온갖 부정이 생길 위험이 많기 때

문이다.

14. 재해를 당한 해에 다른 곡식을 대신 수납한 것은 따로 그 장부를 정리했다가 곧 본래의 곡식으로 환원시켜야 하고, 오래 끌어서는 안 된다.

▌각종 곡식을 서로 대납하는 법은 《대전통편》〔창고조倉庫條〕에 자세히 규정되었다.

다른 곡식으로 서로 대신한다는 것은 문란해지는 근본이 된다. 부득이한 경우가 아니면 경솔하게 허가할 수 없으며, 대곡(代穀)을 받아들인 때에는 그다음 해 봄에 양곡을 분배하려고 할 때 마땅히 실제 수를 조사해 따로 장부를 만들고, 출고(出庫)할 때는 특별히 색대〔태관兌管(가마니나 섬 속에 들어 있는 곡식이나 소금 따위의 물건을 찔러서 빼내어 보는 데 사용하는 기구)〕를 사용해야 사슴을 말이라고 하는 잘못을 면할 수 있다.

15. 산성(山城)의 환곡으로 백성의 고통이 된 것은, 그 백성들에게는 다른 요역(徭役)을 면제해 백성의 노역 제공을 균형에 맞게 해야 한다.

▌모든 산성에 있는 군대의 곡식은 모두 산 주변에 있는 여러 고을의 백성을 보내어 분배받게 한다. 먼 곳은 2백 리, 가까이는 백여 리 거리를 백성들은 특별히 사람 한 명을 보내서 그곳에 가서 곡식 분배를 받는다. 그리고, 그냥 산 밑 가까운 마을에 팔아서 돈으로 만든다. 가을이 되면 또 한 사람을 보내어 돈을 짊어지고 산 밑에 가서 곡식을 사서 바친다. 곡식 섬을 지고 산에서 내려오고 산으로 올라가고 하는데, 모름지기 다른 인부가 있어야 하고 혼자 간 사람은 사람을 사기도 매우 어렵다.

드디어 그 성의 아전과 의논해 싼값으로 팔고 비싼 값으로 대납하게 한다. 아전은 그 돈으로 반은 성장(城將)에게 뇌물을 주고 반은 제 주머니에 넣는다. 그리고 창고의 곡식은 묵은 곡식 그대로 두어서 거의 다 먼지와 흙이 되어 버린다. 백성에게는 큰 고통이 되고 나라 에 쓸 것이 없다. 이 제도는 당연히 고쳐야 할 것이다. 그 제도를 근본적으로 고칠 동안은 그들의 다른 요역을 면제해 노역의 균형을 우선 생각해야 할 것이다.

16. 한두 사람의 선비가 와서 사사로 창미(倉米)의 대부를 비는 일이 있다. 이것을 별환(別還)이라고 하는데, 허락해서는 안 된다.

17. 세시(歲時)에 양곡을 나누어 주는 일은 다만 흉년이 들어 곡식이 귀할 때에만 해야 한다.

▌선달그믐날 전에 나누어 주는 것을 세궤(歲饋)라 하고, 정월 대보름날 전에 주는 것을 망궤(望饋)라 한다. 모두 귀찮기만 하고 백성을 수고롭게 할 뿐이니 정치하는 도리가 아니다. 다만 곡식이 귀한해에만 세궤를 주는 것이 좋다.

18. 혹 백성의 호수(戶數)는 많지 않은데 환곡이 너무 많은 것은 청해서 감액하고, 환곡이 너무 적어서 접수해 구제할 길 없는 것은 신청해 증액해야 한다.

19. 외촌(外村)에 있는 창고에 환곡을 저장하는 것은 마땅히 백성의 호수를 계산해 읍내에 있는 창고의 저장과 그 비율이 같게 해야 한다. 아래 아전에게 맡겨서 자기 마음대로 이리저리 옮기게 해서는 안 된다.

▌아전이 창고의 곡식을 임의로 옮기게 하면 거기에서 농간과 협잡

이 생긴다. 수령은 마땅히 이를 살펴야 하고, 해마다 손수 나누어 주는 일을 그만두어서는 안 된다.

20. 흉년에 환곡의 회수를 연기하는 은택(恩澤)은 마땅히 모든 백성에게 골고루 펴야 할 것이며, 관아의 물품을 사사로이 쓰는 아전이 독차지하게 해서는 안 된다.

▌매우 큰 흉년이 들고 그중에도 본현(本縣)이 더욱 심하다면 그해 겨울에는 반드시 정퇴(停退 : 연기延期하는 것, 기한을 뒤로 물러주는 것. 환곡에 있어서 1년간 연기하는 것을 정퇴, 2년간 연기하는 것을 잉정仍停이라고 한다) 명령이 있을 것을 짐작할 수 있다. 수령은 마땅히 침묵한 가운데 기한보다 앞서서 백성에게 골고루 혜택을 미치게 할 계획을 추진해야 한다.

21. 아전의 포흠(逋欠 : 공용의 금품을 사사로이 소비하는 것)은 적발하지 않을 수 없으나 포흠을 징수하는 일은 지나치게 혹독해서는 안 된다. 법을 처리하는 것은 마땅히 준엄하게 해야 하지만 죄인을 생각하는 마음은 마땅히 가엾게 여겨야 한다.

22. 사계절마다 결산한 환상과 그것에 대한 회보의 첩자를 만드는 것은 마땅히 수령이 사실과 이유를 자세히 알아야 하고, 아전의 손에 맡겨서는 안 된다.

▌상급 관청에서 결산한 것은 본현의 실제 수이다. 이미 분배한 것이 몇 섬, 그냥 보관해 둔 것이 몇 섬, 장차 받아들일 것이 몇 섬이라는 이 실제 수를 수령이 알고 엄중하게 지킨다면 아전들이 저절로 함부로 하지 못하게 될 것이다.

�֎ 제4조 호적戶籍 - 정확한 호적 정리

1. 호적은 모든 부세(賦稅)의 원천이며 온갖 요역(徭役)의 근본이다. 호적이 바르게 된 뒤라야 부세와 요역이 고르게 된다.

2. 호적이 문란하면 아무런 기강(紀綱)이 없다. 큰 역량이 아니면 이 문란한 호적을 고르게 바로잡을 수는 없다.

▌수십 년 동안 수령이 일을 전혀 하지 않아서 아전의 횡포하고 외람함이 더할 수 없다. 그중에도 호적의 농간이 더욱 심하다. 호적을 개작(改作)하는 해〔인寅·신申·사巳·해亥년의 여름과 가을에는 정기적으로 호적부를 개작한다〕가 되면 호적을 맡은 아전은 뇌물을 받고 호수를 줄이며, 뇌물 없는 마을에는 호수를 터무니없이 늘리기도 한다. 뇌물의 다소에 따라 많이 줄이고 적게 줄이고 하여 막대한 금품을 마을 사람들에게서 빼앗는다. 그 방법은 악랄하고 간교하기가 이루 말할 수 없다.
호적은 허위와 가공으로 작성되어 문란하기 그지없으며, 모든 부세와 요역의 근원은 근거가 없게 되어 버린다. 본래 각 고을의 구실아치는 이방(吏房) 자리가 가장 경쟁 대상이 되는데, 호적을 개작하는 해가 되면 호적 담당자가 제일 좋은 자리로 치열한 경쟁 대상이 된다. 대개의 수령은 신임 호적 담당자에게 뇌물을 받고 있다. 그러므로 뒷날 그의 협잡을 깊이 파고들어 나무라지 못한다.

3. 장차 호적을 정리하려면 가좌(家坐)를 살펴보아서 민호의 허실(虛實)을 고루 안 뒤에 비로소 증감해야 한다. 그러니 가좌(家坐 : 집이 앉은 자리, 집이 서 있는 곳의 장부)를 소홀히 할 수는 없다.

▌수령이 취임해 열흘쯤 되면 나이든 아전 중에서 유능한 사람을 불

러 고을의 지도를 만들도록 명령한다. 주척(周尺) 한 자 길이를 10 리로 정한다. 가령 그 고을이 남북이 1백 리, 동서가 80리라면 지도를 그릴 지면은 길이 10척, 넓이 8척이면 된다.

먼저 읍성(邑城)을 그리고 산림(山林), 구릉(丘陵), 천택(川澤), 시내와 도랑의 형세를 모사한다. 그리고 마을을 그린다. 백가촌(百家村)은 △표 백 개를 그리고[△은 집을 상징한 것], 10가촌은 △표 열 개를, 3가촌은 세 개, 외딴집은 한 개를 그린다. 도로 위 굴곡도 각각 본 형태대로 그린다. 기와집은 푸르게, 초가는 누렇게, 산은 녹색, 물은 물빛, 도로는 주홍색으로 연한 채색을 한다.

그것을 정당의 벽에 걸어두고 항상 눈으로 보면 관내의 모든 민가가 눈앞에 있는 것처럼 된다. 공문서의 발송과 출장 보낸 사람의 멀고 가깝고 가고 오는 이정(理程)도 다 손바닥을 가리키는 듯할 것이니 이것은 하지 않을 수 없다. 지면이 넓어야 기재를 자세하게 할 수 있으므로 주척 1척으로 10리를 잡게 한 것이다.

그림이 완성되면 다음으로 가좌책(家坐冊)을 만든다. 가좌책은 송나라 사람이 말한 침기부(砧基簿)이다. 침기부에는 본적(本籍) 전산(田産)을 조그만 것이라도 기록하지 않는 것이 없었다. 지금 가좌책에서도 또한 그것에 따른다. 호적부에는 비록 호적부에 등재하지 않은 여유의 호수를 묵인하는 관대한 법을 사용하더라도 이 가좌책만은 반드시 핵법(覈法 : 엄격히 사실대로 밝히는 법)을 사용해 티끌만큼의 어긋남이 있어서는 안 된다.

각 면의 가좌 기록이 모두 완성되면 그 기록을 근거로 동리별로 민호(民戶)의 경위표(經緯表)라는 일람표를 작성한다. 그 양식은 동리별로 위 난(欄)에 주민의 성명을 가로 열기하고, 각 개인의 난 아래에 계급, 호주와의 관계, 객지(客地)인가의 여부, 직업, 병역(兵役), 가옥의 종류와 칸수, 경지(耕地), 금전, 장정(壯丁), 남녀, 노약, 구휼 대상 여부, 노비 수, 수목, 가축, 소유 선박 등 신분, 직업, 가족 및 재산 상태를 조사하여 적는다.

이것을 책상 위에 두고 항상 보면 호적부의 등재를 균평하게 할 수 있고, 요부를 공평하게 할 수 있으며, 소송을 바르게 판단할 수 있고, 발송과 차인(差人 : 관아에서 임무를 주어 파견하던 일. 또는 그런 사람)을 밝게 할 수 있을 것이다.

4. 호적을 개편할 시기가 오면 이 가좌책에 의해서 증감하고 옮겨서 여러 마을의 호적 등기 호수를 매우 균평하고 지극히 충실하게 해 허위가 없게 한다.

▌호적을 개편할 때가 되면 곧 전번 식년(式年 : 일정한 주기로 정해 놓은 해)에 작성한 각 면, 각 동의 호수를 옮겨 적어 참고표를 만든다. 그리고 전에 만든 가좌책의 기록과 대조 비교하면 누락된 것, 허위 조작된 것, 간사한 것, 원통한 것이 모두 드러나게 될 것이다. 가좌책의 기록을 근거로 고을 민호의 총 호수를 계산한다.
고을의 총 호수가 대호(大戶) 2천 호, 중호 4천 호, 소호 8천 호가 되더라도 먼젓번 식년 때 경사(京司)에서 마감한 호수가 원래 4천 호에 불과하다면, 고을의 총 호수를 4천 호로 하여 원래의 총 호수와 일치하게 한다. 그리고 각 마을의 호수를 공평하게 안분 비례해 4천 호에 맞도록 줄인다. 호수는 모든 부세와 요역 배정의 기준이 되기 때문이다.

5. 새 호적부가 완성되면 곧 관령(官令)으로 각 마을의 호적 기재 총 호수의 기록을 각 마을에 나누어 준다. 엄숙하게 금령(禁令)을 세워서 감히 번거롭게 '많으니 적으니' 하고 제소하지 않게 한다.

6. 만약 민호(民戶)가 줄어들어서 원정(原定)의 호수를 채울 수 없을 때는 사유를 논술해 상급 관청에 보고하고, 또 큰 흉년이 들

어서 열 집에 아홉 집은 빈집이 되어 원 호수를 채울 수 없을 때도 사유를 논술해 상급 관청에 보고하여, 호수의 감액을 청구해야 한다.

7. 만약 인구에 따른 수수료의 쌀과 정서(正書) 수수료의 벼 같은 것은 그 예전부터의 관례에 따라 백성에게 받아들이는 것을 허락하지만, 그밖에 빼앗는 것은 모두 엄금해야 한다.

▌남쪽 지방의 예로는 인구미(人口米)는 매 1인에 쌀 한 되, 인정전(人情錢)은 매 호 2푼이고, 정서조(正書粗)는 매 호 벼 1두[서북 지방에서는 조로 대신한다]씩을 그해의 호구 수에 비례해 각 마을에서 받는다. 쌀은 아전이 먹고, 돈은 경사(京司)의 호적 마감에 쓰이며, 벼는 대장을 등사(謄寫)하는 비용이다.[종이, 붓, 먹값과 사자생寫字生의 수고비] 가령 4천 호면 벼가 4천 말, 돈이 80냥, 인구가 1만 6천이면 쌀이 1천6백 두에 조금 부족한 수량이다.

8. 나이를 더 보탠 사람, 나이를 줄인 사람, 유학(幼學)이라 사칭(詐稱)한 사람, 허위 관작을 붙인 사람, 홀아비라고 거짓으로 말한 사람, 본적을 속인 사람은 모두 조사해 금지해야 한다.

9. 모든 호적에 대한 사항으로 순영(巡營 : 감영監營과 같다. 즉 감사의 영문)에서 관례에 따라 통첩해 온 것을 민간에 선포하는 것은 좋지 않다.

▌호적에 대한 사항은 법전(法典 : 호전 제2조)에 자세히 기재되어 있는데, 어느 죄는 장(杖) 1백 대, 어느 죄는 도(徒) 3년 등으로 되어 있다. 그러나 모두 그대로 시행하지 않는 법이다. 시행하지 않는 법이지만 감영에서는 관례에 따라 수령에게 통첩을 보내온다. 그것을 민간에 선포하는 것은 백성에게 조정의 명령을 믿지 않으며 국법

을 두려워하지 않게 만들 뿐이니, 선포하지 않는 것이 좋지 않은가. 또 아전들이 이것의 선포를 기화로 마을의 어리석은 백성의 위법 사항을 들춰내어 포학하게 행동하는 자료를 제공하는 일도 있다. 그러니 시행하지 않는 법은 처음부터 선포하지 않아야 한다.

10. 호적은 나라를 다스리는 큰 정사이다. 지극히 엄중하고 지극히 정밀해야 백성의 부세를 바로잡을 수 있다. 그런데 지금 여기에 논술한 것은 시속(時俗)에 따랐을 뿐이다.

�֍ 제5조 평부平賦 - 부세賦稅와 요역徭役의 균평

1. 부세와 요역을 균평하게 하는 것이 수령 칠사(七事) 중에 중요한 임무이다. 균평하지 않은 부과는 티끌만큼이라도 징수해서는 안 된다. 균평하지 않은 것은 정치가 아니다.

▍옛날의 부세와 요역은 전결(田結)과 호(戶)를 표준으로 하여 양면으로 부과 징수하였는데 후세에는 전결만을 부과 대상으로 삼게 되었다.

우리나라의 전세(田稅)는 본래 가벼운 것이었는데, 중세 이래로 전결에만 부과하게 되고 그것이 오래된 관례로서 당연한 것이라고 생각하기에 이르렀다. 그래서 대동(大同)도 전부(田賦), 균역(均役)도 전부, 삼수미(三手米)도 전부, 모량미(毛糧米 : 황해도에서 따로 쌀 3두씩을 거두는데 본래 모문룡毛文龍의 군량미였다)도 전부, 치계미(雉鷄米 : 수령이 쓰는 잡역미雜役米)도 전부이다.

이상의 것은 조정에서 알고 있는 것이지만 경저미(京邸米)도 전결에 부과하고, 영저미(營邸米)도 전결에 부과하고, 삭선(朔膳)공가미(貢價米)도 전결에 부과한다.〔본래는 환미還米로 회감會減하였는데 지금은 세미稅米를 받아쓴다〕공문서의 전달 인부 비용〔전관미傳關米〕

도 전부로 하며, 신관쇄마전(新官刷馬錢 : 부임 여비)도 전부로 하고, 구관쇄마전(舊官刷馬錢 : 귀향 여비)도 전부로 한다. 수령이 이미 맑지 않으니 아전들도 또한 따라 움직인다. 서원고급(書員考給)의 벼도 전결로 부과하고, 저졸근수(邸卒勤受)의 벼도 전결로 부과한다.

환상(還上)의 폐해가 이미 극에 달하여 백성들은 곡식이라곤 보지도 못하면서 해마다 몇 섬씩 바치는데 이 몇 섬씩도 전부로 한다. 표류 선박이 우리 해안에 표류하여 도착하면 관계 비용으로 수만의 돈을 걷는데, 그 수만의 돈도 전부로 부과한다. 그리하여 농민은 날로 곤궁하게 되어 굶어서 도랑과 구렁에 쓰러져 죽게 된다.

부세와 요역에 대한 정치는 균평한 정책을 취해야 한다. 지금 열 사람이 술추렴을 하려면 거두는 돈을 균평하게 할 것이며, 열 사람의 나그네가 한 솥에 밥을 지어 먹으려면 모으는 식량을 같게 하려고 할 것이다. 더군다나 천 사람, 만 사람이 한 고을에 살면서 그들이 서속과 쌀과 실과 삼베를 내어서 윗사람을 섬기려고 하는데, 그 사람들의 심정이 균평하게 부담하기를 바라겠는가, 불균평하기를 바라겠는가.

이제 부역이 균평하지 못하여 만 호가 사는 고을에 9천 호는 부역을 도피하고 오직 홀아비, 과부와 병들어 있는 불쌍한 사람들만이 부역에 응하고 있으니, 수령으로서 서서 보고만 있을 수 있겠는가. '수령칠사(守令七事 : 수령이 해야 할 일곱 가지 일. 농업과 잠업의 흥성〔農桑盛〕, 호구의 증가〔戶口增〕, 학교를 세움〔學校興〕, 군정을 바로 함〔軍政修〕, 사송의 간소〔詞訟簡〕, 간활함의 그침〔奸猾息〕, 부역의 균평〔賦役均〕)'는 누가 정했는지 나는 모르지만, 이와 같은 환경에서는 농업과 잠업의 흥성이라든가, 호구의 증가 같은 일은 힘써 볼 수도 없고, 학교를 세우고, 군정(軍政)을 바로 하는 것도 오히려 급무일 수 없으며, 사송(詞訟)의 간소니, 간활함을 그치게 하는 것은 또한 어떻게 해 볼 길이 없다.

오직 부세와 요역을 균평하게 하는 일만은 날마다 손에 들어오는 대로 마음을 다해야 할 것이다. 부역은 가볍게 해주는 것이 제일 귀중하다. 공용의 허실을 살펴서 그 거둬들이는 것을 가볍게 해야 한다. 부역을 균평 되게 하는 것이 제일 귀중하다. 백성 중에서 빠지고 도피하는 것을 끄집어 밝혀내어 그 거둬들이는 것을 균평 되게 해야 할 것이다.

2. 전부(田賦 : 전결田結을 표준으로 한 부과賦課) 이외에 가장 큰 부담을 주는 것은 민고(民庫 : 지방의 관청에서 임시비에 충당하기 위하여 법규로 정한 공과公課 이외에 백성들로부터 거둬들인 물품과 전곡錢穀을 저장해두는 창고. 그러나 실은 반드시 창고를 지칭하는 것이 아니고, 그러한 금품을 거둬들이는 일 자체를 총칭하는 말)이다. 혹은 전부로 부과하고, 혹은 호(戶)를 대상으로 부과하여 비용은 날로 커지니 백성은 살아갈 수가 없다.

▌민고의 폐단이 생겨난 근원이 두 가지 있다. 하나는 감사(監司)가 제멋대로 위세를 부리는 데서, 하나는 한 고을의 수령이 마음대로 탐욕 부리는 데서 생긴 것이다. 이 두 가지 근원이 없다면 본래 민고라는 것이 없었을 것이며, 따라서 아전들이 간계(奸計)를 부릴 여지도 없을 것이다.
감사가 가족을 데려올 수 있게 된 이래로 갑자기 각 도에서는 각기 큰 궁실을 세웠으며, 장막을 쳐서 좌우에 모시며, 음식과 거마와 의복 차림 등 위의(威儀)의 성대함은 왕자(王者)에 비길 만하고, 체모(體貌)의 존귀한 체함은 대신보다 더하게 되었다. 속이 텅 비고 아는 것이 적은 사람일수록 한 번 이 벼슬에 있게 되면 망령되게 스스로 존대하게 구는 것이 마치 본래부터 그러했던 것처럼 한다.
각 고을에서 순종해 모시고 받들어 궤향(饋餉)하는 일이 조금이라도, 부끄러움 없이 아첨하는 무리에 손색이 있으면 발끈 성내어 그 수령을 좌천과 파면시키니 각 고을이 크게 겁내어 감히 비용을 아끼지 않는다. 일이 지나고 나면 한탄하여 손해를 백성에게 돌린다. 이것이 민고가 생기게 된 까닭이다.

또 감사의 복정(卜定 : 여러 가지 물품을 각 고을에 바치도록 책임 지우는 것)은 강제로 배정하지 않는 것이 없다. 배정하는 수량은 본래 적지만 받아들이는 물품은 지나치게 많으며, 값은 본래 싸게 정하고 물품을 선택하는 일은 지나치게 까다롭게 한다. 그에 따른 막대한 결손을 수령이 혼자 힘으로는 감당할 수 없다. 이것이 민고가 생기게 된 까닭이다.

또 수령이 자기의 식품과 양곡을 풍성하게 하는 까닭은 수령으로 벼슬자리에 앉으면 저절로 구걸하는 사람이 있게 마련이니, 먹고 남는 것이 있으면 수령은 그 요구에 따를 수도 있을 것이다. 그러나 사람이 슬기롭지 못하면 자기가 달마다 받고 날마다 쓰는 모든 월름(月廩)과 일봉(日俸)은 자기 개인 물건으로 인정하여 차마 공용의 비용에 쓰지 못하고, 모든 공적인 비용을 백성에게서 받아들이니 어찌 한심스러운 일이 아니겠는가.

모든 중앙 관아의 요청도, 사신의 요청도 백성들에게 책임을 돌리니 이것만도 이미 잘못된 처사인데, 마침내 자신의 어머니를 봉양하고 아내를 영접하며 방을 수리하고 가마를 꾸미는 따위의 일체의 규문(閨門) 일까지를 오히려 백성들에게서 그 비용을 받아들이니 이것이 무슨 도리인가. 월름과 일봉은 다만 밭을 사고 집을 사며, 권문세가에 아첨하는 일에만 써야 한다는 것인가. 미혹함이 지나치도다. 근원이 이미 혼탁하니 하류가 맑을 수는 없다. 아전들의 탐오(貪汚)는 수령보다 열 배나 더하다. 그리하여 민고가 늘어나는 비율은 해마다 달마다 증가해 간다. 이러한 상태가 그치지 않는다면 백성들은 반드시 다 죽고 말 것이다.

3. 민고의 예(例)는 고을마다 각기 다르다. 아무런 절제가 없다. 쓸 일이 있으면 그때그때 거둬들이는 것이어서 백성을 못살게 함

이 가장 심하다.

▌맹자(孟子)가 선왕(先王)의 법을 논하여 말하였다. "백성에게서 받아들이는 것은 절제가 있어야 한다." 무릇 받아들이는 데에 절제가 없는 것은 그 도가 오래 갈 수 없다. 규칙을 법으로 정한 것도 오래되면 폐단이 생겨 고치지 않을 수 없는데, 더구나 처음부터 아무런 규정도 제한도 없이 쓸 일이 있으면 언제나 거둬들이는 것으로 법을 삼으니 장차 그 폐해를 누가 감당한단 말인가. 민고의 관례는 고치지 않아서는 안 될 것이다.

4. 그 법례(法例)를 다듬고 그 조리를 밝게 해 백성과 함께 지키기를 국법을 지키는 것과 같게 해야 비로소 절제가 있게 될 것이다.

▌반드시 백성에게서 받아들이지 않아서는 안 될 것이 있다면 그것에 대한 법례를 정하고 조리를 분명하게 하여, 관과 백성이 함께 그것을 국법처럼 지키게 되어야 비로소 민고(民庫)에도 절제가 있게 될 것이다.

5. 계방(契房 : 공역公役과 잡부雜賦의 면제, 기타 원조와 보호를 얻기 위하여 미리 관아의 아전들에게 금전, 재물 등을 제공하는 계)은 온갖 폐단의 원천이며 모든 간사한 사람들의 소굴이다. 계방을 없애지 않고는 어떤 일도 해 볼 도리가 없을 것이다.

▌계방에 두 가지가 있다. 하나는 이계(里契)이고, 하나는 호계(戶契)이다. 이계는 한 동리 전체를 계로 만들어 해마다 돈 수백 냥을 거둬들이는 것이고, 호계는 한 호(戶)를 계호(契戶)라고 해서 해마다 돈 백여 냥을 거둬들인다.〔나주羅州, 장성長城에는 호계가 많다〕 향청(鄕廳)·이청(吏廳)·군관청(軍官廳)·장관청(將官廳)·관노청

(官奴廳)·조례청(皂隷廳 : 사령司令)·통인청(通引廳 : 시동侍童)에 각기 계방이 있다. 그중에도 유독 이청에 제일 많다. 큰 마을 10여 곳을 골라잡아 모두 계방으로 삼는다. 그 밖의 다른 청(廳)들도 혹은 둘, 혹은 셋씩 계방을 갖고 있어서 일정한 수가 없다.

모든 계방이 된 마을은 환곡(還穀)의 강제 분배가 면제되고, 군적(軍籍)의 등록이 면제되며, 민고(民庫)로서 내야 할 것과 모든 요역(徭役)을 다 면제받는다. 돈 수백 냥을 내고는 1년 동안 편안히 살게 되니 이 때문에 백성들은 계방 되기를 즐겨한다. 그러나 그것은 반드시 그 마을에 본래 부유하며 호세하고 권력 있는 백성이 있어야 될 수 있다. 잔약한 빈촌의 어리석은 백성과 홀아비와 과부와 병든 사람들의 마을에서야 어찌 계가 있을 수 있겠는가.

계호(契戶) 또한 그러하다. 계호가 되려면 한 고을의 유력한 사람으로 전지(田地)가 10결(結)이 넘고, 호는 백 집을 비호할 만해야 비로소 한 계호를 얻어 할 수 있는 것이다. 그렇게 되니 부촌과 부호의 요부(徭賦)는 다 아전이 먹고, 다만 영세하고 외롭고 불쌍한 백성들만이 공부(公賦)에 응해야 하고, 고을의 잡부(雜賦)에 응해야 된다. 그리하여 만 호가 부담해야 할 요부는 천 호(戶)에 몰리고, 천 호의 요역은 백 호에 몰리게 된다.

옛날에는 한 호의 요역이 한 해에 백 전(錢)을 넘지 않던 것이 지금은 수천 전으로도 오히려 부족하다. 울부짖고 잇따라 쓰러져 가는 모습이 생선이 썩어가는 것 같고, 하수(河水)의 제방을 터놓은 것 같다. 지금 구제하지 않으면 이 백성들은 장차 살아남는 사람이 없을 것이다. 계방을 없애는 것이 오늘의 급무가 아니겠는가.

6. 이에 궁전(宮田)·둔전(屯田)·교촌(校村 : 향교가 있는 마을. 모든 요역이 면제된다)·원촌(院村 : 서원書院이 있는 마을. 모든 요역이 면제된다)을 조사해 그들이 숨기고 있는 모든 것이 그 전지(田地)를 경작할 만한 호수(戶數)를 초과할 때는, 모두 적발해 모두 분산

시켜 공부(公賦)를 균등하게 해야 한다.

▌ 대체로 1결의 전지라면 실호(實戶) 두 집만 얻어서 경작을 시키면 넉넉한 것이다. 그러니 궁결(宮結) 10결이면 20집만을 제외하고 나머지는 모두 적발해 요역을 부담시켜야 할 것이며, 둔결(屯結)이 6결이라면 12집만을 제외하고 나머지는 모두 요역을 부담시켜야 한다. 교촌의 교노(校奴), 교비(校婢)는 향교에서 가까이 부리고 있으니 요역을 면제함이 좋지만, 세력 있는 집에 의지한 사람과, 허호(虛戶)로 중첩된 사람은 모두 적발해 그 실제를 밝혀야 할 것이다.

사액서원(賜額書院)의 면세전(免稅田)은 3결을 넘지 못하며, 그에 딸린 보인(保人)과 솔정(率丁)의 명칭은 법전에 실려 있지 않으니, 사당을 수호하고 창고를 맡는 일은 10호를 넘지 않아도 넉넉할 것이며, 개인 사당과 영당(影堂 : 영정을 모셔둔 사당)은 5, 6집 이내면 넉넉할 것이다.

그런데 지금은 널리 다른 지방에서 와서 사는 사람의 집을 모아서 숨겨 거느리는 무리로 삼아 같은 백성으로 볼 수 없게 하고 있으니 또한 억지가 아닌가. 마땅히 온화한 말로 천천히 공정한 사리를 타일러서 객기를 부리지 말며, 국법을 업신여기지 말고 수령이 요역을 균평 되게 하려는 뜻을 방해하지 않게 해야 할 것이다.

7. 이에 역촌(驛村)·참촌(站村)·점촌(店村)·창촌(倉村)을 조사해 그곳에서 숨겨 주고 있는 민호(民戶)로서 법리에 맞지 않는 것은 모두 적발해 골고루 공부(公賦)를 부담시켜야 한다.

8. 결렴(結斂 : 전결田結에 따라 받아들이는 부과 방법)은 호렴(戶斂 : 민간의 호수에 따라 받아들이는 부과 방법)만 못하다. 결렴하면 근본인 농민이 피폐해지고, 호렴하면 공장(工匠)과 상인이 고통을 당한

다. 놀고먹는 자가 고통을 당하는 것은 농민을 후하게 하는 길이
다.

▌사람 중에는 경지(耕地)가 없는 사람은 있으나 집이 없는 사람은
없다. 민호(民戶)를 대상으로 부렴(賦斂)하는 것이 또한 좋지 않겠
는가. 그러나 호적이 난잡하게 된 것이 오래되었다. 호렴을 시행하
려면 먼저 호적을 바로잡아야 할 것이다. 바야흐로 혼란한 호적을
무릅쓰고 무리하게 호렴을 강행해서는 안 될 것이다.
아전은 호렴을 반드시 힘껏 방해할 것이다. 거기에는 세 가지 돌아
보는 것이 있기 때문이다. 첫째는 방고(防顧), 둘째는 적고(籍顧),
셋째는 계고(契顧)이다.
방고란 무엇인가? 전결에 대한 부역이 중하면 그것을 방지해주는
대가가 높고, 결역(結役)이 감하게 되면 그것을 방지해주는 대가도
깎일 것이다. 아전은 이것을 돌아다보며 못내 아쉬워한다.
적고란 무엇인가? 호렴을 시행하게 되면 허호(虛戶)가 드러나고,
호적의 행정이 밝게 되면 마을의 뇌물이 끊어지게 된다. 아전은 이
것을 아쉬워한다.
계고란 무엇인가? 호렴이 시행되면 계방이 깨진다. 계방이 깨지면
전결을 빼돌리기가 어렵게 된다. 아전은 이것을 아쉬워하는 것이다.
그러나 호렴은 결렴보다 좋은 것이다. 결렴은 나라의 근본인 농민을
괴롭히는 제도이기 때문이다.

9. 쌀로 거두는 것은 돈으로 거두는 것만 못하다. 본래부터 쌀로
부렴하고 있는 것은 마땅히 돈으로 부렴하도록 고쳐야 할 것이
다.

▌돈의 수량은 속이기 어렵다. 그 꿰미가 이미 차면 다시 흠잡을 방
법이 없다. 그러나 쌀은 품질의 등급이 많고 마질이 넘치며 한없이
좋은 쌀을 요구할 수 있고, 떨어진 쌀이 뜰에 가득하나 주울 길이

없으며, 정미한 쌀이 옥과 같건만 호소할 방법이 없다. 돌이켜보건 대 돈으로 바치는 것이 편리하지 않은가.

10. 교묘하게 명목을 정해서 수령의 주머니에 들어가게 만든 잡부(雜賦)는 감면하고, 곧 여러 가지 잡부의 조목에 대하여 그 지나치고 허위인 것을 삭제해 백성의 부담을 가볍게 해야 한다.

▌고을의 절목(節目)에는 지나친 것, 허위의 것이 이루 다 셀 수 없을 만큼 많다. 자세히 검토해 삭제할 것은 삭제하고, 감액할 것은 감액을 단행해야 할 것이다.

11. 조관(朝官 : 관원의 총칭)의 호(戶)에 요역을 면제하는 규정은 법전에 실려 있지 않다. 문명한 곳에서는 면제하지 말아야 하고, 먼 지방에서는 적절하게 면제해야 한다.

▌경기에는 조관의 호에 요역을 면제하는 법이 없다. 먼 남쪽 지방에 가면 이러한 관례를 볼 수 있는데 또한 아름다운 풍속이라 하겠다. 경기도와 충청도에는 조관이 많으니 그들에게 모두 요역을 면제할 수는 없다. 그러나 먼 지방에서 한 고을에 한두 명의 조관이 있을 때는 전례에 의해 요역을 면제하는 것이 좋을 것이다.

12. 대체로 민고(民庫)의 폐단은 개혁하지 않을 수 없다. 마땅히 본읍(本邑)에서 한 가지 좋은 방책을 생각해서 한 공전(公田 : 백성이 공동으로 경작해 수확을 세금으로 바치는 공유의 밭)을 세워서 이 민고의 요역을 방지하는 것이 좋을 것이다.

▌남방의 여러 고을에는 제방을 쌓고 도랑을 내면 공전으로 삼을 만한 곳이 매우 많으며, 바닷가 고을에서는 그 소속 섬의 수익을 거두면 또한 민고를 대신할 만한 것이 있다. 수령이 진실로 마음을 다하

여 계획한다면 어찌 길이 없겠는가.

13. 민고의 지출 장부를 향촌(鄕村)의 유생(儒生)을 불러서 검사하게 하는 것은 예가 아니다.

▌매년 연말이 되면 민고의 초과 지출한 돈이 혹은 천 냥에 가깝게 된다. 향촌의 유생들을 초청해 향회(鄕會)를 열게 하고는 지출 장부를 가져다가 자세히 훑어보아, 그중 지나치거나 허위 조작한 것을 살펴보라 하고는, 돼지를 잡고 생선을 익혀 모인 사람들을 대접한다. 한동안 계산하다가는 모두, '허위가 없다'라고 말한다. 이에 백성의 전결에 풀어 징수하기를 결정한다. 이러한 일을 군자는 예가 아니라고 말한다. 민고의 하기(下記)는 수령이 손수 서명한 것이다. 이미 서명하고 이미 결재한 것은 수령이다. 수령이 백성들에게 말하기를, "내가 도둑질을 했는지 청백한지, 너희들이 판결하라. 나의 장부가 여기 있으니 너희들이 감사해보라."라고 하는 것이니 천하에 이보다 더 위신이 손상되는 일이 있겠는가.
더군다나 향촌의 유생은 민고의 장부를 볼 줄도 모르는 사람들이다. 그들이 어떻게 그 교묘하고 변화불측하게 만들어 놓은 지출 기록의 잘못을 적발할 수 있단 말인가. 설혹 마음속에 의심나는 일이 있다한들 승냥이와 호랑이가 노려보는 위엄 앞에 감히 말할 수 있단 말인가. 융숭한 대접까지 받고 그들이 다시 무슨 말을 하겠는가.
대체로 향회라는 것은 다 이러한 것이니 수령이 만약 백성을 사랑한다면 향회를 열어 민고의 지출을 검사하게 하라는 명령을 내릴 수는 없을 것이다.

14. 고마법(雇馬法)은 국가의 법전(法典)에는 없는 것이다. 이름 없는 부과로서 폐해가 없는 것은 전례대로 따르지만 폐해가 있는 것은 폐지해야 한다.

▌ 수령이 임지로 내려갈 때 쇄마비(刷馬費)로 이미 공금으로 3백 냥을 받았으며, 수령의 행차에는 저치미(儲置米) 4, 5석의 지급 계산이 있는데, 고마(雇馬 : 지방 관아에서 민간으로부터 징발하던 말)는 또 무슨 명목인가. 수령이 서울에 있을 때는 집에 사흘 먹을 양식이 없어도 오히려 말 한 필을 길러서 출입할 때 이용했는데, 지금은 콩과 보리가 관가의 창고에 쌓여 있고, 꼴과 짚이 현(縣)의 헛간에 차 있다. 또 한두 명의 노복(奴僕)이 안채에 딸려 있으면서 대낮에도 한가로이 잠자고 있다.

수령이 어찌 스스로 말 두 필을 사서 기르지 않고 반드시 백성의 고혈로써 고마를 가져야 마음이 유쾌하단 말인가. 수령이 집에 있을 때는 말 한 필과 한 사람의 하인만을 데리고 영남으로, 호남으로 두루 다니더니, 지금은 잠깐 이웃 고을에 나가는 데에도 반드시 말 이외에 또 안마(鞍馬 : 안장을 얹은 말)를 세우고, 옷과 이불과 자리와 음식, 기명(器皿) 등으로 또 말 세 필을 세우니 사치하지 않은가. 수령이 행차할 때는 마땅히 교마(轎馬) 한 필[수령이 타는 말], 짐 싣는 말[옷과 이불과 자리와 기명을 싣는 말] 한 필은 관사 안에서 기르는 말을 사용하는 외에 수행하는 아전[형방刑房]이 타는 말 한 필, 통인이 타는 말 한 필을 고용하면 될 것이다. 말은 이만하면 만족한데 구태여 고마고(雇馬庫 : 고마의 계정計定)를 만들어서 1년에 천여 냥씩 거두어 8, 9필의 말을 세워야 한단 말인가. 고마고는 반드시 폐기해야 할 것임에 의심의 여지가 없다.

15. 균역법(均役法) 이래로 어세(魚稅)·염세(鹽稅)·선세(船稅)는 모두 일정한 세율이 있는데, 법이 오래되니 폐단이 생겨서 아전들이 농간을 부린다.

▌ 어세(魚稅)·염세(鹽稅)·선세(船稅)의 세제를 처음 정찰할 때 다각도의 사사로운 관례를 따라 구차하게 정했으므로 세율이 각 도,

각 읍이 제각기 다르다. 정해진 하나의 국법이 없는 채 오랜 세월을 버려두고 단속도 하지 않아서 아전들의 농간이 날로 불어나고 있다. 바닷가 고을에 수령으로 가는 사람은 이 일에 유의하지 않아서는 안 된다.

16. 배에는 등급이 많은데 도(道)마다 각각 다르니 배를 점검할 때는 오직 예전부터의 관례를 따를 것이며, 세금을 받아들일 때는 중첩해 징수하는 일이 없는지 살피도록 해야 한다.

▌배에 물건을 싣는 능력은 그 힘에 있다. 높이와 넓이가 이미 다르고 싣는 용적이 같지 않은데, 다만 배 길이의 길고 짧은 것만을 도수(度數)로 해 세율을 정한 것은 본래 제대로 갖추지 않은 법이다. 만약 그 당시에 다만 쌀 몇 섬을 실을 수 있는 것으로 등급을 정했더라면 사리에 맞는 법이 되었을 것인데, 아까운 일로 지금은 어쩔 수 없다. 그러나 수령이 배를 점검할 때는 마땅히 이 뜻을 가지는 것이 좋을 것이다. 세율은 각 도가 서로 달라서 전국적으로 통일된 법이 없으니 한 고을의 수령으로서는 어쩔 수 없다. 세금이 중첩되지 않았는지 살필 뿐이다.

17. 어세(魚稅)를 받는 곳은 모두 바다에 있으니 자세히 살펴볼 수는 없다. 오직 세액이 원정(原定)의 총액에 달하기를 도모할 것이며, 때때로 세를 함부로 가로채는 일이 없는지 살펴보아야 할 것이다.

18. 염세(鹽稅)는 본래 가벼워서 백성에게 고통이 되지 않으니 오직 세액이 원정(原定) 총액에 달하기를 도모할 것이며, 때때로 무법(無法)하게 거둬들이는 일이 없는지 살펴보아야 할 것이다.

19. 본토의 선박이나 관선(官船)을 이용하는 물고기 장수, 소금 장수, 김·미역 장수로서 원통한 일이 있으나 호소할 곳이 없는 것은 바로 저세(邸稅)이다.

▌저세는 저점(邸店)에게 바치는 수수료 등을 말한다. 저점은 지금의 소위 배 주인을 말한다. 포구의 배가 정박하는 곳에는 어디나 세력 있는 백성이 있어서 물산객주라는 점포를 차리고 있다. 모든 상선이 도착해 정박하면 그 화물을 주관해 함부로 이동하지 않게 하고, 스스로 거간꾼이 되어 움츠리기도 하고 펴기도 하면서 조종해 그 값을 올렸다 내렸다 한다. 혹은 몰래 상인을 도와주고는 자기 덕택이라면서 상인에게서 돈을 뜯어서 묵은 빚에서 벗어나게 하기도 하고, 혹은 몰래 육지 상인을 도와 억지로 싼값을 정해 그 이익을 나누어 먹기도 한다. 술과 고기를 마련해 상인을 대접하는 체하고는 자기의 저세를 더 받기도 한다.

배가 떠나는 날 계산하면 상인의 이익은 반은 저점으로 돌아가고, 나머지는 삼분오열(三分五裂)된다. 이런 까닭에 상선은 모여 오지 않고 물화는 모자라게 된다. 모든 바닷가 고을 수령은 마땅히 부임 초에 포구의 고을에 타이르는 글을 게시해 엄중하게 금령을 세우고 상인이 먹은 연가(煙價 : 주막이나 여관의 밥값) 이외에는 터럭만큼도 백성을 괴롭히고 못살게 굴지 않게 해야 한다.

20. 장세(場稅 : 시장세)·관세(關稅 : 관문關門을 통과할 때 징수하는 세금. 관문은 높은 고개〔嶺〕의 좁은 곳에 문을 설치한 것)·진세(津稅 : 강이나 바다를 건너가는 나루터에서 징수하는 세금)·점세(店稅 : 여관세)와 중들이 매월 바치는 짚신, 미투리 등의 신발·무당이 바치는 포목〔형조刑曹에서 귀신의 제사를 금지하기 위해 생긴 것〕을 지나치게 징수하는 사람을 살펴보아야 한다.

21. 백성의 노력이 필요한 공사를 일으키는 일은 신중히 하여 줄여야 한다. 백성에게 이익이 되는 일이 아니면 해서는 안 된다.

▎백성의 노력이 필요한 행정으로는 방파제를 축조하는 것, 보를 막고 도랑을 내는 것, 못 안에 쌓인 모래 따위를 파내는 것, 객지에서 죽은 관원의 상여를 메어 관내로 넘겨주는 일, 강선(江船)으로 옮기는 상여를 끌어 주는 일, 통나무를 끌어내는 것〔임금의 관을 만드는 데 쓰이는 소나무나 관용재官用材, 선재船材 등〕, 공물을 수송하는 일〔제주의 토산물〕, 말을 몰고 가는 일〔제주의 공마貢馬〕, 얼음을 창고에 넣을 때, 장사(葬事)를 돕는 일, 고개〔嶺〕를 넘을 때 가마를 메는 일, 노임(路任 : 길짐 지는 것), 그 밖의 자질구레한 일은 이루 다 열거할 수 없다.
수령은 이러한 일을 될 수 있는 대로 덜어 주어야 할 것이며, 그것이 백성을 위하여 이익이 되는 일일지라도 신중히 생각하고 백성의 힘을 줄여서 처리해야 할 것이다.

22. 명목도 없는 요부(徭賦)가 한때의 잘못된 전례에서 생긴 것은 마땅히 급히 폐지해야 하고, 그대로 따라서는 안 된다.

23. 혹은 요역(徭役)이 있을 때 보조해 주기 위한 곡식, 또는 돈이 민간에 퍼져 있는 것을 세력 있는 집에서 먹어 버린 것이 있을 때는 조사해 뿌리 뽑을 수 있는 것은 징수하고, 추궁할 수 없는 것은 감면하고 보조해 주어야 한다.

▎옛사람이 수령으로 있을 때는 다 보역전이라는 것을 민간에 뿌려둔 것이 있었으며, 또 혹은 감사가 돈 수만을 내어 소를 사서 민간에 빌려주는 일이 있었다. 그 시초에는 백성이 모두 계를 모아 그돈을 늘이더니 세월이 흐름에 따라 세력 있는 집과 간사한 백성이 그 본전을 먹어버리고 드디어 헛된 기록이 되어 버린다.

이러한 것은 마땅히 조사해 그 뿌리를 뽑고 규약을 개정해 준수하게 해야 할 것이다. 그러나 혹은 큰 흉년을 당하여 민호(民戶)가 흩어져 없어져서 결손이 된 것은 추징할 수 없을 것이니 모두 감면하고, 그 남아 있는 것을 가져다가 새로 돈을 보조해 백성의 요역을 도와주어야 할 것이다.

24. 부세와 요역을 크게 균평하게 하고자 하면 반드시 호포(戶布 : 집집마다 봄과 가을에 무명이나 모시 등으로 내던 세), 구전(口錢: 여기에서는 인구에 대하여 부과 징수하는 세를 말한다) 법을 강구 시행해야 민생이 안정될 수 있을 것이다.

▌≪균역사실(均役事實)≫에 말하였다. '변통론(變通論)에 네 가지 종류가 있으니 호포, 결포(結布 : 전결田結에 부과하는 세), 구전, 유포(游布 : 문文도 아니고 무武도 아니면서 놀고먹는 사람에게서 받는 세)가 그것이다. 각기 자기의 주견을 내세우므로 하나로 귀결될 수 없다.' 〔전결만을 과세 기준으로 하지 말고 호포, 구전 등의 세법을 시행해야 부담이 평등하게 될 것이다〕

※ 제6조 권농勸農 - 농사를 권장함

1. 농사는 백성에게 이로운 것이니 백성이 스스로 힘쓸 것이지만, 더할 수 없이 어리석은 것이 백성이다. 그러므로 옛 임금들은 농사를 권장하였다.

2. 옛날의 현명한 목민관은 농사를 권장하는 일을 부지런히 해 그것으로 명성과 치적(治績)으로 삼았다. 그런 까닭에 농상성(農桑盛)이 수령이 해야 할 일곱 가지 일 가운데에서 첫째가 된다.

3. 농사는 먹는 것의 근본이고, 뽕나무는 입는 것의 근본이다. 그러므로 백성에게 뽕나무를 심게 하는 것이 수령의 중요한 임무이다.

4. 재목을 심고 채소와 과목(果木)을 심으며, 육축(六畜 : 여섯 가지 가축이니 즉 소, 말, 양, 돼지, 개, 닭)을 번식시키는 것은 농사를 보조하는 일이다.

5. 농사를 권장하는 요긴한 방법은 또 부세를 경감해 그 근본을 배양하는 데에 있다.

6. 총체적으로 말하면 농사를 권장하는 정사는 마땅히 먼저 직책을 주어야 한다. 직책을 나누어 주지 않고 여러 가지 직책을 뒤섞어서 권장하는 것은 선왕(先王)의 법이 아니다.

▌대체로 옛날 어진 제왕(帝王)의 권농법은 직책을 분업적으로 구분해 그 한 가지의 직책에 전력을 다하게 했으며, 여러 가지 일을 뒤섞어서 한 사람에게 온갖 농사와 그 부업을 한꺼번에 권장하는 일을 하지 않았다. 곡식 농사짓는 사람은 채소나 재목 심는 일을 시키지 않았으며, 양잠하는 사람에게는 목축을 시키지 않았다.
한 농가에 곡식 농사를 시키고 양잠을 권하고, 목축을 장려하며, 채소와 과수를 재배하게 하며, 산림을 가꾸어 재목을 기르며, 길쌈을 권한다면 농가가 그것을 감당할 수 있겠는가. 또 그 일들에 최선을 다할 수 있겠는가. 그러니 먼저 한 농가 한 농가에 한 가지 전문적인 직책을 주어 거기에 전력을 다하게 해야 한다.

7. 대체로 농사를 권장하는 정책은 마땅히 여섯 가지 분과(分科)로 분류해 각각 그 직책을 주고, 각각 그 공적을 조사하여 높은

벼슬에 올려 백성의 생업을 권장해야 할 것이다.

▌이 일은 요즈음의 수령이 곧 해야 한다는 것은 아니다. 만약 전지 (田地)에 대한 정책이 크게 바로 서고, 온갖 제도가 다 갖추어지며, 직공(職貢)이 법대로 실행되고 모든 백성이 내가 전제고(田制考)에 서 논술한 것처럼 된 후라면 이것을 논의할 수 있을 것이다. 이 조 항을 붙여서 전제고의 미비한 것을 보충하고자 한 것이고, 지금의 수령들이 의거해 시행하라는 것은 아니다.

농정(農政)의 6개 분과는 다음과 같다. 논밭 농사〔전농田農〕를 한 분 과〔온갖 곡식을 생산한다〕, 원전(園廛)을 한 분과〔온갖 과수를 심는 다〕, 포휴(圃畦)를 한 분과〔온갖 채소를 심는다〕, 빈공(嬪功)을 한 분 과〔베와 명주를 생산해 낸다〕, 우형(虞衡)을 한 분과〔온갖 재목을 심 어 기른다〕, 목축(牧畜)을 한 분과〔여러 가축을 기른다〕로 한다. 이 6개 분과에다 공업(工業)·상업(商業)·신첩(臣妾 : 노비)을 합해 9 개 분과의 직분으로 한다. 이 6개 분과의 공적을 일정한 규정에 의 해 조사하고 그중 우수한 사람을 뽑아 벼슬을 주도록 한다는 것이 다.

8. 매년 춘분에는 여러 향촌(鄕村)에 통첩을 내려 농사를 제때 일찍 한 것과 시기를 늦춘 것을 심사해 상벌을 시행한다는 것을 약속하라.

▌모든 농사는 일찍 짓는 것이 제일 좋다. 그런데 게으른 농부는 번 번이 때를 놓친다. 또 가난한 농가에서는 소〔牛〕가 없어서 시기를 놓치기 마련이다. 만약 이 법을 시행한다면 반드시 밤낮을 가리지 않고 힘써 농사를 지을 것이니, 소를 빌리고 조력을 얻어 가면서 다 투어 경쟁할 것이니 또한 좋지 않겠는가.

9. 오직 상전(桑田)이나 모시〔苧〕 심는 밭은 마땅히 따로 관전

(官田)을 설치하고, 그 수입은 민고(民庫)에 귀속시켜서 백성의 요부(徭賦)에 보조하게 하는 것이 좋을 것이다.

▌개간하지 않은 묵정밭이 얼마든지 있으니 수령이 싼값으로 사들여서 거기에 뽕나무를 심고, 모시를 심어서 그것이 이루어지면 민고에 귀속시켜, 해마다 그 소작료를 받아 백성의 요부(徭賦)를 보조해 준다면 좋을 것이다.

제7장 예전육조禮典六條

이 장에서는 국법의 육전(六典) 중에서 예전에 규정된 사항으로서 군현(郡縣)에 관계되는 중요한 사항들을 논술하고 있다.
제사(祭祀), 빈객(賓客), 교민(敎民), 흥학(興學), 변등(辨等), 과예(課藝)의 여섯 조목으로 되어 있다.

�֎ 제1조 제사祭祀 – 수령이 지내야 할 제사

1. 군현에서 제사 지내야 할 곳은 3단(壇) 1묘(廟)가 있다. 그 제사 지내야 할 바를 알면 마음이 향하는 데가 있을 것이고, 마음이 향하는 데가 있으면 재계하고 공경하게 될 것이다.

▎수령이 고을에서 거행해야 할 제사는 사직단(社稷壇)·성황단(城隍壇)·여단(厲壇)의 3단과 문묘(文廟)가 있다. 이 3단 1묘가 제사 지내야 할 곳이라는 것을 알면 어째서 제사 지내야 하는가를 생각할 때 마음은 저절로 그리로 향할 것이며, 마음이 그리로 향하게 되면 저절로 재계하게 되고 공경하게 될 것이다.

2. 공자(孔子)의 묘 제사는 수령이 마땅히 몸소 거행해 경건하고 정성스러운 마음으로 목욕재계해 여러 선비의 선도(先導)가 되어야 할 것이다.

▎향교의 석전(釋奠)에는 헌관(獻官)과 집사(執事)들 이외에도 제사에 참례하는 사람들이 또한 백 명을 넘는다. 그중에는 거칠고 비천한 무리도 섞여 있어서 난잡하고 혼란한 상태를 빚는 일이 많으니, 그런 일이 없도록 금하지 않아서는 안 된다. 교임(校任 : 향교의 직무를 맡아 하던 사람)이 뇌물을 받고 집사를 정하기 때문에 천한 무리도 모두 참여하게 된 것이다. 이것은 금해야 할 것이다.
석전을 지내기 10일 전에 향교에 통첩을 보내 헌관과 집사들을 다 본토(本土)의 상족(上族) 중에서 단정하고 위의(威儀) 있는 사람을 뽑아 정하게 한다. 바로 차첩(差帖)을 쓰지 않게 하고 먼저 명단을 수령에게 제출해, 수령이 며칠 동안 알아본 뒤에 차첩에 도장을 찍게 해야 한다.

3. 사당이 퇴락(頹落)하였거나, 제단(祭壇)이 무너졌거나, 제복이 좋지 않거나, 제기가 깨끗하지 못한 것이 있으면 모두 수리하고 고쳐서 신(神)에게 부끄러움 없게 해야 한다.

4. 관내에 서원(書院)이 있어서 그 제사를 공식으로 하사받으면, 또한 마땅히 경건하고 정결하게 받들게 해 선비의 기대에 실망을 주지 말아야 할 것이다.

▌ 나라의 사액서원(賜額書院)이 아닌 사삿집의 사당에, 혹은 수령의 사사로운 안면 때문에 한 번 그 제찬(祭饌)을 제공하면 그것이 드디어 법이 되어 버린다. 그러나 지금 사삿집의 사당의 폐단이 날마다 달마다 늘어나서 백 리 고을에 사사(私祠)가 혹은 수십에 이르고, 한 가문 안에 부자 형제가 들어앉아 향사(享祀)를 받는 사람이 혹은 12, 3명에 이르게 되었다. 대체로 사사는 국법에서 금하는 것이니 수령은 장차 금지, 억제해야 할 것이다. 하물며 조장해서야 되겠는가.

5. 관내에 있는 사(祠)나 묘(廟)는 그것을 수리하고 관리하는 것을 또한 마땅히 예전과 같게 해야 할 것이다.

▌ 가령 평양의 기자묘(箕子廟), 경주(慶州)의 숭덕묘(崇德廟), 순천(順川)의 충민사(忠愍祠), 강진(康津)의 탄보묘(誕報廟) 같은 것이 있으면 그 집을 수리하고 지붕을 덮으며, 제기(祭器) 관리하는 일은 다 수령의 책임이다. 신(神)이 이것을 슬퍼하는 일이 없게 해야 현명한 수령이다.

6. 제사에 바치는 짐승은 야위었거나 옴에 걸린 것이 아니고, 향사에 쓸 기장과 피〔서직黍稷〕가 저장되어 있어야 현명한 수령이라고 할 수 있다.

7. 기우제(祈雨祭)는 하늘에 기원하는 제사이다. 지금의 기우제는 희롱 삼아 아무렇게나 하는 태도로 신을 모독하고 있으니 매우 예에 어긋나는 일이다.

▌ 요즈음 수령들이 가뭄을 만나면 짚으로 용(龍)을 만들고 붉은 흙을 칠해서 아이들이 끌고 다니면서 매질해 욕보이게 하고, 혹은 뼈를 묻어놓고 주문(呪文)을 외우게 하는 등 기괴한 짓들이 도무지 아무런 도리도 없으니 진실로 탄식할 만하다. 가뭄을 만나면 수령은 경건한 마음으로 목욕재계하고 묵묵히 기도해야 할 것이다.

8. 기우제의 제문은 마땅히 수령이 새로 지어야 할 것이다. 어떤 사람은 예전 제문의 기록을 베껴서 사용하기도 하는데 매우 예에 어긋나는 일이다.

9. 일식이나 월식 때에 거행하는 구식(救食 : 각 관아의 당상관堂上官과 낭관郎官 각 한 사람이 엷고 맑은 빛깔의 옷을 입고 기도를 올리는 예식) 예절은 또한 마땅히 장중하고 엄숙하게 해야 할 것이며, 감히 희롱 삼아 아무렇게 하는 일이 없어야 할 것이다.

✳ 제2조 빈객賓客 - 공적인 손님 접대

1. 빈객을 접대하는 일은 오례(五禮) 중의 하나이다. 그들을 대접하는 음식이 너무 후하면 재물을 낭비하고, 너무 박하면 환대(歡待)의 예를 잃게 된다. 그러므로 옛날의 어진 임금은 중용에 맞게 예를 제정해 후한 경우는 지나치지 않게 하고, 박한 경우도 정한 것을 감(減)하지 않게 하였다. 그러니 그 예를 제정한 본의를 소급해 생각하지 않으면 안 될 것이다.

▌ 오례(五禮)는 길례(吉禮 : 제례祭禮), 흉례(凶禮 : 장례葬禮), 빈례

(賓禮), 군례(軍禮), 가례(嘉禮)의 다섯 가지 예절이다.

빙례(聘禮)와 공사례(公食禮)는 모두 빈례〔옛날의 손님 대접하는 예의〕이다. 그 음식의 그릇 수와 접시 수는 벼슬의 높고 낮음을 비교해 각기 일정한 법식이 있다. 주인이나 손님이 조심해 지켜서 조금도 넘지 않는 것이 옛날부터 지켜야 하는 도리였다. 그 당시에는 공경(公卿)·대부(大夫)가 이웃 나라에 사신으로 가서 향응을 받을 때도 술 한 잔, 고기 한 접시라도 혹시나 지나침이 있으면 두려워하고 머뭇거리면서 감히 마음 놓고 대접받지 못했다.

2. 옛날에는 손님을 대접하는 찬(饌)은 원래 정한 5등급이 있어서 위로는 천자(天子)로부터 아래로는 삼사(三士 : 사士는 낮은 벼슬하는 사람인데, 관제官制에 상사上士·중사中士·하사下士로 되어 있음)에 이르기까지 길흉 간에 사용하는 바를 이것과 어긋나는 일이 없게 하였다.

▋ 태뢰(大牢)로 대접하는 예절에 상하 2가지 등급이 있고, 소뢰(少牢), 특생(特牲), 특돈(特豚)의 5가지 등급이 정해져 있어 어기거나 지나치지 않는 것이 옛날의 예제(禮制)였다.

3. 요즈음 감사가 각 고을을 돌아다니는 일은 천하의 큰 폐단이다. 이 폐단이 고쳐지지 않으면 부세와 요역은 번거롭고 무거워서 백성은 모두 못살게 될 것이다.

▋ ≪산거방언(山居放言)≫에서 말하였다. '감사가 순력(巡歷 : 감사가 맡아 다스리는 도내의 각 고을을 다니는 것)할 때는 큰 기를 들고 커다란 일산을 받치며 큰 북을 치고 대각(大角 : 태평소 즉 날라리)을 불며, 쌍마교(雙馬轎 : 말 두 필이 끄는 가마, 쌍교雙轎)를 타고, 옥로모(玉鷺帽 : 옥으로 흰 갈매기를 만들어 모자 위에 단다. 높은 관리가 사용한다)를 쓴다. 그를 따르는 사람은 부(府)가 2명, 사(史)가 2명, 서

(胥)는 부·사의 수에 2명을 더해 그 무리가 수십 명이 된다.

여(輿)·조(皁)·예(隸)·대(儓) 등 하인의 무리가 수십 수백 명이다. 여러 현(縣)과 역(驛)에서 문안드리고 영접하러 온 아전과 그 무리가 수십 수백 명이다. 말은 사람이 탄 것이 백 필, 짐 실은 것이 백 필이나 된다. 아름다운 부인의 옷을 입고 곱게 단장한 사람이 수십 명이며, 비장(裨將)이 동개(화살 넣는 통)를 짊어지고 앞에서 달리는 사람이 2명, 뒤에서 따라가는 사람이 3명이다.

수행하는 역관(驛官)이 1명, 향정(鄕亭)의 관원으로서 말 타고 따라가는 사람이 3명, 병부(兵符) 주머니를 차고 인끈〔인수印綬〕을 늘어뜨린 채 숨죽이고 겁에 질린 모습으로 말 타고 따라가는 사람이 4, 5명이며, 차꼬〔桁〕, 도끼〔揚〕, 큰 몽둥이〔棓〕, 몽둥이〔杖〕 등의 형구(刑具)들을 혹은 붉게, 혹은 희게 칠한 것으로 사람들을 겁내게 하는 사람이 4명이고, 횃불〔炬〕과 초〔燭〕를 짊어지고 손에 푸른 비단 초롱을 잡은 채 사용하기를 기다리는 사람이 수백 명이며, 손에 채찍을 쥐고 백성이 감사에게 호소하는 것을 금지하는 사람이 8명이다.

길가에서 관람하며 탄식하고 부러워하는 사람은 수천 수백 명이다. 가는 곳마다 화포(火砲)를 터뜨려 여러 사람을 놀라게 한다. 진공(進供)은 태뢰(大牢)와 같은 것 열 배나 갖추었건만, 그중에 한 가지 음료나 한 가지 음식이 혹시나 간이 맞지 않거나 따뜻함이 알맞지 않게 한 사람은 몽둥이를 맞는다. 장형(杖刑)을 담당하는 사람이 모두 10여 명이나 되는데, 죄를 들추어 말하기를 길에 돌이 있어서 나의 말이 돌을 찼다거나, 시끄럽게 구는 것을 금하지 않았다거나, 영접 나온 부인의 수가 적다거나, 병풍과 장막과 돗자리가 소박하다거나, 횃불이 밝지 않다거나, 온돌이 따뜻하지 않다거나 하는 그런 것들뿐이다. 〔중간 생략〕

그리고는 물가를 강제로 조작하고 백성을 속이고 억압해 곡식을 매매해 큰 사리(私利)를 취하며 죄인들에게서 법을 굽혀 벌금을 받아 착복하고 사(私)를 두어 나라의 중죄인을 모르는 채 놓아주곤 한다. 그리하여 임금을 속인다. 어찌 그 위의(威儀)는 장엄한데 그 하는 짓은 이러한가. 백성들은 의혹스럽게 여긴다.'

생각해보건대, 전결(田結)에 대한 잡부(雜賦)가 날로 늘어나는 이유를 물으면 순력 때문이라고 한다. 민고(民庫)의 거둬들임이 지나친 이유를 물으면 순력 때문이라고 한다. 아전의 인원수를 왜 줄이지 않느냐고 물으면 순력 때문이라고 한다. 계방(契房)을 폐지하지 못하는 것도 순력 때문이며, 옹기점의 백성들이 흩어지는 것도, 화로 만드는 민호가 날로 파산하는 것도 순력 때문이고, 점촌(店村)이 날로 쇠퇴하고, 절〔寺〕이 날로 피폐하는 것도 순력 때문이라고 한다. 어부는 물고기를 잃고, 양계하는 사람은 닭을 잃고, 바다 상인은 조개와 전복을 잃으며, 산촌의 백성은 그들의 삼〔麻〕과 메밀을 잃는 것도 순력 때문이다. 순력의 법을 고치지 않고는 도탄(塗炭 : 진구렁에 빠지고 숯불에 탄다는 뜻으로 몹시 곤궁하여 고통스러운 지경)에 빠진 민생을 구할 수 없을 것이다.

4. 내찬(內饌 : 내아內衙의 부인이 손수 차린 밥상)을 제공하는 것은 빈객을 예로써 대하는 것이 아니다. 그 실제는 있더라도 그 명칭은 없애는 것이 마땅하다.

▌ 감사가 고을에 도착하면 대찬(大饌 : 큰 상)을 대접하는 이외에 따로 진수성찬의 큰 밥상을 준비한다. 그것을 이름하여 내찬이라고 하는데 감사가 먹는 것은 이것뿐이다. 부녀(婦女)가 안에 있는데, 어찌 공사(公事)에 참여한단 말인가. 공식(公式)의 빈객을 대접하는 일에 내사(內舍)의 부인이 밥상을 차리는 것은 예의가 아니다. 그러나 감사 일행은 오랫동안 기름진 음식에 싫증 나서 마른안주와 산적 등 여러 가지 반찬이 조금이라도 향기롭고 맑은 맛이 없으면 목에 넘어가지 않을 것이니, 그것도 또한 주인은 걱정이다. 그러니

내찬을 마련하는 것은 좋으나 공적인 접대로 차리고 내찬이라는 명칭을 붙이지 않으며, 자취도 보이지 않으며 오직 빈객이 배부르기를 바랄 뿐, 나의 덕(德)이라는 생색을 내지 않는다면 거의 부끄러움이 없을 것이다.

5. 감사의 역점(驛店)에서의 음식 대접 법식은 조종(祖宗)이 남긴 훈계가 나라의 기록에 실려 있으니, 마땅히 공손히 준수하고 무너뜨려서는 안 될 것이다.

▎숙종(肅宗) 9년 계해(癸亥)에 팔도에 유서(諭書)를 내려 말하였다. '감사가 순력할 때 역점에서 음식을 제공하는 일이 오히려 소란과 동요를 끼치는 폐단이 있다. 모름지기 한 필 말에 한두 사람만을 데리고 갈 것이며, 군관(軍官)을 거느리고 다니지 않는다면 폐단이 있을 수 없을 것이다.…'

6. 일체 빈객의 대접은 마땅히 예전의 예에 따라서 엄중하게 그 법식을 정해야 할 것이다. 법이 비록 정해져 있지 않더라도 예는 마땅히 항상 강론해야 할 것이다.

▎대체로 대신과 정경(正卿) 1품인 신하는 향연(饗宴 : 대접하는 일)에는 태뢰(太牢 : 칠정七鼎)를 사용하고, 사례(食禮 : 식사하는 것)에는 소뢰(少牢)를 사용한다. 관찰사·순무사(巡撫使)·위유사(慰諭使)·절도사 등 모든 중하대부(中下大夫) 당상관인 신하는 향연에는 소뢰를 사용하고, 사례에는 특생(特牲)을 사용한다. 어사·경시관(京試官)·접위관(接慰官)·서장관(書狀官)은 비록 품계가 높지 않더라도 또한 같이해야 할 것이다. 금부랑(禁府郎)·반사관(頒赦官)·비변랑(備邊郎)·선전관(宣傳官) 등 모든 지위가 낮은 신하의 향연에는 특생, 사례에는 특돈(特豚)을 써야 한다. 이것은 모름지기 대신이 자세히 아뢰어 법제로 반포 시행해야 비로소 준행할 수 있을 것

이다.

그러나 지금 비록 그렇지 않더라도 수령은 마음속으로 선왕(先王)의 예제(禮制)가 본래 이러하다는 것을 밝게 알고 있어서, 그 음식의 그릇과 접시 수를 묵묵히 스스로 참작해 주공(周公)과 공자(孔子)의 예에 따른다면 또한 좋지 않겠는가.

7. 옛날의 현명한 목민관은 상관을 접대하는 데에 감히 예를 넘지 않았다. 향기롭고 아름다운 사적이 있어서 책에 널리 실려 있다.

8. 비록 상관이 아닐지라도 때로 지나가는 모든 사신(使臣)에게는 당연히 경의를 표해야 할 것이다. 그러나 횡포한 사람은 받아들이지 말 것이며, 그 밖의 사람들에게는 마땅히 정성껏 공손히 접대해야 할 것이다.

9. 옛사람은 내시(內侍 : 대궐에서 봉사하는 관원)가 지나갈 때도 오히려 혹은 의(義)로써 항거했으며, 심한 사람은 임금의 행차가 지나갈 때도 감히 백성을 괴롭히면서까지 잘 보이려고 하지 않았다.

�֎ 제3조 교민敎民 - 백성을 가르치는 일

1. 목민관의 직책은 백성을 가르치는 일뿐이다. 그들의 농지와 재산을 균등하게 하는 것은 장차 그들을 가르치기 위함이며, 그들의 부세와 요역을 공평하게 하는 것도 장차 그들을 가르치기 위함이고, 고을을 설치하고 수령을 두는 것도 장차 그들을 가르치기 위함이며, 형벌을 밝히고 법을 경계함도 장차 그들을 가르치기 위

한 것이다. 여러 가지 정치가 닦아지지 않으면 교화를 펼 겨를이 없다. 이것은 백대(百代)를 통하여 선한 정치가 없는 까닭이다.

■ ≪주례(周禮)≫에서 말하였다. '족사(族師 : 백 집이 족族이고, 5족이 당黨이 된다)는 매월 초하루에 백성에게 방법(邦法 : 나라의 법)을 읽게 하고, 그중에 효도하고 우애 있고 화목하고 인척(姻戚)끼리 화목하고 뛰어난 행동이 있는 사람을 기록한다. 당정(黨正)은 사계절 첫 달의 초하루에 백성에게 방법을 읽게 하고, 그 가운데 덕행과 도예(道藝) 있는 사람을 기록한다. 주장(州長)은 정월 초하루에 방법을 읽고, 백성들의 덕행과 도예를 살피고 그들의 과실(過失)과 악행을 규찰(糾察)한다. 향대부(鄕大夫)는 정월 초하루에 교법(敎法)을 사도(司徒)에게 받아서 물러 나와 이것을 마을에 반포한다.'
생각해보니 주(周)나라 시대에는 백성을 가르치는 일을 달마다 과제를 주고 때때로 독려했으며, 그들의 덕행에 등급을 매기기를 공적을 고사(考査)하듯이 하고, 그들의 과실과 악행을 규찰하는 것을 납세를 독촉하듯이 하였다. 이것이 이른바, '향삼물(鄕三物)로 만민을 가르치고, 향팔형(鄕八刑)으로 만민을 규찰한다.'라고 한 것이다. 그렇게 한 뒤라야 왕자(王者)의 정치라고 할 수 있다.
요즈음의 수령은 오래면 3년, 짧으면 1년이면 바뀌니, 이것은 지나가는 나그네와 같다. 30년이 지나야 인(仁)을 이룩할 수 있고, 백년이 지나야 예악(禮樂)이 일어난다고 한다. 백성을 가르치는 일은 지나가는 나그네가 할 수 있는 일이 아니다. 그러나 이미 백성의 목자(牧者)가 된 이상 백성이 오랑캐와 금수(禽獸)의 지경에 있는 것을 서서 보고만 있을 수야 있겠는가. 또한 이른바 하루의 책임은 아니니, 예속(禮俗)을 권해 실행하게 하고, 힘써 향약(鄕約)을 닦게 하는 것을 또 어찌 그만둘 수 있겠는가.

2. 가르치지 않고 형벌하는 것은 백성을 속이는 일이다. 말다툼

과 소송을 좋아하면서 부끄러움을 모르는 사람이 있을지라도 우선 가르칠 것이지 갑자기 형벌해서는 안 된다.

3. 먼 지방과 변방은 임금의 교화에서 멀다. 그들에게 예속(禮俗)을 권하여 행하게 하는 일도 또한 목민관이 먼저 해야 할 임무이다.

▌ 판중추부사(判中樞府事) 기건(奇虔)이 제주목사(濟州牧使)가 되었는데, 그곳 풍속에 그 부모의 시체를 장사하지 않고 죽으면 곧 구렁에 버렸다. 공이 아직 부임하기 전부터 먼저 주(州)의 아전에게 말해 관(棺)을 준비해두고, 염(斂)하고 매장하는 법을 가르쳤다. 제주에서 그 부모를 장사 지내는 법은 공 때부터 시작되었다.
하루는 그의 꿈에 3백여 명이 와서 머리를 조아리며 사례해 말하였다. "공의 은혜에 힘입어 해골을 드러내는 일을 면하고도 은혜를 갚지 못했습니다. 공은 금년에 어진 손자를 볼 것입니다." 그 꿈은 과연 맞았다.〔공의 세 아들이 모두 아들이 없었는데 이 해에 장령掌令 축軸이 아들 찬讚을 낳았다. 벼슬이 응교應敎에 이르렀다〕

4. 백성을 반을 편성해 향약을 실시하는 것 또한 옛날의 향당주족(鄕黨州族 : 옛 백성의 조직 명칭. 1만 2천5백 집이 향鄕, 5백 집이 당黨, 5당이 주州, 백 집이 족族)이 남긴 뜻이 될 것이다. 위신(威信)과 은혜가 이미 흡족하게 된 뒤라면 힘써 실행하는 것이 좋을 것이다.

▌ 한연수(韓延壽)가 동도태수(東都太守)가 되었을 때, 오장(伍長)을 두어 효제(孝悌)로써 서로 이끌게 해 간사한 사람이 끼어 살 수 없게 했으며, 동리에 비상(非常)한 일이 있으면 곧 보고해 알리게 하였다. 처음에는 번거로운 것 같았으나 나중에는 아전이 쫓아다니며 체포하는 고통이 없어졌다고 한다. 후세의 향약이 아마 여기에

근본을 둔 것 같다.

남전(藍田) ≪여씨향약(呂氏鄕約)≫에서 말하였다. '무릇 약속을 같이하는 사람들은 덕업(德業)을 서로 권하고〔덕업상권德業相勸〕, 과실을 서로 규간(規諫)하며〔과실상규過失相規〕, 예속(禮俗)으로 서로 사귀고〔예속상교禮俗相交〕, 환난(患難)에 서로 도우며〔환난상휼患難相恤〕, 선행(善行)이 있으면 책에 적고, 과실이나 규약을 위반하는 일이 있을 때는 또한 적어서 세 번 어기면 벌을 주고, 그러고도 고치지 않는 사람은 내쫓는다.'

5. 효자·열녀와 충신·절사가 있을 때는 그 드러나지 않은 빛을 밝혀, 선행을 드러내어 여러 사람에게 알리는 일도 또한 목민관이 할 일이다.

6. 무릇 지나치게 격렬한 행동과 편협한 의리는 숭상하고 장려하여 폐단을 남기는 길을 열어서는 안 된다. 그 뜻은 정미(精微)한 것이다.

▍지나치게 격렬한 행동은 그것이 선한 행동일지라도 이것을 숭상 장려해서는 안 된다. 그것은 자칫 잘못하면 폐단을 남기기 때문이다. 가령 손가락을 끊고 허벅지 살을 베어 위독한 부모 혹은 남편을 구한 일은 선행이라 할 수 있다. 그러나 이것은 순(舜)이나 증삼(曾參)이 행한 일은 아니었으며, 주공(周公)이나 공자(孔子)가 말한 것도 아니다. 이러한 격렬한 행위를 군자는 진실로 벌벌 떨며 말하기 난처하게 여기는 일이다.

혹은 부모의 병에 쓰려고 효자가 지성으로 걱정하는데 참새가 저절로 집안에 날아들고, 얼음이 깨지며 잉어가 뛰어올랐다는 이야기와 같은 일은 이것은 진정 몇천 년에 한 번 있을까 말까 한 기적으로 지성이 하늘을 감동하게 하여 생긴 일일 것이다.

그런데 요즈음 집안마다 그러한 일을 글로써 올리고 고을마다 그러한 공문을 보내니 나는 하늘이 기적을 내리는 일이 그렇게 어지럽게 많으리라고는 생각지 않는다. 만약 터럭만 한 허위라도 그 속에 감추고 있다면 지선(至善)을 도모해 얻으려다가 도리어 큰 죄악에 빠지게 될 것이니, 남의 자손 된 사람은 삼가야 할 일이다.

또 먼 시골의 야인(野人)이 임금의 상사(喪事)를 당하여 스스로 참최복(斬衰服)을 만들어 입고, 아침저녁으로 망곡(望哭)하여 3년을 마치는 사람이 있다고 하여 향리(鄕里)에서 훌륭한 인사라고 천거하는 일이 있으나 이것도 또한 예가 아니다. 국상에 대한 복제는 국법으로 정한 예제가 있는데 어찌 시골의 야인이 참최 3년을 입는단 말인가. 모든 선행에 있어서 교격하고 편협한 행동은 숭상하고 장려해서는 안 될 것이다.

�֍ 제4조 흥학興學 – 학교를 흥기興起시킴

1. 옛날의 학교는 예(禮)를 익히고 음악을 익혔는데, 지금은 예가 무너지고 음악이 무너져서 학교의 가르침은 글을 읽는 일뿐이 되었다.

▌옛날 제후(諸侯)의 나라에는 모두 학궁(學宮)이 있었으니 그 가르치는 법은 왕성(王城)의 태학(太學)과 다름이 없었다. 봄과 가을에는 예(禮)와 악(樂)을 가르치고, 여름과 겨울에는 시(詩)와 서(書)를 가르쳤다. 그중에서도 떳떳한 학업으로 연습하고 학습하는 것은 음악과 춤과 악기와 노래를 주로 하였다. 그런 까닭에 요순(堯舜)시대에는 전악(典樂 : 악樂을 맡은 관원)이 그 가르침을 주관했고, 주(周)나라 제도에서는 사악(司樂)이 그 가르침을 주관했다. 지금 군현(郡縣)의 학교는 곧 옛날 제후의 학교이다.

그러나 음악과 춤은 이미 없어지고 악기와 노래는 이미 끊어졌다.

후세에 학교를 일으킨다고 말하는 것은 모두 헛된 이름뿐이다. 현악(絃樂)은 거문고와 비파〔금슬琴瑟〕이고, 노래는 풍아(風雅 : ≪시경詩經≫ 국풍國風과 대아大雅, 소아小雅)이다. 공자의 문하에서 사람을 가르치는 일도 오히려 악기 연주와 노래〔현가絃歌〕를 주로 하였다. 그런 까닭에 자로(子路)가 비파를 탈 적에 승당입실(升堂入室)이라는 말이 있었다. 승당은 당상(堂上)의 음악이고, 입실은 방중(房中)의 음악이다.

백어(伯魚)가 시를 배우는데 주남(周南), 소남(召南)이란 말이 있다. ≪시경≫ 주남편과 소남편을 노래로 부르고, 거문고로 타던 것을 말함이고, ≪시경≫을 읽어서 그 뜻만을 아는 것을 말한 것은 아니다. 현가(絃歌)가 이미 끊어졌으니 학교는 당연히 폐지되어야 할 것이다. 그러나 중용(中庸)의 덕을 강론하며 효도하고 우애하는 행실에 힘쓰며, 시를 외우고 글을 읽으며, 때로는 활쏘기를 익히고, 때로는 향음지례(鄕飮之禮)를 행하는 것도 또한 흥학(興學 : 학교를 일으킴)이라고 말할 수 있을 것이다.

옛날 태학에서는 양로(養老)의 예를 행하여 그것으로 효도를 흥기시켰으며, 치학지례(齒學之禮 : 학교에 참렬參列하는 예)를 행하여 그것으로 제(弟 : 공경하는 것)를 일으키고, 향고지례(饗孤之禮 : 고아에게 음식을 대접하는 예)를 행하여 백성이 저버리지 않도록 하였다. 이것은 효(孝)·제(第)·자(慈)가 태학의 주지(主旨)가 되는 까닭이다.

수령은 마땅히 이 뜻을 생각해 학궁에서 양로지례와 향음지례를 행하여 효제를 일으키며, 혹은 새로 외구(外寇)의 난을 겪어서 백성 중에 나랏일로 죽은 사람이 있으면 그 고아(孤兒)를 돌봐주어서 고아를 구휼하는 뜻을 두게 한다면 또한 예문을 갖추기에 넉넉할 것이다. 만약 난을 겪은 지 이미 오래되었으면 의병을 일으킨 집안의 자손을 찾아서 봄에 학궁에서 음식 대접을 한다면, 이 또한 충의를 권장하는 요긴한 일이 될 것이다.

2. 문학은 소학(小學)에서 가르치는 것이다. 그러면 후세의 소위 홍학(興學)은 소학을 하는 것과 같은 것인가.

3. 학교는 스승에게서 배우는 곳이다. 스승이 있은 뒤라야 학교가 있을 수 있다. 오랫동안 덕을 닦은 사람을 초빙해 스승으로 삼은 뒤라야 학교의 규례(規禮)를 의논할 수 있다.

▮ 중국의 주학(州學)에는 모두 교수(敎授)가 있다. 우리나라 군현(郡縣)의 학교에도 또한 훈도(訓導)가 있었는데 지금은 이 교관(敎官) 제도마저 폐했으니 지금 생도들을 모아 배우기를 권장하려면 반드시 오랫동안 덕행을 쌓은 큰선비가 있어서 스승이 되어야 할 터이니 어려운 일이 되었다.
≪경국대전≫에서 말하였다. '향교 교관을 대우하는 일에 마음 쓰지 않는 사람은 관찰사가 사실을 조사해 성적의 우열(優劣)을 평정하는 데 자료로 삼으라.'

4. 학교 건물을 수리하고 쌀 주는 것을 잘 보살펴 관리하며 널리 서적을 비치하는 일도 또한 현명한 수령이 유의해야 할 일이다.

▮ ≪속대전(續大典)≫에서 말하였다. '주부(州府)의 향교에는 학전(學田 : 학교를 위한 전지)이 7결(結)이고, 군현의 향교에는 학전이 5결이며, 사액서원에는 학전이 3결이다.〔모두 면세免稅이다〕 모든 향교의 논밭은 수령이 검사하고 보살핀다.'
학전을 수령이 검찰(檢察)하는 것은 법전(法典)에 있다. 어찌 감히 소홀히 할 수 있겠는가.

5. 단아(端雅)하고 방정(方正)한 사람을 골라 뽑아서 향교의 장(長)이 되게 하여 사표(師表)로 삼고, 예로 대우하여 그 염치를 기르게 해야 한다.

6. 늦가을에 양로의 예를 행하여 노인을 노인으로 섬기는 도리를 가르치고, 첫 겨울에 향음지례(鄕飮之禮 : 온 고을 안의 유생儒生이 모여서 나이 차례로 서열을 정하고 읍양揖讓의 예를 지켜 술 마시는 잔치. 절차를 정한 법이 있다)를 행하여 어른을 어른으로 대하는 도리를 가르치며, 중춘(仲春)에 향고(饗孤)의 예를 행하여 고아를 구휼하는 도리를 가르친다.

7. 때로는 향사지례(鄕射之禮 : 고을의 수령이 학교에서 선비들을 모아 활을 쏘는 예의)를 행하고, 때로는 투호지례(投壺之禮 : 주인과 손님이 재예才藝를 강론하는 예의의 한 가지. 연회석에서 주인과 손님이 화살을 병에 던져 넣어 승부를 겨루는 예의. 이긴 사람이 진 사람에게 술을 먹인다)를 행해야 한다.

✖ 제5조 변등辨等 − 신분을 구분함

1. 신분을 구분하는 것은 백성을 편안하게 하고 뜻을 안정시키는 요긴한 일이다. 신분의 등급에 따른 위의(威儀)가 분명하지 않고 지위 계급이 문란하면, 백성의 〔마음이〕 흩어져서 기강(紀綱)이 없어질 것이다.

▌《역경(易經)》에서 말하였다. '상하를 구분해 백성의 뜻을 안정시킨다. 이(履)는 예(禮)다.〔辨上下定民志. 履者, 禮也.〕'《예기(禮記)》에서 말하였다. '군신과 상하는 예(禮)가 아니면 정하지 않는다.〔君臣上下, 非禮不定.〕'옛날 성인(聖人)이 만물의 뜻을 개통(開通)하여 천하의 모든 일을 성취하려 할 때 문장(文章 : 문장紋章과 같은 뜻)으로 귀천을 표시하였다. 이른바 황제(黃帝)와 요순(堯舜)이 옷을 늘어뜨리고 있는 것만으로 천하가 다스려졌다고 하는 것은 이 것을 말한 것이다.

복장(服章 : 의복의 문장)에 등급이 있고[9장章에서 1장까지], 기유(旗
旒 : 깃발의 술)에 등급이 있으며[9유旒에서 1유까지], 타는 수레에 등
급이 있고[옥로玉輅에서 만거縵車까지], 옥류(屋霤 : 지붕의 물받이)에 등
급이 있으며[비천한 사람은 지붕의 물받이를 이중으로 만들지 못한다],
제사에 등급이 있고, 음식에 등급이 있다. 이에 질서정연하게 늘어
서서 상하의 구분이 분명하니, 이것이 성인이 세상을 통어하고 백성
을 안정시키는 대권(大權)이었다.

우리나라 풍속은 신분의 등급을 구분함이 매우 엄중하여 상하 질서
를 유지하고 각각 그 본분을 지켰는데, 근세(近世) 이래로 작록(爵
祿)이 한편으로 치우쳐 귀족은 쇠퇴하여 부유한 아전이나 세력 있
는 백성이 시세(時勢)를 타고 기세를 부리게 되었다. 그들의 집과
말과 안장의 사치함과 의복·음식의 호사함이 모두 궤도(軌度)를
넘고 있다. 윗사람의 권위는 떨어지고 아랫사람이 윗사람을 능가
(凌駕)하게 되어서 다시 등급이 없다. 장차 어떻게 유지하고 이어져
나라의 원기(元氣)를 붙들어 일으키고 혈맥을 통하게 하려는가. 신
분의 구분은 오늘의 급무이다.

2. 씨족(氏族)에 귀천이 있으니 마땅히 그 등급을 구분해야 할
것이고, 세력에는 강약이 있으니 마땅히 그 정상(情狀)을 살펴야
한다. 이 두 가지는 어느 하나도 하지 않으면 안 될 것이다.

▐ 수령은 신분·등급의 귀천을 구분하고, 한편으로는 약자를 붙들어
주고, 강자를 억제해야 할 것이다. 그러니 귀천의 등급만 엄격히 구
분한다고 하여 신분 높은 자가 낮은 자를 침학(侵虐)하게 할 수 없
으며, 강한 것을 누르고 약한 것을 도와준다고 하여 신분 질서를 무
시해서는 안 된다. 그러니 두 가지를 다 잘 살펴서 처리하지 않을
수 없다는 것이다.

3. 대체로 신분을 구분하는 정책은 오직 비천한 백성만을 징계할 뿐 아니라, 중인(中人 : 양반과 평민의 중간에 있던 신분 계급)이 윗사람을 범하는 것도 또한 미워해야 한다.

4. 가옥·수레·의복·기용(器用)의 참람되고 사치함이 제도를 넘는 것은 마땅히 모두 엄금해야 한다.

▌《대명률(大明律)》에서 말하였다. '모든 관민(官民)의 주거·수레·의복·기물(器物) 등은 각기 등급의 차례가 있다. 만약 법을 어기고 참람하게 사용하면 관직이 있는 사람은 장(杖) 1백 대를 쳐서 파면시키고 다시 등용하지 않는다. 관직이 없는 사람은 태(笞) 50대를 치고 가장(家長)을 처벌한다. 그것을 만들어 준 공장(工匠)도 아울러 태 50대를 치며, 금령을 어긴 물품은 모두 관에서 몰수한다.'

❋ 제6조 과예課藝 – 과거를 위해 재예才藝를 권장함

1. 과거를 위한 학문은 사람의 마음을 파괴한다. 그러나 사람을 뽑아 쓰는 법을 고치지 않는 한 이를 익히는 일을 권장하지 않을 수 없다. 이것을 과예라고 한다.

▌과거제도는 원래 결함이 많은데, 더군다나 과거에 수반된 여러 가지 폐단과 허위와 농간이 많아서 사람의 마음을 파괴하는 일이 많다. 그러나 국가에서 인재를 선발하는 방법이 이것뿐이니, 이 제도가 고쳐지기 전에는 과거 보기 위한 재예(才藝)를 익히는 것을 권장하지 않을 수 없다.

2. 과예(課藝)에도 또한 마땅히 뽑는 사람의 수가 있어야 할 것이다. 먼저 천거하고 선발해 시험하고 편성해 이에 비로소 과예

해야 할 것이다.

▌과거 보는 데에 필요한 여러 가지 재예(才藝) 중에서 한 가지 재예를 능히 해낼 수 있는 사람을 문명한 고을이면 2백 명, 질박한 고을은 1백 명, 작은 읍이면 5, 60명을 선발한다. 그중에서 특별히 뛰어난 사람은 시험을 면제하고, 그보다 못한 사람은 면전에서 시험을 보여서 글을 제대로 만들지 못하면 내쫓으며, 혹은 원통한 누명을 써서 억울하게 누락되었다고 스스로 나서는 사람이 있으면 역시 면전에서 시험 보는 것을 허락한다.

시험이 끝나면 몇십 명을 선정하여 정원으로 하고 '사림생(詞林生)'이라고 이름을 붙인다. 따로 명부를 만들어 두고 죽는 사람이 생기면 대신해 보충하며, 상(喪) 당한 사람, 병든 사람, 멀리 여행 간 사람이 있어도 모두 임시로 보충한다. 그리하여 번번이 시험답안을 거두어들이는 수는 가감 없이 항상 이 정원에 차게 한다.

시(詩)·부(賦)·표(表)·책(策)·논(論)·의(議)를 과문(科文)의 6체(體)라고 한다.〔오경사서五經四書의 뜻은 본래 묵의墨義를 말한다〕이 6체에 모두 능숙한 사람을 1등, 4체 이하에 능한 사람을 2등, 2체와 1기(技)에만 능한 사람은 하등으로 하여 모두 명부에 그의 능력을 기록해둔다.

그리하여 순제(旬題 : 열흘에 한 번씩 글제를 내어 시험하는 일)와 매월 한 번씩 백일장(白日場)을 열어 연습을 쌓게 하고, 다음 해에는 시험하여 등급을 다시 정하게 한다.

3. 근세 이래 문체가 비루하고 격이 낮으며, 글귀 만드는 법이 박(薄)하고 어그러졌으며, 편(篇)을 구성하는 법이 짧고 촉박하니 바로잡지 않을 수 없다.

▌'문체에는 각기 옛날의 법칙이 있는데 지금은 법이 문란해지고 잘못되어 있으니 옛 법대로 바로잡아야 한다.'라는 것이다.

4. 아이 중에 총명하고 기억력이 뛰어난 아이는 따로 뽑아서 교육하게 한다.

▎어릴 때부터 수재(秀才) 교육을 별도로 시행할 것을 제의한다.

5. 과예에 힘써서 과거 급제하는 사람이 잇따라 나와서 드디어 문명한 고을이 되면, 또한 목민관의 더할 수 없는 영광이다.

제8장　병전육조兵典六條

이 장에서는 육전(六典) 중 병전에 속한 사항의 일부를 논술하고 있다. 병전은 군정(軍政)과 군사에 관한 일체의 사항을 규정한 법전이다.

본 장에서는 첨정(簽丁), 연졸(練卒), 수병(修兵), 권무(勸武), 응변(應變), 어구(禦寇) 등 군정에서 가장 중요하고 또 직접적인 부분으로서 수령의 직책에 속하는 부분을 다루고 있다.

✳ 제1조 첨정簽丁 – 병적兵籍에 관한 일

1. 병적(兵籍)을 작성해 군포를 받아들이는 법은 양연(梁淵)에게서 시작되어 오늘에 이르렀다. 그 여파가 크고 넓게 흘러 퍼져서 백성의 뼈를 깎는 병폐가 되었다. 이 법을 고치지 않으면 백성은 다 죽어 없어질 것이다.

▌조선 초기에는 호포(戶布)가 있었으나 군포(軍布)는 없었는데 중종(中宗)에 이르러 대사헌 양연(梁淵)1)이 주청(奏請)해 군적(軍籍)을 작성해서 현역에 복무하지 않는 사람에게서 베[布]로 받아들이는 법을 시행하도록 하였다. 그러나 군적에 따른 수포(收布) 이름은 공포(貢布)로, 번포(番布)라고 이름 붙이지 않았었다. 그러므로 율곡(栗谷) 이이(李珥)가 상소해 군적법을 고치기를 주청해 말하였다. "군졸이 공포 바치는 부담을 줄이고 전결(田結)에 옮기게 하십시오." 이것으로 알 수 있다. 그 당시에는 오직 기병(騎兵)과 정병(正兵)만이 있었다. 기병과 정병은 본래 세조진법(世祖陣法)을 사용하였고, 척씨(戚氏)2)의 법은 아니었다. 그러므로 지금 그 군안(軍案)에는 아직도 여(旅)·수(帥)·대정(隊正)이라 하였고, 부사(部司)·기초(旗哨)라는 명칭은 없으니 이것으로 알 수 있다.

임진왜란 이후에 오위(五衛)를 폐지하고 오영(五營)을 설치하였으니, 첫째 훈련도감(訓鍊都監 : 선조 무술년에 처음 설치), 둘째 어영(御營 : 인조 갑자년에 처음 어영사御營使를 두고 효종 임진년에 처음으로 영을 두었다), 셋째 금위영(禁衛營 : 숙종 임술년에 훈련도감의 군총軍總

---

1) 양연(梁淵) : 조선 중종(中宗) 때 문신. 김안로(金安老)·채무택(蔡無擇) 등의 문정왕후(文貞王后) 폐비(廢妃) 음모를 들춰내어 그들을 처형당하게 하였다. 대사헌으로 있을 때 군적수포법(軍籍收布法)을 시행하게 하였다.
2) 척씨(戚氏) : 명(明)나라의 장군 척계광(戚繼光). 그의 저서 ≪기효신서(紀效新書)≫는 우리나라 군사제도의 교본이 되었다.

을 감하여 설치), 넷째 수어청(守禦廳 : 인조 병인년에 설치), 다섯째 총융청(摠戎廳 : 인조 갑자년에 설치)이니 이것이 이른바 오군문(五軍門)이다. 수어청, 총융청의 두 영(營)에서는 그 첨군(簽軍)이 경기(京畿) 밖으로는 나가지 않았으나, 훈련도감, 어영, 금위영의 세 영에서는 그 첨군(簽軍), 수포(收布)가 고루 각 도에까지 미쳤다.

정군(正軍)을 호(戶)로 하고, 호에는 각각 두 사람 혹은 세 사람의 보호(保戶)가 있어서 그들에게서 쌀과 포목을 거두어 군장(軍裝) 경비에 충용(充用)하게 하였다. 쌀을 바치면 12두, 포목을 바치면 2필, 돈을 바치면 4냥(兩)이었다. 남한산성에서 청(淸)나라 병사가 물러간 뒤로는 사방 근교에 군루(軍壘)가 없어지니 정군(正軍)의 번상(番上)을 정지하였다. 번상을 정지하는 정군에게 제공할 물자와 장비 충용의 비용도 지급할 필요가 없게 되었다.

이에 보호(保戶)에서 받는 물자와 장비 충용의 군포를 수납하여 서울의 본영에 바쳤으며 정번(停番)한 정병들에게 또한 복역하지 않는 대가로 신포(身布)라는 것을 받아서 경영(京營)에 바쳤으니, 혹은 서울 거리에서 군인을 고용해 대리로 번을 세우기도 하고, 혹은 본영(本營)에 보충해 쓰고 그 비용에 충당하기도 하였다.

영조(英祖) 9년에 처음으로 바꿀 것을 논의하였는데 우의정 김흥경(金興慶)은 구전(口錢 : 인구수에 따라 세금을 받는 것)을 주장하고, 영성군(靈城君) 박문수(朴文秀)는 진보(鎭堡) 폐지를 주장했으며, 이조판서 송인명(宋寅明)은 대동세(大同稅)를 감액해 결전(結錢)에 더 받기를 주장하였는데, 영조 26년에 이르러서 처음으로 균역법(均役法)을 시행하게 되었다.

그것을 논의할 때도 혹은 결포(結布 : 전결에 따라 포목을 받는 것)를 주장하고, 혹은 구전(口錢)을 주장하며, 혹은 유포(游布 : 문인도 무인도 아니면서 놀고먹는 사람에게서 받는 세)를 주장하다가 결국은 은결(隱結)을 밝혀내고, 어염세(魚鹽稅)를 받으며, 유포(游布 : 선무군관選武軍官)를 설치하고, 결전을 걷기로 하였다. 그리하여 균역청을 설치하고 드디어 군포의 반액(半額)을 감면했으니 2필은 1필이 되고, 4냥은 2냥이 되었으며 12두는 6두가 되었다. 이에 백성의 힘이 조금은 펴이게 되었다.

군포 1필을 감하였으니 백성의 힘이 조금은 펴야 마땅하다. 그러나 첨군(簽軍)의 수가 해마다 증가하고 달마다 불어나서 양군(良軍 : 양민 병역의무자)에게 받는 포목이 숙종 초년에는 30만 명분에 지나지 않던 것이 영조가 균역법을 시행할 때는 이미 50만 명이 되었다. ≪양역실총(良役實總)≫3)에 실려 있는 배정한 수가 큰 고을에는 혹은 수만에 이르고 작은 고을에도 오히려 1천을 초과하였다.

경영(京營)에 바치는 것 이외에도 순영(巡營), 병영(兵營)의 군사, 본군(本郡)의 제번(除番)한 군사, 제고(諸庫)·제청(諸廳)의 개인이 모집한 군인, 학궁(學宮), 서원(書院)의 보솔(保率 : 정병이 거느리던 보인保人과 솔정率丁을 아울러 이르던 말), 사령과 관노의 봉족(奉足)의 군인, 경주인(京主人) 보솔, 영주인(營主人) 보솔, 포호(浦戶) 보솔, 연군(烟軍) 보솔, 그 밖의 이상야릇한 천 가지 만 가지 명목이 생겼으니 오늘에 이르러서는 만약 조정에서 강직하고 밝은 어사(御史)를 보내어 공사(公私)의 온갖 종류의 군인을 모두 조사해 하나도 숨김없이 밝힌다면 각 도를 통하여 그 수가 넉넉히 수백만 명이 넘을 것이다. 50만 명이 각각 4냥씩을 바치면 그 돈이 2백만 냥이고, 2백만 명이 각각 2냥씩을 바친다면 그 돈이 4백만 냥이 된다.

임금은 반액을 감면하는 은혜가 있었는데, 주현(州縣)에서 거두어들이는 것은 배로 늘려 부과하니 그 어찌 나라에 법이 있다고 말할 수 있겠는가. 지금 백성의 부담은 균역법을 처음 시행할 때보다 장차 4배가 될 것이니 백성이 어찌 곤궁하지 않을 수 있으며 힘이 다하지 않을 수 있겠는가. 만약 영조의 뜻으로 오늘의 상태를 당해 본다면 불쌍히 여기고 놀라고 슬퍼하는 조칙(詔勅)이 반드시 그때보

---

3) 양역실총(良役實總) : 균역세를 실시할 때 편찬한 책 이름.

다 배나 더함이 있을 것이다.

무릇 군포는 그 이름부터가 이미 옳지 않다. 상고(上古)의 황제(黃帝)가 병기를 사용하기 시작한 이래로 군사를 기른다는 말은 들었으나, 군사에게서 군포를 받았다는 말은 듣지 못하였다. 당우삼대(唐虞三代) 제도에는 백성을 뽑아서 군인으로 삼고 전지(田地)를 주었으니 이른바 정전(井田)은 하나도 군전(軍田) 아닌 것이 없다. 그 군사를 기르는 것이 이와 같았다. 한(漢)나라·위(魏)나라 이후로는 둔전(屯田)을 주어서 군사를 길렀으며, 그중에 혹 무법(無法)한 사람은 차라리 온 천하의 재물을 다 가져다가 군사를 기른 일은 있을지언정 그들에게서 군포를 거둬들였다는 것은 듣지 못하였다. 집에 있는 사람은 재물을 바치고, 군인은 목숨을 바치는 것이 옛날의 법이었다. 장차 목숨 바칠 것을 요구하려는데 먼저 재물 바칠 것을 요구하니 이러한 이치가 있을 수 있는가.

지금 쇠잔한 마을의 가난한 민호(民戶)에서 아이를 낳으면 첫 울음소리가 나기 바쁘게 병적에 올리라는 붉은 종이가 도착한다. 아이를 낳기만 하면 당장에 반드시 첨정(簽丁)하니 나라 안의 모든 부모의 천지가 만물을 낳는 이치를 원망하는 소리와, 집마다 슬퍼하고 울고 있으니 나라에 법이 없어짐이 어찌 이 지경에 이르렀는가.

심한 경우 배 속에 있는 아이를 가리켜서 이름을 짓고, 혹은 여자를 남자로 바꿔 놓으며, 더욱 심한 것은 강아지라는 이름이 혹은 군안(軍案)에 실려 있으니, 이것은 사람의 이름이 아니고 진정 개를 가리킨 것이다. 방앗고〔방앗공이〕라는 이름이 관첩(官帖)에 나오기도 하는데, 그것도 사람이 아니고 정말 방앗고이다. 국법에는 4부자(父子)가 모두 군역에 해당하면 그중 한 사람은 면제하기로 되어 있다. 그러나 지금 백성의 실정은 적어도 몸만 있으면 비록 8부자(父子)에게 군역을 부과하여도 감히 원망하지 못한다.

국법에는 어린아이를 병역의무자로 병적에 올리면 수령을 처벌한다고 되어 있다. 그러나 지금 백성의 실정은 적어도 몸만 있으면 비록 생후 3일 안에 첨정을 해도 감히 원망하지 못한다. 법에는 죽은 사람에게 군포를 징수하면 수령을 처벌한다고 하였다.

그러나 백성의 실정은 모든 죽은 사람에게 군포 징수하는 것을 지극한 소원으로 여기고 크게 기뻐한다. 무슨 까닭인가. 아비가 죽고 아들이 아버지를 대신하려면 물고채(物故債)·부표채(付標債)·사정채(査正債)·도안채(都案債)라 하여 군포 내는 것은 이미 같은데, 따로 거둬 가는 것이 이와 같으니 어찌 백골징포를 편하다고 하지 않을 수 있겠는가. 이 법을 고치지 않으면 백성은 반드시 다 죽고야 말 것이다.

2. 대(隊)니 오(伍)니 하고 군의 편대를 일컫는 것은 이름뿐이고 쌀을 받고 포목을 걷는 것이 실지의 목적이다. 실지의 목적이 이미 거두어지는데 이름은 또 따져 무엇 한단 말인가. 이름을 장차 따지려고 하면 백성이 그 해독을 받게 된다. 그런 까닭에 군정(軍政)을 잘 다스리는 수령은 다스리지 않고, 첨정(簽丁)을 잘하는 사람은 첨정을 하지 않는다. 헛이름을 조사하고 죽은 것을 밝히며 결원을 보충하고 대신할 사람을 요구하는 것은, 아전들의 이익이 될 뿐이니 어진 수령은 하지 않는다.

▌대(隊)·오(伍)로 군대 편성을 말하는 것은 이미 이름뿐이고, 쌀과 베를 거두어들이는 것이 실지의 목적일 뿐이다. 지금과 같은 정세에서 새삼스레 대오를 바로잡는다고 하여 허위로 기록을 조사하고 도망간 것, 노인, 죽은 사람을 밝혀내어 군정(軍政)을 정돈하겠다는 생각으로 명을 내리기만 하면, 그것을 기화로 아전들이 갖은 악랄한 방법으로 백성을 괴롭히고 재물을 빼앗아 평지에 큰 풍파를 일으키게 될 것이다. 그러니 그런 일을 할 생각은 하지 말아야 한다는 것이다.

3. 그중에 한두 명 병적(兵籍)을 보충하지 않을 수 없는 것이 있을 때는, 마땅히 부유한 민호(民戶)로서 군적(軍籍)에 빠진 사람을 찾아내 역전(役田: 군전軍田. 병역의무자에게 경작하게 하는 공전公田)을 보충하게 하고, 그것으로 실제의 군인을 고용하도록 한다.

▌ 도망하였거나 죽은 사람이 군포계(軍布契 : 군포를 마련하기 위한 계)에 들지도 않고 군전(軍田)을 경작하지도 않은 사람이어서 그 대신 쌀과 포목을 바칠 사람이 없어진 것은 다른 사람으로 보충하지 않을 수 없다. 이에 부유한 민호로서 군적에 빠진 사람을 찾아내 특히 역전으로 밭 3두락(斗落) 정도를 바치게 하고, 실제로 군인을 고용하여 경작하게 하는 것이 좋은 방법이다.

대체로 한번 군보(軍保)에 들면 당장 바치는 것이 거의 10냥이며, 뒷날 모면하려면 반드시 백 냥은 들 것이다. 그 위에 수치스러움〔병역의무가 있음은 양반계급이 아님을 뜻하므로 수치로 여긴다〕이 천 냥 값어치는 될 것이다. 한 필의 좋은 전지를 바치게 하면 기꺼이 따르지 않는 사람이 없을 것이다. 한편 군전(軍田)이 있으므로 이 군적에는 폐해가 없을 것이다.

4. 한 사람의 병역을 근거로 5, 6명을 첨정(簽丁)하고 모두 쌀과 베를 거둬서 아전의 주머니에 들어가는 것이 있다. 이것을 살피지 않아서는 안 된다.

▌ 군역(軍役)을 논평하는 세상 사람들은 다만 결원(缺員)을 보충하기 어려운 것만 알고, 원래 숫자가 중첩된 것을 찾아내기 어려움은 알지 못하니 정말 한심한 일이다. 가령 포보(砲保 : 포병의 보호保戶) 이득춘(李得春)이라는 사람이 죽은 지 몇 해 되었으며, 또 자손이 없으면 신포(身布)를 매년 그 과부에게서 받는다. 그러니 이미 한 번 받은 것이다.

그런데 이득춘의 조카가 타향〔타면他面〕에 살고 있으면 관에 보고해 공문을 보내어 그 신포를 징수한다. 수령이 총명하지 못해 중첩해 받는 것을 알지 못하고 또 한 번 징수한 것이다. 이득춘의 대신으로는 이미 새로 다른 사람을 첨정하여 보충한 지 오래여서 그에게서 또 신포를 받는다. 이런 식으로 한 사람의 군역을 근거로 해 5, 6명을 첨정해 아전의 배를 불리는 일이 있다.

5. 군안(軍案)과 군 관계의 장부는 모두 정당(政堂)에 보관해, 자물쇠를 엄중히 잠가두고 아전의 손에 들어가지 않게 해야 한다.

▌10식년(式年) 동안의 군(軍)의 도안(都案)과, 상영(上營)에 마감(磨勘)된 안(案)과, 본읍(本邑)에서 올리기를 보류한 안과, 도안의 초안과 척적(尺籍)과 식년 이래의 베를 징수한 장부, 쌀을 징수한 장부〔소위 **봉상성책**捧上成冊〕를 모두 거두어 모아서 한 궤에 넣고 그 자물쇠를 엄중히 해두었다가 소송이 있을 때면 끌어내 조사하며, 또 간사한 일이 있을 때마다 끌어내 조사한다.

대체로 군안은 매 식년마다 고친다. 식년 안에 결원이 있어서 보충하면 본래의 이름 위에 누런빛 부전(附箋)을 붙이고 묵인(墨印 : 상아로 만든 작은 도장)을 찍는다. 자주 결원이 되어 자주 보충하면 3년 안에 누런 부전이 혹은 3, 4겹 된다. 군리(軍吏)가 농간하는 것은 대체로 이 부전 붙인 것에 있다. 혹은 부유한 백성이 있어서 아전과 공모해 그 이름을 빼버리고는 그 흔적을 없애려고 해 부전을 떼버리면 단서가 없어져서 조사해 낼 방법이 없게 된다.

수령이 묵묵히 부전의 좌우를 살펴보아서 묵힌 흔적이 있어서 반은 없어지고 반은 남아 있는 것은〔부전에 찍힌 부분은 없어졌으나 원안에 찍힌 부분은 남았을 것이다〕그 중간에서 부전 한 개를 뗀 것을 알 수 있어서 조사해 내기가 어렵지 않을 것이다. 비록 칼로 긁었더라도 그 흔적은 없어지지 않아서 속일 수가 없다.

6. 위엄과 은혜가 이미 고루 미쳐서 아전은 두려워하고, 백성들은 은혜를 사모하게 되면 척적(尺籍)을 비로소 고칠 수 있을 것이다.

▌척적은 본현(本縣)의 호수 총계와 본현에 배정된 군인수의 총계를 가지고 고르게 배정한 것이다. 가령 순창군(淳昌郡)의 총 호수가 6천3백, 군 총수도 6천3백이면 1호에 군인 한 사람이라는 비율을 먼저 정하여 각 면, 각 마을의 호수에 따라 배정한다. 또 남평현(南平縣)의 총 호수는 5천4백, 군 총수는 2천7백이면 2호에 군 한 사람이라는 비율을 먼저 정하여 각 면, 각 마을의 호수에 따라 배정한다. 그리하여 작은 군적(軍籍)을 만들어서 각 마을에 나누어 준다. 이것을 척적이라고 한다.

그러나 군역(軍役)에는 중역(重役)이 있고 경역(輕役)이 있으며, 양역(良役)이 있고 천역(賤役)이 있다. 포수보(砲手保)·군향보(軍餉保)·어영보(御營保)·금위보(禁衛保) 등은 쌀과 베를 바치고, 또 잡징(雜徵 : 물고채物故債·부표채付標債·사정채査正債·개안채改案債 등을 말함)이 있는 것을 중역이라 한다. 악공보(樂工保)·관장보(官匠保)·선무군관(選武軍官) 등은 1년에 2냥만 바치고 잡징도 또한 적다. 이것을 헐역(歇役 : 즉 경역)이라고 한다.

기병·보병·경포수(京砲手)·어영군·금위군 등을 양역(良役 : 역시 중역임)이라 하고, 속오군(束伍軍)·별대군(別隊軍)·수군(水軍)·아병(牙兵 : 본영本營에서 대장을 수행하던 병사) 등을 천역이라고 한다. 그 경역·중역·양역·천역도 또한 반드시 고르게 배정해야 사리에 맞다.

본읍(本邑)에서 사사로이 정한 군역(軍役)으로서 또 제번군관(除番軍官)이 있고, 제고제청(諸庫諸廳)에서 모집한 교생(校生)·원생(院生)·교보(校保)·원보(院保)·경주인보·영주인보 등 온갖 종류가 있어서 고을마다 같지 않다. 조정의 명령이 없으면 나 자신이 그것을 없앨 수는 없다. 오직 고르게 배정할 뿐이다.

7. 척적을 수정하고자 하면 먼저 계방(契房)을 깨뜨려야 한다. 그리고 서원, 역촌, 세력 있는 집의 분묘(墳墓) 등 모든 병역을 피하는 소굴을 검사하지 않을 수 없다.

▌계방의 폐해는 이미 앞에서〔제6장 호전육조戶典六條 제5조 평부平賦〕 자세히 설명하였다. 지금 백성의 고통이 군첨(軍簽)보다 더한 것은 없다. 이것을 균형에 맞게 하지 않으면 어진 목민관이라고 말할 수 없다.

계방촌에도 또한 군호(軍戶)가 있다. 이것은 계방이 생기기 이전부터 있었던 군역(軍役)으로 아직 다른 마을에 모두 옮기지 못한 것과, 또 혹은 다른 마을의 백성이 병역을 지닌 채 이사 온 것이다. 그 이사 온 사람은 전에 살던 마을에 그대로 넣어 두어 본솔(本率)에 충당하게 하고, 만약 아직 보충하지 않아 올해의 결원으로 대신하지 않은 사람은 본촌에 옮겨 넣어서 영구히 본촌의 군액으로 만들고 그 본솔에 충당하여 척적에 싣게 한다.

그리고 서원촌, 역촌 등의 면첨(免簽) 특전이 있는 마을과, 세력 있는 집이 병역이 있는 사람을 자기 집에 두고 비호하고 있는 사람과, 묘호(墓戶) 등을 조사해 정원 이외의 민호가 세력에 힘입어 군적을 피하고 있는 사람의 유무를 조사해 부정한 것을 찾아야 한다. 그러나 그 수가 많지 않으면 굳이 조사할 필요는 없다.

8. 군포(軍布) 받는 날에는 수령이 마땅히 친히 받아들여야 한다. 아래 아전들에게 맡기면 백성의 비용이 배나 들게 마련이다.

▌돈은 정한 수가 있고, 쌀도 폐단이 적다. 오직 포목(布木)만은 넓은 것, 좁은 것이 있고, 긴 것, 짧은 것이 있으며, 거친 것, 고운 것, 두꺼운 것, 얇은 것이 있어서 흠을 잡으려면 핑계가 없지는 않다.

그런 까닭에 아전에게 맡기면 백성에게 여러 가지 폐해를 끼쳐서 비용이 배나 더하게 된다. 그러니 수령 자신이 받아야 한다.

9. 족보를 위조하고 직첩(職牒 : 관원의 임명 사령장)을 훔쳐 사서 군적에 이름 올리는 일을 면하려고 한 사람은 징계하지 않아서는 안 된다.

▎군적이 백성의 고통이 되므로 온갖 계략으로 면하기를 꾀하여 어떤 죄라도 범하지 않는 것이 없다. 간악하고 교활한 사람들이 그 심정을 알고 분수 밖의 일로 유인하여 마침내 귀족(貴族)의 족보를 훔쳐다가 그중 후손이 없는 파를 찾아 같은 무리가 아닌 겨레를 갖다 붙여서 아비를 바꾸고 조상을 바꿔서 대나무에 소나무를 접하듯이 붙인다. 또 어떤 사람은 남의 조상 직첩(職牒)을 비싼 값에 사서 자기 조상으로 해 호적을 고친다.
그리하여 모두 현관(顯官)이나 선현(先賢)의 후예라고 자칭하고 군적의 면제를 호소한다. 인륜을 손상하고 도리를 어기며, 분수를 벗어나고 법을 업신여김이 이보다 더 심한 것은 없다. 수령은 이런 것을 자세히 살펴서 허위를 적발하고 엄중하게 징계해 풍화(風化)를 바로잡아야 할 것이다.

10. 상번군(上番軍 : 번상군인番上軍人. 번상은 지방의 군사를 골라 뽑아서 차례로 서울의 군영에 보내어 숙직 또는 당직하는 것)을 마련해 보내는 것은 온 고을의 큰 폐단이다. 십분 엄중하게 살펴야 비로소 백성의 피해가 없을 것이다.

▎각종 군인의 번상에 대한 규정은 ≪속대전(續大典)≫에 자세히 있다.
승호포수(陞戶砲手 : 매년 각 도의 향군鄕軍에서 선발해 훈련도감訓鍊都監의 정군正軍이 되는 군사)는 가기를 원하는 사람이 많으나, 뽑아서 보낼 인원은 한 고을에 한두 사람에 불과하다. 아전들이 가려고 머리를 동이고 다투니 민폐는 되지 않는다. 다만 체격과 풍채가 적합하지 않은 사람이 무리하게 가고자 할 때는 살펴서 거절하면 된다.

기병(騎兵), 어영군, 금위군의 번상법(番上法)은 큰 고을에서는 혹은 5, 60명, 작은 고을에서도 또한 3, 40명을 뽑는다. 번번이 상영(上營)의 통첩이 도착하면 군리(軍吏)는 좋아 날뛰며 끝없는 사욕을 채울 것을 생각한다. 이에 수리(首吏)에게 아첨하고 향갑(鄕甲 : 面에서 호적과 사무를 맡아보던 사람)과 면주인(面主人)들과 공모해 안팎에서 서로 호응하면서 하지 않는 짓이 없다. 이에 한 명을 첨정(簽丁)하는 데 백 집을 침범하고, 열 명을 뽑는 데에 천 집을 뒤흔들어, 온 고을이 떠들썩하기가 난리를 만난 것 같다. 심한 사람은 수령이 이 일에서 또한 뇌물을 먹으려고 한다. 수령이 뇌물 10관을 먹으면 아전은 백 관을 먹는다. 그리고 모든 말썽과 허물은 수령에게 돌아간다. 수령은 장차 어찌하려는가.

대체로 이 종류의 군인은 본래부터 결원이 많다. 비록 결원이 아니더라도 임시로 해 여러 가지 사고가 있기 마련이다. 관에서 붉은 종이에 쓴 소집통지를 보내면 백성이 발괄[白活 : 방언에 소송장을 발괄이라 한다]하는 일이 있다. 그 사정을 들어 봐서 어쩔 수 없는 것이면 면제하는 것을 허락하는 일이 있다. 관에서는 공정하게 면제한 것인데, 아전은 그것이 제힘으로 된 것이라고 하여 많은 뇌물을 받아먹는다. 한 사람에게 그렇게 하고 또 다른 한 사람에게 그렇게 하여 잇달아 뇌물을 받는다. 이것은 드러내놓고 침탈하는 방법이다. 또 열심히 농사짓는 백성으로 일에 얽매여서 하루도 집을 떠나 사정을 호소할 겨를조차 없는 사람에게는 아전이 저졸(邸卒)을 몰래 찾아가 위협하고 달래서 막대한 뇌물을 받아먹고 보내는 일에서 빼준다. 이것은 몰래 빼앗는 방법이다. 수령은 이러한 폐단을 십분 엄중히 살펴 금지해야 할 것이다.

� 제2조 연졸練卒 - 군사를 훈련함

1. 지금의 소위 연졸은 헛된 일이다. 첫째 속오(束伍), 둘째 별대(別隊 : 기병騎兵), 셋째 이노대(吏奴隊), 넷째 수군(水軍)의 법이 이미 갖추어져 있지 않으니, 훈련해도 유익하지 않다. 공문에 회답이나 할 뿐 반드시 요란하게 할 까닭은 없다.

▌나라 다스리는 법은 먹을 것이 풍족하고 군사가 넉넉해야 한다. 먹이는 것으로 안에서 백성을 기르고, 군대로 밖의 적을 방어하니 나라의 큰 정사는 군사를 훈련하는 데에 있다. 그러므로 군대는 반드시 길러야 하므로, 선대(先代)의 어진 왕은 전지(田地)를 주어 길렀으며, 후세에는 쌀로 길렀다. 비록 기르는 방법은 다르나 기르지 않음이 없었다. 장차 목숨 바칠 것을 요구하려면 반드시 먼저 잘살게 하여 백성이 병적(兵籍)에 오르는 것을 관원의 명부에 오르는 것처럼 머리를 동이고 팔을 걷어붙이며 앞다투어 불합격될 것을 두려워하게 해야 한다. 그렇게 한 뒤라야 그 군대를 쓸 수 있을 것이다. 지금 소위 속오군(束伍軍)[4]은 사삿집의 종과 천한 사람들로 구차하게 그 수를 채웠으며, 어린아이와 백발노인을 뒤섞어 대오(隊伍)를 편성하였다. 그리하여 전립(氈笠)은 찌그러지고 우그러졌으며, 전복(戰服)은 갈가리 찢어져서 어지러운 칡덩굴로 감아 엮어 놓은 것 같은 모습들이다. 백년 묵은 옛 칼은 자루는 있으나 날이 없고, 3대를 내려오는 깨진 총은 불을 붙여도 소리가 나지 않는다. 그나마 또 대오를 오래도록 비워 두었기 때문에 명부에는 산 사람과 죽은 사람의 이름이 뒤섞여 있다. 연졸하는 날이면 임시로 사람을 사

---

4) 속오군(束伍軍) : 지방에 거주하는 15세 이상의 남자를 군적에 편입해, 평상시에는 군포를 바치고 때때로 훈련을 받으며 유사시에는 현역에 복무하는 군인.

서 하루의 복무에 응한다. 이것은 이미 입법(立法)하던 처음부터 쇠폐하기가 이와 같았던 것으로서 요즈음 와서 그렇게 된 것은 아니다.

남쪽 지방에서는 별대(別隊)라고 하고, 황해도와 평안도에서는 무학(武學)이라고 부르는 군대가 있다. 이것은 기병(騎兵)을 일컫는다. 기병을 처음 설치하였을 때는 관(官)에서 말 한 필씩을 주었는데 오랜 세월 동안에 흩어져 없어지고 지금은 백에 하나도 남아 있지 않다. 번번이 훈련하는 날이 되면 말을 세내려고 사방을 헤매어 빠른 사람이 먼저 구하게 되는 상황이다. 그렇게 모아 온 말이기에 큰 것은 트기 같고 작은 것은 쥐만 하다.

빈한한 선비가 기르고 있는 것도, 상인이나 나그네가 몰고 다니는 것도 모두 군마(軍馬)라고 일컫고 관아의 뜰로 끌고 들어온다. 얼룩말이 코가 찢겨졌어도 그 나이를 다섯 살이라고 말하면 상하가 호응해 그것을 취점(聚點 : 모아서 점검하는 것)이라고 한다. 그 안장을 보면 가슴걸이가 없고, 말다래(말 안장 양쪽에 늘어뜨려 놓아 흙이 튀지 않게 하는 기구)가 없으며, 등자(鐙子)가 없으며, 북두(마소의 등에 실은 짐을 배에 한데 얽어매는 줄)가 없다. 저는 놈, 옴 오른 놈, 놀라 달아나는 놈, 부스럼 난 놈, 난잡하고 쓸쓸해 차마 바로 볼 수가 없다. 비록 남쪽에서 외구(外寇)가 오고, 북쪽에서 적이 쳐들어오는 내일의 위급이 있은들 이 군사를 이끌고 나가서 싸울 수 있단 말인가. 절대로 그럴 수는 없다. 이미 그렇다면 연졸은 다 헛된 일이다. 이미 헛된 일임을 알았으면 오직 마땅히 손을 모아 잡고 눈을 감은 채 문서에 응답하여 수나 채울 뿐이지, 어찌 헛된 기염(氣焰)을 토로해 담당 군무를 새롭게 정비하기를 생각함으로써 다만 백성을 곤란하고 고통스럽게 만들 것인가.

수령이 한번 헛된 기운을 내면 아전이 이미 그 얼굴빛을 엿보고 온갖 병폐를 일으켜 한바탕 소요(騷擾)가 생길 것이니, 행오(行伍)를 충실하게 하고자 하여, 복장을 깨끗하게 하고자 하여, 기계를 예리하게 하고자 하여, 안장과 마필을 보충하고자 하여, 입술이 타고 발을 굴러 보아도 결국은 모두가 간사한 허위에 속을 뿐이고, 오직 군리(軍吏)만 살찌게 될 것이니, 백성의 목자(牧者)인 수령이 어찌 이 일을 할 것인가.

군을 점호하는 날에는 비밀히 가까운 장교에게 타일러서 갖추어져 있지 않더라도 다 덮고 적발하지 않게 해 순탄하고 무사하게 할 것이며, 번거롭고 요란스럽게 하지 않기를 기도해야 할 것이다.

2. 오직 그 기(旗)와 북으로 하는 호령에 따라 나아가고 정지하고, 나누고 합하는 법만은 마땅히 상세하고 익숙하게 연습해야 할 것이다. 그것은 군사를 가르치고자 하는 것이 아니고, 군관(軍官)과 장교들이 규례(規例)에 익숙하게 하기 위한 것이다.

▌ 척계광(戚繼光)의 ≪기효신서(紀效新書)≫는 병가(兵家)의 주옥 같은 규범으로, 지금 사용하고 있는 ≪병학지남(兵學指南)≫은 그 요점을 뽑은 것이다. 그 포호(砲號), 선패(筅牌) 등은 비록 나중에 나온 것이지만 징과 북으로 나아가고 물러가는 것을 호령하고, 부서를 나누고 합하는 제도는 다 황제(黃帝) 시대 이래로 내려오는 옛 법이다. 이 법을 본받아야 할 것이다. 〔중략〕

군사를 점열(點閱)하는 법에 하루는 모이고, 하루는 사습(私習)하고, 하루는 조련(操練)한다. 그 사습하는 날에는 전례대로 수교(首校)가 대신 대장이 된다. 수령이 만약 병법을 알면 사습하는 날에도 마땅히 수령이 친히 여러 가지 병법을 가르쳐야 할 것이다. 수령이 병법에 어둡다면 마땅히 수교를 엄중히 타일러서 전례의 문서대로 따르는 외에 갖추어 여러 가지 호령을 시험하게 하며, 그 부서를 분합(分合)하는 법도 또한 여러 번 그 형세를 변경하게 하여 혹은 원앙대(鴛鴦隊)라고 하여 두 줄이 되고, 혹은 삼재대(三才隊)라고 하여 세 줄이 되며, 혹은 오마대(五馬隊)라 하여 다섯 줄이 되고, 혹은 둘러싸서 오영(五營)이 되며, 혹은 흩어져서 육화(六花)가 되고, 혹은 변하여 팔진(八陣)이 되게 한다.

요컨대 모두 기병(奇兵)과 정병(正兵)이 서로 섞이고, 수미(首尾)가 서로 연락되게 한다. 혹은 물 건너는 연습을 하고, 혹은 험한 곳을 통과하는 법도 익힌다. 혹은 야영(夜營)도 해보고, 혹은 당보(塘報 : 적의 정세를 기旗로 알리는 신호)를 연습하기도 하여 군관(軍官)과 장교가 여러 가지 법을 익히게 하는 것은 또한 좋지 않은가.

3. 아전과 관노(官奴) 부대의 훈련은 가장 필요한 일이다. 기일(期日) 사흘 전에 마땅히 미리 연습하여야 한다.

▌우리나라의 군사제도에 수령의 수하(手下)에는 한 사람의 친병(親兵)도 없다. 소위 속오군이니 별대니 하는 것들은 만약 전란(戰亂)이 있게 되면 수령이 다 거느리고 진관(鎭管 : 조선 시대에 두었던 지방 방위 조직)에 가서 바치면, 진관에서는 그것을 받아 진영(鎭營 : 영장營將)에 바친다. 수령은 돌아와서 아전과 관노로 대오를 만들고, 초소를 지키는 병사도 만들어 고을을 지킬 뿐이다. 그러니 아전과 관노의 군사훈련은 실로 중요한 일이다.

각 고을의 군사 훈련하는 날을 보면 번번이 필요하지 않은 것처럼 여겨, 명부에 의하여 한 차례 이름이나 부르고 물러날 뿐 아무런 훈련하는 것이 없으며, 희롱으로 여기고 있다. 이러한 일이 다른 날 성을 버리고 수령을 배반한 채, 물고기처럼 놀라 달아나고 짐승처럼 숨게 될 장본인이다. 어찌 한심한 일이 아닌가.

마땅히 속오군이 모이기 전에 따로 하루를 정하여 이노(吏奴)의 훈련하는 기일로 하고, 부서의 분배와 앉고 서고 나아가고 물러가는 것을 모두 군법에 맞게 해야 한다. 숙정패(肅靜牌)를 내걸고 상벌의 명령을 엄중하게 하여 감히 희롱하는 일이 없게 하여 규례(規例)에 맞게 한다면, 비록 한때의 정사(政事)가 끝까지 실효(實效)는 없을

지라도 군법이 엄중하다는 것은 알게 될 것이다.

4. 만약 풍년이 들고 무비(武備)가 해이할 때는 조정에서 정지하라는 명령만 없으면 연습 조련(操練)을 시행해야 하며, 그 대오 인원을 보충하고 장비를 갖추는 일에 힘쓰지 않아서는 안 될 것이다.

5. 군중에서 돈을 걷는 일은 군율이 지극히 엄중하다. 사사로운 연습 때나 공식 조련 때에 이러한 폐단이 없도록 잘 살펴야 할 것이다.

▌군중에서 새로 들어온 군사의 신입례(新入禮), 지면례(知面禮)라 하여 돈을 걷는 것은 엄금하여야 할 것이다.

6. 수군(水軍)을 산군(山郡)에 두는 것은 본래 잘못된 일이다.

▌수군은 바닷가 고을에 두어야 할 것인데 산중의 고을에 많이 두는 것은 본래 잘못된 법이다. 순찰사(巡察使) 이정암(李廷馣)이 다음과 같은 장계(狀啓)를 올린 것이 있다.
'수군은 마땅히 바닷가에 있어야 하는데 산군(山郡)에 많이 있습니다. 공문을 보내어 독촉하고 군포(軍布)를 마구 거두어들여 다른 곳으로 떠돌게 되고, 이웃과 일족에 해를 끼치게 되는 것은 실로 이 때문입니다. 신(臣)의 어리석은 생각으로는 여러 진(鎭)의 입번(入番)하는 수군의 수를 고려하여 바닷가의 각 고을에 있는 육군(陸軍)과 바꾸어 배정하여, 사는 곳이 소속된 수군 진지까지 하루 일정을 넘지 않게 하면 배 부리는 데 익숙하게 되어 급한 경우에 쓸 수 있을 것이며, 변란이 있어 징발할 때도 반드시 시일에 늦지 않을 것이고, 육군은 나누어 육로를 방어하게 하면 양쪽이 다 편리할 것 같으니 급히 결재하여 시행하게 하십시오.'

7. 수군의 조련은 법령이 있으니 마땅히 '수조정식(水操程式)'을 가져다가 매일 연습하여 빠지는 일이 없게 해야 할 것이다.

✳ 제3조 수병修兵 - 병기兵器의 정비

1. 병(兵)은 병기(兵器)이다. 병기는 백 년을 쓰지 않아도 좋다. 그러나 하루라도 정비하지 않아서는 안 된다. 병기를 수리하는 일은 수령의 직무이다.

2. 전죽(箭竹 : 화살 만드는 대나무)을 옮겨 나누어 주는 것과, 매월 의 연습용 화약을 나누어 보내오는 것은 마땅히 법의 본의를 생각하여 그 출납을 조심해야 할 것이다.

▌ ≪경국대전≫에서 말하였다. '매년 전죽을 양계(兩界)에 보낸다. 〔함경도에는 영남과 영동의 대나무를 보내고, 평안도에는 호남과 호서의 대나무를 보낸다〕 절도사는 그 대를 받아서 속진(屬鎭)에 나누어 주고, 화살 만든 수와 장사(將士)에게 내준 수를 기록하여 보고한다.' ≪속대전(續大典)≫에서 말하였다. '삼남(三南 : 충청도·전라도·경상도)과 황해도의 조총과 화약, 탄환을 만들기 위한 월과미(月課米)는 상평청에서 관리하고, 월과계공물(月課契貢物)을 창설한다.' 조총(鳥銃 : 화승총)은 군기시(軍器寺)에서 공물(貢物)의 대가를 받아 제조한다. 화약과 탄환은 본년에는 삼군문(三軍門)이 공인(貢人)과 반을 나누어 대가를 받아 제조한다. 삼군문에서 제조한 것은 그대로 군문에 두고, 공인이 만든 것은 삼남과 황해도에 나누어 보낸다. ≪대전통편(大典通編)≫에서 말하였다. '지금은 수어청(守禦廳)과 총융청(摠戎廳)에서 주관하여 각 고을에 나누어 보낸다.'

3. 만약 조정의 명령이 엄중하면 때때로 병기를 수리하고 보충하는 일을 하지 않을 수 없을 것이다.

✳ 제4조 권무權務 - 무예武藝를 권장함

1. 우리나라의 풍속은 부드럽고 근신하여 무예를 좋아하지 않고 익히는 것은 오직 활쏘기뿐이다. 요즈음은 그것도 또한 익히지 않으니 무예를 권장하는 것은 오늘의 급무(急務)이다.

2. 수령으로서 오래 재임하는 사람은 혹은 6년에 이른다. 이러한 것을 헤아려서 수령이 무예를 권장한다면 백성들도 힘쓸 것이다.

▌먼 시골의 백성들은 향임(鄕任), 교임(校任)을 벼슬로 알고, 순제(旬題), 월과(月課)를 과거로 생각한다. 과거의 규정이 무너지고 문란해졌으나, 수령이 권장하면 백성들은 반드시 힘쓰게 될 것이다. 5, 6년 동안을 힘써 권장해 점차로 습속(習俗)이 이루어지면 마침내 국가에 보탬이 있을 것이다.

3. 강력한 쇠뇌(기계장치로 화살을 발사하는 활)를 장치하고 발사하는 방법은 익히지 않아서는 안 된다.

4. 호령하고 좌작진퇴(坐作進退)하는 법, 달리고 격돌(激突)하고 치고 찌르는 자세와 같은 무예는 모름지기 큰 근심이 있는 것처럼 그 일을 애써야 비로소 익힐 수 있을 것이다.

▌좌작진퇴(坐作進退)는 군사를 훈련하는 모든 동작을 일컫는 말로, 좌(坐)는 앉는 것, 작(作)은 일어서는 것, 진(進)은 나아가는 것, 퇴(退)는 물러가는 것이다.

❋ 제5조 응변應變 - 변란變亂에 대처함

1. 수령은 병부(兵符)를 차고 있는 관원이다. 기밀한 일에는 뜻밖의 변고가 많으니 임기응변의 방법을 미리 강구하지 않을 수 없다.

▌인품의 크고 작음은 그 사람의 도량의 깊고 얕음에 달린 것이다. 도량이 얕고 좁은 사람은 혹은 작은 일에 몹시 놀라거나 뜬소문에 마음이 동요되어 드디어 여러 사람의 마음을 소란하게 만들며, 혹은 여러 사람의 비웃음을 사게 된다. 큰 인물이 이런 경우를 만난다면 대체로 침착하게 담소(談笑)하면서 대처할 것이다. 그러니 모름지기 평소에 차례로 예전의 역사를 살펴서 옛사람이 한 일이 마음속에 배어 있게 해야 거의 임박하여 두려워하지 않고 알맞게 처리할 수 있게 될 것이다.

2. 유언비어가 일어나는 것은 혹은 아무런 근거 없이 저절로 일어나기도 하고, 혹은 조짐이 있어서 발생하는 일도 있으니, 수령이 이것에 대처하는 태도는 혹은 고요히 진압하기도 하고, 혹은 묵묵히 그 동향을 살피기도 하는 것이다.

▌근년 이래 부역이 번거롭고 무거우며, 관리들이 횡포하고 포악하여 백성들이 편안히 살 수 없으므로, 대부분이 난리를 생각하여 요망한 말과 망령된 이야기가 여기저기에서 일어나 서로 주고받곤 하는 경우가 많다. 그러나 우리나라 속담에, '유언비어는 보리 뿌리에 들어가 버린다.'라는 것이 있다. 보리 뿌리가 내려서 농사에 바빠지면 백성들이 서로 오고 가지 않기 때문에 유언비어는 저절로 없어진다는 것이다. 이런 것은 들어도 못 들은 척하고 그냥 두면 저절로 진압될 것이다.

그러나 혹은 장차 반역의 음모를 꾸미는 사람이 있어서 미리 유언비어를 퍼뜨려 민심을 혼란스럽게 하려는 고의에서 조작된 것이라면, 수령은 비밀히 그 근원을 정탐하고 그 소굴을 찾아내는 데 힘써야 할 것이다. 그러한 유언비어는 먼저 묵묵히 그 동향을 살피면 그 낌새를 알 수 있을 것이다.

3. 모든 괘서(掛書 : 이름을 숨긴 게시문揭示文)와 투서(投書) 등은 혹은 태워서 없애버리고, 혹은 비밀히 조사해야 한다.

▌괘서 혹은 투서가 만약 흉역(兇逆)에 관계된 것으로서 놀랄 만한 기미가 있다고 염려되는 것이면 큰 것은 영문(營門)에 달려가서 감사와 면대하여 상의할 것이며, 작은 것이면 수리(首吏)와 수향(首鄕)을 보내어 비밀히 감사에게 보고해야 할 것이다. 그래서 투서가 혹은 고을 사람이 자기들끼리 서로 모함하거나, 혹은 고을의 아전들이 서로 무고(誣告) 날조(捏造)하여 사사로운 원한을 분풀이하려고 한 것이면 즉시 불태워 버려서 감히 전파되지 않게 해야 할 것이다. 혹은 그 말이 비록 사사로운 원한에서 나왔더라도 실지의 증거가 있고, 중요한 일에 관련된 일이면 비밀히 조사해 그 근원을 캐내야 한다.

4. 강도(強盜)나 떠돌아다니면서 노략질하는 도둑이 불을 지르고 집을 파괴하는 일이 있을지라도, 마땅히 가볍게 행동하지 말고 침착하게 그 귀추(歸趨)를 생각해 그 변고에 대처해야 할 것이다.

▌송(宋)나라의 우윤칙(虞允則)이 일찍이 군사들에게 잔치를 베풀고 있는데 병기고(兵器庫)에 불이 났다. 우윤칙이 풍악을 울리며 술 마시는 일을 그치지 않으니 조금 뒤에 불이 꺼졌다. 어떤 사람이 나무라니 우윤칙이 대답하였다. "병기고에는 불조심을 매우 엄중히 하

는데 바야흐로 연회를 열고 있는 때에 불이 일어난 것은 반드시 간악한 사람이 방화한 것이다. 만약 연회를 버리고 불을 끄러 갔었다면 어떤 일이 생겼을지 모를 것이다."

5. 혹 지방의 풍속이 모질고 악독하여서 관장(官長)을 살해 음모하는 사람이 있으면, 혹은 잡아서 죽이거나 혹은 고요히 진압하든가 하여 일의 기틀을 밝게 살펴서 간악함을 꺾을 것이고, 어느 한 방법에만 얽매여서는 안 될 것이다.

6. 강도와 떠돌아다니는 도둑 떼가 서로 모여서 변란을 일으킨 때에는, 혹은 타일러서 항복시키거나 혹은 계략을 써서 사로잡아야 한다.

7. 지방의 도둑이 이미 평정된 뒤에 인심이 죄에 걸릴 것을 의심하고 두려워하거든, 마땅히 정성을 다하고 믿음을 보여서 백성의 불안해하는 마음을 안정시켜야 한다.

�֎ 제6조 어구禦寇 - 외적의 침입을 막음

1. 변란이 있는 때를 만나면 수령은 마땅히 맡은 땅을 지켜야 한다. 그가 방어하는 책임은 장수(將帥)와 같은 것이다.

2. 병법에 말하기를, '허(虛)하면서 실(實)한 것처럼 보이고, 실(實)하면서 허(虛)한 것처럼 보이라.'고 하였다. 이것도 또 적의 침입을 막는 사람이 마땅히 알아야 할 것이다.

3. 지키기만 하고 공격하지 않아 적이 지경을 지나가게 한다면,

이것은 적을 임금에게 보내는 것이다. 추격하는 것을 어찌 그만 둘 수 있겠는가.

4. 높은 충성심과 장렬한 절개로 사졸(士卒)을 격려하여 조그만 공(功)을 세우는 것이 최상의 도리이고, 형세가 궁하고 힘이 다 하도록 싸우다가 죽어 삼강오륜(三綱五倫)의 떳떳함을 세우는 것도 또한 분수에 맞는 일이다.

5. 임금의 행차가 피란길에 오르면 지방을 지키는 수령이 그 지방의 음식을 올려 충성심을 표시하는 것도 또한 직분상 떳떳한 일이다.

▌ 한강(寒岡) 정구(鄭逑)가 통천군수(通川郡守)가 되었을 때, 왜구(倭寇)가 깊이 침입하여 임금이 평양에 왔다가 다시 전전해 가산군(嘉山郡)에 이르렀다. 그때 각 도의 공헌(貢獻)이 다 끊어졌는데 오직 통천군에서만 사자를 보내어 식선(食膳)을 올렸다.

6. 적병이 미치지 않은 곳에서는 백성을 위무해 안정시키고, 기재(器材)의 생산을 힘쓰며 농사를 가르쳐서 군용(軍用)을 넉넉하게 하는 것도 또한 지방을 지키는 수령의 할 일이다.

▌ 변란이 일어난 때에 그 침략이 비록 날카롭더라도 한 지역에 침입하므로, 반드시 일시에 온 천하를 뒤덮는 것은 아니다. 그러니 적병이 미치지 않은 곳에서는 안정하기에 힘써야 할 것이다. 만약 하찮은 뜬소문에도 물고기처럼 놀라고 짐승처럼 숨거나, 백성들이 흩어져 달아나는 대로 내버려 두고 거두어 안무(安撫)하지 않는다면 이미 화를 입고 있는 곳이 무엇을 믿고 의지하겠는가.
수령은 마땅히 백성들을 불러서 이(利) 되고 해(害) 되는 점을 타일러서 각기 안정시키고, 기재(器材)를 생산하고 농사에 힘써서 군대에 물자를 공급하게 함으로써 백성을 편안하게 하고 나라를 방위한다면, 몸소 총탄과 화살을 무릅쓰고 싸운 사람과 비교하여 그 공이 다를 것이 없을 것이다. 만약 당시의 사세가 적병이 아침에 올지 저녁에 올지 모르는 급박한 경우라면 성(城)을 수리하고, 참호를 파고, 무기를 수선하여 방어하기를 도모해야 할 것이다.

만약 읍성(邑城)이 낮고 넓어서 적의 공격을 방어할 수 없으면 요해(要害)한 곳을 골라서 막힌 곳과 끊어진 곳을 찾고, 물과 샘을 살펴서 민병(民兵)의 보루(堡壘)를 많이 설치하고, 굴려 떨어뜨릴 나무 토막과 둥근 돌을 많이 모아둔다.

양곡을 많이 저장해두고, 들을 말끔히 치워서 적병이 은폐할 곳이 없게 해 대비 태세를 갖춘 뒤에, 한편으로는 산에서 내려가 농사에 힘쓰며, 한편으로는 척후병을 멀리까지 배치한다면 적이 올 때는 넉넉히 방어할 수 있을 것이고, 오지 않는다면 드디어 흩어져 살 수 있어서 양쪽이 다 실패하지 않을 것이다. 그 향토를 버리고 산으로 들어가고 바다로 달려가는 사람들은 낭패해 의거할 곳을 잃어버리고 길에서 죽을 것이다. 마땅히 이 뜻을 거듭 백성들에게 타일러서 경솔히 동요하지 않게 해야 할 것이다.

제9장 형전육조刑典六條

이 장에서는 형전(刑典)에 속하는 사항 중에서 군현(郡縣)에 관계되는 중요한 청송(聽訟), 단옥(斷獄), 신형(愼刑), 휼수(恤囚), 금포(禁暴), 제해(除害)의 여섯 가지 조목을 들어 수령이 대처해야 할 태도를 제시하고 있다.

�֎ 제1조 청송聽訟 - 송사訟事를 잘 판단함

1. 송사를 듣고 옳고 그른 것을 잘 판단하는 근본은 성의(誠意)
에 달렸고, 성의의 근본은 혼자 있을 때 행동을 삼가는 데에 있
다.

▐ 송사를 듣고 그 옳고 그른 것을 바르게 판단하려면 무엇보다도 백
성을 바르게 인도하려고 하는 성의가 있어야 할 수 있다. 그러니 청
송(聽訟)의 근본은 성의에 있다. 그리고 그 참된 마음, 즉 성의는
보는 사람이 있건 없건 오직 진실하기만 한 마음이라야 진정 성의라
고 할 수 있을 것이다. 그러한 상태를 신독(愼獨)이라고 한다. 혼자
있을 때도 행동을 삼가는 마음이 바로 성의의 근본이다. 그러한 진
실한 성의가 있으면 백성의 송사를 바르게 판단할 수 있을 것이다.
그러나 신독하는 성의로 자신의 몸을 닦게 되면 백성은 저절로 감화
되어 소송은 일어나는 일이 없게 될 것이다. 그러기에 공자(孔子)
는, "나도 송사를 듣는 것을 남처럼 하지만, 반드시 송사가 없게 할
것이다.〔聽訟, 吾猶人也, 必也使無訟乎.〕"라고 하였다. 송사를 올바
르게 판단하는 것은 훌륭한 일이다. 그러나 처음부터 송사가 일어나
지 않게 하는 것이 가장 이상적인 정치이다.

2. 송사를 듣고 그것을 판단해 처리하는 것을 물 흐르듯이 술술
쉽게 해내는 것은 하늘에서 타고난 재능이 있어야 한다. 그러나
그러한 방법은 위험하다. 송사를 처리하는 데는 반드시 사람의
마음을 여지없이 밝혀내야 한다. 그 방법은 확실하다. 그런 까닭
에 소송이 간소하기를 바라는 사람은 그 판단하는 것이 반드시
더디다. 그것은 한번 판결하면 다시 소송이 일어나지 않게 하기
때문이다. 그리고 소송을 처리하는 마음가짐은 오직 공정하게 할

뿐이다. 공정은 현명한 판단을 낳는다.

▮ 수령의 성품이 번거로운 것을 견디지 못하는 사람은 소장을 받을 때마다 처음부터 자세히 조사하여 밝힐 생각은 하지 않고, 다만 눈앞에 제출된 소장에만 의하여 어름어름 분명하지 않게 더듬어 찾아보고는 옳은 것 반, 그른 것 반으로 바쁘게 판결문을 써서 내리면 아전과 하인이 소송하는 사람을 큰소리로 내쫓는다. 눈앞이 깨끗해진 것을 다행으로 여기지만, 이 한 사건이 관(官)에서 보면 비록 작은 일 같으나 백성에게는 실로 중대한 일이다.
반드시 한 번 명확한 판결을 내려 한편은 승소(勝訴)하고, 한편은 패소(敗訴)한 뒤라야 소송이 끝날 수 있다. 관의 위엄은 비록 여러 번 모독하기는 어려우나, 적대자(敵對者)의 원수가 어찌 저절로 평정해질 수야 있겠는가. 풀을 베는데 뿌리를 남겨둔 것처럼 해마다 다시 소송은 일어나게 되어 한 사건으로 서로 소송하는 일이 다섯 번도 되고 열 번도 된다. 이 때문에 소송은 날로 번거로워져서 처리할 수 없게 되는 것이다.

3. 막고 가려 통하지 못하면 백성의 심정은 답답해지니, 달려와 호소하는 백성이 부모의 집에 들어오는 것처럼 하게 한다면 이것이 어진 목민관이다.

▮ 호태초(胡大初)가 말하였다. "백성이 수령 보기를 하늘같이 먼 것으로 생각할 뿐 아니라, 신명(神明)처럼 두려운 것으로 여긴다. 원통함을 머금고 괴로움을 씹으면서도 수령이 있는 문을 들어갈 방법이 없다. 어쩌다 다행히 그의 앞에 가게 되면 아전과 하인이 금지해 꾸짖고, 형구(刑具)가 뒤섞여 있어서 겁쟁이는 이미 정신이 아득해지고 기운을 잃고 만다. 그러므로 문을 활짝 열어 놓고 아전과 하인들을 물리친 뒤에 수령이 친히 자리 앞에 불러들여서 편안한 얼굴빛으로 따져 물어서, 그가 하고자 하는 말을 다 하게 하는 것만 못하

다. 그리고도 막고 가려 통하지 못한 사람이 있을 때는 고을의 문밖에 징을 매달아 두어서 스스로 치게 한다. 이렇게 하면 민정(民情)이 자신의 하고 싶은 말을 다 하지 못하는 일이 없을 것이다."

4. 싸워서 구타당하였다고 하면서 급히 달려와서 고소하는 것을 전적으로 믿지 말고, 본촌(本村)에 가두어 두고 천천히 한 열흘 동안 기다리는 것이 좋다.

▌모든 구타사건으로 고소하는 것은, '범인을 그 마을에 가두어 두고 10여 일 뒤에 양편이 대질하게 하라.'라고 지령을 내리면 결국은 오는 사람이 한 사람도 없게 된다. 비록 정말 구타한 일이 있더라도 천천히 처리해도 늦지 않을 것이며, 혹은 비록 구타하여 죽는 일이 있더라도 범인을 마을에 맡겨 가두어 두었으니 근심할 것이 없다.

5. 한마디 말로 옥사(獄事)를 판단하여 결정하는 것을 귀신같이 하는 것은 따로 하늘에서 타고난 재질이 있어야 하니, 보통 사람이 본받을 것이 아니다.

6. 인륜에 대한 소송으로서 오륜(五倫)에 관계되는 것은 마땅히 명백하게 가려내야 하고, 골육상쟁(骨肉相爭 : 부자·형제 사이에 다투는 것)으로서 풍속과 교화에 관계되는 것은 마땅히 엄중하게 징계해야 할 것이다.

7. 증거문서나 계약서 같은 것이 전에는 없어서 증빙할 것이 없는 것은, 그 진정(眞情)과 허위를 살피면 사실이 숨겨질 수 없을 것이다. 풍화(風化)를 바로잡고 숨겨진 간사함을 적발하는 것은 다 지성으로 되는 일이다. 허명(虛明 : 물욕도 사심도 선입견도 없는 텅 빈 마음의 밝음)이 사물을 비추는 것은 말로 설명할 수 없다.

▎아무런 증거로 삼을 만한 것이 없을지라도 사물을 올바르게 판단
하려는 진실한 성심이 있으면, 물욕(物慾)도 사심(私心)도 선입견도
없는 사람의 텅 비고도 맑은 마음은 사물을 밝게 비치는 신비한 힘
이 있다. 그것은 말로 설명할 수 없는 것이다. 그러한 허령한 마음
은 반드시 사건의 단서를 찾아낼 수 있을 것이다.

설선(薛宣)이 임회태수(臨淮太守)로 있을 때 일이다. 한 사람이 비
단을 가지고 시장에 갔다가 비를 만나 비단을 덮어쓰고 있었다. 나
중에 한 사람이 와서 같이 쓰기를 청하므로 한쪽 끝을 주어 같이 쓰
게 하였는데, 비가 개어 헤어질 때 그 사람이 비단을 자기 비단이라
고 하였다. 그리하여 각기 관부(官府)에 가서 그 일을 고소하였다.
설선이 아전을 불러 비단을 끊어서 반씩 주었다. 그리고는 아전을
시켜서 뒤쫓아가 엿듣게 하였더니 나중에 왔던 사람은 기뻐하며, "태
수(太守)의 은혜야, 태수의 은혜지."라고 말하고, 비단 주인은 원통
하다는 말을 그치지 않았다. 설선이 그 진상을 알아차리고 고문(拷
問)하니, 나중에 왔던 사람이 마침내 죄를 인정하였다고 한다.

8. 묘지에 관한 송사는 지금은 폐해(弊害)가 되는 풍속이다. 구
타, 살인사건의 반은 이 일 때문에 일어난다. 남의 묘를 파버리는
변고를 저지르는 행위를 스스로 효행이라고 생각하기도 한다. 묘
지에 관한 송사는 사정을 명백히 알아서 판결하지 않아서는 안
될 것이다.

9. 우리나라 법전(法典) 조문에는 일정하게 결정된 법령이 없어
서 좌(左)가 옳다, 우(右)가 옳다 하여 오직 관(官)에서 하고 싶
은 대로 하므로, 백성의 마음이 안정되지 못하고 분쟁하는 일이
많이 일어난다.

▎《경국대전》에서 말하였다. '분묘(墳墓)에는 땅의 한계를 정하여

경작이나 목축(牧畜)을 금지한다. 종친(宗親)인 경우는 1품관(品官)은 사방 백 보(步)를 한계로 하고, 2품은 90보, 3품은 80보, 4품은 70보, 5품은 60보, 6품은 50보이고, 문무관은 차례로 종친의 경우에서 10보씩 차례로 감(減)하고, 7품 이하와 생원(生員)·진사(進士)·유음자제(有蔭子弟)는 6품과 같다. 여자는 남편의 관직에 따른다. 경작이나 개간을 장사(葬事)하기 전부터 해온 것은 금하지 않는다. 인가의 백 보 이내에는 장사하지 못한다.'〔예전禮典 상장조喪葬條〕

생각해보면 여기에 규정한 보수(步數)는 원래 경작이나 목축을 제한한 것인데 지금은 장사를 금지하는 제한이 되었다.

≪속대전≫에서 말하였다. '유음사인(有蔭士人)은 비록 보수(步數)의 제한은 없으나 청룡·백호의 수목을 기른 산에는 타인이 매장하지 못한다. 청룡·백호 이외의 곳은 비록 산림을 보양(保養)했다 하더라도 넓게 점령하는 것을 허락하지 않는다. 인가의 백 보 이내에는 매장하지 못한다.'〔비록 한 사람의 집만 있어도 금지한다〕

상고해보니 예전(禮典)에서는 유음자제는 그 보수가 6품과 같다고 하고, 형전(刑典)에서는 보수가 없다고 해 서로 같지 않다. 그러나 유음자(有蔭者)는 사족(士族)이니 10대 이하에 현관(顯官)이 있어야 유음사족이라고 말할 수 있는 것으로서, 향승(鄕丞)의 일가는 여기에 포함되지 않는다.

10. 탐욕과 의혹이 이미 깊어서 강탈하는 일이 서로 이어지면, 그 소송을 판단해 처리하는 것은 다른 소송보다 배나 어렵다.

11. 빚을 징수하는 소송은 마땅히 권형(權衡 : 물건의 무게를 달 때 저울추를 올렸다 내렸다 하는 것처럼 알맞게 조정하는 것)이 있어야 한다. 혹은 사납게 해 빚을 독촉하기도 하고, 혹은 자애를 베풀어 빚을 탕감하게도 해야 하고, 어느 한 가지 방법만 정해 놓아서는

안 된다.

▪ ≪경국대전≫에서 말하였다. '사채(私債)를 지나치게 징수한 사람은 장(杖) 80대에 처한다〔금제조禁制條〕고 하였고, 그 주(註)에 10분(分) 비율로 매월 1분을 취득하니 열 되에 한 되를 받는 것과 같다. 매년 5분을 받는 것은 열 되에 5되를 받는 것과 같다. 햇수와 달수가 비록 많더라도 1배(倍)를 초과하지 못한다.'

상고해보건대 위에서 말한 것은 요즈음 대돈변(大頓邊 : 방언에 10전을 대돈大頓이라고 한다)이고, 아래에 말한 것은 요즈음 5푼 변리(五分邊利)이다. 그 두 가지가 모두 지나치게 받는 것이므로 형전(刑典)에서 금지한 것이다. 해〔年〕와 달이 비록 많더라도 1배를 초과하지 못한다는 것은 비록 매월 2분(分)의 이식(利息)을 받더라도 이미 여러 해가 되면 당연히 3, 4배에 이르게 될 것이므로, 이것을 제한하여 1배를 초과하지 않게 한 것이다. 지금 사람들이 이것을 이름하여 자모정식(子母定式)이라고 한다.

≪속대전≫에서 말하였다. '모든 빚을 징수하는 것은 공전(公錢)이나 사채를 막론하고 10분의 2를 초과하는 사람은 장(杖) 80대, 도(徒 : 죄인을 중노동 시키던 형벌) 2년에 처한다.〔곡식으로 빚을 주고 돈으로 이자를 징수하는 사람은 빚진 사람의 고발을 허락하고, 위법한 사람은 장 1백 대, 유流(죄인을 귀양 보내던 형벌) 3천 리에 처하며 그 돈은 속공屬公한다〕 사사로 갑리(甲利 : 방언에 배倍를 갑리라고 한다)로 빚을 준 사람은 장 1백 대를 집행하고 정배(定配 : 장소를 정하여 귀양 보내는 것)한다. 비록 10년이 되었더라도 다만 1년의 이식만 받는다. 위반하여 초과 징수한 사람은 장 1백 대에 처한다.'

대체로 부유한 백성이 이식(利息)을 얻기 위하여 빚 놓은 것을 가난한 백성이 힘이 부족하여 갚지 못한 것은 가을을 기다리거나 풍년을 기다리게 하며, 전액 감면해야 할 것은 관아의 뜰에서 문서를 불살라서 뒷말이 없게 하는 것이 좋다.

그러나 혹은 가난한 백성이 전지를 팔았을 때, 간사한 거간꾼이나 교활한 상인이 그 돈 있는 것을 알고 빌려다가 이자를 놓아 그 남은 돈을 스스로 받아먹으면서 본전을 갚지 않는 사람은, 마땅히 강도를 다루듯 엄중히 단속해 조금도 너그럽게 다스리지 않아야 한다. 봄이나 여름에 얽매이지 말고 불같이 독촉해 돌려주는 것이 좋다. 다만 그 이자는 국법(國法)의 제한을 넘지 않게 해야 할 것이다.

�֎ 제2조 단옥斷獄 - 중대한 범죄를 결정함

1. 중대한 범죄를 판결하는 요점은 밝고 신중하게 하는 것뿐이다. 사람이 죽고 사는 것이 내가 한 번 살피는 데에 달렸으니, 어찌 밝게 살피지 않을 수 있겠는가. 사람이 죽고 사는 것이 내가 한 번 생각하는 데에 달렸으니, 어찌 신중히 생각하지 않을 수 있겠는가.

2. 혹독한 관리로 형벌 쓰기를 좋아한 사람으로서 역사와 전기에 실려 있는 사람을 보면 자신이 극형(極刑 : 사형) 받은 것이 많으며, 혹은 자손이 창성하지 못한다.

▌형벌은 요순(堯舜)도 폐지하지 못하였다. 형벌을 어찌 쓰지 않을 수 있겠는가. 다만 어진 사람이 형벌을 쓸 때는 슬퍼하고 불쌍히 여긴다. 법에 정해져 있는 것을 내가 감히 놓아줄 수는 없지만, 법에 없는 것을 내가 감히 할 수는 없다. 우선 가르치고, 가르쳐도 따르지 않는 사람이라야 비로소 형벌을 사용하는 것이 옛날의 도(道)이다. 한때의 폭발하는 분노(憤怒)로 법 외의 가혹한 형(刑)을 하거나, 형벌의 정한 방법을 어기고, 혹은 매 세 개를 한 가닥으로 겹치거나, 혹은 태장(笞杖)을 거꾸로 하여 굵은 머리로 치거나, 혹은 팔을 뒤로 묶어 돌 위에 꿇어 앉히거나, 혹은 나무에 거꾸로 매단다거나, 혹은 머리털을 꺼들러서 상투의 목을 뺀다거나, 혹은 단근질(불

에 달군 쇠로 몸을 지지는 일)한다거나, 주리를 트는 것 모두 나라에서 금지하는 방법이다.

경솔하게 이런 악형을 사용해 죄를 인정할 것을 강요하며 몽둥이로 치는 것은 조종(祖宗)이 못하게 훈계한 것인데, 따져 묻는 데에 사용하니 이것 또한 자기 마음대로 할 수 있단 말인가. 옛날 혹독한 형벌 쓰기를 좋아하던 질도(郅都), 의종(義縱), 감선(減宣)5) 무리는 모두 극형을 받았으며, 자손이 창성하지 못하였다. 원망과 저주가 신상에 모이고 업보가 눈앞에 닿았는데 목민관이 무엇 때문에 이 일을 한단 말인가.

3. 큰 옥사(獄事)가 있는 때를 만나면, 자기 힘이 미치는 데까지 음(陰)으로 구제해 빼내 준다면 덕(德)을 심고 복을 맞이하는 일이 이보다 더 큰 것은 없을 것이다.

4. 살옥(殺獄) 사건이 일어나면 아전과 군교가 제멋대로 횡포를 부려서 집을 파괴하고 빼앗아 그 마을이 드디어 망하게 된다. 제일 먼저 염려해야 할 것은 이것이다. 부임한 처음에 마땅히 '이러한 일을 하지 못하도록' 약속함이 있어야 할 것이다.

▌ 대체로 살옥 사건이 일어나면 범인으로서 당연히 죽어야 할 사람은 마땅히 사형을 당해야 할 것이다. 그러나 관련자, 목격자, 이웃 사람 등은 본래부터 죄가 있지 않은데 한 번 목록에 오르면 반드시 두 번 검문을 받아야 하고, 불행하면 4, 5, 6번의 검문을 받고 칼을 쓰고 옥에 갇혀 여러 해를 끌어야 한다. 그동안 온갖 악형을 당하고 재물을 약탈당한다. 이것은 아전과 군교의 횡포와 간악한 계략에서

---

5) 질도(郅都), 의종(義縱), 감선(減宣) : 세 사람 모두 사마천(司馬遷)의 ≪사기(史記)≫ 혹리열전(酷吏列傳)에 나오는데, 질도와 의종은 참수(斬首)되었으며, 감선은 자살하였다.

생기는 일이다. 이런 일이 없도록 수령은 사전에 엄중한 단속과 약속을 해야 할 것이다.

5. 옥사의 체제가 매우 무겁기는 하나 사체를 검안(檢案)하는 곳에서 진술을 받을 때는 본래 형벌을 사용하는 법이 없었다. 요즈음 수령들은 법례(法例)에 통달하지 못하여 함부로 형장(刑杖)을 사용하는 것은 크게 잘못된 일이다.

6. 검장(檢場)의 취초(取招)가 여러 날 걸린 것을 같은 날에 한 것처럼 기록하고 있으나, 이것은 마땅히 고쳐야 할 일이다.

▌검장에서 취초하는 것이 혹은 5, 6일이 걸렸는데 검안(檢案)에는 보통으로 다 같은 날 다시 문초했다고 쓴다. 혹은 첫 번의 공술에서는 실지대로 하고 뒤에는 거짓말로 변경하기도 하며, 혹은 첫 번의 공술에서는 실정을 숨겼다가 나중 공술에는 바로 말하는 일도 있다. 그 날짜의 많고 적음과 시간의 오래고 잠깐인 것으로 사실을 추구하며 진정과 허위를 구별할 수도 있는데, 모두 같은 날이라고 말하는 것은 크게 잘못된 일이다. 수령은 마땅히 감사와 의논해 이 잘못된 관례를 고쳐야 한다.

7. 남을 무고(誣告)해 형옥(刑獄)을 일으킨 사람은 엄중히 벌을 주고 놓아주지 않아야 하며, 반좌(反坐 : 무고한 사람에게 무고한 죄로써 처벌하는 법률)의 율(律)에 비추어 벌금을 받거나, 혹은 마침내 유형(流刑)에 처해야 할 것이다.

▌《대명률(大明律)》에서 말하였다. '모든 무고한 사람에게는 각각 그가 무고한 죄에 2등 혹은 3등을 가중하고, 죽을죄에 이르는 죄를 무고한 사람은 무고당한 사람이 이미 단죄(斷罪)되었으면 사형으로써 무고한 사람을 처단한다. 미결일 때는 장(杖) 1백 대, 유(流) 3

천 리, 가역(加役) 3년의 형에 처한다. 그 율에 장 1백 대, 유 3천 리라고 한 사람은 범죄의 정상이 중한 사람은 유형을 보내고, 가벼운 사람은 속전(贖錢 : 죄를 면하기 위하여 바치는 돈)을 받는 것이 좋다.'

8. 임금의 인장, 관인(官印)을 위조하였거나 속여 찍은 사람은 그 정상과 범행의 정도를 살펴서 그 처벌의 경중을 결단해야 할 것이다.

✳ 제3조 신형愼刑 - 형벌을 신중히 시행함

1. 수령이 형벌을 시행하는 것은 마땅히 3등으로 나누어야 한다. 민사에는 상등의 형벌을 쓰고, 공사에는 중등의 형벌을 쓰며, 관사에는 하등의 형벌을 쓰고, 사사에는 형벌을 쓰지 않아야 할 것이다.

▎민사(民事)는 무엇인가. 전정(田政)·부역(賦役)·군정(軍政)·곡부(穀簿)·송옥(訟獄) 등 일체가 아래 백성에 관계되는 일이다. 관리와 향갑(鄕甲) 등이 혹 농간을 부려서 백성에게 포학하게 하여 해끼치는 것을 민사라고 한다.
공사(公事)는 무엇인가. 조운(漕運)·세납(稅納)·물선(物膳)의 공물(貢物)로서 서울의 상급 관청에 바치는 물건과, 문서의 보고 기한과, 모든 봉공(奉公)의 임무에 있어서 관리나 향갑이 포흠(逋欠)이 많은 것, 미루고 지체하여 기한을 어긴 것을 공사라고 한다.
관사(官事)는 무엇인가. 제사(祭祀)·빈객(賓客)·전수(典守)·책응(策應)·조알(朝謁)의 예절·공봉(公奉)의 직무와 일체의 본현(本縣)에서의 직무로서, 관부(官府)를 유지하는 것을 아관(衙官)과 아전이 삼가지 않고 부지런하지 않아서 법령을 위반한 것을 관사라고 한다.

상형(上刑)은 무엇인가. 내 생각이 형벌을 가볍게 해 다만 법을 준수하게 하려는 데 있다면 태(笞) 30대를 집행해 피를 보는 것을 상형으로 하고, 태 20대를 쳐서 거듭 경계하는 데에 힘쓰는 것을 중형(中刑)이라고 하며, 태 10대를 치고 온화한 말로 법을 타이르는 것을 하형(下刑)이라고 한다.

법은 이만하면 족하다. 만약 수령의 생각이 형벌을 준엄하게 해 위엄을 세우는 데에 있다면 태 50대를 쳐서 피를 보게 하며, 군무(軍務)인 경우는 작은 곤장(棍杖)을 사용해 일곱 번 치는 것을 상형으로 하고, 태 30대를 쳐서 경계하는 데 힘쓰며, 법을 어긴 사람인 경우는 신장(訊杖 : 신문할 때 쓰는 몽둥이)을 열 번 치는 것을 중형으로 하며, 태 20대 혹은 태장(笞杖) 15대 치는 것을 하형으로 한다. 법은 이만하면 족하다. 이 한계를 초과하면 남형(濫刑 : 형벌 규정을 넘어서 함부로 형벌을 가하고 고문하는 것)이 된다.

2. 형장(刑杖)을 잡은 하인을 현장에서 성내어 꾸짖어서는 안 된다. 평소에 거듭 엄중하게 언약하고 단속하는 한편, 일이 지나간 뒤에 그 죄과(罪過)를 징계해 다스리는 것을 반드시 실행한다면, 소리를 높이거나 얼굴빛을 변하는 일 없이 매질하는 것을 너그럽게 하고 사납게 하는 것을 수령의 뜻대로 할 수 있을 것이다.

3. 수령이 쓸 수 있는 형벌은 태(笞) 50대 이내를 자신의 재량으로 결정하는 데에 지나지 않는다. 이것을 초과하면 모두 지나친 형벌이다.

▎우리나라에서 지금 사용하고 있는 매질하는 형벌에 대략 세 종류가 있다. 첫째 태(笞), 둘째 장(杖), 셋째 곤(棍)이다. 대벽(大辟 : 죽을죄)은 죽인다.

태(笞)에 두 가지가 있으니 작은 것을 태(笞)라 하고, 큰 것을 태장(笞杖)이라고 한다. 실은 다 태(笞)이다.

장(杖)에 세 가지가 있으니 작은 것을 신장(訊杖 : 얇은 것을 법장法杖, 두꺼운 것을 반주장半朱杖이라고 한다), 그 중간치를 성장(省杖 : 삼성三省에서 사용하는 것), 그 큰 것을 국장(鞫杖 : 금부禁府에서 사용하는 것)이라고 한다. 실은 다 신장(訊杖)이다.

곤(棍)에 다섯 가지가 있다. 대, 중, 소곤 이외에 또 중곤(重棍), 치도곤(治盜棍)의 2종이 있다. [국초國初에는 가죽 채찍을 사용하였다. 《대전大典》에 보이나 지금은 쓰지 않는다]

상고해보니 수령이 쓸 수 있는 형벌은 태 50대를 스스로 결정하는 데에 지나지 않는다. 신장(訊杖), 군곤(軍棍)은 수령이 감히 쓸 수 없다.

4. 백성을 바로잡는 데 있어서 형벌을 사용하는 것은 최하의 방법이다. 수령이 자기 몸을 다스려 법을 준봉(遵奉)하고 신중하고 의젓한 태도로 있으면, 백성은 법을 어기지 않을 것이니 형벌은 폐지해도 좋을 것이다.

5. 옛날의 어진 수령은 반드시 형벌을 너그럽게 하였다. 그러한 사적은 역사책에 실려 있어 꽃다운 향기를 드날린다.

6. 부녀자는 큰 죄를 지은 사람이 아니면 매질하는 형벌을 집행하지 못한다. 신장(訊杖)을 사용할 수 없으며, 볼기치는 것은 더욱 외설(猥褻)한 일이다.

▌부녀자는 비록 살인사건을 저질렀더라도 그가 임신 중이 아닌가를 살핀 뒤에 형장(刑杖)을 사용하는데, 하물며 다른 죄이겠는가. 부녀자를 볼기칠 때는 치마와 바지를 벗기고 속옷에 물을 부어 옷이

살에 착 붙게 하는데, 법정(法庭)에서도 보기에 좋지 않다. 근래에는 수령들이 혹은 볼기를 드러내게 하며, 혹은 곤장(棍杖)을 사용하는 등 여러 가지 놀랄 만한 일들을 감행하고 있다. 수령은 삼가 예법을 지켜야 할 것이다.

≪대명률≫에서 말하였다. '모든 부인의 범죄에 있어서 간음죄를 범한 사람과 죽을죄를 지은 사람을 제외하고 그 밖의 잡범(雜犯)은 본남편에게 책임을 지워 거두어 관리하게 하고, 남편이 없는 사람은 친속에게 책임을 지운다. 만약 부인이 임신하였으면 산후(産後) 백일을 기다려서 고문을 결행한다. 만약 해산하기 전에 고문을 결행하여 그 때문에 낙태치사(落胎致死)하게 한 사람에게는 장(杖) 1백대, 도(徒) 3년의 형에 처한다.'

7. 노인과 어린이를 고문하지 않는 것은 율(律)의 조문에 실려 있다.

▌≪대명률≫에서 말하였다. '나이 70세 이상, 15세 이하 또는 폐질(廢疾)이 있는 사람은 고문하지 말라. 이 법을 범한 사람은 태(笞) 50대를 때린다.'

�֍ 제4조 휼수恤囚 - 옥에 갇힌 죄수를 불쌍히 여김

1. 옥은 이 세상의 지옥이다. 옥에 갇힌 죄수의 고통을 어진 사람은 마땅히 살펴야 할 것이다.

▌옥중의 온갖 고통은 이루 다 기술할 수 없다. 그 가장 큰 것만을 들어보면 대체로 다섯 가지 고통이 있다. 첫째 칼을 쓰고 차꼬와 수갑을 차는 고통, 둘째는 토색(討索 : 재물을 침탈하는 것) 당하는 고통, 셋째는 질병의 고통, 넷째는 얼고 굶주리는 고통, 다섯째는 오래도록 머무는 고통이다.

이 다섯 가지가 근간(根幹)이 되어 여기에서 천 가지 만 가지가 곁에서 생긴다. 사형수는 장차 사형을 당할 것인데 먼저 이 고통을 당하니 그 정상이 가엾다. 가벼운 죄수는 그 죄가 중하지 않은데 같이 이 고통을 받으며, 원통하고 억울한 죄수는 잘못 무함(誣陷)을 입어 죄 없이 이 고통을 받으니 3자가 다 가엾은 일이다. 목민관으로서 어찌 이것을 살피지 않을 수 있겠는가.

2. 나무칼을 목에 씌우는 법은 후세에 생긴 것으로, 선왕(先王)의 법은 아니다.

▌ 한마디로 말해서 '가(枷)'라는 글자는 구경(九經)에는 보이지 않으니 그것이 후세에 생긴 형구인 것은 분명하다.
≪대명률≫에서 말하였다. '가(枷)는 마른 나무로 만든다. 죽을죄를 지은 죄수에게 씌우는 것은 무게가 25근(斤), 도죄(徒罪)·유죄(流罪)의 죄수는 무게가 20근, 장죄(杖罪)의 죄수는 무게가 15근이다.'
나무칼은 옥졸(獄卒)을 위하여 만든 것이다. 나무칼을 씌워 놓으면 쳐다볼 수도 굽어볼 수도 없고, 숨도 쉴 수가 없다. 한 시각도 반 시각도 사람이 견딜 수 있는 것이 아니다. 죽이면 죽일지언정 나무칼을 씌우는 일은 옳지 않다. 성인(聖人)은 지혜가 많았으므로 반드시 이것을 만들지 않았을 것이다. 죄수는 당장에 죽고 사는 것이 달려 있고, 옥졸은 그것을 조종하는 것을 자기 마음대로 할 수 있다. 죄수가 이 경우에 무엇이 아깝겠는가. 이 나무칼은 옥졸에게 죄수의 재물을 침탈하게 하는 도구일 뿐이다.

3. 옥중에서 재물을 빼앗는 것은 동이를 엎어 놓은 속은 광명이 비치지 않는 것처럼, 남이 알지 못하는 가운데에서 당하는 원통한 일이다. 수령이 이 원통한 것을 살필 줄 안다면 밝다고 말할

수 있을 것이다.

▌ 옥중에서는 옥졸(獄卒)과 오래된 죄수가 공모하여 새로 들어온 죄수에게 갖은 잔인하고 혹독한 사형(私刑)과 온갖 기괴한 명목으로 재물을 빼앗는다. 그러나 이것은 옥중에서 하는 일이므로 옥 밖에서는 알지 못한다. 수령이 이것을 알아 살핀다면 그야말로 명찰(明察)한 수령일 것이다.
수령은 마땅히 이것을 알고 모든 촌민(村民)의 범죄는 가두지 말아야 하고, 혹 부득이하여 가둘 때에는 특별히 형리(刑吏)와 옥졸을 단속해 포학하게 하지 않게 할 것이며, 또 작은 죄목을 붙여서 임시로 통인(通引)을 가두어 그들이 하는 짓을 살펴보게 하는 것이 좋을 것이다.

4. 질병의 고통은 비록 조용한 집에 편안히 거처해도 오히려 견딜 수 없는데, 하물며 옥중이겠는가.

▌ 《대명률》에서 말하였다. '옥에 갇힌 죄수가 병으로 앓을 때 당연히 나무칼과 차꼬를 벗겨 주어야 할 것을 벗겨 주지 않았거나, 보석(保釋)해야 할 것을 보석하지 않으면 옥관(獄官)과 옥졸을 태(笞) 50대의 형에 처한다.'
《속대전》에서는 이렇게 말하였다. '옥은 죄지은 사람을 징계하기 위한 것이고, 본래 사람을 죽게 만드는 곳은 아니다. 그런데 심한 추위와 큰 더위에 얼고 굶주리고 병들어서 간혹 비명(非命)에 죽는 사람이 있다. 중앙과 지방의 관리는 옥중을 깨끗이 청소하며 질병을 치료하게 할 것이며, 보호 부양할 집안사람이 없는 죄수는 관(官)에서 옷과 식량을 주게 하라. 만약 게으르고 완만(緩晩)하게 굴면서 명령을 받들어 시행하지 않는 사람이 있으면 엄중하게 규찰하여 치죄하라.'〔영조英祖 을묘년의 하교〕

5. 옥은 이웃 없는 집이고, 죄수는 다니지 못하는 사람이다. 한 번 추위에 얼고 굶주리게 되면 죽음이 있을 뿐이다.

▌《대명률》에서 말하였다. '옥에 갇힌 죄수에게 당연히 청구하게 해 지급해야 할 옷과 식량을 청구해 지급하지 않으면, 옥관(獄官)과 옥졸을 태(笞) 50대의 형에 처한다. 옥졸이 죄수에게 줄 옷과 양식을 중간에서 떼어먹은 사람은, 장물로 계산해 감수자도율(監守自盜律)로 논죄(論罪)한다.'

6. 옥에 갇힌 사람은 옥에서 풀려나기를 기다림은 긴 밤에 새벽을 기다리는 것처럼 한다. 옥에 갇힌 사람의 다섯 가지 고통 중에서 머물러 지체하는 것이 가장 고통스러운 것이다.

▌옥에 갇힌 사람의 처리는 신속히 해야 한다. 사건 처리를 지체해 죄 없는 사람을 오랫동안 옥고(獄苦)를 당하게 하는 일이 많다.

7. 옥의 벽을 허술하게 하여 중죄수(重罪囚)를 탈주(脫走)하게 하고, 상급 관청으로부터 문책당하는 일도 또한 공무를 수행하는 수령으로서 근심할 일이다.

8. 설이나 명절에는 죄수를 그들의 집에 돌아가도록 허락한다. 은혜와 믿음이 이미 정성스러우면 도망하는 일이 없을 것이다.

9. 오래된 죄수가 집을 떠나 있어서 자녀 생산이 마침내 끊어지게 된 사람은, 그의 진심에서 나오는 소원을 들어서 자애와 은혜를 베풀어 주도록 한다.

10. 유배된 사람은 집을 떠나서 멀리 귀양 온 사람이니 그 정상이 슬프고 가엾다. 집과 양곡을 주어 편안히 지내게 하는 것도 수

령의 직책이다.

※ 제5조 금포禁暴 - 횡포한 것을 금지함

1. 횡포한 것을 금지하고 난동을 중지시키는 것은 백성을 편안하게 하기 위한 것이다. 호세(豪勢)하고 강한 사람을 치고, 권귀(權貴)와 근시(近侍)를 꺼리지 않는 것도 또한 수령이 힘써야 할 일이다.

▌호세하고 강성한 무리가 통틀어 일곱 종류 있다. 첫째 귀척(貴戚), 둘째 권문(權門), 셋째 금군(禁軍), 넷째 내신(內臣), 다섯째 토호(土豪), 여섯째 간리(奸吏), 일곱째 유협(遊俠)이다. 대체로 이 일곱 가지 무리는 제재(制裁)하고 억압하여 백성을 편안하게 해야 한다. 사람이 능히 강자를 두려워하지 않아야 홀아비와 과부를 업신여기지 않을 수 있을 것이다. 횡포를 금하는 것은 어진 일을 하는 방법이다.

2. 지방의 세력 있는 사람이 위세 부리는 것은 약한 백성에게는 승냥이와 호랑이 같은 것이다. 해로운 짐승을 제거하고 양(羊)을 생존하게 하는 사람을 목자(牧者)라고 한다.

▌《속대전》에서 말하였다. '세력 있는 사람과, 관원이 시골에서 위세를 부리고 백성을 업신여기며 포학하게 행동하는 사람은 장(杖) 1백 대, 유(流) 3천 리의 형에 처한다.'

3. 포악한 젊은이들이 마음대로 협기(俠氣)를 부리며 백성의 재물을 노략질해 빼앗고, 포학한 행동은 마땅히 급히 금지해야 한다. 금지하지 않으면 장차 난동을 일으킬 것이다. 돈을 걸고 도박하는 것도 또한 반드시 엄금해야 한다.

4. 사사로이 말과 소를 도살(屠殺)한 사람, 시가(市街)의 큰길에서 술주정한 사람은 모두 법에 금지하는 조문이 있다.

▌≪대명률≫에서 말하였다. '자기 말이나 소를 사사로이 잡은 사람은 장(杖) 1백 대에 처하고, 잘못해 죽인 사람은 처벌하지 않는다. 만약 병들어 죽은 것을 관에 신고하지 않고 가죽을 벗긴 사람은 태(笞) 40대를 치고, 힘줄과 뿔과 껍질은 관에서 몰수한다.'
또 ≪속대전≫에는 말하였다. '소나 말을 사사로이 도살한 사람은 장(杖) 1백 대, 도(徒) 3년에 처한다.'
≪대전통편(大典通編)≫에서 말하였다. '시가지의 큰길에서 술주정한 사람은 장(杖) 1백 대의 형에 처한다.'

✳ 제6조 제해除害 – 위해危害를 제거함

1. 백성을 위하여 위해(危害)를 제거하는 일은 수령이 힘써야 할 일이다. 첫째 도둑, 둘째 잡귀(雜鬼), 셋째 호랑이다. 이 세 가지가 없어지면 백성의 근심은 덜게 될 것이다.

▌사람들이 모여 한담(閑談)할 때 세 가지(도적·잡귀·호랑이) 중에 어느 것이 가장 무서운지 물으면 사람들의 의견은 일정하지 않다. 어떤 사람은 도둑이 무섭다고 하고, 어떤 사람은 귀신이 무섭다고 하며, 어떤 사람은 호랑이가 무섭다고 한다. 이 세 가지가 백성에게 해가 되는 것임을 알 수 있다. 귀신의 근심이 생기는 것은 반드시 사람들이 사신(邪神)을 제사하는 사당과 요망한 무당을 불러들이기 때문에 생기는 것이다. 그것이 없으면 귀신이 붙을 곳이 없을 것이다. 그러니 귀신의 근심을 없애는 데에는 요사한 것을 제거하는 것이 근본이 된다.

2. 도둑이 생기는 것은 거기에 세 가지 이유가 있다. 위에서는 본

보기가 단정하지 않고, 중간에서는 명령을 받들지 않고, 아래에서는 법을 두려워하지 않기 때문이다. 비록 도둑이 없고자 한들 될 수 있겠는가.

▌위에서 본보기가 단정하지 않다는 것은 사신(使臣), 수령 등 고관들의 탐오(貪汚)한 행위는 국민의 모범이 될 수 없고, 중간에서 명령을 받들지 않는다는 것은 토포군관(討捕軍官)들로 도둑들과 내통하고 있으며, 아래에서 법을 두려워하지 않는다는 것은 도둑의 와주(窩主 : 도둑이나 노름꾼 따위 소굴의 우두머리)는 모두 성읍(城邑) 근저(根底)와 저점(邸店) 사이에 있다. 도둑들은 그곳을 소굴로 삼아 호응하고 공모하고 숨고, 장물을 숨기고 매매하곤 한다. 그러니 도둑이 없어질 수 없는 것이다.

3. 인주나 먹으로 그들의 옷 뒷자락에 표시하는 방법은 예전부터 말이 있다. 시험해 볼 만한 일이다.

▌성창(盛昶)이 현령으로 있을 때, 도둑 수백 명이 밤에 창고를 약탈하였다. 성창이 몰래 뜰에 있는 나무에 올라가 숨어 앉아서 붉은 물감과 먹물 두 가지를 가지고 도둑이 드나들 때를 엿보아 붓을 적셔 그의 옷에 뿌렸다. 이튿날 아침에 성문을 닫아둔 채, 비밀히 나졸(邏卒)을 시켜서 옷에 물감 자국이 있는 사람을 모두 잡게 해 한 사람도 놓치지 않았다고 한다.

4. 지혜를 움직이고 기틀을 만들어서 그윽하고 숨은 것을 적발하는 일은 그들을 포획할 길을 깊이 생각하는 데에 있다. 그렇게 하면 잡지 못하는 일이 없을 것이다.

▌장오(張鰲)가 하양령(河陽令)으로 있을 때, 나귀를 잃고 사흘 동안 찾았으나 찾지 못한 사람이 있었다. 현(縣)에 고발하므로 급히

도둑을 체포하라는 명령을 내리니, 도둑이 밤에 나귀는 내놓고 그 안장만을 숨겼다. 장오가 나귀 주인에게 나귀에게 먹이를 주지 않게 했다가 밤에 나귀를 놓아주니, 나귀가 전에 먹이를 먹던 곳을 향하여 갔다. 드디어 그 집을 수색해 풀을 쌓아둔 속에서 안장을 찾아냈다. 사람들이 장오의 지혜에 탄복하였다고 한다.

5. 덕화(德化)로 감복시키면 감동하지 않을 사람은 없다. 이것이 ≪역경(易經)≫ 췌괘(萃卦)6) 육효(六爻 : 64괘의 한 괘를 구성하는 여섯 개의 획수劃數)의 효사(爻辭)에서 '다 허물이 없다.'라고 말한 까닭이다.

▌ 후한(後漢)의 정의(鄭毅)가 추(騶) 땅의 수령이 되어 덕화(德化)를 펴니, 사람이 길에서 보물을 주워서 주인을 찾아 돌려주었다. 염헌(閻憲)이 면죽(綿竹)의 수령이 되어 예(禮)와 사양하는 미덕으로 백성을 감화시키니, 어떤 남자가 밤길에 떨어뜨린 자루를 주워서 그 속에 들어 있는 포목을 주인을 찾아 돌려주며 말하였다. "고을에 현명한 관장(官長)이 있으니 어찌 감히 그 교화(敎化)를 저버릴 수 있겠는가."

6. 흉년에는 젊은이들이 횡포하게 되는 일이 많으니, 하찮은 좀 도둑은 크게 징계할 것이 되지 않는다.

7. 무고(誣告)로 세력 있는 큰 부자를 도둑의 일당이라고 끌어넣는 것을 수령이 그대로 믿고, 잘못 그에게 잔학(殘虐)한 형벌을 시행해 도둑에게는 원수를 갚게 하고, 아전과 교졸(校卒)이 재물을 빼앗게 만든다면, 그러한 사람이야말로 사리에 어두운 수령이

---

6) 췌괘(萃卦) : 64괘의 하나. 그 효사(爻辭)는 성의(誠意)와 미더움을 강조하고 있다.

라고 할 것이다.

▌ 도둑 무리가 체포되었을 때, 엉뚱하게 평소에 자기네와 원한 있는 사람을 자기네와 같은 무리라고 무고해 끌어넣는 일이 있다. 수령은 그러한 간악한 계략에 속지 말아야 할 것이다.

8. 귀신이 변괴(變怪)를 일으키는 것은 무당이 유도하는 것이다. 무당을 베어 죽이고 그 사당을 헐어 버리면 요사(妖邪)한 귀신이 의지할 곳이 없을 것이다.

9. 호랑이와 표범이 사람을 물어가며, 자주 소·돼지를 해칠 때에는, 틀과 노도(弩刀)와 함정과 덫을 설치해 그 근심을 없애야 한다.

▌ 호랑이를 잡는 방법으로 가장 좋은 것이 노도(弩刀 : 모양이 반달 같고 안팎에 칼날이 있다)이고, 그다음은 함정(檻穽)이고, 또 다음이 정창(阱槍 : 구덩이를 파고 창 5, 6개를 세운 뒤에 위에 삼대〔麻骨〕를 걸치고 흙을 덮어서 만든 함정)이며, 최하의 방법은 화포(火砲)를 쓰는 것이다. 포수가 사냥하는 것은 열 명씩 백 명씩 떼를 지어 마을을 돌아다니며 술과 밥을 억지로 달라고 하여, 그 피해가 도리어 호랑이보다 더하니 절대로 해서는 안 된다. 마을마다 노도 등을 설치해 대여섯 마리만 잡으면 호랑이 떼는 멀리 달아날 것이다.

제10장 공전육조工典六條

이 장에서는 공전(工典)에 관계되는 사항으로서 고을의 주관에 속하는 주요한 사항을 산림(山林), 천택(川澤), 선해(繕廨), 수성(修城), 도로(道路), 장작(匠作)의 여섯 가지 조목으로 나누어 제시하고 있다.

�֎ 제1조 산림山林 - 산림에 관한 일

1. 산림은 나라의 부공(賦貢)이 나오는 곳이다. 산림 행정을 어진 임금은 소중히 여겼다.

2. 봉산(封山 : 나라에서 지정한 벌채를 금지한 산)에 소나무를 기르는 것은 엄중한 벌채(伐採) 금지의 법령이 있으니 수령은 마땅히 삼가 지켜야 할 것이다. 거기에 아전들의 농간하는 폐단이 있으면 수령은 마땅히 자세히 살펴야 할 것이다.

▎ ≪속대전≫에서 말하였다. '여러 도(道)의 황장봉산(黃腸封山 : 임금의 관棺으로 쓸 나무를 기르는 봉산封山) 등이 있는 곳에는 경차관(敬差官)을 보내어 경상도·전라도에서는 10년에 한 번, 강원도에서는 5년에 한 번씩 나무를 골라 재궁(梓宮 : 임금의 관)을 만들 재목을 벌채한다.'
또, '각 도의 봉산에 금양(禁養 : 함부로 베지 못하도록 하여 가꿈)한 소나무를 벤 사람은 중죄(重罪)로 처리한다.〔사형에서 장杖 60대까지 있다〕 소나무를 금양하는 산의 조선재(造船材)를 병사(兵使)·수사(水使)·수령이 임의로 벌채를 허가하거나, 임의로 벌채한 사람은 군기(軍器)를 사사로이 판매한 율(律)을 적용해 처벌한다.〔중앙·지방의 관용 건물 수리에도 또한 벌채를 허가하지 않는다〕 소나무밭에 방화한 사람은 사형에 처한다.〔≪통편通編≫에는 감관監官과 산지기는 중곤重棍을 치고, 수령을 파면시키지 않는다고 하였다〕 영액(嶺阨)의 소나무 금양하는 곳의 지정한 한계 안에 함부로 경작하거나 방화한 사람은 소나무밭과 같은 율(律)을 적용한다.'라고 하였다.
≪금송절목(禁松節目)≫에서 말하였다. '바닷가 근처 30리에는 비록 개인이 금양하는 산일지라도 일체 금단(禁斷)한다.' ≪대전(大

典)≫의 주(註)에서는 말하였다. '생소나무를 벌채한 사람에게 사사로이 속전(贖錢)을 받은 수령이나 변장(邊將)은 장물의 수량을 헤아려 죄를 논한다.'

상고해보건대 우리나라에는 좋은 재목이 없으므로 오직 소나무만을 재목으로 사용한다. 궁실도, 관곽(棺槨)도 모두 소나무로 만든다. 그래서 벌채를 금지하는 조문이 광범위하고 세밀하다. 그러나 이러한 법이 어떻게 시행될 수 있겠는가. 국가의 소용과 민생의 온갖 생활 자료를 여기에 의존하는데 이렇게 빈틈없이 금지만 했으니 이 법이 시행되지 못할 것은 당연한 일이다.

그러니 법 제도 그 자체가 이미 완비하지 않은 것으로 고쳐야 할 것이 많다. 그러나 한 고을의 수령이 어떻게 할 수는 없다. 수령은 마땅히 이러한 뜻을 알고 금지하기는 금지하더라도, 금하는 것을 범하는 사람이 있을 때는 관대히 처리하는 것이 좋을 것이다.

3. 나무 심는 행정은 또한 보람 없는 헛된 방법일 뿐이다. 스스로 헤아려 보아서 오래도록 재임할 수 있을 때는 마땅히 법전에 따라 나무를 심어야 하지만, 빨리 바뀔 것을 안다면 헛된 수고를 하지 말아야 한다.

4. 서북도(西北道)의 삼(蔘)과 초피(貂皮)의 세금은 마땅히 너그럽게 처리해야 한다. 혹 금하는 것을 범하는 사람이 있을 때는 너그럽게 용서하는 방법에 따라야 청렴한 관리라고 말할 수 있을 것이다.

▌ 초피와 삼은 우리나라의 귀중한 산물이다. ≪한서(漢書)≫와 ≪남북사(南北史)≫ 이래로 모든 낙랑(樂浪), 현토(玄菟), 고구려, 발해의 재화를 논한 사람은 모두 초피와 삼을 첫째로 삼고 있다. 이것이 금지조문을 엄밀하게 하지 않을 수 없는 까닭일 것이다. 그러나 나

라에서 받는 것은 오직 강계(江界)로 가는 삼(蔘) 장수에게 허가증을 내어주는 때에 받는 황체(黃帖) 세 3냥뿐이고, 그 밖의 법을 어긴 사람에게서 몰수하는 소위 속공(屬公 : 주인 없는 물건이나 금제품, 장물 따위를 관부官府의 소유로 넘기던 일)은 모두 탐관오리의 주머니에 들어갈 뿐, 국용(國用)에 도움 됨이 없고, 한갓 백성의 재물만 강탈하는 것이 되니 무슨 유익함이 있겠는가.

수령은 마땅히 이러한 실정을 알고 나라의 공헌품(貢獻品)에 대하여는 모두 정당한 값을 주며, 남는 것을 훔쳐먹는 일을 하지 말아야 하며, 그 나머지는 그들 자신이 마음대로 팔게 하고, 한 조각도 빼앗지 말아야 할 것이다. 그중에 간혹 금하는 것을 범한 사람이 있을 때는 정상과 사리를 자세히 살펴서 피폐하고 잔약하여 가엾은 사람은 법에 구애받지 말고 너그럽게 처리해야 하며, 간사하고 외람되어 미워할 만한 사람은 법에 비추어 물건을 속공하게 하고, 사실대로 상급 관청에 보고해 개인이 가지는 일이 없게 해야 한다.

그중에 보고하지 않은 것이 있을 때는 보류하고 공용에 보태어, 혹은 군기(軍器)를 수리하고, 혹은 무예(武藝)의 상품으로 쓸 것이며, 터럭만큼도 자신이 착복하지 않아야 청백하다는 이름에 거의 부끄러움이 없을 것이다.

5. 금은동철(金銀銅鐵)의 채광(採礦)으로서 예전부터 광산이 개설된 곳은 거기에 간악한 무리가 모여 있지나 않은지 살펴야 하고, 새로 채광하고자 하는 곳에서는 제련(製鍊)을 금지해야 한다.

▌지금의 채광장은 모두 간악한 백성이 개인적으로 설치한 것으로서, 호조(戶曹)가 세금을 거두는 것은 매우 적은 액수이다. 그런데 그곳에는 도망한 사람이 숨고 간악한 사람이 감춰졌으며, 도둑 떼를 모아 난(亂)을 일으켜서 농가에서는 일꾼을 고용할 수 없고, 상인은

물화(物貨)를 골고루 균평하게 공급할 수 없다. 좋은 밭은 날로 줄어들고,〔금점金店에서 밭을 사서 금을 채취한다〕대지는 날로 뚫린다. 〔은점銀店은 산을 백 길이나 뚫는다〕다른 날 비록 조정의 고관들이 관(官)에서 채광할 법을 의정(議定)하더라도 산의 정기가 쇠폐해서 다시는 생산되지 않을 것이다.

지금의 계책으로는 새로운 채광은 엄금하는 것이 가장 좋을 것이다. 그리고 예전부터 있는 채광장에 대하여는 그 간악(奸惡)을 살펴서 뜻밖의 사태에 대비해야 할 것이다.〔가산嘉山의 역적 홍경래洪景來도 또한 본래 금점으로 무리를 모았다〕그리고 새로 난 채광장은 그 주모자를 잡아 가두어서 변란의 싹을 꺾는 일을 하지 않을 수 없을 것이다.

✳ 제2조 천택川澤 - 치수治水에 관한 일

1. 천택은 농리(農利)의 근본이다. 천택에 대한 행정을 어진 임금은 중하게 여겼다.

2. 냇물이 고을을 지나고 있으면 도랑을 파서 물을 끌어다가 논에 물을 대고, 백성과 더불어 공전(公田)을 만들어 백성의 부담을 돕는 것은 선정(善政)이다.

3. 차례로 예전 역사를 보면 훌륭한 목민관의 사적(事蹟)은 모두 이 일에 있었다.

4. 만약 지세(地勢)를 살피지 않고 함부로 물길을 뚫었다가 그 일이 성취되지 못하면 도리어 웃음거리가 되고 말 것이다.

5. 작은 물을 지소(池沼)라 하고, 큰물을 호택(湖澤)이라 한다. 물을 막는 것을 방축 또는 제방(堤防)이라고 한다. 물을 절약하기 위한 것이다. 이것이 ≪역경≫에서 못에 물이 있는 괘상(卦象)을 절(節)이라고 한 까닭이다.

6. 만약 바닷가에 조수(潮水)가 들어오는 것을 막는다면 안에 기름진 전지(田地)를 만들 수 있을 것이다. 이것을 바다의 둑이라고 한다.

7. 토호(土豪)와 귀족이 수리(水利)를 독점해 자기네 논에만 관개(灌漑)하는 것은 엄금해야 한다.

8. 큰 강물의 물가가 해마다 물결에 받쳐 무너져서 백성의 큰 근심거리가 된 것은, 제방을 만들어서 그들이 안심하고 살게 해야 한다.

9. 상인과 나그네가 다니는 곳과 선박이 모여드는 곳으로서 수축(修築)할 수 있는 것은 수축해야 한다.

10. 못에서 생산되는 물고기와 자라, 연(蓮), 마름, 부들 등속은 엄중히 지켜서 백성의 부담에 보조해야 하고, 수령 자신이 취하여 자기의 이(利)로 해서는 안 된다.

�֎ 제3조 선해繕廨 - 관아의 사옥을 수리함

1. 관아의 사옥이 쓰러지고 무너져서 위로는 비가 새고 옆으로는 바람이 들어오건만, 수선하지 않고 헐어서 무너지게 버려두는 것

은 또한 수령의 큰 허물이다.

2. ≪대명률≫에는 함부로 공사 일으키는 것을 금하는 조문이 있고, 나라에는 사사로이 건설하는 것을 금지하는 규정이 있으나, 선배들은 이에 태연하게 수리하고 기공(起工)하곤 하였다.

▌비록 함부로 기공(起工)을 금지하는 법령의 조문도 있으나 무너지고 훼손되는 것을 그대로 버려두는 죄를 규정한 법령도 또한 엄중한 것이 있다. 어찌 저것을 핑계하여 이것을 버릴 수 있겠는가. 오직 회계나 정당하게 할 뿐이다.

3. 누대, 정자 등 한가하게 조용히 관상(觀賞)할 수 있는 것은 또한 고을에 없을 수 없다.

4. 〔공사工事할 때는〕아전과 군교(軍校)와 노예 무리는 마땅히 부역에 나와야 하며, 중〔僧〕무리를 모집해 공사를 돕게 하는 일도 또한 한 방법일 것이다.

5. 재물을 모으고 기술자를 모집할 때는 모두를 자세히 헤아려 생각함이 있어야 할 것이나, 폐단이 생길 구멍부터 먼저 막지 않을 수 없으며, 노력과 비용이 덜 들도록 생각하지 않아서는 안 될 것이다.

✳ 제4조 수성修城 - 성을 수축修築하는 일

1. 성을 수축하고 해자(垓子 : 적의 침입을 막기 위해 성 밖을 둘러 파서 못을 만든 곳)를 파서 국방을 굳게 하고 백성을 보호하는 일도 또한 수령이 마땅히 할 일이다.

2. 전란(戰亂)이 일어나서 적이 오게 되었을 때 긴급히 성을 쌓는 일은 마땅히 지세를 살피고 민정(民情)에 순응해야 한다.

3. 성을 쌓을 때가 아닌데 성을 쌓는 것은 성을 쌓지 않는 것만 못하다. 반드시 농한기(農閑期)를 이용하는 것이 옛 법이다.

4. 옛날의 이른바 성을 쌓는 것은 흙으로 쌓은 성이었다. 변란을 당하여 적을 방어하는 데는 흙성 만한 것이 없다.

▌돌로 쌓는 성은 다만 노력과 비용이 매우 많이 들 뿐 아니라, 실은 오래 견디지도 못하고 적을 방어하지도 못한다. 겉은 단단해 보이나 속은 물러서 비고 빠져서 구멍이 난다. 두어 해를 넘기지 못하여 봄에는 녹고, 여름에는 물러 빠져서 잇달아 무너진다. 그런데 또 적이 성을 공격하는 법을 알면 등이 높은 갑옷을 짊어지고 쇠로 만든 용의 발톱 같은 갈고리를 걸어서 그 돌부리를 파서 여러 사람이 잡아당기면 잠깐 사이에 무너지게 될 것이다. 장차 무엇에 쓰겠는가.
그런 까닭에 외구(外寇) 침입의 경보가 있어서 아침인가 저녁인가 하고 변란을 준비할 때는 마땅히 급히 흙으로 쌓은 성을 수리해 대비해야 할 것이다.

5. 보루(堡壘) 제도는 마땅히 윤경(尹耕)의 ≪보약(堡約)≫에 따를 것이며, 그 성가퀴와 망루(望樓) 제도는 더욱 개량해서 해야 할 것이다.

▌윤경의 ≪보약≫에서 말하였다. '보루 제도에는 크고 작은 것에 한계가 없고, 굽고 곧은 것에 구애됨이 없다. 다만 안에는 많은 군대를 수용할 수 있고, 밖으로는 멀리까지 굽어보며 경비할 수 있으면 좋다.'

그러나 큰 것은 작은 것만 못하다. 작으면 견고하다. 곧은 것이 굽은 것만 같지 못하다. 굽으면 지키기 쉽다. 그런 까닭에 송(宋)나라 예조는 붓으로 조한왕(趙韓王)의 성 도면을 뭉겨서 곧은 것으로 하지 않게 했으며, 금(金)나라의 점몰갈(粘沒喝)은 변성(汴城)을 한 번 보고 곧 공격하기 쉽겠다고 말하였다.

6. 평상시에 성곽을 수축하여 길 다니는 나그네의 관광 거리로 하려는 것은 마땅히 옛것에 따라 돌로 보수하는 것이 좋다.

▎≪다산필담(茶山筆談)≫에서 말하였다. '남쪽 변방의 바닷가 땅에는 군현의 모든 성이 하나도 지킬 만한 것이 없으니 수축할 가치가 없다. 다만 그 무너져 이지러지고 파괴된 모습은 사람에게 쓸쓸하고 슬프게 하니, 마땅히 이지러진 것을 보수하고, 끊어진 것을 이어서 보기에 아름답게 해야 할 것이다. 이것은 돌을 쌓아서 담을 만들면 그만이다.'

❉ 제5조 도로道路 - 도로에 관한 일

1. 도로를 수리해 길 다니는 나그네가 그 길로 나가기를 원하게 하는 일도 또한 훌륭한 수령의 행정이다.

2. 교량은 사람을 건너게 하는 시설이다. 날씨가 추워지면 마땅히 곧 설치해야 한다.

3. 나루터에는 언제나 배가 준비되어 있고, 역정(驛亭 : 10리마다 하나씩 두는 여관)에는 돈대(墩臺 : 5리마다 흙을 쌓아서 단壇을 만들고 표목을 세워 이수里數를 기록해 놓은 곳)가 없는 곳이 없으면, 또한 상인이나 나그네가 즐거워하는 일이다.

4. 여점(旅店)에서는 길짐(여점에서 여점으로 차례차례 물건을 져 나르는 것)을 지지 않게 되고, 고개〔嶺〕에서는 가마를 메지 않게 되면 백성은 어깨를 쉴 수 있을 것이다. 여점에서 간악한 사람을 숨기지 않고, 여관에서 함부로 음란한 짓을 하지 않는다면 백성들의 마음은 밝아질 수 있을 것이다.

5. 길에는 황토(黃土)를 깔지 않고, 길가에는 횃불을 세워 두지 않으면 예(禮)를 안다고 말할 수 있을 것이다.

▌≪다산필담(茶山筆談)≫에서 말하였다. '임금이 행차하는 길 복판에는 황토(黃土)를 편다. 그 시초는 알 수 없다. 어떤 이는 말하기를 태양의 황도(黃道)를 상징한 것이라고 하나 그런지 아닌지 알지 못한다. 봉명사신(奉命使臣)이 군현(郡縣)에 들어올 때 특별히 황토 한 삼태기를 길 양쪽 가에 뿌리는데, 또한 오리정(五里亭)에서부터 관사(館舍)에 이르는 사이에만 한다.
요즈음 감사가 순력(巡歷)할 때 바로 임금이 행차하는 길 한가운데에 황토를 펴는 법을 그대로 쓰며, 또 오직 임금의 행차 때에만 횃불을 세워 두는 법인데 요즘은 감사의 순력 때에 다 치거(植炬 : 길가에 세워 두고 사람이 들지 않게 한다)를 사용한다. 감사의 순력에 황토를 깔고 횃불을 세우는 일은 이것을 하는 사람은 아첨함이고, 이것을 받는 사람은 참람한 일이니 그대로 따를 수 없는 것이다.'

✖ 제6조 장작匠作 - 기물器物을 제조하는 일

1. 물건 만드는 일을 번거롭게 일으키고, 기교 있는 장인(匠人)을 모두 모으는 것은 탐욕이 드러나는 일이다. 비록 온갖 기술자가 다 갖추어져 있을지라도 절대로 사용(私用)의 물건을 만드는 일이 없어야 청렴한 선비의 관부(官府)이다.

2. 설혹 물건 만드는 일이 있을지라도 탐욕스럽고 비루한 마음이 기명에까지 뻗치게 하지는 말아야 할 것이다.

▌≪다산필담≫에서 말하였다. '내가 옛 그릇을 보니 구리가 매우 얇으며, 옛 서적을 보니 그 종이가 매우 얇다. 근세에는 욕심을 내는 풍습이 날로 성해서 구리그릇의 무게는 예전 것보다 3배나 되고〔구리숟가락은 두껍기가 도끼 머리만 해서 입이 작은 사람은 입에 넣을 수가 없다〕, 서적의 종이가 두껍기는 예전 것의 배(倍)나 된다. 그 글씨 쓴 머리 쪽의 여백과 아래쪽 여백의 크기가 호적대장(戶籍大帳)만 하다.

시험 삼아 그 까닭을 물어보니, 다른 날 빈핍(貧乏)하게 되어 장차 내다 팔게 되면 본질이 무겁고 두꺼우므로 그 값도 반드시 비쌀 것이기 때문이라고 말한다. 마음가짐이 이와 같으니 돌아보건대 어찌 길이 그 복을 누릴 수 있겠는가. 이 두 가지 일을 나는 매우 부끄러운 일로 여긴다.'

3. 모든 기물(器物)을 만들 때는 반드시 인첩(印帖 : 관인官印을 찍은 증서)이 있어야 한다.

▌관에서 기물을 제조할 때 그 기회를 악용해 아전, 관노 등이 개인 물건을 제조하며, 혹은 내사(內舍)나 책방(冊房)에서 사사로이 아전에게 부탁해 함부로 기물을 제작할 염려가 있다. 그러니 일정한 형식의 증서를 만들어서 하나하나 관인을 찍게 해서 농간의 여지가 없게 해야 한다.

4. 농기구를 제작하여 백성에게 농사를 권장하고, 베 짜는 기구를 만들어서 부녀자들에게 길쌈을 권장하는 일은 수령이 할 일이다.

5. 농가에서 사용하는 간단한 수레를 만들어서 농사를 권장하고, 병선(兵船)을 만들어서 군비(軍備)를 마련하는 것은 수령이 할 일이다.

6. 벽돌 굽는 법을 강습하고, 또한 기와도 구워서 읍의 성내가 모두 기와집이 되게 한다면, 또한 선정이라 할 수 있다.

7. 말과 저울이 집마다 다른 것을 비록 하나하나 바로잡을 수는 없으나, 모든 창고와 모든 시장의 것은 마땅히 같게 해야 할 것이다.

제11장 진황육조賑荒六條

이 장에서는 흉년에 빈민을 구제하는 행정을 비자(備資), 권분(勸分), 규모(規模), 설시(設始), 보력(補力), 준사(竣事)의 여섯 조목으로 나누어 기술하고 있다.

※ 제1조 비자備資 - 구황救荒에 관한 일

1. 흉년에 빈민을 구제하는 행정은 옛날 임금들이 마음을 다한 일이다. 목민관의 재능이 여기에 드러난다. 구황(救荒) 행정을 잘하면 목민관 일을 다했다고 할 것이다.

2. 구황 행정은 미리 준비해놓는 것만 한 것이 없다. 만약 미리 준비하지 않은 구황 행정은 모두 구차할 뿐이다.

3. 양곡 장부 속에 따로 있는 진곡(賑穀)과, 본현(本縣)에서 저축한 진곡의 유무와 허실(虛實)을 마땅히 급히 조사해야 할 것이다.

▌ 진곡(賑穀 : 빈민구제용 양곡)에는 여러 가지가 있다. 상진곡(常賑穀)은 호조(戶曹)의 진곡이고, 군자곡(軍資穀)은 역대의 임금이 일찍이 진휼(賑恤) 구제에 사용하던 것이며, 군작미(軍作米) · 보환곡(補還穀)은 본래 진제(賑濟)하기 위하여 설치한 것이다. 교제곡(交濟穀) · 제민곡(濟民穀) · 산산곡(蒜山穀)은 본래 이웃 도(道)와 서로 구제하기 위하여 설치한 것이다. 감사가 흉년을 위하여 준비한 양곡을 영진곡(營賑穀)이라 이름하고, 수령이 흉년에 대비해 저축한 양곡을 사비곡(私備穀) · 자비곡(自備穀) · 사진곡(私賑穀)이라 한다. 지금 큰 흉년을 만났는데 어째서 쓰지 않는가.
다만 그 나누어 준 것, 보류해 둔 것의 실지 수량과 포흠(逋欠)의 많고 적은 것만이라도 자세히 조사하지 않으면 반드시 허물과 문책(問責)이 있을 것이다. 만약 본래 허류(虛留 : 없는 것을 재고인 것처럼 문서를 허위로 기록한 것)인 것을 상급 관청에서는 실제 재고 수량으로 알고 그것을 구제용으로 배정해 온다면 장차 어떻게 할 것인

가. 그러니 감히 먼저 조사하지 않을 수 없다.

4. 임금의 명령을 기다리지 않고 편의로 창고 곡식을 내주는 것은 옛날의 도리이나, 그것은 사신(使臣)이 행할 일이다. 지금의 현령이 어찌 감히 할 수 있겠는가.

▌태종(太宗) 16년에 영길도(永吉道)에 흉년이 들었다. 도순문사(都巡問使) 조흡(曹洽)이 창고 곡식을 내주어 진대(賑貸)하기를 아뢰니 임금이 말하였다. "진제(賑濟)는 백성들의 위급을 구제하는 일이다. 왕명이 내리기를 기다린다면 늦어서 일이 제때를 잃을 것이니 지금부터는 때에 맞추어 진휼(賑恤)하게 하라."

5. 흉년이 이미 판정되면 급히 감사의 영문(營門)에 가서 양곡을 옮겨 올 것을 의논하고, 조세를 감면할 것도 의논해야 할 것이다.

6. 흉년 들 것이 이미 판정되면 마땅히 논을 밭 대신으로 하여 일찍 다른 곡식을 심도록 해야 하며, 가을이 되어서는 보리 심기를 거듭 권유해야 한다.

▌이것이 이른바 대파(代播 : 원래 심으려던 곡식 대신 다른 곡식의 씨앗을 뿌리는 일)이다. 대파할 수 있는 곡식은 차조, 메밀, 늦콩 등 두어 가지뿐이다. 마땅히 평년에 각각 수백 석을 모아두어서 뜻밖의 흉년에 종자로 쓰도록 준비해두어야 할 것이다. 만약 그렇게 하지 못하면 마땅히 백성들에게 타일러서 각기 준비하였다가 가뭄에 종자로 쓰도록 할 수밖에 없을 것이다.

7. 이웃 고을에 양곡이 있으면 수령은 마땅히 즉시 사적(私糴 : 조정이나 감사의 명령 없이 수령이 공사公私의 전포錢布로 사람을 보내어 곡식을 사들이는 일)하는 것이 좋다. 그러나 모름지기 조정의 명령이

있어야 막지 않을 것이다.

8. 강이나 바다의 포구(浦口)에서는 반드시 저점(邸店)을 조사하고 그들의 횡포를 금지해 상선(商船)이 모여들게 해야 한다.

▌ 저점(邸店)에서 횡포를 부리면 상선(商船)이 모여들지 않고, 상선이 모여들지 않으면 양곡 반입이 없게 된다.

✳ 제2조 권분勸分 - 나누어 주기를 권유함

1. 중국의 권분법(勸分法)은 모두 곡식 팔기를 권하는 것이고 굶주린 백성을 먹이기를 권하는 것이 아니었다. 모두 백성에게 베풀기를 권하고 관에 바치기를 권하지는 않았다. 모두 자신이 몸소 먼저 실행하고, 입으로만 하는 것은 아니었다. 모두 상을 주어 권장하고 위협하는 것은 아니었다. 요즈음 우리나라의 권분은 지극히 예가 아니다.

▌ 증공(曾鞏)이 통판(通判)이 되었을 때 흉년이 들었다. 상평창(常平倉)의 양곡으로는 구제해 주기에는 부족하며, 농촌에 사는 사람들이 다 성내에 올 수도 없고, 온다면 무리 지어 모이기 때문에 전염병이 퍼질 염려도 있다고 생각하였다. 그래서 먼저 부유한 사람들을 불러서 각자의 양곡을 신고하게 하여 15만 석을 마련해 상평곡(常平穀)보다는 조금 값을 올려서 가난한 백성들에게 주게 하였다. 백성들은 편리한 곳에서 식량을 받게 되므로 농촌 밖으로 나오지 않고도 곡식을 얻을 수 있었고, 곡가(穀價)는 평정되었다. 또 돈을 내어서 양곡 5만 석을 사서 백성에게 빌려주어 종자와 식량을 마련하게 하니, 농사가 그 힘을 입어 부족하지 않았다고 한다.
상고해보니 이것은 곡식을 내다 팔기를 권유한 것이고, 또 그 값은 상평곡보다 조금 비싸고 시가보다는 특히 헐하게 하였을 뿐이다. 지금의 권분(勸分)이라는 것은 반드시 값도 주지 않고 터무니없이 그냥 빼앗고 있으니, 도대체 무슨 근거에서 그런 일을 하는 것일까. 옛날의 지방관들은 백성에게 권분할 때는 자기 자신이 먼저 사재(私財)를 내놓았는데, 지금의 권분하는 사람들은 한 푼의 돈도 내는 일이 없고 오직 백성에게만 강권하고 있으니 또한 부끄럽지 않은가.

2. 어진 사람이 이재민(罹災民)을 구제하는 것은 오직 그들을 가엾게 여길 뿐이다. 다른 곳에서 들어오는 사람은 받아들이고, 내 고을에서 떠돌며 나가는 사람을 머무르게 하여, 내 고을 백성이니 네 고을 사람이니 하는 차별을 두지 않았다.

▌옛날부터 중국의 진휼법(賑恤法)은 이웃 지방의 백성을 차별하지 않았다. 우리나라에서는 이웃 고을의 백성을 다른 나라 백성처럼 냉담하게 보는 것은 잘못된 관습이다.

3. 그러니 요즈음에는 떠돌아다니는 백성은 가야 갈 곳이 없다. 마땅히 불쌍히 여기고 권유해 경솔하게 고향을 떠나는 일이 없게 해야 한다.

▌중국의 법에는 떠돌아다니는 모든 백성을 진휼(賑恤)하기를 그곳 주민과 같게 하므로 그 사람들은 진휼하는 곳에서는 어디에서나 곡식을 받을 수 있으나, 우리나라에서는 한 번 집을 떠나게 되면 죽음이 있을 뿐이다.

�֎ 제3조 규모規模 – 진휼賑恤에 관한 일

1. 진휼(賑恤)하는 데는 두 가지 보아야 할 것이 있다. 첫째 시기에 맞추어야 하고, 둘째 규모가 있어야 한다. 불에 타는 사람을 구출하고 물에 빠진 사람을 건짐과 같은 위급한 경우인데 어찌

시기를 늦출 수 있으며, 여러 사람을 다스리고 물자를 균평하게 하려는 것인데, 어찌 규범이 없을 수 있겠는가.

▌진휼은 지금 당장 위급한 사람들을 대상으로 하는 것이니 시기를 잃지 않는 것이 가장 중요하다. 그리고 많은 사람을 대상으로 다루며, 물자를 균평하게 처리해야 할 일이므로 일정한 규범, 즉 방식을 정하여 그것에 근거하여 실시해야 할 것이다.

2. 진조법(賑糶法 : 빈민구제를 위하여 양곡을 파는 것) 같은 것은 국법에 없지만, 현령이 사적(私糶 : 법령이나 조정의 명령에 의하지 않고 수령이 독단으로 사들인 양곡)으로 사들인 곡식이 있으면 또한 진조를 시행하는 것이 좋을 것이다.

3. 진장(賑場 : 진휼을 실시하는 곳) 설치는 작은 고을에서는 한두 곳에 그치는 것이 좋으나, 큰 고을에서는 모름지기 10여 곳에 이르게 하는 것이 옛 법이다.

▌우리나라의 진법(賑法)은 비록 큰 고을이라도 오직 읍내에만 진장을 설치하고, 간혹 외창(外倉)이 있는 경우에만 거기에는 진장을 개설할 뿐이어서 매우 불편하다. 금방 쓰러지게 된 굶주린 백성이 말이나 되로 주는 겉곡식(겉껍질을 벗겨 내지 않은 곡식)을 바라서 멀리 읍내까지 들어갈 수 있겠는가. 큰 고을의 지역이 넓은 곳에서는 마땅히 상급 관청에 청하여 8, 9곳에 설치하는 것이 좋겠다.

4. 구제 양곡을 나누어 파는 일과 굶주린 백성에게 나누어 먹이는 법은, 마땅히 널리 고전(古典)을 상고해 법식으로 삼아야 할 것이다.

5. 부유한 집을 골라 3등급으로 나누고, 3등급 안에서 또 각기

세분(細分)한다.

6. 굶주리는 가구를 골라 3등급으로 나누어 그 상등은 또 3등급으로 세분하고, 중등과 하등은 각기 1등급으로 한다.

7. 이에 양곡을 정선해 그 실제 수량을 계산하고, 구제해야 할 인원수를 계산하여 실제 인원수를 결정한다. 그리고는 소금과 장(醬)을 계산하고, 해초를 검사한다.

▌ 나누어 줄 수 있는 양곡 수량과 구제해야 할 인원수를 결정한 뒤에는 소금과 장(醬), 해초 등 부식물을 조사해 구제 계획 일람표 같은 것을 만들고 일정한 법식에 따라 실행에 옮긴다.

�֎ 제4조 설시設施 - 진휼 사무소 설치와 행정

1. 진휼 사무소를 설치하고, 감독하는 아전을 두고, 가마솥을 준비하고, 소금과 장과 다시마와 마른 새우를 준비한다.

2. 이에 진휼 대상자 증명서를 만들고, 진장(賑場)에서 사용할 인장을 새기며, 진휼 받을 일정한 수의 사람들이 들 기(旗)를 만들고, 진장에서 사용할 말[斗]을 만들며, 진장에 출입을 허가하는 증명서를 만들고, 진휼하는 동안의 매일의 계획과 진행 상황을 기록하는 일력(日曆)을 마련한다.

3. 소한 열흘 전에 구제 규정와 진력 일부를 여러 마을에 나누어 준다.

4. 소한에는 수령이 일찍 일어나서 임금을 상징하는 '궐(闕)'자를

쓴 위패(位牌)를 모신 고을의 객사(客舍)에 나아가 우러러 배례하고, 이어 진장(賑場)에 나아가 이재민에게 죽을 먹이고 곡식을 나누어 준다.

5. 입춘에는 진력(賑曆)을 새로 만들고, 진패(賑牌) 등 각종 증명을 새로 배부하여 그 규모를 크게 정비하며, 경칩에는 대여곡〔환곡還穀을 의미한다〕을 나누어 주고, 춘분에는 매출 양곡을 나누어 주며, 청명에는 또 대여곡을 나누어 준다.

6. 유리걸식(流離乞食)하는 사람은 천하의 가장 곤궁한 백성으로서 하소연할 곳 없는 사람이니, 어진 목민관은 이들의 구제에 마음을 다해야 하며, 소홀히 여겨서는 안 된다.

7. 사망한 사람의 명부는 보통 백성과 굶주린 백성을 각각 한 책씩 만들어야 한다.

8. 흉년 든 해에는 반드시 전염병이 퍼지기 마련이니 그들의 구제, 치료법과 거두어 매장(埋葬)하는 행정에 마땅히 더욱 마음을 다해야 할 것이다.

9. 버려진 갓난아이를 길러서 자녀로 삼고, 떠돌아다니는 소년을 길러서 노비로 삼도록 모두 국법의 규정을 거듭 설명하고, 상호(上戶 : 원시 계급 사회의 지배층. 군君, 후侯 등을 이르는 말)에 알아듣도록 이른다.

✳ 제5조 보력補力 – 흉년에 대비함

1. 봄날이 이미 길어지면 공사(工事)를 일으킬 수 있을 것이니, 공청(公廳)의 사옥(舍屋)이 무너진 것과 모름지기 수리해야 할 것은 마땅히 이때 보수하는 것이 좋다.

2. 흉년에 구황용으로 백성의 식량을 보조할 만한 것은 마땅히 좋은 품종을 선택해, 학궁(學宮)의 여러 선비가 두어 가지 종류를 골라 각각 전해서 알리게 한다.

3. 흉년에는 도둑 막는 정치에 힘써야 할 것이며 소홀히 해서는 안 된다. 굶주린 백성이 방화(放火)하는 것도 또한 엄금해야 할 것이다.

4. 양곡을 소모하는 것 중 술보다 더한 것은 없다. 술을 금지하는 일은 그만둘 수 없다.

5. 세금을 적게 하고 공채(公債)를 탕감하는 것이 옛날 어진 임금의 법이다. 겨울에 받아들이는 양곡과, 봄에 거둬들이는 세금과, 민고잡부(民庫雜賦)와, 저리(邸吏)의 사채를 모두 너그럽게 늦추어 주고 독촉해서는 안 될 것이다.

✳ 제6조 준사竣事 – 진휼의 마무리

1. 진휼하는 일을 장차 마치게 되면 처음부터 끝까지 점검하고, 죄과 범한 것을 하나하나 반성해 살펴본다.

2. 망종에는 진장을 폐쇄하고 파진지연(罷賑之宴 : 진장의 일을 다 끝내고 여는 연회)을 연다. 기녀(妓女)와 풍악은 쓰지 않는다.

3. 큰 흉년이 지나간 뒤에는 백성의 피폐함이 큰 병을 치르고 난 사람 같아서 원기가 회복되지 않았으니, 어루만져 편안하게 안정시키는 일을 소홀히 해서는 안 된다.

제12장 해관육조解官六條

이 장에서는 수령이 해면(解免)된 때의 태도와, 그 뒤에 남긴 치적(治積) 등을 설명하고 있다. 수령으로서의 총결산을 의미한다. 수령은 이 최후 순간을 더욱 깨끗하게 해 유종의 미를 거둘 것을 권한다.

체대(遞代), 귀장(歸裝), 원류(願留), 걸유(乞宥), 은졸(隱卒), 유애(遺愛)의 여섯 조목으로 되어 있다.

�֍ 제1조 체대遞代 – 수령의 교체

1. 벼슬은 반드시 교체되는 것이다. 교체되어도 놀라지 않으며, 벼슬을 잃고도 못내 아쉬워하지 않으면 백성들은 그를 존경할 것이다.

2. 벼슬 버리기를 헌신 버리는 것처럼 하는 것이 예전의 도리였다. 해임(解任)되어서 슬퍼한다면 또한 부끄럽지 않겠는가.

3. 평소에 문서를 정리했다가 해임 발령이 나면, 다음날 곧 떠날 수 있다면 맑은 선비의 태도이며, 장부(帳簿)를 청렴하고 명백하게 마감하며 뒷걱정이 없게 한다면 지혜 있는 선비의 행동이다.

4. 고을의 부로(父老)들이 교외까지 전송 나와서 술을 권하며 보내기를, 어린이가 어미를 잃은 것 같은 심정이 말에 드러난다면, 수령으로서 또한 인간 세상에서 더할 수 없는 영광일 것이다.

5. 해관(解官)하고 돌아가는 길에서 완악(頑惡)한 무리를 만나 그들의 꾸짖고 욕함을 받고 악하다는 소문이 멀리 퍼진다면, 이것은 인간 세상에서 더할 수 없는 치욕이다.

✖ 제2조 귀장歸裝 – 벼슬을 그만두고 돌아갈 때의 행장

1. 맑은 선비가 벼슬을 그만두고 돌아갈 때의 행장은 뛰어나게 청고(淸高)해서, 해진 수레에 파리한 말로 맑은 회오리바람이 사람을 덮는 것과 같다.

2. 상자와 농에는 새로 만든 그릇이 없고, 구슬과 비단은 토산물이 없으면 청렴한 선비의 행장이다.

3. 못에 던지고 불에 태워서 하늘이 낸 물건을 함부로 천대해 스스로 청렴결백함을 소리치려고 하는 사람은, 이 또한 천리(天理)에 맞지 않는다.

4. 집에 돌아갔을 때 재물이 없어서 예전처럼 맑고 검소하다면 상등(上等)이고, 방편을 베풀어서 종족을 넉넉하게 하는 것이 그 다음일 것이다.

�֍ 제3조 원류願留 - 수령이 머무르기를 원함

1. 백성들이 수령 떠나는 것을 애석해함이 절실하여 길을 막고 머무르기를 원하는 그러한 빛을 역사책에 남겨서 후세에 비치게 하는 일은, 소리나 겉모양만으로는 할 수 있는 일이 아니다.

2. 대궐 아래에 달려가서 수령이 유임(留任)하기를 빌면 허락해 민정에 순응하는 것은, 예전에 선(善)을 권장하는 왕자(王者)의 대권(大權)이었다.

3. 수령의 명성(名聲)이 높아 혹은 이웃 고을에서 그를 수령으로 임명해주기를 빌고, 혹은 두 고을이 서로 다투는 일이 생기면 이것은 어진 목민관의 빛나는 가치이다.

4. 혹은 오랫동안 재임해 서로 편안하며, 혹은 이미 늙었으나 애써 유임하게 하기도 하는데, 오직 백성의 소원에 따를 뿐이고 법

에 구애받지 않는 것은 잘 다스려진 세상의 정사(政事)이다.

5. 백성들이 사랑하고 사모하는 등 그 명성과 공적으로 다시 그 고을에 취임하게 되는 것은, 또한 사책(史冊)의 광채가 될 것이다.

6. 친상(親喪)을 당하여 돌아간 사람을 오히려 백성들이 놓지 않거나, 혹은 부모의 상중에 있는 사람이 관직에 출사(出仕)하여 임지에 돌아온 사람도 있고, 혹은 상을 마치고 다시 임명된 사람도 있다.

7. 몰래 아전과 공모하고 간사한 백성들을 유인해 움직여서 궐하(闕下)에 나아가 유임을 빌게 만든 사람은, 임금을 속이고 상관을 속인 것이니 그 죄는 매우 크다.

�֎ 제4조 걸유乞宥 - 백성이 수령의 죄를 용서할 것을 빎

1. 문서나 법령에 저촉되어 벌 받는 것을 백성들이 슬프게 여겨, 서로 이끌고 가서 임금에게 호소해 그 죄를 용서하기를 바라는 것은 전고(前古)의 선량한 풍속이다.

✖ 제5조 은졸隱卒 - 수령의 죽음을 애통해함

1. 수령이 재직 중에 죽어서 맑은 향기가 더욱 강렬해 아전과 백성이 슬퍼하며 상여를 붙잡고 울부짖고 오래도록 잊지 못한다면, 어진 목민관의 유종의 미가 될 것이다.

2. 이미 병들어 누우면 마땅히 즉시 방을 옮겨서 거처하고, 정당(政堂)에서 죽어서 남에게 싫어하는 바가 되어서는 안 된다.

3. 초상에 사용할 쌀은 이미 나라에서 주는 것이 있으니 백성의 부의(賻儀)를 어찌 반드시 이중으로 받는단 말인가. 유언을 해두는 것이 좋을 것이다.

▌≪속대전≫에서 말하였다. '지방관이 죽거나 친상(親喪)을 당한 사람에게는 상수미(喪需米)를 차등을 두어 준다. 관찰사와 수령이 임지에서 상을 당하면 호남·영남은 40석, 호서는 30석이고, 본인의 사망에는 호남·영남은 40석, 호서는 35석, 해서(海西)는 친상과 본인의 사망에는 35석을 주며, 부인의 상에는 모두 본인이 사망한 때에 비하여 반액을 준다.'

✳ 제6조 유애遺愛 - 사랑을 남김

1. 죽은 뒤에 백성들이 수령을 사모해 사당을 세우고 제사한다면, 그가 백성에게 사랑을 남겼음을 알 수 있다.

2. 산 사람의 사당을 짓는 것은 예(禮)가 아니다. 어리석은 백성이 그것을 하여 서로 이어 풍속이 되었다.

3. 돌에 새겨 덕정(德政)을 칭송해 영구히 전해 보이는 것을 선정비(善政碑)라고 한다. 마음속으로 반성해 부끄럽지 않기는 어렵다.

4. 나무 비를 세워 은혜를 칭송하는 것은, 비난하는 사람도 있고 아첨하는 사람도 있다. 즉시 제거하고 곧 엄금하여 치욕에 이르

지 않게 한다.

5. 수령이 떠나간 뒤에 백성들이 그를 사모해 나무를 심는 것은, 오히려 사람들이 사랑하고 아끼는바 되는데 감당(甘棠)의 유풍(遺風)이다.

▌감당(甘棠)은 ≪시경(詩經)≫ 소남(召南)의 편명(篇名)이다. 주(周)나라 소공(召公)이 남국(南國)을 순행할 때 감당나무 아래에 머물며 백성들의 아픈 곳을 잘 어루만져 주었다. 소공이 떠난 뒤에 백성들이 그의 덕을 사모하여 감당나무를 사랑했다고 한다.
남일(南軼)이 칠원현감(漆原縣監)이 되어 사랑을 남김이 있었는데, 지금까지 사람들이 그가 심은 나무를 가리켜 남정자(南亭子)라고 한다.

6. 사모하여 잊지 못하고 수령의 성(姓)을 따서 아들 이름으로 한 것은 민정(民情)이 큼을 볼 수 있다.

▌강조(江祚)가 안남태수(安南太守)가 되었는데, 백성들이 그의 덕을 사모하여 강(江)으로 아들의 이름을 지었다. 맹종(孟宗)이 예장태수(豫章太守)가 되었는데, 사람들이 그의 은혜를 생각해 아들을 낳으면 맹(孟)이라 이름을 지었다고 한다.

7. 이미 떠나간 지 오랜 뒤에 다시 그 고을을 지나갈 때, 백성들이 반갑게 맞아주고 술병과 도시락이 앞에 가득하다면 또한 하인들까지도 빛날 것이다.

▌한(漢)나라의 곽급(郭伋)이 일찍이 형주(荊州)의 수령을 지냈는데, 나중에 그가 고을 안에 들어가니 아이들이 죽마(竹馬)를 타고 나와 맞이했다고 한다.

유정원(柳正源)이 통천군수(通川郡守)가 되었을 때, 은혜로운 다스림이 많았다. 체임된 지 몇 해 뒤에 감시(監試 : 생원시와 진사시를 아울러 이르는 말)의 시관(試官)이 되어 회양(淮陽)에 이르니, 통천의 백성 50여 명이 수백 리 길을 멀다 하지 않고 서로 이끌고 와서 절하면서 눈물을 흘리는 사람까지 있었다고 한다.〔≪대산집大山集≫〕

8. 고을에 있을 때는 그다지 혁혁(赫赫)한 명예가 없고, 떠나간 뒤에 백성들이 사모하는 것은 그가 자랑하지 않고 남모르게 선정(善政)하였기 때문일 것이다.

9. 그에 대한 헐뜯음과 칭찬함의 진실과 선악의 판단은, 반드시 군자의 말을 기다려서 공론에 의해 정해야 할 것이다.

정약용 소전(小傳)

다산(茶山) 정약용은 조선 영조(英祖) 38년 1762년(임오년壬午年)
에 경기도 광주(廣州)에서 목사(牧使) 정재원(丁載遠)의 셋째 아들
로 출생하였다. 어머니는 해남윤씨(海南尹氏)로, 다산의 외증조(外
曾祖) 공재(恭齋) 윤두서(尹斗緒)는 해남 사람으로 고산(孤山) 윤
선도(尹善道)의 후예이다.

아버지 정재원은 나주(羅州) 사람으로 장자인 정약종(丁若鍾)과 차
남 정약전(丁若銓)은 정조(正祖) 1801년 신유교옥(辛酉敎獄) 때
이승훈(李承薰), 이가환(李家煥) 등과 같이 사교(邪敎)의 수령으로
지목되었다.

다산은 어릴 때부터 출중한 총명과 두뇌로 7, 8세 때 이미 시문(詩
文)에 능하여 그 비판이 높았으며, 14, 5세 때 사서육경(四書六經)
과 백자제집(百子諸集)에 정통해 장차 대가로서 촉망이 높았다.

아버지 정재원은 당시의 여러 고을 수령(守令)으로서 많은 치적을
남겼으며, 다산은 어려서부터 아버지를 따라다니며 치민(治民)의
식견을 넓혔다. 실학자(實學者)로 유명한 성호(星湖) 이익(李瀷)을
사숙해 실사구시(實事求是)의 훈도를 받아 장차 묘당(廟堂)의 동량
(棟樑)이 될 기초를 닦았다.

1789년에 진사(進士) 장원에 올랐으며, 곧 전시(殿試)에 들어가서
1792년에 옥당(玉堂)에 들어갔다. 그해 겨울에 왕명을 받고 수원
성(水原城)을 지을 때 기중가설(起重架說)을 지어 활차(滑車)를 만

들어서 작은 힘으로 큰 것을 옮기는 역사(役事)로 많은 경비가 절약되었다.

여기서 인정받은 다산은 부교리(副校理), 부승지(副承旨), 병조참의(兵曹參議) 등으로 승진되었으나, 당시 당화(黨禍)의 뿌리 깊은 정국은 노론(老論)이 득세하고 다산이 속해 있던 남인(南人)은 실각했다.

이후 다산은 미미한 외관(外官)으로 불우한 생애를 보내다가 신유교옥(辛酉敎獄)이 일어나, 사문난적(斯門亂賊)이란 죄명으로 큰형인 정약종 집안이 전멸되고 다산만이 간신히 모면하여 강진(康津)으로 정배(定配) 당했다.

그 후 순조(純祖)가 즉위하자, 다산의 앞날은 소생의 여지도 없이 18년이란 긴 세월을 강진의 다산 윤박(尹博)의 산정(山亭)에서 문하생들과 도(道)를 강의하며 저술에 들어갔다. 그리하여 호를 다산(茶山)·사암(俟菴)·탁옹(籜翁)·자하도인(紫霞道人), 또는 여유당(與猶堂)이라 하였다. 자(字)는 미용(美庸·美鏞) 또는 송보(頌甫)라고도 한다.

만년은 응교(應敎) 이태순(李泰淳)의 상소로 방면되어 옛 고향인 열수(洌水)에 돌아와서 살다가, 1836년(헌종憲宗 2년)에 75세로 생을 마감했다.

〔정약용의 저서〕

다산의 저작은 방대해 ≪목민심서≫를 비롯하여 5백여 권의 많은 저술로, 조선 5백 년의 문화사에서 볼 때 위대한 업적이라 할 수 있다. 그의 저술을 열거하면 다음과 같다.

1. 모시강의(毛詩講義) 12권
2. 강의보(講義補) 3권
3. 매씨서평(梅氏書平) 9권

4. 상서고훈(尙書古訓) 6권

5. 상서지원록(尙書知遠錄) 7권

6. 상례사전(喪禮四箋) 50권

7. 상례외편(喪禮外篇) 12권

8. 사례가식(四禮家式) 9권

9. 악서고존(樂書孤存) 12권

10. 주역심전(周易心箋) 24권

11. 역학제언(易學諸言) 12권

12. 춘추고징(春秋考徵) 12권

13. 논어고금주(論語古今注) 40권

14. 맹자요의(孟子要義) 9권

15. 중용자잠(中庸自箴) 3권

16. 중용강의보(中庸講義補) 6권

17. 대학공의(大學公議) 3권

18. 희정당대학강록(熙正堂大學講錄) 1권

19. 소학보전(小學補箋) 1권

20. 심경밀험(心經密驗) 1권

이상 경집만 232권이다.

21. 시율(詩律) 6권

22. 잡문전편(雜文前編) 36권

23. 후편(後編) 24권

24. 경세유표(經世遺表) 44권

25. 목민심서(牧民心書) 48권

26. 흠흠신서(欽欽新書) 30권

27. 아방비어고(我邦備禦考) 30권

28. 아방강역고(我邦疆域考) 10권

29. 전례고(典禮考) 2권

30. 대동수경(大東水經) 2권

31. 소학주관(小學珠串) 3권

32. 아언각비(雅言覺非) 3권

33. 마과회통(麻科會通) 12권

34. 의령(醫零) 1권

35. 여유당전서(與猶堂全書) 154권 – 정약용의 저술을 정리한 문집

이상 문집이 260여권이다.

이 방대한 저술이 18년간의 유배 생활에서 이루어졌으며, 그 내용은 조선 후기에 와서 실학파의 집대성을 이루었다.

정약용 연보

- 1762년 1세

6월 16일, 경기도 광주(廣州 : 지금의 남양주시)에서 나주정씨(羅州丁氏) 가문의 진주목사(晉州牧使) 정재원(丁載遠)의 셋째 아들로 태어났다. 자(字)는 미용(美鏞)·송보(頌甫), 초자는 귀농(歸農), 호는 다산(茶山)·삼미(三眉)·여유당(與猶堂)·사암(俟菴). 천주교 세례명은 요한. 어려서부터 아버지에게 경사(經史)를 배워 실학자로서의 길이 트이기 시작하였다.

- 1776년 15세

서울로 올라왔다. 이 상경(上京)은 그에게 인생으로서만이 아니라 학문에 있어서도 큰 전환의 계기가 되었다.

- 1777년 16세

성호(星湖) 이익(李瀷)의 유고를 접하게 되어 민생(民生)을 위한 경세(經世)의 학문에 뜻을 두고 이벽(李檗)을 찾아 서학(西學)을 배우기 시작하였다.

- 1789년 28세

식년문과(式年文科)에 갑과(甲科)로 급제해 가주서(假注書) 벼슬에 올랐다.

- 1790년 29세

검열(檢閱)이 되었으나 천주교인이라 하여 같은 남인(南人)인 공서파(攻西派)의 탄핵으로 해미(海美)로 유배되었다. 10일 만에 풀려나 곧 지평(持平), 수찬(修撰)이 되었다.

• 1792년　31세

기중가설(起重架說)을 지어 활차(滑車)를 만들어 수원성(水原城) 수축에 기여하였다.

• 1794년　33세

경기도 암행어사로서 경기도 관찰사 서용보(徐龍輔), 연천현감(漣川縣監) 김양직(金養直)의 비리를 고발하였다.

• 1795년　34세

동부승지(同副承旨), 병조참의(兵曹參議)가 되었으나 주문모(周文謨) 사건에 연루되어 금정도찰방(金井道察訪)으로 좌천. 그 뒤 곡산부사(谷山府使), 병조참지(兵曹參知), 부호군(副護軍), 형조참의(刑曹參議)를 지냈다. 유득공(柳得恭), 박제가(朴齊家) 등과 함께 규장각(奎章閣)의 편찬사업에 참여하였다.

• 1799년　38세

공서파(攻西派)로부터 서학(西學)에 대한 문제로 탄핵을 받자 자명소(自明疏)를 바치고 사직하였다.

• 1801년　40세

신유박해(辛酉迫害) 때 장기(長鬐)로 유배되었으나 '황사영(黃嗣永) 백서(帛書) 사건'으로 다시 강진(康津)으로 이배(移配)되었다. 유배지의 다산(茶山) 기슭에 있는 윤박(尹博)의 산정에서 18년간 경서학(經書學)에 전념하였다. 이때 학문적인 체계를 완성했으며 저술도 많이 하였다.

• 1818년　57세

이태순(李泰淳)의 상소로 유배에서 풀려나왔으나 관직에는 나아가지 않고 18년간 향리에서 여생을 보내며 저술에 몰두하였다. ≪목민심서≫ 완성.

· 1836년 75세

≪목민심서≫, ≪경세유표≫, ≪흠흠신서≫ 등 많은 저술을 남기고 2월 22일 세상을 떠났다. 1910년에 규장각제학(奎章閣提學)으로 추증되었다. 시호는 문도(文度).

퇴계집 / 율곡집 / 목민심서

초판 인쇄 – 2022년 9월 15일
초판 발행 – 2022년 9월 20일

책임편집 – 이가원
역　자 – 정종복 · 남만성
발행인 – 金 東 求
발행처 – 명 문 당(창립 1923년 10월 1일)
　　　　서울시 종로구 운보선길 61(안국동)
　　　　우체국 010579-01-000682
　　　　전 화 (02) 733-3039, 734-4798
　　　　FAX (02) 734-9209
　　　　Homepage　www.myungmundang.net
　　　　E-mail　mmdbook1@hanmail.net
　　　　등록 1977.11.19. 제1-148호

■

* 낙장 및 파본은 교환해 드립니다.
* 불허 복제
* 값 35,000원

ISBN　979-11-91757-63-7　93150